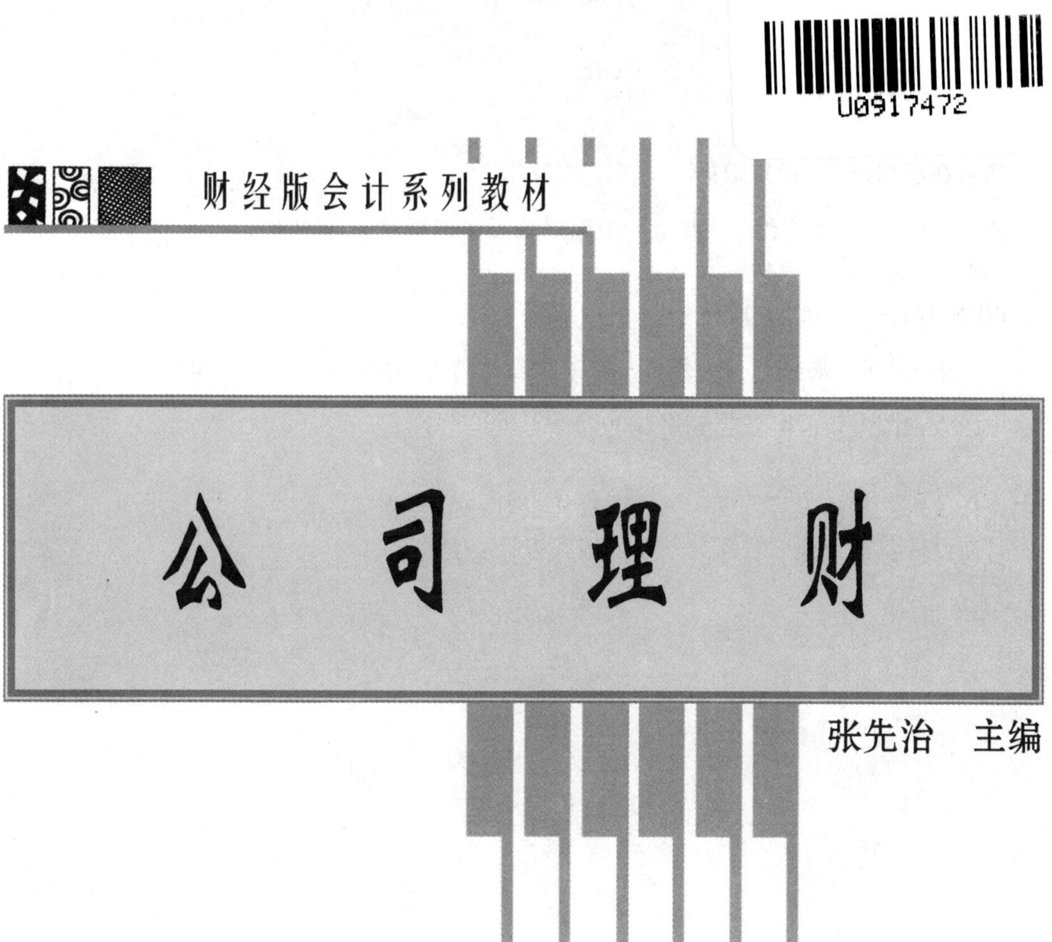

财经版会计系列教材

公司理财

张先治　主编

中国财政经济出版社

图书在版编目（CIP）数据

公司理财/张先治主编．—北京：中国财政经济出版社，2009.8

（财经版会计系列教材）

ISBN 978 - 7 - 5095 - 1278 - 4

Ⅰ．公…　Ⅱ．张…　Ⅲ．公司 - 财务管理 - 高等学校 - 教材　Ⅳ．F276.6

中国版本图书馆 CIP 数据核字(2009)第 026906 号

责任编辑：樊清玉等　　　　　　责任校对：张全录

封面设计：郁　佳　　　　　　　版式设计：兰　波

中国财政经济出版社出版

URL：http：//ckfz.cfeph.cn

E - mail：ckfz @ cfeph.cn

社址：北京市海淀区阜成路甲 28 号　邮政编码：100142

发行处电话：88190406　财经书店电话：64033436

北京财经印刷厂印刷　各地新华书店经销

787×1092 毫米　16 开　27.25 印张　600 000 字

2009 年 8 月第 1 版　2009 年 8 月北京第 1 次印刷

印数：1— 3 060　定价：59.00 元

ISBN 978 - 7 - 5095 - 1278 - 4/F · 1081

（图书出现印装问题，本社负责调换）

本社质量投诉电话：010 - 88190744

总序

zong xu

21 世纪是知识经济初现端倪的时代，知识经济不仅表现为人们追求高科技产品而不断推进科学技术进步，而且表现为人们追求高报酬而日益推出高风险的金融产品和投资手段。于是，竞争、技术、创新和高风险便开始成为经济全球化的主导力量。这个时代在经济上是危机四伏的时代，又是激发人们不断创造、具有很多机遇的时代。知识经济推动经济全球化，全球经济的活跃与变化莫测，又促使 IASB、FASB 以及世界各国会计准则制定机构，甚至政府更加关注如何强化作为经济信息系统的会计和作为重要经济鉴证系统的审计的作用，如何使它们在经济活动中发挥如实反映和有效监督与控制的职能。

我国财政部于 2006 年 2 月同时出台整套与国际财务报告趋同的企业会计准则（一个基本准则，38 个具体准则）和中国注册会计师执业准则（即审计准则，共 48 项），并于 2007 年 1 月 1 日施行。2008 年 6 月 28 日，财政部会同证监会、审计署、银监会、保监会联合发布了《企业内部控制基本规范》，决定自 2009 年 7 月 1 日起在上市公司范围内施行。这将进一步完善中国的管理会计，也将促进上市公司理财的发展。

随着我国社会主义市场经济的不断发展和日益紧迫的全球化、市场化、信息化趋势，会计工作越来越融入到经济社会的每一个角落，广大会计人员日益成为改革开放和经济建设的重要参与者。对会计和财务管理人才的需求，不论从数量规模上，还是从知识结构及素质上，都有了更新、更高的要求。培养顺应时代要求的高素质会计人才已成为当务之急。

在培养人才的过程中，教材建设是关键。但当今教材市场不可回避的问题是：各种统编教材很多，重复出版的也很多，内容和形式上真正有新意、再版率高、读者满意率高的却很少，形成规模和品牌效应的更不多，基本上是藩镇割据，各自为政。

为此，中国财政经济出版社会计分社的编辑策划了一套“财经版会计系列教材”，力图将其打造成一套会计教材的精品，提供给会计界的广大读者。

本系列教材包括:《会计学基础》、《中级财务会计》、《高级财务会计》、《公司理财》、《管理会计》、《成本会计》、《审计学》共七本,编写者大都是国内著名院校的知名学者,很多还是在各领域研究处于领先地位、多年处在教学第一线的知名专家,在作者阵容的组合上打破了以往的院校、地区界限,做到了强强联合。本系列教材具有以下特点:

(1) 立足中国,放眼世界。财务会计和审计学教材均以我国新出台的"两则"为重点;管理会计反映了上市公司和我国大中型企业内部控制等方面的先进经验;公司理财以阐述我国公司投资、融资和资金管理的理念、方法和技术为主,并适当反映了IASB和美国的最新成果。

(2) 立足当前,展望未来。本系列教材在讲述当前已有东西的同时,也考虑了未来的发展,体现了一定的先进性。

(3) 理论与实务并重。每本教材除具有一定的理论高度外,还兼顾操作性,体现了较强的实用性。

"财经版会计系列教材"将从2009年起陆续出版发行,但我们知道,教材的建设决不是一朝一夕的事,也不可能做到一劳永逸。对本套教材中存在的错漏和不足之处,敬请读者批评指正,以便再版时修订。

2009年7月

前言

qian yan

会计学专业与财务管理专业培养的人才，应该对会计学与财务学知识融会贯通。《公司理财》是会计学专业和财务管理专业的必修课。站在会计学专业需求角度编写《公司理财》教材，一要使学生掌握公司理财与会计学的关系；二要使学生全面理解与掌握公司理财的体系、基本内容和基本方法。我们正是基于这一思路编写了这本《公司理财》教材。

本教材主要适用于会计学专业，同时也适用于财务管理、金融学和工商管理等其他专业的教学。

《公司理财》一书由六篇十八章组成：第一篇基础篇包括公司理财导论和公司理财环境两章；第二篇工具篇包括货币时间价值、风险与收益、资本成本和价值评估四章；第三篇内容篇包括公司筹资管理、公司投资管理和公司分配管理三章；第四篇经营篇包括资本经营概论、资本经营内容和资产运营管理三章；第五篇控制篇包括公司管理控制、公司财务预算、公司财务分析和公司财务评价四章；第六篇组织篇包括跨国公司财务管理和集团公司财务管理两章。

本教材在体系与内容构建上具有以下特色：

第一，建立了完整、系统的公司理财体系框架。这个体系框架可表述为：以资本增值为公司目标和理财目标，以价值管理为公司理财导向，以会计报告与财务分析为公司理财基础，以处理与投资界的关系、进行战略管理和全面绩效管理三方面为公司理财领域，以资本经营与管理控制为公司理财两翼的全面、系统、综合的理论与应用体系。

第二，突出了以会计报告与财务分析为公司理财基础，以基于价值管理为公司理财导向的理财理念和思路。会计报告是公司理财的基础与工具，财务分析是会计信息供给与会计信息需求之间的一座桥梁。在公司理财中，财务分析以公司理财目标为导向，以会计报告为基础，揭示反映公司财务状况及成果的会计信息质量，生成公司理财决策与控制中需要的相关、可靠信息，解析公司在价值创造和价值实现各个环节的增长能力、盈利能力、营运能力和偿债能力状况及存在的问题。会计报告与财务分析是价值管理的基础，体现了基于价值管理的公司理财理念和思想。

第三，突出了基于价值的资本经营与管理控制的主线。公司理财理论体系、内容体系和方法体系产生的基础是基于价值的资本经营与管理控制这一主线。全书围绕价值创造与价值实现目标，分别从资本经营与管理控制两方面展开对公司理财相关知识与技能的介绍。

第四，体现了新的《企业财务通则》的理财思想和理财内容。现代公司理财必须考虑适应理财环境。我国的《企业财务通则》，从政府宏观财务、投资者财务、经营者财务三个层次，构建了资本权属清晰、财务关系明确、符合企业法人治理结构要求的企业财务管理体制。从财务管理的内容上，明确了资金筹集、资产营运、成本控制、收益分配、信息管理和财务监督等六大财务管理要素。作为适应中国高等财经教育需要的《公司理财》一书，充分体现了《企业财务通则》在我国公司理财中的地位与作用。

本教材的整体构思与定位由张先治教授提出，由从事公司理财及相关领域教学与研究的教师与博士共同完成。从教材体系与内容到教材观点与创新都体现了作者长期的公司理财理念与思想。本教材的第一章由张先治执笔；第二章由张秀烨执笔；第三章由王玉红执笔；第四章和第五章由张晓东执笔；第六章由张先治执笔；第七章由张先治和甄红线执笔；第八章由任翠玉执笔；第九章由任翠玉和孙文刚执笔；第十章、第十一章由张先治执笔；第十二章由张先治和薛晓宇执笔；第十三章由张先治执笔；第十四章由张先治和池国华执笔；第十五章由张先治执笔；第十六章由池国华执笔；第十七章由刘媛媛执笔；第十八章由张先治和耿云江执笔。最后由张先治教授负责修改、总纂并定稿。

本教材是在吸收国际、国内先进的公司理财理念、理论及经验，依据中国经济体制、市场环境和公司管理特点，结合作者长期从事教学与研究实践，考虑公司理财教学特点与要求，经过全体作者共同努力而形成的成果。由于作者水平有限，书中纰漏，甚至错误在所难免，敬请读者批评指正，以便今后进一步修改、完善。

张先治

2009 年 7 月于大连

目 录

mu lu

第一篇 基础篇

第一章 公司理财导论 …… (3)
□ 教学目标 …… (3)
□ 本章提要 …… (3)
第一节 公司理财学科定位 …… (4)
第二节 公司理财体系框架 …… (10)
第三节 公司理财目标解析 …… (15)
第四节 公司理财基础理论 …… (23)
□ 本章小结 …… (31)
第二章 公司理财环境 …… (33)
□ 教学目标 …… (33)
□ 本章提要 …… (33)
第一节 理财环境与公司理财 …… (34)
第二节 公司理财社会环境 …… (36)
第三节 金融市场环境 …… (46)
第四节 公司内部环境 …… (54)
□ 本章小结 …… (56)

第二篇 工具篇

第三章 货币时间价值 …… (61)
□ 教学目标 …… (61)
□ 本章提要 …… (61)
第一节 货币时间价值内涵 …… (62)
第二节 货币时间价值的计算 …… (63)
第三节 复利的终值和现值 …… (66)
第四节 均匀现金流量：年金 …… (68)

□ 本章小结 …… (76)
第四章 风险与收益 …… (78)
□ 教学目标 …… (78)
□ 本章提要 …… (78)
第一节 风险与收益的内涵 …… (79)
第二节 风险与收益的计量 …… (81)
第三节 风险管理 …… (88)
□ 本章小结 …… (97)
第五章 资本成本 …… (100)
□ 教学目标 …… (100)
□ 本章提要 …… (100)
第一节 资本成本概述 …… (101)
第二节 个别资本成本的计量 …… (103)
第三节 加权平均资本成本与边际资本成本的计量 …… (107)
□ 本章小结 …… (112)
第六章 价值评估 …… (114)
□ 教学目标 …… (114)
□ 本章提要 …… (114)
第一节 价值评估内涵 …… (115)
第二节 以现金流量为基础的价值评估 …… (118)
第三节 以经济利润为基础的价值评估 …… (123)
第四节 以价格比为基础的价值评估 …… (125)
□ 本章小结 …… (127)

第三篇 内容篇

第七章 公司筹资管理 …… (131)
□ 教学目标 …… (131)
□ 本章提要 …… (131)
第一节 公司筹资概述 …… (132)
第二节 经营杠杆与财务杠杆 …… (137)
第三节 资本结构理论与决策 …… (140)
第四节 权益筹资 …… (146)
第五节 负债筹资 …… (152)
□ 本章小结 …… (158)
第八章 公司投资管理 …… (160)
□ 教学目标 …… (160)

□ 本章提要 …………………………………………………………………………… (160)
第一节 公司投资管理概述 ……………………………………………………… (161)
第二节 证券投资管理 …………………………………………………………… (163)
第三节 项目投资管理 …………………………………………………………… (172)
□ 本章小结 …………………………………………………………………………… (192)
第九章 公司分配管理 …………………………………………………………… (194)
□ 教学目标 …………………………………………………………………………… (194)
□ 本章提要 …………………………………………………………………………… (194)
第一节 公司分配管理概述 ……………………………………………………… (195)
第二节 公司股利政策 …………………………………………………………… (197)
第三节 管理者激励 ……………………………………………………………… (204)
□ 本章小结 …………………………………………………………………………… (208)

第四篇 经营篇

第十章 资本经营概论 …………………………………………………………… (211)
□ 教学目标 …………………………………………………………………………… (211)
□ 本章提要 …………………………………………………………………………… (211)
第一节 企业经营方式与资本经营内涵 ………………………………………… (212)
第二节 资本经营与公司理财创新 ……………………………………………… (216)
第三节 资本经营方式与价值创造 ……………………………………………… (219)
□ 本章小结 …………………………………………………………………………… (225)
第十一章 资本经营内容 ………………………………………………………… (226)
□ 教学目标 …………………………………………………………………………… (226)
□ 本章提要 …………………………………………………………………………… (226)
第一节 资本存量经营 …………………………………………………………… (227)
第二节 资本增量经营 …………………………………………………………… (230)
第三节 资本配置经营 …………………………………………………………… (237)
第四节 资本收益经营 …………………………………………………………… (242)
□ 本章小结 …………………………………………………………………………… (244)
第十二章 资产运营管理 ………………………………………………………… (246)
□ 教学目标 …………………………………………………………………………… (246)
□ 本章提要 …………………………………………………………………………… (246)
第一节 资产运营内涵与策略 …………………………………………………… (247)
第二节 非流动资产管理 ………………………………………………………… (253)
第三节 现金及有价证券管理 …………………………………………………… (255)
第四节 应收账款管理 …………………………………………………………… (262)

第五节 存货管理 ……………………………………………………………………（265）
□ 本章小结 ……………………………………………………………………………（269）

第五篇 控制篇

第十三章 公司管理控制 ………………………………………………………………（273）
□ 教学目标 ……………………………………………………………………………（273）
□ 本章提要 ……………………………………………………………………………（273）
第一节 管理控制内涵 …………………………………………………………………（274）
第二节 管理控制要素 …………………………………………………………………（277）
第三节 管理控制环境 …………………………………………………………………（279）
第四节 管理控制程序 …………………………………………………………………（283）
第五节 管理控制模式 …………………………………………………………………（286）
□ 本章小结 ……………………………………………………………………………（293）
第十四章 公司财务预算 ………………………………………………………………（295）
□ 教学目标 ……………………………………………………………………………（295）
□ 本章提要 ……………………………………………………………………………（295）
第一节 财务预算内涵与作用 …………………………………………………………（296）
第二节 财务预算系统与模式 …………………………………………………………（299）
第三节 财务预算编制与控制 …………………………………………………………（302）
□ 本章小结 ……………………………………………………………………………（320）
第十五章 公司财务分析 ………………………………………………………………（322）
□ 教学目标 ……………………………………………………………………………（322）
□ 本章提要 ……………………………………………………………………………（322）
第一节 财务分析的地位与作用 ………………………………………………………（323）
第二节 财务分析的指标与标准 ………………………………………………………（325）
第三节 盈利能力分析 …………………………………………………………………（330）
第四节 营运能力分析 …………………………………………………………………（336）
第五节 偿债能力分析 …………………………………………………………………（341）
□ 本章小结 ……………………………………………………………………………（347）
第十六章 公司财务评价 ………………………………………………………………（349）
□ 教学目标 ……………………………………………………………………………（349）
□ 本章提要 ……………………………………………………………………………（349）
第一节 财务评价内涵与作用 …………………………………………………………（350）
第二节 业绩评价系统与模式 …………………………………………………………（351）
第三节 财务评价程序与方法 …………………………………………………………（357）
□ 本章小结 ……………………………………………………………………………（366）

第六篇 组织篇

第十七章 跨国公司财务管理 …… (371)
□ 教学目标 …… (371)
□ 本章提要 …… (371)
第一节 跨国公司财务管理概述 …… (372)
第二节 外汇与汇率平价关系 …… (374)
第三节 外汇风险管理 …… (382)
第四节 跨国公司内部资本转移机制 …… (386)
第五节 跨国公司直接投资管理 …… (391)
第六节 跨国公司筹资管理 …… (395)
□ 本章小结 …… (398)
第十八章 集团公司财务管理 …… (399)
□ 教学目标 …… (399)
□ 本章提要 …… (399)
第一节 企业集团概述 …… (400)
第二节 企业集团财务管理的特点与职能 …… (406)
第三节 企业集团财务管理体制 …… (408)
第四节 企业集团财务公司 …… (412)
□ 本章小结 …… (418)

第一篇 基础篇

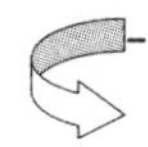

本篇主要介绍公司理财的基本理论与环境，包括公司理财导论和公司理财环境两章内容。

公司理财导论对公司理财学科定位、公司理财体系框架、公司理财目标和公司理财基础理论进行了阐述。在明确公司理财与企业管理学、财务学、会计学和财务分析学关系的基础上，界定了公司理财内涵，确定了公司理财体系与内容框架，解析了公司理财目标，探讨了公司理财理论发展与基础理论体系。

公司理财环境影响着公司理财目标、理财理念和理财内容。无论是公司外部的文化环境、法律环境、政治环境和经济环境，还是公司内部的战略、管理哲学、企业文化、组织结构、人力资源，都是公司理财必须关注的基本问题。本篇第二章论述了公司理财的环境，探讨了不同环境因素对公司理财活动的影响，为理财活动更有效率地进行奠定了基础。

本篇作为全书的基础篇，构建了公司理财的理论体系、内容体系和环境体系，为全书后面各篇奠定了理论基础和环境基础。

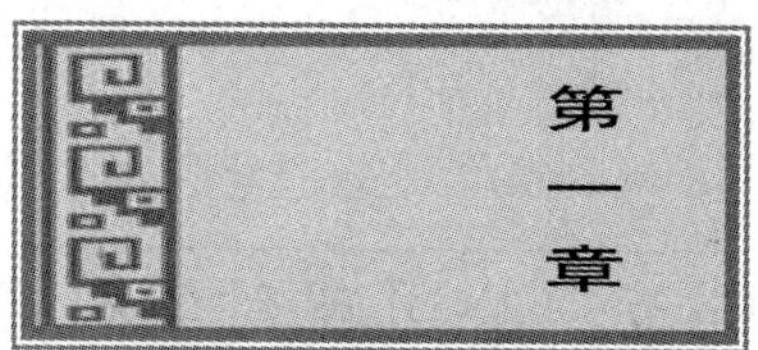

公司理财导论

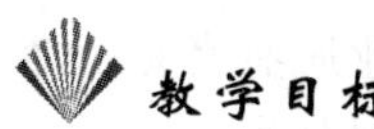

教学目标

◇基本目标

通过本章教学使学生掌握公司理财学科定位、基本内涵、基本体系框架、基本目标和基础理论体系。

◇具体目标

明确公司理财在企业管理中的地位；

掌握公司理财与财务学、会计学和财务分析学的关系；

理解公司理财基本内涵；

理解与掌握公司理财体系与内容框架；

了解公司理财目标的各种观点；

理解公司理财目标确定原则与思路；

掌握公司理财目标解析方法；

理解公司理财基础理论体系。

本章提要

本章主要论述了公司理财学科定位、公司理财体系框架、公司理财目标和公司理财基础理论。回答公司理财与相关学科是什么关系？什么是公司理财？什么是公司理财主体与客体？什么是公司理财范畴与体系框架？公司理财的目标是什么？公司理财的基础理论由哪几部分组成？

第一节通过对公司理财与企业管理、公司理财与财务学、公司理财与会计学、公司理财与财务分析关系的论述，明确公司理财范畴与地位；第二节从公司理财的基本内涵出发，明确了公司理财的主体、客体、公司理财目标及原则等，建立了现代公司理财体系与内容框架；第三节公司理财目标解析是公司理财学理论体系建立的支柱，通过对公司理财目标各种观点的研究以及公司理财目标确立理论基础的研究，明确了公司理财目标体系；第四节公司理财基础理论探讨了公司理财理论发展和基础理论体系。

本章做为全书的导论，其理论体系的构建为全书理论体系和方法体系的建立奠定了基础、指明了方向。

第一节 公司理财学科定位

一、公司理财与企业管理

（一）公司与企业

公司是企业主要组织形式之一。企业有三种主要法律形式，即业主制、合伙制和公司制。企业形式的划分是依据企业所有者的性质和数量进行的。由于企业所有者是资本所有者，因此企业的三种法律形式正是根据资本所有者的数量与特征来划分的：

业主制企业是最简单的企业形式。业主制企业只有一个资本所有者。企业是业主的个人财产，由业主直接经营。业主享有该企业的全部所得，同时对它的债务负有完全责任。

合伙制企业是在两个或两个以上业主的个人财产的基础上经营的。合伙人分享企业所得，共同对企业债务承担责任。

公司是企业的一种组织形式，是按照公司法组建并登记的以营利为目的的企业法人。公司有独立的法人财产，享有法人财产权。公司以其全部财产对公司的债务承担责任。因各个国家对设立公司的要求不同，公司的法律概念也不尽相同。从公司的投资者角度来看，传统的观念认为，公司是由2个以上的投资者设立的法人实体。现今，多数国家的公司法一般规定公司须有2个以上的投资者，但也有一些国家允许单一投资者公司的存在。我国新修订的《中华人民共和国公司法》即允许单一投资者公司的存在。从公司的组织形式角度来看，有的国家公司法规定了有限责任公司、股份有限公司、无限公司、两合公司等组织形式。我国法律规定的公司为有限责任公司和股份有限公司两种。

1. 有限责任公司

有限责任公司是指由50个以下的股东出资设立，股东以其认缴的出资额为限对公司债务承担有限责任，公司以其全部资产对其债务承担责任的企业法人。有限责任公司的特征主要有：

（1）人资两合公司。所谓人资两合是指有限责任公司的设立和运作不仅是资本的结合，而且也是股东之间相互信任的结果，股东的出资不得随意转让，如转让，其他股东有优先购买权，向股东以外的人转让股权，应当经其他股东过半数同意。其中一人有限责任公司，是指只有一个自然人股东或者一个法人股东的有限责任公司。一人有限责任公司的股东不能证明公司财产独立于股东自己的财产的，应当对公司债务承担连带责任。

（2）实行资本金制度。股东的实际出资构成公司的资本，并以出资额量化股东在公司的权益。有限责任公司注册资本的最低限额为人民币 3 万元，一人有限责任公司的注册资本最低限额为人民币 10 万元。

（3）不能公开募集股份，不能发行股票。

（4）不必向社会公开披露财务、生产、经营管理等信息。

2. 股份有限公司

股份有限公司是指全部资本由等额股份构成并通过发行股票筹集资本，股东以其所认购股份对公司承担责任，公司以其全部资产对公司债务承担责任的企业法人。股份有限公司财务方面的特征主要有：

（1）资本划分为等额股份。股份有限公司将资本总额划分为若干等额的股份，每股面值金额与股份数的乘积即是资本总额。

（2）可以通过发行股票筹集资本。股份有限公司可以采取公开向社会发行股票的方式来筹集资本，这为股份公司从事较大规模事业筹集资金开辟了渠道。

（3）股票可以自由转让，而无须经过其他股东的同意。这主要有两方面含义：其一是股票可以自由转让，目前除国有股转让需要履行必要的批准手续外，股东可以随时转让所有股票；其二是股票转让价格可以由转让方和受让方协商决定，这既可能使投资者在转让中获利，也可能使投资者在转让中亏本。

（4）生产经营以及财务公开。由于股份有限公司的股东人数多，流动频繁，因此各国法律都要求股份公司应将其生产经营以及财务状况向社会公开。此外，上市的股份有限公司相关的财务公开情况有更为严格的规定。

不同类型的公司，其出资人数不同，股权结构不同，设立条件不同，股东的权利与责任不同。因此，其财务管理体制、内容、方式与方法也都有所不同。企业财务管理，特别是现代企业财务管理必须注意区别不同类型企业进行管理。当然，各种类型企业都有其优点与缺点，只有根据环境选择适当的企业组织形式并采取适当的财务管理方法才能取得成效。

3. 企业集团

企业集团是由多个经济法人在自愿互利的基础上，以追求规模经济效益为目的，以资本或产品等为纽带而联结在一起的经济联合体。① 企业集团按联结纽带不同可分为以资本为纽带的企业集团、以产品为纽带的企业集团、以高新技术为纽带的企业集团和以经营服务为纽带的企业集团等。第一种类型集团，也称股权联结型，是组建企业集团的最基本、最典型的形式。后三种类型集团，可统称为契约联结型企业集团，它们不是以资本为纽带，而是以产品、技术等为内容，通过契约形式组建的企业集团。这种类型集团由于与传统的条块分割管理体制冲突少、有利于生产技术协作等优点而得以较快发展。但由于其组织结构松散、联结纽带脆弱等缺点而形不成较大规模。将股权联结型和契约联结型结合组建的集团，称为混合联合型企业集团，将集团企业分为核心企业层、

① 罗先和、付荣：《企业集团会计专题》，中国财政经济出版社 1999 年版，第 1 页。

紧密层、半紧密层和松散层四个层次。由于其保持了前两种类型的优点，克服了其缺点，也是组建企业集团的一种较好形式。企业集团的主要类型是股权联结型或以资本为纽带的企业集团。随着集团的扩张与发展，也可能演变为混合联合型企业集团。

（二）公司理财在企业管理中的地位

公司作为企业的一种组织形式，企业的各项活动也是公司所必然从事的活动。现代管理之父法约尔将企业的活动分为六大类："（1）技术活动，即生产和制造；（2）商业活动，即购买、销售和交换；（3）财务活动，即寻找资本及最适当地利用资本；（4）安全活动，即保护财产和人员；（5）会计活动，即盘存、资产负债表、成本和统计；（6）管理活动，即计划、组织、指挥、协调和控制。"[①] 企业管理是对企业各项活动的管理，包括生产管理、营销管理、人事管理、会计管理等，企业财务管理就是对企业财务活动的管理。

公司理财实质上正是对公司制企业财务活动的管理，如果抛开公司制企业本身的特点，从其作为一种企业形式出发，公司理财与企业财务管理是一致的。

公司理财是研究资本如何在企业和市场内有效配置的问题，即在公司制这种现代企业制度形式下，就公司经营过程中的资金运动进行预测、组织、协调、分析和控制的有关的决策与管理活动进行归纳总结。公司理财的研究对象是公司理财活动，而公司理财活动是企业资金运动及其所形成的各种经济利益关系有机统一体，公司是通过金融市场或金融中介来实现投资与投资者的连接的，理财活动在人与人之间的相互关系中存在着，这种相互关系是公司财务活动所形成的各种经济利益关系。

公司理财或企业财务管理在企业管理中处于中心地位。这是因为在现代企业，特别是公司制企业，企业目标与财务目标是一致的。因为企业的目标从根本上必然与企业的所有者目标相一致。作为一个企业，其生存与发展的基础是拥有一定资源，包括资本资源和劳动力资源。关于谁是企业的当家人或所有者问题，有两种不同的观点：企业的所有者是资本资源的所有者还是劳动力资源的所有者呢？一种观点认为，资本所有者是企业的所有者，即资本所有者以其资本投入为基础，雇佣劳动力，资本所有者是企业的所有者，劳动者是企业的雇工，这就是所谓资本雇佣劳动制。另一种观点认为，劳动所有者即劳动者是企业所有者，劳动者以劳动为基础，通过雇佣资本进行生产经营。此时，劳动者是企业所有者，资本是企业购买的生产要素，这就是所谓劳动雇佣资本制。经济学研究表明，人们对风险的不同态度可能是决定谁充当监控者（所有者）的决定性因素之一。因为资本所有者通常比劳动所有者对风险的厌恶程度要小，所以，在一般情况下，企业资本所有者成为企业主或企业所有者。另外，在劳动雇佣资本制度下，企业只能负盈，不能负亏，或者说劳动者只能分享收益，不能承担风险。因此，企业所有者是资本所有者，企业目标应与企业资本所有者目标相一致，即资本的保值与增值。[②] 而资本保值增值目标正是现代公司理财的目标，因此，决定了公司理财在企业管理中的中心地位。

① H. 法约尔：《工业管理和一般管理》，中国社会科学出版社 1987 年中文版。

② 张先治："资本增值计算与评价理论及方法"，《财经问题研究》，2002 年第 3 期。

二、公司理财与财务学

（一）财务学的内涵

财务学的核心词是财务。财务一词是与英语 FINANCE 相对应的。FINANCE 还被翻译为金融，有的将其翻译为财政。我们在研究国外对财务的一般解释时，将财务等同于 FINANCE。关于财务的定义有许多，基本共识是财务是关于资本的科学，财务与资本运作及管理密不可分；财务是研究个人、经济实体和其他组织资本的科学。

如果将财务定义为关于经济实体、个人和其他组织进行资金或资本运筹的科学，财务学就是在探索资本运筹规律、追求资本运筹效率、总结资本运筹观念的过程中产生和发展起来的一门科学，或者说财务学是研究资本运筹规律与效率的一门科学。

（二）财务学的范畴

公司理财是财务学的重要组成部分。因此，要明确公司理财在财务学中的地位，首先应明确财务学的范畴。财务学的范畴是指财务学所涉及的内容，从不同的角度划分，财务学有不同的范畴分类。财务学按照研究范畴来划分，可以分为公司理财（企业财务管理）、金融市场、投资管理及其他财务管理。由于在下一节将单独论述公司理财的内涵，本部分主要对金融市场、投资管理和其他财务管理的范畴进行简要介绍。

1. 金融市场

金融市场是指资金融通的场所和相关机制。金融市场包容了所有的融资活动，是一个复杂的系统，按不同标准，金融市场可划分为多种类型，如按交易标的物、按金融交易期限、按融资的性质等，可分为各自不同的类型。金融市场管理是广义财务管理的一个重要范畴，两者的关系十分密切。可以说，有效与合理的财务决策离不开健全和完备的金融市场。所谓健全，是指信息披露、机构管理和交易监督都十分有效，而完备则是在金融市场上有能满足各种偏好的投资者和筹资者的金融工具。另外，金融市场和企业财务管理相辅相成。一方面，金融市场对各类企业的信息，特别是理财信息随时随地进行着评估，并把这种评判反映在企业所产生的金融工具价格上；另一方面又把这种价格上的变化传递到该企业以后的融资活动中。

2. 投资管理

投资管理是研究与管理投资者财富的一门学问。投资是现代社会中十分重要的经济活动，已构成现代社会经济成长的基本动力。从严格意义上讲，一切经济活动都可以被称为投资，如银行的储蓄，收藏艺术品，接受教育，购买机器设备，甚至生活消费也可以被看作是投资，因为消费是为了维持人的生存以取得今后收益的行为。我们这里所指的不是广义的投资，而是一个狭义的概念，仅指微观意义上的金融性投资，这里的投资可以定义为是一种依托于资本市场的投资活动，是指在金融市场中进行各种金融工具交易的活动。这个定义使其与实业性投资相区别，如购买机器设备、新建工厂等，甚至不包括许多以盈利为目的的金融活动，如银行储蓄、购买金币以图利等，但又不能将其仅仅理解为买卖股票，投资的对象包括所有在金融市场上有活跃交易的金融工具。

3. 其他财务管理

除金融市场、投资管理和公司理财之外，其他社会组织和个人也需要进行财务管理。我们把政府及非营利组织财务管理和家庭理财划入其他财务管理范畴。

（三）公司理财在财务学中的地位

公司理财是财务学或财务管理学的重要组成部分，它与金融市场学、投资管理、政府及非营利组织财务管理共同构成现代财务学的完整内容体系。公司理财通过对企业资金或资本运筹的管理，协调与处理企业各种利益相关者的关系，其最终目的是实现企业资金或资本的运筹效率和效果。

由于公司资本运动及其增值是社会资本运动及增值的基础与关键；另外，无论金融市场还是投资管理，无论政府及非营利组织理财还是个人理财，往往都与公司理财相关。因此，公司理财的发展与完善对财务学的发展与完善至关重要。

三、公司理财与会计学

（一）会计学的基本概念

会计学是随着商品经济的产生、发展以及近代会计的程序与方法日益完善而建立起来的一门独立学科。会计学以会计的目标、职能、对象和程序、方法为研究对象，采用一定的研究方法，构建会计理论体系，揭示会计所反映和监督经济活动的过程，促进会计工作更好地为经济生活服务。[①] 会计是以货币为计量尺度，运用一系列程序和方法，连续记录经济业务，反映和监督经济活动中价值运动过程的一项经济管理工作。会计的基本程序与方法是指会计的确认、计量、记录和报告。图 1－1 可反映这四个环节在会计中的地位。

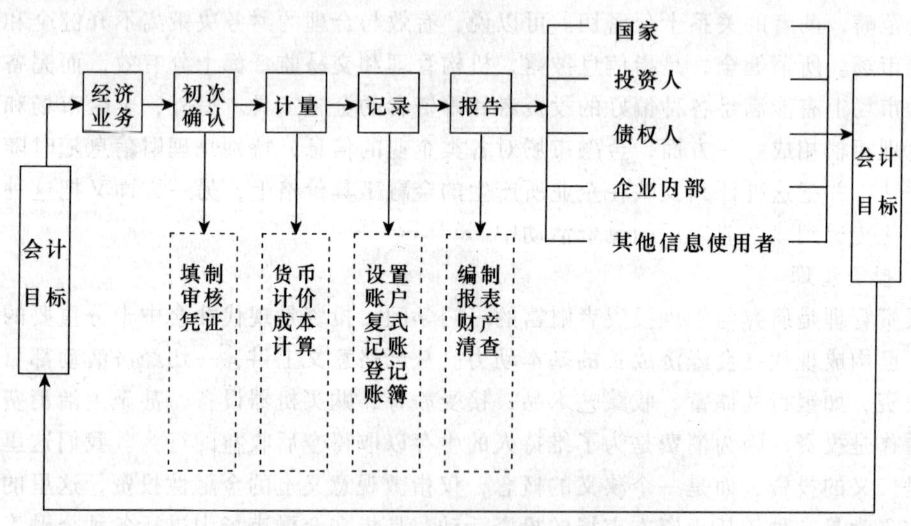

图 1－1[②] 会计确认、计量、记录和报告

① 冯淑萍：《简明会计辞典》，中国财政经济出版社 2002 年版。

② 吴水澎：《中国会计理论研究》，中国财政经济出版社 2000 年版。

会计程序与方法中的确认、计量、记录和报告这四个方面是会计学的核心内容，其中，提供会计报告是会计的主要职能。会计报告是整个会计系统的最终产品，是以浓缩的、综合的、系统的、分类的形式反映企业财务状况与经营成果的书面文件。会计报告主要包括对外报出的会计报表、会计报表附注及财务状况说明书。

会计报表包括资产负债表、利润表、所有者权益变动表和现金流量表。企业的各项财务活动都直接或间接地通过会计报表来体现。

（二）公司理财与会计学的关系

公司理财是在探索公司资本运筹规律、追求资本运筹效率、总结资本运筹观念的过程中产生和发展起来的一门科学，或者说公司理财是研究公司资本运筹规律与效率的一门科学。

由于会计学的货币计量属性与公司理财研究的对象资本之间密不可分的关系，会计学与公司理财之间的关系是十分紧密的。会计计量与报告一方面来自于公司理财中资本运作的要求，另一方面会计信息影响着公司理财的内涵与发展。

会计的目标是提供决策与控制的有用会计信息，公司理财的目标是利用会计提供的资本运作信息进行决策与控制，实现资本效率和效果。在某种程度上会计信息的相关度决定了公司理财的内涵与程度。中国会计学的发展历程对公司理财的影响最典型地说明了这个问题。

在计划经济体制下，中国的会计报表主要有成本表、利润表和资金平衡表。由于国家对企业的筹资、投资、采购、销售和分配计划负责，因此，依据利润表和资金平衡表的管理是政府的职责，企业财务管理只是成本管理，利用成本报表、重视成本指标是企业的财务目标所要求的。

在有计划商品经济体制下，由于中国政府将供产销及部分分配的权力下放给企业，国家依据资金平衡表管理对企业筹资与投资，企业则开始利用利润表（含成本表）进行财务管理。

在社会主义市场经济体制下，中国的会计报表发生了变化，由资金平衡表变为资产负债表，同时增加了现金流量表、所有者权益变动表，保留利润表，将成本表变为内部报表。会计报表的这些变化决定了公司理财内涵的变化。企业理财中资本筹集、资本结构、资本成本、资本投放、资产配置、资产效率、现金流量等的管理都成为必然。

四、公司理财与财务分析

在研究会计学和公司理财等学科的关系中，都涉及到会计学的发展如何满足相关学科发展的信息需求；其他学科发展如何有效利用会计信息的问题。一方面，毕竟会计学并不是单纯满足某一信息使用者的需求，因此，会计提供的信息往往需要分析与转换而成为信息需求者的有用信息；另一方面，经济学、管理学等相关学科的复杂性也不能要求会计学者完全或直接掌握其会计信息的需求，对相关学科决策需求的分析与转换为会计信息需求，也是会计学发展所需要的。在会计学与相关学科关系的信息转换中，财务分析起着重要的作用。

财务分析学实际上是在会计信息供给（会计学）与会计信息需求（公司理财、经济学、管理学等）之间架起的一座桥梁，它通过对会计信息的透视与剖析，满足会计信息需求者的不同要求。财务分析就是根据相关学科或人们对会计信息的需求，将标准的会计信息分析转换为决策与管理所需要的信息；同时，财务分析又根据相关学科理论与实务所需求的信息，分析转换为会计应该提供的信息。财务分析的这种地位与作用，在会计学与财务学关系发展中体现的最为明显与清楚，如图 1－2 所示。

随着相关学科理论与实务对会计信息需求的加大，财务分析在连接会计学与相关学科关系中的地位与功能将进一步扩展，如图 1－3 所示。

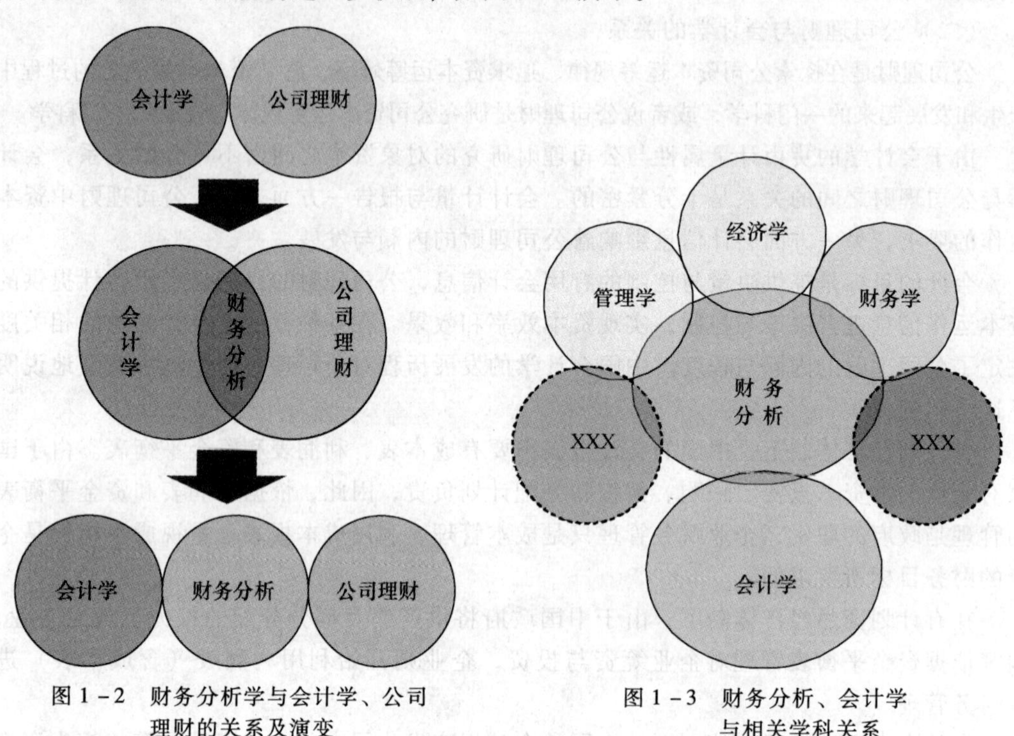

图 1－2 财务分析学与会计学、公司理财的关系及演变

图 1－3 财务分析、会计学与相关学科关系

从财务分析在会计学与相关学科关系中的地位与作用看，随着会计学科地位的提升以及相关学科对会计学信息需求的范围、数量与质量要求的提高，财务分析学将在分析主体、分析对象、分析内容和学科地位上有进一步的扩展与提升。财务分析不仅要满足投资者、债权人等外部信息需求者的需要，而且要满足管理者、员工等内部信息需求者的需要；不仅要满足管理学理论与实务发展的需要，而且要满足经济学理论与实务发展的需要。

第二节 公司理财体系框架

一、公司理财基本内涵

（一）公司理财的含义

公司理财学是财务学或财务管理学的重要组成部分，它与金融市场学、投资学、政府及非营利组织财务管理共同构成现代财务学的完整内容体系。公司理财是对企业财务活动和财务关系的管理，即通过对企业资金或资本运筹的管理，协调与处理企业各种利益相关者的关系，其最终目的是实现企业资金或资本的运筹效率和效果。

公司理财学研究稀缺资金如何在企业和市场内的有效配置，就公司经营过程中的资金运动进行预测、组织、协调、分析和控制的有关的决策与管理活动进行归纳总结并指导实践。公司理财学的研究对象是公司理财活动，而公司理财活动是企业资金运动及其所形成的各种经济利益关系有机统一体，公司通过金融市场或金融中介来实现投资与投资者的连接，理财活动在人与人之间的相互关系中存在着，这种相互关系是公司财务活动所形成的各种经济利益关系。

（二）公司理财的目标

公司理财的根本目标是“资本增值”。公司资本增值通常体现了公司价值和股东价值的增长。“公司价值最大化”中的“公司价值”包括了可供所有企业参与人分配的总收益；而“最大化”是相对于预期值而言的。公司价值最大化目标具备了整体观念，兼顾了公司契约中的所有利益关联方。股东价值是公司价值减去债务价值后的净值，因此，当负债市值不发生变化时，股东价值最大化与公司价值最大化在内涵上是一致的。当两者发生矛盾时，公司价值最大化应服从于股东价值最大化，而不是相反。

在现代企业制度下，公司理财活动围绕着资本的筹集、投放和分配进行，资本经营成为现代企业财务活动和财务关系的直接要求，因此，资本增值也是现代公司理财的根本目标。从狭义来说，资本增值主要指所有者权益的增加或股东财富的增加，因此，它与股东价值最大化应该是一致的。当然，资本增值在一般情况下也必然引起公司价值的增加。

（三）公司理财的原则

公司理财学的原则是公司理财活动应该遵循的基本准则，是从公司理财实践中概括出来的、体现公司理财活动规律的、具有指导作用的行为规范。公司理财的原则具体包括：

1. 风险与收益均衡原则，即公司理财活动不能只顾收益，不考虑发生损失的可能性，应全面分析其收益性和安全性，按照风险和收益适当均衡的要求来决定采取何种行动方案，同时在实践中趋利避害，争取到更多的收益。

2. 成本效益原则，即在理财活动中，应该将理财活动的成本与收益相比较，权衡各种备选项目的利弊得失，以尽可能低的资本成本，取得尽可能高的资本收益。

3. 现金流量至上原则，即以现金流量作为公司理财活动的起点和终点，贯穿至公司理财活动的各个环节，任何理财活动都要注重现金管理，最大程度地获取现金流量，以提高公司的流动性，更好地利用现金以提高其获利性；等等。

（四）公司理财的范畴

公司理财学的范畴是指公司理财学所涉及的内容，从不同的角度划分，公司理财学有不同的范畴分类。从公司理财活动的内容划分，公司理财主要划分为筹资活动、投资活动和股利分配活动三个方面；从公司理财学的层级来划分，公司理财学分为公司理财学基础、中级公司理财学和高级公司理财学三个方面；从公司理财活动的地域划分，可以分为一般公司理财和跨国公司理财；从公司理财的研究领域划分，可以分为资本结构、公司治理和公司价值评估三个方面；等等。

二、公司理财主体与客体

在明确公司理财内涵的基础上，我们可从公司理财主体和公司理财对象两方面为建立公司理财体系奠定基础。

（一）公司理财主体

公司理财的主体与财务学科划分及范畴相关。对于研究总量资本运筹的公共财务（public finance），其管理主体通常是指政府；研究个体资本运筹的微观财务，其主体包括企业、非营利组织（政府作为“大型”个体包含在内）、家庭和个人等；另外，由于现代意义上的理财必须借助一定的场所、中介和手段，因此，财务管理主体还包括资本市场管理者、金融机构与投资机构等。

对公司理财主体进行划分，还可分为所有者财务、经营者财务与财务经理财务等。所有权与经营权分离是公司制度的一个重要特征。现代公司财务管理形成一种分层管理体制。具体分为所有者财务、经营者财务和财务经理财务三个层次。①

所有者为了实现自己的资本增值目标，减少经营者偏离自己目标导致的代理风险，需要对公司的资金筹集、资金投向、收益分配政策等行为实施管理。这就是所有者财务的主要内容。所有者财务的另一项重要内容是对经营者自己制定的公司政策和重大决策的执行过程实施监督和调控，对经营者的业绩进行评估，并且确定向投资者支付的报酬。

经营者财务是指经营者为了实现所有者下达的财务目标，贯彻所有者制定的公司政策，执行所有者作出的决策，而科学地、合理地使用投资者投入的资金，有效地利用负债，减少财务风险，提高企业资产运营效率。经营者财务的主要内容包括：制定具体财务战略；审批预算方案；对预算的实施进行合理的组织和有效的控制；出任或解聘财务经理等。

财务经理的职责主要是日常财务管理，比经营者财务更具体、更具有操作性。财务经理财务的主要内容包括：处理与银行的关系、现金管理、筹资管理、信用管理、利润分配的实施、进行财务预测、财务计划和财务分析工作等。

（二）公司理财客体

财务学的客体或对象是财务活动或资本及资金运筹。无论是宏观财务还是微观财务，无论是企业财务还是非营利组织财务及个人财务，进行财务管理都一定是对资金或资本筹集、使用、分配的管理。因此，公司理财的客体是公司资本运筹，包括资本的筹

---

① 详细讨论参见汤谷良：“经营者财务论——兼论现代企业财务分层管理架构”，《会计研究》，1997 年第 5 期。

集、资本的投放和资本的分配。

资本的筹集。资本的筹集是财务主体进行财务活动的起点，是投放资本的前提。筹集资本是指财务主体从不同渠道采用不同方式取得资金或资本的行为和过程。对企业财务来说，根据资本的筹集渠道不同，有两种不同性质的资金来源：一是权益资金，即企业通过吸收直接投资、发行股票以及内部留存收益等方式获取的资金，投资者或股东包括国家、法人和个人等；二是债务资金，即企业通过银行借款、发行债券以及应付款项等方式获取的资金。在资金或资本的筹集过程中，既要确定筹资的总规模，选择适当的筹资渠道、筹资方式或工具，又要确定合理的筹资结构，以降低筹资成本和财务风险。

资本的投放。资本的投放是筹资的目的和归宿。财务主体取得资金后，为了实现一定目的，必须将资金投入使用。资本的投放就是对各种资产的投资和营运过程。对企业而言，其资本的投放是通过购买、建造等方式实现的，资本投放到企业内部，形成企业的固定资产、流动资产和无形资产等生产性资产；投放到企业外部，如购买政府公债、企业债券和公司股票等，形成企业的金融性资产。在资本的投放过程中，既要确定投资的规模和额度，选择适当的投资对象和投资方式，又要确定合理的投资结构，以降低投资风险提高投资收益。

资本的分配。资本的分配是资本运动的终点，是对资本的收入和收益在各利益主体之间的流转过程。企业资本的分配是一个多层次的分配活动。企业通过资本的投放所取得的收入首先要补偿生产经营耗费，其次要缴纳各项流转税费、支付债权人利息费用，这就构成了利润总额。利润总额按照国家规定缴纳所得税，税后净利润要提取公积金和公益金、支付股东股利、以未分配利润作为企业留存收益，最终完成资本收入的分配。在资本的分配过程中，既要确定适当的收入分配比例，选择合理的收入分配形式，又要确定合理的分配顺序，以实现各利益主体间的利益均衡。

三、公司理财体系与内容

明确了公司理财的内涵，我们可以此为理论基础探讨公司理财的体系与内容问题。由于我国目前学科划分的不明确，《财务管理》、《公司理财》等教材的体系与内容大同小异，往往都以企业财务为主体，但同时又没有突出现代企业理财的基本特点。我们认为在明确公司理财学科定位及基本内涵的基础上，可将公司理财体系与内容框架构建为如图 1－4 所示。

公司理财体系框架可表述为：以资本增值为公司目标和财务目标，以基于价值管理为公司理财的导向，以会计报告与财务分析为理财基础，以处理与投资界的关系、评估战略以创造价值和借助全面绩效管理创造价值为理财领域，以资本经营与管理控制为理财两翼的全面、系统、综合的理论体系与应用体系。

公司理财目标应该服从于公司的目标。公司作为营利组织，其目标是以尽可能少的资源投入，创造出尽可能多的满足消费者需要的产品。在商品经济条件下，由于公司所有者是资本所有者，公司目标应与公司资本所有者目标相一致，即资本保值与增值。而资本的保值与增值是在资本的经营与管理过程中实现的，而这个过程和目标正是公司理

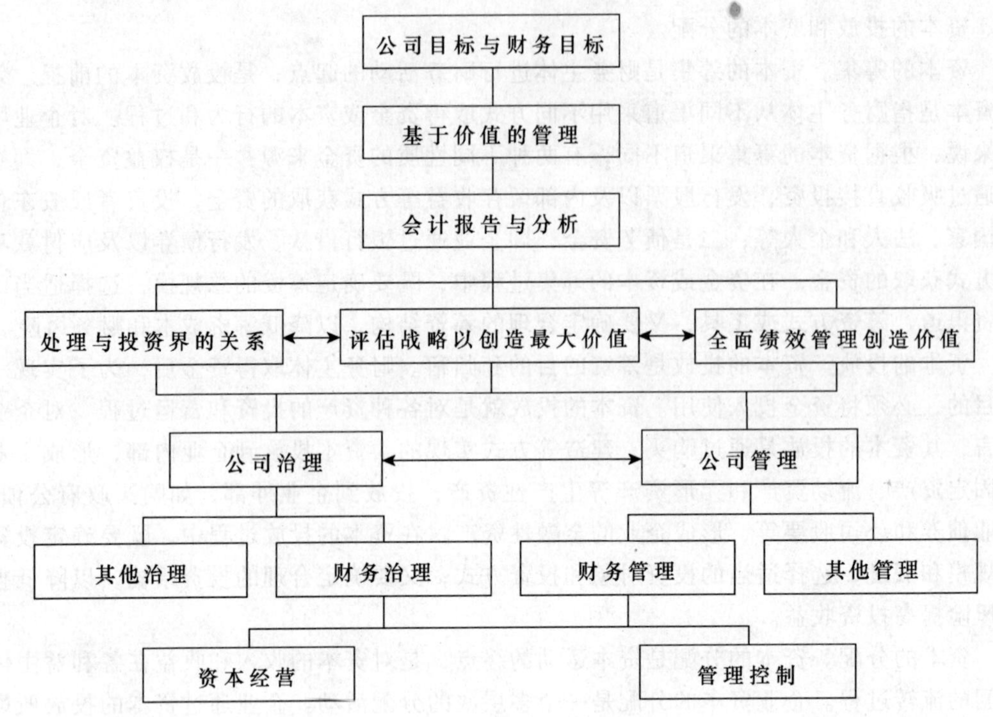

图 1-4 公司理财体系框架图

财的过程和目标。因此，在现代企业制度下，公司理财目标与公司目标是高度一致的，这也正是公司理财在企业管理中处于中心地位的根本原因。

公司为实现资本保值增值进行的价值经营与管理过程，可以称为基于价值的管理，或 VBM。VBM 的真正含义在于：它将公司中每个部门和每个人的行动都与公司价值创造、价值实现，即资本增值目标保持一致。因此，VBM 是一个以资本增值目标为中心，以价值创造与价值实现为导向，将公司所有部门和个人的行为联合起来的、综合的、完整的价值管理系统。

基于价值管理的信息基础是以价值计量与报告的信息，会计报告与财务分析信息是进行价值管理的最重要的信息。正因为如此，有专家将运用价值分析进行经营与管理称为基于价值的管理。①

公司理财在基于价值管理导向下，围绕处理与投资界的关系、进行战略决策和全面绩效管理三个领域进行价值创造和价值实现的管理。处理与投资界的关系，就是要使公司现有的投资者和潜在投资者有充分的信息了解与掌握公司的价值创造状况、风险状况，增加投资者对企业的信心，以保证公司价值实现。进行公司战略决策，就是要使公司高层决策者有充分的信息了解和掌握公司所面临的经济环境、体制环境、竞争对手情况和自身优势与劣势，制定出适合本公司的战略目标与战略措施，从而使公司创造出更大的价值。全面绩效管理，就是要使公司管理层与员工，在公司战略指导下，通过一系

① Stephen H. Penman. Financial Statement Analysis and Security Valuation. Second edition. McGraw Hill, 1998.

列管理控制程序，实现公司战略和价值创造目标。全面绩效管理是一种有效的战略执行方法，是保证公司目标及战略得以实现的一个管理控制信息系统。

公司的各种事务和运行机制通常可以分为公司治理和公司管理两个层次。在 VBM 中，公司治理的核心是财务治理，公司管理的中心是财务管理。公司理财应从财务治理和财务管理两个方面进行，公司理财的关键是资本经营与管理控制。

第三节　公司理财目标解析

一、公司理财目标各种观点述评

对于公司理财目标的表述，国外和国内都提出过许多不同的见解，比较重要的有：(1) 利润最大化；(2) 经济效益最大化；(3) 股东财富最大化；(4) 现金股利最大化；(5) 产值最大化；(6) 投资者、经营者和社会利益最大化；(7) 长期资本增值；(8) 资金运动合理化；(9) 企业价值最大化；等等。现仅就在国外和国内广泛应用的三种观点加以评述。

（一）利润最大化

利润最大化目标是指通过对企业财务活动的管理，使企业的利润在一定的时间内达到最大。这种观点认为企业是以盈利为目的的经济组织，创造利润是企业生存发展的基础，利润代表着企业经济活动的成果，利润越多投资者的财富增加得越多，因而，追求利润最大化应该是公司理财的目标。利润最大化起源于亚当·斯密关于“经济人”的假说，是西方经济学的理论基础。20 世纪 50 年代以前，西方许多经济学家都将其作为评价企业行为和绩效的标准。以利润最大化作为公司理财目标，有其合理的一面：

1. 利润是企业一定时期内收入和耗费的差额，是企业最综合的指标，能够反映企业整体经营管理和公司理财的水平。

2. 利润既是资本报酬的来源，又是企业增加资本公积，扩大经营规模的来源。

3. 利润是企业生存和发展的必要条件，追求利润是企业和社会经济发展的重要动力。

4. 利润是企业新创造的财富与价值，是社会财富的真实积累。企业以利润最大化为目标，必然能够加强管理，改进技术，降低成本，提高劳动生产率。这些措施都有利于资源的合理配置，有利于企业竞争能力的提升。

但是，这种观点也有其缺陷：

1. 没有考虑货币的时间价值，即只考虑了利润的实现数额，而忽视了利润取得的时间因素。

2. 没有考虑投入与产出的关系，利润作为一个绝对数，无法反映出所获利润与投入资本的关系，无法衡量资本的使用效率，也不利于不同资本规模的企业和同一企业不同期间的业绩比较。

3. 没有考虑风险问题，一般而言，风险与收益正相关，收益越大，风险也越大，盲目追求利润最大化，财务管理人员可能选择利润额高、风险也大的投资项目，这样企业就处在一个高风险的运营状态下，容易遭致窘境甚至破产。

4. 利润最大化无法反映企业未来的发展潜力。利润只是企业当期的经营成果，不代表企业未来的发展能力，片面追求利润最大化很可能导致企业只顾实现目前的最大利润，忽视产品开发、生产安全、人才培养以及履行社会责任方面的投入，即以未来企业综合实力的下降或丧失为代价换取当前的利益，这对企业长期健康的发展是十分不利的。

（二）股东财富最大化

股东财富最大化目标是指企业通过财务上的合理经营，采取最优的财务政策，最大限度地为股东谋取财富。西方国家比较推崇股东财富最大化作为企业公司理财目标，其理由是股东作为资本提供者，是企业的终极产权所有者，享有企业最终的财产权与收益权，同时，又是企业最终风险的承担者，股东的地位是至高无上的，企业的一切活动都应服务于股东的利益最大化。受股东委托的经营者在处理企业的日常经营管理工作时，应该以股东财富最大化为目标行使各项权力，实现权益资本的保值增值。股东财富是指股东在企业中所拥有的净资产在资本市场上的市场价值，在股份制经济条件下，股票是股东拥有企业财富的凭证，股票的市场价格体现了股东财富的大小，因而，股东财富最大化又演变为股票价格最大化。该观点较之利润最大化目标有如下积极方面：

1. 股票市场价格以每股市价表示，受预期每股收益的影响，反映了资本和利润的关系，也便于与其他社会资本的获利能力相比较。

2. 股东财富最大化目标考虑了风险因素，风险的高低，会对股票价格产生直接的影响。

3. 股票市场价格包含了投资者对企业未来获利的预期，因而能够在一定程度上克服企业在追求利润上的短期行为。

4. 股票市场价格反映了投资大众对企业经营状况和发展前景所作的评价，具有客观性。

但应该看到，这种观点也存在一定的缺陷：

1. 股东财富最大化目标以股票的市场价格来计量是隐含着一个前提的，即资本市场充分有效。正如 Allen C Shapiro 教授所说："在运行良好的资本市场里，投资者可以自由地以最低的交易成本销售金融证券，股东财富最大化可以理解为最大限度地提高现在的股票价格。"（Allen C Shapiro，1992）在无效的资本市场条件下，该目标会导致财务决策的不合理，从而导致整个社会经济资源的低效或无效配置。

2. 对上市公司来说，可以用上市公司的股票价格衡量股东财富，但对非上市公司则很难有一个比较公允客观的股票价格来衡量股东财富。

3. 股票市场价格受多种因素的影响，除了受公司内部经营状况影响外，还受到社会政治经济环境、公众心理等许多不可控因素的影响，理财人员的行为不能有效地影响股东财富。

4. 该目标只是站在投资者或股东的角度说明企业财务活动的目标，只强调股东的利益，而忽略了政府、债权人、企业员工等其他利害相关者的利益，这样会影响股东财富最大化目标的实现。

（三）企业价值最大化

企业价值，从理论上来讲是指企业未来报酬（通常用现金流量表示）按加权平均资本成本（贴现率）进行折现的现值。企业价值最大化目标是指在关心企业所有关系人利益的前提下，充分考虑资金的时间价值以及风险与报酬的关系，在保证企业长期稳定发展的基础上追求企业价值的最大化。这种观点认为，企业是多边契约关系的总和：股东、债权人、经营者、员工以及政府等等对企业的发展缺一不可，各方面都有自身的利益，共同参与构成企业的利益制衡机制，只有兼顾和协调各方面的利益，才能实现企业长期稳定的发展。因而，公司理财目标应该体现企业各个利益集团的利益，是各个利益集团互相博弈的结果。企业价值最大化，能够保证各利益集团应分得的份额，做到了兼顾各方利益，实现了各方利益的最优化，因此成为企业公司理财的目标。以企业价值最大化为目标的优点主要有：

1. 考虑了报酬取得的时间因素，在计算企业价值时，根据货币的时间价值原理对未来报酬进行贴现。

2. 考虑了报酬取得的风险因素，在计算企业价值时，加权平均资本成本是企业各收益索偿权持有人要求报酬率的一个加权平均值，其值越高，表明企业的风险越大，企业价值越小；其值越低，表明企业的风险越小，企业价值越大。

3. 符合企业可持续发展的长远利益。因为不仅当前的利润能够影响企业的价值，而且预期未来的利润对企业价值的影响也十分重要，这样，企业不再只强调企业当前的微观经济利益，更注重微观经济利益与宏观经济利益协调一致，更讲求信誉，更注重企业长期稳定的发展。

4. 考虑了所有关系人的利益。以企业价值最大化作为公司理财目标，不仅考虑了企业的经济效率，而且兼顾了其他利益相关者的要求和企业的社会责任，有助于企业公司理财达到一种良性循环。

企业价值最大化目标从理论上看虽然很全面，但它仍然存在着难以克服的缺陷：

1. 企业价值是一个比较抽象而很难具体确定的概念，不易被人们所理解和接受。

2. 在计算企业价值时，理论上需要知道企业未来各年的报酬和加权平均资本成本，这两个基本要素是很难预计的，预计中也可能出现较大的误差。

3. 在现有的经济模式下，各利益集团存在着难以解决的各种利益冲突，难以实现各方利益的统一。

二、公司理财目标的确定原则与思路

（一）公司理财目标的确定原则

1. 财务目标与组织目标

财务活动作为组织的一种重要活动，财务目标必然服从组织总体目标。对于作为营利组织的企业来说，企业目标是综合的，而不是单一的。企业目标往往是经济目标、技术目标以及社会目标的统一或综合。在不同的经济体制下或不同的历史时期，企业各项目标的内涵可能不同，所处的地位也不同。虽然企业目标的确立为企业公司理财目标奠定了基础，但应该明确，公司理财目标并不一定等同于企业目标。特别是当企业的社会目标或技术目标等非经济目标处于支配地位时，公司理财目标往往与企业主要目标不一致，而处于从属地位，此时公司理财在企业管理中的地位也处于从属地位。当企业的经济目标处于支配地位时，企业理财目标与企业主要目标高度相一致，公司理财在企业管理中也就处于中心地位。因此，在市场经济条件下或现代企业制度下，企业理财目标与企业经济目标是一致的。对于非营利组织来说，其组织目标是单一的，表现为为社会公众提供公共物品，其财务目标也是服从于此的。

2. 财务目标与社会目标

财务目标是与企业的总体目标相一致的。但是，与社会目标既有一致的方面，又有矛盾的方面。企业在追求自己目标的过程中，必然要不断创新，引进与开发新技术、新产品，更新设备，培养后备人才，从而为社会带来新产品和服务，满足社会的需求，还会带来就业机会，增加社会成员的财富，这是企业财务目标和企业总体目标与社会目标相一致的方面。然而，企业也可能单纯为了实现自己的目标而采取非法行为或违背商业道德，如生产假冒伪劣产品、侵害职工和其他企业利益、破坏资源和污染环境，等等。一个持续、健康发展的企业既要考虑企业的财务目标与企业总体目标，又要兼顾企业的社会目标，并在两者中谋求均衡。

3. 财务目标与非财务目标

组织目标是一个包括组织总体目标和各个职能部门及低层管理者的分目标在内的多元化的目标体系。对于企业组织来说，企业的分目标可以概括为财务目标与非财务目标。非财务目标包括产品的市场占有率、顾客满意度、研究与开发、生产率、人力资源、内部的创新与学习以及内部流程等其他标准。这些非财务目标从不同的方面规定了企业在长期发展中应达到的状态，为企业总体目标的实现提供保障。财务目标与非财务目标统一于企业的总体目标，其目的都是为了实现企业的总体目标。因此，企业的非财务目标在与企业目标协调的同时，也必须与企业财务目标取得统一。

（二）公司理财目标界定

我们已经明确，组织的财务目标与组织目标是一致的。作为营利组织的企业，其目标是以尽可能少的资源投入，创造出尽可能多的满足消费者需要的产品。在商品经济条件下，这一目标又具体体现为价值目标，即资本的保值与增值。企业的目标从根本上必然与企业的所有者目标相一致。作为一个企业，其生存与发展的基础是拥有一定资源，包括资本资源和劳动力资源。关于谁是企业的所有者问题，有两种不同的观点：企业的所有者是资本资源的所有者还是劳动力资源的所有者。一种观点认为，资本所有者是企业的所有者，即资本所有者以其资本投入为基础，雇佣劳动力，这就是所谓资本雇佣劳动制。另一种观点认为，劳动所有者即劳动者是企业的所有者，劳动所有者以劳动为基础，通过雇佣资本进行生产经营，这就是所谓劳动雇佣资本制。经济学研究表明，人们对风险的不同态度可能是决定谁充当监控者（所有者）的决定性因素之一。因为资本所有者通常比劳动所有者对风险的厌恶程度要小，所以，在一般情况下，企业资本所有者成为企业主或企业所有者。另外，在劳动雇佣资本制度下，企业只能负盈，不能负亏，或者说劳动者只能分享收益，不能承担风险。因此，企业所有者是资本所有者，企业目标应与企业资本所有者目标相一致，即资本保值与增值。那么，在现代企业制度下，由于企业财务目标与企业目标的一致性，资本保值与增值也是企业公司理财的根本目标。

三、公司理财目标解析

公司理财根本目标应与其所有者目标相一致，即资本的保值与增值。而要实现资本保值增值，除要明确资本保值增值内涵外，还应搞清资本保值增值与利润及经济效益的关系。

（一）资本保值增值内涵

研究资本保值增值的内涵，关键在于搞清资本的内涵和保值增值的内涵。企业资本从不同角度可界定为财务资本和实物资本。按照国际会计准则委员会的界定：财务资本“如同投入的货币或投入的购买力，是企业的净资产或产权的同义词”。实物资本则“如同营运能力，被看作是以每日产量等为基础的企业的生产能力”。通常会计上使用的资本是指财务资本。

研究保值增值内涵的关键是保值，因为超过保值的额度就是增值。而进行资本保值内涵研究应以资本保全理论为依据。会计上的资本保全理论是企业收益计量理论的核心，它有两种概念：一是财务资本保全，二是实物资本保全。财务资本保全要求所有者投入资本的价值保持完整，即期末资本价值等于期初资本价值。实物资本保全要求所有者投入资本的实际生产能力保持完整，即期末实际生产能力等于期初实际生产能力。无论何种资本保全，实际上都与货币计量单位有关，由于货币计量单位可分为名义货币单位和一般购买力单位两种，因此，资本保全就由上述两种演变为四种：即名义货币单位财务资本保全、一般购买力单位财务资本保全、名义货币单位实物资本保全和一般购买力单位实物资本保全。与资本保全概念相适应，资本保值概念通常也存在这四种观点。

值得探讨的问题是：(1) 资本保值与资本保全是否完全相同呢？我们认为，资本保值与资本保全是紧密联系但又有所区别的。资本保值是以资本保全理论为依据的，资本保全是资本保值的基础，没有资本保全，就谈不上资本保值。但是，资本保全并不是资本保值的全部内涵。资本保值应在资本保全的基础上，进一步考虑货币或资本的时间价值（而会计上的资本保全概念并没考虑货币的时间价值），即在上述四种资本保全的基础上，再考虑期初资本的机会成本或时间价值。因为从资本保值产生的基础看，它主要产生于财产所有权与法人财产权的分离，因此，资本保值的目的除了资本保全目的外，还有保证所有者投入资本获得正常收益，促进资本增值，评价经营者业绩等目的。而这后几种目的，靠资本保全是无法实现的。(2) 资本保值增值应指财务资本保值增值，还是实物资本保值增值？财务资本保值和实物资本保值，从不同的资本保全观出发，各有其目的和作用，从理论上说，分别研究它们是必要的。但是，从现实看：①实物资本保全涉及技术进步、资产结构、产品结构及物价变动等诸多因素，可操作性及计量的准确性较差。②实物资本保全最终与财务资本保全一样，都要落实在价值保全上，从这个角度看两者是紧密相关的，财务资本保全可取代实物资本保全。在物价和技术变动不大的情况下，货币财务资本保全与实物资本保全往往是一致的；在物价变动较大，而技术变动不大的情况下，一般购买力财务资本保全往往也可达到实物资本保全；在技术变动或技术进步情况下，虽然财务资本保全与实物资本保全可能不同，但是，只要实现了财务资本保全，往往也就实现了实物资本保全，因为技术进步将使生产率提高，一定生产能力的投资减少。③在财务资本保全额大于实物资本保全额情况下，应以财务资本保全为主还是以实物资本保全为主呢？我认为应是前者，因为它不仅同时实现了两种保全，而且收益计量也是真实合理的。否则，虽然实现了实物资本保全，但没实现财务资本保全，当期收益中必然存在期初所有者权益的转化因素。一个持续经营企业，绝不会只为了实物资本保全而将投资资本作为收益分配的。因此，研究财务资本保全、保值及增值比研究实物资本更有实际意义。

（二）资本保值增值与利润及经济效益的关系

1. 资本保值增值与利润的关系

要研究两者关系，在明确资本保值增值内涵的基础上，还要搞清利润的内涵。

利润通常是指收入或产出与成本或投入之间的差额。利润一般可分为会计利润和经济利润两类，其计算公式为：

会计利润 = 收入 - 会计成本 （1.1）

经济利润 = 收入 - 经济成本 （1.2）

由经济成本与会计成本之间的关系可引出经济利润与会计利润之间的关系：

经济利润 = 收入 -（会计成本 + 隐含成本或正常利润）

=（收入 - 会计成本）- 隐含成本或正常利润

= 会计利润 - 隐含成本或正常利润 （1.3）

会计上的资本保全理论是企业收益计量理论的核心，因此，资本保值增值与利润是紧密相关的，在不考虑投入资本变动、物价变动及利润分配情况下，其关系可用下式表示：

期末资本 = 期初资本 + 会计利润

资本变动值 = 期末资本 - 期初资本 = 会计利润

当会计利润为零时，即：资本保全 = 期末资本 - 期初资本 = 0 （1.4）

当会计利润大于零，经济利润为零时，即：

资本保值 = 期末资本 - 期初资本 ×（1 + 正常利润率）= 0 （1.5）

当经济利润大于零时，即：

资本增值 = 期末资本 - 期初资本 ×（1 + 正常利润率）> 0 （1.6）

可见，资本保值增值的关键在于利润，特别是经济利润。

2. 利润与经济效益的关系

研究利润与经济效益的关系，首先应搞清经济效益的内涵。关于经济效益定义有许多种观点。作者认为，经济效益是指在社会经济（或社会再生产）活动中产生的经济效率及其相应的收益，它反映了投入或所费经济资源与产出或所得的经济成果之间的关系。正确理解经济效益的定义，需要搞清以下几点：

第一，经济效益的实质是经济效率，即：

$$经济效益=经济效率=\frac{\sum(产出量\times产出价格)}{\sum(投入量\times投入价格)} \tag{1.7}$$

$$=\sum技术效率\times产出与投入价比$$

第二，经济效益的收益是有效率或效率提高产生的收益，即：

$$经济效益=投入值\times(实际经济效率-基准经济效率)=效率收益 \tag{1.8}$$

利润与经济效益是紧密联系的，这可从会计利润和经济利润两方面说明。

第一，会计利润与经济效益。根据会计利润的计算公式，可推导出会计利润与经济效益的关系如下：

$$会计利润=收入-会计成本$$

$$=会计成本\times（收入/会计成本-1） \tag{1.9}$$

$$或=资本\times（会计利润/资本）=资本\times净资产利润率$$

会计利润与经济效益关系说明，有利润一定有经济效益，但利润增加并不一定说明经济效益提高；有经济效益就一定有会计利润，经济效益提高将引起利润增加。可见，利润只能说明经济效益的有无，不能说明经济效益的高低。

第二，经济利润与经济效益。经济利润与经济效益之间的关系式可通过经济利润的计算公式推出：

$$经济利润=会计利润-正常利润$$

$$=资本\times(会计利润/资本-正常利润/资本)$$

$$=资本\times(净资产收益率-正常利润率) \tag{1.10}$$

从上式可见，经济利润不仅受资本投入和实际的经济效益水平影响，而且受应达到的经济效益水平（正常利润率水平）影响。根据经济利润与经济效益之间的关系式，可得出以下基本结论：

第一，经济利润可用于判断或评价经济效益（效率）水平。如果将正常利润率看做是理想或正常的经济效益水平，那么，当经济利润大于零时，不仅意味着一定有经济效益，而且意味着有较理想的经济效益；当经济利润小于零时，并不一定意味着没有经济效益，但一定意味着没有理想的经济效益；当经济利润等于零时，则意味着达到正常的经济效益水平。

第二，经济利润水平制约着资本投入与经济效益的关系。在经济利润大于零时，即会计利润率大于正常利润率时，资本投入增减变动不仅与经济利润成正比，而且与经济效益成正比；当经济利润小于零时，资本投入的变动则与经济利润和经济效益成反比；当经济利润为零时，资本投入变动与经济利润无关，但与经济效益成正比。

第三，经济利润能体现经济效率与经济收益的统一；微观经济效益与宏观经济效益的统一。从以上两个结论可知：第一，经济利润的存在（即经济利润大于或等于零），一方面说明有着理想的经济效率，另一方面说明经济收益（会计利润）是有效率的收益，体现了经济效益的两个方面。第二，依据经济利润的存在与否进行资源配置，不仅有利于微观经济效益的提高，而且有利于宏观经济效益的提高。

以上分析说明，经济利润比会计利润更能准确地反映经济效益。

（三）公司理财目标的层次性及与经营方式的关系

根据上述分析可得出公司理财的目标，即：根本目标是资本增值；直接目标是利润；核心目标是经济效益。没有经济效益，就没有利润；没有利润，就没有资本的保值与增值。因此，要实现资本增值，核心是要提高经济效益，从而使利润最大化，资本增值最大化。在明确资本增值与利润、经济效益之间关系的基础上，我们还应进一步明确公司理财目标与经营方式的关系以及由此产生的公司理财目标的层次性。

1. 资本经营目标与资产经营目标

资本经营与资产经营的直接目标是一致的，即利润目标。区别关键在于核心目标，研究它们之间的关系，应从经营目标的核心目标——经济效益目标入手。反映资本经营核心目标的指标是净资产收益率，即企业净利润与企业净资产（或资本）之比。反映资产经营核心目标的指标是总资产报酬率，即企业息税前利润与企业总资产之比。资本经营目标与资产经营目标的关系可用资本收益率与总资产报酬率之间的关系来反映，即：

$$\text{净资产收益率}=\left[\text{总资产报酬率}+\left(\text{总资产报酬率}-\text{负债利息率}\right)\times\frac{\text{负债总额}}{\text{资本总额}}\right]\times(1-\text{所得税率}) \tag{1.11}$$

从上式可看出，企业要实现资本经营目标，即提高净资产收益率，一方面要搞好资产经营，提高总资产报酬率或资产盈利能力；另一方面要搞好资本运作，优化资本结构。

2. 资产经营目标与商品经营目标

资产经营与商品经营的直接目标也相同，即利润目标，区别仍在于核心目标。前面谈到，反映资产经营核心目标的指标是总资产报酬率，要明确资产经营目标与商品经营目标的关系，还应明确反映商品经营核心目标的指标。反映商品经营经济效益的主要指标是销售利润率，包括销售成本利润率和销售收入利润率。总资产报酬率与销售利润率之间的关系，可以反映出产品经营目标与商品经营目标之间的关系，即：

总资产报酬率 = 总资产周转率 × 销售利润率

式中：销售利润率中的利润是指息税前利润。

上式说明，企业要搞好资产经营，提高总资产报酬率，一方面要搞好商品经营，提高销售利润率或商品的盈利能力；另一方面要搞好资产配置与重组，提高资产的周转速度。

3. 商品经营目标与产品经营目标

应当注意，无论是商品经营、资产经营还是资本经营，它们之间的关系主要体现在反映其核心目标的指标有所不同，其直接目标实质是一个，即利润目标。而产品经营与商品经营目标的关系却主要反映为直接目标不同。产品经营的直接目标强调的是产量的最大化。因此，商品经营目标与产品经营目标之间的关系可用下式表示：

销售收入×销售利润率=∑[产量×产品销售率×(销售价格-销售成本)] (1.12)

等式左边说明，企业从商品经营角度要追求利润最大化的直接目标，一要提高销售利润率，二要扩大销售规模与水平。等式右边说明，要实现商品经营的利润最大化，产品经营是基础，即通过产品经营增加产量；同时，要注重产销平衡及投入品与产出品的价格。

第四节 公司理财基础理论①

一、公司理财学的理论发展

关于公司理财理论研究的学术源头判断，几乎毋庸置疑，它是从经济学领域中的金融经济学分出来的一个重要分支。然而随着金融市场在20世纪70年代以后的迅速发展，在西方，金融经济学慢慢成为一个独立学科并从经济学系转移到了商学院（或称管理学院）。纵观最近50多年涌现出来的关于公司理财的大量学术研究成果，不难发现公司理财理论在经济学与管理学之间存在着严重的交叉现象。从研究内容上分，与公司理财学有直接关系的理论可以细分为“资产定价（asset pricing）”和“公司理财（corporate finance）”两大类别，莫顿（Merton H. Miller，1999）将分属于这两大类别的理论，从更深的层次，即从研究方法和派别上对其进行了彻底的划分，分别是“商学院（business school）”方法和“经济学系（economics department）”方法，确切地说，也就是经济学派和管理学派。Merton H. Miller的这种划分方法纯粹是从概念上（notional）的划分，而不是从实际内容上（physical）的划分，也就是说，是根据这些研究成果应该归属的领域加以区分的。关于研究公司理财的管理学派，具体来说，就是采用“微观的、规范性的”方法，即假定市场中的证券价格是给定的条件下，无论对个人决策者还是对公司的管理者来说，决策的目标是为了使某种目标函数最大化，如效用、期望收益率或股东价值。关于研究公司理财的经济学派，与管理学派不同的是采用“宏观的、规范性的”方法。该方法假定所有的决策者都是从微观角度最优化的，推断出市场价格是怎样形成的。可以说，经济学派和管理学派这两个学术渊源的相互影响占据了公司理财理论研究领域的大部分历史。下面，我们对公司理财学的理论发展做一简单的历史回顾。

（一）以实践引导理论发展的规范研究时期（20世纪50年代以前）

詹森和史密斯（Michael C. Jensen and Clifford W. Smith，1984）在其所著的《现代

① 本节引自刘媛媛、张先治：“公司理财学的理论发展与逻辑框架分析”一文，《理财者》，2002年第2期。

公司理财理论》（The Modern Theory of Corporate Finance）一书中指出，直到20世纪50年代早期，公司理财文献包含了大量的以特定目的而设置的理论。以当时几本主要的公司理财教科书为证据，主要研究的内容包括企业如何卓有成效地筹集资本，对市场有效性的早期探索（如 Alfred Cowles 基金会）和股票市场价格随机游走假说的提出，不但视角狭窄，理解肤浅，而且内容多以介绍公司理财为主，内容庞杂而缺乏理论体系，更鲜见系统性的分析。詹森和史密斯概括说，20世纪50年代以前的公司理财理论因为逻辑上的矛盾而漏洞百出，而且几乎所有的理论都是描述性的，也就是说，以规范研究为导向。但是，公司理财领域关注的主要问题是最优投资、筹资和股利政策，很少考虑到个人的决策动机或者金融市场均衡的本质特征。

（二）现代公司理财理论起源与发展时期（20世纪50年代至70年代末）

从20世纪50年代开始，西方公司理财理论研究进入了以理论奠基与研究方法创新为特征的现代公司理财理论开创与发展时期。

其实，关于现代公司理财理论起源的判断，西方财务学界大多赞同其开始于20世纪50年代。也就是在20世纪50年代和60年代，马科维兹（Harry M. Markowitz, 1952）的投资组合理论，米勒和莫迪格里安尼（Modigliani and Miller, 1958）的资本结构理论，夏普（William F. Sharpe, 1964）的资本资产定价模型，在20世纪70年代布莱克—舒尔茨（Black - Scholes, 1973）期权定价理论的提出与发展，统统属于现代公司理财理论。然而，对现代公司理财理论起源的确切时间判断却不尽相同。如今，一部分财务学者认为现代公司理财理论的开端是1952年，即以马科维兹（Harry M. Markowitz）在“*Journal of Finance*”上发表了一篇题为“组合选择（Portfolio Selection）”的文章、创造性地提出了投资组合理论为标志；也有一部分学者认为，MM资本结构理论标志着现代公司理财理论的诞生；还有一部分学者笼统地概括，现代公司理财理论诞生于20世纪50年代。

一般认为，20世纪70年代是西方公司理财理论走向成熟的时期。公司理财学的理论假设、理论基石及基础理论已经形成。另外，在这一阶段，西方财务学界开始采用一些经济学分析方法和技术，其中最明显的特征是采用实证研究方法。在这一时期，发表在财务杂志上的文章主要包括两个部分：第一部分是模型的构建；第二部分是经验研究，检验现实世界中的数据是否与模型相符。

（三）以理论创新与融合发展为特征的时期（20世纪70年代末80年代初至今）

20世纪80年代以后，由于代理理论、信息不对称理论、行为理论、市场微观结构理论和现代公司控制理论等新理论的引入，公司理财理论进入了一个以吸纳经济学、管理学、行为科学、决策科学等理论为主的理论创新与融合发展时期。

例如，詹森和麦克林（Michael C. Jensen and William H. Meckling, 1976）发表的“厂商理论：管理行为、代理成本和所有权结构”一文通过将财产所有权理论、代理理论、财务理论的最新发展结合起来建立了一种企业所有权理论，该理论深化并发展了资本结构理论的研究。再如，关于将行为理论引入公司理财理论研究的起点判断，目前还存在着不同的观点，但是，这并不影响行为财务的研究。1985年，Thaler 发表了“股票市场过度反应了吗?”一文，从此，财务研究学者们逐渐开始重视和研究行为财务这一新的领域，取得了丰硕的研究成果。

从上述的历史回顾中我们发现，公司理财理论发展至今，其研究领域和研究主题不断拓展和延伸，研究内容和理论成果的地位及其相互之间的关系错综复杂，随着理财理论的逐步发展与完善，关于公司理财学的理论框架已经形成。笔者试图在前面分析理论发展脉络的基础上对现代财务理论作出分类和总结，归纳出公司理财学理论假设、理论基石、基础理论和基本理论，即公司理财学的理论框架，或者说研究范式。

二、公司理财学的理论基础

“范式（Paradigm）”是美国著名哲学家托马斯·库恩（Thomas S. Kuhn）提出的一个极为重要的哲学概念。“范式”在不同的场合有不同的解释，在学术研究领域，是划分科学与非科学的分界标准。研究范式是某领域学者们进行学术研究活动所必需遵循的规则，所共同认可的基本信念。当一个学科还没有共同的范式时，各种假说和理论相互争论，没有权威性理论；当一门学科的发展出现了有代表性的科学成就，并且被学者们一致认可，就形成了研究范式。遵守科学的范式，意味着每一位学者必须认可并尊重前面学者所作出的重大的学术成就，并在前面学者们研究工作的基础上进行自身的研究。然而，研究范式并不是固定不变的，正如库恩认为，任何学科的发展是一个否定与肯定交替的过程。随着理论批判与理论创新的推进，学科研究会从旧范式向新范式过渡。

现代公司理财理论研究范式的最早建立是以公司理财学的理论假设为基础的，公司理财学的有关理论基石随之发展起来。理论基石为现代公司理财学基础理论的发展提供了基础。公司理财理论与实践是紧密联系相辅相成的，在总结公司理财理论与实践的基础上，公司理财学的基本理论逐渐完善起来。

（一）公司理财学的理论假设

公司理财学的理论研究框架最初建立在一系列假定的核心概念基础之上，这些核心概念构成了公司理财理论的一般前提与假设，公司理财理论的进展就是在对公司理财问题、现象及其相互之间的关系进行抽象的、本质的简化、分析的基础上取得的，进而达到解释现实、预测现实的学术研究目标。财务学者们共同遵守以一般假设为基础的研究范式，科学地继承、发展与创新财务理论。财务理论的研究通常以资本市场为视角，旨在从市场总体上抽象特定的研究主题。概括起来，以下三个前提成为公司理财理论的一般假设：

1. 投资者理性假设

投资者作为构成资本市场总体的个体行为主体，对其行为的假定是概括投资者行为总和，即决定市场总体力量的必由之路。公司理财理论的研究沿用了新古典主义经济学的研究框架，即假定投资者都是理性的。所谓理性是指每个人都能通过成本收益原则或趋利避害的原则来对其所面临的一切机会和目标及实现目标的手段进行优化选择。理性假设是根据冯·诺伊曼—摩根斯顿公理（the Von Neumann – Morgenstern Axioms）的理性选择，假定投资者个人拥有评价选择、按照个人偏好进行选择排序以及使选择排序保持不变的能力。

个人投资者行为的加总是市场水平，该过程也是确定定价关系的过程，并且表明了理性投资者的行动将占支配地位。这就是提出理性假设的非常有说服力的基本原理。投资者理性假设使得公司理财理论得以奠基和发展，由此推演出大量的创新理论和理论组合。

2. 完美资本市场假设

完美资本市场假设是财务学家所抽象的一种完全竞争的金融市场环境，旨在简化真实世界的诸多细节，使公司理财理论分析进一步深化而富有很大的灵活性。完美资本市场具有如下特征：(1) 市场上有大量的投资者，任何一个投资者的行为都不会对证券交易价格产生影响，所有投资者均是理性的、期望效用最大化的投资者；(2) 市场是完全竞争的，没有交易费用和税收，全部资产均可以进行完全分割，并可进行交易；(3) 市场处于信息的有效状态，即信息是没有成本的，每个投资者均可以获得同样的信息。

完美资本市场是对公司理财环境所做的一种理想化的假定，以此为基础抽象出来的公司理财理论是对理想化的公司理财行为的高度概括。财务学家借以对完美资本市场下的公司理财行为的分析、描述和推演，探索出公司理财理论的重要研究途径和研究范式，进而推动了公司理财理论的发展。在现代公司理财理论中，MM 资本结构理论、投资组合理论、股利无关论等开创性的理财理论，都是建立在完美资本市场假设基础之上的。完美资本市场是公司理财理论发展初期的重要假设，然而在后来的许多分析中经常被放松，尽管如此，从公司理财理论发展的历史进程中不难发现，财务学家实际上已经接受了莫迪格里安尼和米勒（Modigliani and Miller，1958）所提出的该假设。

3. 无套利假设

不需要投资、无风险且仍然产生正的收益率的投资机会被称作“套利”机会，无套利就是不存在一种无风险（risk - free）的获取财富的投资方式。“无套利”假设类似于“单一价格定律”，其简单含义就是，具有相同或有状态的报酬的任何两种证券或者证券组合必须有相同的定价。否则，每位投资者均可以较低的价格买入某种证券或者证券组合，然后以更高的价格卖出该种证券或证券组合。无套利假设是资本市场均衡的必备条件，它第一次被成功地运用于莫迪格里安尼和米勒（Modigliani and Miller，1958）关于资本结构的命题——MM 定理。随后，无套利假设又成为罗斯（Ross，1976）的套利定价模型（APT）以及衍生金融工具的定价基础。

在现实世界里，以上三个假设都不完全成立，可是公司理财理论却是以这三个假设前提作为公理演绎出来的一套理论体系，似乎存在着逻辑的不一致。但是，如果接受 Friedman 的工具主义，就有了辩护的理由了。工具主义的核心在于对一个理论体系所依赖的前提假设的处理上，它认为要衡量一个理论可靠与否，只有看由这个理论体系推导出的结论是不是真实的。如果结论是真实的，那么这个理论所依赖的假设是不是真实的就一点都不重要。若理论推导的结论不真实，则是理论所依赖的前提（或前提的一部分）对于结论的真实性的要求不够充分，或者理论体系本身依据的逻辑充分性不够。换句话说，要反对一个理论，只能反对它的假设的充分性或理论逻辑推演的充分性，而与假设自身的真实与否无关。一个不成立的、假的假设也可以是推导一个真实结论所需的充分性论据。从这一点来说，理论的科学性与合理性，不能以其假设的现实与否来作出判断，而应以其能否经得住经验检验为依据。考察西方公司理财理论发展的历史进程，我们不难发现财务学家已经接受了这三大一般假设，在此基础上的大量财务文献进一步推动了理财理论的发展，尤其值得关注的是为公司理财学奠基和影响公司理财学发展的几个理论基石。

（二）公司理财学的理论基石

关于公司理财学的理论基石问题，财务学家并没有取得一致的意见。詹森和史密斯（Michael C. Jensen and Clifford W. Smith, 1984）认为公司理财学的理论基石，按照理论创建的时间顺序，依次是：有效市场理论、投资组合理论、资本资产定价理论、期权理论和代理理论这五大理论。莫顿（Merton H. Miller, 1999）把下述理论作为公司理财学的基本理论：投资组合理论、资本资产定价模型、有效市场假设、MM资本结构理论与期权理论。乔纳森和保罗（Jonathan and Paul, 1999）在谈到现代公司理财的基础理论时，提到有效市场假说、证券组合理论、MM资本结构理论、资本资产定价模型与代理理论。上述观点的主要弊端在于：没有从公司理财学与金融经济学的关系角度来确定各种理财理论的地位和作用。笔者认为公司理财学的理论基石是指那些并非完全意义上的公司理财理论，但是，却对公司理财基础理论的发展与完善起到了奠基性的基础作用的理论，主要包括以下几个理论：

1. 有效市场理论

有效市场理论认为如果金融市场上的信息是有效的，即证券价格能够有效率地、及时地反映全部的相关信息，投资者不能在已公布的信息基础上获得经济利润，这样的市场就是有效的。

尽管在20世纪50年代以前还没有建立起公司理财的科学基础，但是，对股票市场价格的研究却可追溯至20世纪30年代Alfred Cowles基金会对股票市场价格进行的第一次系统性的总结和概括。随后，该基金会对股票市场继续做了大量的基础性研究工作。

关于有效市场假说的财务文献特别丰富，其中，一些统计学家如Working（1934），Kendall（1953）和Osborne（1959；1962），做了有关有效市场假设的研究，研究发现股票价格和商品价格的走势是一个随机游走（a random walk）的模式，也就是说，股票价格的变化就好像是不受约束的、随机的曲线图。这就意味着根据过去的股票价格是不可能获得超常收益的。Samuelson（1965）和Mandelbrot（1966）从理论的角度提供了有效市场假设背后的基本原理，即在投机的市场上，如果市场是竞争性的且经济利润为零，意外的价格变化好像是不受约束的且反映了新消息。由于新消息是指不能从过去的信息中推导出来的信息，所以新消息是随时间的过去而不受约束的。因此，如果经济利润为零，意外的股票价格变化一定是不受约束的。在所有的社会科学中，有效市场假设可能是被验证最多的假设。Fama（1970；1976）回顾了这些经验证据。但是，这些证据并不是总是支持有效市场假说的，例如，Jensen（1978）回顾了一些市场异常现象。

尽管越来越多的实证研究表明有效市场假说并非成立，但是我们仍然不难发现有效市场理论在公司理财领域乃至经济学领域举足轻重的地位，同时，有效市场理论也反映了公司理财理论的“经济学派”学术渊源。如今，财务学家承认有效市场假说，问题的争议之处仅在于市场究竟在多大程度上是有效的。

2. 代理理论

与有效市场理论不同，有的财务学者并不集中全力去分析金融市场上的资料，而是从另外一个角度对公司理财的内涵加以概括，即所有权与控制权分离。其中最重要的两个理论是代理理论和信号理论。

代理理论假设每个人的行为均为私利所驱动，当使企业利益最大化的共同行为和每个人的私利行为相矛盾时，就可能存在代理问题。Coase（1973），Jensen - Meckling（1976），Fama - Jensen（1983）是关于代理理论的早期文献，代理问题的实质是所有权与控制权分离。代理理论以完全契约为基础，即契约详细规定了委托人和代理人的权利和义务，但是执行过程中由于监督困难，产生了代理成本。代理理论是研究代理关系和解决代理冲突的理论。其目的是分析经济社会中个人私利的冲突，解释其共同行为与私利行为冲突而使企业效率下降的具体原因，分析为解决上述问题而设计的各种控制制度的影响，如预算制度、雇佣制度、激励制度等。

3. 信号理论

信号理论是探讨由于所有权与控制权相分离导致的不对称信息条件下，企业怎样通过适当的方法向市场传递有关企业价值的信号，以此来影响投资者的决策。根据不对称信息理论，内幕人比外部投资者更为直接地了解到企业内部情况，掌握有关企业未来现金流量、投资机会和盈利的私下信息。因此，与消息灵通的经理人员相比，投资人获得有关公司信息的渠道是不对称的，经理人员必须采取合适的财务政策、股利政策和投资决策向外部投资者传递信息以表明企业的真实价值。Michael Spence（1974）第一次提出信号传递模型，由此荣获 2001 年诺贝尔经济学奖。该理论在金融经济学领域作为一种基本分析模型得到了广泛的应用，同时也成为公司理财领域的一个奠基性理论。

4. 契约理论

“公司理财”的主体是“公司”，根据现代企业理论，公司是一系列合约的结合体，即公司是契约关系的连接，实质上是协作群生产，代表一组合同关系。它通过合同关系实现企业内部不同要素所有者之间的合作，同时又通过契约同企业外部发生联系。契约主体主要包括：现实投资者即股东、潜在投资者、债权人、职工、经理、政府等。各契约主体通过签定契约，给企业提供资源，同时从企业获取收益。但作为不同的利益主体，它们之间又不可避免地存在着利益冲突。在这种利益冲突中，总有一利益主体处于优势。一般来说，哪一种资源最为稀缺，那种资源的提供者在力量对比中就会占据上风。财务契约作为最重要的契约，对公司理财学有着重要的影响。

三、公司理财学的基础理论

公司理财学的基础理论属于公司理财学的理论范畴，真正从理财实践抽象出来的、针对解决实际理财问题的、严格意义上的公司理财理论，为公司理财实践提供了纲领性的方向。公司理财学基础理论主要包括如下几个理论：

（一）投资组合理论

在马科维兹（Markowitz，1952；1959）的研究成果出来以前，人们几乎没有注意投资组合的选择。证券分析主要致力于挑选被低估的证券，投资组合通常仅仅是一些证券的简单拼凑。Markowitz 分析了规范性的投资组合问题，将有效率的组合定义为：在给定方差的条件下预期收益的最大化，或者在给定收益的条件下方差的最小化。在一定条件下，一个投资者的证券组合选择可以简化为两个因素的权衡，即证券组合的期望收益及其方差。证券组合的期望收益是组合中个别证券期望收益的加权平均数。考虑到多样化投资减少风险的可能性，用方差来评价证券组合的风险，不仅依赖于各个资产报酬的方差，而且也依赖于各种资产之间的协方差。这里有一个基本的观念，即属于一项资产的风险分析的主要问题，不是单独一项资产的风险，而是这项资产对证券组合的贡献。

马科维兹的投资组合理论体现了公司理财理论的“管理学派”学术渊源，在此基础上，威廉·夏普（William Sharpe）、约翰·林特纳（John Lintner）和詹·摩森（Jan Mossin）建立了各自的“经济学派”学术渊源的模型，因而，投资组合理论具有更加广泛的用途和作用，也确立了其在公司理财领域的理论基石地位。

（二）资本资产定价模型

威廉·夏普（William Sharpe）等以马科维兹的投资组合理论为基础，运用一般均衡模型刻画出所有投资者的集体行为，提出了一个金融资产价格形成的均衡定价理论，即资本资产（CAPM）定价模型。该模型的主旨是提出一种对单项资产风险程度进行正确度量的方法，确定了风险的市场价格，揭示出在均衡状态下证券风险与收益之间关系的经济本质。CAPM 模型认为，所有风险资产的期望收益率是单个变量的线性函数，单个变量即每一资产相对于市场组合的敏感性或与市场组合的相关程度（协方差），即贝他系数，它是衡量证券风险的自然尺度。罗斯（1976）在此基础上提出了另外一个重要的均衡定价模型，即套利定价模型（APT）。该模型认为，任何风险性资产的收益率是影响资产收益的各种共同因素的线性组合，即用多因素解释风险性资产的均衡收益率。而资本资产定价模型是一个单因素的风险性资产的均衡定价模型。尽管 APT 多因素模型比单因素的 CAPM 模型得到了更加广泛的应用，但是，单因素 CAPM 模型对资产定价理论所产生的巨大的影响是 APT 多因素模型所无法比及的。

威廉·夏普的资本资产定价模型虽然以马科维兹的投资组合理论为基础，但是它采用了经济学家经常用到的宏观规范性分析方法，因而，是非常典型的、经济学派的公司理财理论之一。

（三）期权理论

在期权定价理论领域颇有建树的学者是获得诺贝尔奖的罗伯特·莫顿（Robert Merton）和麦伦·舒尔茨（Myron Scholes）。与上述其他理论相比，期权理论诞生的重要意义体现在以下两个方面：一方面，在50多年的公司理财理论发展的历史时期里，第一次将理论建立在“可观察范围”的基础之上；另一方面，期权定价理论是在实务先导于理论的基础上发展的，而且期权定价理论几乎涉及了公司理财的各个领域，其在财务领域的应用极具潜力。另外，期权定价理论诞生以来，历史见证了一个迅速发展的特殊新领域的开创与发展，即金融工程学。

期权定价理论的创立标志着公司理财领域两大流派——管理学派和经济学派——之间的冲突正在被逐步协调起来。从管理学派来看，期权定价理论的广泛应用体现在，任何公司的证券均可被视为公司的看涨期权和看跌期权的组合。进一步来说，每一证券可以被看作是或有要求权（简单说，就是期权）的组合，就像每一个物体是原子和分子的组合一样。布莱克—舒尔茨（Black - Scholes，1973）的理论分析表明，高度负债公司的股票实际上是看涨期权，同时也弥补了在债权人提前要求索偿的条件下运用MM资本结构理论进行公司权益证券定价的不完善性。莫顿（Merton H. Miller，1999）认为，期权定价理论的发展，可以笼统地说成是公司理财学的宏观规范领域或经济学派的变形，即体现了市场价格研究的进一步广泛应用。

（四）MM资本结构理论

如前所述，一部分学者认为马科维兹的投资组合理论是现代公司理财理论的开端，无论如何，MM资本结构理论在公司理财理论发展的历史上有着里程碑式的重要意义。MM资本结构理论不仅为公司理财领域长期困扰学者的、关于资本结构与企业价值之间关系的公司理财实际命题提出了一个科学的、严格的理论推导，而且实现了公司理财理论研究在研究范式方面的革新，即第一次将无套利分析技术运用到公司理财理论学说的建立与推演中。

莫顿（Merton H. Miller，1999）指出，MM资本结构理论体现了管理学派和经济学派之间的对立，这从论文的标题——“资本成本：公司财务和投资理论”——就可以看得很明显。资本成本是管理学派关注的对象，MM资本结构理论的结论——企业价值与融资方式无关，企业投资的总需求只取决于投资风险——似乎是经济学派关注的内容。同有效市场假设一样，MM资本结构理论是关于资本市场的均衡的，因此，同有效市场假设一样，MM资本结构理论经常被那些将公司理财视为管理科学一个分支的学者们排除在他们的研究领域之外。

（五）股利理论

股利理论探讨的是股利政策与企业价值之间的相关性问题。莫迪格里安尼和米勒（Modigliani and Miller，1961）第一次对股利政策的性质和影响进行了系统的分析和研究，其结论是股利政策与企业价值没有关系，因此被称为“股利无关论”。该理论建立在一系列严密的假设条件下，如“完美资本市场”、“理性行为”等，后来学者们在此基础上放松假设，又提出“在手之鸟理论”、“差别税收理论”、“股利信号传递模型”等。

本章小结

公司是企业主要组织形式之一。公司理财实质上是对公司制企业财务活动的管理。公司理财是研究资本如何在企业和市场内有效配置的问题，即在公司制这种现代企业制度的形式下，就公司经营过程中的资金运动进行预测、组织、协调、分析和控制的有关的决策与管理活动进行归纳总结。公司理财或企业财务管理在企业管理中处于中心地位。

公司理财是财务学的重要组成部分。公司理财与会计学和财务分析是紧密相关的。在会计学和公司理财学科关系中，涉及到会计学的发展如何满足公司理财的信息需求；公司理财如何有效利用会计信息的问题。毕竟会计学并不是单纯满足某一信息使用者的需求，因此，会计提供的信息往往需要分析与转换而成为信息需求者的有用信息。在会计学与公司理财的信息转换中，财务分析起着重要的作用。

公司理财体系框架可表述为：以资本增值为公司目标和理财目标，以价值管理为公司理财导向，以会计报告与财务分析为公司理财基础，以处理与投资界的关系、进行战略管理全面绩效管理三方面为公司理财领域，以资本经营与管理控制为理财两翼的全面、系统、综合的理论与应用体系。

公司理财目标应该服于公司的目标。公司作为营利组织，其目标是以尽可能少的资源投入，创造出尽可能多的满足消费者需要的产出品。在商品经济条件下，由于公司所有者是资本所有者，公司目标应与公司资本所有者目标相一致，即资本保值与增值。而资本的保值与增值是在资本的经营与管理过程中实现的，而这个过程和目标正是公司理财的过程和目标。因此，在现代企业制度下，公司理财目标与公司目标是高度一致的，这也正是公司理财在企业管理中处于中心地位的根本原因所在。

现代公司理财理论研究范式的最早建立是以公司理财学的理论假设为基础的。公司理财学的有关理论基石随之发展起来，理论基石为现代公司理财学基础理论的发展提供了基础。公司理财理论与实践是紧密联系、相辅相成的，在总结公司理财理论与实践的基础上，公司理财学的基本理论逐渐完善起来。

公司理财学的理论假设包括投资者理性假设、完美资本市场假设和无套利假设。公司理财学的理论基石包括有效市场理论、代理理论、信号理论和契约理论。公司理财学的基础理论包括投资组合理论、资本资产定价模型、期权理论、资本结构理论和股利理论。

本章参考文献

1. 杨淑娥、胡元木：《财务管理研究》，经济科学出版社 2002 年版。
2. 陆正飞：《财务管理》，东北财经大学出版社 2001 年版。
3. 彭韶兵：《财务管理》，高等教育出版社 2003 年版。
4. 刘兴云、汪平：《财务管理学》，经济科学出版社 2002 年版。
5. 周首华、[美] 杨济华：《当代西方财务管理》，东北财经大学出版社 1997 年版。

6. ［美］David F. Scott, John D. Martin, J. William Petty, Arthur J. Keown 著，金马译：《现代财务管理基础》，清华大学出版社 2004 年版。

7. ［美］Stepten A. Ross, Randolph W. Westerfield, Jeffrey F. Jaffe 著，吴世农、沈艺峰等译：《公司理财》，机械工业出版社 2000 年版。

8. ［美］詹姆斯·C. 范霍恩著，刘志远主译：《财务管理与政策》，东北财经大学出版社 2000 年版。

9. ［美］Arthur J. Keown, David F. Scott, John D. Martin, Jay William Petty 著，朱武祥译：《现代财务管理基础》，清华大学出版社 1997 年版。

10. ［美］道格拉斯·R. 爱默瑞、约翰·D. 芬尼特著，荆新、王化成、李焰等译：《公司财务管理》，中国人民大学出版社 1999 年版。

11. Eugene F. Brgham, Louis C. Gapensk, Financial Management: Theory and Practice, Eighth Edition., The Dryden Press, 1997.

12. Lusztig, Morck, Schwab, Finance in a Canadian Setting, Fifth Edition, John Wiley & Sons Canada Ltd, 1998.

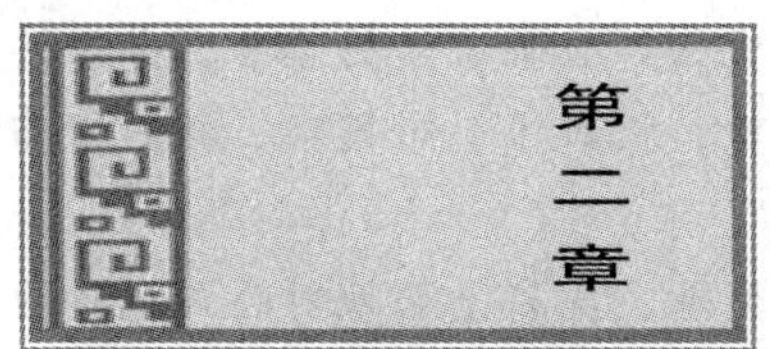

公司理财环境

教学目标

◇基本目标

本章教学目标是使学生掌握公司理财环境对公司理财行为的影响，即社会环境、金融市场环境、公司内部环境对公司理财的影响。

◇具体目标

理解公司理财环境，公司理财环境的概念和特征；

明确公司理财的文化环境，专业文化、社会文化差异对公司理财的影响；

理解公司理财的法律环境对公司理财的影响，明确税收法规、金融证券法规、财务会计法规以及公司法和行业监管法规体系；

理解与掌握公司理财的经济环境，经济管理体制、经济发展周期以及市场的完善与有效程度对公司理财的影响；

理解与掌握公司理财的金融市场环境，明确不同类型的金融中介机构对公司理财的影响；

理解公司理财的内部环境，明确公司战略、组织结构、企业文化、人力资源对公司理财的影响。

本章提要

本章主要介绍与论述公司理财的环境，包括理财环境与公司理财、公司理财的社会环境、公司理财的金融市场环境、公司理财的内部环境四部分内容。回答什么是公司理财的环境？公司理财环境如何分类？研究公司理财环境对公司理财有什么作用？公司理财活动受哪些因素影响？如何将诸多影响因素分类，这些因素又是如何影响公司理财活动的？

第一节理财环境与公司理财介绍了公司理财环境的概念、理财环境与公司理财的关系、公司理财环境的分类等，通过对这些问题的介绍，概述了公司理财环境的基本问题以及研究公司理财环境的意义。第二节公司理财社会环境，探讨了公司理财的文化环境、法律环境和经济环境对公司理财的影响。第三节金融市场环境，介绍了金融市场的分类，一些重要的金融中介机构和金融市场的监管，并探讨了这些因素对公司理财活动的影响。第四节公司内部环境，探讨了公司战略、组织结构、企业文化、人力资源对公司理财的影响。

本章论述了公司理财的环境，比较全面地对公司理财的环境进行了分类，并分别探讨了不同环境因素对公司理财活动的影响，明确了公司理财过程中需要考虑的内容，为理财活动更有效率地进行奠定基础。

第一节　理财环境与公司理财

一、公司理财环境概念

环境是个相对的概念，它是相对于主体而言的客体。任何事物都是在一定的环境条件下存在和发展的，是一个与其环境相互作用、相互依存的系统。公司作为现代经济活动的一个重要主体，其理财活动的进行必定离不开一定的社会、政治、经济、文化等环境。

公司理财环境是指能够对公司财务活动产生影响的各种作用因素的集合。按照系统论的观点，所谓环境，是指被研究系统之外、对被研究系统有影响作用的一切系统的总和。如果把财务活动当作一个系统，那么财务活动系统之外的、对其产生影响的一切系统的总和，便构成了公司理财环境。例如，国家的政治经济形势、经济法规的完善程度、要素市场供求状况、资本市场的发达程度、社会文化、企业内部生产条件等，都构成了公司理财的环境。

在公司理财活动中，作为财务管理主体的公司需要不断地对其理财环境进行审视和评估，并根据其所处的具体环境的特点，采取与之相适应的理财方法和手段，以实现其创造价值的目标。

二、公司理财环境的分类

如上所述，公司理财环境是具有复杂性、不确定性、动态性、差异性的复杂系统，它是一个纵横交错、相互制约的多层次、多方位的系统。因而，从不同层次、不同角度，可以将公司理财环境进行一定的分类，这有助于我们更好地根据各种环境的自身特点把握其当前的特征和未来的可能变化以及它们给公司财务活动带来的影响。

（一）外部环境和内部环境

按照环境的层次性，可将公司理财环境分为外部环境和内部环境，也可以称为宏观环境和微观环境。

1. 公司理财的外部环境，是指对所有公司的财务活动都产生重要影响的环境因素，包括文化、法律、政治、经济等环境。外部环境的稳定与否、完善与否会对公司理财行为产生重大影响。例如，政权的频繁更迭、经济发展整体上的低迷、金融市场普遍的投机操作，这些都会增加公司理财活动的风险。

2. 公司理财的内部环境，是指那些只对某一特定公司的理财活动产生影响的内部环境因素的总和，主要包括公司的宗旨与战略、管理理念和管理哲学、公司治理与组织结构、公司文化和公司人力资源等方面。内部环境的特点会决定公司财务行为的特点以及财务决策如何制定。例如，重视长期盈利能力而不是短期利润额的公司可能更愿意在长期研发上进行投资。

（二）静态环境和动态环境

尽管公司理财环境具有动态性的特征，但为了更好地分析公司理财环境因素，可以按照环境因素的相对稳定程度，将财务管理环境分为静态环境和动态环境。

1. 公司理财的静态环境，是指那些对公司财务活动有着重要影响，但本身在通常情况下处于相对稳定状态的各种环境因素。这些因素通常包括那些容易预见、变化不大、对财务活动影响程度相对稳定的因素，如地理环境、人文环境、政治环境等。一般来讲，静态环境可以设定为不变，因而理财过程一般无需过多地考虑其变化，但是也要清楚，静态环境的这种不变只是相对的，一旦变化则会给财务活动带来十分严重的影响，因此，如果有迹象表明其将呈现出不稳定的一面，则应当予以特别关注。

2. 公司理财的动态环境，是指那些对财务活动有着重要影响，且本身处于经常变动之中的环境因素。这样的因素通常包括那些预见性较差、变化性较强、对财务活动影响程度未必稳定的因素，如利率、汇率、通货膨胀率、购销市场价格等。由于动态环境因素处于经常的变化之中，因而往往是财务过程所需考虑的重点，通过将重点放在对这些可变因素的调查、分析、预测的基础上，可以大体上把握动态环境因素的变化趋势，并辨明其对财务活动可能产生的影响，从而采取相应的措施，提高财务活动对环境的适应能力和应变能力。

（三）可控环境和不可控环境

按照环境因素的可控性，可将公司理财环境分为可控环境和不可控环境。

1. 可控环境因素，是指那些对公司理财活动有着重要影响，但本身可以为财务管理者所控制和调整的环境因素。例如，公司内部人员状况、生产状况、技术状况等都是其自身可以控制的公司理财环境因素。一般来讲，公司内部的环境因素都是可控环境因素。对于可控环境因素，财务管理者通常会采取调整的态度，以使环境因素发生改变来适应财务决策。

2. 不可控环境因素，是指那些对公司理财活动有着重要影响，且不能为财务管理者所控制和调整的环境因素。例如，政治环境、法律环境、自然地理环境、经济体制环境等都是不可控的公司理财环境因素。一般来讲，公司外部的各种环境因素都是不可控环境因素。对于不可控环境因素，财务管理者通常会采取适应的态度，调整财务决策以适应环境因素。

总之，公司理财环境的各个方面特征不一，它们对财务活动的影响也不尽相同。只有充分地把握了这些特征，财务决策过程才能利用好环境，才能与环境相协调发展。本书采用第一种划分方法，即重点论述外部环境中的文化环境、法律环境、经济环境和金融市场环境，以及公司的内部环境。

第二节 公司理财社会环境

一、文化环境

公司理财的文化环境是指对公司财务活动的形成和发展具有制约和影响作用的各种文化因素的总和，包括思想观念、价值趋向、思维方式、行为准则以及语言文字、风俗习惯等。由于文化是人类在长期的社会实践中创造和积累的，体现一个国家、民族或地区精神特征的财富，因而由各种文化因素组成的文化环境，在不同的社会或地区必然表现出明显的差异。文化环境方面的这种差异，直接影响着财务管理行为。

根据文化的固有性质及其与社会的关系，文化可分为两大类：专业文化和社会文化[①]。充分体现人的创造性文化本质，且又以相对专业化、专门化形式存在的文化可称之为专业文化，如自然科学、工艺技能、生产技术、体育竞技等文化活动及相应产品。与“专业文化”相区别，在相应社会系统、社会关系中获得社会属性、具有社会功能的文化现象、文化客体的文化几乎存在于社会各个环节中，被称为“社会文化”，如价值观念、道德水平等。

1. 专业文化对公司理财的影响

专业文化对财务管理的影响主要体现在对公司理财基本理论、公司理财方法以及公司理财手段的影响上。

（1）专业文化对理财基本理论的影响。财务管理作为一门独立的学科，出现于19世纪末，发展于20世纪，特别是20世纪50年代以后，财务管理理论取得了突飞猛进的发展。之所以能够在20世纪50年代以后取得巨大进展，一个重要的原因就是数学和计算机等专门技术在财务管理领域的应用。如资本资产定价模型、期权定价模型和套利定价理论等理论的发展，都大量地依托于数学的推导方法。

（2）专业文化对理财方法的影响。财务管理在其方法上，经历了从定性管理方法为主到定性管理方法与定量管理方法并重的过程。尤其是针对财务风险的控制与财务决策，理财的数量化方法更加受到重视。这主要得益于效用理论、线性规划、对策论、概率分布、模拟技术等数量方法在财务管理研究中的应用。

（3）专业文化对理财手段的影响。在理财手段上，计算机技术和网络技术得以广

---

① 杨曾宪：“试论文化的本质及分类”，《理论学刊》，1999年第3期。

泛应用，这使得21世纪的财务工作成为一种网络财务管理工作，形成财务管理的信息系统。随着高科技手段成为信息处理和传递的主要手段，理财的效率迅速提高，从而为扩大信息处理和传递范围，及时、准确、充分地处理和传递各种信息提供了可能，由此，一些远程的管理、控制以及跨国公司理财活动能够顺利实现。

2. 社会文化差异对公司理财的影响

社会文化的内容十分广泛，包括教育、科学、艺术、舆论、新闻出版、广播电视、卫生体育、世界观、理想、信念、道德、习俗、传统、思维方式，以及同社会制度相适应的权利义务观念、组织纪律观念、价值观念等。

美国会计学家G. 霍夫斯泰德（Gerte Hofstede）提出了关于文化模式划分的一种范式，认为一国社会文化的特征主要包括四个维度：①个体主义或集体主义（individualism versus collectivism）；②权力距离（power distance）大小；③不确定性规避程度（uncertainty avoidance index）的强弱；④阳性或阴性（masculinity versus femininity）。以霍氏模型为基础来考察社会文化差异，会发现不同的社会文化特征下人们的行为方式会有所不同，因而也会对公司理财行为产生影响。

（1）个体主义或集体主义差异对公司理财的影响。个体主义或集体主义是指一个社会的成员之间保持结合的程度。个体主义倾向的社会中，人们偏好于松散联结的社会结构；集体主义倾向的社会中，人们偏好于紧密联结的社会结构。前者如美国、英国、法国、德国，后者如日本、中国、韩国和亚洲大多数国家。个体主义或集体主义差异对公司理财的影响渗透在整个公司财务决策过程中。例如，在中国的企业中，人们往往愿意服从领导的意志，将领导视同为集体行动的决策者，下级的决策者或员工对于表达个人意见极为慎重。

（2）权力距离大小的差异对公司理财的影响。权力距离大小是指一个社会的成员接受机构或组织中权力分配的程度。在一个大权力跨度的社会中，人们倾向于接受一种等级制度秩序；而在一个小权力跨度的社会中，人们倾向于寻求权力的公平，要求证明现存权力不平等的合理性。由于不同国家对权力赋予的意义不完全相同，所以权力距离上也存在着很大的差异，其对财务活动的影响也是不同的。例如，美国是权力距离相对较小的国家，美国员工倾向于不接受管理特权的观念，而中国相对而言是权力距离较大的国家，地位象征非常重要，上级所拥有的特权被认为是理所应当的，预算管理过程中实行预算控制往往非常困难，因为财务人员无法抵制更高一级管理者的“预算外开支”的要求。

（3）不确定性规避程度差异对公司理财的影响。不确定性规避程度是指社会成员对不确定性和模糊性能够容忍的程度。在一个强避免不确定性的社会中，人们一般不容忍模棱两可，总是不惜代价地控制不确定性和模糊性以期能够控制未来，这样的社会中，人们通常强烈要求一致性，喜欢群体作出决策；而在一个弱避免不确定性的社会中，人们一般不太在乎不确定性和模糊性，较容易接受生活中固有的不确定性，能够接受更多的异见，上级对下属的授权被执行得更为彻底，员工倾向于自主管理和独立的工作，在财务活动的管理上也体现出这种管理特色。例如，日本是不确定性避免程度较高的社会，因而“全面质量管理”、“终身雇佣制”都得到了很好的推行；而美国是不确定性避免程度低的社会，在日本推行良好的“全面质量管理”，在美国却几乎收不到成效，但灵活的工时制度、弹性工作制等却都是发源于美国。

（4）阳性特征或阴性特征差异对公司理财的影响。社会文化中的阳性还是阴性特征是指人们从社会性格的角度来划分对待某些事物的态度。阳性意味着人们倾向于取得成就，比较自信，强调业绩与看得见的成就，而不重视关系与关怀等；阴性则意味着人们倾向于良好的关系，谦逊虚心，保护环境等。在阳性度较高的社会当中，人们社会竞争意识强烈，成功的尺度就是财富功名，其文化强调竞争，注重工作绩效，因而，此时公司理财的目标有可能会与社会环境等相冲突，企业的商业道德成为一个令人担忧的问题；而在阳性度较低的社会中，生活质量的概念更为人们所看中，人们一般乐于采取和解的、谈判的方式去解决组织中的冲突问题，其文化强调平等、团结，认为人生中最重要的是心灵的沟通，因而，公司理财的目标更容易与社会目标相协调。

二、法律环境

公司理财的法律环境，是指公司在从事各种财务活动以及在处理各种财务关系时所应遵守的各种法律、法规。随着经济改革的深化，国家管理经济已经越来越多地采用法律手段，因而，公司财务活动受法律规范的约束也表现得日益显著。目前，直接影响公司财务机制运行的重要法律规范主要包括税收法规、金融证券法规、财务会计法规以及公司法和行业监管法规。

（一）税收法规

税收是国家凭借政治权力，无偿地征收实物或货币，以取得财政收入的一种手段。一方面，国家财政收入的主要来源是企业所缴纳的税金，而国家财政状况和财政政策对于企业资金供应和税收负担有着重要影响，同时，国家各种税种的设置、税率的调整还具有调节生产经营的作用。企业的财务管理决策应当适应税收政策的导向，合理安排资金投放，以追求最佳经济效益。另一方面，对个人收入通过纳税进行调解，既有利于国家税收来源的保障，又有利于调节社会收入分配不均的问题。纳税人逃税漏税的行为将不仅仅是道德界线的问题，还会触及法律。

我国现行税收法规体系中共有七大类、二十四个税种，这里主要介绍与企业的各种理财活动紧密相关的所得税类和流转税类。

1. 所得税类

所得税主要是在国民收入形成后，对生产经营者的利润和个人的纯收入发挥调节作用。目前，我国的所得税包括企业所得税和个人所得税两种。

（1）企业所得税。我国现行所得税法于2007年3月16日第十届全国人民代表大会第五次会议通过，并于2008年1月1日起施行。1991年通过的《中华人民共和国外商投资企业和外国企业所得税法》（外资企业适用）和1993年发布的《中华人民共和国企业所得税暂行条例》（内资企业适用）同时废止。新企业所得税法改变了企业所得税原按内资、外资企业分别立法的局面，统一了内资、外资企业不同的税收政策，创造了更加统一、规范、公平竞争的市场环境。

（2）个人所得税。个人所得税是对个人（自然人）取得的各项应税所得征收的一种税，最早于1799年在英国创立，它既是筹集税收收入的工具，又是调节个人收入分配的重要手段。我国现行的个人所得税法是2005年10月27日对原有《中华人民共和国个人所得税法》第三次修正的结果。个人所得税实行分类征收办法，将个人所得分为工资、薪金所得；个体工商户的生产、经营所得；对企事业单位的承包经营、承租经营所得；劳务报酬所得；稿酬所得；特许权使用费所得；利息、股息、红利所得；财产租赁所得；财产转让所得、偶然所得和经国务院财政部门确定征税的其他所得共计11个应税项目，并相应规定了每个应税项目的适用税率、费用扣除标准及计税办法。

2. 流转税类

流转税主要是对生产、流通或者服务业发挥调节作用，包括增值税、消费税和营业税。

（1）增值税。它是对在我国境内销售货物或者提供加工、修理修配服务，以及进口货物的单位和个人，就其取得的货物或应税劳务的销售额，以及进口货物的金额计算税款，并实行税款抵扣制的一种流转税。其基本税率为17%。

（2）消费税。它是对少数特定的消费品需要调节其消费行为而征收的一种税，征收消费税的消费品只有烟、酒、化妆品等11个税目。征收消费税有利于正确引导消费，调整消费结构，也有助于调节个人收入水平，缓解分配不公的矛盾。为了适应不同应税消费品的实际情况，消费税采用比例税率和定额税率两种形式。

（3）营业税。它是以在我国境内提供应税劳务、转让无形资产和销售不动产的行为为课税对象所征收的一种税。按照行业、类别的不同营业税共设置了9个税目，主要针对从事交通运输业、金融保险业、邮电通信业、文化体育业、娱乐业、建筑业、服务业以及转让无形资产或销售不动产的单位和个人征收。按照行业、类别的不同营业税采用不同的比例税率。

企业财务人员应当熟悉国家税收法律的规定，不仅要了解各个税种的计征范围、计征依据和税率，而且要了解差别税率的制定精神，减税、免税的原则规定，自觉按照税收政策导向进行经营活动和财务活动。

（二）金融证券法规

随着经济的发展，金融市场在财务管理活动中发挥的作用越来越重要，相应地，金融工具也成为企业重要的理财工具。针对金融市场及相关的金融证券法规是规范企业及个人相关财务管理活动的重要手段，因而，公司理财活动必须要合乎相关金融证券法规的规定。主要的金融证券法规有《中华人民共和国证券法》（以下简称《证券法》）、《中华人民共和国中国人民银行法》、《中华人民共和国商业银行法》、《中华人民共和国票据法》、《企业债券管理条例》、《支付结算办法》、《中国人民银行信用卡业务管理办法》、《中华人民共和国外汇管理条例》、《信贷资产证券化试点管理办法》等。在这些法规中，证券法规约束和管制的群体是最为广泛的，故这里主要介绍证券法的内容。

1. 证券法的概念及立法概况

证券法是规范证券的发行与交易的法。狭义的证券法就是指《证券法》。广义的证券法除《证券法》外，还包括其他法律中有关证券管理的内容、国务院颁发的证券管理的行政法规、证券管理部门发布的部门规章、地方立法部门颁布的证券管理的地方性法规和规章等。除上述内容外，证券交易所等有关证券自律性组织依法制定的业务规则和行业活动准则等对我国证券市场的规范运作也起到重要调整作用。

1998 年 12 月 29 日，我国颁布《证券法》，并于 1999 年 7 月 1 日起实行，这标志着我国证券市场法制进入了一个新的阶段。2004 年 8 月 28 日进行修正。现行的《证券法》是 2005 年 10 月 27 日第十届全国人民代表大会常务委员会第十八次会议修订的，自 2006 年 1 月 1 日起实施。

2. 《证券法》中关于证券活动和证券管理的原则规定

（1）公开、公平、公正原则；

（2）自愿、有偿、诚实信用原则；

（3）守法原则；

（4）证券业与其他金融业分业经营分业管理原则；

（5）政府统一监管与行业自律原则；

（6）国家审计监督原则。

3. 《证券法》的主要内容

《证券法》主要针对证券发行、证券交易、上市公司收购、证券交易所、证券公司、证券登记结算机构、证券服务机构、证券业协会、证券监督管理机构和违反《证券法》的相关法律责任等作出了规定。

（三）财务会计法规

1992～1993 年，我国进行了财会制度的重大改革，发布了《企业会计准则——基本准则》、《企业财务通则》和分行业的企业财务、会计制度（简称“两则两制”）。到 2008 年，会计方面形成了由《中华人民共和国会计法》（以下简称《会计法》）、《企业财务会计报告条例》、《企业会计制度》、《企业内部控制规范》、《企业会计准则》等法规制度组成的会计规范体系；财务方面形成了企业财务通则、行业财务制度和企业内部财务制度三个层次的规范体系。

1. 会计规范体系

（1）《会计法》。《会计法》是会计工作的最高层次法律规范。《会计法》于 1985 年 1 月 21 日第六届全国人民代表大会常务委员会第九次会议通过，1993 年 12 月 29 日第八届全国人民代表大会常务委员会第五次会议作出修正，1999 年 10 月 31 日第九届全国人民代表大会常务委员会第十二次会议再次作出修改决定。新修改的《会计法》共 7 章 52 条，主要对会计工作总的原则、会计核算、会计监督、会计机构、会计人员和法律责任等作了详细规定。

（2）《企业财务会计报告条例》。为了贯彻实施《会计法》，国务院于 2000 年 6 月 21 日发布了《企业财务会计报告条例》。《企业财务会计报告条例》对 1992 年制定的《企业会计准则——基本准则》所规定的会计要素的定义作了重新修订，该条例于 2001

年1月1日起实施。

(3)《企业会计准则》。2006年2月15日，财政部向全世界宣布中国新的会计准则体系诞生了。新的会计准则由1项基本准则和38项具体准则组成。具体准则包括存货、长期股权投资、投资性房地产、固定资产、生物资产、无形资产、非货币性资产交换、资产减值、职工薪酬、企业年金基金、股份支付、债务重组、或有事项、收入、建造合同、政府补助、借款费用、所得税、外币折算、企业合并、租赁、金融工具确认和计量、金融资产转移、套期保值、原保险合同、再保险合同、石油天然气开采、会计政策、会计估计变更和差错更正、资产负债表日后事项、财务报表列报、现金流量表、中期财务报告、合并财务报表、每股收益、分部报告、关联方披露、金融工具列报、首次执行企业会计准则。

(4)《企业会计制度》。2000年12月29日财政部发布了《企业会计制度》，并于2001年1月1日起暂在股份有限公司范围内执行，2002年1月1日起正式实施。《企业会计制度》是对《企业财务会计报告条例》的具体运用（不含金融、保险企业以及不对外筹集资金、经营规模较小的企业），它不再分行业，主要由会计核算一般规定、会计科目及其运用、财务会计报告的编制等内容组成。对于不同行业的企业，根据《企业会计制度》以及其后发布的与其相适应、体现行业特点的具体会计核算办法相结合，即为该行业所适用的会计核算制度。2006年10月30日，财政部印发了《企业会计准则——应用指南》，其中说明，从2007年1月1日开始执行《企业会计准则——基本准则》的企业，不再执行《企业会计制度》。尽管企业会计制度被取消，但企业会计制度的基本内容仍然保留，只是不再颁布执行单独的企业会计制度，而是将其作为企业会计准则应用指南，以《企业会计准则应用指南——会计科目和主要账务处理》的形式出现。

(5)《内部控制规范》。2001年6月22日，财政部发布了《内部会计控制规范》，并从发布之日起试行。这是作为1999年修订的《会计法》第一次以法律的形式对建立健全内部控制提出原则要求的配套措施，财政部随即连续制定发布了《内部会计控制规范——基本规范》等7项内部会计控制规范并开始试行。但是，随着市场经济的发展和企业环境的变化，单纯依赖会计控制已难以应对企业面对的市场风险，会计控制必须向风险控制发展；同时，各部门之间的内部控制要求也有待于进一步协调，以便为进行内部控制自我评估和外部评价提供统一标准。2006年7月15日，财政部、国资委、证监会、审计署、银监会、保监会联合发起成立企业内部控制标准委员会，该委员会于2007年3月2日发布了《企业内部控制规范——基本规范》和17项具体规范（征求意见稿）。2008年6月28日，财政部会同证监会、审计署、银监会、保监会联合发布了《企业内部控制基本规范》，决定自2009年7月1日起在上市公司范围内施行。与《企业内部控制基本规范》相配套，《企业内部控制评价指引》（征求意见稿）、《企业内部控制应用指引》（征求意见稿）和《企业内部控制鉴证指引》（征求意见稿）也相应出台。这些标志着我国企业内部控制规范体系已经形成，即形成以促进企业发展战略为目标、以防范风险和控制舞弊为核心，以基本规范为统领，以应用指引、评价指引和鉴证指引等配套办法为补充，结构合理、层次分明、衔接有序、内容完整、方法科学的内部控制标准体系。

2. 财务规范体系

（1）企业财务通则。企业财务通则是设立在我国境内的各类企业进行财务活动必须遵循的基本原则和规范，是财务规范体系中的基本法规，在财务法规、制度体系中起着主导作用。1993 年 7 月 1 日，经国务院批准由财政部发布的《企业财务通则》正式开始实施。2006 年财政部对《企业财务通则》进行了修订，并于 2007 年 1 月 1 日起实施。根据该通则，我国将在企业财务管理体制上实现创新，从政府宏观财务、投资者财务、经营者财务三个层次，构建资本权属清晰、财务关系明确、符合企业法人治理结构要求的企业财务管理体制。企业财务通则的具体内容包括企业财务管理体制、资金筹集、资产营运、成本控制、收益分配、重组清算、信息管理、财务监督等六大财务管理要素。

（2）行业财务制度。行业财务制度是根据《企业财务通则》的规定和要求，为适应和充分体现行业的特点和管理要求而由财政部制定的行业规范。行业财务制度是财务通则的原则规定与各行业财务活动特点相结合的产物，它在整个财务法规、制度体系中起基础作用。现行的行业财务制度仍然是根据 1993 年的《企业财务通则》的规定和要求制定的，在内容上与现行《企业财务通则》存在一定的不一致，因此，有必要根据现行《企业财务通则》对其进行修改，更好地为企业财务管理服务。

（3）企业内部财务制度。企业内部财务制度是由企业管理当局制定的用来规范企业内部财务行为、处理企业内部财务关系的具体规则，它在财务法规制度体系中起着补充作用。应该包括以下内容：企业财权制度、财务治理制度、财务组织制度、财务管理制度和财务关系契约制度。

（四）《中华人民共和国公司法》（以下简称《公司法》）

《公司法》是针对企业中的公司制组织形式的法律，对企业财务管理发挥着极为重要的作用。我国现行《公司法》是 1993 年 12 月 29 日第八届全国人民代表大会常务委员会第五次会议通过的。1999 年进行了第一次修正，修改 3 条；2004 年进行了第二次修正，修改 2 条。2005 年 10 月 27 日又一次进行了修订，新的《公司法》，由原来的 229 条变为 219 条，增删改近 200 条，只有 10% 左右原封未动。2006 年 1 月 1 日起开始实施。

《公司法》除了对公司一些基本特征进行规定外[①]，它的很多限制性条件决定了公司可能的筹资、投资政策以及相关的公司治理机制安排。涉及到的主要内容有：有限责任公司的设立和组织机构；有限责任公司的股权转让；股份有限公司的设立和组织机构；股份有限公司的股份发行和转让；公司董事、监事、高级管理人员的资格和义务；公司债券；公司财务、会计；公司合并、分立、增资、减资；公司解散和清算；外国公司的分支机构；以及违反法规的法律责任。

（五）其他法规

① 详细内容可以参考第一章。

除上述几大体系的法规外，还有一些关于企业组织的法规，如《全民所有制工业企业法》、《中华人民共和国个人独资企业法》、《中华人民共和国合伙企业法》、《中华人民共和国乡镇企业法》、《中华人民共和国中小企业促进法》、《中华人民共和国中外合资经营企业法》、《中华人民共和国中外合作经营企业法》、《中华人民共和国外资企业法》以及公司及行业监管法规，如《中华人民共和国审计法》、《企业破产法》、《中华人民共和国合同法》、《中华人民共和国商标法》、《中华人民共和国专利法》、《中华人民共和国著作权法》以及《中华人民共和国反不正当竞争法》等。这些法律法规和《公司法》一样对企业财务管理活动发挥着极为重要的作用。

三、经济环境

公司理财的经济环境是指对公司理财活动产生影响的一切经济因素的总和，其中主要有经济管理体制、经济发展周期以及市场的完善与有效程度等因素。

（一）经济管理体制

经济管理体制是一个国家的基本经济制度，是指在一定的社会制度下，经济关系的具体形式以及组织、管理和调节国民经济的体系、制度、方式和方法的总称。

目前世界上典型的经济管理体制有计划经济管理体制和市场经济管理体制两种类型。计划经济管理体制是指一国经济以计划为基础和主体进行运作；市场经济管理体制是指一国经济以市场为基础和主体进行运作。我国的经济管理体制正在经历着由计划经济管理体制向市场经济管理体制的变革，由于这两种体制的特征不同，导致这两种体制下的公司理财行为也是有所区别的。

1. 计划经济管理体制的基本特征及公司理财行为

计划经济管理体制的基本特征是政府对经济的行政性控制，各种经济杠杆或手段都是为这种控制服务的，这种控制与市场经济条件下的政府干预有着本质的区别。市场经济条件下政府干预的前提是政府与市场功能的科学、合理地界定，政府干预不仅不能违背而且必须服从市场规律。而在计划经济管理体制下，政府控制整个社会资源，实行的是政策分配型交易。

计划经济管理体制对企业理财工作的影响主要体现在以下几个方面：计划经济管理体制要求企业按照国家计划进行一切财务管理活动；要求企业理财工作以完成国家下达的计划为目标；企业资金由国家统一供给，投资由国家决策，分配由国家规定，企业不是真正的理财主体，只是国家计划的执行者；理财工作主要采用财务计划作为手段，通过制定、实施计划来搞好财务的管理工作；理财工作从属于企业的生产经营工作，处于服务地位。因而，企业虽作为一个独立的核算单位却无独立的理财权利，财务活动的内容比较单一，管理财务的方法也比较简单。

2. 市场经济管理体制的基本特征及公司理财行为

市场经济管理体制的基本特征是配置资源的前提不是政府宏观管理与调控，也就是说，配置资源的主体是市场，而不是政府。

市场经济管理体制对公司理财行为的影响主要体现在以下几个方面：市场经济管理

体制要求企业面向市场，而不是接受政府的行政命令进行一切财务管理活动；市场经济管理体制要求企业以股东财富最大化或企业价值最大化为财务管理目标，而不是完成国家下达的计划；在市场经济管理体制下，企业作为理财主体自主筹资，在遵守国家有关规定的前提下进行投资决策和利润分配，而国家不直接参与企业的财务活动；在市场经济管理体制下，企业主要通过市场预测和决策，而不是行政命令下的财务计划，来搞好财务工作；在市场经济管理体制下，财务工作不再从属于企业的生产经营工作，已成为独立的管理活动，企业财务部门可以独立完成筹资、投资和分配等财务活动。因而，企业作为独立的经济实体，有独立的经营权、理财权，公司理财活动的内容比较丰富，方法也复杂多样。

（二）经济发展周期

经济发展周期是指整个国民经济活动中，所出现的由扩张到收缩的循环往复，这种循环往复呈现出周期性波动的特征，它具体分为复苏、繁荣、衰退和萧条四个阶段。经济的周期性波动对公司理财活动有着非常重要的影响。

在不同的发展时期，企业的生产规模、销售能力、获利能力以及由此而产生的资本需求都会出现重大差异。一般来说，当生产扩大、物价上涨时，经济就在开始复苏甚至朝着繁荣阶段迈进，这时就业率也高，工资也不断上涨；反之，就会朝着衰退甚至萧条期发展。

西方财务学界提出的企业在经济周期各阶段的一般财务对策，见表2－1。

表2－1　企业在经济周期各阶段的一般财务对策

复苏阶段	繁荣阶段	衰退阶段	萧条阶段
1. 增加厂房设备 2. 实行长期租赁 3. 建立存货 4. 引入新产品 5. 增加劳动力	1. 扩充厂房、设备 2. 继续建立存货 3. 提高价格 4. 开展营销规划 5. 增加劳动力	1. 停止扩张 2. 出售多余设备 3. 转让一些分部 4. 停产不利产品 5. 停止长期采购 6. 削减存货 7. 停止雇员	1. 建立投资标准 2. 保持市场份额 3. 缩减管理费用 4. 放弃次要利益 5. 削减存货 6. 裁减雇员

通常来讲，这一理论是值得借鉴的。但需要注意的是，经济发展的周期波动不仅有短程周期、中程周期和长程周期之别，而且还有总量周期波动与产业及行业周期波动之差别。因此，表中各周期阶段应采取的财务战略的实施时间、力度以及持续时间安排，都应以具体经济周期特征分析为前提。

（三）市场的完善与有效

无论是在产品竞争市场上，还是在证券市场上，市场环境的完善、有效与否都会对公司理财行为产生重要影响。

1. 从企业所处的市场环境竞争态势来看，市场的类型可以划分为完全垄断市场、完全竞争市场、不完全竞争市场和寡头垄断市场，不同的市场环境主要对公司理财行为有不同影响。

（1）完全垄断市场。在完全垄断市场下，由于价格由垄断企业来决定，因而，具有垄断地位的企业不会遇到竞争的压力，其购销活动一般都不成问题，价格波动不大，企业不仅可以取得稳定的垄断利润，而且面临的市场风险极小。这时候的企业因掌握着经营的主动权，使其财务活动也往往处于有利地位，比如，可以融通和使用大量债务资金，或采用预收货款形式减少资金占用等。

（2）完全竞争市场。在完全竞争市场下，由于商品或劳务的购销价格完全由市场来决定，价格和购销量都容易出现波动，企业时刻都面临竞争风险，企业利润也不稳定。为了扩大销售，企业不得不采取宽松的信用条件，应收款项可能会大量增加，同时企业有可能采取薄利多销方式，致使企业收益水平下降。这时候的企业在竞争中时刻都面临危机和风险，这种完全自由的讨价还价的竞争条件决定了企业的财务风险因经营风险或市场风险的存在而加大，此时的财务管理必须考虑现金流量问题以及可能陷入财务困境之前如何谨慎运用债务资金。

（3）不完全竞争和寡头垄断市场。在不完全竞争和寡头垄断市场下，企业经营理财面临的竞争风险小于完全竞争市场，通过优质或特色服务可以使自身处于垄断和优势地位，增强对市场的控制力。因此，这种企业的垄断和优势地位是必须付出代价的，如研发投入、广告宣传、放宽信用条件等。在这些代价的基础上，企业的购销可能会相对稳定，价格也会在一定时期相对稳定，企业可以取得一定的垄断利润。但是，由于其他企业可能在很短的时间内赶超本企业，企业还是面临着一定的市场风险和经营风险，进而引发企业的财务风险。因此，考虑到竞争风险的存在，财务管理上也必须注意财务风险存在的可能性，预先采取预防措施。

2. 从证券市场上股票价格与相关信息的角度来看，证券市场可以划分为三种类型：强式有效市场（strong - form）、半强式有效市场（semi - strong form）和弱式有效市场（weak - form），不同效率的市场对企业和个人理财行为有不同影响。

（1）强式有效市场。强式有效市场是指证券价格完全反映了所有与价格变化有关的信息，包括历史信息、公开信息和内部信息。在强式有效市场上，证券价格取决于其实际价值的高低，因而，个别投资者有可能会在某几次投资活动中获得超常利润，但却不可能长期稳定的保持这种收益，其总的投资结果将只能获得平均利润。同时，在强式有效市场上，靠造假手段也无法真正影响证券价格。

（2）半强式有效市场。半强式有效市场的效率程度要低于强式有效市场的效率程度，但是要高于弱式有效市场。它是指证券价格反映了所有历史信息以及所有公开信息，但却不能反映内部信息。在半强式有效市场上，对公开发表的信息能够越迅速越完整地被投资者获知，证券市场将会成为越有效率的市场。因而，投资者越是努力地获知新信息，就越会提高证券市场的效率，而这将会减少投资者赚取比别人更多的超额利润的机会。

（3）弱式有效市场。弱式有效市场的效率程度要低于半强式有效市场的效率程度。它是指证券价格反映了所有过去证券价格变动的资料和信息，但是却不能及时、有效、全面地反映所有公开信息，更不能反映内部信息。在弱式有效市场上，证券价格的未来走向与其历史变化没有任何必然联系，证券价格过去的波动并不能影响其未来价格的波动，因此，投资者无法借助历史纪录来有效判断目前证券价格是否合理。

第三节　金融市场环境

金融市场是资金供应者与资金需求者双方借助于信用工具进行交易而融资的市场。金融市场的功能在于以更有效率的方式使金融资产的买者和卖者得以匹配。现代公司需要有一种高效率的方式在有资金需求时迅速筹集到资金，在资金有剩余时能够高效率地投资于金融资产或者进行接管兼并等活动。因而，现代公司的发展不可避免地依赖于金融市场环境。

图 2－1 清晰地表明了金融市场在公司理财中的作用。首先，公司通过发行证券在金融市场上募集资金，得到的是现金，支付的是股票、债券或其他权益证明，投资者得到相关的权益证明后可以在金融市场上进行转让、交易等；然后，公司将所募得的资金投入到要素市场去购买原材料、厂房、设备等；通过运营活动创造价值、产生现金流量；产生的现金流量可以通过扩大再生产等用于再投资，或者通过金融市场以股利、利息等形式分配给投资者，或者通过偿还债务本金、回购股票等形式返还给投资者，如果公司有多余的现金流量还可以直接在金融市场上投资金融资产以获利。同时，公司还要用产生的现金流量支付应付政府的税金。

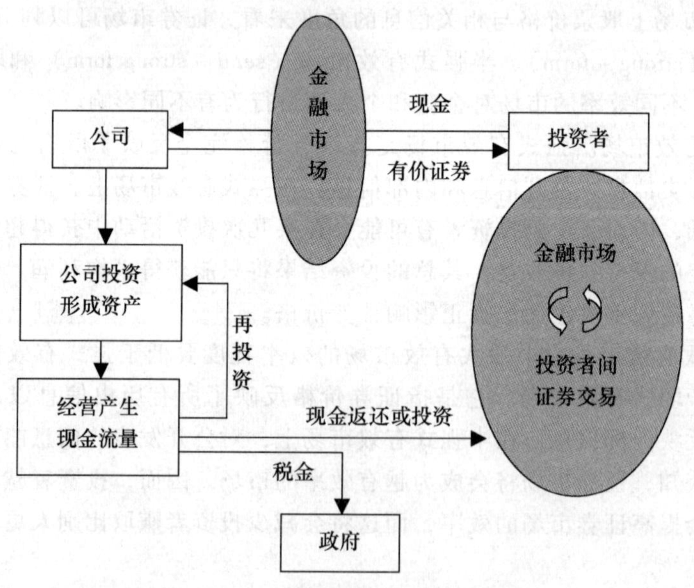

图 2－1　公司理财与金融市场关系图

一、金融市场的分类

狭义的金融市场就是指金融资产交易的场所，广义的金融市场则是指以金融资产为交易对象而形成的供求关系及机制的总和。对公司理财产生影响的不仅仅是金融资产交易的场所，而是与金融资产相关的机制总和。金融市场因交易对象、期限、场所等的不同而有不同的特点，因而要从不同的角度来分类金融市场，以判断其对公司理财的影响。

（一）按不同的交易标的物划分金融市场

按不同的交易标的物划分金融市场，金融市场可以分为票据市场、证券市场、外汇市场、黄金市场、衍生金融工具市场。其中票据市场交易的金融资产主要包括本票、汇票、支票和可转让大额定期存单；证券市场又可以分为股票市场、债券市场和基金市场；衍生金融工具市场交易的对象主要包括股票衍生工具、利率衍生工具、汇率衍生工具和商品衍生工具。

（二）按交易工具的期限划分金融市场

按交易工具的不同期限划分，金融市场可以分为货币市场（短期资金市场）和资本市场（长期资金市场）。货币市场是指以期限在一年以下的金融工具为交易标的物的短期金融市场。现在，货币市场一般指短期国债、商业票据、银行承兑汇票、大额可转让定期存单、回购协议、联邦资金等短期金融工具买卖的市场。货币市场的主要功能是保持金融资产的流动性，以便随时换成现实的货币。资本市场是指期限在 1 年以上的金融工具交易市场，如股票、公司债券、中长期国债和不动产抵押贷款等金融工具买卖的市场，主要用以满足长期资金需求。资本市场包括银行中长期存贷款市场和有价证券市场，由于长期融资的证券化趋势，资本市场侧重于证券市场。

（三）按交割期限划分金融市场

按交割期限划分金融市场，金融市场可以分为现货市场和期货市场。现货市场是成交后立即或在若干个交易日内办理交割手续的交易市场，也称即期市场。由于现货市场的成交与交割之间几乎没有时间间隔，因而对交易双方来说，利率和汇率风险很小。期货市场是在交易协议达成后并不立即交割，而是在某一特定时间后进行交割。在期货交易中，由于交割要按成交时的协议价格进行，金融交易对象价格的升降，就可能使交易者获得利润或蒙受损失。

（四）按交易程序划分金融市场

按交易程序划分金融市场，金融市场可以分为一级市场、二级市场。一级市场又称初级市场或发行市场，是指筹资者将设计开发出的金融商品首次出售给投资者时所形成的交易市场，如债券发行市场和股票发行市场。二级市场又称次级市场或流通市场，是指已发行出去的票据和证券等在不同的投资者之间再进行转让买卖的市场。二级市场又可分为两种：场内交易市场和场外交易市场。场内交易市场即证券交易所，它是一种集中性的交易市场，有严格的入市条件和统一的交易规则、清算制度、信息披露制度等；场外交易市场，又称为柜台交易市场或店头交易市场，它是在证券交易所之外进行证券买卖的市场。

（五）按中介特征划分金融市场

按中介特征划分金融市场，可以分为直接金融市场和间接金融市场。直接金融市场是指由资金供求双方直接进行融资所形成的市场。在直接金融市场上，筹资者发行债务凭证或所有权凭证，投资者出资购买这些凭证，资金就从投资者手中直接转到筹资者手中，而不需要通过信用中介机构。间接金融市场是指以银行等金融机构作为信用中介进行融资所形成的市场。在间接金融市场上，是由资金供给者首先把资金以存款等形式借给银行等金融机构，两者之间形成债权债务关系，再由银行等机构把资金提供给需求者，又与需求者形成债权债务关系，通过信用中介的传递，资金供给者的资金间接地转到需求者手中。

二、金融中介机构

在金融市场上，无论是个人投资者还是公司，作为资金供给者或者资金需求者，如图2－2所示，他们所从事的主要金融活动，无一离开金融中介机构的服务，所不同的是，每一种金融中介机构分别以其特殊的角色、特殊的服务方式和工具等服务于经济主体的金融活动。了解各种金融中介机构的特征、功能、主要业务和管理方法等，有助于清楚地观察和理解金融市场环境对公司理财的影响。本章接下来将着重介绍商业银行、投资银行、保险公司和养老基金等主要金融中介在公司理财中的作用。

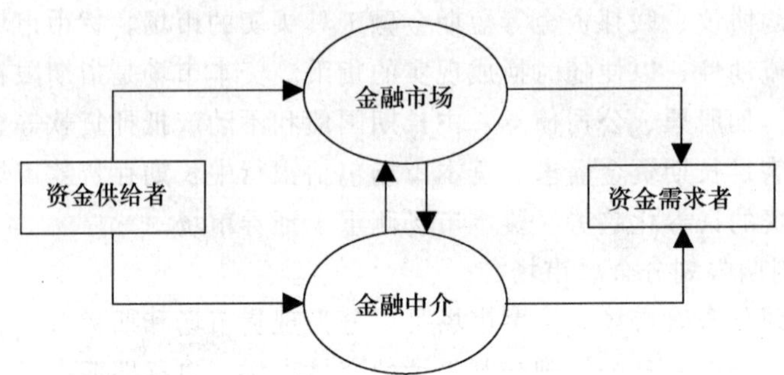

图2－2 金融中介与金融市场

（一）商业银行

商业银行在西欧各国习惯上称为信贷银行，在日本则称其为存款银行，国际货币基金组织将其称为存款货币银行。商业银行是以获取利润为经营目的，主要经营存放款业务的综合性、多功能的金融企业。其主要职能有以下五方面：

1. 信用中介职能

信用中介职能是商业银行最基本、最能反映其经营活动特征的职能。通过银行的负债和资产业务，沟通了货币资金借入者和贷出者的信用联系，克服了直接借贷的局限性，使借贷行为在当事人各方对借贷数量、借贷期限、利息要求、信誉状况等互不了解的情况下得以完成。

2. 支付中介职能

商业银行既是信用机构，又是经营货币的机构。在经营货币的过程中，商业银行为客户保管货币，代客户支付货款和各种费用，为客户兑付现金等，这种职能就是支付中介职能。作为支付中介，商业银行在经营活动中事实上充当着工商企业、社会团体、个人等的货币保管者、出纳者和支付代理人，从全社会的角度看，商业银行实际上成了国民经济的总出纳和“公共簿记”，是一个办理支付、结算和现金出纳的社会中介机构。商业银行的在办理支付过程中，由于广泛使用支票和先进的结算支付工具，不仅大大减少了现金的使用，节约了流通费用，而且加快了结算速度和货币资金周转。

3. 调控媒介职能

商业银行并不是专门的经济和金融调控机构，但是，通过其自身的业务活动，客观上对经济和金融活动从多个方面发挥了调控功能。如：通过放款和投资，从总量上和结构上调节企业的生产经营活动；通过办理消费信贷业务调节和引导消费；通过利用国际金融市场筹措外资，可增加国际收支平衡表中的资本输入项目，调节和平衡国际收支，等等。而最能体现调节功能的是商业银行充当中央银行货币政策的传导媒介。

4. 金融服务职能

商业银行凭借自身的优势，如社会联系面广、信用可靠、信息灵通、装备先进等，可以为客户提供各种服务，如：信息咨询、决策支援、自动转账、保管箱、代发工资、代理各种费用支付、代理买卖有价证券等。商业银行发挥这种服务职能，既是现代经济生活多样化、企业经营环境复杂化的客观要求，也是银行间以及银行与各种金融机构间市场竞争日益剧烈的结果。服务水平的高低，服务能力的强弱，已成为衡量商业银行竞争力的重要尺度。

5. 信用创造职能

信用创造的含义表现在两个方面：一方面，随着信用制度的发展，商业银行在银行信用的基础上创造了可以代替货币的信用流通工具如：银行券和支票，这种信用流通工具代替现实货币流通，因而，相对扩大了流通手段和支付手段，扩大了社会信用量；另一方面，商业银行能够在支票广泛流通和实施转账结算的条件下，进行存款货币的创造，从而在货币供给机制中发挥重要作用。存款货币创造的机制或过程简言之，就是银行将吸收的存款发放贷款后，接受贷款的客户并不完全支取现金甚至完全不支取现金，而是转入其银行存款账户，以转移存款的方式进行支付使用。这样，由原来那笔存款经贷款后又形成一笔新的存款，增加了商业银行的资金来源，最后会使整个银行体系的存款加倍形成。

（二）投资银行

投资银行在各国的称谓不尽相同。在美国称投资银行，在英国称商人银行，在日本称证券公司，在法国称实业银行。投资银行是最典型的投资性金融机构，一般认为，投资银行是在资本市场上为企业发行债券、股票，筹集长期资金提供中介服务的金融机构，主要从事证券承销、公司购并与资产重组、公司理财、基金管理等业务，其基本特征是综合经营资本市场业务。

投资银行与商业银行之间业务界限的划分是实行金融分业管理的结果，二者的主要区别在于：从市场定位上看，商业银行是货币市场的核心，而投资银行是资本市场的核心；从服务功能上看，商业银行服务于间接融资，而投资银行服务于直接融资；从业务内容上看，商业银行的业务重心是吸收存款和发放贷款，而投资银行既不吸收各种存款，也不向企业发放贷款，业务重心是证券承销、公司并购与资产重组；从收益来源上看，商业银行的收益主要来源于存贷利差，而投资银行的收益主要来源于证券承销、公司并购与资产重组业务中的手续费或佣金。在现代金融市场上，投资银行已经成为最重要的金融中介机构。

1. 证券承销

在发行准备阶段，投资银行充当发行公司的财务顾问，主要就证券发行的种类、方式、时机、条件等对发行公司提出建议。在正式销售阶段，作为主承销商的投资银行代表承销团与发行公司谈判，确定发行数量、发行价格、承销价格和承销方式，正式签订承销协议。承销协议一经生效，承销活动便依据协议全面展开。

承销方式可以有三种：代销、全额包销和余额包销。证券的代销是指投资银行代发行公司发行证券，在承销期结束时，将未销售出去的证券全部退还给发行者的承销方式。证券包销是指投资银行将发行者的证券按照协议全部购入，或者在承销期结束时将销售后剩余证券全部购入的方式。其中，全部购入方式又称为全额包销，只将剩余证券购入的方式又称为余额包销。

2. 证券交易

证券交易业务是指投资银行在证券交易市场上，作为经纪商从事代理证券买卖业务以获得佣金收入，作为自营商运用自有资本自行买卖证券，从中赚取买卖差价的经营活动。

投资银行在以经纪商身份服务于证券交易时，是充当证券买方或卖方的委托代理人，接受客户指令，代理客户买入或卖出证券，自身的资本不投入证券交易，经营收入来自客户交纳的佣金，因此，不承担价格和利率变动的风险。但在信用交易或保证金交易方式下，客户仅以交付部分现金或证券作为担保，通过得到经纪商为其垫付的其余现金或证券进行证券买卖交易，作为为客户提供了信用的经纪商自然要承担一定的信用风险。

投资银行在以自营商身份从事证券交易活动时，自身拥有证券，参与证券投资。在具体操作中，可有两种类型：一种是投机（Speculation），即从证券价格变化中谋取收益；另一种是套利（Arbitrage），即从资产相关价值错位中套取收益。如：在期货价格上涨，但近期上涨幅度大于远期上涨幅度时，买进近期交割月份合约，同时卖出远期交割月份合约，收益机会来自同种期货在不同交割月份价格变化幅度之差。

3. 收购与兼并

收购与兼并（Merger & Acquisition，M&A）是投资银行的一项极为重要的业务。在企业兼并、收购过程中，投资银行扮演了极为重要的角色。投资银行可以以多种方式参与企业的并购活动；投资银行收取的酬金（咨询费或聘请费）根据兼并与收购交易的金额大小、交易的复杂程度、投资银行提供的服务水平等决定。

4. 项目融资

项目融资业务，是指投资银行在项目融资过程中所提供的各种服务性业务。项目融资是一种以项目未来的现金流量和项目本身的资产价值为偿还债务的担保条件，以银行贷款为主要资金来源，以对项目发起人无追索权或只有有限追索权为特征的特殊融资方式。与传统的企业筹资方式的最大不同在于，项目融资中归还贷款的资金来自项目本身的收益和资产价值，而不是项目发起人与项目无关的其他资产，项目发起人的责任仅限于其在项目中的投资额。因此，提供项目融资的债权人更多关心的是项目的收益和风险，而不是项目发起人的资信能力、信用评级、经营状况和财务状况等。项目融资主要为资源开发、基础设施建设方面的大型工程项目筹措资金。

5. 风险资本投资

风险资本投资业务，是指投资银行为风险资本投资者在募集资金、风险公司上市、投资变现等诸多方面提供代理和财务技术服务，以获取佣金，或自己发起并运作和管理风险资本基金，以获取风险回报的业务活动。

所谓风险资本（Venture Capital），通常多指专门用于支持处于创业期或快速成长期的未上市新兴的中小型企业，尤其是高新技术企业的发起和成长的资本，因此，风险资本又称为“创业资本”。但是，风险资本在有时候也被广义地理解为所有投入到私人权益资本市场上的资本。典型意义的风险资本具有长期性、高风险、高回报、投资于高新技术企业等特点。风险资本投资的全过程一般表现为：投资人对新成立或具有快速成长潜力的未上市高新技术企业提供股权投资和资产经营服务，对企业进行培育，当企业发育成长到一定成熟程度之后，再通过上市、兼并或其他股权方式撤出投资，以获取高额的资本利得收益。风险资本投资主要通过风险投资机构对风险投资基金的组织、运作和管理来实现。

投资银行参与风险资本投资有两种情况：一种是以代理人和委托人身份出现，为风险投资机构提供在募集资金、投资基金运作管理、风险企业上市和风险投资股权转让等各主要方面的服务；另一种是以机构投资者身份出现，发起组建并运作和管理风险投资基金。在第二种情况下，投资银行是风险投资基金的组织者和管理者，同时也是基金的合伙人，但它只需向基金投入少量资金，就可得到高额回报。投资银行投入的股权，通常只有基金股权的1%，但却有权获取占基金资本增值额20%的收益，其中包括基金持有利益和相应的管理费。在这种利益驱动下，投资银行会对风险投资的每一个重要环节尽职尽责。

（三）保险公司与养老基金

保险公司、养老基金的共同特征是以合约方式定期定量地从持约人手中收取资金（保险费或养老金预付款），然后按合约规定向持约人履行赔付或资金返还义务。因为，偿付金额是一个可以预测和把握的变量，所以，保险公司或养老金可以把其余资金投资于股票、公司债券、公债、抵押资产支持证券等。这就使得保险公司和养老基金常常成为公司股票或债券的重要投资者，进而对公司理财产生影响。

1. 保险公司

保险公司的主要资金来源于按一定标准收取的保险费，其资金运用以追求高收益为目标，主要投资于高收益高风险的证券如股票等，也有一部分用作贷款。保险公司主要有两种类型：人寿保险公司及财产和意外灾害保险公司。西方的保险业非常发达，保险业务渗透到社会生活的方方面面，各类保险公司是各国最为重要的非银行金融机构。

中国的保险公司主要包括中国财产保险有限公司、中国人寿保险有限公司、中国再保险有限公司等三家国有保险公司以及平安、太平洋、大众、新华、泰康等股份制保险公司。2004 年，中国允许保险公司直接进入股市买卖股票，目前已经有多家保险公司投资于股票市场，已经成为股票市场重要的机构投资者。

2. 养老基金

养老基金是一种类似于人寿保险公司的专门金融组织。其资金来源是公众为退休后生活所准备的储蓄金，通常由资方和劳方共同缴纳，也有单独由资方缴纳的。养老金的缴纳一般由政府立法加以规定，因此，其资金来源是有保证的。与人寿保险一样，养老基金也能较精确地估计未来若干年它们应支付的养老金，因此，其资金运用主要投资于长期公司债券、质地较好的股票和发放长期贷款上。养老基金也是金融市场上的主要资金供应者之一。

三、金融市场的监管

在金融市场中，金融监管机构运用法律的、经济的和必要的行政手段，对金融资产的发行、交易等行为及金融中介结构的行为进行监督和管理。对金融市场的监管，会直接或间接地影响到公司理财行为。

（一）金融市场监管体制

世界各国的金融监管体制模式各有不同，主要有集中统一型市场监管体制、组织自律型监管体制和混合型监管体制。

1. 集中统一型市场监管体制

集中统一型市场监管体制是指国家颁布专门的金融市场管理法规，设置专门的市场监管机构进行市场监管，证券交易所与经纪人协会等证券交易组织机构的自律型监管只起辅助作用的市场监管体制。美国、中国等国家均采用这种监管体制。

2. 组织自律型监管体制

组织自律型监管体制通常没有统一性的市场管理法规和全国性的监管机构，而是通过一些间接的法规来制约市场交易活动，靠金融市场的参与者，如证券交易所、证券商协会等进行自我监管。英国等国家采用由交易所及交易商协会等组织自律监管的自律型监管体制。

3. 混合型监管体制

混合型监管体制，既强调集中统一管理，又注重行业自律约束。德国、泰国等国家采用的就是介于集中统一型市场监管体制与组织自律型监管体制两者之间的混合型监管体制。

（二）中国的金融监管体制

中国的金融监管采用的是集中统一型市场监管体制，由国家统一管理，根据监管业务的性质不同，由中国人民银行、中国银行业监督管理委员会、中国证券市场监督管理委员会和中国保险业监督管理委员会四个机构分别执行监管任务。

1. 中国人民银行

中国人民银行是我国的中央银行，我国各类金融机构和金融市场的监管很长一段时间内都集中在中国人民银行。1992 年以来，为适应我国金融机构和金融业务的发展，中国人民银行将对银行业、证券业、保险业金融机构的监管职能分别转移给中国银监会、证监会和保监会。

目前，中国人民银行的职责由原来的制定和执行货币政策、实施金融监管、提供金融服务调整为制定和执行货币政策、维护金融稳定和提供金融服务三项新的法定职责。其职责集中体现在以下三点：第一，强化中国人民银行制定和执行货币政策有关的职责；第二，由过去主要通过对银行业金融机构的设立审批、业务审批和高级管理人员任职资格审查和日常监督管理等直接监管的职能转换为履行对金融业宏观调控和防范与化解系统性风险的职能；第三，增加了反洗钱和管理信贷征信业两项职能。

2. 中国银行业监督管理委员会

中国银行业监督管理委员会，简称中国银监会，成立于 2003 年。中国银监会整合了中国人民银行对银行、资产管理公司、信托投资公司及其他存款类金融机构的监管职能和中央金融工委的相关职能。其基本职能是：制定有关银行业金融机构监管的规章制度和办法；审批银行业金融机构及分支机构的设立、变更、终止及其业务范围；对银行业金融机构实行现场和非现场监管，依法对违法违规行为进行查处；审查银行业金融机构高级管理人员任职资格；负责统一编制和公布全国银行数据与报表；负责国有重点银行业金融机构监事会的日常管理工作等。

3. 中国证券监督管理委员会

中国证券监督管理委员会，简称中国证监会，成立于 1992 年。1998 年与国务院证券委合并组成新的证监会，其职能得到显著加强，集中统一的全国证券监管体制基本形成。

中国证监会的基本职能为：对证券期货监管机构实行垂直管理；加强对证券期货业的监管，强化对从事证券期货中介业务机构的监管，提高信息披露质量；加强对证券期货市场金融风险的防范和化解工作；负责组织拟订有关证券市场的法律、法规草案，研究制定有关证券市场的方针、政策和规章；统一监管证券业。

4. 中国保险监督管理委员会

中国保险监督管理委员会，简称中国保监会，成立于 1998 年。中国保监会是全国商业保险的主管部门，根据国务院授权履行行政管理职能，依照法律、法规统一监督管理全国保险市场，维护保险业的合法、稳健运行。

中国保监会的主要职能为：拟订保险业方针政策、发展规划、监管法律法规，制订业内规章；审批保险公司及其分支机构的设立、合并、分立、解散等；审批关系社会公众利益的保险险种；依法实行强制保险的险种和新开发的人寿保险险种等的保险条款和保险费率；依法监管保险公司的偿付能力和市场行为；对政策性保险和强制保险进行业务监管等。

第四节 公司内部环境

从内部环境来看，不同类型、不同管理基础的企业其理财行为会有不同的特征。如公司战略、组织结构、企业文化和人力资源等的不同对公司理财行为都会产生不同的影响。

一、公司战略对公司理财的影响

迈克尔·波特在分析组织如何获得相对于其他竞争者的竞争优势时将竞争战略分为成本领先、标岐立异和目标集聚三类。成本领先战略是通过采用一系列针对本战略的具体政策在产业中赢得总成本领先，成本领先要求积极建立起达到有效规模的生产设施，在经验基础上全力以赴降低成本；标岐立异战略是将企业提供的产品或服务标岐立异，形成一些在全产业范围内具有独特性的东西；目标集聚战略是指主要针对某个特定的顾客群、某产品系列的一个细分区段或某一个地区市场。

不同的公司战略对公司理财的影响是不同的。在成本领先战略下，企业的财务活动会更多地关注支出控制，强调预测，严格的预算目标，频繁的内部报告，以满足严格的定量目标为基础的激励等；在标岐立异战略下，相应的成本支出的控制会比较松弛，不会用过强的定量财务约束来限制经营者的创新活动，而是重视主管的评价和激励，另外，企业会更倾向于在研究开发上投入；在目标集聚战略下有两种形式，成本领先目标集聚战略寻求在目标市场上的成本优势，差异领先目标集聚战略则追求目标市场上的差异优势，财务活动需要能够集中有限的资源以更高的效率、更好的效果为某一狭窄的战略对象服务，从而超过更广阔范围的竞争对手。

二、组织结构对公司理财的影响

组织结构是关于组织成员或团队任务不同角色的正规说明，为组织活动提供计划、执行、控制和监督职能的整体框架，一般由以下三项关键要素组成：必要的工作活动、报告关系以及部门组合①。直线职能式、事业部制和矩阵式组织结构形式是人们分析组织结构时常用的分类方式。组织结构如何安排将影响信息流的传递、工作的动机、工作的有效性，从而将影响到公司财务活动。

直线职能式结构中纵向控制大于横向协调，正式的权力和影响一般来自于职能部门的高层管理者。这种组织结构管理指令系统比较顺畅，每个员工都有明确的汇报路线，对于小型或中型规模组织、对只有一种或少数几种产品组织的管理效果最优。但这种结构管理层级过多，容易导致财务管理的灵活性和有机性差，与外界环境间的关系僵化，

① John Child. 1984. *Organization*. New York: Harper and Row.

而且对于财务部门与其他部门之间的横向协调和沟通缺乏效率。

事业部式结构中各业务环节以产品、地区或客户为中心重新组合，每个事业部都有独立的生产、研发、销售等职能，强调了组织中跨职能的协调。这种组织结构中产品以及成本责任明确、沟通环节清晰，每一个事业部享有一定的决策权，工作积极性和创造性较高，对大规模和产品较多的组织而言管理效果更好。财务管理活动对外部的有效性和适应性较强，能够迅速对外部不稳定、高度变化的环境作出反应，调节财务活动。但是，职能部门内部之间失去规模经济效益、生产线之间缺乏协调，容易导致目标追求不一致，一定程度上又影响了企业整体财务目标的实现效率。

矩阵式组织结构吸收了直线职能式结构和事业部式组织结构的优点，一方面它将事业部式组织对结果的侧重和责任感较强结合起来；另一方面，保留了直线职能式组织的专业优势。矩阵式组织的缺点就是容易造成命令混乱、权责模糊或出现权责不对等的情况，在职能经理和项目经理之间容易产生冲突。在这种组织结构下，经营计划的制定、执行情况的监控、考核办法的设计都比较简单，线条清晰。以产品为主线，以产品事业部为对象，销量、利润、费用、渠道建设等主要经营指标分解下达给各产品事业部，责权利挂钩，以此来实现公司总体财务目标。

三、企业文化对公司理财的影响

企业文化是企业在长期的生产经营过程中形成的、区别于其他组织的价值观念和精神风貌，它将企业员工的思想观念、思维方式、行为准则融合统一，是企业的精神支柱和全体员工的力量源泉。企业文化的核心是企业精神，代表着一个企业的形象，表现为企业的追求与理想。

公司理财活动与企业文化的建设密切相关。首先，企业财务管理制度的贯彻执行有赖于企业文化的支持和维护；其次，企业文化是一种无形的力量，能够增强企业的凝聚力，提高财务管理活动的效率。认识到公司理财行为总是发生在特定的企业文化环境中，不仅有利于科学合理地制定和执行财务管理制度，还可以弥补财务管理制度的不足，使企业的财务活动始终处于有效状态。

四、人力资源对公司理财的影响

人力资源对公司理财的影响可以归纳为两个方面：一是人力资源的管理，二是人力资源的素质。

人力资源管理的内涵是指人力资源的获取、整合、保持、激励、控制调整以及开发的过程，而这些方面的管理涉及薪酬合同、激励计划、考核指标、财务控制方式、人力开发的投入等必然要影响到公司理财活动。如现代人力资源管理中的股票期权激励计划、员工持股计划等都直接影响到股权结构的变化。

人力资源素质对公司理财的影响也非常大。道德素质良好、专业素质高的员工，企业的财务管理工作更容易进行，尤其是从事财务管理工作的有关人员的素质对公司理财的影响更大。现代财务管理是一项十分复杂的工作，从事财务管理工作的有关人员不仅需要掌握牢固的财务管理专业知识和技能，而且也需要熟悉企业管理的其他各个方面；不仅需要懂得财务管理的常规做法，而且必须善于创造财务管理的非常规做法；不仅需要十分清楚地把握企业内部的各种条件特征，而且更需要精于分析企业外部环境及其可能的变化趋势。

本章小结

公司理财环境是指能够对公司财务活动产生影响的各种作用因素的集合。按照环境的层次性，可将公司理财环境分为外部环境和内部环境；按照环境的稳定程度，可将公司理财环境分为稳态环境和动态环境；按照环境因素的可控性，可将公司理财环境分为可控环境和不可控环境。本书的重点在于阐述外部环境中的文化环境、法律环境、经济环境、金融市场环境和公司内部环境，以及这些环境因素对公司理财行为的影响。

文化环境因素主要包括专业文化和社会文化。专业文化对公司理财的影响主要体现在对公司理财基本理论、公司理财方法以及公司理财手段的影响上；社会文化差异对公司理财的影响主要体现在个人主义或集体主义差别的影响，权力距离大小的影响，不确定性规避程度强弱的影响和阳性或阴性倾向的影响。

法律环境中直接影响公司财务机制运行的重要法律规范主要包括税收法规、金融证券法规、财务会计法规以及公司法和行业监管法规。

经济环境对公司理财活动产生影响的重要因素有经济管理体制、经济发展周期以及市场的完善与有效程度等。

金融市场按不同的交易标的物划分，可以分为票据市场、证券市场、外汇市场、黄金市场、衍生金融工具市场；按交易工具的不同期限划分，可以分为货币市场和资本市场；按交割期限划分，可以分为现货市场和期货市场；按交易程序划分，可以分为一级市场、二级市场；按中介特征划分，可以分为直接金融市场和间接金融市场。

商业银行、投资银行、保险公司和养老基金等主要金融中介在公司理财活动中扮演着重要作用。对金融市场的监管，也会直接或间接地影响到公司理财行为。

公司战略、组织结构、企业文化、人力资源等都是对公司理财产生重要影响的企业内部环境因素。

本章参考文献

1. 罗伯特·C. 莫顿、兹维·博迪著，欧阳颖等译：《金融学》，中国人民大学出版社 2000 年版。

2. 迈克尔·波特著，陈小悦译：《竞争战略》，华夏出版社 1997 年版。

3. 斯科特·贝斯利等著，刘爱娟、张燕译：《财务管理精要》，机械工业出版社 2003 年版。

4. 齐寅峰：《公司财务学》，经济科学出版社 2000 年版。

5. 汤谷良：《企业财务管理》，浙江人民出版社 2000 年版。

6. 厉以宁：“危机就是转机——读〈听老板的就错了〉”，《中国青年报》，http://www.southcn.com/edu/newbook/shuping/200308260062.htm。

7. 罗飞：“论国有企业财务管理的环境与财务关系”，《会计论坛》，2002 年第 1 期。

8. 林巧云：《跨文化管理——霍夫斯泰德的四个维度》，经济学家网站，http://www.jjxj.com.

cn/news_ detail. jsp? keyno = 1940。

9. 杨曾宪："试论文化的本质及分类"，《理论学刊》，1999 年第 3 期。

10. 《中华人民共和国公司法》，http：//www. civillaw. com. cn。

11. 《中华人民共和国证券法》，http：//www. civillaw. com. cn。

12. 《中华人民共和国会计法》，http：//www. civillaw. com. cn。

13. 《企业财务通则》，http：//www. gov. cn/。

第二篇 工具篇

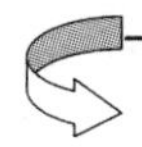

本篇主要介绍公司理财的基本工具，包括货币时间价值、风险与收益、资本成本、价值评估四章内容。

货币时间价值一章主要介绍与论述货币时间价值的基本内容，包括货币时间价值内涵分析；货币时间价值的计算方法；复利终值和现值的含义及其计算以及针对年金这一均匀现金流量的时间价值展开论述。本章起到承前启后的作用，不仅是第一篇的延续和补充，也是以后各篇的基础，货币具有时间价值贯穿于公司理财活动的全部过程。

风险与收益一章主要介绍风险和收益的基本内容，包括风险和收益的内涵、风险和收益的计量以及风险管理三个部分。风险和收益是贯穿公司理财的主线。作为公司理财的基础知识，本章内容在本书各章节中都有体现，特别是在第三篇职能篇和第四篇内容篇，其核心思想都离不开风险和收益的计量和权衡。

资本成本一章介绍资本成本的基本内容，包括资本成本的内涵、资本成本与公司理财的关系、影响资本成本的各种因素、资本成本计算等。资本成本作为公司理财工具，对于企业投资活动、筹资活动、分配活动和价值评估等内容都有着重要的作用。

价值评估一章主要论述了价值评估的内涵、目标以及价值评估的几种主要方法。回答了价值评估在公司理财中的地位和价值创造的表现形式。本章综合应用了货币时间价值、资本成本、风险及收益等理财理念或工具，紧扣公司价值创造这一理财目标，通过价值评估理论与方法的介绍，为全书其他各章从不同角度进行公司价值创造指明方向。

本篇作为全书的工具篇，形成了公司理财的基本观念，明确了公司理财基本技术方法，为全书后面各篇奠定了方法基础。

货币时间价值

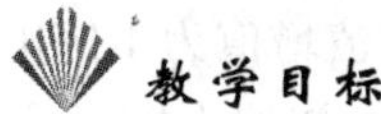

教学目标

◇基本目标

本章教学目标是使学生掌握货币时间价值的基本内容，即货币时间价值的内涵、货币时间价值的计算、复利的终值和现值、以及均匀现金流量：年金。

◇具体目标

明确货币时间价值在公司理财中的地位；

理解和掌握复利终值和现值的含义和计算方法；

理解和掌握年金的含义、分类；

掌握和熟练运用年金计算的各种公式和计算方法；

掌握单利与复利计算结果的差异；

熟悉和理解货币时间价值、货币终值和现值的概念；

理解货币时间价值的计算方法；

理解名义利率和实际利率的关系。

本章提要

本章主要介绍与论述货币时间价值的基本内容，包括货币时间价值内涵、货币时间价值的计算、复利的终值和现值以及均匀现金流量：年金等内容，明确如何计算货币在不同时点的时间价值。本章属于公司理财的工具篇，贯穿于公司理财活动的始终，是学习以后各章的基础理论和基本技能。本章主要回答什么是货币时间价值？货币时间价值如何计算？单利和复利是什么关系？名义利率和实际利率是什么关系？什么是复利的终值和现值？如何计算？什么是年金？年金如何分类？各种类型的年金如何计算？

本章第一节通过对货币时间价值内涵的分析，讨论了货币时间价值与公司理财的关系。第二节通过对货币时间价值计算方法的介绍，明确利息和利率、单利和复利、名义利率和实际利率之间的关系，为以后各节做了铺垫。第三节围绕复利的终值和现值的含义及其计算，明确公司理财中最常见的货币时间价值的计算。第四节围绕年金这一均匀现金流量的时间价值展开论述，明确了年金的含义和分类，不同类型年金时间价值的计算方法，它是本章的核心。

第一节 货币时间价值内涵

一、货币时间价值的含义

货币时间价值是指货币随着时间的推移在投资和再投资过程中所增加的价值。货币通常不会自己增值，只有将其投入生产经营后，实现资本周转才会具有时间价值。例如，在年初将1 000元钱存入银行，在5%利率的作用下，到了年末其价值增值为1 050元；或者同样是1 000元钱，在年初进行投资从而产生新的价值，使得年初的1 000元钱比年末的1 000元钱更有价值。可见，随着时间的推移，周转使用中的货币价值发生了增值。但是，货币时间价值的实质是资本在生产过程中产生的一部分增值额的转化形式，是劳动者的劳动所创造的。对于货币所有者来说，它表现为让渡货币使用权应得到的报酬。对于货币资本的使用者来说，它表现为使用货币而必须支付给货币所有者的成本。

由于货币具有时间价值，使得发生在不同时点但金额相等的资金产生不同的价值。反之，不同时点金额不等的资金在时间价值的作用下却可能具有相等的价值。

货币时间价值可以用绝对数表示，也可以用相对数表示。通常用利息额的多少作为衡量货币时间价值的绝对尺度，用利息率作为衡量货币时间价值的相对尺度。货币时间价值可以体现为在没有风险和通货膨胀条件下的社会平均利润率，在公司理财活动中应用广泛，是公司理财的基本工具。

二、货币时间价值与公司理财

公司理财作为企业管理的一部分，对现代企业的发展壮大起到了至关重要的作用。货币时间价值是公司理财的基本工具，贯穿于公司理财活动的始终。企业的生产经营过程，实质表现为资金的运动过程，而资金运动过程的各阶段总是以一定的财务活动如资金的筹集、资金的投放使用以及资金分配等来实现的。因此，企业要想进行高效的理财活动，就必须合理组织资金的筹集、投放及分配，而无论哪个环节都离不开货币时间价值的计算。

货币时间价值是一个客观存在的经济范畴，是公司理财中进行投资、筹资、收益分配决策的重要条件。企业在筹集资本时，首先要考虑资本成本的高低，货币时间价值是确定资本成本的基础，企业要尽可能地选择资金成本较低的筹资渠道。一般而言，应以银行贷款利率或国债利率为参照，不宜偏离过多，否则会造成公司严重亏损。企业在投资活动中，项目投资在前，收益在后，在作出投资决策前，必须对方案进行经济评价和财务分析，估计货币时间价值对投资项目效益的影响，消除两者的时间差别，便于分析比较。因此，是否考虑货币资金与时间的动态关系，会直接影响到投资方案经济评价的合理性，直接关系到项目投资决策的正确性。企业在进行股利分配时，不仅要考虑自身的盈利状况、资产的流动性、举债能力、资本成本等，更重要的是拥有现金持有量。企业根据各期净现金流量预测情况，确定不同时点现金余缺及价值增值，据以确定股利支付方式。

在公司理财中，现金流量是一个倍受重视的概念。因为，现金流量是企业财务活动的第一要素，是企业进行生产经营和投资活动的前提条件，是企业持续运转的内在动力。财务活动经常会涉及发生在不同时点上的现金流量，为了衡量企业价值，通常利用货币的时间价值确定未来不同时点的现金流量的同一比较基准，以及确认在任意时点实际发生的现金流量在今天的价值，这时通常按一定的折现率折成现值进行比较。

可见，货币时间价值是公司理财中必须考虑的一个重要因素。对于企业来说，用货币时间价值观念指导理财活动，使企业始终站在提高经济效益和效率角度去考虑生产经营活动，从而把企业发展速度与提高效益和效率很好地协调起来。分析时间价值的目的在于树立资金有偿使用的观念，有助于资源的合理配置，促进资本使用效率的提高。

第二节　货币时间价值的计算

一、利息和利率

（一）利息

理解利息可以从两个角度来看，一是债权人的角度，二是债务人的角度，这两个角度都能表明利息实际上是使用资金的价格。即利息是指占用货币使用权所付出的代价或放弃资金使用权所获得的报酬，包括存款利息、贷款利息和各种债券发生的利息等。

利息用公式表示为：

$$I = F - P \tag{3.1}$$

式中：I 表示利息；F 表示本利和；P 表示本金。

利息产生于借贷，公司在银行存款可获得利息，向银行贷款要支付利息，但在现实生活中利息已被人们看作是收益的一般形态。从货币的时间价值来看，利息是利润的一部分，是剩余价值的转化形式。利息可以分为单利计息和复利计息两种计算方法。

（二）利率

利率即利息率，是一定时期所获得的利息与相应本金的比率，它是计算利息的尺度，是一种重要的经济杠杆，对宏观和微观经济运行都有重要的作用。利率的多少受社会平均利润率、金融市场上借贷资本供求情况、国家经济政策与货币政策等因素的影响。一定时期一般可以为一年、一季度或一月等，因此利率有年利率、季利率、月利率等。其公式为：

$$i=\frac{I_t}{P} \tag{3.2}$$

式中：i 表示利率；I_t表示单位时间利息额。

但是，在实际工作中对这两种表示方法并不作严格的区别，通常以利息率进行计量。利息率的实际内容是社会资金利润率。各种形式的利息率（贷款利率、债券利率等）水平，就是根据社会资金利润率确定的。但是，一般的利息率除了包括资金时间价值因素以外，还要包括风险价值和通货膨胀因素。资金时间价值通常被认为是没有风险和没有通货膨胀条件下的社会平均利润率，这是利润平均化规律作用的结果。

二、单利和复利

货币时间价值的计算方法和有关利息的计算方法相类似，因此，货币时间价值的计算涉及到利息计算方式的选择。目前利息的计算方式有单利计息和复利计息两种。

（一）单利

单利是指仅对本金计息，对所获的利息不再计息的计算方法。即“利不生利”。在单利计息方式下，每期都按照初始本金计算利息，当期利息也不计入下期的计息基础，每期的计息基础不变。现行的银行存款计息方法采用的就是单利计息法。其计算公式为：

$$I=n\cdot p\cdot i \tag{3.3}$$

式中：I 表示 n 个计息期的总利息；n 表示计算利息的期数；i 表示每期的单利率。

例 3-1：如将 1 000 元钱存入银行，在年利率为 3% 的情况下，按单利计息法计算利息，两年后产生的利息为多少？

第一年年末的利息是 30 元（1 000 元 ×3%），第二年年末的利息同样是 30 元（1 000 元 ×3%），两年后产生的利息总额为 60 元。可见，按单利计息法计算利息，没有完全考虑货币时间价值。

（二）复利

复利是指对本金和前期累计利息总额之和计算利息的方法。即“利上加利”、“利滚利”。在复利计息方式下，每期都按上期期末的本利和作为当期计息的基础，每期的计息基础都有变化。其计算公式为：

$$F_t=F_{t-1}\times(1+i) \tag{3.4}$$

式中：F_t表示第 t 期末复利本利和；F_{t-1}表示第 t-1，期末复利本利和；i 表示计息期的复利利率。

将例 3-1 按复利计息法计算：第一年年末的利息是 1 000 × 3% = 30(元)，第二年年末的利息则是(1 000 + 30) × 3% = 30.90(元)，两年后产生的利息总额为 60.90 元。

目前，我国银行储蓄系统采用单利方式计算利息，但这并不影响复利计算方式的科学性。如果我们要达到复利计息的目的，让钱“生出”更多的钱，可以将资金存入一年后取出使用或连本带息取出，然后作为下一年存款本金，存入一年后又取出使用或连本带息取出，再作为下一年存款本金，以此往复进行，从而保证了货币资金的持续运转和价值增值。虽然复利计息法同单利计息法相比较，计算过程复杂、计算难度大。但它不仅考虑了初始货币的时间价值，而且考虑了由初始货币产生的时间价值的时间价值，能更好地诠释货币时间价值的含义，能够反映利息的本质特征。因此，在公司理财中货币时间价值的计算通常都采用复利计息法。

复利可以分为间断复利和连续复利。当复利以年利率、半年利率、季利率、月利率等周期利率计算的，即为间断复利；当复利的计息周期趋近于零，按瞬时计息的，即为连续复利。在实际工作中一般采用间断复利计息。

三、名义利率和实际利率

在公司理财中，复利的计算周期通常为一年，但实际上计息周期也可能短于一年，比如按半年、按季度或者按月计息。当利率周期与计息周期不一致时，按照不同计息周期所计算的利息就不同，这是因为存在着名义利率和实际利率所导致的。

（一）名义利率

名义利率是指计息周期利率与一年内的计息周期数的乘积。名义利率为年利率，用 r 表示。其计算公式为：

$$r = i \cdot m \tag{3.5}$$

式中：i 表示计息周期利率；m 表示计息周期数，即计算利息的时间单位的数量（通常以年、半年、季、周、日为单位）。

若按季计算利息，季利率为 2%，则年名义利率为 8%。可见，名义利率没有考虑计息周期内的利息再生因素，等同于单利的计算。

（二）实际利率

实际利率是将计息周期内的利息再生因素考虑在内计算出的利率，或称有效利率，用 i_e 表示。

假设本金为 P，在一年内计息 m 次，年名义利率为 r，则计息周期利率为 i = r/m，一年后的本利和为：

$$F = P\left(1 + \frac{r}{m}\right)^m \tag{3.6.1}$$

利息为：

$$I = F - P = P\left(1 + \frac{r}{m}\right)^m - P = P\left[\left(1 + \frac{r}{m}\right)^m - 1\right] \tag{3.6.2}$$

则实际利率为：

$$i_e = \frac{I}{P} = \frac{P\left[\left(1 + \frac{r}{m}\right)^m - 1\right]}{P} = \left(1 + \frac{r}{m}\right)^m - 1 \tag{3.6.3}$$

现举例说明不同计息周期下名义利率和实际利率的区别。

例 3－2：假设年名义利率 r = 10%，那么年度、半年度、季度、月份、周以及日的实际利率分别是多少？

根据名义利率和实际利率的关系，在已知名义利率的前提下，求得实际利率如表3－1所示。

表3－1　　名义利率和实际利率关系表

年名义利率 r	计息期	年计息次数 m	计息周期利率 $i = r/m$	年实际利率 $i_e = (1 + r/m)^m - 1$
10%	年度	1	10%	10%
	半年度	2	5%	10.25%
	季度	4	2.50%	10.38%
	月份	12	0.83%	10.43%
	月	52	0.19%	10.51%
	日	365	0.03%	11.57%

可见，名义利率不能够完全反映货币时间价值，而实际利率能够全面反映货币时间价值。当计息周期为一年时，名义利率与实际利率两者相等；计息周期短于一年，实际利率大于名义利率，每年计息周期越多，实际利率与名义利率相差的就越大。

第三节　复利的终值和现值

一、复利终值及其计算（已知 P 求 F）

终值又称将来值，是在未来某一时点上的本利和，通常记作 F。复利终值是指现在一定量本金按照复利计算的包括本金和利息在内的未来价值。复利终值计算是公司理财中最常见的货币时间价值计算。

假设现有资金 P，年利率为 i，按复利计息，n 年后的终值如表 3－2 所示。

表3－2　　复利终值计算表

计息期	期初金额（1）	当期利息额（2）	期末本利和 $F_n = (1) + (2)$
1	P	$P \times i$	$F_1 = P + P \cdot i = P(1+i)$
2	$P(1+i)$	$P(1+i) \times i$	$F_2 = P(1+i) + P(1+i) \cdot i = P(1+i)^2$
3	$P(1+i)^2$	$P(1+i)^2 \times i$	$F_3 = P(1+i)^2 + P(1+i)^2 \cdot i = P(1+i)^3$
…	…	…	…
n	$P(1+i)^{n-1}$	$P(1+i)^{n-1} \cdot i$	$F_n = P(1+i)^{n-1} + P(1+i)^{n-1} \cdot i = P(1+i)^n$

可见，复利终值的计算公式为：

$$F_n = P(1+i)^n \tag{3.7}$$

式中：$(1+i)^n$ 表示复利终值系数，也可表示为$(F/P,i,n)$。

那么，复利终值的计算公式又可表示为：

$$F_n = P(F/P,i,n) \tag{3.8}$$

为了便于计算，可以通过查找“复利终值系数表”求得$(F/P,i,n)$。

例 3-3：企业借款 100 000 元，年利率为 10%，求三年后一次归还本息多少元？

$$\begin{aligned} F_n &= P(1+i)^n \\ &= 100\,000 \times (1+10\%)^3 \\ &= 133\,100(\text{元}) \end{aligned}$$

例 3-4：企业现有闲置资金 5 000 元，拟选择投资机会为 6% 的最低可接受报酬率，试问经过多长时间可使现有资金增加到 10 061 元？

$$\begin{aligned} F_n &= 10\,061 \\ &= 5\,000 \times (1+6\%)^n \end{aligned}$$

$$10\,061 = 5\,000 \times (1+6\%)^n$$

$$(1+6\%)^n = 2.0122$$

通过查找“复利终值系数表”，求得在 6% 的利率下，当 $n=12$ 年时，正好是 2.0122，即$(F/P,6\%,12)=2.0122$。所以，如果投资报酬率为 6%，现在投资 5 000 元，那么经过 12 年可使资金增加到 10 061，是原来的两倍还多。

二、复利现值及其计算（已知 F 求 P）

现值又称本金或“贴现值”，是指未来某一时点上的一定资金的现在价值，通常记作 P。复利现值是指为了将来取得一定的本利和，按照复利计算的现在所需要的本金。复利现值是复利终值的逆运算，由复利终值求现值称为贴现，其计算公式为：

$$\begin{aligned} P &= \frac{F}{(1+i)^n} \\ &= F(1+i)^{-n} \end{aligned} \tag{3.9}$$

式中：$(1+i)^{-n}$表示复利现值系数，也可表示为$(P/F,i,n)$，等于复利终值系数的倒数。

那么，复利现值的计算公式又可表示为：

$$P = F(P/F,i,n) \tag{3.10}$$

为了便于计算，可以通过查找“复利现值系数表”求得$(P/F,i,n)$。

例 3-5：企业希望在 3 年末拥有资金 50 万元，假设投资报酬率为 8%，现在应一次投入多少元？

$$\begin{aligned} P &= F(1+i)^{-n} \\ &= 500\,000 \times (1+8\%)^{-3} \\ &= 500\,000 \times 0.7938 \end{aligned}$$

=396 900(元)

终值是复利的结果，现值则是未来的货币在今天的价值，复利的特点是资金的收入或付出都是一次性发生的，且与计息期和利率水平存在着密切的关系。由于复利终值系数和复利现值系数互为倒数，因此，如果计息期相同，利率越高，终值越大，现值越小；利率相同，计息期越长，终值越大，现值越小。

第四节 均匀现金流量：年金

一、年金的定义及分类

年金是指一定时期内连续每期等额收付的系列现金流量。在现实经济生活中，年金应用非常广泛，比如按年计提的折旧、住房按揭的分期付款、零存整取的银行存款、分期支付设备租金、分期支付银行贷款以及保险领域中的养老金给付等都属于年金的形式。年金的特点是资金收入或付出都是分次等额发生，而且每次发生的时间间隔都是相等的，属于系列收付的均匀现金流量。

年金按其每次收付款项发生的时点不同，可以分为普通年金、即付年金、递延年金和永续年金等类型。其中普通年金和即付年金是年金的两种基本类型。

二、年金的计算

(一) 普通年金

普通年金是指从第一期开始的一定时期内，每期期末等额收付的系列款项，普通年金的收付款项均发生在每期的期末，又称为后付年金。普通年金具体包括普通年金终值、年偿债基金、普通年金现值和资金回收额等形式。

1. 普通年金终值的计算（已知 A 求 F）

普通年金终值是指在一定时期内，每期期末等额的系列收付款项的终值之和。例如，储蓄存款中，零存整取求到期本利和，就是典型的求年金终值的情形。

假设等额年金为 A，年利率为 i，按复利计息，n 年后普通年金终值的计算。如图 3-1所示。

则，普通年金终值的计算公式为：

$$F=\sum_{t=1}^{n} A(1+i)^{n-t}$$
$$=A(1+i)^{n-1}+A(1+i)^{n-2}+\cdots+A(1+i)^{1}+A(1+i)^{0}$$
$$=A[(1+i)^{n-1}+(1+i)^{n-2}+\cdots+(1+i)+1]$$

上式中，中括号里的内容是一个公比为（1+i）的等比级数，其前 n 项的和为：

$$\frac{(1+i)^{n}-1}{i}$$

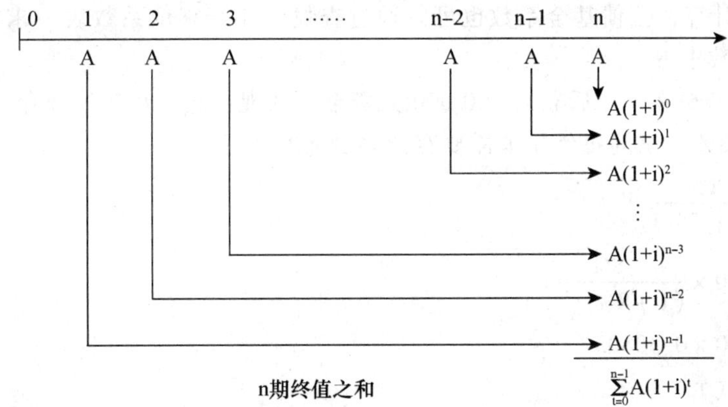

图 3－1　普通年金与终值关系图

因此，

$$F = A\frac{(1+i)^n - 1}{i} \tag{3.11}$$

式中：$\frac{(1+i)^n - 1}{i}$表示普通年金终值系数，也可表示为(F/A,i,n)。

则普通年金终值的计算公式可简化为：

$$F = A(F/A,i,n) \tag{3.12}$$

为了便于计算，可以通过查找“年金终值系数表”求得（F/A，i，n）。

例 3－6：若连续 8 年每年年末向银行存入 50 000 元，年利率为 5%，则 8 年后的本利和应为多少元？

$$F = A\frac{(1+i)^n - 1}{i}$$

$$= 50\ 000 \times \frac{(1+5\%)^8 - 1}{5\%}$$

$$= 50\ 000 \times 9.5491$$

$$= 477\ 455(元)$$

2. 偿债基金的计算（已知 F 求 A）

偿债基金是指为了在未来某一时点收付普通年金终值，需要每年年末分次等额存入的准备金。例如，为偿还未来债务或者在未来获得一笔资金等而分次等额存入一定金额而形成的基金。偿债基金与年金终值互为逆运算，其计算公式为：

$$A = F\frac{i}{(1+i)^n - 1} \tag{3.13}$$

式中：$\frac{i}{(1+i)^n - 1}$ 表示偿债基金系数，即普通年金终值系数的倒数，也可表示为(A/F,i,n)。

则偿债基金的计算公式可简化为：

$$A = F(A/F,i,n) \tag{3.14}$$

为了便于计算，偿债基金系数也可以通过查找“年金终值系数表”求得（F/A，i，n），再求其倒数求得。

例 3－7：若想在 3 年后获得 100 000 元资金，从现在起，每年等额存入银行一笔基金，年利率为 8%。试问每年年末需要存款多少元？

$$A = F\frac{i}{(1+i)^n - 1}$$

$$= 100\ 000 \times \frac{8\%}{(1+8\%)^3 - 1}$$

$$= 100\ 000 \times 0.30803$$

$$= 30\ 803(\text{元})$$

或 $= 100\ 000 \times \frac{1}{(F/A,i,n)} = 100\ 000 \times \frac{1}{3.2464}$

$$= 30\ 803(\text{元})$$

3. 普通年金现值的计算（已知 A 求 P）

普通年金现值是指在一定时期内，每期期末等额的收付款项的现值之和。例如，要想在今后几年里每年年末从银行提取等额的资金，并且最后一次把本利全部提取完毕，那么需要现在一次存入银行多少资金。

假设等额年金为 A，年利率为 i，按复利计息，现在应投入多少现值。如图 3－2 所示。

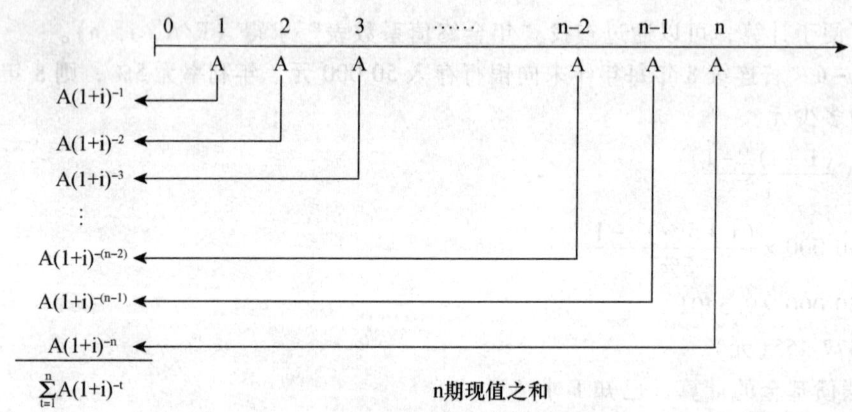

图 3－2 普通年金与现值关系图

由于

$$P = \frac{F}{(1+i)^n} \tag{3.14.1}$$

又由于

$$F = A\frac{(1+i)^n - 1}{i} \tag{3.14.2}$$

将（3.14.2）带入（3.14.1），普通年金现值的计算公式为：

$$P = A\frac{(1+i)^n - 1}{i(1+i)^n} \tag{3.15}$$

$$= A\frac{1-(1+i)^{-n}}{i}$$

式中：$\frac{1-(1+i)^{-n}}{i}$表示年金现值系数，也可表示为(P/A,i,n)。

则普通年金现值的计算公式可简化为：

$$P = A(P/A, i, n) \tag{3.16}$$

为了便于计算，也可以通过查找“年金现值系数表”求得（P/A，i，n）。

例3-8：若拟在今后5年内每年年末收回40 000元，年利率为6%，试问现在应一次性投入多少元？

$$P = A\frac{1-(1+i)^{-n}}{i}$$

$$= A(P/A, i, n)$$

$$= 40\ 000 \times (P/A, 6\%, 5)$$

$$= 40\ 000 \times 4.2124$$

$$= 168\ 496(\text{元})$$

4. 资金回收的计算（已知P求A）

资金回收是指现在收付一笔资金，在约定年限内每期等额支付、回收的金额。例如，定期等额向银行偿还因购买房子、汽车和学生的贷款，定期等额获得的投资回报等。资金回收与普通年金现值互为逆运算，其计算公式为：

$$A = P\frac{i(1+i)^n}{(1+i)^n - 1} \tag{3.17}$$

式中：$\frac{i(1+i)^n}{(1+i)^n-1}$表示资金回收系数，即普通年金现值系数的倒数，也可表示为(A/P，i，n)。

那么，资金回收的计算公式又可表示为：

$$A = P(A/P, i, n) \tag{3.18}$$

为了便于计算，资金回收系数也可以通过查找“年金现值系数表”求得（P/A，i，n），再求其倒数。

例3-9：若取得贷款200 000元，年利率为6%，需要10年等额偿还，试问每年需要偿还多少元？

$$A = P\frac{i(1+i)^n}{(1+i)^n - 1}$$

$$= 200\ 000 \times \frac{6\%(1+6\%)^{10}}{(1+6\%)^{10} - 1}$$

$$= 200\ 000 \times 0.1359$$

$$= 27\ 180(\text{元})$$

$$或 = 200\ 000 \times \frac{1}{(P/A, 6\%, 10)}$$

$$= 200\ 000 \times \frac{1}{7.3601}$$

$$= 27\ 174(元)$$

（二）即付年金

即付年金是指从第一期开始的一定时期内每期期初等额收付的系列款项，又称先付年金或预付年金。即付年金与普通年金的区别仅在于收付款时间的不同，即付年金每次收付款的时间不是在年末，而是在年初。比如，房租支付、学费支付、保险费支付等等都是典型的即付年金。即付年金的形式主要包括即付年金终值和即付年金现值。

1. 即付年金终值的计算

即付年金终值是指在一定时期内每期期初等额的系列收付款项的终值之和。即付年金终值和普通年金终值的计算相似，差别仅在于收付款的时间不同。如图 3－3 所示。

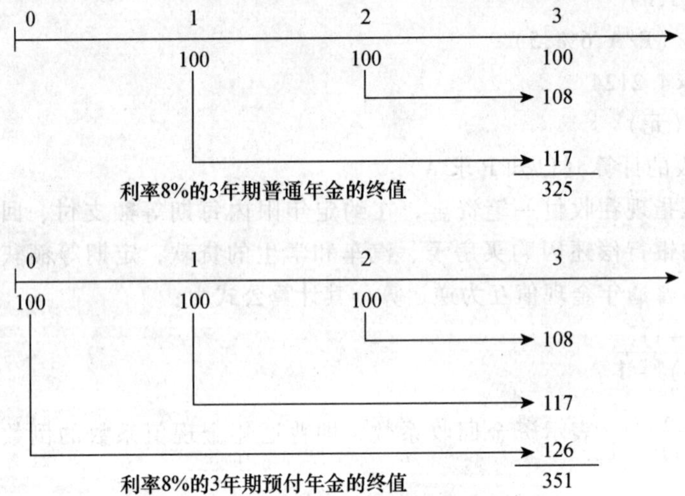

图 3－3　即付年金终值与普通年金终值计算的区别

即付年金终值的计算公式为：

$$F = A(1+i) + A(1+i)^2 + \cdots + A(1+i)^n$$

$$= \frac{A(1+i)[1-(1+i)^n]}{1-(1+i)} \tag{3.19}$$

$$= A\left[\frac{(1+i)^{n+1}-1}{i} - 1\right]$$

式中：$\left[\frac{(1+i)^{n+1}-1}{i} - 1\right]$表示即付年金终值系数，它和(F/A, i, n)相比，期数加 1，系数减 1，因此，也可表示为$\{[F/A, i, (n+1)] - 1\}$。

那么，即付年金终值又可表示为：

$$F = A \cdot \{[F/A, i, (n+1)] - 1\} \tag{3.20}$$

为了便于计算，即付年金终值系数也可以通过查找“年金终值系数表”求得（n+1）期的值，再减去1后求得。

另外，即付年金与普通年金收付款的期数一致，但即付年金终值比普通年金终值多一个计息期。如果将即付年金看成普通年金，利用普通年金终值的计算公式计算（n-1）期普通年金的终值，再乘以一个（1+i），也可得出第n期期末的即付年金终值。其计算公式为：

$$F_{n-1}=A(F/A,i,n)$$

$$F=A(F/A,i,n)(1+i) \tag{3.21}$$

例3-10：若连续8年每年年初存入银行50 000元，年利率为5%，则8年后的本利和应为多少元？

$$F=A\left[\frac{(1+i)^{n+1}-1}{i}-1\right]$$

$$=50\ 000\times\left[\frac{(1+5\%)^{8+1}-1}{5\%}-1\right]$$

$$=50\ 000\times[(F/A,5\%,9)-1]$$

$$=50\ 000\times(11.0266-1)$$

$$=501\ 330(\text{元})$$

$$\text{或}=A(F/A,i,n)(1+i)$$

$$=50\ 000\times(F/A,5\%,8)(1+5\%)$$

$$=50\ 000\times9.5491\times1.05$$

$$=501\ 328(\text{元})$$①

由于即付年金终值比普通年金终值多计算一期利息，因此，即付年金终值比普通午金终值的金额要大。

2. 即付年金现值的计算

即付年金现值是指在一定时期内每期期初等额的系列收付款项的现值之和。即付年金现值和普通年金现值的计算相似，区别在于收付款的时间不同。如图3-4所示。

即付年金现值的计算公式为：

$$P=A+A(1+i)^{-1}+A(1+i)^{-2}+\cdots+A(1+i)^{-(n-1)}$$

$$=\frac{A[1-(1+i)^{-n}]}{1-(1+i)^{-1}} \tag{3.22}$$

$$=A\left[\frac{1-(1+i)^{-(n-1)}}{i}+1\right]$$

式中：$\left[\frac{1-(1+i)^{-(n-1)}}{i}+1\right]$表示即付年金现值系数，它和（P/A，i，n）相比，期数减1，系数加1，因此，也可表示为$\{[P/A,i,(n-1)]+1\}$。

那么，即付年金现值又可表示为：

① 两种算法得出的结果相差2元，系由于小数点舍入造成的。

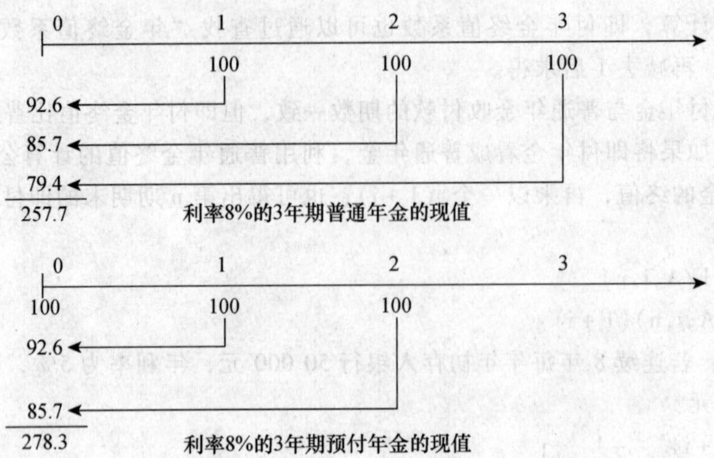

图 3-4 即付年金现值与普通年金现值计算的区别

$$P = A \cdot \{[P/A,i,(n-1)]+1\} \tag{3.23}$$

为了便于计算，即付年金现值系数也可以通过查找“年金现值系数表”求得 n-1 期的值，再加上 1 后求得。

由于即付年金现值比普通年金现值少贴现一期，如果利用普通年金现值的计算公式计算 n 期普通年金的现值，再乘以一个（1+i），也可得出即付年金现值。其计算公式为：

$$P = A(P/A,i,n)(1+i) \tag{3.24}$$

例 3-11：若希望连续 5 年每年年初投资 40 000 元，年利率为 6%，试问如果一次性投资需要支付多少元？

$$P = A\left[\frac{1-(1+i)^{-(n-1)}}{i}+1\right]$$

$$= 40\ 000 \times \left[\frac{1-(1+6\%)^{-(5-1)}}{6\%}+1\right]$$

$$= 40\ 000 \times \{[P/A,i,(n-1)]+1\}$$

$$= 40\ 000 \times \{[P/A,6\%,(5-1)]+1\}$$

$$= 40\ 000 \times (3.4651+1)$$

$$= 178\ 604(\text{元})$$

或 $= A(P/A,i,n)(1+i)$

$$= 40\ 000 \times (P/A,6\%,5)(1+6\%)$$

$$= 40\ 000 \times 4.2124 \times 1.06$$

$$= 178\ 606(\text{元})$$

由于即付年金现值比普通年金现值少贴现一期，因此，即付年金现值比普通年金现值的金额要大。

（三）递延年金

递延年金是指第一次年金的收付发生在第 2 期或第 2 期以后，即最初若干期没有收付款项，但后面若干期却发生等额收付的款项。凡不是从第 1 期开始的普通年金都是递延年金，它是普通年金的特殊形式。递延年金终值计算与递延期无关，其计算方法与普通年金终值计算相同。因此，在这里我们只介绍递延年金现值的计算方法。

递延年金现值计算与递延期有关，那么如何确定递延期就成为计算递延年金现值的关键。如果收付实际发生期在期末，则实际发生期的前一期期末为递延期（通常用 m 表示递延期数）；如果收付实际发生期在期初，则实际发生期的前两期期末为递延期。这是递延年金现值计算中的难点。

递延年金现值常用的计算方法有两种。

第一种方法是在递延期为 m 期的递延年金中，把从第 m+1 期开始的递延年金视为 n 期普通年金，n 表示该普通年金中 A 的个数，求出递延期末 m 的现值，即 $A\cdot(P/A,i,n)$，然后再将此现值调整到第 1 期期初。由于第 m 期期末距离第 1 期期初的间隔为 m 期，所以，应该对 $A\cdot(P/A,i,n)$ 进行复利折现 m 期，即 $P=A\cdot(P/A,i,n)\cdot(P/F,i,m)$，就是我们所求的递延年金现值。其计算公式为：

$$P=A\cdot(P/A,i,n)\cdot(P/F,i,m) \tag{3.25}$$

第二种方法是假设递延期也进行收付，先求出（m+n）期年金现值，然后扣除实际并未收付的递延期 m 年金现值，即可得出递延年金现值。其计算公式为：

$$\begin{aligned}P&=A\cdot(P/A,i,m+n)-A\cdot(P/A,i,m)\\&=A[(P/A,i,m+n)-(P/A,i,m)]\end{aligned} \tag{3.26}$$

例 3-12：若拟在年初投入一笔资金，以便能在第 5 年年末起每年获得收益3 000元，直至第 9 年年末为止，年利率为 8%。试问应在最初一次投资多少元？

解一：收益实际发生期在第 5 年年末，则递延期 m=5-1=4，n=5，那么

$$\begin{aligned}P&=A\cdot(P/A,i,n)\cdot(P/F,i,m)\\&=A\cdot(P/A,8\%,5)\cdot(P/F,8\%,4)\\&=3\,000\times3.9927\times0.7350\\&=8\,803.90(\text{元})\end{aligned}$$

解二：

$$\begin{aligned}P&=A[(P/A,i,m+n)-(P/A,i,m)]\\&=A[(P/A,8\%,4+5)-(P/A,8\%,4)]\\&=3\,000\times(6.2469-3.3121)\\&=8\,804.40(\text{元})\end{aligned}$$

（四）永续年金

永续年金是指从第 1 期开始，无限期每期期末等额收付的系列款项，它也是普通年金的一种特殊形式。例如，如果公司持续经营，其优先股的固定红利支付可视为永续年金的形式。由于永续年金期限趋于无穷，因此没有终值。其现值的计算公式可由普通年金现值的计算公式导出：

$$P=A\frac{1-(1+i)^{-n}}{i} \tag{3.27.1}$$

当 $n\to\infty$ 时，$(1+i)^{-n}$ 的极限为零，故永续年金的公式可写成：

$$P = A \times \frac{1}{i} \tag{3.27.2}$$

永续年金的现值随利率的下降而增加，随利率的升高而降低。

例 3－13：若采用存本取息的方式现在存入银行一笔钱，希望未来无限期地每年年末能从银行取出 2 000 元，若年利率为 5%，则现在应存入多少元？

$$P = \frac{A}{i}$$

$$= \frac{2\ 000}{5\%}$$

$$= 40\ 000(\text{元})$$

总之，普通年金、即付年金、递延年金与永续年金最大的区别在于收支时间点与期限不同。其中，普通年金是最基础、最重要的年金，其他三种年金的相关计算均通过普通年金进行转换。需要说明的是，无论何种年金，其终值或现值的实质都是多个复利终值或现值之和。

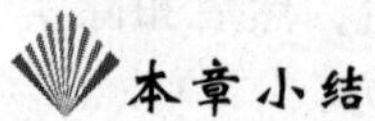

本章小结

货币时间价值是指货币随着时间的推移在投资和再投资过程中所增加的价值。对于货币所有者来说，它表现为让渡货币使用权应得到的报酬。对于货币资本的使用者来说，它表现为使用货币而必须支付给货币所有者的成本。由于货币具有时间价值，使得发生在不同时点但金额相等的资金产生不同的价值。反之，不同时点金额不等的资金在时间价值的作用下却可能具有相等的价值。通常用利息额的多少作为衡量货币时间价值的绝对尺度，用利息率作为衡量货币时间价值的相对尺度。货币时间价值是一个客观存在的经济范畴，是公司理财的基本工具，贯穿于公司理财活动的始终，是公司理财中进行投资、筹资、收益分配决策的重要条件。

利息是指占用货币使用权所付出的代价或放弃资金使用权所获得的报酬。利率是一定时期所获得的利息与相应本金的比率，它是计算利息的尺度。货币时间价值的计算方法包括单利和复利两种。复利是指对本金和前期累计利息总额之和计算利息的方法，能更好地诠释货币时间价值的含义，能够反映利息的本质特征，在公司理财中货币时间价值的计算通常都采用复利计息法。复利的计算周期通常为 1 年，但实际上计息周期也可能短于 1 年。当利率周期与计息周期不一致时，就存在着名义利率和实际利率的差别。名义利率不能够完全反映货币时间价值，而实际利率能够全面反映货币时间价值。

终值又称将来值，是在未来某一时点上的本利和，通常记作 F。复利终值是指现在一定量本金按照复利计算的包括本金和利息在内的未来价值。复利终值的计算是公司理财中最常见的货币时间价值计算。现值又称本金、或“贴现值”，是指未来某一时点上的一定资金的现在价值，通常记作 P。复利现值是指为了将来取得一定的本利和，按照复利计算的现在所需要的本金。复利现值是复利终值的逆运算，由复利终值求现值称为贴现。终值是复利的结果，现值则是未来的货币在今天的价值，复利的特点是资金的收入或付出都是一次性发生的，且与计息期和利率水平存在着密切的关系。

年金是指一定时期内连续每期等额收付的系列现金流量，通常记作 A。年金的特点是资金收入或付出都是分次等额发生，而且每次发生的时间间隔都是相等的，属于系列收付的均匀现金流量。年金按其每次收付款项发生的时点不同，可以分为普通年金、即付年金、递延年金和永续年金等类型。普通年金是指从第 1 期开始的一定时期内，每期期末等额收付的系列款项，普通年金的收付款项均发生在每期的期末，具体包括普通年金终值、年偿债基金、普通年金现值和资金回收额等形式。即付年金是指在从第 1 期开始的一定时期内每期期初等额收付的系列款项，主要包括即付年金终值和即付年金现值。递延年金是指第一次年金的收付发生在第 2 期或第 2 期以后，即最初若干期没有收付款项，但后面若干期却发生等额收付的款项，它是普通年金的特殊形式。永续年金是指从第 1 期开始，无限期每期期末等额收付的系列款项，它也是普通年金的一种特殊形式。

本章参考文献

1. 张先治：《财务学概论》，东北财经大学出版社 2006 年版。
2. 郭复初、王庆成：《财务管理学》，高等教育出版社 2005 年版。
3. 中国注册会计师协会编：《财务成本管理》，经济科学出版社 2006 年版。
4. 赵德武：《财务管理》，高等教育出版社 2001 年版。
5. 欧阳令南：《公司财务》，上海财经大学出版社 1996 年版。
6. 荆新、王化成：《财务管理学》，中国人民大学出版社 1999 年版。
7. 汤谷良、王化成：《企业财务管理学》，经济科学出版社 2000 年版。
8. 张鸣：《高级财务管理》，上海财经大学出版社 2002 年版。
9. 胡玉明：《公司理财》，东北财经大学出版社 2006 年版。
10. ［美］斯蒂芬·A. 罗斯、伦道夫·W. 韦斯特菲尔德等著，方红星译：《公司理财基础》，东北财经大学出版社 2002 年版。
11. ［美］罗伯特·C. 莫顿、兹维·博迪著，欧阳颖等译：《金融学》，中国人民大学出版社 2000 年版。
12. ［美］詹姆斯·范霍恩、约翰·瓦霍维奇著，郭浩、徐林译：《现代企业财务管理》，经济科学出版社 1998 年版。
13. ［美］威廉·L. 麦金森著，刘明辉主译：《公司财务理论》，东北财经大学出版社 2002 年版。

风险与收益

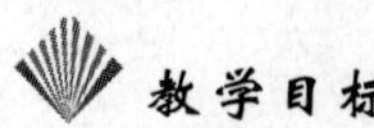

教学目标

◇基本目标

本章教学目标是使学生掌握风险和收益的基本内容，即风险与收益的内涵、风险与收益的计量和风险管理。

◇具体目标

了解风险的定义和风险分类；

了解收益的内涵，并充分理解风险和收益之间的关系；

了解风险管理的定义和特征；

了解风险确认的内涵和特征；

了解风险评估的内涵和特征；

了解风险控制的内涵和特征；

充分理解相关系数和协方差的经济含义；

理解分散化投资能够降低风险的原理；

了解可分散风险和不可分散风险的含义和划分标准；

了解保险的基本含义、保险合约的基本要素和保险的基本原理；

了解套期保值的基本含义和基本原则；

熟练掌握单项资产的风险和收益计量方法；

熟练掌握投资组合的风险和收益计量方法；

熟练掌握资本资产定价模型并加以应用。

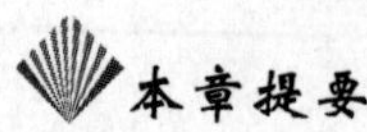

本章提要

本章主要介绍风险和收益的基本内容，包括风险和收益的内涵、风险和收益的计量以及风险管理三个部分。主要回答了什么是风险？什么是收益？风险和收益之间存在何种关系？如何计量单项资产的风险和收益？如何计量投资组合的风险和收益？如何对风险和收益进行权衡？如何对风险进行管理？

第一节对风险和收益的内涵进行了界定，并详细阐述了风险和收益的特性，在此基础上介绍了风险和收益之间的关系，为本章其余内容奠定基础。第二节风险和收益的计量首先从单项资产入手介绍了如何计量风险和收益，然后通过引入协方差和相关系数对投资组合的风险和收益加以计量；在投资组合风险分散的基础上，介绍了可分散风险和不可分散风险，并简要介绍了利用资本资产定价模型，进行风险和收益之间权衡的方法。第三节风险管理介绍了风险管理的定义和主要特点，并在详细描述风险确认、风险评估和风险控制等风险管理步骤之后，着重介绍了保险和套期保值两种风险管理方法。

风险和收益是贯穿公司理财的主线，本章全面而系统的介绍了风险和收益的基本内容，如何权衡风险和收益的关系，并进行风险管理。作为公司理财的基础知识，本章内容在本书各章节中都有体现，特别是在第三篇职能篇和第四篇内容篇，其核心思想都离不开风险和收益的计量和权衡。

第一节　风险与收益的内涵

一、风险的内涵

（一）风险的定义

风险的基本含义是未来结果的不确定性。但是，风险的概念在不同领域的学者之间，尚无一个公认的定义。在一般的情况下，风险可以看作是实际结果与预期结果的偏离。从公司理财的角度来看，风险是描述实际发生的收益率与预期收益率不同的可能性和变动幅度，用于表示投资收益率的波动。风险反映的是未来各种可能的收益水平与预期收益率之间的离散程度。

由于不确定性是风险最基本的特征，因此，不确定性往往被用于与风险有关的地方，甚至在某些情况下，将两者相互替代使用。实际上，风险与不确定性是有区别的。它们的主要差异在于未来事件发生的信息上。不确定性是指对未来某事件是否发生的有关情况一无所知，既不知道哪个事件会发生，也不知道每个事件发生的概率。风险是指尽管不知道未来会不会发生，但是可以确定每个事件所发生的概率。我们可以近似的将风险理解为概率已知的不确定性。

与我们通常的印象不同，在公司理财中，风险不一定是损失，即风险不总是不利的事情，也可能是有利的事情，比如，投资风险既可能产生超额收益率，也可能是收益率低于预期收益率。无论是损失还是超额的收益率，只要与我们预期的收益率不同的可能性存在，我们都称之为风险。

（二）风险的分类

按照不同的标准，风险可以被划分为不同的种类。例如，按照风险成因可以将风险划分为经营风险、投资风险和筹资风险。经营风险是在生产经营过程中，由于外部经营环境和内部经营条件的变动而给企业收益带来的不确定性。投资风险是在进行投资过程中，因投资收益率存在不确定性而给企业的收益带来的风险。筹资风险是由于企业进行债务融资而对企业收益率变动情况造成的影响。

风险按照能否通过投资组合予以分散可划分为可分散风险和不可分散风险。可分散风险是指某些只能对个别证券发挥作用的因素对收益产生的影响。这种风险通常只与企业的个别特性有关，比如公司的管理水平，因此，这种风险也被称为公司特有风险。此外，由于这种风险只是与公司的特定情况有关，而并非由于整体的经济运行中的因素产生的影响，因此，这种风险也称为非系统风险。

与可分散风险相对应，不可分散风险是无法通过投资组合或者分散化投资来消除的风险。不可分散风险来自于对经济运行中所有企业都会产生影响的因素，它所造成的影响对任何企业都不可避免，比如战争、海啸等。这种风险反映市场的整体风险水平，因此被称为市场风险。由于这种风险对整个经济系统都会造成影响，因此也被称为系统风险。

（三）风险的特点

1. 风险的客观性。即风险的存在与发生，是一种不以人的意志为转移的客观存在（尤其是自然灾害所发生的风险）。风险的客观性表明，风险的存在独立于人们的主观意识之外。

2. 风险的偶然性与必然性。即从单个风险的发生来看具有偶然性，但大量风险事件的发生则具有必然性并呈现一定的规律性。因此，风险发生可用概率等方法加以测度。

3. 风险的复杂性。风险的复杂性体现在风险的成因、表现形式、影响力和作用力是复杂的。从形成风险的成因看，有可预测的原因，也有不可预测的原因；有直接原因，也可能有间接原因，并且风险的影响程度、损失大小也存在着不确定性。尤其是从带有偶然性的单个风险事件来看，由于缺乏规律性，因而难以把握和预防。

4. 风险的动态可变性。即风险一般是动态而非静态的，在一定条件下，风险可以转化，风险或者按正反馈的规律不断增强，或者经过人们的努力予以减弱以至消除。这是由于随着人类社会的进步和现代科技的发展，人们认识自然、适应自然、改造自然、征服自然的能力和手段不断得到提高。对于某些风险，由于其产生和发展的规律已部分或全部为人类所掌握，使人类预测风险和化解风险的能力大大增强，使风险得到转化，从而可以消除或减少风险发生的损失。

二、收益的内涵

收益是购买一项资产或进行一项投资后，能够从中获得的利得（或者损失）①，即初始投资的价值增量。在公司理财中，经常涉及的收益有三种：期望收益率、必要

① 损失是负的资本利得，因此在本书中将损失也作为一种资本利得。

收益率和实际收益率。期望收益率是各种可能预测收益的加权平均数。必要收益率（也称要求收益率）是指投资者要求在某项特定投资中必须得到的收益率。必要收益率与风险密切相关，如果投资所面临的风险增加，那么相应的必要收益率也会提高。必要收益率反映投资者要求的最低收益率，在完善资本市场中，期望收益率等于必要收益率。实际收益率是在特定时期内，某项投资实际获得的收益率，它是真实发生的，不可能通过决策而改变。由于风险因素的存在，实际收益率往往与预期收益率之间存在差异。

三、风险与收益的关系

收益和风险有着密切的联系，就像同一枚硬币的两面。高风险要求高收益作为回报，反之，高收益必然伴随着高风险。因此，我们可以将一项资产或者一项投资组合的收益分解为两部分组成：一部分是货币的时间价值；另一部分是风险价值。前者受到时间长短以及市场收益率水平等客观因素的影响。在市场经济环境下，时间价值对于所有投资者而言都相同。而后者是指投资者为了承担超过市场平均水平的风险而获得的补偿，是风险溢酬部分。承担的风险越大，要求的收益率就会越高。资产的预期收益率用公式表示为：

$$\overline{R}_j = R_f + \lambda\sigma \tag{4.1}$$

其中，R_f表示货币时间价值部分，$\lambda\sigma$ 表示风险价值部分，σ 表示资产的风险水平，λ 表示对单位风险资产的补偿。

第二节 风险与收益的计量

一、收益的计量

（一）单项资产收益的计量

资产的收益包括两部分，一部分是持有资产过程中获得的现金流量，比如利息或者股利；另一部分是在出售资产或者投资项目结束时，收到的超过初始投资的现金流量，比如股票出售时获得的增值。

例 4-1：甲公司在 2000 年年初以每股 35 元的价格买入1 000 股乙公司的股票。乙公司在 2000~2004 年期间，每年年末发放现金股利 2 元。甲公司以每股 39 元的价格将股票卖出，则甲公司在该项股票投资上获得的收益是：

$2\times5\times1\ 000+(39-35)\times1\ 000=14\ 000$（元）

在现实中，为了方便收益的比较，经常采用收益率的概念来表示收益。因为，收益率在比较的时候，不需要考虑初始的数量。如果采用收益率的方法，上面投资的收益为：

$\frac{14\ 000}{35\ 000} \times 100\% = 40\%$

我们还可以进一步将甲公司购买乙公司股票的收益分解为股利收益率和资本利得收益率。股利收益率是甲公司持有乙公司股票期间，获得的股利总额与股票购买价格之比：

$\frac{2 \times 5}{35} \times 100\% = 28.57\%$

资本利得收益率是指甲公司在售出乙公司股票时，获得的超过购买价的资本利得与购买价格之比：

$\frac{39 - 35}{35} \times 100\% = 11.43\%$

若能够确定资产持有期间的现金流量和资产出售时的价格，我们可以根据定义确定收益。通常这些信息只有在投资结束之后才能获得，因此，计算出来的收益率只是历史收益率。而在公司理财决策中，更为重要的是预计进行某项投资可能会获得的收益率。由于未来的情况不能够确定，同时存在着各种可能，为此我们需要采用期望收益率。如果计算期望收益率，则需要根据资产未来收益水平的概率分布来确定。某项资产的期望收益率就是其未来各种可能收益率的均值，用公式表示为：

$$\bar{R} = \sum_{i=1}^{n} R_i P_i \tag{4.2}$$

其中，$\bar{R}$ 代表期望收益率；R_i是在第 i 种情况下的收益率；P_i是第 i 种情况发生的概率；n 是可能发生情况的个数。

例 4－2：甲企业投资设立空调生产厂——乙工厂，空调产品的销售收入受到天气的影响很大。预计乙工厂的股票在未来年度中，不同情况发生的概率及相应收益率如表 4－1 所示。

表 4－1　　空调产品销售收入与天气状况概率分布表

天气情况	发生概率	乙工厂收益率
炎　热	0.2	20%
正　常	0.5	16%
凉　爽	0.3	10%
合　计	1.00	

如果天气炎热，则甲企业投资乙工厂的收益率能够到达 20%；如果天气正常，则收益率能够达到 16%；如果天气凉爽，则收益率只能达到 10%。根据气象台的有关预测，明年夏天天气炎热的可能性为 0.2，天气正常的可能性为 0.5，天气凉爽的可能性为 0.3。

则甲企业投资乙工厂的预期收益率为：

$\bar{R} = 0.2 \times 20\% + 0.5 \times 16\% + 0.3 \times 10\% = 15\%$

（二）投资组合收益的计量

投资组合是一种以上的金融资产或者实物资产构成的集合。投资组合的收益率等于组合中各单项资产预期收益率的加权平均数，即：

$$\bar{R}_p = \sum_{i=1}^{n} W_i R_i \tag{4.3}$$

其中，$\bar{R}_p$为投资组合的预期收益率，W_i为投资组合中第 i 项资产在投资组合中所占的比重，R_i为投资组合中第 i 项资产的收益率，n 为投资组合中资产的数目。

例 4－3：甲企业现有闲置资金 20 000 元，拟用于对外投资，购买 A、B、C、D 四只股票。各只股票的预期投资收益率及甲公司的投资额如表 4－2 所示。

表 4－2　　股票投资收益表

股票名称	投资额（元）	投资收益率（%）
A	6 000	8%
B	8 000	9%
C	4 000	7%
D	2 000	5%
合　计	20 000	

根据投资组合预期收益率的计算公式，甲企业投资组合的收益率应当是：

$R_p = W_A R_A + W_B R_B + W_C R_C + W_D R_D$

这里，R_p代表投资组合的收益率，W_A、W_B、W_C、W_D分别代表股票 A、股票 B、股票 C、股票 D 在总投资额中所占的比例，也即 30%、40%、20%、10%，R_A、R_B、R_C、R_D分别代表股票 A、股票 B、股票 C、股票 D 的自身单项投资的收益率，加权平均数的计算结果如下：

$$R_p = \frac{6\ 000}{20\ 000} \times 8\% + \frac{8\ 000}{20\ 000} \times 9\% + \frac{4\ 000}{20\ 000} \times 7\% + \frac{2\ 000}{20\ 000} \times 5\% = 6.5\%$$

二、风险的计量

（一）单项资产风险的计量

由于风险本身不容易被计量，所以只能依靠对各种可能发生事件及其发生的概率相结合，进行衡量。根据例 4－2，我们可以发现甲企业投资乙工厂的收益率并不确定，而是取决于不同天气情况，并且不同天气情况的概率及相应的投资收益率都可以预测，因此，该项投资被认为是风险投资。我们刚才所计算的期望收益率是未来收益水平的平均值，实际收益率并不一定和预期收益率相等。期望收益率的计算过程说明该项投资存在风险，但是并没有说明该项投资风险的大小。在公司理财中，我们采用不同情况下收益与预期收益率的离散程度来衡量风险，即用未来可能收益水平围绕期望收益率变化的区间大小来加以计量。从统计学的角度来看，我们采用方差（σ^2）或标准差（σ）来衡量收益率的离散程度。方差和标准差是衡量收益变动程度的指标，而预期收益的变动程度越大，说明风险也就越大。因此，方差和标准差可以用来衡量风险水平，公式为：

$$\sigma^2 = \sum_{i=1}^{n} [(R_i - \bar{R})^2 P_i] \quad (4.4)$$

为了便于理解，人们通常采用标准差来代替方差以衡量期望收益率的离散程度。

$$\sigma = \sqrt{\sigma^2} \quad (4.5)$$

其中，σ^2代表方差，σ为标准差，$\bar{R}$代表期望收益率，R_i是在第 i 种情况下的收益率，P_i是第 i 种情况发生的概率，n 是可能发生情况的个数。

以前面的例题为材料，我们计算空调厂的风险水平：

$$\sigma^2 = (20\% - 15\%)^2 \times 0.2 + (16\% - 15\%)^2 \times 0.5 + (10\% - 15\%)^2 \times 0.3 = 0.00205$$

$$\sigma = \sqrt{0.00205} = 0.0453$$

采用方差和标准差衡量不同项目风险时，没有考虑不同项目之间预期收益率的差异。为了说明标准差在度量期望收益率不同的投资项目风险时的确切含义，应将标准差进行标准化，即采用标准离差率来实现。标准离差是指标准差与期望收益率之比，其公式为：

$$CV = \frac{\sigma}{R} \quad (4.6)$$

根据例 4－2 的材料，投资空调厂预期收益率的标准离差率为：

$$CV = \frac{0.0453}{0.065} = 69.69\%$$

（二）组合资产风险的衡量

投资组合的风险仍然采用方差来衡量。虽然投资组合的收益等于各资产收益率的加权平均，但是投资组合的风险却不仅仅是各项资产方差的加权平均，还要考虑到各项资产之间的相互关联程度，即协方差。投资组合风险用公式可以表示为：

$$\sigma_P^2 = \sum_{i=1}^{n} W_i^2 \sigma_i^2 + \sum_{i=1}^{n} \sum_{j=1}^{n} W_i W_j \sigma_{ij} \quad (4.7)$$

其中，σ_P^2是投资组合的方差；W_i、W_j分别是第 i 种资产和第 j 种资产在资产组合中所占的比重；σ_i^2是第 i 种资产的方差；σ_{ij}是第 j 种资产和第 i 种资产之间的协方差。

两项资产之间的协方差计算公式为：

$$\sigma_{ij} = \sum_{t=1}^{n} (R_{it} - R_i)(R_{jt} - R_j) P_t$$

其中，R_{it}为第 i 种资产在情况 t 下的收益率，R_i为第 i 种资产的预期收益率，R_{jt}为第 j 种资产在情况 t 下的收益率，R_j为第 j 种资产的预期收益率，P_t为第 t 种情况发生的概率。

协方差是两种资产收益率乘积的期望值。协方差反映两个随机变量之间的相关程度，即当某一事件发生时，两个变量的变化方向和变化幅度。如果协方差大于零，则说明两个变量的变化方向相同；如果协方差等于零，则说明两个变量的变化方向不发生相互影响。如果协方差小于零，则说明两个变量的变化方向相反。

例 4-4：ABCD 四家公司股票在不同经济情况下的收益率如表 4-3 所示。

表 4-3　　宏观经济概率分布与股票收益表

经济情况	概率	收益率情况			
		A	B	C	D
萧条	0.3	14%	40%	6%	35%
一般	0.5	10%	-10%	8%	15%
繁荣	0.2	8%	15%	10%	12%
期望收益率		10.80%	10.00%	7.80%	12.50%
方差		0.05%	4.75%	0.02%	0.03%

根据例 4-4 的资料，计算股票 A 和 C 之间的协方差如下：

$$\sigma_{AC} = (14\% - 10.8\%) \times (6\% - 7.8\%) \times 0.3 + (10\% - 10.8\%) \times (8\% - 7.8\%) \times 0.5 + (8\% - 10.8\%) \times (10\% - 7.8\%) \times 0.2 = -0.030400\%$$

股票 A 和 C 的协方差为负数，这表示这两种证券的收益呈反方向变动。采用同样的方法来计算其他任意两只股票之间的协方差。

对于协方差也可以进一步分解为相关系数和两个随机变量标准差的乘积，即：

$$\sigma_{ij} = \rho\sigma_i\sigma_j \tag{4.8}$$

$$\rho = \frac{\sigma_{ij}}{\sigma_i\sigma_j} \tag{4.9}$$

其中，σ_{ij}是两项资产的协方差，σ_i和 σ_j分别是资产 i 和资产 j 的标准差，ρ 是资产 i 和资产 j 的相关系数。

根据例 4-4 的资料，股票 A 和股票 C 的相关系数为：

$$\rho_{AC} = \frac{\sigma_{AC}}{\sigma_A\sigma_C} = -0.975$$

由于标准差一定为正数，因此协方差的符号取决于相关系数。相关系数的取值范围在 -1 和 +1 之间。当相关系数小于零时，两项资产负相关，两项资产的变动方向相反；当相关系数等于零时，两项资产不相关，两项资产的变动方向没有联系；当相关系数大于零时，两项资产正相关，两资产的变动方向相同。特别是当相关系数等于 +1（或者 -1）时，两项资产的完全正（或者负）相关，两项资产的变动方向完全相同（或者相反）。

以上我们只是考虑了两种资产之间的相互作用，现在我们来进一步考虑当投资组合中包含 N 种资产的情况。假设各种资产在投资组合中，所占的比重完全相同，根据投资组合的风险计算公式可得：

$$\sigma_P^2 = \sum_{i=1}^{n} W_i^2\sigma_i^2 + \sum_{i=1}^{n}\sum_{i=1}^{n} W_iW_j\sigma_{ij}$$

$$= \sum_{i=1}^{n} (\frac{1}{N})^2\sigma_i^2 + \sum_{i=1}^{n}\sum_{i=1}^{n} \left(\frac{1}{N}\right)^2\sigma_{ij}$$

$$
\begin{aligned}
&= N \times (\frac{1}{N})^2 \sigma_i^2 + N(N-1)\left(\frac{1}{N}\right)^2 \sigma_{ij} \\
&= \frac{1}{N}\sigma_i^2 + (1-\frac{1}{N})\sigma_{ij} \\
&= \lim_{N \to \infty}\left[\frac{1}{N}\sigma_i^2 + (1-\frac{1}{N})\sigma_{ij}\right] \\
&= \sigma_{ij} \qquad (4.10)
\end{aligned}
$$

根据上面的推导，我们不难发现，随着资产组合中的资产数目不断增加，单项资产风险对组合风险的影响越来越小，各资产间的协方差成为组合风险的决定因素。由此可见，只要组合中的资产不是完全的正相关，即相关系数不等于1，那么组合的风险就要小于各项资产风险的加权平均。随着资产组合中资产的正相关水平减弱，负相关水平的增加，资产组合的风险水平会不断的下降。而投资组合的期望收益率仍然是各单项资产的加权平均数。这也是投资组合理论的核心。用通俗的语言来解释这种现象就是“不要把鸡蛋放在一个篮子里”。随着投资分散化程度的不断增加，投资组合中单项资产的风险被基本分散掉，最后只剩下不同资产之间的协方差起作用。

在现实中，并不存在完全正相关的资产，因此只要不断向投资组合中加入资产，投资组合的风险就会随着规模的不断增加而不断下降。但这种风险分散效应，随着加入资产数目的增加而逐渐呈递减趋势，当投资组合规模增加到一定程度时，进一步增加资产数目只能分散很少的风险。投资组合中资产的增加存在交易成本和信息成本，当新增加资产所引发的成本超过风险降低带来的好处时，投资者将停止向投资组合中增加单项资产。换言之，投资者不会无限度地增加投资组合中的资产。

三、风险与收益的权衡

（一）可分散风险和不可分散风险

在大部分情况下，投资者并不是持有单项资产，而是多项资产构成的资产组合。根据投资组合理论我们不难发现，在资产组合中，随着资产数目的增加，单项资产的个别风险（单项资产的方差）可以通过投资组合分散掉。因此，对于投资者而言，更重要的是不同单项资产之间的相关程度（协方差）。为此，我们将风险进分类为可分散风险和不可分散风险。

在投资中，收益会随着那些能够影响投资环境的各种因素的变化而上下波动。有些因素会影响到所有的投资，而有些因素只能影响到特定的行业或特定的公司。有些因素，如政策、通货膨胀、利率、战争和经济大事件等会同时影响所有投资的收益向着同一个方向变动；而另一些因素，如某一公司自己的经营决策失误或某一特定行业内的劳资纠纷则只能影响特定公司或特定行业的投资收益变动。

那些由某些因素变动引起的全部投资收益都将发生变动的不确定性，被称为系统风险（systematic risk），又称市场风险（market risk）。那些由针对某些公司或行业的特定因素所引起的投资收益发生变动的不确定性，被称为非系统风险（unsystematic risk），又称企业特定风险。通过投资组合可以将非系统风险抵消掉，但系统风险却不能抵消[①]，因而，系统风险又称不可分散风险（nondiversifiable risk），非系统风险又称可分散风险（diversifiable risk）。

（二）资本资产定价模型

不可分散风险是市场承担的风险水平，对于所有的投资者而言都是相同的，任何企业和证券都必须承担市场风险。可分散风险反映企业所特有的风险，即资产除了承担市场风险之外，自身承担的公司特有风险，由于这部分风险在投资过程中可以通过分散化的方法化解，因此，在考虑收益率与风险的关系时，主要关注不可分散风险对于收益率的影响。通过多元化的投资组合，可以将非系统风险分散掉，对于投资者而言真正需要面对的只有系统风险。换言之，无论投资组合如何多元化，总会存在一些因素，使得投资组合中的资产都面临风险。因此，对于投资者而言，要求针对这部分风险获得补偿。根据风险和收益之间的关系，我们知道收益等于无风险收益率与风险溢酬之和，即：

$$\bar{R}_j = R_f + \lambda\sigma$$

其中，R_f表示货币时间价值部分，$\lambda\sigma$ 表示风险价值部分，σ 表示资产的风险水平，λ 表示对单位风险资产的补偿。

通常情况下，我们用市场上全部资产形成的资产组合来计算单位风险资产的补偿。由于通过分散化投资能够降低风险，当投资组合包含市场上全部资产时，各单项资产的非系统风险被完全消除，这时的投资组合只有系统风险。我们将单位风险的补偿收益率定义为市场组合收益率与无风险收益率之差：

$$\lambda = R_m - R_f$$

上式中的 R_m为市场组合的收益率，R_f为无风险收益率，两者之差为单位风险的补偿收益率。

现在我们需要确定，如何来对单项资产的系统风险加以衡量。为此，我们引入贝塔系数 β（beta coefficient）。由于我们将单位风险的补偿收益率定义为市场组合收益率与无风险收益率之差，将某项资产的风险相对于市场组合风险的比率作为衡量资产风险水平的指标。资产的系统风险可以表现为其回报率的变化对市场投资组合回报率变化的灵敏性。这种灵敏性，即一种资产回报率变化对市场回报率变化的灵敏程度称为该资产的 β 系数。在经济运行过程中，有很多专门的公司提供各种资产的 β 系数，如美国的价值线（Value Line）公司就专门提供上市公司股票的 β。关于 β 系数还有一系列的推导公式，这些将在高级教材中加以阐释。

采用这种方法，我们将一项资产的预期收益率分解为两个部分：一个部分是无风险的报酬率，反映资产的时间价值；另一部分是风险补偿收益率，用资产相对于市场组合的风险水平和市场组合的风险溢酬来计算。

① 系统风险对不同投资的影响幅度可能不同。如经济衰退时期，投资于制造洗衣粉、肥皂等日用品的公司股票的投资者其收益波动可能不会太大，而投资于制造奢侈品的公司股票的投资者其面临的收益则可能会急剧下降。关于不同股票对系统风险的敏感程度，在资本资产定价模型部分将会介绍。

$$\bar{R}_j = R_f + (R_m - R_f)\beta_j \tag{4.11}$$

上式中，R_m为市场组合的收益率，R_f为无风险收益率，β_j为资产相对于市场组合的风险水平。

这个公式就是在公司理财中应用非常广泛的资本资产定价模型（CAPM）。资本资产定价模型是关于风险资产在市场中的均衡价格的理论，资本资产定价模型的基本思想是达到均衡状态时，证券的风险溢价是多少。之所以能推导出资本资产定价模型，是基于对以下问题的思考，即如果人们对预期收益率和风险的预测相同，并且根据有效分散化的原则选择最优投资组合，达到均衡状态时，正确的风险溢价是多少。它立足于投资组合选择理论，基于资产价格的调整使供求相等的假设，推导出了风险资产预期收益率必然存在的数量关系，并得出结论任何一个证券的风险溢价不是与证券的“独立”风险有关，而是与它对有效多样化投资组合的风险贡献有关。资本资产定价模型的应用范围十分广泛，公司理财的许多理论分析都引用资本资产定价模型为基本工具，许多财务经理也认为该模型是处理捉摸不定的风险和收益权衡关系的最方便的工具，它对于确定资本的机会成本、确定投资收益率、评估公司股票价值等具有重要意义。

第三节 风险管理

一、风险管理的内涵

（一）纯粹风险和投机风险

纯粹风险是指不会带来任何收益的可能性，而只有损失的可能性，其最终所致结果有两种，即损失和无损失。我们通常所说的“天有不测风云”就是纯粹风险的典型例子，纯粹风险的一般来源通常有财产风险、责任风险、生命、健康和收入损失风险等各种风险。进行不同类型的风险分析和投保分析，进而参加保险是管理纯粹风险的一种通用方法。

与纯粹风险相对应而言，当某种既可能产生收益也可能造成损失的事存在不确定性时，这种风险即是投机风险，其最终所致结果有三种，即损失、无损失和盈利。商业冒险和赌博交易收益和损失都有可能发生，是投机风险的典型例子。企业中绝大多数的财务管理行为都属于对投机风险的管理，如负债风险、汇率风险、利率风险和商品风险等。

（二）风险管理的定义

人们在面临纯粹风险是，最好的结果是什么都不发生。换句话说，纯粹风险的结果是只有损失或没有损失，而无获利的可能性。由于纯粹风险没有任何益处，任何人和单位都会尽量采取各种办法来进行风险管理。从狭义角度来看，风险管理是以最小的代价降低纯粹风险的一系列程序。风险管理的两个重要特征：一是降低风险，即消除或者降低风险中的不确定性；二是必须付出代价。风险管理与损失控制非常相似，几乎所有应用于损失控制的方法都符合风险管理的这两个特征。通过控制损失发生的频率和大小，损失的分布更为集中，从而降低不确定性，而针对损失发生频率和大小的控制会降低预期损失。

虽然风险管理的定义主要集中于纯粹风险的管理，但是在实践中，投机风险也被纳入风险管理的范围。根据定义，承担投机风险的时候，既可能会遭受损失，也可能获得超额收益，因此，只需要考虑获得的收益与风险之间的配比关系是否合理即可。但是，在某些条件下，某项资产的风险和收益之间的配比关系难以达到人们的要求，而人们却又不得不选择该项资产。从广义角度来看，在这种情况下，确定减少风险的成本收益权衡方案和决定采取的行动计划（包括决定不采取任何行动）的过程也属于风险管理。

风险管理与企业管理既相互联系又彼此区别。一方面，风险管理和企业管理的最终目标相一致，风险管理活动是企业全部经营管理活动的一部分，由于风险存在于企业业务活动的各个环节，因此，风险管理贯穿于企业管理的全过程；另一方面，风险管理和企业管理在出发点和具体形式等方面都存在区别。风险管理重在控制和减少损失，企业管理则重在获取盈利和增值；风险管理主要通过经济和技术手段，以“负效益”的投入最终产生“正效益”，企业管理则通过具体的经营计划的制定和实施来获得“正效益”。

二、风险管理的步骤

（一）风险确认

风险管理的第一步是风险确认。倘若不能准确地确认风险就无法分析及预测企业危机，当然也无从制定对策以控制风险。风险确认过程也是企业明确其面对风险的性质和暴露于该项风险的程度。风险确认是持续进行的，确认过程要依赖于企业活动的帮助。企业面临的各种风险可以归纳为自然因素、社会经济因素、政治及法制因素、营运因素和意识及沟通因素等五大类。企业面临的任何风险都是源于上述因素之一。

虽然这五方面因素涵盖了构成企业风险的全部内容，但是对于企业而言，若没有因该项因素引发的风险，那么对于这些风险来源分析就缺乏实际意义。因此，在风险确认阶段还要识别风险暴露，即可能暴露于风险威胁之下的情况。风险暴露的确认因不同领域而有所区别。常见的分类方法将风险暴露划分为实物资产风险暴露、金融资产风险暴露、法律责任风险暴露和人力资源风险暴露。

实物资产风险暴露是指财产所有权的变化可能导致实物资产和无形资产的损失。金融资产风险暴露是指普通股和抵押债券等金融资产面临的风险暴露。金融资产代表着一些明确的金融权利。资产的增值或损失往往与市场环境的变化相关。法律责任风险暴露源于司法系统所确定的各种义务，国家法律、法规、政府机关实施颁布的管理条例和规章等明确规定了有关当事人的责任义务。法律责任风险暴露包括侵权行为责任和合同责任。人力资源风险暴露是指公司经理、一般雇员和其他重要的风险承担者可能发生的伤亡。人力资源风险暴露不但包括员工身体、心理上受到的伤害，还包括企业员工损伤带来的利润的减少、支出的增加。

风险识别的方法有许多，主要有风险清单分析法、现场调查法、事故树分析法、流程图分析法等，这些分析方法各具特色，都具有自身的优势和不足，因此，在具体的风险识别中，需要灵活应用各种风险识别方法。

（二）风险评估

风险评估是对确认后所存在的风险作进一步的分析和度量，然后再作进一步的管理，从而将公司的损失降至最低，并将其控制至可接受的水平。风险评估是对风险的综合评价。在引起损失的各类风险中，有些风险是相互联系的。不同风险之间的联系可能提高或降低这些风险对风险主体的影响。在风险评估过程中，需要综合考虑各种风险因素的影响，对可能引起损失的风险事件进行综合评价。在预期的各项损失中，单独评价某一项风险造成的影响对于风险管理决策作用不大，这就需要风险管理者能够综合考虑这些风险因素。

风险评估需要定量分析的结果。随着风险管理变得越来越复杂，很多公司试图更准确地评价风险。但是在风险管理中，很难找到相同的标准用以评价各种风险可能造成的损失。运用数学模型进行定量分析，为风险评估提供了重要的依据。风险评估离不开特定的国家和制度。风险主体往往以发生损失的频率和程度来评价风险，但是，对风险单位的风险评估又离不开特定的国家、社会经济和政治制度。政治环境等因素的变动使风险管理面临着很大的挑战。风险评估者的风险态度也会影响到风险评估的结果。风险评估者的个性和风险类别等都对风险评估的结果有很大影响。

风险评估的原则是贯穿于风险评估过程中的基本原则，风险评估需要遵循以下几方面的原则：

整体性原则。整体性原则是风险评价的最基本原则。风险造成的损失往往是多方面的，风险评估必须考虑整体，系统地考虑造成损失的各种因素，并研究这些因素之间的相互联系和相互作用，因此，在评价潜在损失程度时，由同一事件所引起的各方面损失必须一起考虑，不仅要考虑直接损失，还要考虑由此带来的间接损失和责任损失。

统一性原则。风险评估是针对某一风险事件或者风险单位进行的，这就要求风险评价保持统一性的原则，不能将与风险因素或者风险单位无关的材料考虑进去，作为风险评价的依据。只有坚持统一性的原则才能客观、准确地评估风险。

客观性原则。风险评估的方式和方法多种多样。不同的衡量和评估风险的方法可以获得不同的结果，这是不可避免的。风险评价的原则是尽可能使风险预测、评价的结果与实际发生的损失相一致，尽可能地反映客观存在的风险。偏差过大会造成不必要的损失。

可操作性原则。风险评估是涉及面广、管理难度较大的项目。这就要求风险管理人员掌握评估方法，灵活运用风险评估方法，对风险的评价要具有可操作性和通用性，避免使用高深繁杂的评估方法。这一方面可以减少风险评估的工作量，另一方面可以为风险管理提供重要依据。

（三）风险控制

风险控制是风险管理的最后一个步骤，也是整个风险管理成败的关键。风险控制的目的在于改变公司所承受的风险程度，而风险管理的主要功能是帮助公司怎样避免风险、避免损失以及当损失无可避免的时候，尽量降低风险对公司所带来的不良影响。每一家公司所采用的风险控制方法各不相同，它取决于各家公司所面对风险的性质。控制风险的工具主要包括风险规避、损失控制和风险转移。

风险规避是指风险管理者主动采取措施放弃原先承担的风险或者完全拒绝承担风险的行动方案。风险规避是一项有意识不让个人或公司面对特定风险的行为。从某种意义上说，风险规避是将风险发生的概率降低为零。风险规避是各种风险管理技术中最为简单的方式，同时也是较为消极的一种方式。

损失控制是指风险管理单位有意识地采取行动防止或者减少灾害事故的发生及其造成的经济和社会损失。损失控制有两方面的含义：防止损失的发生和减少损失的程度。前者是指损失发生之前，消除损失发生的根源，并减少事故发生的概率或者消除损失发生的可能性。后者是指在风险事件发生以后，减轻损失的程度，可以抑制损失。一般来说，减损计划可以分为减少损失后果的计划和损后救助计划，这两种措施都可以减少和控制损失的程度。

风险转移分为两类：非保险转移和保险转移。非保险转移是指风险管理单位将损失的法律责任转移给非保险业的另一个经济单位的管理技术。保险转移是众多风险单位联合在一起，建立保险基金，共同应付不幸事故的发生。这样面临风险的经济单位通过参加保险，将风险转移给了保险公司；保险公司则根据大数法则将面临风险单位结合起来，按照损失分摊的原则建立保险基金，补偿发生事故的风险单位。

风险管理的理论将风险管理分为三个部分：风险确认、风险评估以及风险控制。在理论上，每个部分都有其完整的概念和独立的功能，但在实际应用中，这三个步骤的关系是密不可分的。当确认了风险的存在以后，很自然便会评估它的重要性和严重程度。在风险确认和评估的过程中，对风险的确认和获取的资料又为风险控制提供了重要的指引。

三、风险管理的方法

管理投机风险与管理纯粹风险的技术有所区别，一般来讲，套期保值是管理投机风险的常用技术，而参与投保则是管理纯粹风险的常用方法。

（一）保险

1. 保险的含义

保险是指投保人根据合同约定，向保险人支付保险费，保险人对于合同约定的可能发生的事故因其发生所造成的财产损失承担赔偿保险金责任、或者当被保险人死亡、伤残、疾病或者达到合同约定的年龄期限时，承担给付保险金责任的商业保险行为。购买保险时，通过支付固定的保费，即用一个固定的价格（购买保险单所支付的保费）替换了如果不保险将会遭受更大损失的可能性。

投保人是指与保险人订立保险合同，并按照保险合同负有支付保险费义务的人。投保人包括自然人和民事主体的法人、其他经济组织、个体经营户、农村承包经营户。投保人必须具有完全民事权利能力和民事行为能力。同时还必须对保险标的具有保险利益。

保险人。保险人是指与投保人订立保险合同，承担赔偿或者给付保险金责任的保险公司。

保险标的。保险标的是指投保人申请投保的财产及其有关利益或者人的寿命和身体。

被保险人。被保险人是指其财产或人身受到保险合同保障、享有保险金请求权的人。被保险人只能是有生命的自然人。

受益人。受益人是指在人身保险合同中由被保险人或者投保人指定的享有保险金请求权的人，受益人可以是任何人。自然人、法人及其他合法经济组织、自然人当中的无民事行为能力的人、限制民事行为能力的人、甚至活体胎儿等，均可以被指定为受益人。投保人、被保险人也可以为受益人。

保险费与保险金。保险费是投保人向保险公司用于购买保险产品而支付的费用；而保险金是保险公司收到保险费后，按照保险合同规定，当投保人的财产及相关利益受到损失或者被保险人死亡、伤残、患病或者到了保险合同约定的期限，保险公司向投保人、被保险人或者被保险人死亡后向其受益人给付的钱。通俗讲，保险费是买东西的钱，而保险金就是买来的商品。

2. 保险的分类

根据不同的分类标准，保险可以划分成很多种类，归纳起来有以下五大类划分方法：按保险标的的不同，可分为财产保险、人身保险和责任保险；按被保险人的不同，可分为个人保险和商务保险；按实施方式的不同，可分为强制保险和自愿保险；按业务承保方式不同，可分为原保险、再保险和共同保险；按保险是否以营利为目的，可分为社会保险和商业保险。

根据保险标的的不同，保险可分为财产保险、人身保险和责任保险。财产保险是以物或其他财产利益为标的的保险，广义的财产险包括有形财产险和无形财产险。人身保险是以人的生命、身体或健康作为保险标的的保险。责任保险是以被保险人的民事损害赔偿责任为保险标的的保险。

根据被保险人的不同，保险可分为个人保险和商务保险。个人保险是以个人或家庭作为被保险人的保险。商务保险是以工厂、商店等经营单位作为被保险人的保险。

根据实施形式的不同，保险可分为强制保险和自愿保险。强制保险又称法定保险，它是由国家颁布法令强制被保险人参加的保险。自愿保险是在自愿协商的基础上，由当事人订立保险合向而实现的保险。

根据业务承保方式的不同，保险可分为原保险和再保险。原保险是指保险人对被保险人因保险事故所致的损失承担直接的、原始的赔偿责任的保险。再保险是原保险人以其所承保的风险，再向其他保险人进行投保，与之共担风险的保险。

根据是否营利的标准，保险可分为商业保险和社会保险。商业保险是以营利为目的的的保险。社会保险不以营利为目的，是指在既定的社会政策下，由国家通过立法手段对全体社会公民强制征缴保险费，形成保险基金，用以对其中因年老、疾病、生育、伤残死亡和失业而导致丧失劳动能力或失去工作机会的成员提供基本生活保障的一种社会保障制度，社会保险不以营利为目标，运行中若出现赤字，国家财政将给予支持。

3. 保险合约的基本要素

保险通常是通过法律合约（或称保险单）来实施的。在保险合约中，保险公司承诺对被保险人在合同期内所遭受的损失进行补偿。了解保险如何运用于风险管理的基础应当是首先理解一些保险合约的基本名词和条款。保险合约中最重要的四个概念是免赔条款、赔付限额、免赔额和赔付比例。

免赔条款是指虽然风险发生后果在保险的范围之内，但却被特别排除在外的损失。如人寿保险在被保险人死亡时要支付保险金，但是如果被保险人是自杀的，保单中会规定对此不予偿付。

赔付限额是对保险合约所针对的特定损失赔偿的额度。如若保险公司规定对治疗疾病所支付的最高限额为 50 万元，则这 50 万元就是保险公司对健康保险确定的赔付限额。

免赔额是投保人在接受保险公司的赔付之前必须自己支付的数额，这有利于控制投保后的道德风险问题，能够激励投保人控制风险损失。汽车保险通常会有此类规定，例如，如果汽车保险单对意外事故有 1 000 元的免赔额，则若汽车发生意外事故时，投保人必须首先支付 1 000 元的修理成本，保险公司只会偿付超过 1 000 元的部分，这样，购买汽车保险的人为了尽量少承担损失便会格外小心一些。当然，一旦损失超过了免赔额，投保人控制风险的动机便不复存在了。

赔付比例是指投保人需要按照发生损失的一定比例来承担一部分损失。赔付比例与免赔额类似，投保人都要承担一部分损失，其差别在于赔付数额的计算方式不同，因而对投保人控制损失所产生的激励也不同。利用规定免赔额方式来计算投保人自己应当承担损失的方法在超过免赔额限度时，会失去激励作用，但赔付比例方式则会产生持续的激励。一份保险单中可能会同时包括免赔额和赔付比例。

4. 保险的基本原理

保险的营运，基于三大理论基础：第一是大数法则（Law of Numbers）；第二是风险的同质性（Homogeneity of Risk）；第三是损失的分摊（Sharing of Law）。

大数法则，又称“大数定律”或“平均法则”，人们在长期实践中的发现，在随机现象的大量重复中往往出现几乎必然的规律，即大数法则，它是现代数学概率论中的重要定理，是用来阐明大量随机现象平均结果稳定性的一系列定理，简单说就是当实验次数增加时，预期结果会越接近实际的结果。这个法则一般被运用在保险学上，用来考察保险风险损失和计算保险费率。其意义在于：风险单位数量愈多，实际损失的结果会愈接近从无限单位数量得出的预期损失可能的结果。据此，保险人就可以比较精确地预测危险，合理地确定保险费率，使在保险期限内收取的保险费和损失赔偿及其他费用开支相平衡。例如，保险公司在计算车祸的发生率时，1 000 人中发生的概率不稳定，但 10

万人发生的概率就比较稳定了。按照大数法则，保险公司承保的每类标的数目必须足够大，否则，缺少一定的数量基础，就不能产生所需要的数量规律。

风险的同质性。保险经营不仅需要组合众多风险单位，技术上也需要谋求风险的适当分类。分类的依据是风险的同质性。所谓风险的同质性是指各个风险单位间，遭受来自特定危险事故的损失频率和幅度大体相近。理想的风险分类制度必须具备六个基本条件：第一，每一风险类别的分类基础必须与损失间有明显关联；第二，每一风险类别的定义必须清楚，不可含糊；第三，风险分类后，不能再进行细分；第四，每一风险的归类，不能模棱两可，必须而且只能归为一类；第五，分类基础必须客观；第六，各种分类基础，应尽可能以实际的损失资料验证其正确性与客观性，以为未来改进作参考。

损失的分摊。事实上，保险就是将少数人蒙受的损失通过保险制度由多数人共同分担。每位参加保险的人，分担的金额如何才能公平合理，是保险费率精算上的重要课题。损失分摊与前两个理论基础有密切的关联。一方面，大数法则是损失得以分摊的前提，大数法则在多数人参加保险时可发挥功效，正是这一前提，使得少数人的损失可以由多数参加者分摊；另一方面，风险同质性是损失分摊的结果公平的保障，如果没有按照风险同质性分类，例如，20 岁的年轻人与 60 岁老人的健康保险适用同等保费，则风险分摊显然失去公平。当损失分摊不公平时，保险的经营将会存在困难，进而失去保险的本质。

5. 保险机制的运行条件

（1）保险人和投保人参与保险的前提。尽管保险对风险转移的作用是十分明显的，但对于保险人和投保人这两个保险合约的主体而言，并不是所有的风险在商业上都是可保的。保险人一般要求其可提供保险的风险必须是可保风险，而投保人也会要求其投保的标的具有可保性。

从保险人的角度来看，可保风险需满足以下四个条件：第一，必须有大量相似的保险标的，以便能够对将来可能的损失进行较为精确的计算；第二，损失本质上应是偶然的而且并非是有意的；第三，损失必须是可确定的和可测定的；第四，损失并非由灾难性危险引起的。

从投保人的角度来看，对可保性主要有两个要求：第一，若损失发生，则必须是足够大的损失，因为若对较小的潜在损失投保，则保险补偿通常是不经济的；第二，损失发生的可能性不太大，因为保险人始终会为他们提供的服务收取比预期损失更高的费用，而损失发生可能性越大，保险费将会越高，最终导致投保人不再愿意支付必须的保险费。

（2）保险机制所应遵循的基本原则。

第一，赔偿原则。赔偿原则是许多险种，尤其是财产保险最为重要的原则之一。根据这一原则某一个被保险人所获得的赔偿，不可能超过由于被保灾祸的发生所造成的实际损失。这一原则有助于控制道德风险。因为保险原本只是用于赔偿，或者说只是将被保险人恢复到损失发生以前的状态。所以，故意造成损失的可能性就大大降低了。不管已经购买了多少保险，对损失的赔付不会超过被毁财产的价值。

第二，代位追偿原则。代位追偿原则是由赔偿原则派生来的。在这一原则下，一方对另一方的损失进行赔偿后，便有权要求对保险事件有责任的第三方补偿自己的赔付。代位追偿的一个重要原因就是为了强化赔偿原则，也就是为了防止投保人获得大于实际损失的补偿。有可能产生道德风险，使得保险合同变成欺诈的工具。

第三，可保利益原则。可保利益原则是对赔偿原则形成有力支持的一个基本法律原则。这一原则规定投保人必须证明发生了损失，否则被保灾祸发生且导致损失后，投保人将不能获得相应赔付。如果投保人没有可保利益即可获得赔付的话，就可能产生道德风险，而且这种合同也将被视为与公共政策相抵触。可保利益原则还是防止保险成为一种赌博合同的必要措施，人寿保险中要求可保利益的重要原因就是消除可能的谋杀动机。

第四，最大诚信原则。保险合同本身就被称为最大诚信合同，因为其对保险协议当事人的诚实程度的要求远远高于一般商业合同。最大诚信原则对保险实务有巨大影响，也使对保险合同的解释有别于许多人通常的设想。通过对告知、保证、隐瞒及差错的讨论或许可以对该原则的应用做最好的解释。

（二）套期保值

1. 套期保值基本原理

套期保值与保险都是风险管理中风险转移的具体方法，但两者有着本质的区别。在套期保值时，人们通过放弃潜在收益来降低造成损失的风险，而保险则是通过支付保险费，在不涉及潜在收益的情况下来降低发生损失的风险。

（1）套期保值定义。“套期保值”译自英文单词 hedging，又译作“对冲交易”或“海琴交易”。其一般性的定义是，利用一个（交易成本较低的）市场进行买卖，以代替在另一个市场头寸的暂时平仓之用，从而达到两者相互抵消风险的作用。“套期保值”表明了投资者参与交易的目的和途径：保值是目的，即保住目前合理的价格所带来的利润，而回避未来不利价格所导致的风险；套期是实现保值的途径，即套用各种类型的期货，参与风险转移交易。例如，投资者在股市持有某种股票投资组合时，可在期市沽出股票指数期货来对冲。以后，他在股市中的损失（或收益）将会被期市的利润（或损失）所抵消，因此，该投资组合的价值不会因价格的变化发生重大改变。

从定义就可以看出，套期保值实质上是一种避险行为，其本身目的并不在于投机。但事实上，却无法排除投机者利用套期保值进行投机的行为。

（2）套期保值转移风险的核心思想。当某个人或某个企业不愿意承担某种类型的风险时，他就可以通过套期保值把这种风险转移给别人，这些风险往往与利率、汇率、股票价格或商品价格有关。当然，运用这种方法规避风险时，不仅降低了其自身面临的风险，同时也使他放弃了收益的可能性（利用套期保值进行投机买卖的另当别论）。这也是套期保值与保险的本质区别所在——参加保险是通过支付保费，在保留潜在收益的前提下将损失的风险转移出去；而套期保值是在放弃潜在收益的前提下，将自身所面临损失的风险转移给别人。

例如，某家设在中国的美国公司，确定在 1 个月后将收回 10 000 美元的应收账款，并用人民币支付827 000元的原材料采购款（按现时的汇率为10 000美元）。此时，美元对人民币的汇率是1美元折合人民币8.27元，但是该公司不敢确定1个月后美元是升值还是贬值，这时，这家公司将面临着汇率风险。它可以通过套期保值来处理这种风险。假设该公司现在预期美元对人民币的汇率1个月后将下跌，于是现在签订一项合同，约定在月底以符合该公司预期的固定价格将10 000美元卖出，假定1美元折合人民币8.27元，这时，通过套期保值，该公司便免受美元的价格下跌而带来的损失。但是，如果届时美元非但没有下跌，反而上涨至1美元折合人民币8.5元，则通过套期保值你就丧失了因美元价格上涨而形成的潜在收益。

还有，像农产品的期货交易之所以能形成，就是因为农民为了避免收获时农产品价格降低，而在收获之前将农产品以一个固定价格出售，从而进行套期保值。此时，农民获得了预期的固定收益，规避了因农产品价格降低而面临的风险，但同时也放弃了收获时由农产品价格上升所带来收益的可能性。

2. 套期保值交易的主要类型

（1）套期保值按照交易对象，可以分为期货合约、远期合约、期权合约、利率互换、货币合约和商品合约。当然，无论采取何种类型的套期保值形式，其核心思想都符合上文所述。我国目前的套期保值交易只有商品期货交易。在目前的市场发展阶段，我国一般把套期保值定义为：从事商品现货生产、加工、销售、贸易的投资者在现货市场买进（卖出）商品的同时，在期货市场上卖出（买进）该商品（或相关商品），利用期货现货市场价格的相关性，达到规避现货市场风险的目的。

（2）按照在期货市场上所持的头寸，套期保值又分为卖方套期保值和买方套期保值。卖出套期保值（卖期保值）是套期保值者首先卖出期货合约即卖空，持有空头头寸，以保护他在现货市场中的多头头寸，旨在避免价格下跌的风险。通常为农场主、矿业等生产者和仓储业主等经营者所采用。如果一位现货商在现货市场中拥有一种商品，他可以通过在期货市场上卖出等量的商品合约来套期保值。卖出套期保值能使现货商锁定利润。在商品持有期，如果商品价格下降，商品持有者将在现货市场中亏钱。可是，当他在期货市场卖出该商品的期货合约，那么，他就可以从期货价格下跌中获利，从而弥补了现货市场的损失。盈利和损失相互抵消使该现货商所持有商品的净价格与商品原有价值非常接近。

买入套期保值（买期保值）是套期保值者首先买进期货合约即买多，持有多头头寸，以保障他在现货市场的空头头寸，旨在避免价格上涨的风险。通常为加工商、制造业者和经营者所采用。如果一位现货商需要一种商品，将来要购买这一商品，为了回避价格风险，他可以在期货市场上买入套期保值。买入套期保值为那些想在未来某时期购买某种商品，而又想避开这中间可能出现的价格上涨的现货商所采用。如果价格上涨，他将在现货市场上为购买该商品支付更多的资金。但同时，由于期货市场上“买入套期保值头寸”的建立，使得期货市场上的赢利抵消了现货市场中的损失。

实践证明，套期保值为现货商提供了理想的价格保护，但实际生活中，这种保护并不一定是十全十美的。许多因素经常会影响到套期保值的效果。

3. 期货市场套期保值交易的基本原则

（1）交易方向相反原则。交易方向相反原则是指在进行套期保值交易时，套期保值者必须同时在现货市场上和期货市场上采取相反的买卖行动，即进行反向操作，在两个市场上处于相反的买卖位置。只有遵循交易方向相反原则，交易者才能在一个市场上亏损的同时在另一个市场上盈利，从而用一个市场上的盈利去弥补另一个市场上的亏损，达到套期保值的目的。如果违反该原则，所做的期货交易不仅无法实现规避价格风险的目的，而且增加了价格风险，其结果要么是同时在两个市场上亏损，要么同时在两个市场上盈利。比如，对于现货市场上的买方来说，如果他在现货市场买入的同时在期货市场也买入，那么，在价格上涨的情况下，平仓时他在两个市场上都会盈利；相反，在价格下跌的情况下，在两个市场上都会遭受亏损。

（2）商品种类相同或相关联原则。只有商品种类相同或相关联，期货价格和现货价格之间才有可能形成密切的关系，才能在价格走势上保持大致趋同，从而在两个市场上同时采取反向买卖行动时取得预期的效果。在进行套期保值交易时，应遵循该原则，否则，所做的套期保值交易不仅无法实现规避价格风险的目的，而且会增加价格波动的风险。

（3）商品数量相等或相当原则。商品数量相等原则是指在进行套期保值交易时，所选用的期货合约上所载商品的数量必须与交易者将要在现货市场上买进或卖出的商品数量相等或相当。之所以要遵循该原则，是因为只有保持两个市场上买卖商品的数量相等，才能使一个市场上的盈利额与另一个市场上的亏损额相等或最接近。由于期货合约是标准化的，每手期货合约所代表的商品数量是固定不变的，有时很难使所买卖的期货商品数量恰好等于现货市场上买卖的现货商品数量，这就给套期保值交易带来一定困难，并在 定程度上影响套期保值交易效果。

（4）月份相同或相近原则。月份相同或相近原则是指在进行套期保值交易时，所选用的期货合约的交割月份最好与交易者将来在现货市场上实际买进或卖出现货商品的时间相同或相近。之所以要遵循该原则，是因为两个市场出现的赢利额和亏损额受两个市场价格变动的影响，只有使所选择的期货合约的交割月份和交易者决定在现货市场上实际买进或卖出现货商品的时间相同或相近，才能使期货价格和现货价格之间的联系更加紧密，增强套期保值的效果，随着期货合约交割期的临近，期货价格和现货价格才会趋于一致。

无论是现货商，还是行业生产者，在做套期保值交易时，必须遵循以上这四大操作原则。任何套期保值交易都必须同时兼顾，忽略其中任何一个原则都有可能影响套期保值交易的效果。

本章小结

从公司理财的角度来看，风险是描述实际发生的收益率与预期收益率不同的可能性和变动幅度，用于表示投资收益率的波动。风险反映的是未来各种可能的收益水平与预期收益率之间的离散程度。风险与不确定性是有区别的，主要差异在于未来事件发生的信息上，可以近似的将风险理解为概率已知的不确定性。收益是购买一项资产或进行一项投资后，能够从中获得的利得（或者损失），即初始投资的价值增量。必要收益率（也称要求收益率）是指投资者要求在某项特定投资中必须得到的收益率。期望收益率是各种可能预测收益的加权平均数。在完善资本市场中，期望收益率等于必要收益率。实际收益率是在特定时期内，某项投资实际获得的收益率，不可能通过决策而改变。收益和风险有着密切的联系，高风险必要求高收益作为回报，反之，高收益必然伴随着高风险。因此，一项资产或者一项投资组合的收益分解为两部分组成，一部分是货币的时间价值，另一部分是风险价值。

单项资产的收益包括两部分，一部分是持有资产过程中获得的现金流量；另一部分是在出售资产或者投资项目结束时，收到的超过初始投资的现金流量，经常采用收益率的概念来表示收益。某项资产的期望收益率就是其未来各种可能收益率的均值。投资组合的收益率等于组合中各单项资产预期收益率的加权平均数。在公司理财中，我们采用方差（σ^2）或标准差（σ）来衡量收益率的离散程度。方差和标准差是衡量收益变动程度的指标，而预期收益的变动程度越大，说明风险也就越大。投资组合的风险还要考虑到各项资产之间的相互关联程度，即协方差。随着资产组合中的资产数目不断增加，单项资产风险对组合风险的影响越来越小，各资产间的协方差成为组合风险的决定因素。资本资产定价模型的基本原理在于任何一个证券的风险溢价不是与证券的“独立”风险有关，而是与它对有效多样化投资组合的风险贡献有关。一项资产的预期收益率分解为两个部分：一个部分是无风险的报酬率，反映资产的时间价值；另一部分是风险补偿收益率，用资产相对于市场组合的风险水平和市场组合的风险溢酬来计算。

从狭义角度来看，风险管理是以最小的代价降低纯粹风险的一系列程序。从广义角度来看，在这种情况下，确定减少风险的成本收益权衡方案和决定采取的行动计划（包括决定不采取任何行动）的过程也属于风险管理。风险管理有三大基本步骤：风险确认、风险评估和风险控制。本章介绍了两种最常见的风险管理方法：保险和套期保值。保险通常是通过法律合约（或称保险单）来实施的，保险合约中最重要的四个概念是免赔条款、赔付限额、免赔额和赔付比例。保险的营运以三大理论为基础：第一是大数法则；第二是风险的同质性；第三是损失的分摊。保险机制的运行需要一定前提条件并要遵循一定的基本原则。套期保值一般性的定义是，利用一个（交易成本较低的）市场进行买卖，以代替在另一个市场头寸的暂时平仓之用，从而达到两者相互抵消风险的作用。套期保值转移风险的核心思想是在放弃潜在收益的前提下，将自身所面临损失的风险转移给别人。

本章参考文献

1. 陈毅恒：《风险管理精义》，中国统计出版社 2006 年版。
2. 顾孟迪、雷鹏：《风险管理》，清华大学出版社 2005 年版。
3. 胡玉明：《公司理财》，东北财经大学出版社 2002 年版。
4. 刘淑莲：《高级财务管理理论与实务》，东北财经大学出版社 2006 年版。

5. 刘钧：《风险管理概论》，中国金融出版社 2005 年版。
6. 中国注册会计师协会：《财务成本管理》，经济科学出版社 2006 年版。
7. 许谨良：《风险管理》，中国金融出版社 2003 年版。
8. 张先治：《财务学概论》，东北财经大学出版社 2006 年版。
9. [美] 斯蒂芬·A. 罗斯等著，吴世农、沈艺峰译：《公司理财》，机械工业出版社 2000 年版。
10. [美] 阿斯瓦斯．达摩达兰著，郑振龙译：《应用公司理财》，机械工业出版社 2000 年版。
11. [美] Eugene F. Brigham，Joel F. Houston 著：《财务管理基础》，高等教育出版社 2005 年版。
12. [美] Eugene F. Brigham，Scott Beasley 著：《财务管理精要》，机械工业出版社 2004 年版。

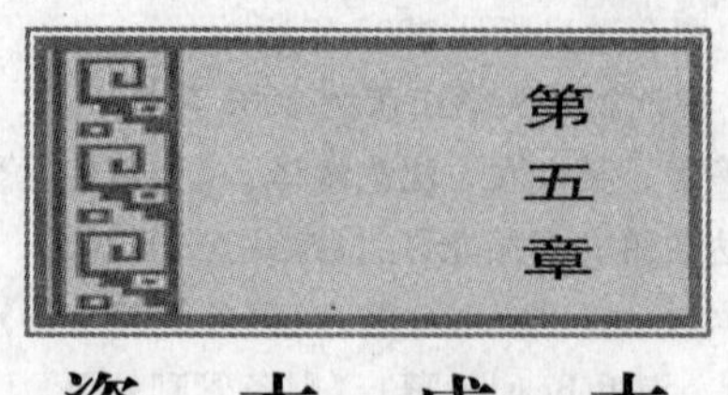

第五章 资本成本

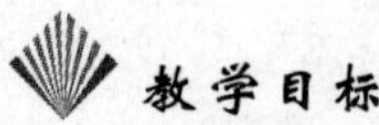

教学目标

◇基本目标

本章教学目标是使学生掌握资本成本的基本内容，即资本成本的概述、个别资本成本的计量和边际资本成本的计量。

◇具体目标

了解各种影响资本成本的因素，理解资本成本在公司理财中的作用；

理解和掌握资本成本的内涵和构成，充分理解资本成本的经济内涵；

掌握和熟练计算各种个别资本成本；

理解普通股资本成本不同计算方法的特点及适用范围；

熟练掌握各种加权资本成本的计算方法；

理解账面价值法、市场价值法和目标价值法的特点和适用范围；

了解边际资本成本的概念和应用；

掌握边际资本成本的计算方法。

本章提要

本章主要介绍资本成本的基本内容，包括资本成本的内涵、资本成本与公司理财的关系、影响资本成本的各种因素及资本成本计算问题。本章的重点内容在于资本成本的计算，包括不同来源的个别资本成本计算方法、加权资本成本计算方法、边际资本成本计算方法。本章属于公司理财中的工具，资本成本作为公司理财中的重要概念，对于企业投资活动、筹资活动、分配活动和价值评估等内容都有着重要的作用。本章主要回答什么是资本成本？资本成本的影响因素有哪些？债务资本成本如何计算？股权资本成本如何计算？加权资本成本如何计算？边际成本资本成本如何计算。

本章第一节主要介绍资本成本的基本属性，在界定资本成本内涵的基础上，分析资本成本的组成部分，并从投资、筹资、分配和价值评估四个方面讨论资本成本在公司理财中的作用。第二节是本章的核心内容，着重介绍不同资金来源的个别资本成本计算方法，包括债务资本成本和权益资本成本，并详细分析了不同资本成本计算方法的特点和适用范围。第三节内容是在个别资本成本的基础上，引入加权资本成本和边际资本成本并介绍相关计算方法。

本章作为工具篇的重要组成部分，全面系统地讲述与资本成本相关的内容。关于资本成本的知识在今后各篇中都发挥着重要作用。特别是在公司理财内容篇中，投资活动、筹资活动和分配活动都与资本成本密切相关。

第一节 资本成本概述

一、资本成本的内涵

企业的资金取得和使用都需要付出代价，在企业的财务活动中，资本成本扮演着重要的角色。在投资活动中，资本成本是资金需求者为了获得资本所必须支付的最低价格；在筹资活动中，资本成本是投资者要求获得的最低报酬率。因此，了解影响资本成本的因素，掌握资本成本的计算方法，是作出正确财务管理决策的前提条件。

（一）资本成本的定义

资本是指企业为购置资产和进行生产而筹集的全部资金。资本成本是为取得一定的资本使用权而必须支付的代价。企业筹措和使用的资金，无论是长期的还是短期的，都要支付代价。资本成本是在资本的所有权和使用权相分离的条件下，资金使用者为了获得资本的使用权，而支付给资本所有者的费用，即资本取得和使用的成本。资本成本的计量可以采用两种方法：一种是绝对数的方法，用取得和使用资本过程中发生的费用来计算资本成本；另一种是相对数的方法，采用资本使用费用占实际取得资本数额的比率来计算资本成本。

（二）资本成本的组成部分

从资本所有者来看，资本成本是让渡资本使用权，对资本使用者进行投资时，所要求的最低报酬率。因此，资本成本按照其成本的性质，可以划分为无风险报酬率和风险报酬率两部分组成。无风险报酬率反映资本的时间价值（包含通货膨胀因素），通常可以采用国库券利率作为计算基准。风险报酬率反映资本使用者所在企业面临的经营风险和财务风险。

资本成本按照其成本发生的阶段，可以划分为资本的取得成本和资本的使用成本。取得成本是获取资本使用权的过程中，形成的各种费用和成本，如各种手续费、评估费、代理发行费；使用成本是在资本使用过程中支付的成本，如各种利息、股息和红利。相比较而言，使用成本是筹资企业经常发生的费用，而取得成本是在筹集资金时一次性发生的，因此，在计算资本成本时可以作为筹资金额的一项扣除。

二、资本成本与公司理财

（一）在投资决策中的作用

投资决策中，企业必须要确保选用的项目能够获得超过资本成本的利润率。资本成本是投资决策中的判别标准。此外，在投资决策的过程中，很多决策指标都需要以确定资本成本为先决条件。如果项目的资本成本过高，会导致原本可行的项目不能实施，使企业错过投资机会；如果项目的资本成本过低，会导致原本不可行的项目能够获得通过，使企业遭受损失。

（二）在融资决策中的作用

在融资决策中，企业的目的是为了获得最低的资本成本。因此，在能够准确地计算出各种资本成本的基础上，综合考虑各种因素对企业财务问题产生的影响。资本成本在整个融资决策中起着基础性的作用，离开正确计算出的资本成本，企业难以作出正确的融资决策。

（三）在股利决策中的作用

股利决策从广义上看也是一种融资决策。企业通过股利政策来决定如何将经营剩余在股利和留存收益间进行划分，股利政策会直接影响到留存收益的数量，从而影响到企业的融资决策。因此，只有正确地计算出留存收益的成本，才能作出是否需要发放股利，何时发放股利以及发放股利数量的决策。

（四）在价值评估中的作用

在公司理财中，价值反应市场对于公司未来前景的预期，采用公司未来现金流量的现值来计算。为了能够正确评估企业价值，需要确定合理的折现率，以便对未来现金流量进行适当的折现。企业的资本成本通常被作为确定折现率的基础。

三、影响资本成本的因素

（一）总体经济环境

总体经济环境决定了整个经济中资本成本的供给和需求，以及预期通货膨胀的水平。总体经济环境变化的影响反映在无风险报酬率上：当资金需求上升，若供应量不变，则企业的资本成本会上升；反之，货币需求减少，而供给却没有相应减少，投资收益率也会降低。通货膨胀水平上升、货币购买力下降，投资者也会提出更高的收益率来补偿预期的投资损失，导致企业资本成本上升。

（二）证券市场条件

证券市场条件包括证券的市场流动难易程度和价格波动程度。如果某种证券的市场流动性不好，投资者想买进或卖出证券相对风险加大，要求的收益率就会提高，或者虽然存在对某证券的需求，但因价格波动较大、投资风险大，要求的收益率也会提高，那么资金成本就会上升。

（三）融资规模

企业的融资规模大，资本成本较高。因为企业发行的证券金额很大，其资金筹集和资金占用费都会上升，而且证券发行规模的增大还会降低其发行价格，由此也会增加企业的资本成本。

（四）内部经营情况

企业内部经营情况主要是指经营风险和财务风险。经营风险主要来自企业投资决策和经营决策。财务风险主要来自于企业筹资决策。企业内部经营情况的恶化会导致企业风险的增加，从而使得资金供应方面有较高风险，为此资金供应方会向企业要求更高的补偿，从而导致企业资本成本的增加。

第二节　个别资本成本的计量

一、债务资本成本的计量

根据资本成本的定义，债务资本成本可以通过债务方式取得的资金与为占有资金而支付的成本之间的比例关系表示。无论是长期借款，还是长期债券，由于资金占用的时间比较长，因此，在计算资本成本的过程中，必须考虑货币时间价值的因素。如果债务期限较长，并且每年付息，可以用永续年金的方式来计量债务的资本成本。

（一）长期借款

在长期借款的资本成本中，利息占主要部分。因此，企业取得长期借款所支付的利息是计算其资本成本的基础。由于在现行会计制度下，借款的利息可以作为企业的费用计入成本，在税前扣除，使企业少交一部分所得税，从而降低了债务的资本成本。在实际工作中，当企业向银行借款申请长期借款时，银行通常不会将贷款足额支付给借款人，而是将其中一部分以无息的方式保留在银行作为担保。这将造成企业不能实际足额使用贷款资金，因此，这部分担保的资金应当作为筹资费用率予以扣除。长期借款资本成本的计算公式如下：

$$D_0(1-f)=\sum_{t=1}^{n}\frac{I_t(1-T)}{(1+K_d)^t}+\frac{D_t}{(1+K_d)^n} \tag{5.1}$$

其中，I 为每年支付的利息，T 为所得税税率，f 为筹资费用率，K_d为银行借款的资本成本，D_t为第 t 年末银行借款本金，D_0为银行借款总额。

例 5－1：A 企业为解决规模快速扩张而引起的资金不足问题，向银行借入长期借款，1 000 万元，银行贷款利率为 12%，期限 10 年，每年付息，到期一次性偿还本金。在借款过程中，企业向银行支付的各种手续费和评估费，占贷款总额的 5%。企业所得税税率为 35% 根据长期债务的资本成本计算公式，企业贷款的资本成本可以根据如下公式计算：

$$1\ 000\times(1-5\%)=\sum_{t=1}^{10}\frac{1\ 000\times12\%\times(1-35\%)}{(1+K_d)^{10}}+\frac{1\ 000}{(1+K_d)^{10}}$$

$K_d=8.56\%$

（二）长期债券

采用发行债券方式进行筹资时，从债券购买者的角度来看，资本成本就是投资债券的到期收益率。因此，债券的资本成本是指使发行债券筹集到的资本与预期未来现金流量的现值相等时的折现率，其公式为：

$$B_0(1-f)=\sum_{t=1}^{n}\frac{I_t(1-T)+B_t}{(1+K_b)^t} \tag{5.2}$$

其中，B_0为债券的票面价值，B_t为第 t 年末偿还债券的本金，I_t为第 t 年末支付的债券利息，K_b为债券的资本成本，T 为所得税税率。

例 5-2：某企业为解决资金困难问题，决定公开发行面值为 1 000 元的企业债券，票面年利率为 9%，半年付息一次，到期一次还本。筹资过程中，支付的发行费用等筹资费率占票面金额的 5%，企业所得税税率为 35%。假设企业此次债券按照面值发行。由于每半年计息一次，年利率 9%，则半年利率为：

$$(1+9\%)^{\frac{1}{2}}-1=4.4\%$$

根据长期债券的资本成本计算公式，企业债券的资本成本计算如下：

$$1\,000\times(1-5\%)=\sum_{t=1}^{20}\frac{1\,000\times4.4\%\times(1-35\%)}{(1+K_b)^{20}}+\frac{1\,000}{(1+K_b)^{20}}$$

$$K_b=3.2\%$$

年债券资本成本 = $(1+3.2\%)^2-1=6.5\%$

在企业债务资本成本计算过程中，如果债券期限很长，并且每年债券利息相同，那么可以将债券视为永续年金，利用更为简单的方法来近似计算：

$$K_b=\frac{I\times(1-T)}{B_0\times(1-f)} \tag{5.3}$$

二、权益资本成本的计量

权益资本成本是衡量企业取得自有资金所付出的成本。与债务资本不同，权益资本成本的使用成本，比如，优先股股息和普通股股息，都是从企业扣除所得税后的净利润中支付的。因此，从会计账务处理来看，这部分资本使用成本无法作为费用在企业税前扣除，因此，无法享受税收上的利益。这也是造成企业权益资本成本高于企业债务资本成本的原因之一。

（一）优先股

优先股是介于股票与债券之间的一种证券。优先股股东的股息从企业税后利润中支付，并且支付次序优先于企业普通股股东。一般情况而言，优先股股息固定不变，不受企业经营情况波动和股利政策的影响。因此，优先股的性质与债券更为相似，区别在于：优先股没有到期日；优先股的股息用税后利润支付，不能获得税收上的利益。因此，优先股可以被视为一种无期限的债券。如果优先股的股利每年相等，则可视为永续年金而采用下列公式计算其资本成本：

$$K_p=\frac{D_p}{P_0(1-f)} \tag{5.4}$$

其中，K_p为优先股资本成本，D_p为优先股年股利，P_0为优先股的销售价格。

例5-3：企业按面值对外发行优先股100万股，每股100元，发行费率为发行价格的5%，优先股股息率为8%，则优先股的资本成本为：

$$K_p = \frac{100 \times 8\%}{100 \times (1-5\%)} = 8.42\%$$

在本例中，优先股发行价格与票面价值相等，而在现实中，股票发行价格通常与价格不相符。当优先股发行价格变动时，并不会影响到优先股股息，只需要调整计算公式分母中的销售价格即可。

（二）普通股

同作为股票，普通股的资本成本计算方法与优先股基本相同。只是普通股的股利是不确定的，而是由企业的经营状况和股利政策共同决定的。由于，股东所获得收益是在支付利息和税款之后，因此，其承担的风险也最大，相应地要求得到资本成本的补偿也最高。通常用于计算普通股资本成本的方法有三种。

1. 现金流量折现法

现金流量折现法的原理与债券资本成本的确定相似。从内在价值上来看，普通股之所以具有价值的原因在于，普通股持有者能够获得股利。因此，普通股的价值等于公司未来发放股利的现值。在确定普通股价值时，投资者需要将预计的公司未来股利进行折现，而投资者所使用的折现率是其对购买普通股所要求的最低收益率。从企业角度来看，如果想要成功发行股票筹集到资金，那么支付给投资者的成本至少要达到其要求的最低收益率。换言之，投资者要求的最低收益率与普通股的资本成本相等。据此，我们可以通过普通股股东要求的最低收益率来计算普通股资本成本。

$$P_0 \times (1-f) = \frac{D_1}{1+K_s} + \frac{D_2}{(1+K_s)^2} + \cdots + \frac{D_t}{(1+K_s)^t} + \cdots + \frac{D_n + P_n}{(1+K_s)^n} \tag{5.5}$$

其中，K_s为普通股的资本成本，D_1为预计的下期股利，P_0为股票的发行价格，P_n为股票的第n期价格，f为筹资费率。

只要掌握公司未来普通股利情况和公司普通股价格，就可以通过上面计算得出公司的普通股资本成本。按照上面的思路进一步分析，公司股票第n期的价格也是此后各期发放股利的现值，因此，只要掌握公司未来股利情况和现实股票价格，就可以确定公司普通股的资本成本。由于公司的股利政策会受到各种因素的影响，而且由于普通股没有到期日，很难预计所有各期的股利情况。为此，人们通常对股利未来增长率设定假设来解决这个问题。例如，如果假设此后每年股利按照固定增长率g持续增加，那么上面的公式就可以简化为：

$$K_s = \frac{D_1}{P_0(1-f)} + g \tag{5.6}$$

其中，K_s为普通股的资本成本，D_1为预计的下期股利，P_0为股票的发行价格，f为筹资费率，g为每年的股息预计增长率。从这个公式中，我们不难发现，普通股的资本成本主要由两部分构成，一部分是公司的预计股票收益率，另一部分是公司的预计股利增长率。股利是公司占用普通股股东资金，而向其支付的资金使用成本。

例 5-4：假设某公司发行股票 30 000 股，每股 100 元，按照面值发行，发行过程中支付各种手续费占面值的比率为 4%，预期公司下年度的股利率为 10%，以后每年增长 5%。那么，普通股资本成本为：

$$\frac{100\times10\%}{100\times(1-4\%)}\times100\%+5\%=15.42\%$$

在实务中，公司的股利政策受到诸多因素影响，即便是采用预计股利增长率的方法也很难准确预计未来各期的股利情况，因为公司的股利很少会按照预计的增长率持续稳定增长。更何况普通股没有到期日，随着时间的增长，预期未来股利的难度越来越大，据此计算出的普通股资本成本的准确度也会受到影响。

2. 资本资产定价法

在市场均衡的条件下，企业普通股的资本成本在数值上与普通股股东要求的最低收益率相等，普通股股东要求的最低收益率等于企业为普通股支付的资本成本。因此，除了根据现金流量折现方法之外，还可以风险和收益之间的权衡关系来确定普通股的资本成本。资本成本定价模型是最常用的衡量风险和收益之间关系的方法。根据风险和收益权衡的关系，投资者要求的最低收益率等于无风险报酬率和风险补偿收益率。风险补偿收益率，或称为风险溢酬，是普通股股东因购买企业股票承担的风险，并因此要求的额外补偿。普通股承担的风险通常用企业相对于市场平均风险水平的程度，即贝塔系数 β 来进行衡量。根据资本资产定价模型，公司普通股的资本成本可以表示为：

$$K_s=R_s=R_f+\beta(R_m-R_f) \tag{5.7}$$

其中，R_m为市场组合的收益率，R_f为无风险收益率，β 为资产相对于市场组合的风险水平。这个公式表明，普通股的资本成本与企业的风险正相关。当公司的风险越高，购买该公司普通股的股东承担的风险越大，因此，会要求更高的收益率来弥补其承担的风险。对于企业而言，只有支付更高的成本才能获得使用股东资金的权力。

例 5-5：某公司普通股股票的贝塔系数为 1.5，政府发行的国库券年利率为 8%，由于国库券的风险很小，可以近似视为无风险的报酬率。市场投资组合的收益率为 16%，那么普通股的资本成本可以根据资本资产定价模型计算为：

$$8\%+1.5\times(16\%-8\%)=20\%$$

采用资本资产定价模型来确定企业资本成本，需要掌握无风险收益率、市场组合收益率和企业贝塔系数等数据。贝塔系数计算过程复杂，需要大量的数据演算才能取得。对于上市公司而言，有专门的市场中介机构计算并提供企业的贝塔系数，但是对于非上市公司而言，贝塔系数则难以取得。

3. 债券成本加风险补偿率

为了避免数据获取的苦难和计算过程的繁琐，在不适合使用资本资产定价模型法的条件下，债券收益加风险补偿率法也可以用于普通股资本成本的确定。债券收益加风险补偿率法的思路与资本资产定价模型相类似，都是通过计算普通股股东承担的风险及相应要求的报酬率来确定普通股资本成本。两种方法的区别在于计算的基础不同。债券收益加风险补偿收益率法是以企业债券作为基础。比较企业发行的股票与相同企业发行的债券，根据股票的额外风险来对普通股股东加以补偿，并据此确定普通股的资本成本。

普通股资本成本 = 长期债券资本成本 + 风险溢酬率（风险补偿收益率）　(5.8)

与本企业发行的长期债券收益率相比，普通股的收益次序排在其后；股利的支付从净利润中支出，而在计算净利润的过程中，作为债务的资本成本的利息已经支付给债权人了；当公司进行清算时，也是先偿还债权人的本金之后才可以将剩余的财产用于股东的分配。因此，与债权人相比，普通股的股东承担的风险更大，也会要求更高的收益率。除了风险之外，公司的长期债券与普通股在其他各方面均比较相似，因此作为比较基础最为恰当，并且本公司的长期债券收益率比较容易计算或取得。债券收益加风险补偿率的方法的难点在于风险溢酬的确定。通常的做法是用历史平均风险溢酬来估算现在和未来的风险溢酬。一般认为，公司普通股的风险溢酬要高于本公司长期债券资本成本4% ~6%，并且随资本市场利率的变动而变动，当资本市场利率上升时，风险溢酬也增加，当市场利率下降时，风险溢酬会相应减少。

（三）留存收益

从表面上来看，留存收益似乎并不存在资本成本，公司动用留存收益资金，既不需要支付股利，也不需要支付利息。其实留存收益同样存在资本成本，只不过与前面几种资本成本不同，留存收益的资本成本并没有真实发生，而是一种潜在的机会成本。留存收益是股东权益的一部分，是股东放弃股利的结果，这对股东而言，意味着期望在将来获得更多的股利。因此，留存收益与普通股在根本性质上是一致的，其最低成本应当和普通股资本成本相同，唯一的差别在于留存收益不必考虑发行费用。留存收益资本成本的计算公式如下：

$$K_e = \frac{D_1}{P_0} + g \qquad (5.9)$$

其中，K_e为普通股的资本成本，D_1为预计的下期股利，P_0为股票的发行价格，g 为每年的股息预计增长率。

例 5 -6：某公司普通股每股市价为 8 元，预计第一年年末每股收益为 4 元，预计公司会按照每股 1 元发放现金股利，股利年增长率为 6%，那么留存收益的资本成本为：

$$\frac{1}{8} \times 100\% + 6\% = 18.5\%$$

第三节　加权平均资本成本与边际资本成本的计量

一、加权平均资本成本的计量

公司的资金有不同的来源可供选择，既可以选择单一来源获得全部资本，也可以通过不同渠道获取资金来源。从理论上来看，企业可以选定某一特定来源获取全部资本，但是从实践来看，出于种种考虑，绝大部分企业选择不同渠道共同为企业筹集资金。根据上节的内容，我们知道不同来源的资本，其资本成本也不同。从公司理财角度来看，在其他因素不变的条件下，企业整体资本成本水平越低，企业价值越大。只有多种资本来源渠道有效组合，才能实现企业整体资本成本水平最低。因此，一旦确定个别资本成本之后，就需要从企业整体的角度出发，计量加权资本成本。加权资本成本是以公司的个别资本成本为基数，以各类资本在资本总额中所占的比重为权数形成的各类资本成本的总成本。加权资本成本的计算公式为：

$$K_w = \sum_{j=1}^{n} W_j K_j \tag{5.10}$$

其中，W_j为第 j 种资本来源占资本总额的权重；K_j为第 j 种资本来源的个别资本成本；n 为公司筹资方式的种类数。

根据加权资本成本的公式，计算加权资本成本不但需要确定个别资本成本，更需要确定各种资本来源的资本占全部资本的比重，即权数。如何确定各类资本来源在资本总额中所占的权重是正确计量加权资本成本的关键。权数的确定方法主要有三种：账面价值法、市场价值法和目标价值法。

（一）账面价值法

账面价值法是以企业期末编制的资产负债表作为确定权数依据的加权资本成本确定方法。企业编制的资产负债表，列示各种资本来源的账面价值，将不同资本来源占总资本的比重作为权数，数据容易获得。资产负债表反映企业过去财务活动形成的最终财务状况，如果从事后评价的角度来看，账面价值法比较适用，因为确定权数的依据与企业报表的账面价值相一致。

例 5-7：某公司期末资产负债表中，长期借款 1 000 万元，长期债券 3 000 万元，优先股 1 000 万元，普通股 5 000 万元，留存收益 2 000 万元。长期借款、长期债券、优先股、普通股和留存收益的资本成本分别来自例 5-1、例 5-2、例 5-3、例 5-4 和例 5-6。根据账面价值法，计算企业加权资本成本如表 5-1 所示。

表 5-1 **加权资本成本计算表**（账面价值法）

资本来源	个别资本成本	账面价值（万元）	各类资本权数	综合资本成本
长期借款	8.56%	1 000	8.33%	0.71%
长期债券	6.5%	3 000	25.00%	1.63%
优先股	8.42%	1 000	8.33%	0.70%
普通股	15.42%	5 000	41.67%	6.43%
留存收益	9.75%	2 000	16.67%	1.63%
合　计		12 000	100.00%	11.09%

虽然采用账面价值法，比较容易获得不同资本来源的权数，但是由于企业资产负债表只能反映企业在某一时点上的财务状况，并不能实时进行调整，并且按照现行会计准

则规定，部分资本来源在资产负债表上以历史成本列示，如果企业的各种证券在证券市场上进行公开交易，那么市场价值与其在资产负债表上所列示的账面价值相距甚远。此时，继续使用账面价值法计算得出的加权资本成本准确度不高，据此作出的决策缺乏科学性。

（二）市场价值法

市场价值法采用各项资本来源的市场价值作为计算权数的依据。在计算个别资本成本时，我们曾分析过，企业的资本成本与资本提供方要求的最低收益率在数值上相等，其中隐含着证券的市场价格与内在价值相等的假设。在证券的账面价值与市场价格相背离的情况下，继续采用账面价值计算权数显然不恰当。特别是以普通股为代表的权益资本来源，账面价值只反映其历史成本，并没有反映出现时因素对其产生的影响。以市场价值作为基础计算不同资本来源的权重，反映了当前实际的资本成本水平，更有利于财务决策的制定。

例 5－8：沿用例 5－7 的数据，如果该公司长期债券市场价格比账面价值上涨了 10%，普通股市场价格比账面价格上涨了 8%，则按照市场价值计算公司加权资本成本如表 5－2 所示。

表 5－2　　加权资本成本计算表（市场价值法）

资本来源	个别资本成本	市场价值（万元）	各类资本权数	综合资本成本
长期借款	8.56%	1 000	7.87%	0.67%
长期债券	6.50%	3 300	25.98%	1.69%
优先股	8.42%	1 000	7.87%	0.66%
普通股	15.42%	5 400	42.52%	6.56%
留存收益	9.75%	2 000	15.75%	1.54%
合　计		12 700	100.00%	11.12%

（三）目标价值法

每个企业都会为自己量身定做一个协调风险与收益的资本来源组合，这就是企业的目标资本结构。目标资本结构的确定也是公司理财的重要内容之一。公司建立目标资本结构之后，将通过各种财务行为和手段，确保企业的资本结构与目标资本结构相一致，即实际的资本来源组合与设定的资本来源组合相一致。目标价值法就是采用目标资本结构设定的资本来源组合计算加权资本成本的方法。从企业决策的前瞻性来看，采用目标价值法计算加权资本成本最为恰当。

例 5－9：沿用例 5－7 的数据，企业设定的目标资本结构为：在全部资本来源中，长期借款占 20%，长期债券占 15%，优先股占 15%，普通股占 40%，留存收益占 10%，则按照目标价值法计算公司加权资本成本如表 5－3 所示。

各种计算加权资本成本的方法之间，并无优劣之分。在选择方法时，要考虑计算加权资本成本的决策用途和数据可获得性，据此选择最为适当的方法，只有这样计算得出的加权资本成本才具有经济意义。

表 5-3　　加权资本成本计算表（目标价值法）

资本来源	个别资本成本	目标资本结构	综合资本成本
长期借款	8.56%	20.00%	1.71%
长期债券	6.50%	15.00%	0.98%
优先股	8.42%	15.00%	1.26%
普通股	15.42%	40.00%	6.17%
留存收益	9.75%	10.00%	0.98%
合　计		100.00%	11.09%

二、边际资本成本的计量

截至目前，我们讨论了个别资本成本和加权资本成本如何计算。这两类资本成本的侧重点在于企业历史资本成本或者新创立企业资本成本的计算。随着公司筹资规模的扩大和筹资条件的改变，新增资本成本也会相应发生改变。公司在进行未来追加筹资的决策时，不能仅考虑现有资本成本，更要考虑边际资本成本。边际资本成本是指企业为了某个项目而新筹集资本的资本成本，也可以视为企业连续筹资活动中，最后一次筹资的加权资本成本。从性质上看，边际资本成本也属于加权资本成本，即为新项目的加权资本成本。因此，从本质上来看，边际资本成本的计算和加权资本成本计算相同，只要确定各资本来源的个别资本成本以及其在新项目中所占的比重即可。如果新增筹资的资本结构没有变化，并且个别资本成本也没有变化，那么此时的边际资本成本与企业现有的加权资本成本相一致。

边际资本成本计算的难点在于边际筹资额不能确定，而筹资额的变动又会影响到个别资本成本的变动。一般而言，资本成本会随着筹资规模增加而上升，因此，当筹资规模增加时，个别资本成本不会保持不变，而会相应的上升。在这种情况下，即便资本结构不发生改变，企业的边际资本成本也会发生变动。

计算边际资本成本时，首先需要根据筹资规模变动范围与资本成本之间的关系，确定筹资总额分界点，据此分析不同筹资规模范围下的个别资本成本。筹资总额分界点是指特定筹资方式成本变化的分界点，在分界点之前筹资的成本水平不变，超过分界点，其资本成本将发生变化。筹资总额分界点的计算方法为：

$$筹资总额分界点=\frac{某种筹资方式的资本成本分界点}{目标资本结构中某种筹资方式所占的比重} \tag{5.11}$$

然后在根据拟新增的筹资额，确定不同资本来源适用的个别资本成本。最后，根据设定的资本结构计算不同新增筹资额下的边际资本成本。

例 5-10：假设某公司目前的资本结构为，长期借款占 20%，长期债券占 30%，普通股占 50%。公司认为目前资本结构比较理想，并将继续保持下去。公司筹资数额范围及相应的资本成本如表 5-4 所示。

表 5－4 **筹资规模与资本成本预测表**

资本来源	目标资本结构	筹资规模（元）	资本成本
长期借款	20%	0—100 000（含 100 000） 100 000—200 000 200 000 以上	5% 6% 8%
长期债券	30%	0—150 000（含 150 000） 150 000—240 000 240 000 以上	6% 7% 9%
普通股	50%	0—200 000（含 200 000） 200 000—450 000 450 000 以上	14% 15% 16%

表 5－5 **筹资总额分界点计算表**

资本来源	资本结构	筹资规模（元）	筹资总额分界点	资本成本
长期借款	20%	0—100 000（含 100 000） 100 000—200 000 200 000 以上	500 000 1 000 000	5% 6% 8%
长期债券	30%	0—150 000（含 150 000） 150 000—240 000 240 000 以上	500 000 800 000	6% 7% 9%
普通股	50%	0—200 000（含 200 000） 200 000—450 000 450 000 以上	400 000 900 000	14% 15% 16%

根据筹资总额分界点计算表（见表 5－5），我们发现，不同来源的资本成本随着筹资规模的增加而增加，并且在不同筹资规模情况下，资本成本也存在差异。比如，当筹资总额在 500 000—1 000 000 元之间时，长期借款的资本成本为 6%；当筹资总额超过 1 000 000 元时，长期借款的资本成本为 8%。根据筹资总额分界点，我们将筹资总额划分为不同阶段，并根据每个筹资阶段对应的个别资本成本，计算相应的边际资本成本如表 5－6 所示。

表 5－6 **边际资本成本计算表**

筹资总额范围（元）	筹资方式	资本结构	个别资本成本	边际资本成本
0—400 000	长期借款 长期债券 普通股	20% 30% 50%	5% 6% 14%	1.00% 1.80% 7.00%
该范围边际资本成本				9.80%
400 000—500 000	长期借款 长期债券 普通股	20% 30% 50%	5% 6% 15%	1.00% 1.80% 7.50%
该范围边际资本成本				10.30%

续表

筹资总额范围（元）	筹资方式	资本结构	个别资本成本	边际资本成本
500 000—800 000	长期借款	20%	6%	1.20%
	长期债券	30%	7%	2.10%
	普通股	50%	15%	7.50%
该范围边际资本成本				10.80%
800 000—900 000	长期借款	20%	6%	1.20%
	长期债券	30%	9%	2.70%
	普通股	50%	15%	7.50%
该范围边际资本成本				11.40%
900 000—1 000 000	长期借款	20%	6%	1.20%
	长期债券	30%	9%	2.70%
	普通股	50%	16%	8.00%
该范围边际资本成本				11.90%
超过 1 000 000	长期借款	20%	8%	1.60%
	长期债券	30%	9%	2.70%
	普通股	50%	16%	8.00%
该范围边际资本成本				12.30%

本章小结

资本成本是在资本的所有权和使用权相分离的条件下，资金使用者为了获得资本的使用权，而支付给资本所有者的费用。资本成本按照其成本的性质，可以划分为无风险报酬率和风险报酬率两部分组成。无风险报酬率反映资本的时间价值，风险报酬率反映资本使用者所在企业面临的经营风险和财务风险。资本成本按照其成本发生的阶段，可以划分为资本的取得成本和资本的使用成本。取得成本是获取资本使用权的过程中，形成的各种费用和成本，使用成本是在资本的使用过程中支付的成本。在投资活动中，资本成本是资金的需求者为了获得资本所必须支付的最低价格；在筹资活动中，资本成本是投资者要求获得的最低报酬率。资本成本主要受到总体经济环境、证券市场条件、融资规模和内部经营情况等影响。

根据资本成本的定义，债务资本成本可以通过债务方式取得的资金与为占有资金而支付的成本之间的比例关系表示。无论是长期借款，还是长期债券，由于资金占用的时间比较长，因此，在计算资本成本的过程中，必须考虑货币时间价值的因素。如果债务期限较长，并且每年付息，可以用永续年金的方式来计量债务的资本成本。权益资本成本是衡量企业取得自有资金所付出的成本。与债务资本不同，权益资本成本的使用成本，比如优先股股息和普通股股息，都是从企业扣除所得税后的净利润中支付的。从会计账务处理来看，这部分资本使用成本无法作为费用在企业税前扣除，因此，无法享受税收上的利益，这也是造成企业权益资本成本高于企业债务资本成本的原因之一。

加权资本成本是以公司的个别资本成本为基数，以各类资本在资本总额中所占的比重为权数形成的各类资本成本的总成本。根据加权资本成本的公式，计算加权资本成本不但需要确定个别资本成本，更需要确定各种资本来源的资本占全部资本的比重，即权数。权数的确定方法主要有三种：账面价值法、市场价值法和目标价值法。各种计算加权资本成本的方法之间，并无优劣之分。在选择方法时，要考虑计算加权资本成本的决策用途和数据可获得性，据此选择最为适当的方法。边际资本成本是新项目的加权资本成本，从性质上看也属于加权资本成本。边际资本成本的计算和加权资本成本计算相同，只要确定各资本来源的个别资本成本以及其在新项目中所占的比重即可。计算边际资本成本时，首先需要根据筹资规模变动范围与资本成本之间的关系，确定筹资总额分界点，据此分析不同筹资规模范围下的个别资本成本，然后在根据拟新增的筹资额，确定不同资本来源适用的个别资本成本。最后，根据设定的资本结构计算不同新增筹资额下的边际资本成本。

本章参考文献

1. 胡玉明：《公司理财》，东北财经大学出版社 2002 年版。
2. 刘淑莲：《高级财务管理理论与实务》，东北财经大学出版社 2006 年版。
3. 中国注册会计师协会：《财务成本管理》，经济科学出版社 2006 年版。
4. 张先治：《财务学概论》，东北财经大学出版社 2006 年版。
5. ［美］斯蒂芬·A. 罗斯等著，吴世农、沈艺峰译：《公司理财》，机械工业出版社 2000 年版。
6. ［美］阿斯瓦斯·达摩达兰著，郑振龙译：《应用公司理财》，机械工业出版社 2000 年版。
7. ［美］Eugene F. Brigham，Joel F. Houston 著：《财务管理基础》，高等教育出版社 2005 年版。
8. ［美］Eugene F. Brigham，Scott Beasley 著：《财务管理精要》，机械工业出版社 2004 年版。

价 值 评 估

教学目标

◇基本目标

本章教学目标是使学生明确价值评估在公司理财中的作用，掌握企业价值评估的基本原理与基本方法。

◇具体目标

理解与明确企业价值创造及其表现形式；

明确价值评估的内涵与目的；

理解价值评估中不同价值的含义；

理解以现金流量为基础的价值评估优点；

掌握以现金流量为基础的价值评估方法；

理解以经济利润为基础的价值评估特点与优点；

掌握以经济利润为基础的价值评估方法；

理解以收益折现为基础的价值评估的难点；

掌握以价格比为基础的价值评估方法。

本章提要

本章主要论述了价值评估的内涵、目标以及价值评估的几种主要方法。回答价值评估在公司理财中处于何种地位？价值创造有何种表现形式？价值评估各种方法的优点与缺点是什么？各种价值评估方法应用中的难点有哪些？

第一节论述了价值创造的各种表现形式，价值评估的内涵与目标，价值评估中不同价值的含义与作用等；第二节系统介绍了以现金流量为基础的价值评估方法，明确了这种方法的优点及难点；第三节论述了以经济利润为基础的价值评估方法，明确了这种方法的特点与难点；第四节根据股票价格与相关影响因素的关系，阐述了运用价格比进行价值评估的方法与特点及难点。

本章综合应用了本篇前几章的理财理念或工具，紧扣公司价值创造这一理财目标，对全书其他各章从不同角度进行公司理财都有重要价值。

第一节　价值评估内涵

一、价值创造及其表现

创造价值是现代企业生存与发展的关键，是公司理财的根本。企业要价值创造，首先应明确价值创造的表现与计量。企业的价值创造通常主要体现在资产价值增加，资本增值，股票价格上涨，利润及股利增加，现金净流量增加等方面。

（一）价值创造与资本增值

企业价值创造主要体现于资产价值增加和资本增值，关键在于资本增值。在公司理财目标中我们已经明确：现代公司理财的根本目标是资本增值，直接目标是会计利润，核心目标是经济效益。关于资本增值的内涵及与利润和经济效益的关系，前面已有论述。实质上，资本增值最大化与企业股东价值最大化和企业价值最大化目标是一致的。因为：第一，从会计角度看资本是企业股东的价值表现，资本增值实质上是股东价值的增加；第二，资本增值与资产增值是紧密相关的，股东价值与企业价值是紧密相关的，追求股东价值与追求企业价值从长远看是一致的。因此，准确计量资本增值是研究企业价值创造的关键。目前值得研究的不是资本增值是否体现价值创造，而是资本增值应如何计算与评价。因为无论在理论上还是在实践中，无论在经营业绩评价还是在企业价值评估中，资本增值计算问题都是人们十分关注，但又没有很好解决的问题。正确计算与评价资本增值指标是现代企业理财的客观要求。

（二）价值创造与利润及股利

由价值创造的内涵可以得知，公司价值创造可通过公司或股东未来收益的折现来体现，股东的未来收益主要体现为企业的净利润及股东分得的股利，因此，公司价值与公司实现利润及发放的股利是紧密相关的。

另外，利润和股利都具有独特的信号作用。资本市场实证研究表明，一般来说利润和股利未预见到的增加会导致股价攀升；未预见到的减少会导致股价下跌。公司也把利润和股利支付额作为其未来发展前景的指引信号，如果公司前景看好，则利润会增加，同时加大股利支付额；如果公司前景暗淡，则利润下降，股利支付额减少。

（三）价值创造与现金流量

在企业价值创造的计量与评估中，人们更加关注企业的自由现金流量。自由现金流量是扣除营运资本投资与资本投资之后经营活动所带来的剩余现金流量。如果企业的目标为追求企业价值最大化，这种自由现金流量必须支付给企业的股东。自由现金流量越大，企业价值越大，股东财富也越大。

自由现金流量是一个公司能否顺利支付股利的指标，并且，自由现金流量可以弥补股利的不足（粘性、税收影响等）。自由现金流量的使用，使价值创造的评估和计量从股东价值扩展到企业价值。从现金流量的角度来讲，股东与债权人没有性质上的差异，存在的只是索偿权支付顺序上的差异。

价值创造能力和产生自由现金流量的收益能力之间存在着必然联系。企业可能将自由现金流量以股利的形式派发给股东，或者将自由现金流量留在企业中产生更多的自由现金流量。由此推断，具有较高自由现金流量的企业在以后的资本经营中就可以产生更多的自由现金流量，从而使其市场价值逐步提高。

在价值管理的理念下，唯有现金支撑的收益才能带来价值增加。在大多数情况下，现金流量增加（减少）会导致公司价值的增加（减少）。资本市场对于那些牺牲收益来提高现金流量的公司反应积极。在资本市场上，投资者将未来现金流量的现值与股票价格进行比较，为了能够保持股价持续平稳，公司应能够产生足够的未来现金流量来证明股价是合理的。并且，期望创造最大的股东价值的公司必须致力于实现未来现金流量的最大化。

（四）价值创造与股票价格

由价值创造的内涵可以得知，股东持所获得的收益有两个方面，一是特定股价时间内的股票价格增长；二是特定股价时间内所获得的股利。在任一时点上，股东价值 =（当时股票价格 + 当期每股股利）× 持有的股份数。因此，为了使股东价值最大化，企业必须努力保持每股股票价格与每股股利的持续增长。

股东价值绝大部分来自股票价格的增长，它只有在股东出售股份的时候才能获得。企业股票的市场价值越大，表明企业的经营绩效越明显，价值创造能力越强。反之，企业价值创造能力越强，股东投资收益增长的潜力越大，股东和资本市场投资者才会长期支持股票价格，促进公司的健康发展。

二、价值评估的内涵与目的

价值评估是价值计量的方法，是公司理财的重要工具。价值评估从方法论角度看，是对企业全部或部分价值进行估价的过程。财务关注的焦点是价值，财务的目标是实现资本的增值，这就需要通过价值评估来确定资本在不同时点的价值，从而判断是否实现了资本的增值。价值评估是货币时间价值在财务管理中应用的延伸，同时价值评估还要考虑资本成本，以及如何在风险和收益之间进行权衡。因此，价值评估是对各种基础性财务管理工具的综合应用。价值评估不但可以用来判断资本增值的财务目标是否实现，还在投资评价等方面有着广泛的用途。由于价值评估在企业中应用最为广泛，因此，本节以企业为例对价值评估加以介绍。值得注意的是，适用于企业的价值评估程序和方法也同样适用于其他组织和项目。

为什么公司理财中要进行企业价值评估呢？搞清这些问题对明确企业价值评估的目的是十分有益的。

第一，现代企业目标决定了价值评估的重要性。现代企业制度，作为一种资本雇佣劳动制，企业资本所有者是企业的所有者，资本增值是资本所有者投资的根本目的，也是企业经营的目标所在。资本增值的衡量离不开价值评估。无论是评估企业价值还是股东价值，都需要进行价值评估。

第二，价值是衡量业绩的最佳标准。价值之所以是业绩评价的最佳标准，一是因为它是要求完整信息的唯一标准。为进行价值评估，要求企业长期的资产负债表、利润表和现金流量表的信息，没有这种完整的信息，就无法准确评估企业价值。而其他业绩衡量标准，都不需要完整信息。二是因为价值评估是面向未来的评估，它考虑长期利益，而不是短期利益。

第三，价值增加有利于企业各利益主体。现代企业财务目标存在股东价值最大化与企业价值最大化的争论。其实两者并不一定矛盾。研究表明，股东是公司中为增加自己权益而同时增加其他利益方权益的唯一利益主体。这说明股东要使其自身价值增加，必须保证其他利益主体的价值增加。

第四，价值评估是企业各种重要财务活动的基本行为准则。例如，企业合并和杠杆收购；证券分析师寻找被低估价值的股票；证券商为原始股定价；潜在投资者选择新的投资机会；公司选择股票回购的最佳时机；信用分析师了解贷款风险等，都需要进行价值评估。

三、价值评估中要考虑的几对价值概念

价值评估是对企业全部或部分价值进行估价的过程。价值评估内涵是要明确对企业什么价值进行评估。

（一）企业价值与股东价值

企业价值是指企业全部资产的价值。股东价值，亦称资本价值，是指企业净资产价值。由于“资产 = 负债 + 净资产”，因此，无论评估企业价值，还是评估股东价值，都是相互关联的。我们既可从评估企业价值入手评估股东价值，也可从评估股东价值入手评估企业价值。但应注意其评价中所需要信息的不同。

（二）持续经营价值与清算价值

企业的持续经营价值与清算价值可能是不同的。价值评估时应根据评估对象的具体情况，考虑应选择的价值。有的企业清算价值高于持续经营价值，有的企业持续经营价值高于清算价值，企业公允的市场价值应是持续经营价值和清算价值中较高的一个。

（三）少数股权价值与控股权价值

价值评估中通常以股票或债券市场价格为基础进行评估。企业市场价值是评估企业经营业绩的重要指标和资本成本的主要决定因素。但是，应当指出，市场价值衡量的是少数股权价值，不是控股权交易的可靠价格指标。

第二节 以现金流量为基础的价值评估

一、以现金流量为基础的价值评估概述

（一）以现金流量为基础的价值评估意义

一般财务理论认为，企业价值应该与企业未来资本收益的现值相等。企业未来资本收益可用股利、净利润、息税前利润和净现金流量等表示。不同的表示方法，反映的企业价值内涵是不同的。利用净现金流量作为资本收益进行折现，被认为是较理想的价值评估方法。因为净现金流量与以会计为基础计算的股利及利润指标相比，更能全面、精确地反映所有价值因素。下面以表6-1和表6-2为例加以说明。

表6-1　　长寿公司与短寿公司预计净收益

长寿公司	年度1	年度2	年度3	年度4	年度5	年度6
销售额	1 000	1 050	1 100	1 200	1 300	1 450
现金支出	(700)	(745)	(790)	(880)	(970)	(1 105)
折旧	(200)	(200)	(200)	(200)	(200)	(200)
净收益	100	105	110	120	130	145
短寿公司	年度1	年度2	年度3	年度4	年度5	年度6
销售额	1 000	1 050	1 100	1 200	1 300	1 450
现金支出	(700)	(745)	(790)	(880)	(970)	(1 105)
折旧	(200)	(200)	(200)	(200)	(200)	(200)
净收益	100	105	110	120	130	145

资料来源：T. Copeland, T. Coller, J. Murrin (1995), VALUATION, USA: John Wiley & Sons, Inc. P71。

表6-2　　长寿公司与短寿公司预计净现金流量

长寿公司	年度1	年度2	年度3	年度4	年度5	年度6	累计
净利润	100	105	110	120	130	145	710
折旧	200	200	200	200	200	200	1 200
资本支出	(600)	0	0	(600)	0	0	(1 200)
应收款增加	(250)	(13)	(13)	35	45	(23)	(219)
净现金流量	(550)	292	297	(245)	375	322	491
短寿公司	年度1	年度2	年度3	年度4	年度5	年度6	累计
净利润	100	105	110	120	130	145	710
折旧	200	200	200	200	200	200	1 200
资本支出	(200)	(200)	(200)	(200)	(200)	(200)	(1 200)
应收款增加	(150)	(8)	(8)	(15)	(15)	(23)	(219)
净现金流量	(50)	97	102	105	115	122	491

资料来源：T. Copeland, T. Coller, J. Murrin (1995), VALUATION, USA: John Wiley & Sons, Inc. P71。

从表6－1可看出，两个公司各年度无论是销售额还是净利润都完全相等。如果以此资料为基础评估企业股东价值，可得出两个公司股东价值完全相同的结论。但从表6－2可看出，虽然两个公司各年度利润和销售额完全相等，累计资本支出和应收款增加额也相同，但其各年现金净流量及变动趋势却不同。因此，以现金净流量折现法评估的两个公司股东价值就可能不同。显然，以现金净流量为基础的评估方法更科学，它考虑了资本支出时间不同对资本收益的影响。

（二）以现金流量为基础的价值评估方式

以现金流量为基础的价值评估的基本思路是“现值”规律，任何资产的价值等于其预期未来全部现金流量的现值总和。现金流量贴现法具体又分为两种：（1）仅对公司股东资本价值进行估价；（2）对公司全部资本价值进行估价。

如果将企业未来现金流量定义为企业所有者的现金流量，则现金流量的现值实际上反映的是企业股东价值。将企业股东价值加上企业债务价值，可得到企业价值。如果将企业未来现金流量定义为企业所有资本提供者（包括所有者和债权者）的现金流量，则现金流量现值反映的是企业价值。从企业价值中减去债务价值才能得到企业股东价值。因此，资本经营价值评估，既可评估企业价值，也可评估股东价值。由于资本经营的根本目标是股东资本增值，所以资本经营价值评估通常是评估股东价值。但是为了全面说明股东价值的来源，通常是在评估企业价值的基础上，减去债务价值，得到股东价值。

企业价值、债务价值及股东价值的关系及其评估可通过图6－1体现。

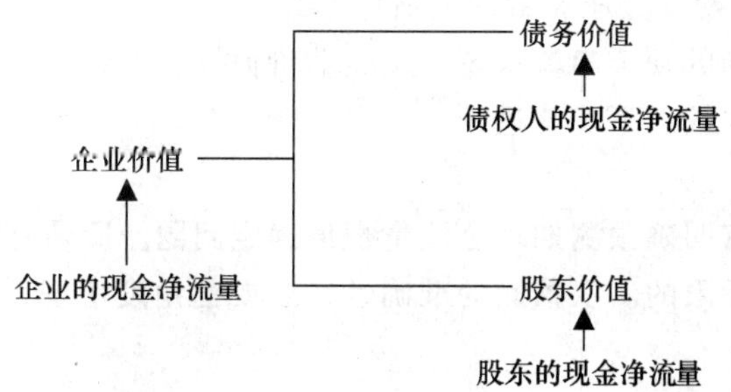

图6－1 企业价值、债务价值及股东价值的关系图

二、以现金流量为基础的价值评估方法

（一）以现金流量为基础的价值评估程序

以现金流量为基础的价值评估的基本程序和公式是：

$$\text{企业经营价值}=\frac{\text{明确预测期现}}{\text{金净流量现值}}+\frac{\text{明确预测期后}}{\text{现金净流量现值}} \tag{6.1.1}$$

企业价值＝企业经营价值＋非经营投资价值 （6.1.2）

股东价值＝企业价值－债务价值 （6.1.3）

下面以AAA公司为例，通过表6－3来说明企业价值与股东价值评估方法。

表 6-3　企业价值评估表　单位：万元

年　份	企业经营现金净流量	折现系数（10%）	企业经营现金净流量现值
2000	160	0.909	145.44
2001	190	0.826	156.94
2002	220	0.751	165.22
2003	250	0.683	170.75
2004	280	0.621	173.88
2005	310	0.565	175.15
2006	340	0.513	174.42
2007	370	0.467	172.79
2008	400	0.426	170.40
2009	430	0.386	165.98
连续价值	6 604	0.386	2 549.14
经营价值			4 220.11
非经营投资价值			200.00
企业价值			4 420.11
减：债务价值			(890.31)
股东价值			3 529.80

（二）有明确预测期现金净流量现值估算

确定有明确预测期的现金净流量现值是企业价值评估的最重要内容。要正确预测其现金净流量现值，需要按以下步骤进行。

1. 确定预测期

本部分研究的是有明确预测期现金流量现值确定问题。所谓有明确预测期是指预测期是有限的，而不是无限的。从预测的准确性、必要性角度考虑，通常预测期为 5～10 年。

2. 预测经营现金净流量

经营现金净流量是相对非经营投资而言的，它是指可提供给企业所有者和债权人的经营现金流量总额。经营现金净流量的计算有两种基本方法：

（1）现金净流量 = 息前税后利润 - 净投资　(6.2.1)

其中：息前税后利润 = 净利润 + 利息　(6.2.2)

　　　净投资 = 总投资 - 折旧　(6.2.3)

(6.2.3) 式中的总投资是指企业新的资本投资总额，包括资本支出、流动资产及其他资产投资。折旧包括固定资产折旧和无形资产摊销等。

（2）现金净流量 = 毛现金流量 - 总投资　(6.3.1)

其中：毛现金流量 = 息前税后利润 + 折旧　(6.3.2)

进行现金净流量预测，首先应对企业绩效进行分析，将财务分析与产业结构分析结合在一起，并对公司实力和弱点进行质的评估。同时从信贷角度了解公司的财务状况。

在对企业历史绩效分析之后，便可进行企业未来绩效的预测了。预测绩效的关键是明确影响企业价值或现金净流量的因素，包括时间因素。在预测各种价值影响因素的基础上，可形成预测利润表、资产负债表以及需要的个别项目，然后将这些详细资料综合起来，用以预测现金净流量等价值驱动因素。

3. 确定折现率

企业经营现金净流量的折现率的高低，主要取决于企业资本成本的水平。为了与现金流量定义相一致，用于现金净流量折现的折现率应反映所有资本提供者按照各自对企业总资本的相对贡献而加权的资本机会成本，即加权平均的资本成本。由于个别资本成本的高低取决于投资者从其他同等风险投资中可望得到的报酬率，因此，折现率的高低必须能准确反映现金净流量的风险程度。只有折现率准确反映现金净流量的风险，价值评估结果才能准确。否则，不正确的折现率将导致价值评估结果偏高或偏低。加权平均资本成本的计算公式是：

$$\text{加权平均资本成本} = \text{平均股权资本成本} \times \text{股权资本构成} + \text{平均负债资本成本} \times \text{负债资本构成} \tag{6.4}$$

可见，进行加权平均资本成本估算，一要确定资本结构或资本成本加权权数；二要估算股权资本成本；三要估算负债资本成本。

确定进行价值评估公司的目标资本结构，应综合采用三种方法：第一，尽量估算以现实市场价值为基础的公司资本结构；第二，考虑可比公司的资本结构；第三，考虑管理层筹资方针及其对目标资本结构的影响。

关于平均股权资本成本和平均负债资本成本的估算方法可在个别股权资本成本和个别负债资本成本估算的基础上采用加权平均方法进行。

4. 估算现金净流量现值

$$\text{经营现金净流量现值} = \sum_{t=1}^{n} \frac{\text{经营现金净流量 } t}{(1+\text{折现率})^{t}} \tag{6.5}$$

应当注意，使用现金流量折现法的关键是保持现金流量与贴现率的匹配，用加权平均资本成本贴现股权现金流量会导致股权价值偏高；如果使用股本成本贴现公司现金流量，又会低估公司价值。如果被估价的资产当前的现金流量为正，并且可以比较可靠地估计未来现金流量的发生时间，同时根据现金流量的风险特征又能够确定恰当的贴现率，那么就适合采用现金流量贴现法。但是在现实生活中，陷入财务拮据状态的公司，收益呈周期性的公司，拥有未被利用资产的公司，有专利权或产品选择权的公司等，现金流量的预测和贴现率的确定存在一定困难。

（三）明确预测期后现金净流量现值估算

有明确预测期以后公司预期现金流量现值估算亦称连续价值估算。使用连续价值公式便不再需要详细预测延长期公司的现金流量。用现金流量折现法进行连续价值估算时，可供选择的方法有长期明确预测法、现金净流量恒值增长公式法和价值驱动因素公式法。第一种方法的实质与有明确预测期的现金流量现值估算方法相同，只是预测期加长（75 年或更长）。这种方法不但麻烦，而且也无必要。通常选择后两种方法。

1. 现金净流量恒值增长公式法的估算公式是：

$$连续价值=\frac{明确预测期后第一年现金净流量正常水平}{加权平均资本成本-现金净流量预期增长率恒值} \tag{6.6}$$

使用这一公式应当注意：第一，这一公式假定企业现金净流量在连续价值期间内的增长率不变；第二，现金净流量预期增长率恒值应小于加权平均资本成本；第三，必须正确估算预测期后第一年的现金净流量正常水平，使之与预测增长率相一致。

2. 价值驱动因素公式法的估算公式是：

$$连续价值=\frac{明确预测期后第一年息前税后利润正常水平\times\left(1-\frac{息前税后利润预期增长率恒值}{新投资净额的预期回报率}\right)}{加权平均资本成本-息前税后利润预期增长率恒值} \tag{6.7}$$

在特定情况下，采用这两种方法计算的连续价值结果是相同的。如某企业有明确预测期后第一年现金净流量正常水平为 330 万元，息前税后正常水平为 660 万元，以后每年的增长率均为 6%，新投资净额的预期回报率为 12%，该企业加权平均资本成本为 11%，则采用第一个公式计算的连续价值为：

$$连续价值=\frac{330}{11\%-6\%}=6\ 600（万元）$$

采用第二个公式计算的连续价值为：

$$连续价值=\frac{660\times(1-6\%/12\%)}{11\%-6\%}=6\ 600（万元）$$

应当注意，此时的连续价值是指明确预测期以后现金流量折现到明确预测期最后一年的现值。而构成企业经营价值的有明确预测期后现金流量现值应在此基础上进一步折现为明确预测期初的现值。如果其他条件与表 6-3 资料相同，则，

连续价值现值 = 6 600 × 0. 386 = 2 548（万元）

可见，无论采用何种方法，都涉及确定预测期、估计明确预测期后现金流量或利润水平及其增长率、加权平均资本成本估算及折现三个问题。

关于预测期的选择，取决于有明确预测期现金流量折现法时选择的期限。应当指出，虽然选择明确预测期十分重要，但它并不影响公司价值，只关系到明确的预测期与以后年份公司的价值如何分配。

关于息前税后利润、现金净流量、新投资净额预期回报率、息前税后利润和现金净流量的增长率的确定，是涉及企业价值评估的重要参数，应结合各自特点，采取相应方法进行预测。

加权平均资本成本是进行连续价值折现的基础，资本成本确定可参照前述方法进行。

（四）非经营投资价值和债务价值

企业价值是经营价值与非经营投资价值之和。前面两个问题研究了在现金流量折现法下经营价值的确定。非经营投资价值的确定，也可通过非经营现金流量折现进行。运用现金流量法进行企业价值评估，一是要明确企业价值包括非经营投资价值；二要注意

正确划分经营现金流量与非经营现金流量。由于非经营投资的特殊性，也可不采用现金流量折现进行估价，而直接用非经营投资额代表非经营投资价值。

为了计算企业股东价值或股本价值，可在企业价值评估基础上减去债务价值。债务价值等于对债权人现金净流量的折现。因此，要评估债务价值，一要确定债权人的现金净流量；二要确定债权人的资本成本或折现率。应当注意，只有在价值评估当日尚未偿还的公司债务才需要估算价值，对于未来借款可以假设其净现值为零，因为这些借款得到的现金流入与未来偿付的现值完全相等。

第三节 以经济利润为基础的价值评估

一、以经济利润为基础的价值评估特点与优点

以经济利润为基础的价值评估认为，公司价值等于投资资本额加上相当于未来每年创造超额收益现值，即：

企业价值 = 投资资本 + 预计创造超额收益现值 (6.8)

而企业未来每年创造超额收益，实质上反映了企业未来的非正常收益或超额利润。在经济学中通常将这种非正常收益定义为经济利润。而后来人们在以价值为基础的管理中又将其定义为附加经济价值（或 EVA）。

经济利润或附加经济价值 = 息前税后利润 - 资本费用 (6.9)

以经济利润为基础的评估方法优于现金流量贴现法之处在于，经济利润可以了解公司在单一时期内所创造的价值。经济利润等于投资资本回报率与资本成本之差乘以投资成本，因此经济利润将价值驱动因素、投资资本回报率和增长率转化为一个数字（增长率最终关系到投资资本数额或公司规模）。计算经济利润的另一途径是用息前税后利润减去资本费用，这里的资本费用是指全部资本成本，不仅仅是债务利息。经济利润的方法说明公司价值是投资资本和预计经济利润的现值之和。只有当公司利润多于或少于加权平均的资本成本时，公司价值才多于或少于其投资成本。它与现金流量法的区别就是折现的是预计的经济利润而不是现金流量。

二、以经济利润为基础的价值评估方法

（一）经济利润或 EVA 预测

1. 经济利润或 EVA 的一般计算公式

前面谈到，经济利润或 EVA 实质上是一种超额利润，根据其内涵，经济利润或 EVA 可用下式计算：

经济利润 = 息前税后利润 - 资本费用 (6.10.1)

或 = 息前税后利润 -（投资资本 × 加权平均的资本成本） (6.10.2)

或 = 投资资本 ×（投资资本回报率 - 加权平均资本成本）　(6.10.3)

上述计算是站在企业角度，考虑全投资资本所计算的经济利润。如果站在企业所有者角度考虑，经济利润或超额利润是归属企业所有者的，则经济利润可用下式计算：

经济利润 = 税后利润 - 股权资本费用　(6.11.1)

或 = 税后利润 -（所有者权益 × 股权资本成本）　(6.11.2)

或 = 所有者权益 ×（净资产收益率 - 股权资本成本）　(6.11.3)

以经济利润为基础的价值评估方法的关键在于经济利润预测。如果有明确预测期较长，预测经济利润可直接运用上述公式，逐年预测。如果考虑有明确预测期的经济利润和明确预测期以后经济利润预测两个阶段，则前者可逐年采用上述公式测算，后者可采用简化公式确定明确预测期后经济利润现值总额，确定方法为：

$$连续价值 = \frac{明确预测期后第一年经济利润正常水平}{加权平均资本成本 - 经济利润预期增长率恒值} \qquad (6.12)$$

2. 对 EVA 计算的探讨

前面谈到，经济利润其本质与国外流行的 EVA 相同或相似。EVA 是英文 Economic Value Added 的缩写，其中文含义，有人译为附加经济价值，有人译为资本所增加的经济价值或收益，也有人将其译为附加经济价值规则或 EVA 规则，等等。无论如何翻译，它实质上反映企业价值的增加或资本增值。但是，应当注意，在一些翻译文献中，有的将 EVA 的计算公式写作：

EVA = 扣除调整税的净营业利润或税后利润 - 资本费用　(6.13.1)

其中：扣除调整税的净营业利润 = 营业利润 - 所得税额　(6.13.2)

资本费用 = 总资本 × 平均资本成本　(6.13.3)

上述公式从西方会计学和经济学的角度看是正确的，但是从我国的实际情况看，使用这个公式应注意以下几个问题：

第一，上式扣除调整税的净营业利润是指营业利润减去所得税额后的余额；而我国现行制度中的税后利润则是指利润总额减去应交所得税后的余额。

第二，上式中的营业利润是指息税前利润，即营业利润中包括利息费用在内，而我国现行制度中的营业利润却不包括利息费用在内，利润总额中也不含利息。因此，扣除调整税的净营业利润实际上是息前税后利润。

第三，上式中的总资本是西方经济学中的资本含义，相当于我们通常所说的总资产，而不是会计平衡公式（资产 = 负债 + 资本）中的资本含义。

第四，上式中的平均资本成本是以股本成本和负债成本为基数、以资本构成率和负债构成率为权数的一个加权平均数，正确确定股本成本及负债成本是计算平均资本成本的关键。

但是，从目前一些介绍和应用 EVA 的文章看，往往忽视了这些问题，出现了一些不应有的误解和错误。如有人直接将经济附加价值的公式写成：

附加经济价值（EVA）= 税后利润 - 股本成本 - 借贷成本　(6.14)

由于我国税后利润中已经不包括利息，再减借贷成本显然是重复计算了。

（二）经济利润折现

经济利润现值计算的一般公式是：

$$经济利润现值 = \sum_{t=1}^{n} \frac{经济利润\,t}{(1+折现率)^t} \tag{6.15}$$

应当注意，由于经济利润是一种超额利润，是归企业所有者所有，因此，经济利润现值应反映对股东价值的增值，从这点考虑，折现率应采用股权资本成本，而不应是加权平均资本成本。另外，这一公式主要用于有明确预测期的经济利润折现，对于明确预测期以后的经济利润折现，可直接用下列公式：

$$明确预测期后经济利润现值 = \frac{连续价值}{(1+折现率)^n} \tag{6.16}$$

其中 n 代表有明确预测期的最后一年。

（三）投资资本确定

企业价值评估中的投资资本是指预测期初的投资资本。由于投资资本于预测期初发生，因此，投资资本本身价值或账面价值与其现值相同，通常可用投资资本的账面价值直接作为以经济利润为基础的价值评估法中企业价值的组成部分。

（四）企业价值确定

在上述三个步骤基础上，运用下式可确定企业价值：

企业价值 = 投资资本 + 明确预测期经济利润现值 + 明确预测期后经济利润现值 (6.17)

第四节　以价格比为基础的价值评估

一、以价格比为基础的价值评估原理

价格是价值的货币表现。企业价值或股东价值往往可通过企业股票价格来体现。而企业股票价格的高低与企业的收益、销售额和资产账面价值等都直接相关。因此，企业价值可表现为价格比与相关因素的乘积，用公式表示：

企业价值 = 价格比 × 相关价格比基数 (6.18)

（一）价格比的形式

最常用的价格比有三个，即市盈率或价格与收益比、市场价格与账面价值比和价格与销售额比。价格与收益比或市盈率的计算公式是：

价格与收益比 = 每股市价/每股收益 (6.19)

在此情况下，企业价值随预期收益的增长变化而成正比例变化。

市场价格与账面价值比的计算公式是：

市场价格与账面价值比 = 每股市价/每股净资产 (6.20)

市价与账面价值比因公司的未来产权收益率、账面价值的增长和风险（决定折现率的差别）的不同而在公司之间有所不同。

价格与销售额比的计算公式是：

价格与销售额比 = 每股价格/每股销售额 (6.21)

它可以看作价格与收益比和收益与销售额比的乘积。因此，除了解释价格与收益比变化的因素外，价格与销售额比随着预期利润率的变化而呈正比例变化。

（二）相关价格比基数

相关价格比基数根据价格比的不同而有所不同。价格比的分母正是相关价格比基数。如价格与收益比的相关价格比基数就是企业的收益；而价格与账面价值比的相关价格比基数是企业的账面净资产；价格与销售额比的相关价格比基数是销售额。进行价值评估时，必须保证价格比和相关价格比基数的一致性。

二、以价格比为基础的价值评估步骤

（一）选择价格比

在明确价格比主要有价格与收益比、价格与账面价值比、价格与销售额比的基础上，要以此为基础进行价值评估，首先要选择适当的价格比。因为对于同一评估对象，选择不同的价格比所评估的结果可能是不同的。选择何种价格比要与被评估企业的基本信息联系起来。这些基本信息主要指与股票价格相关的信息，特别是构成相关价格比基数的信息，如收益信息、账面价值信息、销售额信息等。选择时，第一要考虑相关性程度，通常应选择与股票价格相关程度最强的价格比；第二要考虑相关价格比基数信息的可靠性。例如，如果被评估企业的股票价格与其收益相关度最强，而该企业的收益预测也比较可靠，则选择价格与收益比进行评估将会比较准确、可行。

（二）选择该价格比的可比或类似公司

在选择价格比的基础上，还应确定可用于评估的价格比的比值。由于价值评估在很大程度上取决于未来几年的运作情况的预测，评估人员可能会对价格比的估算信心不足。一个可以替代的方法是根据类似公司的价格比评价公司。利用价格比的主要困难在于确定真正类似的公司。

所谓类似公司是指那些具有最相似的经营和财务特征的公司。同一行业内部的企业是最佳的选择对象。但是，应当注意，并非同行业所有企业都是可比的，不同的企业有不同的特点。在选择类似公司中通常有两种选择方法：一是将同行业中所有企业的该价格比进行平均，这种做法是要通过平均数将各企业的非可比因素抵消掉，而被评估企业成为该行业最具代表性的企业；另一方法是选择行业中最相似的企业，但什么构成相似性是根据运用的价格比的不同而不同的。

（三）确定价格比值

在选择可比公司的基础上，价格比的确定可以历史状况为标准，也可以预期未来状况为标准。当以历史的价格比为标准时，其前提是历史数据能准确反映未来价格比状况。

另外，价格比的确定或计算应保持分子与分母的一致性。例如，价格与收益比的分母应该是每股净收益；价格与销售比的分子，在存在债务情况下，应做如下调整：

$$价格与销售比=\frac{产权市场价值+债务}{销售额}=\frac{(股票价格\times股数)+债务}{销售额} \tag{6.22}$$

（四）预测价格比基数

所谓价格比基数是指与价格比相对应的相关价比基数，即价格比的分母。要准确进行价值评估，在确定价格比的基础上，要准确预测价格比基数。例如，如果选择的价格比为价格与收益比，要评估企业股东价值，则要对企业的未来净收益进行准确预测；如果选择的价格比为价格与销售额比，要评估企业价值，则要对企业的未来销售额进行准确预测；如果选择的价格比为价格与账面价值比，要评估企业股东价值，则要对企业的账面净资产价值进行准确预测。

最后将确定的价格比值与预测的价格比基数代入上述企业价值计算公式，即可得到评估价值。

本章小结

创造价值是现代企业生存与发展的关键，是公司理财的根本。企业要价值创造，首先应明确价值创造的表现与计量。企业的价值创造通常主要体现在资产价值增加、资本增值、股票价格上涨、利润及股利增加、现金净流量增加等方面。

价值评估是价值计量的方法，是公司理财的重要工具。价值评估从方法论角度看，是对企业全部或部分价值进行估价的过程。进行价值评估首先要明确对企业的什么价值进行评估。价值评估包括企业价值评估与股东价值评估。企业价值评估中采用持续经营价值与清算价值产生的结果可能是不同的。价值评估时应根据评估对象的具体情况，考虑应选择的价值。有的企业清算价值高于持续经营价值，有的企业持续经营价值高于清算价值，企业公允的市场价值应是持续经营价值和清算价值中较高的一个。价值评估中通常以股票或债券市场价格为基础进行评估。但是，市场价值衡量的是少数股权价值，不是控股权交易的可靠价格指标。

一般财务理论认为，企业价值应该与企业未来资本收益的现值相等。企业未来资本收益可用股利、净利润、息税前利润和净现金流量等表示。不同的表示方法，反映的企业价值内涵是不同的。利用净现金流量作为资本收益进行折现，被认为是较理想的价值评估方法。因为净现金流量与以会计为基础计算的股利及利润指标相比，更能全面、精确地反映所有价值因素。

以现金流量折现为基础的价值评估的基本程序和公式是：

企业经营价值＝明确预测期现金净流量现值＋明确预测期后现金净流量现值

企业价值＝企业经营价值＋非经营投资价值

股东价值＝企业价值－债务价值

以经济利润为基础的价值评估认为，公司价值等于投资资本额加上相当于未来每年创造超额收益现值，即：

企业价值 = 投资资本 + 预计创造超额收益现值

而企业未来每年创造超额收益，实质上反映了企业未来的非正常收益或超额利润。在经济学中通常将这种非正常收益定义为经济利润。而后来人们在以价值为基础的管理中又将其定义为附加经济价值（或 EVA）。

经济利润或附加经济价值 = 息前税后利润 - 资本费用

以经济利润为基础的评估方法优于现金流量贴现法之处在于，经济利润可以了解公司在单一时期内所创造的价值。经济利润等于投资资本回报率与资本成本之差乘以投资成本，因此，经济利润将价值驱动因素、投资资本回报率和增长率转化为一个数字。

企业价值或股东价值往往可通过企业股票价格来体现。而企业股票价格的高低与企业的收益、销售额和资产账面价值等都直接相关。因此，企业价值可表现为价格比与相关因素的乘积，用公式表示：

企业价值 = 价格比 × 相关价格比基数

最常用的价格比有三个，即市盈率或价格与收益比、市场价格与账面价值比和价格与销售额比。

本章参考文献

1. 傅依等：《公司价值评估与证券投资分析》，中国财政经济出版社 2001 年版。

2. 李麟、李骥：《公司价值评估与价值增长》，民主与建设出版社 2001 年版。

3. ［美］Aswath Damodaran 著，张志强等译：《价值评估——证券分析、投资评估与公司理财》，北京大学出版社 2003 年版。

4. ［美］布瑞德福特·康纳尔著，张志强等译：《公司价值评估——有效评估与决策的工具》，华夏出版社 2001 年版。

5. ［美］Aswath Damodaran 著，朱武祥译：《投资估价》，清华大学出版社 1999 年版。

6. ［美］克雷沙·帕利普等著，李延钰等译：《经营透视：企业分析与评价》，东北财经大学出版社 1998 年版。

7. ［美］汤姆·科普兰等著，郝绍伦等译：《价值评估：公司价值的衡量和管理》，电子工业出版社 2002 年版。

8. ［美］约翰·D. 马丁等著，娄芳译：《价值管理：公司对股东变革的反应》，上海财经大学出版社 2005 年版。

第三篇　内容篇

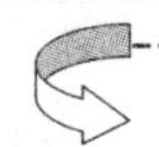

本篇主要介绍与论述公司理财的基本内容，包括公司筹资管理、公司投资管理和公司分配管理三章内容。

公司筹资管理是公司理财的基本内容，本章以筹资活动与价值创造的关系为主线，以公司资本结构决策为核心，介绍了公司筹资管理的基本原理与基本方法。回答了公司筹资的渠道和方式；筹资活动与价值创造之间的关系；资本结构理论的内容及其对资本结构决策影响等问题。

公司投资管理一章在明确投资基本内涵与投资管理基本内容的基础上，重点阐述了证券投资管理和项目投资管理的内容。投资活动是公司最重要的财务活动之一，投资与公司价值创造密切相关。不同类型的投资其风险与收益是不同的，投资决策的程序与方法也有所区别。本章回答了投资的类型及投资与价值创造的关系；明确了进行投资决策分析的程序与方法。

公司分配管理一章在明确了公司分配管理的含义、公司分配的程序以及公司分配管理与公司理财的关系的基础上，分别从狭义和广义的角度阐述公司分配管理的内容。回答了如何通过制定恰当的股利政策以合理地将公司利润在股利和再投资之间进行分配，以及如何对管理者作为人力资本参与公司的利润分配。

本篇从公司基本财务活动出发，通过对筹资管理、投资管理和分配管理理论与方法的阐述，全面构建了公司理财的基本内容体系，为本书后面的经营篇、控制篇和组织篇奠定了理论与内容基础。

公司筹资管理

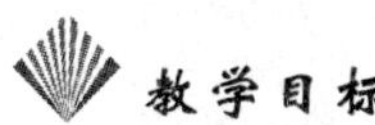

教学目标

◇基本目标

本章教学目标是使学生掌握公司筹资活动的目的、如何进行资本结构决策、如何运用不同的筹资方式和筹资渠道有效地实现公司的筹资目标。

◇具体目标

理解公司筹资的基本目的；

理解筹资活动与价值创造的关系；

理解财务杠杆与财务风险、经营杠杆与经营风险以及总杠杆与企业风险的关系；

理解财务风险的概念及其对公司资本结构决策的意义；

掌握经营杠杆、财务杠杆和总杠杆系数的计算；

掌握公司资本结构决策的方法；

掌握权益筹资与负债筹资的特点；

掌握不同筹资方式的特点以及对实现公司筹资目标的意义。

本章提要

公司筹资活动是公司的一项基本财务活动，公司筹资管理是公司理财的基本内容，本章内容以筹资活动与价值创造的关系为主线，以公司资本结构决策为核心，主要介绍公司筹资管理的基本原理与基本方法。回答公司筹资的渠道和方式是什么？筹资活动与价值创造之间的关系是什么？不同的筹资方式具有什么特点？资本结构理论的内容及其对资本结构决策的意义？如何进行资本结构决策？负债筹资与权益筹资各有什么利弊？

本章共包括五节。第一节主要介绍公司筹资的意义、筹资的分类以及筹资方式与渠道；第二节介绍经营杠杆、财务杠杆以及总杠杆的计算与相互关系，为下一节资本结构决策打基础；第三节主要介绍资本结构理论的演进和资本结构决策的方法。在明确了公司筹资的基本原理与方法的基础上，按照资金的来源渠道不同，可以将公司筹资划分为权益筹资和负债筹资；第四节权益筹资具体包括吸收直接投资、发行股票筹资、认股权证筹资；第五节负债筹资则包括发行债券筹资、借贷筹资和融资租赁。

资金是公司持续从事经营活动的基本条件，筹集资金是公司理财活动的起点。无论是公司日常的生产经营还是公司开展对外投资活动和调整资本结构，都需要筹措和集中资本，所以，资金的筹集直接制约着资金的投入和运用，公司筹资管理作为公司理财内容篇的第一章，是公司投资管理和公司分配管理的源泉和基础，是公司理财的主要内容和重要组成部分。

第一节　公司筹资概述

一、公司筹资的意义

（一）公司筹资的含义与动机

公司筹资是指公司作为筹资主体根据其生产经营、对外投资和调整资本结构等需要，通过筹资渠道和金融市场，运用筹资方式，经济有效地筹措和集中资本的活动。公司可以接受投资者以货币资金、实物、无形资产、股权、特定债权等形式的出资。其中，特定债权是指企业依法发行的可转换债券、符合有关规定转作股权的债权等。公司接受投资者非货币资产出资时，法律、行政法规对出资形式、程序和评估作价等有规定的，依照其规定执行。公司接受投资者商标权、著作权、专利权及其他专有技术等无形资产出资的，应当符合法律、行政法规规定的比例。

公司筹资活动是公司的一项基本财务活动，公司筹资管理是公司理财的一个主要内容。公司筹资的基本目的是为了自身的生存和发展。具体说来，公司筹资动机有以下几种：

1. 设立性筹资动机，是公司设立时为取得资本金而产生的筹资动机。

2. 扩张性筹资动机，是公司为扩大生产经营规模或增加对外投资而产生的追加筹资的动机。

3. 调整性筹资动机，是公司因调整现有资金结构的需要而产生的筹资动机。

4. 混合性筹资动机，是公司同时既为扩张规模又为调整资金结构而产生的筹资动机。

（二）公司筹资活动与价值创造

1. 筹资规模或数量与价值创造

任何公司在生存发展过程中，都需要始终维持一定的资本规模，由于生产经营活动的发展变化，往往需要追加筹资。公司筹资的基本目的是为了自身的生存与发展，最终目的是为了实现公司理财的目标，即股东财富最大化或公司价值最大化，总之是为公司创造价值。

公司的资本需要量是筹资的数量依据，必须科学合理地进行预测。公司筹资的预测是财务计划的基础。开展公司筹资数量预测的基本目的，是为了保证公司生产经营业务的顺利进行，使筹集来的资本既能保证满足生产经营的需要，又不会有太多的闲置，从而促进公司财务管理目标的实现。一般来说，公司筹资额规模或数量越大，按照正常的投资利润率，公司获得的利润越多，即现金流入量越多，按照正常的折现率计算，公司的价值越大。

2. 筹资成本与价值创造

资本成本是公司理财的重要基础，也是一个重要的概念，这个概念可以从两个角度进行解释。从融资的角度看，资本成本是指公司筹措资金所必须支付的代价，即资本提供者（股东与债权人）所预期获得的报酬率。从投资的角度看，资本成本是指公司投资所要求的最低可接受报酬率。资本成本的基础是资金的时间价值，但还包括对风险的考虑。

公司理财的目标是公司价值最大化或股东财富最大化，而寻求投入成本，包括筹资成本的最低化，是实现公司理财目标的一个重要方面。当公司的加权平均资本成本达到最低时，公司价值也达到最大化，所以降低公司的加权平均资本成本会增加公司的价值即创造价值。

3. 筹资结构与价值创造

公司资本结构决策就是要确定最佳资本结构。所谓最佳资本结构是指公司在适度财务风险的条件下，使其预期的综合资本成本率最低，同时使公司价值最大的资本结构。一般而言，一家公司的价值应该等于其债权资本的市场价值与股权资本的市场价值之和，用公式表示为：

$$V = B + S \tag{7.1}$$

式中：V 为公司总价值，即公司总资本的市场价值；B 为公司债权资本的市场价值；S 为公司股权资本的市场价值。

上列公式清楚地表达了按资本的市场价值计量反映的资本结构与公司总价值的内在关系。公司价值与公司的资本结构是紧密联系的，资本结构对公司的债权资本市场价值和股权资本市场价值产生重要的作用，进而，对公司总资本的市场价值即公司总价值具有重要的影响。因此，合理安排资本结构有利于增加公司的市场价值。

二、公司筹资的分类

公司筹资，按照不同角度通常可分为权益筹资与负债筹资、直接筹资与间接筹资、长期资金筹集与短期资金筹集、表内筹资与表外筹资等类型。

1. 权益筹资与负债筹资

公司筹资，按照资金的来源渠道不同可以分为权益筹资和负债筹资两种类型。

（1）权益筹资。公司通过发行股票、认股权证、吸收直接投资、内部积累等方式筹集的资金都属于公司的所有者权益或称为自有资金。

（2）负债筹资。公司通过发行债券、向银行借款、融资租赁、商业信用等方式筹集的资金属于公司的负债或称借入资金。

公司采用吸收自有资金的方式筹集资金，财务风险小，但付出的资本成本相对较高；采用借入资金的方式筹集资金，一般承担风险较大，但相对而言，付出的资本成本较低。

公司的股权资本与债权资本具有一定的比例关系，合理安排股权资本与债权资本的比例关系是公司筹资管理的一个核心问题。这一问题将在第三节资本结构理论与决策中介绍。

2. 直接筹资与间接筹资

公司的筹资活动按照其是否借助银行等金融机构，可分为直接筹资和间接筹资两种类型。

（1）直接筹资。直接筹资是指公司不借助银行等金融机构，直接与资本所有者协商融通资本的一种筹资活动。具体而言，主要有吸收直接投资、发行股票、发行债券和商业信用等筹资方式。直接筹资的优点在于资金供求双方联系紧密，有利于资金的快速合理配置和提高使用效益。直接筹资也有其局限性，主要表现在：①资金供求双方在数量、期限、利率等方面受的限制比间接筹资多；②直接筹资的便利程度及其融资工具的流动性均受金融市场的发达程度制约。

（2）间接筹资。间接筹资是指公司借助银行等金融机构而融通资本的筹资活动。这是一种传统的筹资类型。间接筹资的基本方式是银行借款，此外还有租赁等筹资方式。与直接筹资比较，间接筹资的优点在于灵活便利、规模经济。间接筹资的局限性主要有：①割断了资金供求双方的直接联系，减少了投资者对资金使用的关注和对筹资者的压力；②金融机构要从经营服务中获取收益，从而增加了筹资者的成本，减少了投资者的收益。

3. 长期资金筹集与短期资金筹集

一个公司筹集的全部资金，按使用期限的不同可以分为长期资金和短期资金两种类型。

（1）长期资金。长期资金是指公司需用期限在 1 年以上的资金。公司的长期资金一般采用吸收直接投资、发行股票、发行债券、长期借款和租赁筹资方式取得或形成。长期资金主要投资于新产品的开发和推广、生产规模的扩大、厂房和设备的更新，一般需几年甚至十几年才能收回。

（2）短期资金。短期资金是指公司需用期限在 1 年以内的资金。公司由于在生产经营过程中资本周转调度等原因，往往需要一定数量的短期资金。公司的短期资金筹集一般涉及短期借款、应付账款和应付票据等短期负债项目，通常是采用短期银行借款、商业信用等筹资方式取得或形成的。短期资金主要投资于现金、应收账款、存货等，一般在短期内可收回。

4. 表内筹资和表外筹资

按照筹资的结果是否在资产负债表上得以反映，公司的筹资活动可分为表内筹资和表外筹资。

(1) 表内筹资。表内筹资是指可能直接引起资产负债表中负债与所有者权益发生变动的筹资。

(2) 表外筹资。表外筹资是指不会引起资产负债表中负债与所有者权益发生变动的筹资。表外筹资可分为直接表外筹资和间接表外筹资。直接表外筹资是公司以不转移资产所有权的特殊借款形式直接筹资，最为常见的筹资方式有租赁（融资租赁除外）、代销商品、来料加工等。间接表外筹资是用另一个公司的负债代替本公司负债，使得本公司表内负债保持在合理的限度内。最常见的间接表外筹资方式是母公司投资于子公司和附属公司，母公司将自己经营的元件、配件拨给一个子公司和附属公司，子公司和附属公司将生产出的元件、配件销售给母公司。公司还可以通过应收票据贴现，出售有追索权的应收账款，产品筹资协议等把表内筹资化为表外筹资。

三、公司筹资的渠道与方式

公司筹资需要通过一定的筹资渠道，运用一定的筹资方式来进行。不同的筹资渠道和筹资方式各有特点和适用性，为此需要加以分析研究。筹资渠道与筹资方式既有联系，又有区别。同一筹资渠道的资本往往可以采用不同的筹资方式取得，而同一筹资方式又往往可以筹集不同筹资渠道的资本，这也需要分析研究两者之间的有效配合。

(一) 筹资渠道

筹资渠道是指公司筹集资本来源的方向和通道，体现着资本的源泉和流量。筹资渠道主要是由社会资本的提供者及数量分布所决定的。认识和了解公司筹资渠道的种类及其特点和适用性，有助于公司充分开拓和正确利用筹资渠道，实现各种筹资渠道的合理组合，有效地筹集资本。我国公司目前的筹资渠道主要有：

1. 政府财政资本

政府财政资本历来是国有企业筹资的主要来源，政策性很强，通常只有国有企业才能利用。现有的国有企业，包括国有独资公司，其筹资来源的大部分是在过去由政府通过中央和地方财政部门以拨款方式而形成的。政府财政资本具有广阔的源泉和稳固的基础，并在国有企业资本金预算中安排，今后仍然是国有企业权益资本筹资的重要渠道。

2. 银行信贷资本

银行信贷资本是各类公司筹资的重要来源。我国银行一般分为商业性银行和政策性银行两种。商业银行为各类公司提供各种商业性贷款，政策性银行主要为特定公司提供一定的政策性贷款。银行信贷资本拥有居民储蓄、单位存款等经常性的资本来源，贷款方式灵活多样，可以适应各类公司债权资本筹集的需要。

3. 非银行金融机构资本

非银行金融机构主要有租赁公司、信托投资公司、保险公司、证券公司、公司集团的财务公司等。他们为公司提供各种金融服务，包括：融资融物、承销证券、提供信托服务等。这种筹资渠道的财力虽然比银行小，但具有广阔的发展前景。

4. 其他法人资本

其他法人资本有时亦可为筹资公司提供一定的筹资来源。在我国，法人可分为公司法人、事业法人和团体法人等。它们在日常的资本运营周转中，有时也可能形成部分暂时闲置的资本，为了让其发挥一定的效益，也需要相互融通，这就为公司筹资提供了一定的筹资来源。

5. 民间资本

民间资本可以为公司直接提供筹资来源。我国公司和事业单位的职工和广大城乡居民持有大笔的货币资本，可以对一些公司直接进行投资，为公司筹资提供资本来源。

6. 公司内部资本

公司内部资本主要是指公司通过提留盈余公积和保留未分配利润而形成的资本。这是公司内部形成的筹资渠道，比较便捷，有盈利的公司通常都可以加以利用。

（二）筹资方式

筹资方式是指公司筹集资本所采取的具体形式和工具，体现着资本的属性和期限。这里资本属性是指资本的股权或债权性质。筹资方式取决于公司资本的组织形式和金融工具的开发利用程度。认识公司筹资方式的种类及其特点和适用性，有利于公司准确地开发和利用各种筹资方式，实现各种筹资方式的合理组合，有效地筹集资本。

一般而言，公司筹资方式主要有以下七种：

1. 吸收直接投资

吸收直接投资是指公司按照“共同投资、共同经营、共担风险、共享利润”的原则直接吸收国家、法人、个人投入资本的一种筹资方式。吸收直接投资筹资方式不以股票为媒介，适用于非股份制公司，是非股份制公司取得股权资本的基本方式。

2. 发行股票筹资

发行股票筹资是股份公司按照公司章程依法发售股票直接筹资，形成公司股本的一种筹资方式。发行股票筹资要以股票为媒介，仅适用于股份公司，是股份公司取得股权资本的基本方式。

3. 发行债券筹资

发行债券筹资是公司按照债券发行协议通过发售债券直接筹资，形成公司债权资本的一种筹资方式。在我国，股份有限公司、国有独资公司等可以采用发行债券筹资方式，依法发行公司债券，获得大额的长期债权资本。

4. 发行商业本票筹资

发行商业本票筹资是大型工商公司或金融公司获得短期债权资本的一种筹资方式。它是一种新兴的短期筹资方式，目前在我国还不普遍。

5. 银行借款筹资

银行借款筹资是各类公司按照借款合同从银行等金融机构借入各种款项的筹资方式。它广泛适用于各类公司，是公司获得长期和短期债权资本的主要筹资方式。

6. 商业信用筹资

商业信用筹资是公司通过赊购商品、预收货款等商品交易行为筹集短期债权资本的一种筹资方式。这种筹资方式比较灵活，可以为各类公司所采用。

7. 租赁筹资

租赁筹资是公司按照租赁合同租入资产从而筹集资本的特殊筹资方式。

第二节 经营杠杆与财务杠杆

杠杆利益与风险是公司资本结构决策的一个基本因素。公司的资本结构决策应当在杠杆利益与风险之间进行权衡，即公司资本结构决策在很大程度上是要决定如何运用财务杠杆，获得杠杆利益的问题。对本节内容的深入理解可以为下一节的学习打下良好基础。

一、经营风险与财务风险

（一）经营风险

经营风险，亦称营业风险，是指企业因经营上的原因而导致利润变动的风险。影响企业经营风险的因素很多，主要有：

（1）产品需求。市场对企业产品的需求越稳定，经营风险就越小；反之，经营风险则越大。

（2）产品售价。产品售价变动不大，经营风险则小；否则经营风险则大。

（3）产品成本。产品成本是收入的抵减，成本不稳定，会导致利润不稳定，因此，产品成本变动大的，经营风险就大；反之，经营风险就小。

（4）调整价格的能力。当产品成本变动时，若企业具有较强调整价格的能力，经营风险就小；反之，经营风险则大。

（5）固定成本的比重。在企业全部成本中，固定成本所占比重较大时，单位产品分摊的固定成本额就多，若产品量发生变动，单位产品分摊的固定成本就会随之变动，最后导致利润更大幅度地变动，经营风险就大；反之，经营风险就小。

（二）财务风险

财务风险又称筹资风险，是指举债经营给公司未来收益带来的不确定性。如果一个公司的筹资成本中包含固定的债务资本（银行借款、融资租赁、发行公司债券等）以及股权资本（优先股等），从而使得息税前利润的某个变化能引起普通股每股收益的更大变化时，就被认为存在财务杠杆，在获得一定的财务杠杆利益的同时也承担了一定的财务风险。当债务资本比率较高时，投资者将负担较多的债务成本，并经受较多的由负债作用所引起的收益变动的冲击，从而加大财务风险；反之，当债务资本比率较低时，财务风险就小。

二、经营杠杆系数

在上述影响企业经营风险的诸因素中，固定成本比重的影响很重要。在某一固定成本比重的作用下，销售量变动对利润产生的作用，被称为经营杠杆。由于经营杠杆对经营风险的影响最为综合，因此，常常被用来衡量经营风险的大小。

经营杠杆系数是指公司营业利润的变动率相当于营业额变动率的倍数。它反映着经营杠杆的作用程度。经营杠杆系数的计算公式是：

$$DOL = \frac{\Delta EBIT/EBIT}{\Delta S/S} \tag{7.2}$$

式中：DOL 为经营杠杆系数；EBIT 为营业利润，即息税前利润；ΔEBIT 为营业利润的变动额；S 为营业额；ΔS 为营业额的变动额。

假定企业的成本—销量—利润保持线性关系，可变成本在销售收入中所占的比例不变，固定成本也保持稳定，为便于计算，可将上列公式变换如下：

$$DOL = \frac{Q(P-V)}{Q(P-V)-F} \tag{7.3}$$

$$DOL = \frac{S-C}{S-C-F} \tag{7.4}$$

式中：Q 为销售量；P 为销售单价；V 为单位销量的变动成本额；F 为固定成本总额；S 为销售额；C 为变动成本额。

在实际工作中，公式 7.3 可用于计算单一产品的经营杠杆系数；公式 7.4 除了用于单一产品外，还可用于计算多种产品的经营杠杆系数。

三、财务杠杆系数

财务杠杆，亦称筹资杠杆①，是指由于固定财务费用的存在而导致每股利润变动率大于息税前利润变动率的杠杆效应。公司的全部长期资本是由股权资本和债权资本所构成的。股权资本成本是变动的，在公司所得税后利润中支付；而债权资本成本通常是固定的，并在公司所得税前扣除。因此，公司利用财务杠杆，既可能给股权资本的所有者带来额外的收益，也可能造成一定的损失。

财务杠杆的作用可以用财务杠杆系数来表示。财务杠杆系数是指公司税后利润的变动率相当于息税前利润变动率的倍数。对股份有限公司而言，财务杠杆系数（DFL）表现为普通股每股收益变动率相当于息税前利润变动率的倍数，其计算公式如下：

$$财务杠杆系数\ DFL = \frac{\Delta EPS/EPS}{\Delta EBIT/EBIT} \tag{7.5}$$

式中：EPS 为每股收益；ΔEPS 为 普通股每股收益变动额；EBIT 为息税前收益；ΔEBIT 为息税前收益变动额；I 为债务利息。

为了便于计算，可将上列公式变换如下：

$$DFL = \frac{EBIT}{EBIT-I} \tag{7.6}$$

财务杠杆系数越大，表明财务杠杆作用越大，财务风险也就越大；财务杠杆系数越小，表明财务杠杆作用越小，财务风险也就越小。

例 7-1：有 A、B、C 三家公司，为简便起见，设它们除资本结构之外，其余各方

① 除此之外，融资杠杆、资本杠杆、负债经营都是财务杠杆的同义语。

面全都相同，另设债务利率为6%，公司税率为25%。具体情况如表7－1所示。

表7－1　　公司财务数据简表

	A公司	B公司	C公司
总资产（元）	1 000 000	1 000 000	1 000 000
普通股股数（股）	10 000	6 000	4 000
债务额（元）	0	400 000	600 000
息税前收益（元）	100 000	100 000	100 000
债务利息（元）	0	24 000	36 000
税前收益（元）	100 000	76 000	64 000
公司税（元）	25 000	19 000	16 000
税后收益（元）	75 000	57 000	48 000
每股收益（元）	7.5	9.5	12
财务杠杆系数	1	1.32	1.56
息税前收益（＋）（元）	200 000	200 000	200 000
债务利息（元）	0	24 000	36 000
税前收益（＋）（元）	200 000	176 000	164 000
公司税（＋）（元）	50 000	44 000	41 000
税后收益（＋）（元）	150 000	132 000	123 000
每股收益（＋）（元）	15	22	30.75

（＋）表示EBIT增加后的项目

由表7－1中可以看出，息税前收益增加1倍，A公司的每股收益也增加1倍，增加幅度等于公司A的财务杠杆系数；B公司的每股收益增加了1.32倍；C公司的每股收益增加了1.56倍。当息税前收益减少1倍时的情况，留给读者计算，结果类似于前面的结论。

由此可见，在资本总额相同，息税前收益相同，只有资本结构不同的情况下，债务比率越高，即财务杠杆系数越大，息税前收益的变动所引起每股收益的变动就越大，即财务风险越大。

四、总杠杆系数

（一）总杠杆的概念

从以上介绍可知，经营杠杆通过扩大销售影响息税前利润，而财务杠杆通过扩大息税前利润影响普通股每股收益。如果两种杠杆共同起作用，那么，销售稍有变动就会使每股收益产生更大的变动。通常把这两种杠杆的连锁作用称为总杠杆作用。

（二）总杠杆系数的计算

总杠杆作用的程度，可以用总杠杆系数（DTL）来表示。总杠杆系数，是指普通股每股税后利润变动率相当于销售总额（销售总量）变动率的倍数。它是经营杠杆系数与财务杠杆系数的乘积。用公式表示如下：

$$\begin{aligned} DTL &= DOL \cdot DFL \\ &= \frac{\Delta EBIT/EBIT}{\Delta S/S} \cdot \frac{\Delta EPS/EPS}{\Delta EBIT/EBIT} \\ &= \frac{\Delta EPS/EPS}{\Delta S/S} \end{aligned} \tag{7.7}$$

总杆杆系数亦可直接按以下公式计算：

$$DTL = \frac{Q(P-V)}{Q(P-V)-F-I} \tag{7.8}$$

$$DTL = \frac{S-C}{S-C-F-I} \tag{7.9}$$

例如，甲公司的经营杠杆系数为2，财务杠杆系数为1.5，总杠杆系数即为：

$2 \times 1.5 = 3$

总杠杆系数的意义，首先在于能够估计出销售变动对每股收益造成的影响。比如，在例7-1中销售每增长（减少）1倍，就会造成每股收益增长（减少）3倍。其次，同时我们看到了经营杆杆与财务杠杆之间的相互关系，即为了达到某一总杠杆系数，经营杠杆和财务杠杆可以有很多不同的组合。比如，经营杠杆度较高的公司可以在较低的程度上使用财务杠杆；经营杠杆度较低的公司可以在较高的程度上使用财务杠杆等等。这有待公司在考虑了各有关的具体因素之后作出选择。

第三节　资本结构理论与决策

资本结构理论是关于公司资本结构、公司综合资本成本率与公司价值三者之间关系的理论。它是公司理财的重要内容，也是资本结构决策的重要理论基础。从资本结构理论的发展来看，主要有早期资本结构理论、现代资本结构理论和新的资本结构理论。

一、早期的资本结构理论

（一）净收入理论

该理论假设债务成本和普通股成本不受负债比率的影响，无论负债程度多高，公司的债务成本和权益资本成本都不会变化。因此，只要债务成本低于权益成本，则负债越高，公司的加权资本成本就越低，公司的价值就越大。所以，净收入理论的基本观点是：在债务成本低于权益资本成本的前提下，负债可以降低公司的资本成本，负债程度越高，公司价值越大。当负债比例为100%时，公司加权资本成本最低，公司的价值达到最大。

（二）净经营收益理论

净经营收益理论认为，不论财务杠杆如何变化，公司加权资本成本都是固定的，因而，公司的总价值也是固定不变的。这是因为公司利用财务杠杆，加大负债比例时，债务成本本身不变，但由于加大了权益资本的风险，使权益资本成本上升，于是加权资本成本不会因负债比率的提高而降低，而是维持不变，公司的总价值也固定不变。根据净经营收益理论，不存在最佳资本结构，筹资决策无关紧要，所以净收入理论与净经营收益理论是完全相反的两种理论。

（三）传统理论

介于上述两种极端情形之间的一种资本结构理论被称为传统理论。其基本观点是：当负债比率在一定水平以下时，负债比率提高不会导致债务成本上升，虽然此时由于财务风险会使权益资本成本提高，但幅度不大。由于财务杠杆利益大于财务风险，故负债比率提高的结果使加权资本成本下降，而公司总价值提高。当负债比率超过一定水平之后，则会出现相反的情形，即负债比率的提高导致加权资本成本上升和公司总价值下降。因此，公司可选择最优负债比率，以实现加权资本成本最低，公司价值最大。

二、现代资本结构理论

它是由美国教授莫迪格利亚尼（Frankco Modigliani）和米勒（Merton Miller）建立的，简称 MM 定理。

（一）MM 定理无税模型

假设条件：

(1) 没有公司所得税与个人所得税；

(2) 单个投资者是价格的接受者，即单个投资者不能对证券价格产生较大影响；

(3) 投资者个人和公司可以相同的市场利率借款，而且借款利率不随负债比率增加而上升；

(4) 资本市场是完全的，买卖证券没有交易成本；

(5) 所有投资者都可以无成本地同时得到所有相关信息；

(6) 在同样条件下经营的公司有相同的经营风险；

(7) 公司未来的经营利润额预测值固定，构成等额年金；

(8) 投资者可按个人意愿进行套利活动而不受法律和有关制度的限制，即个人运用杠杆和公司运用杠杆完全可以替代。

MM 理论的基本思想是：在不课税情况下，公司总体价值大小与负债比率高低无关。莫迪格利亚尼与米勒提出两个命题：

命题 1：不管有无负债，任何公司的价值等于其预期息税前收益除以适用于其风险等级的报酬率，即：

$$V_L = V_U = \frac{EBIT}{K_0} \tag{7.10}$$

式中：V_L 为有负债的公司价值；V_U 为无负债的公司价值；K_0 为加权资本成本，即投资者要求的报酬率。

命题 2：有负债公司的权益资本成本等于固定的加权资本成本加上风险补偿率，而

风险补偿率的高低取决于财务杠杆程度（B/S）。有负债公司的权益成本会随着负债程度的上升而增加，即

$$k_s = k_0 + (k_0 - k_b)(B/S) \quad (7.11)$$

以上两个命题结合起来，MM 定理意味着，低成本举债带来的利益刚好被权益成本的上升所抵消，因此，有负债的公司的加权平均资金成本等于无负债公司的权益资金成本。因此，其结论是在没有所得税且市场处于均衡状态下，公司资本结构不影响公司的价值和资本成本。

（二）MM 定理税收模型

莫迪格利亚尼和米勒又把公司所得税的影响引入了原来的分析中，对其理论进行了修正，从而得出了相反的结论：负债会因利息减税作用而增加公司的价值，因此，公司负债率越高越好。MM 的公司税模型也对应有两个命题：

命题 1：有负债公司的价值等于相同风险等级的无负债公司的价值加上负债的节税效应。负债的节税效应等于公司的所得税税率（用 T 表示）乘上负债总额 B：

$$V_L = V_U + TB \quad (7.12)$$

命题 2：有负债公司的权益资本成本等于无负债公司的权益资本成本加上风险报酬，风险报酬的大小由负债程度和公司税决定：

$$k_s = k_0 + (k_0 - k_b)(1 - T)\frac{B}{S} \quad (7.13)$$

以上两个命题结合而得出的结论是：由于公司税的存在，会使有负债公司的价值比没有负债公司的价值高，且负债程度越高，公司的加权资本成本越低，公司价值越大。

三、新的资本结构理论

（一）权衡理论（发展的 MM 理论）

如果 MM 税收模型成立，随着负债的增加，公司价值会趋于最大化，公司价值的持续增长来源于负债的节税效应。但忽略了负债带来的风险和额外费用。权衡理论是发展的 MM 理论，它既考虑负债的节税效应，也考虑负债带来的财务危机成本和代理成本。

财务危机是指公司没有足够的偿债能力，不能及时偿还到期债务，影响正常生产经营，甚至导致破产。公司负债能带来破产成本、额外费用和各种机会成本，即构成财务危机成本。债务的代理成本是指债权人为了保护自身的利益，而在借款合同中加入一些限制性条款，对公司的各种行为进行监督，而产生的费用；另外，这些限制性条款在一定程度上约束了公司的经营活动，可能导致一些筹资机会或投资机会的丧失，产生机会成本。

权衡理论认为，公司的资本结构应权衡负债的节税效应和债务成本才能达到最优。在负债比率不高时，负债的财务危机成本和代理成本不明显，公司可以用负债的节税效应提高公司价值；随着负债比率的提高，负债的财务危机成本和代理成本都会明显增加，在负债的这两种成本之和大于负债的节税效应时，负债的增加会降低公司的价值。因此，最优的资本结构就是使负债的财务危机成本和代理成本之和等于负债的节税效

应，此时的负债比率使公司价值达到最大。

（二）信息不对称理论

信息不对称理论认为，经理人有更多的关于公司经营和发展的信息，而且所有参与者具有相同信息的假设是不成立的。投资者只能通过管理者输出的信息，间接评价公司发展前景与市场价值，而资产负债率或公司负债比率就是将公司内部信息传递给市场的工具之一。由于负债的成本较低以及财务杠杆作用，一般认为，当公司的发展前景比较好时，公司选择负债筹资方式，当发展前景黯淡或投资项目风险大时，选择发行股票筹资，以避免可能的财务危机。当公司拟发行新股时，投资者会推测公司的前景黯淡，因此，发行新股会降低投资者对公司的预期与价值的估计，导致股票市场价格下跌，公司价值下降。信息不对称的结果是鼓励管理层在负债筹资与股票筹资之间总是优先选择负债筹资。而负债筹资与内部筹资相比，又会导致财务危机成本和代理成本的增加，因此优先利用留存收益筹资。于是导致公司的筹资优先顺序为：首先是内部留存收益，其次是债务筹资，最后才是股票融资。

四、资本结构决策

资本结构决策是公司筹资管理的核心问题，也是公司理财中一项重要而又复杂的工作。资本结构决策的目的是在可承受的适度风险的前提下，确定最佳的资本结构，从而降低资本成本，获得杠杆利益，促进公司价值最大化或股东财富最大化目标的实现。关于资本结构的决策，国际上没有通用的规范方法，在实务中，应结合具体情况作出正确的选择。

资本结构是公司采取不同的筹资方式形成的，如果公司同时采用债务筹资和股权筹资，由此形成的资本结构一般称作杠杆资本结构，其杠杆比率即表示资本结构中债务资本和股权资本的比例关系。因此，从一定意义上说，资本结构就是指负债比率，即债务资本占资本总额的百分比。

在公司的资本结构决策中，合理的利用债权筹资，科学地安排债权资本的比例，是公司筹资管理的一个核心问题。它对公司的重要意义在于：

1. 合理安排债权资本比例可以降低公司的加权平均资本成本。由于债务利息通常低于股票股利率，而且债务利息在所得税前利润中扣除，公司可减少所得税，从而债权资本成本率明显地低于股权资本成本率。因此，在一定限度内合理地提高债权资本的比例，可以降低公司的加权平均资本成本。

2. 合理安排债权资本比例可以获得财务杠杆利益。由于债务利息通常是固定不变的，当息税前利润增大时，每一元利润所负担的固定利息会相应降低，从而可分配给股东的税后利润会相应增加。因此，在一定限度内合理利用债权资本，可以发挥财务杠杆的作用，给公司带来财务杠杆利益。

3. 合理安排债权资本比例可以增加公司的价值。一般而言，一家公司的价值应该等于其债权资本的市场价值与股权资本的市场价值之和，用公式表示为：

$$V = B + S$$

式中：V 为公司总价值，即公司总资本的市场价值；B 为公司债权资本的市场价值；S 为公司股权资本的市场价值。

上列公式清楚地表达了按资本的市场价值计量反映的资本结构与公司总价值的内在关系。公司价值与公司的资本结构是紧密联系的，资本结构对公司的债权资本市场价值和股权资本市场价值，进而，对公司总资本的市场价值即公司总价值具有重要的影响。因此，合理安排资本结构有利于增加公司的市场价值。

公司资本结构决策就是要确定最佳资本结构。所谓最佳资本结构是指公司在适度财务风险的条件下，使其预期的综合资本成本率最低，同时使公司价值最大的资本结构。

现实中，资本结构的决策可以应用以下三种方法：

（一）加权资本成本最低

这种方法以公司的加权资本成本最低为标准来确定公司的资本结构。

例 7 - 2：A 公司要筹资长期资本 1 000 万元，其中，债务筹资成本为 6%，股权融资成本为 10%。方案一，债务筹资 400 万元（40%），股权融资 600 万元（60%）；方案二，债务筹资 600 万元（60%），股权融资 400 万元（40%）。

方案一的加权资本成本：$40\% \times 6\% + 60\% \times 10\% = 8.4\%$

方案二的加权资本成本：$60\% \times 6\% + 40\% \times 10\% = 7.6\%$

方案二的加权资本成本较低，因此选择方案二。

（二）每股收益最大

合理的资本结构也可以用每股收益（EPS）最大标准来衡量。分析借助于“EBIT - EPS”分析法，该方法是分析资本结构和进行融资决策的常用方法，它的核心是确定筹资无差异点，即不同资本结构下每股收益相等的息税前收益。

计算公式：$$EPS = \frac{(EBIT - I)(1 - T)}{S} \tag{7.14}$$

其中：I 为债务的利息，T 为公司的税率，S 为普通股股数。

例 7 - 3：B 公司原来的总资本为 1 000 万元。资本结构：债务资本 40%，即 400 万元，利率为 6%；股权资本 60%，即 600 万元，股票数量为 60 万股。公司税率为 40%。公司现正拟为一项目融资 400 万元，方案 A：全部利用股权融资，即发行 40 万股股票；方案 B：债务融资 50%（200 万元），利率 6%；股权融资 50%，即发行 20 万股股票。

令 $EPS_A = EPS_B$

即 $$\frac{(EBIT - 24) \times (1 - 40\%)}{100} = \frac{(EBIT - 36) \times (1 - 40\%)}{80}$$

则 EBIT = 84，即在 EBIT 为 84 万元时，方案 A 与方案 B 无差异。如图 7 - 1 所示。

从图 7 - 1 可以看出，当预计公司的息税前收益小于 84 万元时，应采用方案 A 筹资，当预计息税前收益大于 84 万元时，应采用方案 B 进行筹资。

（三）公司总价值或市场价值最大

公司的市场价值 V 等于债务资本的价值 B 加上权益资本的价值 S 之和，即：

$V = B + S$

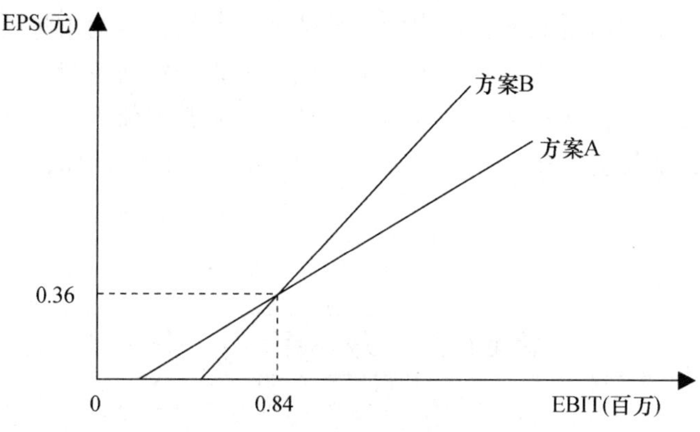

图 7－1　不同资本结构下的每股收益

其中，设债务资本的市场价值等于其面值，权益资本的市场价值为：

$$S=\frac{(EBIT-I)(1-T)}{K_S} \tag{7.15}$$

式中：K_s 为权益资本成本。

公司的加权平均资本成本为：

$$K_w=K_b\frac{B}{V}(1-T)+K_s\frac{S}{V} \tag{7.16}$$

式中：K_w 为加权平均资本成本；K_b 为债务资本成本。

现举例说明负债的增加对公司价值和加权资本成本的影响。

例 7－4：C 公司现有的资本结构中没有负债，权益资本的市场价值为 1 800 万元，息税前利润为 300 万元，公司税率为 40%。现在考虑随着负债的增加（即调整公司的资本结构），如何影响公司的市场价值和加权资本成本。假设随着负债的增加，债务成本 K_b 和权益资本成本 K_S 也随之增加，这一点是合理的，如表 7－2 所示。

表 7－2　C 公司权益资本成本

债务额（万元）	0	200	400	600	800	1 000
债务成本	0	6%	7%	8%	9%	10%
权益资本成本	10%	10.5%	11%	12.5%	14%	16%

利用已知条件，计算加权资本成本和公司总价值如表 7－3 所示。

表 7－3　C 公司总价值与加权资本成本

债务的市场价值（万元）	0	200	400	600	800	1 000
权益的市场价值（万元）	1 800	1 646	1 483	1 209	977	750
公司的总价值（万元）	1 800	1 846	1 883	1 809	1 777	1 750
加权资本成本	10%	9.75%	9.55%	9.94%	10.13%	10.29%

可见，在没有负债的情况下，公司的总价值就是股东权益的市场价值，当公司增加债务时，一开始公司的总价值上升，加权资本成本下降。在债务增加到400万元时，公司的总价值达到最大值，加权资本成本达到最低。但是，当债务超过400万元后，公司总价值开始下降，加权资本成本开始上升。所以，400万元的负债，应为公司的最佳选择。

第四节 权益筹资

公司依法以吸收直接投资、发行股份等方式筹集权益资金的，应当拟定筹资方案，确定筹资规模，履行内部决策程序和必要的报批手续，控制筹资成本。权益筹资主要包括吸收直接投资、发行股票和认股权证筹资等方式。

一、吸收直接投资

吸收直接投资（以下简称吸收投资）是指企业按照“共同投资、共同经营、共担风险、共享利润”的原则直接吸收国家、法人、个人投入资金的一种筹资方式。吸收投资与发行股票、留存收益都是企业筹集自有资金的重要方式，发行股票有股票作媒介，而吸收直接投资则无需公开发行证券。吸收投资中的出资者都是企业的所有者，他们对企业具有经营管理权。企业经营状况好，盈利多，各方可按出资额的比例分享利润，但如果企业经营状况差，连年亏损，甚至被迫破产清算，则各方要在其出资的限额内按出资比例承担损失。

公司在采用吸收投资方式筹集资金时，投资者可以用现金、厂房、机器设备、材料物资、无形资产等作价出资。

（一）吸收直接投资的种类

1. 吸收个人投资

个人投资是指社会个人或本企业内部职工以个人合法财产投入企业，这种情况下形成的资本称为个人资本。吸收个人投资一般具有以下特点：（1）参加投资的人员较多；（2）每人投资的数额相对较少；（3）以参与企业利润分配为目的。

2. 吸收法人投资

法人投资是指法人单位以其依法可以支配的资产投入企业，这种情况下形成的资本叫法人资本。吸收法人投资一般具有如下特点：（1）发生在法人单位之间；（2）以参与企业利润分配为目的；（3）出资方式灵活多样。

3. 吸收国家投资

国家投资是指有权代表国家投资的政府部门或者机构以国有资产投入企业，这种情况下形成的资本叫国有资本。吸收国家投资是国有企业筹集自有资金的主要方式之一。根据《企业国有资本与财务管理暂行办法》的规定，国家对企业注册的国有资本实行保全原则。企业在持续经营期间，对注册的国有资本除依法转让外，不得抽回，并且以出资额为限承担责任。吸收国家投资一般具有以下特点：（1）产权归属国家；（2）资金的运用和处置受国家约束较大；（3）在国有企业中采用比较广泛。

（二）吸收直接投资的优缺点

1. 吸收投资的优点

（1）有力于增强企业信誉。吸收投资所筹集的资金属于自有资金，能增强企业的信誉和借款能力，对扩大企业经营规模、壮大企业实力具有重要作用。

（2）有力于尽快形成生产能力。吸收投资可以直接获取投资者的先进设备和先进技术，有利于尽快形成生产能力，尽快开拓市场。

（3）有利于降低财务风险。吸收投资可以根据企业的经营状况向投资者支付报酬，企业经营状况好，要向投资者多支付一些报酬，企业经营状况不好，就可不向投资者支付报酬或少支付报酬，比较灵活，所以财务风险小。

2. 吸收投资的缺点

（1）资本成本较高。一般而言，采用吸收投资方式筹集资金所需负担的资本成本较高，特别是企业经营状况较好和盈利较强时，更是如此。因为向投资者支付的报酬是根据其出资的数额和企业实现利润的多寡来计算的。

（2）容易分散企业控制权。采用吸收投资方式筹集资金，投资者一般都要求获得与投资数量相适应的经营管理权，这是接受外来投资的代价之一。如果外部投资者的投资较多，则投资者会有相当大的管理权，甚至会对企业实行完全控制，这是吸收投资的不利因素。

二、股票发行筹资

发行股票是股份有限公司筹集长期资金的基本手段。股票（stock）是指股份有限公司发行的、代表持有者对公司净资产所有权的证书。具有永久性、流通性、风险性的特征。公司发行股票筹资，首先应确定适宜的发行方式和销售方式，恰当地制定发行价格。股票发行筹资按照股东权利和义务的不同，可以具体分为普通股发行筹资和优先股发行筹资。

（一）股票发行方式、销售方式和发行价格

公司发行股票筹资，应当选择适宜的股票发行方式和销售方式，并恰当地制定发行价格，以便及时募足资本。

1. 股票发行方式

股票发行方式，指的是公司通过何种途径发行股票。总的来讲，股票的发行方式可分为如下两类：

（1）公开间接发行：指通过中介机构，公开向社会公众发行股票。我国股份有限公司采用募集设立方式向社会公开发行新股时，须由证券经营机构承销的做法，就属于股票的公开间接发行。这种发行方式的发行范围广、发行对象多，易于足额募集资本；股票的变现性强，流通性好；股票的公开发行还有助于提高发行公司的知名度和扩大其影响力。不足之处主要是手续繁杂，发行成本高。

（2）不公开直接发行：指不公开对外发行股票，只向少数特定的对象直接发行，因而不需经中介机构承销。我国股份有限公司采用发起设立方式和以不向社会公开募集的方式发行新股的做法，即属于股票的不公开直接发行。这种发行方式弹性较大，发行成本低；但发行范围小，股票变现性差。

2. 股票的销售方式

股票的销售方式，指的是股份有限公司向社会公开发行股票时所采用的股票销售方法。股票的销售方式有两类：自销和委托承销。

（1）自销方式：指发行公司自己直接将股票销售给认购者。这种销售方式可由发行公司直接控制发行过程，实现发行意图，并可以节省发行费用；但往往筹资时间长，发行公司要承担全部发行风险，并需要发行公司有较高的知名度、信誉和实力。

（2）承销方式：指发行公司将股票销售业务委托给证券经营机构代理。这种销售方式是发行股票所普遍采用的。我国《公司法》规定股份有限公司向社会公开发行股票，必须与依法设立的证券经营机构签订承销协议，由证券经营机构承销。股票承销又分为包销和代销两种具体方法。所谓包销，是根据承销协议商定的价格，证券经营机构一次性全部购进发行公司公开募集的股份，然后以较高的价格出售给社会上的认购者。对发行公司来说，包销的方法可及时筹足资本，免于承担发行风险（股款未募足的风险由承销商承担）；但股票以较低的价格销售给承销商会损失部分溢价。所谓代销，是证券经营机构代替发行公司销售股票，并由此获取一定的佣金，但不承担股款未募足的风险。

3. 股票发行价格

股票的发行价格是股票发行时所使用的价格，也就是投资者认购股票时所支付的价格。股票发行价格通常由发行公司根据股票面额、股市行情和其他有关因素决定。以募集设立方式设立公司首次发行的股票价格，由发起人决定；公司增资发行新股的股票价格，由股东大会作出决议。

股票的发行价格一般有以下三种：

（1）等价。就是以股票的票面额为发行价格，也称为平价发行。一般在股票的初次发行或在股东内部分摊增资的情况下采用。

（2）时价。就是以本公司股票在流通市场上买卖的实际价格为基准确定的股票发行价格。选用时价发行股票，考虑了股票的现行市场价值，对投资者有较大的吸引力。

（3）中间价。就是以时价和等价的中间值确定的股票发行价格。按时价或中间价发行股票，股票发行价格会高于或低于其面额。前者称溢价发行，后者称折价发行。如属溢价发行，发行公司所获得的溢价款列入资本公积。

我国《公司法》规定，股票发行价格可以等于票面金额（等价），也可以超过票面金额（溢价），但不得低于票面金额（折价）。

（二）普通股发行筹资

普通股是股份有限公司发行的无特别权利的股份，是股份公司资本构成中最基本、最重要的股份，也是股份有限公司的基础。普通股股东是公司资产的最终所有者，他们对公司经营收益的分配和清算时的资产分配拥有最后的请求权，是公司风险的主要承担者。

1. 普通股股东的权利和义务

（1）投票表决权。普通股股东有权出席公司召开的股东大会，对公司的重大问题有表决权，有权选举公司的董事会和监事会，对公司的经营管理有一定的发言权。

（2）股利分配权。普通股股东有权从公司盈利中分取股息和红利。

（3）优先认股权。公司增发新股时，普通股股东有权优先认股，以保持他们对公司的控制权。

（4）剩余财产的分配权。普通股股东是公司财产所有者，公司解散清算时，普通股股东对于偿还全部债务后的剩余财产拥有分配权。

2. 普通股的种类

股份有限公司根据有关法规的规定以及筹资和投资者的需要，可以发行不同种类的普通股。

（1）按股票有无记名，可分为记名股和不记名股。记名股是在股票票面上记载股东姓名或名称的股票。这种股票除了股票上所记载的股东外，其他人不得行使其股权，且股份的转让有严格的法律程序与手续，须办理过户。我国《公司法》规定，向发起人、国家授权投资的机构、法人发行的股票，应为记名股。

不记名股是在股票票面上不记载股东姓名或名称的股票。这类股票的持有人即股份的所有人，具有股东资格，股票的转让也比较自由、方便，无须办理过户手续。

（2）按投资主体的不同，可分为国家股、法人股、个人股等。国家股是有权代表国家投资的部门或机构以国有资产向公司投资而形成的股份。

法人股是企业法人依法以其可支配的财产向公司投资而形成的股份，或具有法人资格的事业单位和社会团体以国家允许用于经营的资产向公司投资而形成的股份。

个人股是社会个人或公司内部职工以个人合法财产投入公司而形成的股份。

（3）按发行对象和上市地区的不同，又可将股票分为 A 股、B 股、H 股和 N 股等。A 股是供我国大陆地区个人或法人买卖的，以人民币标明票面金额并以人民币认购和交易的股票。

B 股、H 股和 N 股是专供外国和我国港、澳、台地区投资者买卖的，以人民币标明票面金额但以外币认购和交易的股票（注：自 2001 年 2 月 19 日起，B 股开始对境内居民开放）。其中，B 股在上海、深圳上市；H 股在香港上市；N 股在纽约上市。

3. 普通股筹资的评价

公司通过发行普通股筹集资金有如下优点：

（1）普通股资本属于永久性资本，是公司最稳定的资金来源。普通股股本无到期日，无需归还，公司经营的较长时期内能够自主使用。

（2）普通股资本是主权资本，它代表了公司的实力，可为其他方式筹资提供保障，增强公司的举债能力。

(3) 公司没有向普通股股东支付固定股利的法定义务，股利分配往往以公司盈利状况和长远发展的需要而定。利多多分，利少少分，无利则可不分。如果是为了公司的长远发展，公司即使有利润，也可暂时不分配。

(4) 普通股资本的预期报酬率较高，因而容易吸收投资，尤其是向社会公众发行小面额股票时，不仅筹资数度快，取得资金的数额也较大。

对公司而言，普通股筹资的不足主要有：

(1) 普通股的资本成本较高。股票投资者所承担的风险最大，所要求的投资报酬率最高。股利支付是利润分配，不会带来节税效应。另外，普通股的发行成本也高于其他证券。

(2) 发行股票就要向社会公开公司投资计划、财务报表等一系列重要信息，不利于公司保守商业秘密，容易被竞争对手了解。

(三) 优先股发行筹资

优先股是股份公司专门为某些获得优先持股权的投资者而设计的一种股票，即指在分配公司的红利和公司清算时分配公司的资产这两个方面，均比普通股享有优先权的股份。它虽名为“股票”，但却带有债券性质，是介于债券与普通股之间的一种混合型有价证券。

1. 优先股的特征

(1) 优先取得固定的股息。优先股一般预先确定股息收益率，其股息一般不根据公司的经营业绩而增减，并先于普通股获得股息，在法律上，优先股的地位仅次于债券，而优先于普通股。

(2) 优先得到清偿或称有优先索偿权。公司倒闭时，为了偿还债务，不得不拍卖公司资产，这时，优先股有权按照票面价值的规定，先于普通股从拍卖所得资金中得到清偿。

(3) 优先股股东一般无表决权。优先股股东一般没有表决权，对股份公司的重大经营决策无投票权。

(4) 优先股可由公司赎回。优先股与普通股一样也没有到期时间，但公司在发行时通常规定，只要提前一两个月发出通知，公司就有权在必要时按照规定的价格，赎回优先股，以调整公司的资金结构。

2. 优先股筹资评价

公司通过发行优先股筹集资金有如下优点：

(1) 优先股筹资具有财务杠杆效应。优先股股利相对固定，公司的筹资成本也比较固定，公司增长所形成的利润，可以较多地留给普通股股东。而一旦公司盈利不高，无法支付固定的股利时，可以拖欠，优先股股东不会因此强迫公司破产清算。利用优先股筹资对公司资本结构调整具有重要意义。

(2) 优先股股东一般没有表决权，发行优先股不会影响现有股东的控制权，不易遭到现有股东的反对，比较容易发行。

(3) 对于投资者而言，优先股提供了较为稳定和较有保证的收益来源，在公司流动资金出现支付困难时，不会因没有按时支付优先股股利而破产。

优先股筹资的缺点主要有：

(1) 优先股的筹资成本虽然低于普通股，但高于普通债券。优先股股利不能像举债利息那样作为费用从应税收益中扣除，因此，同样具有财务杠杆作用，优先股的成本要高于负债。

(2) 优先股筹资对公司的限制较多。对于累积优先股来说，其股利是公司不可豁免的债务，只要有盈利，需要分配，就要优先支付优先股股利。而对于连续盈利不高的公司来说，普通股股东则可能在很长一段时间内得不到股利。

三、认股权证筹资

(一) 认股权证的含义与特征

认股权证是由股份公司发行的，允许其持有人在指定的时期内以确定的价格直接向股份公司购买普通股的一种权利证书。

因为认股权证与期权中的看涨期权都是以普通股为标的物，而且只有当普通股的市场价格超过执行价格时，认股权证才会被执行（否则投资者可以去买更便宜的股票而不会执行认股权证)，所以有些人将认股权证视为看涨期权的一种，但应该看到，看涨期权与认股权证还是有很大区别的。

首先，看涨期权在操作中并不改变公司发行在外的普通股数量，而认股权证的执行，将会改变公司普通股本的总量。

其次，认股权证是由股份公司发行的，而看涨期权是由个人发行的。

再次，认股权证的价值确定与看涨期权也有区别。

同时认股权证与可转换公司债券也是有区别的，认股权证与其标的物普通股股票可以分离，认股权证可以单独进行交易，而可转换债券则不能。

认股权证给了投资者在未来以较低的价格买入具有较高价值公司股票的权利，同时，发行公司因为附有认股权证的债券或优先股的较低的利息或股利而降低了资本成本，因此，是一种投资者和筹资者都比较喜欢的金融衍生工具。目前，这一筹资方式已经得到了西方国家许多公司的认同。

但这一筹资方式也有它的弊端：(1) 不能确定投资者将在何时行使认股权。这一点往往使公司陷于被动。因为认股权证为公司提供的筹资数额需要得到投资者的认可，即投资者认为值得执行。至于投资者何时认为可执行认股权，公司不能控制，在公司急需资金时，这笔潜在的资金不能满足需要；同时，又由于公司不便于利用其他方式再筹资，因此，这种不确定性使公司处于筹资困境。(2) 提高资金成本风险。假如上述筹资困境产生，公司就只能通过提高普通股股利（促使股票的市场价格上升）来刺激认股权证持有者行使认股权从而导致资金成本上升。(3) 稀释普通股。当认股权被执行时，普通股股份增加，每股收益减少；同时，也稀释了原有股东的控制权。

(二) 认股权证的基本要素

1. 认购数量：指每一份认股权证可认购股票的数量，又称为转换比率。

2. 认购价格：指认股权证持有者行使认股权时的结算价格。

3. 认购期限：指认股权证的有效期限。

4. 赎回条款：指在规定的期限内，公司有权赎回其发行在外的认股权证。

（三）认股权证的价值

1. 理论价值

认股权证在其有效期限内具有价值。认股权证有理论价值与实际价值之分。其理论价值可用下式计算：

$$V = (P - E) \cdot N \tag{7.17}$$

式中：V 为认股权证理论价值；P 为普通股股票市场价格；E 为认购价格或执行价格；N 为认股权证换股比率，即一张认股权证可买到的股票数。

2. 实际价值

认股权证的实际价值是认股权证在证券市场上的市场价格或售价。一般情况下，实际价值通常高于理论价值。认股权证的实际价值受市场供求关系的影响，由于套购活动和存在套购利润，认股权证的实际价值最低限为理论价值。认股权证的实际价值大于理论价值的部分称为超理论价值的溢价。由于认股权证的投资具有较大的投机性，给予了投资者以高度的获利杠杆作用，所以形成认股权证的超理论价值的溢价。

第五节 负债筹资

公司依法以借款、发行债券、融资租赁等方式筹集债务资金的，应当明确筹资目的，根据资金成本、债务风险和合理的资金需求，进行必要的资本结构决策，并签订书面合同。负债筹资主要包括发行债券、借贷筹资和融资租赁等方式。

一、债券发行筹资

（一）债券的含义

债券是债务人向债权人出具的承诺在一定时期支付约定利息和到期偿还本金的债务凭证，它是一种有价证券。股份公司和有限责任公司发行的债券称为公司债券；非公司企业发行的债券称为企业债券。这里所说的债券，指的是期限超过 1 年的公司债券，其发行目的通常是为了筹集大型建设项目的长期资金。

（二）债券的种类

公司债券有很多形式，主要有如下分类：

1. 按债券上是否记有持券人的姓名或名称，分为记名债券和无记名债券

两种债券在转让上的差别与记名股票、无记名股票相似。

2. 按能否转换为公司股票，分为可转换债券和不可转换债券

若公司债券能转换为本公司股票，为可转换债券；反之为不可转换债券。一般来

讲，前种债券的利率要低于后种债券。

以上两种分类为我国《公司法》所确认，除此之外，按照国际通行做法，公司债券还有另外一些分类。

3. 按有无特定的财产担保，分为抵押债券和信用债券

发行公司以特定财产作为抵押品的债券为抵押债券；没有特定财产作为抵押，凭信用发行的债券为信用债券。抵押债券又分为：一般抵押债券，即以公司产业的全部作为抵押品而发行的债券；不动产抵押债券，即以公司的不动产为抵押而发行的债券；设备抵押债券，即以公司的机器设备为抵押而发行的债券；证券信托债券，即以公司持有的股票以及其他担保证书交付给信托公司作为抵押而发行的债券等。

4. 按利率的不同，分为固定利率债券和浮动利率债券

将利率明确记载于债券上，按这一固定利率向债权人支付利息的债券，为固定利率债券；债券上明确利率，发放利息时利率水平按某一标准（如政府债券利率、银行存款利率）的变化而同方向调整的债券，为浮动利率债券。

（三）债券的发行价格

债券的发行价格是债券发行时使用的价格，亦即投资者购买债券时所支付的价格。公司债券的发行价格通常有三种：平价、溢价和折价。

平价指以债券的票面金额为发行价格；溢价指以高于债券票面金额的价格为发行价格；折价指以低于债券票面金额的价格为发行价格。债券发行价格的形成受诸多因素的影响，其中主要是票面利率与市场利率的一致程度。债券的票面金额、票面利率在债券发行前即已参照市场利率和发行公司的具体情况确定下来，并载明债券之上。但在发行债券时已确定的票面利率不一定与当时的市场利率一致。为了协调债券购销双方在债券利息上的利益，就要调整发行价格，即：当票面利率高于市场利率时，以溢价发行债券；当票面利率低于市场利率时，以折价发行债券；当票面利率与市场利率一致时，则以平价发行债券。

（四）债券筹资评价

1. 债券筹资的优点

（1）资金成本较低。与股票相比较而言，发行债券筹资的成本较低，一是债券发行费用较低，二是债券利息允许在所得税前支付，减轻了公司的负担，因此，公司实际负担的债权成本一般低于股权成本。

（2）保证控股权。债券持有者无权参与公司的管理，因此，发行债券筹资不会分散公司的控股权。

（3）财务杠杆作用。由于债券的利息是固定的，且在所得税前支付。公司如能保证债券所筹集的资金其投资收益率高于债券利息率，可使普通股每股收益提高。

（4）便于调整资本结构。公司通过发行可转换债券，或在发行债券时规定可提前赎回的债券，有利于公司主动地、合理地调整资本结构，确定负债和权益的比例。

2. 债券筹资的缺点

（1）财务风险大。债券有固定的到期日，并定期支付利息，要承担按期还本付息

的责任。若公司经营不景气，会给公司带来更大的财务困难，有时甚至导致破产。

（2）筹资数量有限。利用债券筹资，通常受一定额度的限制，当公司的负债比率超出了一定程度后，债券筹资的成本就增加了。我国公司法规定，公司发行流通在外的债权累计总额不得超过该公司资产的40%。

（3）限制条件严格。发行债券的限制条件一般比长期借款、租赁筹资的限制条件要多而且严格，从而限制了公司对债券筹资方式的使用，甚至会影响公司以后的筹资能力。

二、借贷筹资

借贷筹资按照借贷期限的不同可分为长期借贷筹资和短期借贷筹资，前者主要包括长期借款筹资，后者主要包括短期银行借款和商业信用筹资。

（一）长期借款

长期借款是指公司向银行和非银行的金融机构和其他单位借入的、期限在1年以上的借款。主要用于购建固定资产和满足长期流动资金占用的需要。

1. 长期借款的利率

银行借款的利息率取决于资本市场的供求关系、借款的期限、借款有无担保及公司资信状况等。一般情况下，长期借款的利息率通常要高于短期借款的利息率。长期借款的利息率可采用固定利率、变动利率和浮动利率三种。

2. 长期借款筹资的优点

（1）融资速度快。与发行股票、债券相比，长期借款免去了证券发行过程中不可缺少的报批、宣传、印刷、发行等环节，程序比证券筹资简单，能较快取得资金。

（2）借款成本较低。长期借款利息可在所得税前支付，使公司减轻了利息负担，而且长期借款筹资不需经过证券机构，减少了筹资费用，使筹资成本低于债券成本。

（3）借款弹性较大。公司借入款项时，与银行商定借款的数额、期限、利率、偿还方式等；借款后，也可变更借款数额、期限、偿还方式等。而证券筹资由于筹资对象是社会广大投资者，协商改变融资条件不现实。

（4）可发挥财务杠杆作用。公司借入款项后，如能使投资收益率大于长期借款的利息率，公司即可获得财务杠杆利益。

3. 长期借款的缺点

（1）筹资风险较高。借款通常有固定的利息和固定的偿还期限，公司财务状况不佳无法支付到期债务时，会面临破产的风险。

（2）限制条件较多。贷款银行为了保护自身利益，在与公司签订贷款协议中通常附加许多限制性条款。这些限制性条款限制了公司的经营活动，降低了借款的使用效果。

（3）筹资数量有限。长期借款难以取得债券、股票筹资形式所能取得的资金数额。

（二）短期银行借款

1. 短期银行借款的种类

短期银行借款是指公司向商业银行借入的期限在 1 年以内的借款，也是公司短期融资的一种重要方式。短期银行借款又可以分为以下四种：

（1）信用借款。信用借款是指银行或其他金融机构完全凭借款人的信用，无需提供经济担保和财产抵押的一种借款方式。这种方式只适用于那些信誉好、经济实力强、经济效益显著的企业。

（2）经济担保借款。经济担保借款是指要求借款人以第三方的经济信誉或财产担保作为还款保证而发放借款的一种方式。一般要求担保方是经济实力雄厚、信誉好、具有法人资格的企业，如财政、金融、上级主管部门均可成为特殊信用担保人。银行要对担保方的资格、承保能力进行审查，并同借款人、担保方签订合法完整的借款合同、担保合同，明确担保方的责任。担保方有责任监督借款人按借款合同的要求还款和代借款人偿还逾期借款本息。一般作为担保方也要对被担保的企业做好资信调查，以免承担不必要的损失。

（3）抵押借款。抵押借款是借款人将自己的财产作为抵押物而取得的短期借款的一种方式。借款人提供的抵押物，必须是所有权明确，银行应对抵押物进行估计审查，然后才能签订抵押借款合同。当企业借款不能按期归还时，银行有权处理抵押物并优先受偿。

（4）贴现借款。贴现借款是指持有银行或商业承兑汇票的企业，以未到期的票据向银行取得借款的方式。银行要按票据到期值扣除从贴现日到汇票到期日的利息，予以贴现。到期付款单位无力付款时，如果原贴现的票据是商业承兑汇票，则贴现银行将汇票及有关凭证退回借款企业，并从借款企业的账户中扣回款项。

2. 银行借款的信用条件

（1）信贷额度。信贷额度即贷款限额，是借款人与银行在协议中规定的允许借款人借款的最高限额。如借款人超过规定限额继续向银行借款，银行则停止办理。此外，如果企业信誉恶化，即使银行曾经同意按信贷限额提供贷款，企业也可能得不到借款。这时，银行不会承担法律责任。

（2）周转信贷协定。周转信贷协定是银行有法律义务承诺提供不超过某一最高限额的贷款协议。在协议的有效期内，只要企业借款总额未超过最高限额，银行必须满足企业任何时候提出的借款要求。

（3）补偿性余额。补偿性余额是银行要求借款人在银行中保持按贷款限额或实际领用额的一定百分比（通常为 10% ~20%）计算的最低存款余额。从银行的角度看，补偿性余额可以降低贷款风险，对于借款公司来说，补偿性余额则提高了借款的实际利率，加重了公司的利息负担。补偿性余额贷款实际利率的计算公式为：

$$\text{补偿性余额贷款实际利率} = \frac{\text{名义利率}}{1-\text{补偿性余额比率}} \times 100\% \qquad (7.18)$$

3. 短期银行借款筹资评价

短期银行借款的优点：

（1）筹资速度快。发行各种证券筹集长期资金所需时间一般较长。而银行借款与发行证券相比，所需时间较短，可以迅速地获取资金。

（2）筹资成本低。利用银行借款所支付的利息比发行债券所支付的利息低，也无需支付大量的发行费用。

（3）借款弹性好。企业与银行直接接触，可通过直接商谈，来确定借款的时间、数量和利息。

短期银行借款的缺点：

（1）资本成本高。短期借款由于要承担利息，某些借款还需要附带一些条款，如最低存款金额、贴息等，因而会使借款的实际利率提高，加大其资本成本。

（2）限制条款较多。企业与银行签订的借款合同中，一般都有一定的限制条件，如定期报送会计报表、不准改变借款用途等，这些条款可能限制企业的经营活动。

（三）商业信用

1. 商业信用的概念与特点

商业信用是指商品交易中延期付款或延期交货（预收货款）而形成的债权债务关系。商业信用是企业之间的一种直接信用行为，是企业经常使用的一种筹资方式。

商业信用具有以下主要特点：（1）商业信用是在商品买卖及劳务提供过程中经交易双方协商自然形成。市场经济越发达，商业信用就越普遍。（2）商业信用筹资非常方便。卖方在确认购买方信用条件或为了促销的情况下，都可以提供商业信用。（3）商业信用筹资建立在企业财务信誉基础之上。企业获得商业信用的机会大小取决于企业信誉和生产经营规模两个因素，前者决定获得商业信用的可能性，后者决定商业信用的规模大小。

另外，商业信用还具有时间短、放弃现金折扣成本高、发生拖欠时对企业信誉影响大等特点。

2. 商业信用的形式

商业信用的具体形式主要有应付账款、应付票据、预收账款等。

（1）应付账款。应付账款是企业购买货物或接受劳务暂未付款而对卖方的欠款。应付账款是在商品销售和劳务提供过程中自然发生的商业信用。当买卖双方发生商品交易，买方收到货物后，在卖方允许的情况下，延至一定时期以后付款。在延期付款的这段时间里，卖方向买方提供了商业信用。

倘若买方企业购买货物后在卖方规定的折扣期内付款，便可以享受免费信用，这种情况下企业没有因为享受信用而付出代价。

例7-5：A企业按2/10、N/30的条件购入货物10万元。如果该企业在10天内还款，便享受了10天的免费信用期，并获得折扣0.2（$10\times2\%$）万元，免费信用额为9.8（$10-0.2$）万元。

倘若买方企业放弃折扣，在10天后（不超过30天）付款，该企业便要承受因放弃折扣而造成的隐含利息成本。放弃现金折扣的成本可由下式求得：

$$\text{放弃现金折扣成本}=\frac{\text{折扣百分比}}{1-\text{折扣百分比}}\times\frac{360}{\text{信用期}-\text{折扣期}} \tag{7.19}$$

运用上式，该企业放弃折扣所负担的成本为：

$$\frac{2\%}{1-2\%}\times\frac{360}{30-10}=36.7\%$$

(2) 应付票据。应付票据是购销双方按照购销合同进行商品交易，延期付款而签发的、反映债权债务关系的一种信用凭证。根据承兑人的不同，应付票据分为商业承兑汇票和银行承兑汇票两种。我国的应付票据支付最长为9个月。应付票据可以带息，也可以不带息，利率一般不高于同期银行借款的利率。

(3) 预收账款。预收账款是在商品购销中卖方在交付货物之前向买方预先收取部分或全部货款的信用形式。预收账款相当于卖方向买方借款，而在以后一定时期以商品归还。企业在销售紧俏商品或销售生产周期长、价值高的商品时，经常采用预收货款的方式，以缓和资金需求的矛盾。

3. 商业信用评价

商业信用筹资的优点：

(1) 筹资便利。利用商业信用筹措资金非常方便。因为商业信用与商品买卖同时进行，属于一种自然性融资，没有必要做正规的安排。

(2) 筹资成本低。如果没有现金折扣或企业不放弃现金折扣，则利用商业信用集资没有实际成本。

(3) 限制条件少。如果利用银行借款筹资，银行往往对贷款的使用规定一些限制条件，而商业信用则限制较少。

商业信用筹资的缺点：

商业信用的期限一般较短，如果企业取得现金折扣，则时间会更短；但如果放弃现金折扣，则要付出较高的资金成本。

三、融资租赁

(一) 融资租赁的含义

租赁指出租人在承租人给予一定报酬的条件下，授予承租人在约定的期限内占用使用财产权利的一种契约性行为。租赁的种类很多，我国目前主要有经营租赁和融资租赁两类。经营租赁，又称营业租赁，它是比较典型的租赁形式，通常为短期租赁。融资租赁又称财务租赁，通常是一种长期租赁，可解决公司对长期资产的需要，故又称为资本租赁。融资租赁是现代租赁的主要形式。

(二) 融资租赁租金的计算

租金是承租企业占用出租人的资产而向出租人付出的代价。租金支付额的多少和支付方式必然对承租企业的现金流和财务状况产生影响。是租赁决策的重要考虑因素。

1. 融资租赁租金的构成

在我国，从事融资租赁的出租人主要有租赁公司、信托投资公司和银行信贷部门。这些出租人出租资产，除了要从租金中抵补其购入资产的各项成本和费用，还要获得相应的利润，因此，融资租赁的租金包括租赁资产的成本、租赁资产的成本利息、租赁手续费三大部分。

(1) 租赁资产的成本。租赁资产的成本大体由资产的购买价（若出租人是资产的生产商，则谓出厂价）、运杂费、运输途中的保险费等项目构成。如果资产由承租人负责运输和安装，运杂费和运输途中的保险费便不包括在租金中。

(2) 租赁资产的成本利息。即出租人向承租企业所提供的资金的利息，如为购买租赁资产而向银行借款所应支付的利息。

(3) 租赁手续费。它既包括出租人承办租赁业务的费用，还包括出租人向承租企业提供租赁服务所赚取的利润。

2. 租金的计算方法

在我国融资租赁业务中，计算租金的方法一般采用等额年金法。等额年金法是利用年金现值的计算公式变换后计算每期支付租金的方法。因租金有先付租金和后付租金两种支付方式，须分别说明。

(1) 后付租金的计算。承租企业与租赁公司商定的租金支付方式，大多为后付等额租金，即普通年金。其计算公式为：

$$A = P/(P/A, i, n) \tag{7.20}$$

例 7－6：某公司采用融资租赁方式于 2006 年 1 月 1 日从某租赁公司租入一台设备，设备价款为 40 000 元，租期为 8 年，到期后设备归该公司所有，为了保证租赁公司完全弥补融资成本、相关的手续费并有一定盈利，双方商定采用 18% 的折现率，试计算该公司每年年末应支付的等额租金。

$$A = 40\,000/(P/A, 18\%, 8)$$
$$= 40\,000/4.0776 = 9\,810 \text{（元）}$$

(2) 先付租金的计算。先付等额租金的计算公式：

$$A = P/[(P/A, i, n-1) + 1] \tag{7.21}$$

例如上例采用先付等额租金方式，则每年年初支付的租金额为：

$$A = 40\,000/((P/A, 18\%, 7) + 1)$$
$$= 40\,000/(3.8115 + 1) = 8\,313 \text{（元）}$$

（三）融资租赁的评价

融资租赁的优点主要表现为筹资速度快，限制条款少，设备淘汰风险小，到期还本负担轻，税收负担轻等优势。而融资租赁筹资的最主要缺点就是资金成本较高。一般来说，其租金要比举借银行借款或发行债券所负担的利息高得多。在财务困难时，固定的租金也会构成一项较沉重的负担。另外，要考虑当事人的违约风险，租赁业务所涉及的当事人很多，如果当事人中有一方违约，就可能给其他当事人带来风险。

本章小结

公司筹资的基本目的是为了自身的生存和发展。具体说来，公司筹资动机有以下几种：设立性筹资动机、扩张性筹资动机、调整性筹资动机和混合性筹资动机。筹资活动可以为公司创造价值，主要体现在扩大公司筹资的规模或数量、降低筹资成本、优化资本结构等都可以提高公司价值。公司筹资，按照不同角度通常可分为权益筹资与负债筹资、直接筹资与间接筹资、长期资金筹集与短期资金筹集、表内筹资与表外筹资等类型。我国公司目前的筹资渠道包括：政府财政资本、银行信贷资本、非银行金融机构资本、其他法人资本、民间资本、公司内部资本。我国公司筹资方式主要有：吸收直接投资、发行股票筹资、发行债券筹资、发行商业本票筹资、银行借款筹资、商业信用筹资、租赁筹资。

公司理财中的杠杆效应包括经营杠杆、财务杠杆和总杠杆三种形式。杠杆利益与风险是公司资本结构决策的一个基本因素。公司的资本结构决策应当在杠杆利益与风险之间进行权衡。即公司资本结构决策在很大程度上是要决定如何运用财务杠杆，获得杠杆利益的问题。公司要发挥杠杆的作用，获得杠杆利益，就应承担相应的风险，包括营业风险和财务风险，为此必须在杠杆利益与其风险之间作出合理的权衡。

资本结构理论是关于公司资本结构、公司综合资本成本率与公司价值三者之间关系的理论。它是公司理财的重要内容，也是资本结构决策的重要理论基础。从资本结构理论的发展来看，主要包括早期资本结构理论，现代资本结构理论和新的资本结构理论。公司资本结构决策的方法主要有加权资本成本最低、每股收益最大和公司总价值或市场价值最大。

按照资金的来源渠道不同，可以将公司筹资划分为权益筹资和负债筹资，权益筹资具体包括吸收直接投资、发行股票筹资、认股权证筹资。负债筹资则具体包括发行债券筹资、借贷筹资和融资租赁。不同的筹资方式具有不同的特点，公司可根据自身的特点和具体需求加以灵活运用，从而降低公司资本成本和提高公司价值，有效地实现公司的筹资目标。

本章参考文献

1. 财政部会计资格评价中心：《财务管理》，中国财政经济出版社 2005 年版。
2. 陈文浩：《公司财务》，上海财经大学出版社 2003 年版。
3. 陈雨露：《公司理财》，高等教育出版社 2003 年版。
4. 谷祺、刘淑莲：《财务管理》，东北财经大学出版社 2003 年版。
5. 荆新、王化成、刘俊彦：《财务管理学》，中国人民大学出版社 2002 年版。
6. 理查德 A. 布雷利等著，方曙红等译：《公司财务原理》，机械工业出版社 2004 年版。
7. 陆正飞：《财务管理》，东北财经大学出版社 2001 年版。
8. 斯蒂芬・A. 罗斯等著，吴世农等译：《公司理财》，机械工业出版社 2000 年版。
9. 尤金・F. 布瑞翰等著，胡玉明主译：《财务管理基础》，东北财经大学出版社 2004 年版。

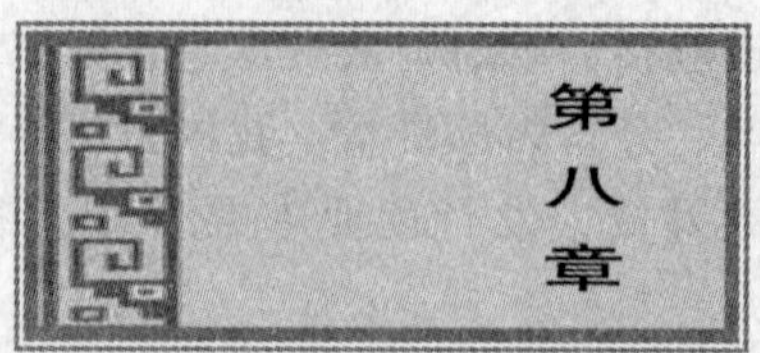

公司投资管理

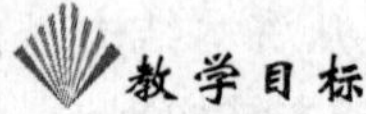

教学目标

◇基本目标

通过本章学习使学生明确投资管理在财务管理中的地位和作用，掌握公司投资管理的基本思路和基本内容，树立投资管理的理念，并能够熟练应用投资管理的技术和方法。

◇具体目标

明确投资的基本含义和分类；
理解投资管理与公司价值之间的关系；
掌握债券的价值及预期收益率的计算；
熟悉债券投资的风险管理；
掌握普通股的价值及预期收益率的计算；
熟悉股票投资的风险管理
掌握投资项目现金流量的估算方法；
掌握各种投资评价标准的优缺点；
掌握投资项目进行风险分析的方法；
能够运用投资决策评价标准进行投资项目的财务可行性分析；
能够应用风险调整折现率法和确定当量系数法对项目进行风险调整。

本章提要

本章在明确投资的定义以及公司投资管理内容的基础上，重点阐述了证券投资管理和项目投资管理的内容。回答了什么是投资、投资的类型有哪些，什么是债券投资、如何进行债券投资决策分析，什么是普通股投资、如何进行普通股的投资决策分析等问题；说明了什么是现金流量，如何估算投资项目的现金流量，项目投资评价的标准及其比较，项目投资的风险类型，以及如何对项目进行风险分析和风险调整。

投资活动是公司的一项基本财务活动，公司投资管理是公司财务管理的一项主要内容，本章第一节首先介绍了投资的定义，投资的种类，并明确了公司投资管理的基本内容以及公司进行证券投资和项目投资的流程；第二节主要阐述了公司投资管理的一项内容，即证券投资管理，本节分别对债券和股票的价值评价进行了详细阐述，同时也对其如何进行风险管理进行了说明；第三节则论述了公司投资管理的另一内容，即项目投资管理，本节阐述了项目投资的现金流量估算，重点讲解了项目投资评价标准及其比较分析，并对项目投资的风险进行了分析，包括与项目投资相关的风险类型及其度量、风险分析和风险调整方法等内容。

第一节　公司投资管理概述

一、投资的定义及种类

（一）投资的定义

在西方经济学中，投资是一个含义宽泛却没有一个严格而统一定义的概念，概括而言，投资是指投资者当期投入一定数额的资本以期在未来获得相应回报的过程。为了更好地理解投资概念的内涵，我们还需要明确有关投资的以下概念：

1. 投资主体

投资主体是利用一定的经济资源进行投资活动的人或人格化组织，它具有多元性特征，包括个人、公司、非法人机构或团体、政府等。本章重点讨论的是公司作为投资主体的投资。

2. 投资范围

投资的范围非常广泛，既包括投资者购买股票、债券等证券投资，也包括投资者购置土地、厂房、机器设备等固定资产项目投资，还包括企业通过聘请专家对员工进行培训所进行的人力资源投资等。本章重点讨论的只是证券投资和项目投资。

3. 投资形态

投资形态是指投资资金来源的存在形态。即投资者投入到目标方案中的、在寻找、拟定、决策和实施过程中耗费的各种经济资源，包括货币、有形资产（如固定资产、流动资产）、无形资产（如专利、非专利技术、商标使用权、土地使用权等）。

4. 投资回报

投资回报是投资者投入一定数额的资金后在未来所获得的收益。投资者期望获得的收益率应该能够补偿投资资金被占用的时间、预期的通货膨胀率和收益率的不确定性（风险），这种收益率就是投资者的必要收益率。

（二）投资的种类

投资所包括的范围十分广泛，下面根据不同的投资方式和内容对投资进行了几种分类。

1. 按投资回收时间长短分为长期投资和短期投资

长期投资是指一年以上才能收回的投资，主要指对厂房、机器设备、无形资产和长期有价证券的投资；短期投资是指能够并且准备在一年内收回的投资，主要指对现金、应收账款、存货、短期有价证券等流动资产的投资。

2. 按与企业生产经营的关系分为直接投资和间接投资

直接投资是指投资者直接将资金投放于从事实质性生产经营的资产，以便获取利润的投资活动，在这种投资方式下，资产的所有权和生产经营管理权是统一的，强调的是拥有资产的生产经营控制权；间接投资是把资金投放于证券等金融资产，以便取得投资收益和资本利得的投资活动。在这种投资方式下，资产的所有权和生产经营管理权是相对分离的，投资者不具有直接参与资产经营管理的权利，只能进行间接的监督控制。

3. 按投资对象分为项目投资和证券投资

项目投资通常是以企业作为投资主体，以特定项目为对象，围绕着生产经营中所需固定资产数量的增加与质量的改善而进行的投资，如建造厂房、购置和安装设备、购买原材料等。项目投资是企业长期发展战略的财务体现，它是构成企业的核心能力和竞争优势的关键。证券投资是以股票、债券等有价证券为投资对象，目的是为了获取利息、股利而使得资本增值或获得对特定资源、市场及其他企业的控制权，主要包括债券投资、股票投资及其他证券投资。这种分类与直接投资和间接投资的内涵是一致的，只是角度不同，它更强调投资的对象性。虽然这两种投资所使用的财务概念相同，都包括资产的流动性、风险性和收益性等，但是，其投资决策的程序与方法并不相同。

二、公司投资管理的基本内容

按照不同的投资方式和内容，投资有不同的分类，这里我们以公司作为投资主体，按照投资对象进行分类，围绕着增加企业的经济效益、实现企业价值最大化目标对证券投资管理和项目投资管理加以阐述。

这里的证券投资是以公司作为投资主体，有价证券为投资对象，公司将闲置资金投入到证券市场，通过买卖证券或持有证券以实现货币资金保值和增值。证券包括债券、股票、认股权证、可转换债券等金融工具，每种证券投资都具有其不同的特征，价值评价和收益率评价也都有各自不同的方法，但是公司不论投资何种证券都面临着如何最大限度的获利和尽可能避免各种风险的两难选择，因此，如何在风险和收益之间寻找最佳组合，从而实现投资收益的相对最大化是其主要目标。

公司的项目投资是指以特定项目为投资对象，围绕着生产经营中所需固定资产数量的增加与质量的改善而进行的生产性投资，项目投资与企业价值之间是必然关联的，如果公司投资一项产生正的净现值的项目，项目的收入大于成本，则会增加公司的价值，增加股东的财富，从而使公司的股票价格上涨。因此，如何估算项目的现金流量、如何选择和应用评价标准是项目投资管理的一项重要内容，另外，由于现实的经济活动充满着不确定性，项目投资也存在着一定的风险，因此，在进行投资决策分析时，我们还应当考虑在风险存在的条件下如何进行项目的决策和管理。

三、公司投资管理与价值创造

公司的投资管理与公司价值这两者之间是必然关联的，其原因在于，现代企业财务管理的目标是追求企业价值最大化，按照 MM 的定义，企业价值是企业未来经营活动所创造现金流量的现值，而决定企业经营活动现金流量的根本因素只有一个，就是投资决策。科学的投资决策能够为企业发展的不同阶段创造理想的经营现金流量，结合合理的风险控制即可实现企业价值最大化的目标。与投资决策相比较，融资决策、股利政策等均为派生的、从属的、次要的财务决策。这是因为企业的融资决策、股利分配在很大程度上取决于投资决策，例如，企业融资的目的是为了满足投资的需要，因此企业采用的融资方式、选择的融资时机、确定的融资组合等都要受到投资决策的制约。另外，企业在制定股利分配政策时也要考虑再投资的需要，如果企业有较好的投资机会，一般都会偏向于留用较多的利润来满足再投资对资金的需要，可见企业的股利政策也会受到投资决策的影响。因此，企业的投资管理在财务管理中处于核心地位。

第二节　证券投资管理

一、债券投资管理

（一）债券价值评价

债券价值是指债券预期未来现金流入按照应计收益率进行折现的现值总和。对于投资者而言，只有债券的价值大于购买价格时，才值得购买。债券价值是债券投资决策时使用的主要指标之一。

1. 零息债券的价值

零息债券是指发行人不向投资者进行任何周期性的利息支付，而是把到期价值和购买价格之间的差额作为利息回报给投资者，它的特点就是债券的持有人在债券到期前不能得到任何的现金支付。零息债券是在未来的 m 年后支付 M 金额的面值，假设 m 年中每年的利率为 i（一般把该利率作为市场利率），由于面值是债券支付的唯一现金流量，因此，债券的内在价值为：

$$V=\frac{M}{(1+i)^{m}} \tag{8.1}$$

式中：V 表示债券的价值；M 表示面值；i 表示市场利率；m 表示期限。

假如市场利率为 10%，对于期限为 2 年且面值为 1 000 元的零息债券的内在价值为：

$$V=\frac{M}{(1+i)^{m}}=\frac{1\,000}{(1+10\%)^{2}}=826.45\text{（元）}$$

大约是面值的82.6%。

2. 附息债券的价值

附息债券又称定期债券，或固定利息债券，即投资者不仅可以在债券到期时收回本金，而且还可以定期获得固定的利息收入。例如，美国政府和美国企业发行的债券，一般是每6个月支付一次票面利息，直到债券到期。由于债券的价值是未来现金流量的现值总和，对于一种不可赎回的附息债券的现金流量构成则包括两个部分：（1）到期日之前周期性的票面利息支付；（2）票面的到期价值。因此，附息债券的价值是其利息支付的现金流和本金支付的现值之和：

$$V=\sum_{t=1}^{n}\frac{I_t}{(1+i)}+\frac{M}{(1+i)^n} \tag{8.2}$$

式中：V表示债券的价值；I表示每年利息；M表示到期本金；i表示折现率，一般采用当时的市场利率或投资者要求的最低收益率；n表示债券到期前的年数。

例8-1：假设MM公司拟于2007年1月1日购买1 000张票面价值为1 000元、3年期、票面年利率为10%的债券，该债券在每年的1月和6月各支付一次利息，到期一次还本。假设同期市场利率为12%，则债券的内在价值是多少？

由于该债券是每半年支付一次利息，因此，该债券半年的利率为5%（10%/2），半年的利息为50元，从2007年到2010年共有6期支付，投资者每期从该债券获得的现金流量如表8-1所示。

表8-1　投资者在2007年~2010年间获得的现金流量　单位：元

时　间	2007年6月	2008年1月	2008年6月	2009年1月	2009年6月	2010年1月
现金流量	50	50	50	50	50	50+1 000

按照公式，债券的内在价值为：

$$\begin{aligned}V&=50\times(P/A,6\%,6)+1\,000\times(P/F,6\%,6)\\&=50\times4.9173+1\,000\times0.705\\&=950.87(元)\end{aligned}$$

如果债券的市价小于内在价值，如不考虑风险问题，购买此债券是合算的，可获得大于10%的收益。

3. 一次性还本付息债券的价值

一次性还本付息债券的现金流量只有一次，即到期日的本息之和。对于这样的债券，只要按照当时的市场利率或投资者要求的最低收益率对债券的本息之和进行折现就可以了。一次性还本付息债券的估价模型为：

$$V=\frac{M(1+r)^n}{(1+i)^m} \tag{8.3}$$

式中：V表示债券的价值；r表示票面利率；M表示面值；i表示该债券的折现率；n表示债券从发行日至到期日的时期数；m表示从买入日至到期日的所余时期数。

（二）债券的预期收益评价

另一个有助于评价债券收益水平的指标是债券的收益率，常见的债券收益率有以下几种：

1. 当期收益率

当期收益率（current yield）是指持有债券一期且不卖出债券所能得到的报酬率，即债券的当期利息与市场价格之比，计算公式如下：

$$当期收益率=\frac{M\times r}{P} \tag{8.4}$$

式中，M为债券面值；r为每期收到的票面利率；P为债券持有人购入债券时实际支付的价格。

例如，面值为1 000元、期限为10年、票面年利率为6%、每年付息一次、售价为920元的债券的当期收益率为6.52%（60/920）。当期收益率的计算仅考虑了票面利率，没有考虑持有债券期间可能发生的资本利得或损失，也没有考虑货币的时间价值。

2. 到期收益率

到期收益率（Yield To Maturity，YTM）是使债券产生的现金流量等于其初始投资的收益率，也是指投资者购买债券后一直持有至到期日所获得的年报酬率。到期收益率的计算公式为：

$$P=\sum_{t=1}^{n}\frac{I}{(1+YTM)^{t}}+\frac{M}{(1+YTM)^{n}} \tag{8.5}$$

式中：P为债券的买入价格（含息价）；I为每年支付的利息；M为面值；n为付息次数，求出的YTM若要转换成年利率，还要乘上每年的付息频率（m）。

例8-2：假设YY公司于2007年7月1日购入面值为1 000元，票面年利率为5%，5年期的债券100 000张，每年支付一次利息，成交价为890元。若该公司持有该债券至到期日，其到期收益率为多少？

$890=50\times(P/A,YTM,5)+1\ 000\times(P/F,YTM,5)$

解该方程用“试算法”。

假设YTM=7%，经过试算：

$50\times(P/A,7\%,5)+1\ 000\times(P/F,7\%,5)$

$=50\times4.1002+1\ 000\times0.713$

$=918.01$（元）

当YTM=7%时，计算出的价格为918.01元，高于成交价890元，可判断到期收益率高于7%，因此，我们需要提高折现率进一步试算：

设YTM=9%试算：

$50\times(P/A,9\%,5)+1\ 000\times(P/F,9\%,5)$

$=50\times3.8897+1\ 000\times0.6499$

$=844.39$（元）

折现结果小于890元，可以判断，收益率低于9%，用插值法计算近似值：

$$债券的预期收益率\ YTM=7\%+\frac{918.01-890}{918.01-844.39}\times(9\%-7\%)=7.76\%$$

由 YTM 的公式可知，若不使用计算机或电脑软件来辅助，要计算 YTM 并不容易，因此，可用下面的简便算法求得近似结果：

$$YTM = \frac{I + (M - P) \div n}{(M + P) \div 2} \times m \quad (8.6)$$

将上述的例子代入，可得 YTM 的近似值为：

$$YTM = \frac{50 + (1\ 000 - 890) \div 5}{(1\ 000 + 890) \div 2} \times 1 = 7.62\%$$

到期收益率是投资者决策是否购买债券的一个重要依据，它考虑了债券当期的利息收入和将债券一直持有到期后投资者实现的任何资本利得或损失，反映了债券投资按复利计算的真实收益率。如果债券的到期收益率高于投资者要求的报酬率，则应该买进债券，否则就放弃。

但是值得注意的是，投资者使用到期收益率指标时，要有两个重要的假设：（1）投资者必须将债券持有至到期日，持有期间不能出售；（2）假设投资者对收到的利息仍可以以到期收益率进行再投资，这样才能保证投资者投资的实际收益率与到期收益率相等。

3. 赎回收益率

赎回收益率（Yield To Call，YTC），是指持有可赎回债券至赎回日所获得的报酬率。由于可赎回债券的发行者可能在到期日之前强制将债券赎回，此时投资者所关心则是赎回收益率，其计算公式如下：

$$P = \sum_{t=1}^{n} \frac{I}{(1 + YTC)^t} + \frac{P_C}{(1 + YTC)^n} \quad (8.7)$$

式中，n 为距赎回日期数；P 为赎回价格。

赎回收益率的计算与到期收益率的计算极为类似，只是以赎回价格代替债券面额，以距赎回日期数代替到期期数，同时赎回收益率的计算也要满足两个假设：必须持有至赎回日；收到的利息再投资仍可获得与 YTC 相同的报酬率。

（三）债券投资的风险管理

1. 债券投资风险的种类

（1）利率风险。利率风险是指由于市场利率变动引起债券价格与收益率发生变动的风险。一般而言，债券价格与利率风险呈反向关系，即市场利率上升，债券价格下跌；市场利率下跌，债券价格则上升，且债券的到期期间越长，企业所承受的利率风险越大。

（2）信用风险。债券风险中仅次于利率风险的是信用风险，即债券的发行者没有能力偿付债券利息与本金的风险。虽然在发生破产时，债券持有人的地位好于普通股和优先股股东，但是如果发行债券的公司一文不值，持有人仍有蒙受损失的风险。即使有良好业绩的优质公司，有时也会陷于信用风险的麻烦。例如，在 20 世纪 90 年代的金融动荡中，几乎所有的电讯公司，包括老牌的贝尔实验室的母公司朗讯技术及其子公司在信用评级中都被评为垃圾级债券。

（3）购买力风险。购买力风险也称通货膨胀风险，由于债券是一种法定的契约，多数债券的票面利率是固定不变的，所以当通货膨胀发生时，债券持有人从债券投资中获得的货币的实际购买力下降，致使其实际的收益率低于预期的收益率。

（4）再投资风险。再投资风险是指在市场利率下降时，由于企业购买了短期债券而没有购买长期债券，所以在短期债券到期时，企业就会有找不到有较高收益率的投资机会的风险。

（5）赎回风险。某些债券在发行时设立了赎回条款，即在债券发行一段时间后，发行者可以某一特定价格强制赎回流通在外的债券。当市场利率低于债券票面利率时，发行者就会收回原来高成本的负债，再以较低的利率举借新债，以节省利息成本。而对于企业而言，赎回条款的设置使得企业面临着不对称风险，即在市场利率升高时承担了债券价格下降的损失，而在市场利率降低、债券价格上升的情况下，如果债券被赎回，所收到的资金又要承担再投资风险。

（6）政策风险。政策风险是指由于政策变化导致债券价格发生波动而产生的风险。例如，我国在 1992 年国库券发行 1 年多以后，突然宣布给 3 年期和 5 年期两个券种实行加息和保值补贴，导致 092 券和 192 券价格暴涨；1995 年证券监管部门又突然宣布暂停国债期货交易，使国债价格暴跌，特别是 092 券，跌幅达 18% 以上。

2. 债券投资的风险管理方法

面对债券投资的过程中可能遇到的各种风险，企业需要认真对待，充分利用各种方法和手段去了解风险、识别风险，并制定风险管理的原则和策略以减少风险损失获取最大的收益。

（1）做好投资前的风险论证。在投资之前，企业应通过各种途径，充分了解和掌握各种信息，从宏观和微观两方面分析债券投资的可行性。

从宏观方面，需要准确分析各种政治、经济和社会因素的变动情况，判断未来一个时期内经济运行的周期性特点，各种宏观经济政策尤其是财政政策和货币政策的变动趋势，关注银行利率的变动以及影响利率的各种因素的变动，如通货膨胀率、失业率等指标。

从微观方面，要重点分析发行债券主体的信用等级状况、经营管理水平、产品市场占有情况以及发展前景和各项财务指标等。具体包括：①查询资信评估机构对债券的信用评级。信用级别越高，企业进行债券投资的安全性越强。②分析债券发行企业的盈利能力。企业的盈利能力越强表明企业经营管理越完善，经济实力越雄厚。③分析发行企业股权资本比率。发行企业拥有的股权资本比率越高，发展潜力越大，本息偿付能力越有保证。④预测发行企业的发展前景。发行企业产品的市场占有率越高、市场容量越大、技术创新能力越强说明越有发展前景。

（2）制定合理的债券投资策略。债券投资策略主要有被动债券投资策略和主动投资策略两种方式。被动债券投资策略也称为购买或持有策略，它适合于利率风险较低的情况。采用这一策略时，由于利率风险较低、收益稳定，价格波动可以忽略不计，如果再投资风险很小，购买力风险较低，且企业持有一组由多种高信用等级债券组成的债券组合，违约风险也很低时，则这种投资策略会给企业提供其预期的真实收益率。但是，如果通货膨胀率较高，利率波动幅度加大，采用被动投资策略会降低企业的真实收益率。在这种情况下，如果企业不打算放弃较高的收益，就必须改变投资策略，采用主动投资策略。主动投资策略有三种形式，一是持有各种期限的债券。例如，持有一组由不同偿还期组成的债券组合。二是根据对利率变动方向及变动幅度的预测而进行债券投资。三是基于债券市场可能存在的无效率而做出的各种具体策略，如考虑新债券的发行，债券价格周期性变动等因素而采取相应的策略。

(3) 运用各种投资方法和技巧。①准确计算债券投资收益率。债券投资收益率是债券投资决策的依据，因此必须准确计算。如果债券的到期收益率高于企业要求的报酬率，则应该买进债券，否则就放弃。②利用国债期货交易进行套期保值。国债期货套期保值交易对规避国债投资中的利率风险十分有效。国债期货交易是指投资者在资本市场上买入或卖出国债现货的同时，相应在期货市场上对同类债券做数量相同、时间相近、交易方向相反的交易，然后在适当的时候对期货交易进行对冲，用期货交易的盈亏抵补或部分抵补相关期限内现货买卖的盈亏，从而达到规避或减少国债投资利率风险的目的。

二、股票投资管理

(一) 普通股价值评价

普通股价值等于未来预期现金流量的折现值。当普通股价值高于市价时，则认为该股票具有投资价值。

1. 股票估价的基本模型

股票的价值是由一系列的股利和将来出售股票时售价的现值总和所构成，假设投资者买入股票并打算永远持有，那么当前股票价值就是无限期股利收益的现值，即：

股票价值 (P_0) = 期望未来股利的现值总和

$$= \frac{D_1}{(1+K_S)^1} + \frac{D_2}{(1+K_S)^2} + \cdots + \frac{D_\infty}{(1+K_S)^\infty}$$

$$= \sum_{t=1}^{\infty} \frac{D_t}{(1+K_S)^t} \tag{8.8}$$

式中：D_t—第 t 年的股利；

K_S—折现率即投资者要求的必要报酬率；

t—年份。

2. 零增长股票的估价模型

如果公司每年均发放固定的股利给股东，即预期股利增长率为零，这种股票称之为零增长股 (zero growth)，此时各年的股利均为一固定常数，即 $D_1 = D_2 = D_3 = D =$ 常数，则股票的价值可以被视为是每期现金流量等于 D 的永续年金现值总和，因此，每股股票的价值为：

$$P_0 = \frac{D}{K_S} \tag{8.9}$$

如果有一种股票每年均发放 2 元的现金股利，投资者要求的必要报酬率为 8%，则股票的价值为 25 元。当股票的市价低于 25 元时，说明该股票具有投资价值，购买后投资者会获得投资收益。

3. 固定增长股票的估价模型

事实上，随着公司业绩的成长，股利的发放也会随之增长而非一成不变。假定某种股票的股利总是以固定的比率增长，设这个增长率为 g，如果 D_0是刚分派的股利，则未来第 t 期的预期股利为：

$$D_t = D_0(1+g)^t$$

根据上述股票估价的基本模型：

$$P_0 = \sum_{t=1}^{\infty} \frac{D_t}{(1+K_S)^t}$$

可推出固定增长股票的估价模型：

$$P_0 = \sum_{t=1}^{\infty} \frac{D_0\ (1+g)^t}{(1+K_S)^t}$$

假设折现率 K_S大于股利增长率 g（否则现值是无限的，计算无意义），上式可简化为：

$$P_0 = \frac{D_1}{K_S - g}$$

这个简洁的结果被称为股利增长模型（dividend growth model），或以 Myron J. Gordon命名的戈登模型（Gordon model）。实际上利用股利增长模型不只限于得出当前的股票价值，我们可以利用该模型得出任何时点的股价，如时点 t 的股票价值为：

$$P_t = \frac{D_t \times (1+g)}{K_S - g} = \frac{D_{t+1}}{K_S - g} \tag{8.10}$$

例 8－3：假设 SS 公司下一次分派的股利为每股 5 元，投资者要求的必要报酬率 K_S为 15%，SS 公司预期股利每年增长 4%，根据股利增长模型，SS 公司股票目前的价值是多少？

这里要注意的是，公司下一次的股利 D_1是 5 元，因此不用再乘以（1 + g）了，则利用股利增长模型的计算公式可以得出该股票目前的价值是：

$$P_0 = \frac{D_1}{K_S - g}$$

$$= \frac{5}{15\% - 4\%}$$

$$= 45.45 \text{（元）}$$

4. 非固定增长股票的估价模型

某些股票的股利是按预计的固定比率增长的，但是，股利固定增长这一假说并不适合所有的公司，例如，20 世纪 20 年代的汽车制造业、90 年代的微软计算机软件商、21 世纪的美国在线网络公司等，这些公司在其成长阶段，股利的增长速度远高于整体的经济水平，是属于异常增长的公司，而这一阶段过后，公司的高增长可能又会降至正常增长率的水平，最后可能会低于正常增长率的水平。由此可见，我们用固定股利增长模型对异常的非固定增长的股票进行估价是不合适的。但是，如果我们假设公司以异常的高速的增长率增长 n 年，此后再以固定增长率 g 继续增长，n 通常称为到期日或终止日，则股票当前的内在价值 P_0 就是非持续增长期内股利的现值加上股利固定增长期的股票价值的现值：

$$P_0 = \underbrace{\frac{D_1}{(1+K_S)^1} + \frac{D_2}{(1+K_S)^2} + \cdots + \frac{D_n}{(1+K_S)^n}}_{\text{非持续增长期间股利现值}} + \underbrace{\frac{P_n}{(1+K_S)^n}}_{\text{股利固定增长期股票价值的现值}} \tag{8.11}$$

其中：$P_n = \dfrac{D_{n+1}}{K_S - g}$

例 8-4：假定 QQ 公司与政府签订了一项合约，投资者预计该项合约可以使公司在今后的两年内有很好的业绩，并在两年内维持一个 16% 的增长率，而两年过后，增长率将迅速下降到 6% 的水平上。公司当前每年支付每股 2 元的股利，之后预期股利支付将与公司的增长率保持一致。与 QQ 公司相类似的公司股票的报酬率大约为 8%，如果当前 QQ 公司股票每股售价为 120 元，投资者是否应该购买该股票？

判断是否应该以当前价格购入 QQ 公司的股票，首先要确定股票的内在价值，然后与当前的售价进行对比。如果股票的内在价值高于当前的售价 120 元，那么购入该股票是有利可图的。

非固定增长股票估价的具体计算可分以下三个步骤：

第一步：计算非持续增长期每年末的股利。最近一期支付的股利 $D_0 = 2$，预计此后第 1 期的股利是在每股 2 元的基础上以增长率 $g_1 = 16\%$ 增加，则：

$D_1 = D_0(1+g_1) = 2 \times 1.16 = 2.32$(元)

再由 D_1 乘以 $(1+g_1)$ 便可得到第 2 年的股利：

$D_2 = D_1(1+g_1) = 2.32 \times 1.16 = 2.69$(元)

在计算 D_3 的过程中，公司的增长率变为了 $g_2 = 6\%$，

$D_3 = D_2(1+g_2) = 2.69 \times 1.06 = 2.85$(元)

第二步：计算到期日股票价值。非持续增长期结束后，即支付了第二次股利之后，该股票则以固定增长率 $g_2 = 6\%$ 持续增长，这时，我们可以用戈登模型计算第 2 年年末股票的价值，即到期日股票价值。

$$P_2 = \frac{D_3}{K_S - g_2} = \frac{2.85}{0.08 - 0.06} = 142.5(\text{元})$$

第三步：将时间轴上的各金额按必要报酬率折算成现值，然后加总。

$$\begin{aligned} P_0 &= \frac{D_1}{(1+K_S)^1} + \frac{D_2}{(1+K_S)^2} + \frac{P_2}{(1+K_S)^2} \\ &= \frac{2.32}{1+8\%} + \frac{2.69}{(1+8\%)^2} + \frac{142.5}{(1+8\%)^2} \\ &= 2.32 \times 0.9259 + 2.69 \times 0.8573 + 142.5 \times 0.8573 \\ &= 126.62(\text{元}) \end{aligned}$$

通过估价可以看到，现在股票的价值要比它当前的价格每股高出 6.62 元，如果估

价是正确的，那么短期内股票的价格将会攀升，投资者现在购入股票是明智之举。

（二）普通股预期收益率评价

投资者在进行股票投资时还可以运用普通股的预期收益率进行评价分析，以决定是否购入股票。股票的预期收益率是预期的未来报酬率，而不是过去的实际报酬率。只有当普通股的预期收益率大于投资者要求的必要报酬率时，才认为股票具有投资价值。

普通股预期收益率包括两个部分：预期股利收益率（dividend yield）和资本利得收益率（capital gains yield）。我们可以通过股利增长模型得出其计算公式，按照股利增长模型：

$$P_0 = \frac{D_1}{K_S - g}$$

如果我们把式子移项整理，则：

$$K_S = \frac{D_1}{P_0} + g \tag{8.12}$$

其中，D_1/P_0是股利收益率，因为它是由预期现金股利除以当前股价而得的，在观念上类似于债券的当期收益率；g 可以解释为资本利得收益率，是从公司整体的角度出发，包括股利支付和股票价格被认为是以增长率 g 发展的。

（三）股票投资的风险管理

由于股票投资的风险较大，这就要求投资者必须树立正确的投资理念，制定合理可行的投资计划，采取适当风险控制手段，才能获得最大的投资效益。

1. 树立价值投资理念

具有价值的股票是经得起市场波动考验的。在市场处于弱势状态的情况下，有内在价值的股票具有明显的抗跌性，甚至能成为弱市中的强者，逆市而涨。因此“选择正确的股票可以比正确利用市场的波动在热门股票和现金之间来换手有更多的盈利”①。在我国，由于多年来缺乏股票价值投资理念，投资者多以通过捕捉各种“概念”进行投机性操作。这不仅助长了市场的投机氛围，还影响了股市的健康发展。特别是从 2001 年以来几年的大幅下跌过程中，价值投资理念得到了市场的反复验证。因此，成功的投资在于关注投资对象的收益、上市公司的内在价值和发展前景，买到“好的证券”，即存在真正投资价值的股票，这样才能规避风险、获得收益。

2. 做好股票投资计划

投资者应该根据自身的风险承受能力制定一套股票投资计划以减少行为的盲目性。股票投资计划是投资者在识别投资风险的基础上，分析股市行情及各种投资对象，根据投资环境、自身特点制定的行动计划。投资计划的具体形式主要有：趋势投资计划、公式投资计划和保本或停损投资计划。第一，趋势投资计划是一种长期的投资计划，适用于长期投资者，这种计划要求投资者在一种市场趋势形成时，应保持自己的投资地位，只有在市场主要趋势逆转的讯号出现时才改变投资地位，否则则应顺势而动，取得长期

① J. M. 凯恩斯著，王雅悦、邵彦、毛虹译：《凯恩斯文集投资的艺术》，江苏人民出版社 1998 年版。

投资收益；第二，公式投资计划是一种按照定式投资的计划，其主要特点是：①将投资资金分为两部分，即进取性投资和保护性投资。前者投资于价格波动比较大的股票，其收益率一般比较高，风险也比较大；后者投资于股价比较稳定的股票，收益平稳，风险较低；②在两种资金之间确定一个恰当的比率，并随着股价的变化，按照定式对两者的比率进行调整，使两者的搭配能满足预期的收益水平和风险控制目标；③投资者根据市场价格水平的变化，频繁地进行股票买卖活动；第三，保本或停损投资计划是投资者在股市前途莫测与股价动荡不定时，为了避免或减轻资本金损失而采取的一类投资计划。

3. 运用风险控制的技巧和方法

（1）进行技术分析。技术分析是指运用统计方法或经验归纳方法，把股票的价格、时间、成交量等多种历史资料制作成容易识别的各种图表，以预测未来股票价格变化趋势的一种方法。技术分析法也可称为图表分析法。具体包括趋势分析法、K 线分析法、形态分析法、技术指标分析法等。技术分析可以帮助投资者确定买卖的时点，制定交易计划，评估风险，防止损失。但是技术分析只是一种分析工具，不能完全反映市场实况和预测其未来走势，只能在一定程度上帮助投资者提高投资的成功率。

（2）建立证券投资组合。现代投资组合理论的数学推演及实证研究结果表明，只要不同证券的报酬率不完全正相关，进行不同证券的投资组合就会降低投资风险。不同证券的相关系数愈低，其所组成的组合风险也愈低，分散非系统风险的效果越好。但是要进行有效的投资组合应具备以下三个条件：①所选择的各类资产，其风险可以部分地互相冲抵；②在投资总额一定的前提下，其预期收益与其他投资组合相同，但可能承受的风险比其他组合小；③投资总额一定的条件下，其风险程度与其他投资组合相同，但预期的收益比其他投资组合高。虽然组合投资的收益在多数情况下可能低于集中重点投资的收益，所以有的价值投资者不愿意实行分散化投资组合，但组合投资的抗风险能力肯定大大高于集中投资。事实上股票估价的复杂性使投资者不能保证对股票价值的判断完全的正确，那么投资分散化便是十分必要的补救措施之一。

（3）利用股票指数期货避险。股票指数期货是一种新的金融衍生工具，运用股票指数期货进行套期保值，可以为投资者大大减少投资风险。

第三节 项目投资管理

一、项目投资的现金流量估算

（一）现金流量的概念

现金流量（cash flow），是指一个投资项目引起的企业现金流入量（Cash Flow - In, CFI）和现金流出量（Cash Flow - Out, CFO）的统称，它是计算项目投资决策评价指标的主要依据。未来一定时期内企业的现金流入量减去所有现金流出量的差额通常称为现金净流量（Net Cash－Flow，NCF）即：

现金净流量(NCF)＝企业现金流入量(CFI)－现金流出量(CFO)　　(8.13)

（二）现金流量的估算应注意的问题

为了确定投资决策的真正影响，需要从增量的角度预测投资项目未来的现金流量，那么在判断哪些支出会引起公司总现金流量的变动，哪些支出不会引起公司总现金流量的变动时要注意以下几个问题：

1. 沉没成本

沉没成本（sunk cost）是指过去发生的成本，它并不因接受或摒弃某个项目的决策而改变，在项目分析时不应将其包括在内。例如，某化学品公司计划建设一个专门生产新型洗涤剂的车间，为此，公司已经向一家咨询公司支付了10万元人民币作为市场调研费，这项支出是去年发生的，由于这10万元的支出是不可收回的，是沉没成本，因此，这项成本就与将来的任何决策都无关，在预计现金流量时就不必考虑。

2. 机会成本

机会成本（opportunity costs）原是经济学术语。它以经济资源的稀缺性和多种选择机会的存在为前提，是指在经济决策中应由选中的最优方案负担的、按所放弃的次优方案潜在收益计算的那部分资源损失，也叫机会损失。在这里可以简单理解为若投资项目不使用公司现有的资产，这些资产所能产生的净现金流量。例如，上述化学品公司刚好有一块土地可以用来兴建车间，在进行投资项目可行性分析时，因为公司不必动用资金去购置土地，那么是否可以不将土地的成本考虑在内呢？答案是否定的。因为该公司若不利用这块土地来兴建车间，则可将这块土地移作他用，以产生收入，但由于要在这块土地上兴建车间，故公司只有放弃这笔收入，则这笔收入就代表兴建车间使用土地的机会成本。值得注意的是，不论公司当初以多少成本购入这块土地，都应以现行市价作为这块土地的机会成本。

3. 新项目的附属或连带现金流量效果

当企业接受某个投资项目后，该项目可能对企业现有产品的市场和销售产生影响，经济学家称之为外部性（externalities）。例如，若新建车间生产的产品上市后，企业原有产品的销售可能减少，而整个企业的销售额也许不增加甚至减少。因此，企业在进行投资分析时，应扣除其他产品因新产品上市而减少的销售收入，以增量现金流量为分析依据。

4. 净营运资本改变的影响

一般情况下，当企业开办一项新业务且销售额也因此扩大时，它对存货和应收账款的需求也会增加，企业必须筹措新的资金以满足这种额外的需求，另一方面，企业扩大销售的结果，使应付账款与一些应付费用等流动负债也随之增加，它们的增加可以降低企业流动资本的实际需要。所谓净营运资本的改变（change in net operating working capital）是指流动资产需求的增加和流动负债自然的增加的差额。正常情况下，在投资项目存续期的末期，存货将被使用而无需购买新的存货，应收账款也将被收回并且不会产生新的应收账款，应付账款和应付费用也随之偿付，这样就使得净营运资本恢复到原有水平。因此，在投资分析时，都假定企业在净营运资本上的投资在项目结束时被收回。

5. 利息费用

在对投资项目分析时，项目各年的现金流量不应包括利息费用。因为，我们对项目进行评估是按照项目的资本成本对其现金流量进行折现来计算的，资本成本是债务资本成本、优先股资本成本和普通股资本成本的加权平均数，是满足企业所有投资者包括债权人和股东的报酬率。折现的过程还原了表示项目资本成本的现金流量，如果在现金流量中先扣除了利息费用再进行现金流量折现，将使债务成本被双重计算，因此，在确定项目的现金流量时不应该减去利息费用。

（三）现金流量的构成内容

一般来说，项目的现金流量可分为三个部分：项目期初现金流量、项目寿命期内现金流量和项目寿命期末现金流量。

1. 项目期初现金流量

项目期初现金流量是投资开始时至项目正常运行之前（主要指项目建设过程中）发生的现金流量，主要包括：

（1）固定资产投资支出，如设备购置费、运输费、安装费等。

（2）垫支的营运资本，是指项目投产前后分次或一次投放于流动资产上的资本增加额。

其计算公式为：$\text{某年营运资本增加额} = \text{本年流动资本需用额} - \text{截至上年的流动资本投资额}$

其中：本年流动资本需用额 = 该年流动资产需用额 - 该年流动负债需用额

（3）其他费用，指不属于以上各项的投资费用，如投资项目的筹建费、职工培训费等。

（4）如果涉及资产更新决策，则初始现金流量还应包括待更新固定资产的变现净收入，指固定资产更新时旧设备出售的变价收入与清理费用之差。

（5）所得税效应，是指固定资产更新时变价收入的税赋损益。按规定，出售资产（如旧设备）时，如果出售价高于原价或账面净值，应缴纳所得税，多缴的所得税构成现金流出量；出售资产时发生的损失（出售价低于账面净值）可以抵减当年所得税支出，少缴的所得税构成现金流入量。诸如此类由投资引起的税赋变化，应在计算项目现金流量时加以考虑。

2. 项目寿命期内现金流量

项目寿命期内是指项目建成后，生产经营过程中发生的现金流量，这种现金流量一般是按年计算的。项目寿命期内现金流量主要包括：

（1）增量净收入，是指投资项目投产后增加的现金收入（或成本费用节约额）；

（2）增量经营成本，是指在经营期内为满足正常生产经营而需以现金支付的各种成本费用，不包括固定资产折旧费以及无形资产摊销费等，又称付现成本。

（3）各种税金支出，是指项目投产后依法缴纳的、单独列示的各项税款，包括营业税、所得税等。

（4）其他现金流出，是指不包括在以上内容中的现金流出项目，如营业外净支出。

项目寿命期内现金流量的确认可根据有关利润表的资料分析得出。其基本计算公式为：

$$\text{项目寿命期内某年的净现金流量}(NCF_t)=\text{该年收现销售收入}-\text{该年经营成本费用}-\text{该年所得税} \quad (8.14)$$

式中“经营成本”一般是指总成本减去固定资产折旧费、无形资产摊销费等不支付现金的费用后的余额。因此，该公式还可简化为：

$$\begin{aligned}\text{项目寿命期内某年的净现金流量}(NCF_t)&=\text{该年收现销售收入}-\left(\text{该年总成本}-\text{该年折旧}-\text{该年摊销}\right)-\text{该年所得税}\\&=\left(\text{该年收现销售收入}-\text{该年总成本}-\text{该年所得税}\right)+\text{该年折旧}+\text{该年摊销}\\&=\text{该年税后利润}+\text{该年折旧}+\text{该年摊销}\end{aligned} \quad (8.15)$$

3. 项目寿命期末现金流量

项目寿命期末现金流量主要指项目经济寿命终了时发生的现金流量，主要包括两部分：项目寿命期内现金流量和非项目寿命期内现金流量。项目寿命期内现金流量的计算同上，非项目寿命期内现金流量主要包括以下两部分：

（1）垫支营运资本的收回。这部分资本不受税收因素的影响，税法把它视为资本的内部转移，就如同把存货和应收账款换成现金一样，因此，收回的营运资本仅仅是现金流量的增加。

（2）固定资产残值变价收入以及出售时的税赋损益。固定资产出售时税赋损益的确定方法与初始投资时出售旧设备发生的税赋损益相同。如果预计固定资产报废时残值收入大于税法规定的数额，就应上缴所得税，形成一项现金流出量，反之则可抵减所得税，形成现金流入量。例如，某设备会计上预计净残值为 8 000 元，而按税法规定应提取残值 10 000 元，假定所得税税率为 33%。则此时确认的残值收入形成的现金流量并非 8 000 元，而应是 8 660 元，即 8 000 +（10 000 - 8 000）×33% = 8 660（元）。

（四）投资项目的现金流量分析实例

ABC 公司是一家电子器件制造公司，公司的管理层正在考虑将现有的手工操作的装配机更换为全自动装配机，有关信息如表 8 - 2 所示。

表 8 - 2　　投资项目现金流量分析基本数据

手工操作机器的目前现状	两名操作工人——每人每年工资、津贴 15 000 元	全自动机器的预计状况	一名操作工人——每人每年工资、津贴 15 000 元
	机器账面价值——108 000 元		新机器价格——120 000 元
	预计使用年限——10 年		新机器的运输费、安装费——5 000 元
	期末税法规定有残值——8 000 元		预计使用年限——6 年
	已使用年限——4 年		期末税法规定有残值——5 000 元
	年折旧费——10 000 元		年折旧费——20 000 元
	当前市价——40 000 元		每年维护费用——500 元
	每年维护费用——1 000 元		年残次品费——800 元
	年残次品费——3 000 元		所得税率——33%
	所得税率——33%		

项目期初的现金流出量包括新机器的买价加上运输费和安装费，现金流入量包括旧机器的出售收入，以及出售旧机器发生亏损而产生的税收节余。因为旧机器的售价低于其账面价值，因此可以节约亏损部分的33%的所得税。期初现金流入量减去现金流出量后，得到期初现金净流量 - 75 760 元，计算过程见表8 - 3。

表8 - 3 项目的期初现金净流量

现金流入量	旧机器的出售收入 旧机器出售亏损抵减所得税	40 000 元 (68 000 - 40 000) ×33% = 9 240(元)
现金流出量	新机器的购买价格 运输费、安装费	120 000 元 5 000 元
现金净流量		- 75 760 元

在新机器的使用寿命期内，我们需要考虑新机器替换旧机器后产生的增量现金流量。由于新机器设计更高效，因此只需要一个操作人员，降低了人工成本 15 000 元，同时也节约了维修费用 500 元和残次品费 2 200 元，由于新机器的折旧较高，增加的折旧每年会为企业减少税收 3 300 元，最后项目寿命期内的现金净流量为 21 000 元，具体计算如表 8 - 4 所示。

表8 - 4 项目寿命期内的现金净流量

时间 项目	1	2	3	4	5	6
节约人工成本 (15 000 ×2 - 15 000)	15 000	15 000	15 000	15 000	15 000	15 000
折旧费增加而减少的税收 (20 000 - 10 000) ×33%	3 300	3 300	3 300	3 300	3 300	3 300
节约维修费用（1 000 - 500）	500	500	500	500	500	500
节约年残次品费（3 000 - 800）	2 200	2 200	2 200	2 200	2 200	2 200
现金净流量	21 000	21 000	21 000	21 000	21 000	21 000

最后确定与项目有关的期末现金流量，由于旧机器的残值是 8 000 元，新机器的残值是 5 000 元，加上项目寿命期内的现金流量，则项目期末的现金流量为 18 000（21 000 + 5 000 - 3 000）元。

二、项目投资评价标准

由于投资项目对投资者至关重要，因此如何应用评价标准对项目进行筛选是很关键的。下面以投资项目的现金流量为基础，分别讨论回收期、平均会计收益率、净现值、内部收益率和获利指数的应用，其中，前两种方法没有考虑货币时间价值，后三种方法考虑了货币时间价值。

（一）回收期

回收期（Payback Period，PP）是指通过项目的净现金流量来回收初始投资所需要的时间，一般以年为单位。回收期的计算，因项目每年的经营现金净流量是否相等而有所不同。如果投资项目的投资额是一次支出，且每年的经营净现金流量相等，其计算公式为：

$$回收期 = \frac{初始投资额}{年现金净流量} \tag{8.16}$$

如果投资项目每年的现金净流量不相等，回收期是指年现金净流量累积到初始投资可以被收回的时间。

例 8－5：表 8－5 列示了 TEL 公司两个独立项目的资本支出数据，第 0 年的现金流量代表初始投资，请利用回收期的计算原理分别计算它们各自的回收期并进行决策，假设公司规定的最大回收期为 3 年。

表 8－5　　TEL 公司资本支出数据　　单位：万元

年　度	项目 A		项目 B	
	现金流量	净收益	现金流量	净收益
0	－200		－200	
1	80	20	40	20
2	80	20	80	35
3	80	20	100	55
4	80	20	150	70

由于 A 投资项目的投资额是一次支出，且每年的净现金流量都相等，因此其回收期的计算为：

200 ÷ 80 = 2.5（年）

B 投资项目每年的净现金流量都不相等，其累计的净现金流量状况分布如表 8－6 所示。

表 8－6　　B 项目累计现金流量状况　　单位：万元

项　目	0	1	2	3	4
净现金流量	－200	40	80	100	150
累计净现金流量	－200	－160	－80	20	170

根据表 8－6，B 项目的投资回收期计算如下：

2 + 80/100 = 2.8（年）

由计算结果可以看出，项目 A 和项目 B 的投资回收期均小于 3 年，都可以接受，但项目 A 的回收期相对更短一些，如果 A、B 为互斥项目，企业应选择 A 项目。

利用投资回收期标准进行项目衡量的原则是：如果投资回收期小于基准回收期（公司自行确定或根据行业标准确定）时，可接受该项目；反之则应放弃。在实务分析中，一般认为投资回收期小于项目周期一半时方为可行；如果项目回收期大于项目周期的一半，则认为项目不可行。在互斥项目比较分析时，应以回收期最短的方案作为中选方案。

回收期的最大优点是计算容易并且通过直觉可以进行判断，一般认为，回收期越短，项目的风险就越低，并且流动性越强，因此，它在一定程度上赋予管理层识别项目的风险性和流动性的能力。因此，回收期非常流行，特别是在一些小公司，常应用回收期作为决策标准，或者作为复杂决策方法的补充。

回收期是项目投资决策中一个非常简单但不精确的方法，它由于两个主要的缺点而受到批评。第一，没有考虑货币价值的时间因素，将第 1 年发生的 1 元的现金流入视为与第 1 年以后发生的 1 元的现金流入具有同等的价值，而事实上两者的价值是不能等同的。第二，它忽视了回收期以后的现金流量，因此不能把它看作获利能力的度量。例如，两个初始投资均为 60 万元的方案，如果前三年每年的净现金流量都是 20 万元，那么它们有相同的回收期，但假如其中一个方案预期三年后没有现金流量，而另一个方案预期随后的三年中每年产生 10 万元的现金流量，回收期则无法衡量其真实的获利能力。因此，回收期更偏向高流动性的短期投资，这一点对小公司可能非常重要，对大公司则可能不太重要。

（二）平均会计收益率

平均会计收益率（Average Accounting Return，ARR）是指投资项目年平均净收益除以整个项目期限内的平均账面投资额。这个比率越高，说明项目的获利能力越强。其计算公式为：

$$\text{平均会计收益率} = \frac{\text{年平均净收益}}{\text{年平均投资总额}} \times 100\% \tag{8.17}$$

式中，“年平均净收益”可按项目投产后各年净收益（税后利润）总和简单平均计算；“项目平均投资额”是指原始投资的算术平均数。

根据表 8 - 5 的资料，A 项目的平均会计收益率为：

$$\text{平均会计收益率} = \frac{20}{200 \div 2} \times 100\% = 20\%$$

B 项目的平均会计收益率为：

$$\text{平均会计收益率} = \frac{(20 + 35 + 55 + 70) \div 4}{200 \div 2} \times 100\% = 45\%$$

项目 A 与项目 B 的平均会计收益率均大于 15%，因此企业都可以接受，但是项目 B 的平均会计收益率要高于项目 A，如果是互斥项目，企业应选择项目 B。

利用会计收益率衡量投资项目的标准是：如果会计收益率大于基准会计收益率（通常由公司自行确定或根据行业标准确定），则应接受该项目，反之则应放弃。在有多个方案的互斥选择中，则应选择会计收益率最高的项目。

平均会计收益率具有简明、易懂、易算的优点，但也存在很多明显的缺点，主要表现为：第一，忽略了货币的时间价值，只是将不同时点的会计数据加以平均，得出的不是一个具有任何经济意义的报酬率，无法与金融市场上所提供的报酬率相比较。第二，会计收益率是按投资项目账面价值计算的，当投资项目存在机会成本时，其判断结果与净现值等指标差异很大，有时甚至得出相反的结论，影响投资决策的正确性。因此，实际工作中仅仅依据平均会计收益率进行决策的情况非常少见。

（三）净现值

净现值（Net Present Value，NPV）就是反映投资项目的市价与其取得成本之间的差。换句话说，净现值是对进行一项投资所创造或增加的价值进行计量的尺度。企业的目标是实现企业价值最大化，因此项目决策的过程可以看作是寻找正的净现值的投资。净现值是将项目在整个建设和生产服务年限内各年净现金流量按一定的折现率计算的现值之和，其计算公式为：

$$NPV = \sum_{t=0}^{n} \frac{NCF_t}{(1+K)^t} = \sum_{t=0}^{n} NCF_t\ (1+K)^t \tag{8.18}$$

其中：NCF_t代表第 t 期净现金流量；K 代表项目资本成本或投资必要收益率，为简化起见，假设项目各年的资本成本不变；n 代表项目周期（指项目建设期和生产期）。

根据表 8－5 的资料，假定公司的资本成本为 15%，则项目 A 的净现值为：

$$\begin{aligned} NPV &= -200 + 80(P/A, 4, 15\%) \\ &= -200 + 80 \times 2.8550 \\ &= 28.4（万元） \end{aligned}$$

项目 B 的净现值为：

$$\begin{aligned} NPV &= \sum_{t=0}^{n} \frac{NCF_t}{(1+K)^t} \\ &= -200 + \frac{40}{(1+15\%)^1} + \frac{80}{(1+15\%)^2} + \frac{100}{(1+15\%)^3} + \frac{150}{(1+15\%)^4} \\ &= -200 + 40 \times 0.8696 + 80 \times 0.7561 + 100 \times 0.6575 + 150 \times 0.5718 \\ &= 46.79（万元） \end{aligned}$$

两个投资项目的净现值均为正数，都是可取的，但项目 B 的净现值大于项目 A，若为互斥项目则应选择项目 B。

利用净现值标准进行项目决策的原则是：如果项目的净现值大于或等于零，表明该项目投资获得的收益大于资本成本，或获得了与投资风险相适应的收益（而非零收益），则项目是可行的；如果项目的净现值小于零，则应当放弃该项目，以避免更大的损失。当一个投资项目有多种方案可选择时，应选择净现值大的方案，或是按净现值大小进行项目排队，对净现值大的项目应优先考虑。

净现值的优点是考虑了项目周期各年现金流量的现时价值，反映了投资项目的可获收益，并与企业价值最大化目标一致，在理论上也比其他方法更为完善。其缺点是净现值计算中的现金流量和相应的资本成本的估计都依赖于净现值计算时所能获得的信息，忽略了随着时间的流逝和更多信息的获得导致项目发生变化的那些机会。另外净现值只能说明投资项目的报酬率高于或低于预定的报酬率，而无法揭示投资项目本身的收益率，而且净现值本身是一个绝对数，不利于不同投资规模项目之间的比较。

（四）内部收益率

内部收益率（Internal Rate of Return，IRR）反映的是投资项目本身的收益率，只依赖于来自该项投资的现金流量，而不受任何其他收益率的影响，因此，我们称它为“内部的”收益率。例如，年初投资100元，1年后得到110元，这项投资的收益率是多少呢？你会很自然而明确地回答收益率是10%，因为每投入1元，就能收回1.1元，实际上10%就是这项投资的内部收益率。因此，内部收益率是指能够使项目预计现金流入量现值等于项目成本现值的折现率，或者说是使项目净现值为零的折现率，其计算公式为：

$$NPV = \sum_{t=0}^{n} NCF_t (1 + IRR)^{-t} = 0 \quad (8.19)$$

其中：NPV代表项目的净现值；NCF_t代表第t期净现金流量；n代表项目周期（指项目建设期和生产期）；IRR代表项目的内部收益率。

由于内部收益率的计算公式是一个n次方程，通常采用试错法（trial and error）或计算机搜索法求出IRR值。根据表8－5的资料，假定公司的资本成本为15%，由于项目A的每年NCF都相等，则：

$$NPV = -200 + 80(P/A, 4, IRR) = 0$$

$$IRR = 21.92\%$$

由于项目B每年的NCF不相等，必须逐次进行测算，假设先估计折现率为24%，进行第一次测算，结果净现值为0.19，说明应提高折现率，用28%进行第二次测算，计算出的净现值为－16.36，代入公式可得：

$$IRR = 24\% + (28\% - 24\%) \times \frac{0.19}{0.19 + 16.36} = 24.05\%$$

项目B的内部收益率为24.05%，从以上计算出的两个方案的内部收益率可以看出，A、B两个方案的内部收益率都超过15%的资本成本，企业都可以接受，但是B方案的内部收益率更高，如果为互斥项目，企业应选择B。

由于项目的IRR是投入项目的资金的收益率，而资本成本反映了企业使用长期资金必须支付的收益率，因此，对于独立项目而言，只有项目的IRR超过公司的资本成本K，才能接受该投资项目。对于互斥方案而言，企业更偏爱具有更高收益率的投资而不是那些低收益率的投资，因此，IRR越大越好。

内部收益率法的优点是考虑了货币的时间价值，反映了投资项目的真实报酬情况，概念也易于理解。缺点是计算过程比较复杂，特别是对于每年NCF不相等的投资项目，一般要经过多次测试才能算出。另外，在互斥项目的选择中，内部收益率法可能得出与净现值不同的结论。

（五）获利指数法

获利指数（Profitability Index，PI）又称现值指数，是指初始投资以后所有预期未来现金流量的现值与初始投资的比值。其计算公式为：

$$获利指数(PI) = \frac{初始投资所带来的后续现金流量的现值}{初始投资} \quad (8.20)$$

获利指数代表每投资 1 元所创造的价值，如果按公式计算出的获利指数为 1.1，则代表每投资 1 元就会得到 1.1 元的价值回报，也就是得到 0.1 元的 NPV，因此，获利指数测度了“钱的回报”。

仍然以表 8－5 的资料为例，计算项目 A 和项目 B 两个方案的获利指数，并确定应当选取的投资方案，假定公司的资本成本为 15%。

由于项目 A 初始投资后未来现金流量的现值总和

$$=80\ (P/A,\ 4,\ 15\%)=228.4\ (\text{万元})$$

$$\text{项目 B 初始投资后未来现金流量的现值总和}=\frac{40}{(1+15\%)^1}+\frac{80}{(1+15\%)^2}+\frac{100}{(1+15\%)^3}+\frac{150}{(1+15\%)^4}=246.79\ (\text{万元})$$

则：

$$\text{项目 A 的获利指数(PI)}=\frac{\text{初始投资所带来的后续现金流量的现值}}{\text{初始投资}}=\frac{228.4}{200}=1.14$$

$$\text{项目 B 的获利指数(PI)}=\frac{\text{初始投资所带来的后续现金流量的现值}}{\text{初始投资}}=\frac{246.79}{200}=1.23$$

项目 A 与项目 B 的获利指数均大于 1，故两个方案都可进行投资，但项目 B 的获利指数更大，若两个方案为互斥方案，应选择 B。

根据获利指数标准进行项目选择的基本原则是：接受获利指数大于或等于 1 的项目；放弃获利指数小于 1 的项目。由于 NPV 与 PI 使用相同的信息评价投资项目，得出的结论常常是一致的，但在投资规模不同的互斥项目的选择中，则有可能得出不同的结论。

获利指数的优点是考虑了货币的时间价值，能够真实地反映投资项目的收益水平，也有利于在初始投资额不同的投资项目之间对比。其缺点和净现值法一样，不能揭示投资项目本身的收益率。

（六）净现值与内部收益率、获利指数的比较分析

1. 净现值与内部收益率的比较

如果投资项目是相互独立且是常规项目①的情况下，运用净现值法和内部收益率法总能得出一致的结论，即如果投资项目的内部收益率大于其资本成本，决策者决定接受该投资项目，这时投资项目的净现值一定为正数。但对于非常规项目②，则可能会出现

① 投资项目只在前期初始投资时出现负的现金净流量，以后各期出现的都是正的现金净流量，也就是说，现金流量只发生一次变号。

② 投资项目的现金流量是交错型的，如现金流量为－－＋＋…－＋＋，即非传统型现金流量，现金流量在整个的项目有效期内发生多次变号。

多个内部收益率，其个数要视现金流量序列中正负号变动的次数而定，在这种情况下，利用内部收益率法则无法作出正确决策。但对于净现值法，无论是常规项目还是非常规项目，总能作出正确的决策。

如果投资项目是互斥项目，在下列两种情况下，两种方法所得出的结论可能产生差异：

（1）项目投资规模不同，一个项目的初始投资大于另一个项目的初始投资。

（2）项目现金流量的模式不同，一个项目的前期现金流入较多，另一个项目的后期现金流入较多。

下面举例来具体说明。

例8-6：假设企业有两个互斥项目A和B，它们的初始投资不一致，详细情况见表8-7。

表8-7　A、B项目的现金流量及NPV、IRR、PI的计算表　金额单位：元

指　标	年　度	A项目	B项目
初始投资	0	100 000	10 000
经营现金净流量	1	40 000	5 000
	2	40 000	5 000
	3	40 000	5 000
	4	40 000	5 000
NPV		32 484	6 561
IRR		21.92%	34.91%
PI		1.32	1.66
资本成本		8%	8%

按不同折现率计算项目A和项目B的净现值，见表8-8。

表8-8　不同折现率情况下的净现值计算表　金额单位：元

折现率（%）	NPV_A	NPV_B
0	60 000	10 000
5	41 840	7 730
10	26 796	5 850
15	14 200	4 275
20	3 548	2 944
25	-5 511	1 811
35	-20 122	-15

将表8-8中不同折现率情况下算出的净现值绘入图8-1。

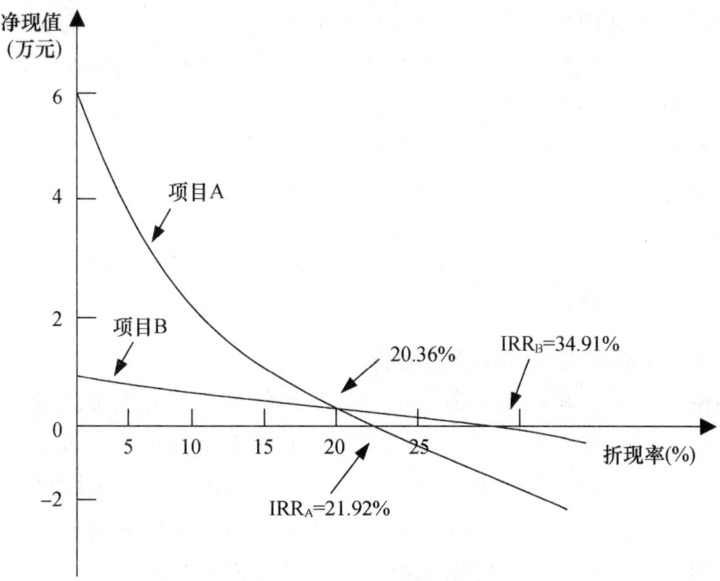

图 8－1　净现值与内部收益率对比图

如图 8－1 所示，本例中两个项目的净现值曲线相交于 20. 36% 处，我们把这一点称为净现值无差别点。如果项目的资本成本大于 20. 36%，则项目 B 的净现值大于项目 A，同时由于项目 B 的内部收益率大于项目 A，则按净现值和内部收益率会得出相同的结论，即应该采纳项目 B 而拒绝项目 A；如果项目的资本成本小于 20. 36%（本例中的资本成本为 8%），则项目 A 的净现值大于项目 B，这时按净现值应采纳项目 A 而拒绝项目 B，但是按内部收益率则得出相反的结论，即采纳项目 B 而拒绝项目 A。由此可见，对于这种初始投资不同的投资项目进行决策，净现值和内部收益率可能会有相互矛盾的结论。对于项目现金流量模式不同的项目也会出现这种矛盾。那么产生这种分歧的根本原因是什么呢？其根本原因在于这两种标准对再投资的报酬率的假设各不相同。净现值假定公司将投资项目产生的现金流量再投资后所得到的报酬率等于该项目的资本成本；而内部收益率假定公司能够按照投资项目的内部收益率将该项目产生的现金流量予以再投资。但对于大多数公司而言，它们较有可能按照投资方案的资本成本而非内部收益率将现金流量做再投资，因此，一般来说，净现值的再投资报酬率假设比内部收益率的再投资假设要合理得多，因此，我们认为净现值优于内部收益率。

2. 净现值与获利指数的比较

在评价独立项目优劣时，净现值与获利指数所得的结论是一致的，即净现值大于零，获利指数必然大于 1。但对于互斥项目评价时，有时就会产生分歧。如表 8－7 中的项目 A 和项目 B（这两个项目的初始投资不一致），当资本成本为 8% 时，项目 A 的净现值为 32 484 元，获利指数为 1. 32；项目 B 的净现值为 6 561 元，获利指数为 1. 66。如果按净现值，应选择项目 A，如果按获利指数，则应选择 B，产生了相互矛盾的结论。产生矛盾是由于评价方法本身的原因，因为净现值是用各期现金流量现值总和减初始投资，而获利指数是用各期现金流量现值总和除以初始投资，因而，评价结果可能产生不一致，这种差异只有初始投资不同时才产生。那么我们在投资决策时应该如何选择呢？由于最高的净现值符合企业的最大利益，也就是说，净现值越高，可为企业带来更多的财富。而获利指数只反映投资回收的程度，不反映投资回收额的多少。因此，在没有资本限量的情况下的互斥选择决策中，应选用净现值较大的投资项目。也就是说，当获利指数与净现值得出不同结论时，应以净现值为准。

三、项目投资风险分析

（一）与项目投资相关的风险及其度量

在前面的论述当中，我们简单地假设项目获得的是确定的现金流量，没有考虑项目评估中的风险因素。但实际上，现实的经济活动充满着不确定性，每一项投资都存在一定的风险。因此，在进行投资决策分析时，我们应当考虑风险并加以度量。在讨论如何根据项目的风险调整投资计划时，我们首先要明确应该调整何种风险，即识别风险的类型。在项目投资中，项目的风险可以从以下三个角度来看待。

1. 项目特有风险

从项目角度来看，项目特有风险是指某一投资项目本身特有的风险，不考虑公司项目和资产组合以及股东资产多样化可以分散一部分风险的影响，仅单纯反映特定项目未来收益可能产生的结果相对于预期值的离散程度，通常采用概率的方法，以项目收益的标准差来衡量。项目特有风险不宜作为项目投资风险的度量，这是因为，项目的风险并不一定是正相关的，一个具体项目可能具有较高的单一风险，但由于组合的影响，单个项目的大部分风险可以在公司内部分散掉，此时，公司的整体风险会低于单个项目的风险，或者说，单个项目可能不会对公司的整体风险或市场风险产生多大的影响。因此，在对投资项目分析评价时，不宜将项目特有风险作为风险度量。

2. 公司风险

单纯从公司立场来看，公司风险是指投资项目未来收益的不确定性对公司收益的影响。它不考虑公司股东的资产多样化组合可以分散一部分风险，但考虑了项目特有的风险可以通过与公司内部其他项目和资产的组合而分散掉一部分。公司风险是项目对公司收益变动的影响，可以用公司资产的预期报酬率的变异程度衡量。它可以用资产报酬率（EBIT/总资产）来计算，也可以用公司过去项目实现的平均 IRR 来反映。但是从资产组合及资本资产定价理论角度来看，在度量新投资项目的风险时，也不应考虑新项目实施对公司现有风险水平可能产生的增减影响。因为，某一项目的收益可能具有高度的不确定性，但如果该项目在整个公司收益中所占的比重相对较小，而且该项目的收益与公司其他资产的收益并不密切相关，那么，该投资项目的风险就可以在与公司其他资产组合中被分散掉，公司规模越大，这种分散效应越大。因此，从理论上讲，我们在度量项目的投资风险时，也可以不考虑公司风险。

3. 市场风险

市场风险是从拥有高度多元化投资组合的公司股东的角度来衡量投资项目风险的，

它既考虑到项目自身特有的风险在与公司现有资产和项目组合时消除了一部分，也考虑到余下的项目风险中，有一部分能被公司股东的资产多样化组合而分散。或者说，在投资项目风险中，无法经由多元化投资加以消除的那部分风险就是该项目的市场风险，也叫系统风险。所以，唯一影响股东预期收益的是从股东角度看待的项目的系统风险，这也是理论上与项目投资相关的风险度量。

从理论角度出发，多元化投资的投资者应该关注市场风险，而管理人员的最重要的任务是使公司的股票价值最大，直接影响公司股票价格的因素就是市场风险，那么管理者也应该关注市场风险，这两个因素促使市场风险成为项目投资决策所应考虑的全部风险。但是，如果投资者没有进行多元化投资，资本资产定价模型也不能像理论那样准确地运作，那么对于项目特有风险和公司风险则应给予比财务理论所建议的更多的考虑。另外，值得我们注意的是，资本资产定价模型忽略了破产成本，而公司破产的可能性依赖于公司风险而不是市场风险，因此，即使是多元化投资的投资者也希望企业的管理人员重视公司风险而不是只考虑市场风险。

（二）项目风险分析

1. 敏感性分析

敏感性分析（sensitivity analysis）是在假定其他条件不变的前提下，分析某个不确定因素变化对项目评价标准（如 NPV 或 IRR）的影响程度。如果某一因素的预测值只有很小的变动，就会影响项目的 NPV 或 IRR 有很大改观，则表明该因素是敏感性因素，反之，即使某一因素有很大的变化，但对项目的 NPV 或 IRR 影响很小，则称该因素为非敏感因素。敏感性分析的目的是找出项目的 NPV 或 IRR 对哪些因素最敏感，从而为决策者提供重要的决策信息。

投资项目敏感性分析的具体步骤如下：

（1）确定项目评价标准的基础值。在进行敏感性分析时，首先根据不同投资项目的特点，选择确定最能反映项目效益的评价指标作为分析对象，如 NPV、IRR 等。然后以正常情况下预期的现金流量为基础，计算出项目预期的 NPV 或 IRR，并将这一数值称为“基础值”，作为计算其变动幅度的基础。

（2）选择不确定因素作为敏感分析变量。敏感性分析不需要对全部可能出现的不确定因素逐个分析，只是考察对项目产生影响的主要因素。不同规模、类型的投资项目，其主要的影响因素也不相同。例如，对投资生产某种产品的机器设备进行敏感性分析，需要考虑的主要不确定因素有机器成本、销售额、产品价格、制造成本、机器寿命、折现率；如果是对于一家工厂改建项目的敏感性分析，必须考虑总改建费用（包括机器）、劳动力成本、广告费用、原材料成本和销售收入有关的现金流量。此外，还需要有关折现率和项目寿命期的信息。

（3）确定不确定因素的变化范围。不确定因素的变化范围一般是根据历史的统计资料和对市场的调查预测来进行估计，可按其发生变化时增加（减少）一定的百分比（±10%、±15%、±20%）分别计算出这些因素变化对项目（或项目）的 NPV、IRR 等评价指标的影响。

（4）通过比较找出项目的敏感性因素。在进行分析计算的过程中，先假定一个因素变化而其他因素不变，计算 NPV 或 IRR 及其变动幅度，然后把对投资项目的经济效益有影响的所有主要因素都算完，再根据计算的结果确定项目的敏感性因素，并据以进行项目的取舍。

假设影响某项目收益变动的因素主要是销售量、单价以及折现率，假定按照正常的现金流量该项目的净现值是 29 221 元，下面通过表 8－9 显示各因素分别增减 10%、15%（每次只有一个因素变化）后新的净现值来分析销售量、单价和折现率单独变动对净现值的影响程度。

表 8－9　　各项因素变化对净现值的影响　　金额单位：元

影响因素 / 净现值 / 因素变动百分比	销售量	单　价	折现率
115%	52 325	71 115	19 852
110%	44 889	50 033	23 256
100%	29 221	29 221	29 221
90%	13 246	10 648	34 857
85%	6 879	2 797	39 436

从表 8－9 的计算结果来看，项目净现值对单价最为敏感（变动幅度比较大），其次为销售量，相对而言，折现率变动对净现值的影响较为平缓。

对投资项目进行敏感性分析的另一种形式就是通过计算各种因素允许变动的临界值来对投资进行评估。临界值是指在不改变某一评价指标决策结论的条件下，如 NPV 为负值之前，计算每个影响因素的最大不利值。临界值与正常值之间的差异反映了该影响因素的“安全边际”，管理者通过了解每种影响因素的安全边际，并识别高敏感性的影响因素，以对投资项目作出正确的评价。

敏感性分析在一定程度上就多种不确定因素的变化对项目评价标准的影响进行定量分析，它有助于决策者了解项目决策时需重点分析与控制的因素。但敏感性分析也存在一定的缺陷，例如，它孤立地处理每个因素的变化，没有考虑到各因素之间的相关性，事实上，不论有利情况还是不利情况，各因素可能同时变化，而不仅仅是某个因素单独发生变化。

2. 蒙特卡罗模拟

蒙特卡罗模拟（Monte Carlo Simulation）又称计算机模拟法，它是对敏感性分析的发展。这种方法是根据项目主要变量和变量之间的关系对投资项目建立一个模型，然后通过模拟不确定因素的随机变化，找出其基本规律，并根据基本规律的概率分布，计算项目的 NPV 及其概率分布，据以对项目作出取舍的决策。其分析步骤为：

（1）创建一个含有项目现金流量的计算机模型；

（2）确定各种不确定因素的概率分布；

（3）根据不同的概率分布，为每一因素随机选取一个数值；

（4）使用随机选取的各种因素的数值计算项目的现金净流量以及项目的 NPV；

（5）重复上述的（3）和（4），从而计算出项目的 NPV 的预期值和标准差，得到 NPV 的概率分布。利用计算机模拟分析项目的风险，可以有两种不同的度量指标。一是损失概率，损失概率是从函数的实际分布求得，即以落到函数临界值以外的频率来衡量项目失败的概率或者也可以从函数的假设正态分布来求得，即通过假设输出函数是服从正态分布的，根据函数的数学期望和方差，将任意正态分布转换成标准正态分布，然后查标准正态分布函数表就可以确定 NPV 小于临界值的概率，也就是项目失败的概率；二是变异系数，变异系数是用 NPV 的标准差与数学期望之比来表示的。

蒙特卡罗模拟的优点在于通过模拟计算，有助于理解项目现金流量出现各种可能结果的概率，而且可以得到净现值的概率分布，使决策者了解到项目失败的概率，从而定量地衡量项目所承担的风险。然而，该方法也存在不容忽视的缺点，主要表现为在计算机模拟当中，每一个因素的输入值都有确定的变化范围和概率分布，然而概率分布是由过去的统计数据或主观经验来确定的，带有一定的误差，要减少误差就要通过增加模拟次数来克服，因此，需要花费大量的时间，成本比较高。另外，进行计算机模拟有一个前提就是各因素之间应该是相互独立的，但实际上可能出现变量之间的多重相关，从而使构建模型的过程更为复杂。例如，单价和销量之间。此外，该方法只注重分析单个项目的风险而忽略了市场风险和公司风险。尽管蒙特卡罗模拟存在这些不足之处，但是该方法仍然是投资额较大时进行投资决策的一种很好的方法。

3. 决策树分析

决策树分析（decision trees analysis）是一种用图表方式反映投资项目现金流量序列的方法，特别适用于在项目周期内进行多次决策（如追加投资或放弃投资）的情况。在决策树法下，通常以形象的树枝分布列出各项决策可能出现的状态、概率以及将产生的后果直接标在图形上，找出可能的现金流量序列，并计算净现值的期望值，从而确定项目的风险。

例 8－7：假设一家公司正在考虑一个投资项目，初始投资为 1 000 万元，建设期为一年，项目完工后面临两种选择：第一种是不生产，出售该项目，可得收入 300 万元，其概率为 20%；第二种是进行生产，将在随后的两年内获得收益，概率为 80%。如果选择进行生产，则每年都有两种结果，即有 60% 可能经济状况较好，现金净流量为 2 000万元；有 40% 可能经济状况一般，现金净流量为 1 000 万元。公司的资本成本为 10%。

图 8－2 中的决策树反映了该项目的决策情况。假设 t 表示时点，当 t＝0 时，项目开始被投资，经过一年的建设期该项目完工，当 t＝1 时，该项目进入第一个决策阶段，即从事生产还是直接出售。利用该项目从事生产的概率为 0.8，直接出售的概率为 0.2，如果公司决定生产，其各年经营净现金流量则取决于届时的经济形势，预计项目的生产期为两年，每年都有两种结果，即有 60% 的可能经济状况较好，现金净流量为 2 000 万

元；有40%的可能经济状况一般，现金净流量为1 000 万元。依据公司的资本成本10%，图8－2 组合1 的有关指标计算如下：

t=0	t=1	t=2	t=3	组合	联合概率	NPV(万元)	期望N
1 000万元	生产 P=0.8	2 000万元 P=0.6	2 000万元，P=0.6	1	0.288	2 155.5	620.8
			1 000万元，P=0.4	2	0.192	1 404.2	269.6
		1 000万元 P=0.4	2 000万元，P=0.6	3	0.192	1329.1	255.2
			1 000万元，P=0.4	4	0.128	577.8	74.0
	不生产300万元 P=0.2			5	0.200	−727.3	−145.5
					1		1 074.1

图8－2 项目投资决策图

联合概率＝0. 8 ×0. 6 ×0. 6＝0. 288

$$NPV = -1\,000 + \frac{2\,000}{(1+10\%)^2} + \frac{2\,000}{(1+10\%)^3}$$

$$= 2\,155.5\ (\text{万元})$$

期望净现值＝0. 288 ×2 155. 5＝620. 8(万元)

这是其中的一种可能结果，用同样的方法对其他各种组合依次进行计算，然后汇总，最后得到期望净现值为1 074. 1 万元。

根据图8－2 可知，项目期望净现值为正数，其亏损的概率为0. 2，这表明该项目本身的风险不大，从一般的决策规则看，应投资该项目。

决策树风险分析方法的优点在于它考虑了投资项目未来各年现金流量之间的相互关系，为管理者提供了项目未来年份所有可能的现金流量及其概率分布，全面反映了投资项目的风险特征，是一种较好的风险分析方法。它的主要缺点在于计算复杂，特别是在项目的经济年限较长、现金流量的各种可能性较多情况下，决策树图将变得过于庞大，计算过程将十分困难。

四、投资项目风险调整

（一）风险调整折现率法

风险调整折现率法的基本原理是按风险和收益匹配的原则调整项目的折现率。对高风险的项目采用较高的折现率计算净现值，低风险项目采用较低折现率计算净现值，问题的关键在于如何确定风险调整折现率。一般来说，确定风险调整折现率的方法有三种：

1. 用资本资产定价模型来调整折现率

我们在讨论资本资产定价模型时曾指出，证券的风险可分两部分：可分散风险和不可分散风险。在进行项目投资时，我们可以引入与证券总风险模型大致相同的模型——企业总资产风险模型。

总资产风险 = 不可分散风险 + 可分散风险 (8.21)

可分散风险通过企业的多元化经营而消除，那么，在进行投资时，管理者更为关注的是不可分散风险。这时，特定投资项目按风险调整的折现率可按下式来计算：

$$K_j = R_f + \beta_j \times (R_m - R_f)$$

其中：K_j代表项目 j 按风险调整的折现率或项目的必要报酬率；R_f代表无风险报酬率；β_j代表项目 j 的不可分散风险的 β 系数；R_m代表所有项目平均的折现率或必要报酬率。

2. 用风险报酬率模型来调整折现率

前面已经指出，任何项目所要求的收益率应包括无风险收益率和风险补偿率两部分，因此，特定项目按风险调整的折现率可按下式计算：

$$K_i = R_f + b_i V_i \quad (8.22)$$

其中：K_i代表项目 i 按风险调整的折现率；R_f代表无风险报酬率；b_i代表同类项目的风险报酬斜率；V_i代表项目的预期标准离差率。

3. 按投资项目的类别来调整折现率

这种方法首先把投资项目分成若干类别，然后再以无风险折现率或资本成本为基础，根据经验判断每一类的投资项目风险大小并对其折现率进行调整，如表 8-10 所示。

表 8-10 不同类型投资项目按风险调整的折现率

（资本成本或无风险折现率 = 10%）

投资项目分类	调　　整	按类别调整后的折现率
重置型项目	资本成本或无风险折现率 +2%	10% +2% =12%
改造或扩充现有产品生产线项目	资本成本或无风险折现率 +5%	10% +5% =15%
增加新生产线项目	资本成本或无风险折现率 +8%	10% +8% =18%
研究开发项目	资本成本或无风险折现率 +15%	10% +15% =25%

按照类别确定好折现率后，公司还需根据同类项目的风险收益系数与反映特定项目风险程度的标准离差率估计风险溢价，然后再加上调整后的折现率，即为该项目的风险调整折现率。其计算公式为：

$$\text{风险调整折现率} = \text{无风险利率} + \text{同类项目风险收益系数} \times \text{特定项目的标准离差率} \quad (8.23)$$

例 8-8：假设某公司现有一投资方案，各年的现金流量如表 8-11 所示。为简化，假设各年的现金流量相互独立。无风险利率为 8%，该方案的风险收益系数为 0.2。要求计算两个投资方案风险调整折现率及净现值。

表 8－11　　投资方案现金流量及其概率　　金额单位：万元

年　份	概　率	年现金净流量
0	1.00	－450
1	0.25	390
	0.50	300
	0.25	200
2	0.20	360
	0.60	250
	0.20	150
3	0.30	280
	0.40	100
	0.30	50

根据表 8－11 中的资料，首先，计算投资方案各年现金流量期望值和标准差，然后计算方案无风险条件下现金流量现值和各方案总体标准差，见表 8－12。

表 8－12　　投资方案现金流量期望值与标准差　　金额单位：万元

年　份	现金流量期望值	标准差
1	297.5	67.22
2	252	48.57
3	139	94.60
现金流量现值（8%）		601.85
总体标准差		106.05
标准离差率		17.62%
风险调整后折现率		11.52%
净现值		119.61

表 8－12 中有关指标计算如下：

（1）根据无风险利率计算方案各年现金流量现值：

$$P_A=\frac{297.5}{(1+8\%)}+\frac{252}{(1+8\%)^2}+\frac{139}{(1+8\%)^3}=601.85(\text{万元})$$

（2）投资项目现金流量标准差是指按无风险利率折现的现值平方之和的平方根：

$$\sigma=\sqrt{\sum_{t=1}^{n}\frac{\sigma_t^2}{(1+i)^{2t}}}$$

根据方案各年现金流量标准差计算的方案总体标准差如下：

$$\sigma=\sqrt{\frac{67.22^2}{(1+8\%)^2}+\frac{48.57^2}{(1+8\%)^4}+\frac{94.60^2}{(1+8\%)^6}}=106.05$$

（3）方案标准离差率计算如下：

$$CV=\frac{\sigma}{P}=\frac{106.05}{601.85}=17.62\%$$

（4）计算风险调整后的折现率：

风险调整后的折现率 $=8\%+0.2\times17.62\%=11.52\%$

（5）根据风险调整后的折现率和方案投资额以及各年现金流量即可计算方案的净现值：

$$NPV=-450+\frac{297.5}{(1+11.52\%)}+\frac{252}{(1+11.52\%)^2}+\frac{139}{(1+11.52\%)^3}=119.61\text{（万元）}$$

从计算结果来看 NPV>0，项目可行。

从逻辑上说，风险调整折现率法较好，它对风险大的项目采用较高的折现率，对风险较小的项目采用较低的折现率。简单明了，符合逻辑，在实际中运用较为普遍。但这种方法把风险报酬与时间价值混在一起，并依此进行现金流量的折现，这样必然会使风险随时间的推移而被人为地逐年扩大，有时与事实不符。

（二）确定当量系数法

确定当量系数法的思路与风险调整折现率法的思路不同，它是用一个确定当量系数把存在风险的现金流量调整为无风险的现金流量，然后用无风险折现率计算净现值，以决定投资项目的取舍。确定当量系数法的关键在于如何确定合理的确定当量系数。确定当量系数是指不确定的现金流量相当于确定的现金流量的金额，它可以把各年有风险的现金流量换算成无风险的现金流量。它一般由经验丰富的财务管理人员凭主观判断确定，也可以根据各年现金流量的标准离差率与确定当量系数之间的经验关系来确定，这种经验关系没有一致公认的客观标准，它与企业管理层对风险的好恶程度有关。

例 8－9：QW 公司拟进行一项投资，项目各年的期望现金流量、确定当量系数以及确定的现金流量如表 8－13 所示。

表 8－13　投资项目各年的期望现金流量、确定当量系数以及确定的现金流量　金额单位：元

年　份	0	1	2	3	4
期望现金流量	－100 000	25 000	35 000	53 000	80 000
确定当量系数	1.00	0.95	0.90	0.85	0.80
确定现金流量	－100 000	23 750	31 500	45 050	64 000

公司投资要求的必要报酬率为 8%，则项目的净现值为：

$$\begin{aligned}NPV&=-100\,000+23\,750(P/F,8\%,1)+31\,500(P/F,8\%,2)+45\,050(P/F,8\%,3)\\&\quad+64\,000(P/F,8\%,4)\\&=31\,796\text{（元）}\end{aligned}$$

经计算可知，该投资项目在排除风险因素之后，其期望净现值为正值，因此，可以考虑采纳该项目。

确定当量系数法将风险因素与时间因素分开讨论，克服了风险调整折现率法夸大远期风险的缺点，并在理论上是成立的。这种方法的主要缺点就是当量系数很难确定，每

个人都会有不同的估算，数值差别很大。

本章小结

根据不同的投资方式和内容，投资有不同的分类。本章所讨论的是以企业作为投资主体，围绕着增加企业的经济效益、实现企业价值最大化所进行的证券投资和项目投资。

证券投资内容包括主要包括债券投资和股票投资。

投资者进行债券投资时，用以评价债券收益水平的指标是债券价值和到期收益率。债券的价值或内在价值是指债券未来现金流入的现值。对于投资者而言，只有债券的价值大于购买价格时，才值得购买。债券的到期收益率反映债券投资按复利计算的真实收益率。如果高于投资者要求的报酬率，则应该买进债券，否则就放弃。

投资者在进行普通股投资时，通常将股票的市场价格与其内在价值进行比较，总是购买那些内在价值大于市场价格的股票，而抛售手中内在价值等于或小于市场价格的股票。普通股内在价值的估价模型主要包括：（1）股票估价的基本模型；（2）固定增长股票的估价模型；（3）零增长股票的估价模型；（4）非固定增长股票的估价模型。投资者在进行股票投资时还可以运用普通股的预期收益率进行评价分析，以决定是否购入股票。

企业进行项目投资时，为了正确计算投资项目的增量现金流量，需要注意考虑沉没成本、机会成本、新项目的附属或连带现金流量效果、净营运资本改变的影响和利息费用五个方面的问题。

项目投资决策所使用的评价标准主要有回收期、平均会计收益率、净现值、内部收益率和获利指数。

现实的经济活动充满着不确定性，每一项投资都存在一定的风险。因此，在进行投资决策分析时，我们应当考虑风险并加以度量。常用的风险分析方法有敏感性分析、蒙特卡罗模拟、决策树分析。它们都有各自的优缺点。对风险进行调整的方法主要有风险调整折现率法和确定当量系数法。

本章参考文献

1. 杨淑娥、胡元木：《财务管理研究》，经济科学出版社 2002 年版。

2. 陆正飞：《财务管理》，东北财经大学出版社 2001 年版。

3. 周首华、[美] 杨济华：《当代西方财务管理》，东北财经大学出版社 1997 年版。

4. 谢剑评：《现代投资学》，中国人民大学出版社 2004 年版。

5. [美] Stepten A. Ross, Randolph W. Westerfield, Jeffrey F. Jaffe 著，吴世农、沈艺峰等译：《公司理财》，机械工业出版社 2000 年版。

6. [美] 詹姆斯 · C. 范霍恩著，刘志远主译：《财务管理与政策》，东北财经大学出版社 2000 年版。

7. ［美］ Arthur J. Keown，David F. Scott，John D. Martin，Jay William Petty，朱武祥译：《现代财务管理基础》，清华大学出版社 1997 年版。

8. ［美］ 道格拉斯 · R. 爱默瑞，约翰 · D. 芬尼特著，荆新、王化成，李焰等译：《公司财务管理》，中国人民大学出版社 1999 年版。

9. ［美］ David F. Scott，John D. Martin，J. William Petty，Arthur J. Keown 著，金马译：《现代财务管理基础》，清华大学出版社 2004 年版。

10. ［美］ 凯奥尔 · S. 恩 （Cheol S. Eun），布鲁斯 · G. 雷斯尼克 （Bruce G. Resnick），International Financial Management，机械工业出版社 2002 年版。

11. Brealey，R · A · and Myers，S · C · Principles of Corporate Finance. 7th Edition. The McGraw – Hill Companies，Inc，2002.

第九章 公司分配管理

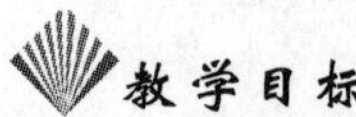

教学目标

◇基本目标

本章教学目标是使学生掌握公司分配的基本内容，即公司利润分配程序、股利政策类型、股利支付方式、股票期权等。

◇具体目标

明确什么是公司利润分配管理；

明确什么是股利政策，股利政策要解决什么问题；

明确股利支付方式的种类，了解其各自的优缺点；

明确股利政策基本理论的主要观点，其争论的核心是什么；

掌握利润分配程序，熟悉现行法规对利润分配程序的约束；

掌握影响股利政策的因素，正确分析公司股利支付策略；

掌握常见的股利政策类型，能够根据公司特点作出选择；

掌握管理者参与公司分配的形式，熟悉相关法规的规定；

能够运用公司分配管理的基本原理和方法，指导公司的财务管理和经营管理工作。

本章提要

本章首先明确了公司分配管理的含义、公司分配的程序以及公司分配管理与公司理财的关系，然后分别从狭义和广义的角度阐述公司分配管理的内容。回答了如何通过制定恰当的股利政策以合理地将公司利润在股利和再投资之间进行分配以及如何对管理者作为人力资本参与公司的利润分配等问题。

本章第一节首先介绍了公司分配管理的含义、公司分配的程序并阐述了公司分配管理与公司理财的关系；第二节主要阐述了股利政策的制定，包括股利政策的含义和种类、股利政策的基本理论、股利政策的影响因素以及股利的支付方式；第三节则论述了公司分配管理的另一内容，即管理者激励，本节阐述了管理者激励与公司分配的关系，重点阐述了管理者激励的几种方式以及如何对管理者激励进行管理。

公司分配活动与公司其他财务活动紧密相关，公司分配管理与公司筹资管理和投资管理关系密切。因此，搞好公司分配管理对公司筹资管理和投资管理都有重要意义。

第一节　公司分配管理概述

一、公司分配管理的内涵

公司分配管理是对公司分配活动的管理，具体可从狭义和广义两个方面界定：狭义的公司分配活动可理解为利润分配活动，即公司按照有关法规和公司章程的规定，遵循一定的原则和程序，对公司一定时期的净利润在公司与股东之间进行分配，在管理上则侧重通过制定恰当的股利政策以合理地将公司利润在股利和再投资这两方面进行分配，以增加公司的市场价值，增强公司的筹资能力和未来的成长性。广义的公司分配活动除应包括利润分配，还包括管理者作为人力资本参与公司的利润分配，在管理上激励。本教材的公司分配活动主要以狭义为主，但同时又对与利润分配相关的管理者激励问题进行了介绍。

二、公司分配程序

公司分配程序是指公司制企业根据适用法律、法规或规定，对企业一定期间实现的净利润进行分派必须经过的先后步骤。我国公司利润分配的顺序如下：

（一）弥补以前年度亏损

公司在以前年度发生亏损时，公司的资本必然受到侵蚀，影响到公司的经营能力，为了保证资本的充实完整，在以后年度出现盈利时，要优先补足在以前受到侵蚀的资本。《企业财务通则》第四十九条规定："企业发生的年度经营亏损，依照税法的规定弥补。税法规定年限内的税前利润不足弥补的，用以后年度的税后利润弥补，或者经投资者审议后用盈余公积弥补。"目前，《企业所得税法》规定税前弥补和税后弥补以五年为界限。亏损延续未超过五年的，可用税前利润弥补，弥补亏损后有剩余的，才缴纳所得税；延续期限超过五年的，只能用税后利润弥补。

（二）提取法定公积金

公司当期实现的净利润，加上年初未分配利润（或减去年初未弥补亏损）和其他转入的余额后，应按规定提取法定公积金。根据《公司法》规定，盈余公积金分为法定盈余公积金和任意盈余公积金。法定盈余公积金是国家统一规定必须提取的公积金，它的提取顺序在弥补亏损之后，按当年税后利润的10%提取。盈余公积金已达到注册资本50%时不再提取。任意盈余公积金由公司自行决定是否提取以及提取比例。任意盈余公积金的提取顺序在支付优先股股利之后。法定盈余公积金和任意盈余公积金可以统筹使用。其主要用途有两个方面：弥补亏损和按国家规定转增资本金。转增资本金就是将盈余公积金转为股本，它实际上是向股东发放股票股利的过程。

（三）支付优先股股利

优先股股利，是指公司按照利润分配方案分配给优先股股东的现金股利。我国《公司法》第一百六十七条规定："有限责任公司按照股东实缴的出资比例分配利润，但是全体股东约定不按照出资比例分配利润的除外；股份有限公司按照股东持有的股份比例分配利润，但公司章程规定不按持股比例分配的除外。"即公司利润分配的原则是，优先适用有限责任公司全体股东的约定和股份有限责任公司章程的规定，如果有限责任公司全体股东或股份有限公司章程对利润分配方法没有特别约定和规定的，则必须按照出资比例或股份比例分配利润。需要注意的是，公司在弥补亏损和提取法定公积金前，不得分配优先股股息和普通股红利。公司没有利润，也不得分派优先股股息和普通股红利。在公司弥补亏损和提取法定公积金之前向股东分配利润的，股东必须将违反规定分配的利润退还公司。

（四）提取任意公积金

任意公积金是公司按章程规定或股东大会决议从税后利润中另外提取的，它从性质看是与法定盈余公积金是一样的，所不同的是任意公积金受制于公司股利支付策略，属于股利分配的范畴。《公司法》第一百六十七条规定："公司从税后利润中提取法定公积金后，经股东会或者股东大会决议，还可以从税后利润中提取任意公积金。"

（五）支付普通股股利

普通股股利是指公司按照利润分配方案分配给普通股股东的现金股利。它是盈利分配程序中的最后一个环节，其支付金额的多少完全由公司的股利政策决定。按照利润分配程序，如果公司出现亏损，就不可能支付普通股股利，但《股份有限公司规范意见》第七十五条规定，在盈余公积金已超过注册资本总额50%的条件下，如果公司出现亏损或可供分配利润低于股票面值的6%，那么允许公司为了维持本公司的股票信誉，用其超过部分，以不超过面值6%的比率派发股息和红利，但分配股利后的法定公积金不得低于注册资本的25%。

三、公司分配管理与公司理财

从狭义角度而言，公司分配管理涉及的主要问题是公司对其收益进行分配或留存用于再投资的决策问题。由于公司未来的财务活动主要是筹资、投资与股利分配的决策与调整，因此，筹资管理、投资管理与分配管理被认为是公司理财中的三大内容。在这三大内容中，公司分配管理一方面是公司筹资管理、投资管理的逻辑延伸，是其理财的必然结果；另一方面，公司分配管理又是公司未来筹资管理、投资管理的前提和基础。在正常情况下，公司收益的大小，取决于投资的规模、组合及效益；投资规模、组合及效益又取决于筹资的规模、结构和成本；而公司分配对投资和筹资的规模、结构和收益或成本都有一定的影响。在投资既定的条件下，公司利润分配政策的选择，实际上是公司筹资政策的选择，即利润分配政策可以看作筹资的一个组成部分。如果公司已确定了投资方案和目标资本结构，这意味着公司资本需要量和负债比率是确定的，这时公司或者改变现存的利润分配政策，或者增发新股；如果公司的目标资本结构和利润分配政策已定，那么，在进行投资决策时，或者减少资本支出，或者从外部筹措资本。

第二节 公司股利政策

一、股利政策的含义及类型

股利政策是指公司股东大会或董事会对一切与股利有关的事项所采取的较具原则性的做法，是关于公司是否发放股利、发放多少股利以及何时发放股利等方面的方针和策略，所涉及的主要是公司对其收益进行分配还是留存以用于再投资的策略问题。一般来说，企业经常采用的股利政策有以下几种类型：

（一）剩余股利政策

剩余股利政策（Residual Dividend Policy）是指企业将盈余首先用于报酬率超过投资者要求的必要报酬率的投资项目上，在满足了这些投资项目的资金需要以后，才将剩余部分作为股利发放给投资者。采用剩余股利政策时，应遵循四个步骤：（1）设定目标资本结构；（2）确定目标资本结构下投资所需的股东权益数额；（3）尽可能地使用保留盈余来融通投资方案中所需的权益资金；（4）投资方案所需权益资本已经满足后若有剩余盈余，再将其作为股利发给投资者。

例 9－1：假定某公司 2007 年的税后利润总额为 2 000 万元，按规定提取 10% 的法定公积金和 5% 的任意公积金。2008 年的投资计划需要资金 2 500 万元，公司的目标资本结构是维持借入资金与自有资金的比例为 40%：60%，该公司当年流通在外的普通股有 500 万股，则该公司按照剩余股利政策确定其在 2007 年向投资者分红的数额计算如下：

公司可供分配利润 = 2 000 × (1 − 10% − 5%) = 1 700(万元)

由于公司的目标资本结构为负债占 40%，所有者权益占 60%。投资方案所需要的资金总额为 2 500 万元，则：

投资所需要增加的权益资本数额 = 2 500 × 60% = 1 500(万元)

税后净利能满足投资需要的最大限额 = 1 500(万元)

向投资者分红数额 = 1 700 − 1 500 = 200(万元)

普通股每股股利 = 200 ÷ 500 = 0.4(元)

在例题 9－1 中，如果投资计划需要投入的资本是 3 000 万元，则目标资本结构下投资所需的股权资本为 1 800 万元，现有的盈利满足不了投资项目对股权资本的需要，所以，企业不仅不能发放股利，反而还要发行新股 100（1 800 − 1 700）万元，以弥补股东权益资本的不足。

从上述分析可知，按照剩余股利政策，企业每期支付的股利随企业投资机会和盈利水平的变动而变动。在盈利水平不变的情况下，投资机会越多，企业发放股利越少或者不发放股利；反之，投资机会越少，企业发放股利越多。剩余股利政策的主要优点是将股利分配作为投资机会的因变量，从而降低筹资成本、优化资本结构。它的主要缺点是用于股利分配的盈余随投资机会的增减呈反向变化，而且，在企业销售额波动、资本投资项目波动的情况下，股利支付也处于剧烈的波动之中，企业难以形成一个稳定、持久的股利政策，从某种意义上讲，这不利于公司形象的培养。所以，在现实生活中，很少有企业完全机械地采用剩余股利政策，而是在企业进行长期财务规划时，结合企业未来时期的资本投资机会，确定企业未来 5 年、10 年或更长时期内的股利分派比例。

（二）固定或持续增长的股利政策

这一股利政策是将每年发放的股利固定在某一固定的水平上并在较长的时期内不变，只有当企业认为未来盈余会显著地、不可逆转地增长时，才提高年度的股利发放额。不过，在通货膨胀的情况下，大多数企业的盈余会随之提高，且大多数投资者也希望企业能提供足以抵销通货膨胀不利影响的股利，因此，在长期通货膨胀的年代里也应提高股利发放额，这就要求企业每年的留存收益增长率必须等于其股利增长率。

固定股利政策的主要优点是：（1）稳定的股利额将传递给市场一个稳定的信息，表达了企业管理者对企业未来的预期，有利于保持企业股票价格的稳定，增强投资者对企业的信心，树立良好的企业形象；（2）稳定的股利额，有利于投资者有规律地安排股利收入和支出，尤其对那些期望每期有固定数额收入的投资者更是如此。固定股利政策的主要缺点是，股利支出与企业税后净利脱节，不能像剩余股利政策那样能筹措成本较低的资本，而且，净利降低时，股利仍需照常支付，容易导致企业资金短缺、财务状况恶化。

（三）固定股利支付率政策

该政策是指企业每期股利的支付率保持不变，每股股利是每股盈利的函数，随每股盈利的变动而变动。这一政策的主要优点是保证企业的股利支付与企业的盈利状况之间保持稳定，股利额随盈利额的变动而相应变动，能使股利支付与企业盈利得到很好的配合。其主要缺点是企业的股利支付路径极不稳定，传递给股票市场的是企业经营不稳定的信息，容易造成企业的信用地位下降、股票价格下跌与股东信心动摇的局面，不利于实现企业价值最大化。因此，很少有企业采用这种政策。

（四）低正常股利加额外股利政策

这种股利政策是上述两种股利政策的折中政策。其特征是：企业每年向股东支付固定的、数额较低的股利，当企业盈利有较大幅度增加时，再根据实际情况向股东加付一部分额外股利的政策。这种股利政策灵活性较大，尤其是对那些利润水平在各年之间波动较大的企业来说，这是一种较为理想的股利分配政策。其灵活性在一定程度上对固定股利政策、固定股利支付率政策的缺点提供了补偿。当企业盈利较少或投资所需现金较多时，可维持较低设定的正常股利，而当企业盈利有较大幅度增加时，则加付额外股利。这种股利政策既能保持股利的稳定性，又能实现股利与盈余之间较好的配合，因而为许多企业所采用。

以上各种股利政策各有所长，企业在分配股利时应借鉴其基本决策思想，制定适合自己具体实际情况的股利政策。

二、股利政策理论

股利政策最为核心的内容就是在遵循股东财富与企业价值最大化目标的基础上，正确处理好税后利润在股利派发与公司留存彼此间的分割关系问题。在有关股利政策是否影响公司市场价值的认识上，西方股利政策理论存在两大流派：股利无关论和股利相关论。前者认为，股利政策对公司股票的价格不会产生任何影响；后者认为，股利政策对公司股票价格有较强的影响，双方各自形成有一定影响力的理论，为公司股利支付模式的选取提供理论指导。

（一）股利无关论

股利无关论是由美国经济学家弗朗克·莫迪格莱尼和和财务学家默顿·米勒（两者简称为 MM）于 1961 年提出的。MM 立足于完善的资本市场，从不确定性角度提出了股利政策和企业价值不相关理论，这是因为公司的盈利和价值的增加与否完全视其投资政策而定，公司市场价值与它的资本结构无关，而是取决于它所在行业的平均资本成本及其未来的期望报酬。在公司投资政策给定的条件下，股利政策不会对企业价值产生任何影响。MM 的股利无关论的关键是存在一种套利机制，通过这一机制使支付股利与外部筹资这两项经济业务所产生的效益与成本正好相互抵销，股东对盈利的留存与股利的发放将没有偏好，据此得出公司的股利政策与企业价值无关这一著名论断。但是 MM 理论是建立在完善资本市场假设的基础之上，这一假设与现实有一定的差距。虽然 MM 也认识到公司股票价格会随着股利的增减而变动这 重要现象，但他们认为，股利增减所引起的股票价格的变动并不能归因于股利增减本身，而应归因于股利所包含的有关公司未来盈利的信息内容。

（二）股利相关论

股利无关论与股利相关论的根本分歧在于：股利政策是否对股本成本产生影响。MM 认为，股利政策对股本成本不产生影响，而相对立的是股利政策对股利成本产生影响，即股利相关论，具有代表性的有“在手之鸟”理论（bird - in - the - hand theory）和税差理论（tax preference theory）。

1. “在手之鸟”理论

最早提出“在手之鸟”理论（bird - in - the - hand theory）的是 M. Gordon（1962 年），该理论假设投资者都是厌恶风险的，在他们心目中，股利是定期的、确定的报酬，属于相对稳定的收入，而放弃股利进行再投资获得资本利得则有很大的不确定性，因而投资者更偏好股利而非资本利得。由于现在获得股利的风险低于将来赚取资本利得的风险，所以，投资者将以比未来预期资本利得更低的必要收益率即较低的资本成本作为折现率对企业的未来盈利加以贴现，由此使企业的价值得到提高。虽然投资者现在获得股利会使整个投入资本减少，从而减少了将来获得资本利得的可能性，但是已实现的报酬远不同于未实现的报酬，所谓“双鸟在林，不如一鸟在手”（a bird in the hand is worth two in bush）。

2. 税差理论

最早提出差别税收理论（tax differential theory）的是 Brennan（1970 年）。这种理论认为，当股利与资本利得存在税收差异时，投资者往往偏好资本利得。一般来说，政府对股利征收的所得税要比对资本利得征收的所得税高，因此，投资者持有股票而不将其卖掉，使得资本利得的税收可以递延到股票真正出售时才支付，考虑到货币的时间价值，这种延期支付税收的特点成为资本利得的又一个优势。因此，当存在税收差异时，企业采用高股利政策会损害投资者的利益，而采用低股利政策则会抬高股价，增加企业的市场价值。

（三）股利政策的新理论

股利政策的新理论主要是指股利政策的代理理论与股利信号理论，这方面的研究发端于 20 世纪 70 年代信息经济学的兴起。借鉴不对称信息的分析方法，财务学者从代理理论与信号理论两个角度对这一问题展开了研究。

1. 代理理论

詹森与麦克林率先利用代理理论分析了公司股东、管理者与债券持有者之间的代理冲突及其解决措施，认为股利政策有助于减缓管理者与股东之间，以及股东与债权人之间的代理冲突，换言之，股利政策相当于是协调股东与管理者之间代理关系的一种约束机制。股利政策对管理者的约束作用体现在两个方面：一方面，从投资角度看，当公司存在大量自由现金时，管理者通过股利发放不仅减少了因过度投资而浪费资源的倾向，而且有助于减少管理者潜在的代理成本，从而增加企业价值，它解释了股利增加宣告与股价变动正相关的现象；另一方面，从融资角度看，公司发放股利减少了内部融资，导致进入资本市场寻求外部融资，从而可以经常接受资本市场的有效监督，这样通过加强资本市场的监督而减少代理成本，这一分析有助于解释公司保持稳定股利政策的现象。因此，高水平股利支付政策将有助于降低公司的代理成本，但同时也增加了公司的外部融资成本。因此最优的股利政策应使两种成本之和最小化。

2. 股利信号理论

金融市场对公司采取的对将来现金流量和企业价值产生潜在影响的每一行动都会作出反应。根据信号传递理论，当公司宣布改变股利政策时，实际上是向市场传递了信息，或向投资者发出了信号。这一信号有其正面性，也有其负面性。如果公司支付的股利稳定，说明该公司的经营业绩比较稳定，经营风险较小，有利于股票价格上升；如果公司的股利政策不稳定，股利忽高忽低，这就给投资者传递公司经营不能稳定的信息，导致投资者对风险的担心，进而使股票价格下降。

三、股利政策影响因素

股利政策的制定在实践中往往是一个十分复杂的问题，是多重因素共同影响的结果。下面我们就一些比较重要的影响因素加以分析和说明。

（一）法律因素

为了保护债权人、投资者和国家的利益，有关法规对公司的股利分配有如下限制：

1. 资本保全限制

资本保全限制规定，公司不能用资本发放股利。如我国《企业会计制度》规定：各种资本公积准备不能转增股本，已实现的资本公积只能转增股本，不能分派现金股利；盈余公积主要用于弥补亏损和转增股本，在符合规定的条件下才用于向投资者分配利润或现金股利。其目的在于保证公司有完整的产权基础，以保护债权人的利益。

2. 资本积累限制

公司积累限制规定，公司必须按税后利润的一定比例提取法定公积金。公司当年出现亏损时，一般不得给投资者分配利润。如我国《企业财务通则》第五十一条规定："企业弥补以前年度亏损和提取盈余公积后，当年没有可供分配的利润时，不得向投资者分配利润，但法律、行政法规另有规定的除外。"《公司法》第一百六十九条规定："公司的公积金用于弥补公司的亏损、扩大公司生产经营或者转为增加公司资本。但是，资本公积金不得用于弥补公司的亏损。法定公积金转为资本时，所留存的该项公积金不得少于转增前公司注册资本的25%。"其目的一是在于保证企业盈利时有所积累，将来如果发生亏损，就用积累去弥补，将公司的公积金用于弥补公司的亏损，还可在用盈余公积弥补亏损后，经股东特别会议，在有关法律规定的限度内用盈余公积金分配股利；二是为公司实现内部资本扩张做准备，用公积金扩大生产经营，或者将公积金转为增加公司资本。

（二）公司因素

公司资金的灵活周转，是公司生产经营得以正常进行的必要条件。因此公司长期发展和短期经营活动对现金的需求，便成为对股利的最重要的限制因素。其相关因素主要有：

1. 资产的流动性

所谓资产的流动性是指企业资产转化为现金的难易程度。因为支付股利代表着现金流出，所以，企业的现金越充足，说明其变现能力越强，股利支付能力也就越强。如果企业因扩充或偿债已消耗大量现金，资产的流动性较差，则支付现金股利的能力就比较弱。由此可见，企业现金股利的支付能力，在很大程度上受其资产流动性的限制。

2. 投资机会

股利政策在很大程度上受企业投资机会的左右。当企业有良好的投资机会，且预期的投资收益大于机会成本时，企业往往会将大部分盈利用于投资，而少发放股利。尤其对于那些处于发展中的公司，资本的需求量大且紧迫，则会较少支付现金股利，而将大部分盈利留存下来用于再投资。如果企业暂时缺乏良好的投资机会，则倾向于向股东多支付股利，以防止保留大量现金造成资本浪费，留用盈利的比重则相对较低。

3. 筹资能力

筹资能力是指企业举借银行存款、发行债券和发行股票的能力，企业的筹资能力也是限制企业股利政策的一个重要因素。一般而言，规模大、获利丰厚的大企业能比较容易地筹集到所需资本，因此，它们倾向于多支付现金股利；而创办时间短、规模小的企业，由于经营风险大、外部的筹资渠道少，往往会限制股利的支付，而较多地留存利润，因为这或许是它们唯一的筹资方式。

4. 盈利的稳定性

公司的现金股利来源于税后利润。盈利相对稳定的公司，有可能支付较高股利，而盈利不稳定的公司，一般采用低股利政策。这是因为，对于盈利不稳定的公司，低股利政策可以减少因盈利下降而造成的股利无法支付、公司形象受损、股价急剧下降的风险，还可以将更多的盈利用于再投资，以提高公司的权益资本比重，减少财务风险。

（三）股东因素

股东在避税、稳定收入和股权稀释等方面的意愿，也会对公司的股利政策产生影响。

1. 避税考虑

根据差别税收理论，当股利与资本利得存在税收差异，且资本利得税率低于股利收入税率时，投资者往往偏好资本利得，愿意企业多留存盈利少支付股利。在我国，由于现金股利收入的税率是20%，而股票交易尚未征收资本利得税，因此，低股利支付政策，可以给股东带来更多的资本利得收入，达到避税目的。

2. 稳定收入

如果一个公司拥有很大比例的富有股东，这些股东多半不会依赖公司发放的现金股利维持生活，他们对定期支付现金股利的要求不会显得十分迫切。相反，如果一个公司绝大部分股东属于低收入阶层以及养老基金等机构投资者，他们需要公司发放的现金股利来维持生活或用于发放养老金等，因此，这部分股东特别关注现金股利，尤其是稳定的现金股利发放。

3. 股权稀释

当企业支付了大量的现金股利后，通常要发行新的普通股筹集所需资本，如果现有的股东没有足够的现金认购新股，则他们的控股权就有可能被稀释。为防止自己的控制权被稀释，控股股东则宁愿企业采取低股利政策，甚至不分配股利。另外，如果企业发行新的普通股，那么流通在外的普通股股数必将增加，结果将会导致普通股的每股盈利和每股市价下降，从而影响现有股东的利益。

（四）其他因素

影响股利政策的其他因素主要包括：不属于法规规范的债务合同约束、政府对机构投资者的投资限制以及因通货膨胀带来的公司对重置实物资产的特殊考虑等。

1. 债务合同约束

公司的债务合同特别是长期债务合同，往往有限制公司现金股利支付的条款，这使得公司只能采用低股利政策。

2. 机构投资者的投资限制

机构投资者包括养老基金、信托基金、保险公司和其他一些机构。机构投资者对投资股票种类的选择，往往与股利特别是稳定股利的支付有关。如果某种股票连续几年不支付股利或所支付的股利金额起伏较大，则该股票一般不能成为机构投资者的投资对象。因此，如果某一公司想更多地吸引机构投资者，则应采用较高而且稳定的股利政策。

3. 通货膨胀的影响

在通货膨胀的情况下，公司固定资产折旧的购买力水平会下降，会导致没有足够的资金来源重置固定资产。这时较多的留存利润就会当作弥补固定资产折旧购买力水平下降的资金来源，因此，在通货膨胀时期，公司支付的股利就会偏低。

四、股利支付方式

股利支付方式主要分为两大类，即现金股利与股票股利。国外还有财产股利即以实物资产替代现金发放股利的方式，以及债券股利即公司将持有的部分债券（甚至其他债权）作为股利转给股东的方式等。

1. 现金股利

现金股利是公司以现金方式支付的股利。在现金股利的决策上，除了需要考虑上述一般因素的影响外，还必须密切结合公司自由现金流量状况来进行。采用现金股利方式手段简化，几乎没有直接的财务费用。分配后，公司原有的控制权结构不会变动，更不会被稀释。现金股利的缺点主要有两个：一是导致现金流出量增加，增大了公司的财务风险；二是股东需要交纳个人所得税，减少了股东的既得利益。

2. 股票股利

股票股利是公司将股利折成股票而向股东进行分配的形式。股票股利一般是经由无偿赠送红股，即留存收益转增资本的途径实现的。严格地讲，通过资本公积金转增资本而赠与股东的股票不属于股利分配的范畴。

较之现金股利，股票股利主要优点是：（1）不会增加现金流出量；（2）与现金股利有几乎相同的信息价值；（3）当公司的现金不足时，发放股票股利在感觉上有助于维持股利的稳定与公司的市场形象、市场价值；（4）有助于管理者与股东的沟通，即使股东清楚公司之所以以股票股利替代现金股利，旨在谋求公司未来的更大发展，从而可以在一定程度上维持甚至提高公司股票的市场价格；（5）增加了发行股票的数量，有利于股票流通性的提高；（6）避免了股东的个人所得税以及以现金股利进行再投资的经纪费用和其他成本。

股票股利的不足之处是：（1）可能导致现有股权控制结构的稀释，而遭到一些对公司拥有重大影响力股东的反对；（2）会由于每股收益的摊薄而影响股票价格的下降；（3）部分股东可能会认为公司之所以以股票股利替代现金股利，是因为缺乏现金支付能力，而这种感觉肯定会对其投资的信心产生不利影响，导致公司股票市价被人为低估。

第三节 管理者激励

一、管理者激励与公司分配

随着经济的发展和股份公司规模的不断扩大，资本的所有权与经营权相分离，随之不可避免地产生了股东与管理者之间的委托代理问题，根据代理理论，解决股东与管理者之间矛盾与冲突的一个有效办法就是给管理者提供必要的刺激和动力，以充分调动管理者的积极性，使其为实现股东财富最大化而努力工作。当然有效的激励机制是一个有机的体系，而绝非简单的某种或某几种激励手段。从激励方式来讲，主要有行政激励、财务激励和心理激励。由于行政激励和心理激励没有涉及到公司的利润分配，因此，这里的管理者激励主要指管理者的财务激励。如果说股利政策是解决公司的收益如何在股东实际收到的股利和企业留存收益之间进行分配的问题，那么管理者激励则是涉及公司的收益如何在股东和管理者之间进行分配的问题，只不过由于会计处理的问题，使某些管理者的财务报酬没有从利润分配中列支，而是作为成本费用来处理，例如，我国《企业财务通则》第五十二条规定：企业经营者和其他职工以管理、技术等要素参与企业收益分配的，应当按照国家有关规定在企业章程或者有关合同中对分配办法作出规定，其中没有取得企业股权的，在相关业务实现的利润限额和分配标准内，从当期费用中列支。由此可见，不是以股权作为管理者报酬的利润分享在会计处理上都要作为费用列支，但其实质仍是典型的利润分配形式。

二、管理者的激励方式

管理者财务激励是市场经济条件下运用最多的一种方式，主要包括利润分享、股份计划和股票期权三大类。

（一）利润分享

利润分享是一种最为传统的管理者参与公司分配的方式。其显著特征是，每隔一定时期（通常为一年），将一定比例的利润以现金形式支付给管理者。利润分享通常包括三种模式：第一种模式为固定比例利润分享，即按照利润的一定比例分配给管理者；第二种模式为分步比例利润分享，即按照公司利润水平分段确定不同的分享比例；第三种模式为超额利润分享，即将某个较低的利润水平为基数，超过基数之外的超额利润由管理者根据不同的业绩评估结果分享。

利润分享不改变企业原有的股权结构，并且利润分享以现金形式支付，只要公司获利，就可以使管理者获得既得利益，因此，该种形式最易为人们所接受。但利润分享也存在着显著的缺陷：一是管理者一旦得到了现金，期间的风险以及由此而产生的激励与约束效应也就荡然无存，显然，这种分配形式具有明显的短期行为；二是随着现金的流出，公司的支付能力将会削弱，从而导致财务风险的加大。

（二）股份计划

股份计划是公司赋予管理者部分股权使之参与公司分配，并使其权益兑现中长期化的一种产权制度安排。在国外，股份计划衍生出股票购买权、股份奖励、虚拟股票、业绩股份、业绩单位、股票溢价权、后配股、限制性股票、账面价值股票等多种具体形式。股份计划使管理者与股东一起分享市场价值增加带来的收益，同时也承担股票价值下降的风险，使管理者与公司的发展休戚相关。同时，可有效避免管理者的短期行为，有利于公司实现长远的战略目标。

我国的股份计划从早期的内部职工股、公司职工股到管理层持股以及管理层收购，经历了一个曲折的历程，可以说目前仍处于探索过程中。截止2007年初，我国已公布股权激励方案或意向的上市公司有140多家。为了使上市公司股权激励有章可循，继证监会2005年12月颁布《上市公司股权激励管理办法》后，2006年9月，国资委和财政部又联合下发了《国有控股上市公司（境内）实施股权激励试行办法》，对我国国有上市公司股权激励作出了严格的限制。主要表现在四个方面：

1. 实施条件

实施股权激励的公司，股东会、董事会、经理层组织健全；外部董事包含独立董事要占董事会成员半数以上；薪酬委员会由外部董事构成。在公司治理上，必须有良好的内控制度和健全的业绩考核体系；还要求发展战略明确，经营稳健，近三年企业无违法违规行为和不良记录。

2. 激励对象

原则上限于上市公司董事、高级管理人员以及对上市公司整体业绩和持续发展有直接影响的核心技术人才和管理骨干，上市公司监事、独立董事以及由上市公司控股公司以外人员担任的外部董事，暂不纳入股权激励计划。

3. 股票来源

可以根据本公司实际情况，通过向激励对象发行股份、回购本公司股份以及法律、行政法规允许的其他方式确定，不得由单一国有股股东支付或者无偿量化国有股权。

4. 数量限制

在股权激励计划有效期内，高级管理人员个人股权激励预期收益水平，应控制在其薪酬总水平（含预期的期权或股权收益）的30%以内。在股权激励计划有效期内授予的股权总量，应结合上市公司股本规模的大小和股权激励对象的范围、股权激励水平等因素，在0.1%～10%之间合理确定。但上市公司全部有效的股权激励计划所涉及的标的股票总数累计不得超过公司股本总额的10%。首次实施股权激励计划授予的股权数量原则上应控制在上市公司股本总额的1%以内。上市公司任何一名激励对象通过全部有效的股权激励计划获授的本公司股权，累计不得超过公司股本总额的1%，但经股东大会特别决议批准的除外。

（三）股票期权

股票期权是企业给予管理者在未来的某一时间按某一固定价格购买一定数量普通股

的选择权利。股票期权是一种金融衍生工具，本质上是一种剩余索取权，它是目前西方最为推崇的关于管理者参与公司分配的形式。在行权以前，股票期权拥有者没有任何现金收益，行权以后，其收益为股票市场价格与预定行权价格之间的差额。当预定行权价格确定后，管理者的收益与股票价格呈正相关关系，如果管理者经营有方，股票在市场上价格上升，股票期权拥有者通过股票期权可以获得相当可观的收益。

例 9-2：假定某企业的一位高层管理人员拥有以每股 90 元的价格在两年后购买该企业 1 000 股股票的期权，如果两年之后，该企业股票市场价格上升到 132 元，则该管理者行使股票期权时，其收益为 42 000[(132-90)×1 000]元；当然，如果股票市场价格低于 90 元，该管理者则放弃行权而不能得到任何收益。

股票期权的特点主要有：

(1) 股票期权是一种选择权。在股票期权有效期内，股票期权拥有者可以根据自己的意愿和金融市场行情选择是否行权，能够获得收益时，股票期权拥有者将行权，反之则弃权。

(2) 能够使管理者与股东实现“双赢”。股票期权规定管理者可以按照一定价格购买一定数量的企业股票，管理者的收益来自金融市场上股票市场价格上升而得到的回报，而在管理者获取收益的同时，股东自然也从股价上升中得到回报。显然，股票期权将管理者利益与股东的利益紧密地联系在一起。

(3) 激励与约束并存。股票期权要求管理者勤奋工作，关注企业的长期发展，使企业的价值不断增加。它既有激励的一面，也有约束的一面，如果管理者获得收益，这就是激励的体现；如果管理者放弃行权，则表现为约束。

(4) 与未来相联系。股票期权是一种未来的选择权，其业绩基础是市场导向的股票市场价格指标。管理者要获得自身利益，必须着眼于长期经济的发展，在一定程度上克服自身的短视行为。企业给予管理者股票期权，并没有发生任何现金支出，其未来收益的获得取决于其自身的努力。

股票期权虽然较之传统的公司分配形式有显著的优势，但它的适用范围狭窄，从应用对象来看，它适宜上市或即将上市的公司；从应用的对象来看，它仅适用于高层管理人员。我国《上市公司股权激励管理办法》第四章对股票期权的实施程序做了明确规定：股票期权授权日与获授股票期权首次可以行权日之间的间隔不得少于 1 年。股票期权的有效期从授权日计算不得超过 10 年。上市公司在授予激励对象股票期权时，行权价格不应低于下列价格较高者：股权激励计划草案摘要公布前一个交易日的公司标的股票收盘价；股权激励计划草案摘要公布前 30 个交易日内的公司标的股票平均收盘价。

三、对管理者激励的管理

管理者激励是公司治理的一项重要内容，对管理者激励的管理主要体现在财务约束机制的建立，这是因为激励与约束是相辅相成的，没有激励的约束是无效的约束，而没有约束的激励更是难以达到激励的目的，因此，只有建立健全公司内外财务约束机制才能保证管理者激励的效果。具体而言主要包括：

（一）制定合理的管理者业绩评价指标

业绩评价是企业激励约束机制的重要组成部分，是管理者的薪酬以及奖惩的一个客观依据。不同的评价主体其评价目的、评价标准和评价方法也不相同。在这里我们主要关注所有者从委托人角度对管理者在企业价值创造中的业绩评价。

在基于价值创造的情况下，管理者的经营业绩应主要体现在股东价值创造上，以是否为股东和企业创造价值为评价的根本标准，因此，在业绩评价体系中加入价值评价指标是一个必然趋势。近些年来，经济增加值即 EVA 指标作为经营业绩评价指标日益得到普遍的重视，并在欧美公司普及使用，这一指标是站在股东的角度来评价企业业绩的，虽然是单一的评价指标，但在调整的过程中考虑了公司的战略、组织结构、业务组合和会计政策等因素，因此，它能够将企业战略、日常业务决策、激励机制有机地联系在一起，其结果直接反映了股东财富的增加程度，适合于经营者的业绩评价。

（二）进一步完善公司董事会的治理功能

现代公司理论认为，董事会在高层管理者的选聘、评估以及激励方面通常发挥至关重要的作用。但是目前我国多数上市公司的经理层与董事会往往合二为一，或占据了董事会的多数地位，这样，董事会成员和经理成员高度重叠，为内部人控制敞开方便之门，难以实现对管理者的监督和评价。因此，为加强董事会在选择和激励管理者方面的作用，一方面应提高董事会中非执行董事的比例以及规定将监控工作（聘用与报酬计划、董事提名等）交由非执行董事负责，以增强董事会监控工作的独立性。独立董事可直接向股东大会、中国证监会和其他有关部门报告情况。为规范独立董事的权责，相关部门应积极推动制定《上市公司独立董事管理条例》，使监管部门对独立董事从过去给予指导性意见上升为更具强制力的法定要求。另一方面，应在董事会中设立一些专业性的委员会，如审计、薪酬和提名委员会等。这些委员会的成员主要由外部董事和独立董事组成，专门负责细节性监控、咨询和监督任务以及推荐合适的管理者。

（三）建立和完善公司的外部监控机制

公司外部的市场约束是监督管理者的有力机制。法马（Fama）指出：经理人市场、资本市场和产品市场上的竞争能够产生约束管理者行为的信息。为此，我们应：（1）大力建设经理人市场。建立完善的经理人市场能够对经理人员产生声誉约束，使其自觉地努力工作。为此，我们需要割断经营者与行政部门之间的直接依附关系，在平等的契约关系下，促使管理者关心所有者利益，同时促进经营者选择的社会化和职业化，使其关注自己职业生涯中的声誉和社会地位。（2）发展和完善资本市场，提高资本市场效率。一个有效率的资本市场可以准确地用股价来反映公司的经营情况，出资者也很容易地根据股价判断出公司的经营情况以及经理人员的努力程度和工作业绩，从而降低了公司的监控成本。因此，我们应加快修改、完善有关的法律、法规，降低资本市场实现接管的难度，另外还要加强资本市场的信息披露，降低信息不对称程度，使资本市场真正发挥其优化资源配置和公司治理的功能。（3）健全产品市场。产品的竞争力是评价经营者业绩的有效尺度，因为在竞争性的产品市场中，经营者只有不断创新、降低成本、提高质量才能吸引消费者购买其产品，消费者的购买行为对经营者的经营管理起到了激励作用，因此，我们应大力发展和健全产品市场，建立公平竞争的市场交易规则，推进价格改革，使价格能真实反映商品的内在价值和市场的供求状况。

本章小结

公司分配管理是在公司利润分配程序的基础上，通过制定恰当的股利政策以确定公司的利润合理地在股利和再投资这两方面进行分配，以增加公司的市场价值，增强公司的筹资能力和未来的成长性。公司分配管理一方面是公司筹资管理、投资管理的逻辑延伸，是其理财的必然结果；另一方面，公司分配管理又是公司未来筹资管理、投资管理的前提和基础。

股利政策是指公司股东大会或董事会对一切与股利有关的事项所采取的较具原则性的做法，其核心的内容就是在遵循股东财富与企业价值最大化目标的基础上，正确处理好税后利润在股利派发与公司留存彼此间的分割关系问题。

在有关股利政策是否影响公司市场价值的认识上，股利政策理论主要有股利无关论、股利相关论以及代理理论和股利信号理论等，不同的股利政策理论决定着不同的股利政策类型。公司股利政策的影响因素主要有法律因素、公司因素、股东意愿及其他因素等。

公司股利支付形式一般有现金股利、股票股利、财产股利和负债股利，其中最为常见的是现金股利和股票股利。

股利政策是解决公司的收益如何在股东实际收到的股利和企业留存收益之间进行分配的问题，管理者激励则是涉及公司的收益如何在股东和管理者之间进行分配的问题。

本章参考文献

1. 刘贵生、何进日：《公司收益分配财务》，高等教育出版社 2000 年版。
2. 胡晔：《企业收益分配论》，西南财经大学出版社 2003 年版。
3. 杨家新：《公司股利政策研究》，中国财政经济出版社 2002 年版。
4. 原红旗：《中国上市公司股利政策分析》，中国财政经济出版社 2004 年版。
5. 李常青：《股利政策理论与实证研究》，中国人民大学出版社 2001 年版。
6. 冯子标：《人力资本参与企业收益分配研究》，经济科学出版社 2003 年版。
7. 熊楚熊、刘传兴：《公司中级理财学》，清华大学出版社 2005 年版。
8. 周首华、陆正飞、汤谷良：《现代财务理论前沿专题》，东北财经大学出版社 2003 年版。
9. 吴世农、沈艺峰、王志强等：《公司理财》，机械工业出版社 2006 年版。

第四篇 经营篇

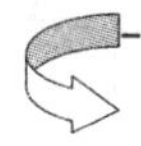

本篇主要介绍公司理财中关于资本经营的理论与方法，包括资本经营概论、资本经营内容、资产运营管理三章内容。

资本经营概论一章论述了企业经营方式演变历程及资本经营的内涵，明确了资本经营、资产经营、商品经营与产品经营之间的关系，明确了在资本经营方式下公司理财的发展与变化，提出资本经营方式下公司理财目标、内容、方式创新的思路。

资本经营内容一章从资本存量经营、资本增量经营、资本配置经营和资本收益经营四个方面，全面论述了四种资本经营的内涵、目标、内容和方法。从新的角度提出了公司理财的内容与重点，明确了现代公司理财的思路与方向。

资产运营管理一章论述了公司资产运营的基本理论与方法问题，包括资产运营的内涵及其目标构成、非流动资产管理与流动资产管理。回答了什么是资产运营、资产运营的目标，为公司资产运营管理指明了方向。

本篇作为资本经营篇，是全书的核心篇章，在理解和掌握了公司理财基本方法和内容的基础上，系统论述与构建了资本经营理论体系、内容体系和方法体系，为本书的控制篇指明了方向。

资本经营概论

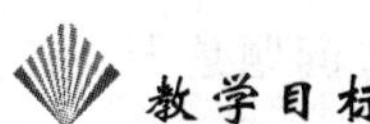

教学目标

◇基本目标

通过本章教学，使学生掌握资本经营基本内涵、基本体系框架，明确资本经营与企业经营方式，明确资本经营与公司理财的关系。

◇具体目标

了解企业经营方式的变革过程；

理解企业不同经营方式下的财务特点；

理解与掌握资本经营内涵以及资本经营与资产经营、商品经营和产品经营的关系；

明确资本经营与公司理财的关系；

理解与掌握在资本经营方式下公司理财创新思路；

理解资本扩张经营方式及其价值来源；

理解资本收缩经营方式及其价值来源。

本章提要

本章主要论述了企业经营方式演变历程，以及在资本经营方式下公司理财的发展与变化，从而引起的公司理财目标、内容、方式等的创新。回答了企业经营方式是如何发展变化的；资本经营与资产经营、商品经营和产品经营是什么关系；在资本经营方式下，公司理财发生何种变化等问题。

第一节在对企业产品经营、商品经营、资产经营内涵界定的基础上，重点对资本经营内涵与特点进行了阐述。接着从企业经营方式演变角度，论述了不同经营方式下企业财务管理的区别，明确了资本经营方式下公司理财内涵与特点。第二节论述了在资本经营方式下公司理财目标创新、公司理财内容创新和公司理财方式创新，明确了资本经营与公司理财的关系和资本经营在公司理财中的地位。第三节从资本扩张经营和资本收缩经营两方面阐述了资本经营的不同方式及其价值来源。

本章是经营篇的基础与导论章，后面三章将在此基础上从理财角度进一步展开讨论资本经营内容、资产运营和商品经营问题。

第一节 企业经营方式与资本经营内涵

一、企业经营方式内涵

目前，我国企业管理领域正处于由生产经营型向资本经营型转变的过程。“资本经营”、“资产经营”等已成为经济领域最时髦的话题和名词。但是，什么是资本经营？什么是资产经营？它们与“商品经营”、“产品经营”有哪些区别？关系如何呢？目前无论是理论界还是实务中都没有规范的或统一的结论，而研究与解决这些问题是十分必要的。

研究资本经营内涵，首先应搞清产品经营、商品经营、资产经营的内涵，在此基础上明确资本经营及其与其他经营之间的关系。“经营，本谓经度营造，引申为筹划营谋。专指经管办理经济事业。”因此，从总体看，无论何种经营都有筹划营谋之意，或筹划营谋产品、或筹谋营划资产、或筹谋营划资本等。具体地说，各种经营或筹划营谋内容又由于企业经营方式及目标不同而有所区别。

（一）产品经营的内涵

产品经营与单纯生产型的企业经营方式紧密相连。所谓单纯生产型，它的基本特点是企业只管生产，不管供应与销售，更不管筹资、投资等。此时的企业严格地讲并不是真正意义上的企业，而只是一个生产车间。单纯生产型企业管理的目标是完成生产任务，降低生产消耗量。因此，产品经营的基本内涵就是在国家计划指导下，企业组织产品生产，以一定的人力、物力消耗按时、保质、保量生产出一定的产品。

（二）商品经营的内涵

商品经营与生产经营型的企业经营方式紧密相连。所谓生产经营型，其基本特点是围绕产品生产进行经营管理，包括供应、生产和销售各环节的管理及相应的筹资与投资管理。生产经营型企业管理的目标是追求供、产、销的衔接及商品的盈利性。因此，商品经营的基本内涵是企业以市场为导向，组织供、产、销活动，以一定的人力、物力消耗生产与销售尽可能多的社会需要的商品。

商品经营和产品经营既相互联系，又有所区别。第一，产品经营是商品经营的一个环节，且是一个最基本的环节；商品经营是产品经营的扩展。第二，产品经营主要侧重于产品的实物经营，而不强调投入品与产出品的价格；商品经营不仅重视产品的实物经营，而且强调价值经营，即考虑投入品与产出品的价格。第三，商品经营目标比产品经营目标更综合。要实现商品经营目标，既要搞好产品经营，提高生产技术效率，又要重视供、产、销的衔接及价值管理，提高商品的经济效率。

（三）资产经营的内涵

资产经营与资产经营型的企业经营方式紧密相连。所谓资产经营型，其基本特点是把资产作为企业资源投入，并围绕资产的配置、重组、使用等进行管理。在资产经营情况下，产品经营或商品经营要以资产经营为基础，即围绕资产经营进行商品经营和产品经营。资产经营型企业的管理目标是追求资产的增值和资产盈利能力的最大化。因此，资产经营的基本内涵是合理配置与使用资产，以一定的资产投入，取得尽可能多的收益。

资产经营与商品经营及产品经营既相互联系，又有所区别。第一，资产经营不能离开商品经营而独立存在，没有有效的商品经营是不能取得好的资产经营效果的。第二，资产经营是对商品经营的进一步发展，它不仅考虑商品本身的消耗与收益，而且将资产的投入与产出及周转速度作为经营的核心。第三，资产经营目标比商品经营目标更综合。商品经营目标是实现资产经营目标的基础，但不是全部。要实现资产经营目标，应在商品经营的基础上，进一步搞好资产重组与有效使用，加快资产周转速度。

二、资本经营的内涵

资本经营与资本经营型的企业经营方式紧密相连。所谓资本经营型，其特点是围绕资本保值增值进行经营管理，把资本收益作为管理的核心，资产经营、商品经营和产品经营都服从于资本经营目标。资本经营型企业的管理目标是资本保值与增值或追求资本盈利能力最大化。因此，资本经营的内涵是指企业以资本为基础，通过优化配置来提高资本经营效益的经营活动，其活动领域包括资本流动、收购、重组、参股和控股等能实现资本增值的领域，从而使企业以一定的资本投入，取得尽可能多的资本收益。

目前，人们在使用“资本经营”概念时往往与“资产经营”相混淆。这种混淆从表面看主要产生于对“资本”和“资产”概念的不同认识。因此，要搞清资本经营与资产经营的关系，首先应搞清资本与资产的内涵。从经济学角度看，资本的内涵与我们通常所说的资产的内涵是基本相同的，它侧重于揭示企业所拥有的经济资源，而不考虑这些资源的来源特征。从这个角度看的资本经营实际上等同于上述资产经营。从会计学角度看，狭义的资本通常是指企业所有者投入资本或自有资本或所有者权益，它与资产是不同的。广义的资本由狭义资本（自有资本）和负债（他人资本）构成。会计学资本实质上在于揭示企业经济资源的来源及特征。从这个角度看，资本经营与资产经营是不同的。研究资产经营与资本经营的关系，应从这个角度或在这个前提条件下进行。

资本经营与资产经营之间的区别主要表现在：第一，经营内容不同，资产经营主要强调资产的配置、重组及有效使用；资本经营主要强调资本流动、收购、重组、参股和控股等。第二，经营出发点不同，资产经营从整个企业出发，强调全部资源的运营，而不考虑资源的产权问题；资本经营则在产权清晰基础上从企业所有者出发，强调资本（主要指自有资本）的运营，把资产经营看作是资本经营的环节或组成部分。

资本经营与资产经营之间的联系主要表现在：第一，资本与资产的关系决定了两者之间相互依存、相互作用，资本经营要以资产经营为依托，资本经营不能离开资产经营而孤立存在；第二，资本经营是企业经营的最高层次，商品经营是对产品经营的进步，资产经营是对商品经营的进步，而资本经营是对资产经营的进步，因此，资本经营目标必然综合反映了资产经营、商品经营和产品经营的目标。

三、企业经营方式与企业财务变革

现代企业目标决定了现代企业发展的动力在于资本增值。企业的资本增值目标使现代企业财务管理成为现代企业管理的中心。围绕资本增值进行的公司理财，使资本经营成为现代企业经营与发展的主导。由于企业发展的各个环节都需要资本，而资本经营又与企业经营的各个环节紧密相关，因此，以资本经营为主导的公司理财的内容得以丰富与扩展，并渗透到企业经营管理的方方面面。然而，企业发展与财务管理及资本经营关系的进步，是经历了长期的企业发展过程的，下面从企业经营方式转变与财务管理变革看企业经营与公司理财的关系。

（一）产品经营方式与财务管理

产品经营与单纯生产型的企业经营方式紧密相连。从新中国成立至1978年改革开放前，中国实行的是计划经济体制或行政命令经济体制。在这种体制下，有关生产、分配、甚至消费的决策都由政府计划权力机构作出，生产什么、生产多少、怎样生产、从何处取得资源、产品销往何处等都由政府行政命令决定，即企业属于单纯生产型的经营方式。

单纯生产型企业管理的基本目标是完成生产任务，追求产量目标。企业管理中也主要重视实物管理，讲求实物生产率或技术效率，而不重视价值管理。企业只管生产，不管供应与销售，更不管筹资、投资、分配等财务活动。此时，企业财务管理在企业管理中处于非常低下的地位，甚至不存在现代意义的财务管理。企业理财的目标是降低成本，成本管理也成为企业理财的唯一内容。

（二）商品经营方式与财务管理

商品经营与生产经营型的企业经营方式紧密相连。1978年中国改革开放至1991年末，中国经济改革目标是建立有计划的商品经济体制，试图通过计划经济与商品经济的结合，取长补短，解决计划经济体制下存在的诸多问题。

商品经营的基本特点是围绕产品生产进行经营管理，包括供应、生产和销售各环节的管理。商品经营方式下的企业管理目标是追求供、产、销的衔接及商品的盈利性。因此，商品经营的基本内涵是企业以市场为导向，组织供、产、销活动，以一定的人力、物力消耗生产与销售尽可能多的社会需要的商品。

商品经营方式下的企业财务管理目标是利润最大化，财务管理内容从产品经营方式下的成本管理扩展到收入管理、利润管理、采购管理及一定程度的分配管理。财务管理在企业管理中的地位有所提高。

（三）资产经营方式与财务管理

资产经营与资产经营型的企业经营方式紧密相连。20 世纪 80 年代后期，由于重视政企分开及所有权与经营权分离，企业经营者对企业资产的占用、使用、处置等权力增大，同时对资产的责任也加大。企业目标已不单是收入或利润，而是将利润等指标与资产的占用相联系。因此，资产经营取代商品经营成为必然趋势。但是，由于宏观上没能解决计划与市场的关系，企业资产经营只处于初级阶段，企业无法完全按市场规律有效配置与使用资产；同时，由于微观企业产权不清，资产经营缺乏与之相连的资本运作，经营范围与经营方式受到很大限制。

资产经营型企业的基本特点是把资产作为企业资源投入，并围绕资产的配置、重组、使用等进行管理。在资产经营情况下，产品经营或商品经营要以资产经营为基础，即围绕资产经营进行商品经营和产品经营。

资产经营方式下的企业财务管理目标不是单纯追求利润最大化，而是追求资产的增值和资产盈利能力的最大化。企业财务管理的内容除包括收入管理、成本管理、利润管理、分配管理外，还包括投资管理及资产管理等。资产重组、投资组合、资产结构优化都成为企业理财的重点与关键。

(四) 资本经营方式与公司理财

资本经营与资本经营型的企业经营方式紧密相连。1992 年初以来，中国改革由政策调整转向制度创新，逐步进入建立社会主义市场经济体制的新阶段。企业改革方向是建立适应市场经济要求的产权清晰、权责明确、政企分开、管理科学的现代企业制度。企业经营方式在由商品经营型向资产经营型转变的基础上，进一步向资本经营型转变。

为什么在市场经济条件下或企业建立现代企业制度的情况下，企业经营方式要转变为资本经营呢？因为企业管理目标应与企业主体目标相一致。计划经济体制和有计划的商品经济体制下，企业主体不明，因此目标混乱；市场经济体制下或现代企业制度下，产权清晰，企业主体明确，企业是企业所有者的企业。企业的基本目标应与企业所有者的目标一致。那么，在市场经济体制下或现代企业制度下，企业的所有者是谁？其目标又是什么呢？现代企业制度属于资本雇佣劳动制，因此，企业所有者是资本所有者，企业目标应与企业资本所有者目标相一致，即资本的保值与增值。这也正是资本经营产生与发展的理论基础。

资本经营方式的特点是围绕资本保值增值进行经营管理，把资本收益作为管理的核心，资产经营、商品经营和产品经营都服从于资本经营目标。资本经营型企业的目标是资本增值或追求资本盈利能力最大化。因此，资本经营的内涵是指企业以资本为基础，通过优化配置来提高资本经营效益的经营活动，其活动领域包括资本流动、收购、重组、参股和控股等能实现资本增值的领域，从而使企业以一定的资本投入，取得尽可能多的资本收益。资本经营的直接目标虽然也是利润，但它是站在所有者立场上，强调一定资本投入的利润最大化，达到资本增值这一根本目标。

第二节 资本经营与公司理财创新

一、资本经营与公司理财目标创新

公司理财目标创新是公司理财创新的关键。而要明确公司理财目标，首先应搞清楚资本经营条件下的公司目标以及公司目标与公司理财目标的关系。

（一）资本经营与公司目标

明确公司目标是企业经营与发展的关键。一般来说，公司的目标是综合的，而不是单一的。公司目标往往是经济目标、技术目标、社会目标等的统一或综合。而在不同的经济体制下或不同的历史时期，公司各项目标的内涵可能不同，所处的地位也不同。如经济目标有产量或产值最大化、销售收入或市场占有最大化、利润最大化、企业价值最大化、股东价值最大化等；社会目标有职工就业目标、发展速度目标、职工福利目标及国防安全目标等；技术目标有赶超国际一流水平、国内一流水平等。有的时期，经济目标占支配地位，有的时期，社会目标占支配地位，有的时期可能技术目标占支配地位。而同样是经济目标占支配地位的情况下，不同的经济体制与经营方式决定了其经济目标也不同，即不同的经济体制产生不同的企业经营方式，而不同经营方式决定了不同的公司经济目标。如前所述，在计划经济体制下，企业经济目标往往服从社会目标，主要从事产品经营，其经济目标主要是产品产量或产值的最大化；而随着从计划经济体制向社会主义市场经济体制过渡，企业从单纯的产品经营发展为资本经营，其经济目标也从从属地位上升为支配地位，此时的经济目标也从产量或产值最大化逐步向利润最大化、企业价值最大化和资本增值最大化转移。

（二）公司目标与公司理财目标

公司目标的确立为公司理财目标奠定了基础。公司理财目标应服从于公司目标。但是应明确，公司理财目标并非一定等同于公司目标。特别是当公司的社会目标或技术目标等非经济目标处于支配地位时，公司理财目标往往与公司主要目标不一致，而处于从属地位，此时公司理财在公司管理中也处于从属地位。当公司的经济目标处于支配地位时，特别是当公司资本经营处于支配地位时，公司理财务目标与公司主要目标高度一致，财务管理在公司管理中也就处于中心地位。因此，在社会主义市场经济条件下或现代企业制度下，公司理财目标与公司主要目标是一致的，即资本增值最大化。将资本增值确定为公司主要目标，对保证公司其他目标的实现是有利的。因为只有资本不断增值，才能使扩大再生产顺利进行，才能够保证公司社会目标和技术目标的实现。

（三）资本增值是资本经营和公司理财的根本目标

在公司理财目标解析中，我们已明确了资本增值是资本经营的根本目标。由于在现代企业制度下资本经营目标与公司目标的一致性以及公司目标与公司理财目标的一致性，因此，资本增值也是现代公司理财的根本目标。

二、资本经营与公司理财内容创新

企业进行资本经营，就是要围绕资本保值增值目标，盘活存量资本，用好增量资本，优化资本配置，搞好资本收益分配，这正是公司理财的基本内容。

（一）资本存量管理

资本存量管理的目的是使现有资本得以充分利用、潜在经济效益得以充分挖掘。所谓潜在经济效益，是指在现有技术水平条件下，企业实际经济效益与最大可能经济效益之间的差异，在资源（或生产要素）投入（存量）一定条件下，主要表现为实际产出与最大可能产出之间的差异。潜在经济效益的存在主要是企业资源存量没有充分利用造成的。从资本存量角度看，潜在经济效益存在主要是资本闲置和资本利用率低造成的。

资本存量管理的核心是要解决资本闲置和资本利用率低的问题。企业资本闲置，从基建、生产和销售各环节看，主要表现为：在投资建设环节固定资产交付使用率低；在生产环节存在封存、未使用、不需用的固定资产，积压材料，废品等；在销售环节产品积压。资本利用率低的直接表现是：机器、设备等固定资产开工不足、原材料利用率低等。资本存量管理就是要针对资本闲置和利用率低的原因，盘活存量资本，包括在基建投资管理方面缩短建设周期，降低基建成本；在生产经营领域调整产业结构、产品结构，搞好资源重新配置；降低废品率、提高产品质量、压缩库存产品等。

（二）资本增量管理

一个持续经营发展的企业，仅有资本存量管理是不够的，必然涉及资本增量管理问题。资本增量管理的目的，一是优化企业经济规模，取得最大规模经济效益；二是加快技术创新与改造，提高技术进步经济效益。所谓规模经济效益，一般是指由于经济规模的变动所引起的经济效益的提高。具体地说，规模经济效益是指由于生产力诸因素集约度的变动所引起的投入产出率的提高。从资本增量角度看，规模经济效益是指产出规模变动与资本投入规模变动的对比。在其他条件不变情况下，规模经济效益意味着产出增长速度高于资本投入增长速度，即资本投入产出率提高。所谓技术进步经济效益，是指由于技术进步而引起的投入产出率的提高或生产率的提高。

资本增量管理要实现提高规模经济效益和技术进步经济效益的目标，必须搞好以下几方面的管理：第一，企业规模管理，即处理好资本投入与企业经济规模的关系，确定合理的企业规模；第二，技术进步管理，搞好技术选择、技术创新、技术推广、技术引进、技术改造；第三，企业筹资管理，选择筹资渠道、筹资方式，优化筹资结构，降低筹资成本；第四，企业投资管理，搞好投资项目可行性研究，选择科学的决策程序与方法，提高投资收益率。

（三）资本配置管理

资本配置问题是资本经营的核心问题。其实，无论是资本存量管理还是资本增量管理，实质上都存在资本配置问题，即存量资本配置与增量资本配置。资本配置管理的目的是要提高资源配置经济效益。所谓资源配置经济效益，是指由于资源配置结构变动所产生的经济效益。资源配置经济效益体现在两方面：一是在资源投入一定情况下，如何配置资源使产出最大；二是在产出一定情况下，如何配置资源使投入最小。从资本资源配置看，提高资本配置经济效益就是要解决两个问题：一是一定量的资本如何在不同产品或不同用途之间进行配置，使投资收益率最大，如多项目组合投资决策等；二是生产一种产品如何优化配置各种资本资源的结构，使成本最低，如固定资产与流动资产结构优化，固定资产内部结构优化，流动资产或原材料内部结构优化等。另外，从企业权益角度看，负债与所有者权益结构的优化，也属于资本配置管理的范畴。

（四）资本收益管理

资本经营从一个周期看，往往始于筹资，终于收益分配；从持续经营角度看，资本收益分配既是终点，也是始点。因此，资本收益管理是资本经营的重要环节。资本收益管理从广义看应包括资本收益过程管理、资本收益业绩管理和资本收益分配管理。资本收益过程管理的内容主要有价格管理、收入管理、成本管理等；资本收益业绩管理的内容主要有利润管理、盈利能力管理、资本收益考核评价等；资本收益分配管理的内容包括资本收益分配标准、分配政策、分配方式等。从狭义看，资本收益管理主要指资本收益分配管理。因为从资本经营角度看，资本收益分配政策与分配方式的选择，对持续经营企业的资本经营，对企业筹资、股票市场价值等都是十分重要的。

三、资本经营与公司理财方式创新

（一）资本扩张经营中的公司理财

企业资本扩张经营的方式是多种多样的。目前我国企业资本扩张采用的方式有兼并、合并、收购、接管以及买壳上市、无形资产经营等。企业资本扩张经营作为企业行为和企业经营战略的重要组成部分，其根本目的或动因主要有两个：一是最大化现有股东的价值；二是最大化现有管理者的财富。这既是现代财务管理目标所决定的，也是现代企业代理理论所决定的。无论如何，增加企业价值是实现上述目的的根本。企业资本扩张的价值来源主要体现在：获取战略机会；产生协同效应或合成力；提高管理效率和从发现资本市场证券的错误定价中获益。

企业资本扩张中的公司理财，就是要研究企业扩张中的价值创造。因此，搞好企业资本扩张经营决策、进行企业扩张价值创造分析、确定合理的企业兼并与收购价格等，是资本扩张经营财务的重要内容。

（二）资本收缩经营中的公司理财

资本收缩经营并不一定是企业经营失败的标志，它与资本扩张经营一样，都是资本经营的方式。企业在经营中，随着经营战略和条件的变化，会出现一些不适合企业长期战略、没有成长潜力或影响企业整体业务发展的子公司、部门或产品生产线，为了使资源集中于经营重点，从而更具有竞争力，企业可以对其进行剥离、分立、出售或破产等，以使资产获得更有效的配置，提高企业资产的质量和资本的市场价值。

企业收缩经营，按建立现代企业制度的要求，通常将非经营资产或非主营资产剥离出去，分立成立股份制企业以及其他法人实体等；同时，对于一些小企业也可采用出售的方式将企业整体出售或将企业部分资产出售；另外，在企业进行资产重组、剥离、分立之后，对长期处于亏损状况、生存无望、无力清偿到期债务的企业可采取破产方式。

企业无论采用何种资本收缩方式，都将引起企业价值的变化。在企业资本收缩经营中，确认企业及相关资产价值，选择资本收缩经营方式，处理企业经营者与所有者、债权人的利益关系，实现资本保值增值目标，是资本收缩经营财务的重要内容。

四、资本经营与公司财务评价创新

随着企业经营方式向资本经营的转变以及财务管理目标、内容、方式的创新，财务评价也应适应这一要求，围绕企业及股东价值最大化进行财务评价，因此，现代财务评价的实质就是资本经营评价。

资本经营评价是指以资本经营主体及其经营结果为评价对象，以资本经营内容与方式为评价内容，以资本经营业绩指标与专门评估方法为评价手段，以奖励与惩罚为激励措施，以促使资本增值为评价目标的资本经营活动。

资本经营评价的程序包括以下步骤：明确资本经营评价目的；搜集整理资本经营评价信息；选择资本经营评价方法；实施资本经营奖励与惩罚；编报资本经营评价报告。

资本经营评价的方法有多种。资本经营评价的基本方法是通过一系列经济指标来进行评价的，即建立资本经营评价指标体系，在此基础上再运用综合评价方法，对各指标反映的结果进行综合，得出总体评价结论。但是，随着市场经济的发展、资本经营评价目的的变化，目前企业价值评估和股东价值评估等方法已成为评价资本经营业绩的重要手段。

资本经营评价的内容与资本经营的内容和方式直接相关。资本经营者的经营业绩是通过企业资本经营中的资本存量经营、资本增量经营、资本配置经营、资本收益经营、企业重组、资本扩张经营、资本收缩经营效果来体现的。因此，资本经营评价要以各种资本经营内容和方式为评价内容，全面反映企业资本经营业绩。

第三节　资本经营方式与价值创造

一、资本经营方式的类型

从不同角度划分，资本经营的方式所体现的类型有所不同。通常人们将资本经营方式划分为资本扩张经营方式和资本收缩经营方式两种，每种资本经营方式中又存在不同的形式。

（一）资本扩张经营方式的种类

企业资本扩张经营，亦称企业资本扩张重组，是指在原实体的基础上，企业通过合并、兼并、收购等方式吸收了一些经济实体后进行重组的行为。企业资本扩张经营的具体形式或种类包括：

1. 合并（consolidation）

合并是指两个或更多企业组合在一起，原有所有企业都不以法律实体形式存在，而建立一个新的公司。如将 A 公司与 B 公司合并成为 C 公司。但根据 2006 年 1 月 1 日起实施的《中华人民共和国公司法》第一百七十三条的规定，公司合并可分为吸收合并和新设合并两种形式。一个公司吸收其他公司为吸收合并，被吸收的公司解散；两个以上公司合并设立一个新的公司为新设合并，合并各方解散。吸收合并类似于“Merger”，而新设合并则类似于“Consolidation”。因此，从广义上说，合并包括兼并。

2. 兼并（merger）

兼并是指两个或更多企业组合在一起，其中一个企业保持其原有名称，而其他企业不再以法律实体形式存在。如财政部 1996 年 8 月 24 日颁发《企业兼并有关财务问题的暂行规定》中指出，兼并是指一个企业通过购买等有偿方式取得其他企业的产权，使其失去法人资格或虽保留法人资格但变更投资主体的一种行为。

3. 收购（acquisition）

收购是指一个企业以购买全部或部分股票（或称为股份收购）的方式购买了另一企业的全部或部分所有权，或者以购买全部或部分资产（或称资产收购）的方式购买另一企业的全部或部分所有权。股票收购可通过兼并（merger）或标购（tender offer）来实现。兼并的特点是与目标企业管理者直接谈判，或以交换股票的方式进行购买；目标企业董事会的认可通常发生在兼并出价获得目标企业所有者认同之前。使用标购方式，购买股票的出价直接面向目标企业所有者。收购其他企业部分或全部资产，通常是直接与目标企业管理者谈判。收购的目的是获得对目标企业的控制权，目标企业的法人地位并不消失。

4. 接管或接收（take over）

接管或接收是指某公司原具有控股地位的股东（通常是该公司最大的股东）由于出售或转让股权，或者股权持有量被他人超过而控股地位旁落的情况。

5. 标购（tender off）

标购是指一个企业直接向另一个企业的股东提出购买他们所持有的该企业股份的要约，达到控制该企业目的行为。通常发生在该企业为上市公司的情况。

在上述各种企业扩张重组方式中，以合并、兼并和收购方式运用较多，而且可将合并、兼并和收购作为一个固定的词组来使用，简称并购。但企业合并、兼并和收购的形式和特征还是有区别的，在上述合并定义中我们已明确了合并与兼并的区别，这里再对兼并和收购的区别进行如下分析：

第一，兼并是兼并企业获得被兼并企业的全部业务和资产，并承担全部债务和责任。被兼并企业作为经济实体已不复存在。而收购企业则是通过购买被收购企业的股票达到控股，对被收购企业的原有债务不负连带责任，只以控股出资的资金为限承担风险，被收购企业的经济实体依然存在。

第二，兼并是以现金购买、债务转移为主要交易条件的；而收购则是以所占有企业股份份额达到控股为依据，来实现对被收购企业的产权占有的。

第三，兼并范围较广，任何企业都可以自愿进入兼并交易市场；而收购一般只发生在股票市场中，被收购的目标企业一般是上市公司。

第四，兼并发生后，其资产一般需要重新组合、调整；而收购是以股票市场为中介的，收购后，企业变化形式比较平和。

兼并和收购实际上都是一种企业产权的交易，它们产生的动因以及在经济运行中所产生的作用基本是一致的。而且，在许多企业兼并收购的实际操作过程中，它们的区别是很难划分的，决策时所考虑的因素也基本相同。

（二）公司资本收缩经营方式的种类

公司资本收缩经营，亦称资本收缩重组，是指企业在原实体的基础上，通过剥离、分立、分拆、出售、破产等形式进行重组的行为。企业资本收缩重组的具体形式包括：

1. 剥离

“剥离”一词的理论定义目前主要来自于对英文“Divestiture”的翻译，指一个企业出售它的下属部门（独立部门或生产线）资产给另一企业的交易。具体地说，是指企业将其部分闲置的不良资产、无利可图的资产或产品生产线、子公司或部门出售给其他企业以获得现金或有价证券。剥离的这一定义与我国目前的企业或资产售卖的含义基本相同。那么，剥离是否等于售卖呢？不完全相同。剥离是指企业根据资本经营的要求，将企业的部分资产、子公司、生产线等，以出售或分立的方式，将其与企业分离的过程。因此，剥离应含有售卖、分立和分拆三种方式。

2. 售卖

根据上述剥离含义，售卖是剥离的一种方式。售卖是指企业将其所属的资产（包括子公司、生产线等）出售给其他企业，以获取现金和有价证券的交易。在国有企业改制中，国有资本所有者根据资本经营总体目标要求，将小型国有企业整体出售，也属于售卖范畴。

3. 分立

从英文“Spin - offs”本义看，分立是指公司将其在子公司中拥有的全部股份按比例分配给公司的股东，从而形成两家相互独立的股权结构相同的公司。这一定义实质上与我国国有企业股份制改造中的资产剥离含义基本相同。我国国有企业改制中的资产剥离往往是指将国有企业非经营资产或非主营资产，以无偿划拨的方式，与企业经营资产或主营资产分离的过程。通过资产剥离，可分立出不同的法人实体，而国家拥有这些法人实体的股权。

4. 分拆

分拆是指企业将部分业务或资产从企业中分立出来组成新的公司。企业与新公司间是投资与被投资关系。我国企业改制中通过对经营资产的剥离，特别是通过对主营资产剥离组建成有限责任公司和股份有限公司。该公司与原企业之间实际上是投资与被投资关系。因此，这是一种典型的分拆形式。

5. 破产

简单地说，破产是无力偿付到期债务。具体地说，指企业长期处于亏损状态，不能扭亏为盈，并逐渐发展为无力偿付到期债务的一种企业失败。企业失败可分为经营失败和财务失败两种类型。财务失败又分为技术上无力偿债和破产。破产是财务失败的极端形式。国有企业改制中的破产，实际上是企业改组的法律程序，也是社会资产重组的形式。

二、资本经营的价值创造

（一）资本扩张经营的价值来源

企业资本扩张经营的目标与企业的目标应该是一致的，即为企业创造价值。企业扩张经营为什么会创造价值，它的价值来源于何处呢？明确这一问题，对进行企业资本扩张经营决策是至关重要的。企业资本扩张经营的价值来源主要体现在以下几方面：

1. 获取战略机会

兼并者的动机之一是要购买未来的发展机会。当一个企业决定扩大其在某一特定行业的经营时，一个重要战略是兼并那个行业中的现有企业，而不是依靠自身内部发展。原因在于：第一，直接获得正在经营的发展研究部门；第二，获得时间优势，避免了工厂建设延误的时间；第三，减少一个竞争者并直接获得其在行业中的位置。

企业合并型重组的另一战略机会是市场力的运用。两个企业采用同一价格政策，可使它们得到的收益高于竞争收益率。大量信息资源可能用于披露战略机会。财务信息可能起到关键作用。如会计收益数据可被用于评价行业内各个企业的盈利能力；可被用于评价行业盈利能力的变化等。这对企业重组是十分有意义的。

2. 产生协同效应或合成力

企业资本扩张或合并型重组的协同效应是指并购等行为可产生 $1+1>2$ 的效果。产生这种效果的原因主要来自以下几个领域：

（1）在生产领域，通过重组：第一，可产生规模经济性；第二，可接受新的技术；第三，可减少供给短缺的可能性；第四，可充分利用未使用生产能力。

（2）在市场及分配领域，通过重组：第一，可产生规模经济性；第二，是进入新市场的捷径；第三，扩展现存分布网；第四，增加产品市场的控制力。

（3）在财务领域，通过重组：第一，充分利用未使用的税收利益；第二，开发未使用的债务能力；第三，减少破产的可能性；第四，减少资本供给量。

（4）在人事领域，通过重组：第一，吸收关键的管理技能；第二，使多种研究与开发部门融合。

在各个领域中要通过各种方式实现重组效果，都离不开财务分析。例如，当要估计更好地利用生产能力的收益时，分析师要检验行业中其他企业的盈利能力与生产能力利用率之间的关系；要估计融合各研究与开发部门的收益，则应包括对复制这些部门的成本分析。

3. 提高管理效率

企业购并的另一价值来源是提高管理效率。一种情况是，现在的管理者以非标准方式经营，因此，当其被更有效率的企业收购后，现在的管理者将被替换，从而使管理效率提高。要做到这一点，财务分析有着重要作用。分析中要观察：第一，兼并对象的预期会计收益率在行业分布中所处的位置；第二，分布的发散程度。企业在分布中的位置越低，分布越发散，对新的管理者的收益越大。

企业购并提高管理效率的另一情况是，当管理者的自身利益与现有股东的利益更好地协调，则可提高管理效率。如采用杠杆购买后，现有管理者的财富构成取决于企业的财务成功。这时，管理者将把注意力集中于怎样使公司市场价值最大化。

4. 发现资本市场错误定价

如果一个个体能发现资本市场证券的错误定价，他将可从中获益。财务出版物经常刊登一些报道，介绍某单位兼并一个公司，然后出售部分资产就收回其全部购买价格，结果以零成本取得剩余资产。投资银行家在这个领域活动很活跃。投资银行家在咨询管理与依据管理者的重组决策收取费用之间存在冲突。重要的问题是投资银行家的咨询往往是值得怀疑的。

总之，企业并购或扩张重组的根本动因在于价值创造，在市场经济条件下，“拉郎配”等政府行为并不可取，企业重组中必须根据实际情况结合企业的发展战略与资本运营战略对并购行为进行正确决策。

（二）企业资本收缩经营的价值来源

1. 消除“负协同”效应，使 $5-2\geqslant3$

兼并和收购一家公司的目的常常是为了增加它与本公司之间的协同效应，但实际上要真正实现协同效应往往是很困难的。管理效率假说认为，当其所控制的资产规模和差异性增加时，即使是最好的管理队伍也会达到一个报酬递减的临界点。该问题的产生部分是因为高层管理者没有注意到一个从事不同业务类型的子公司所面临的独特的问题与机会。这样，通过剥离或分立出与母公司其余经营活动不相适应的部分，就可以使母公司将注意力更加集中于其优势业务，从而提高管理的效率。

在这种情况下，财务决策要解决的主要问题就是判断是否存在“负协同”效应以及其大小。这时就要测算剥离或分立后的两部分的独立价值之和是否比它们作为一个整体时大。具体分析应结合各企业的实际情况进行，比如可以从分析规模经济入手，看其是否超过了最佳经济规模；也可以从分析决策流程和各部门之间的配合入手，看是否因为环节太多而造成了重复劳动和人才、物力的浪费；或从考察管理部门所控制资产或业务的差异性出发，看这种差异性是否在很大程度上造成了管理效率的下降，并在管理费用和所管理资产或业务的收益方面带来了损失等。如果测算的结果表明的确存在“负协同”效应，并且这种效应不是通过内部调整就可以解决的，这时就需要将该部分产生“负协同”效应的资产或业务剥离或分立出去。当然，剥离不应使企业产生价格方面的额外损失。

2. 满足企业现金需求

有时企业出于继续经营或业务扩张的需要会面临大量的现金需求，这时企业就有可能将其部分不重要的或者与其他部分不相适应的、有时甚至是能盈利的主要业务或资产剥离出去。有时这种剥离是作为企业并购战略的一部分而有计划地进行的，其决策是在并购的同时做出的。但有时企业则是在破产的压力下被迫作出剥离的决策以取得现金渡过难关，这时企业就要测算其需要的资金量和各种剥离方案的净现值和变现速度，争取在维持企业生存的条件下最大限度保存企业的实力。

3. 改变企业市场形象、提高企业股票市场价值

信息假说认为，企业的资产或其子公司的资产的真实价值可能由于其所属公司的结构复杂而难以判断。尽管考虑到公开上市公司的信息披露的要求和证券分析的性质和范围，公司各部分的价值似乎不太可能被低估，但证券分析趋向于专业化，一个石油工业的分析家可能会低估一家石油公司中的化学与不动产业务的价值，因为他不熟悉这些产业。因此，一些实行多元化经营的企业，尤其是集团公司，由于其业务范围涉及广泛的领域而使其股票的市场价值被低估，产生了不利的影响。当一家公司由于这种原因而被低估时，就会产生被其他公司接管的风险。这时其管理人员就需要确定是哪些资产被低估了及其低估程度。一般来说，由于企业的管理人员掌握企业的实际情况，可以运用常规的方法来评估企业各部分的真实价值并与股票市值相比较。如果企业的价值被低估很多，也就意味着其他公司通过资本市场对其进行接管的收益很高，这时作出剥离或分立的决策就是可行的。

4. 取得额外收益

一种情况是，由于各企业的情况不同，同样的资产或业务在不同的企业内可能具有不同的价值，其原因可能是存在协同效应等，因此，买卖双方有可能找到使彼此都能获得收益的价格。在这种情况下，持有这类资产的企业就可能为了取得额外的收益而将该资产剥离出去。

另一种情况是分立有利于公司更好地适应和利用有关法规和税收条款以产生额外收益。例如，美国南方联合公司发现其在新墨西哥的煤气公司由于经营亏损，成为整个公司的一个包袱。煤气公司亏损的主要原因是它属于受政府管制的业务，其收益水平受到有关法规的限制，结果使公司的其他业务为其亏损提供补贴。为避免上述问题，南方联合公司决定将煤气公司从母公司中分立出去，这样煤气公司就可以得到政府的补贴，从而给股东带来额外的收益。

5. 剥离不良资产、闲置资产及债务，以提高经济效益

我国国有企业长期以来形成了大量不良资产、不良债权债务、闲置资产，同时也存在大量冗员和“企业办社会”职能，在国有企业股份制改组过程中，有效地将其剥离或分立，可以提高改组后企业的经营效率，提高资产利润率及经济效益，促进国有资产的保值增值。

在美国，有关剥离和分立的实证研究表明，剥离和分立企业的股东均能在证券市场上获得较大的超常收益，而且收益的大小与出售的比例或分立出的子公司相对于母公司的规模大小成正相关。超常收益率的存在说明了公众对于这种经营方式的资本保值增值效果的肯定。但是由于市场经济中不确定性的普遍存在，任何一种经营方式都不可避免地存在风险，剥离与分立也不例外。当企业出于种种动因而需要进行剥离或分立时，我们最关注的财务问题就是如何恰当地进行财务决策以保证资本最大限度地保值增值。

本章小结

研究资本经营内涵，首先应搞清楚产品经营、商品经营、资产经营的内涵，在此基础上明确资本经营，以及资本经营与其他经营之间的关系。产品经营是与单纯生产型的企业经营方式紧密相连的。商品经营是与生产经营型的企业经营方式紧密相连的。资产经营是与资产经营型的企业经营方式紧密相连的。资本经营是与资本经营型的企业经营方式紧密相连的。

所谓资本经营型，其特点是围绕资本保值增值进行经营管理，把资本收益作为管理的核心，资产经营、商品经营和产品经营都服从于资本经营目标。企业经营方式转变与企业财务管理变革是紧密相关的，在市场经济条件下，企业经营方式转变为资本经营方式，公司理财在目标、内容、方式等各方面都发生了变革与创新。

在资本经营方式下，公司理财目标与公司主要目标是一致的，即资本增值最大化。将资本增值确定为公司主要目标，对保证公司其他目标的实现是有利的。因为只有资本不断增值，才能使扩大再生产顺利进行，才能够保证公司社会目标和技术目标的实现。

企业进行资本经营，就是要围绕资本保值增值目标，盘活存量资本，用好增量资本，优化资本配置，搞好资本收益分配，这正是公司理财的基本内容。随着企业经营方式向资本经营的转变以及公司理财目标、内容的创新，财务评价也应适应这一要求，围绕企业及股东价值最大化进行财务评价，因此，现代财务评价的实质就是资本经营评价。

企业资本经营方式有多种。从不同角度划分，资本经营的方式所体现的类型就有所不同。通常人们将资本经营方式划分为资本扩张经营方式和资本收缩经营方式两种，每种资本经营方式中又存在不同的形式。

企业资本经营为什么会创造价值呢？资本经营的价值来源可分两方面解释。资本扩张经营的价值来源主要体现在以下四方面：一是获取战略机会；二是产生协同效应；三是提高管理效率；四是发现资本市场错误定价。资本收缩经营的价值来源体现在：一是消除负协同效应；二是满足企业现金需要；三是改变企业市场形象，提高股票市值；四是取得额外收益；五是剥离不良资产，提高经济效益。

本章参考文献

1. 潘岳：《资产重组的政策与途径》，经济科学出版社 1997 年版。
2. 沈建明等：《企业资本经营理论与实务》，立信会计出版社 1997 年版。
3. 赵炳贤：《资本经营论》，企业管理出版社 1997 年版。
4. 阎达五、杜胜利：《资本管理论》，中国人民大学出版社 1999 年版。
5. 郭元晞：《资本经营》，西南财经大学出版社 1997 年版。
6. 张先治、尚志强：《企业改制与上市策划》，东北财经大学出版社 1997 年版。
7. 王学英、蓝发钦：《资产经营》，上海人民出版社 1998 年版。
8. 魏杰：《资本经营论纲》，上海远东出版社 1998 年版。

第十一章 资本经营内容

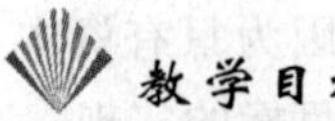

教学目标

◇基本目标

本章教学目标是使学生掌握资本经营的基本内容，即资本存量经营、资本增量经营、资本配置经营和资本收益经营。

◇具体目标

明确什么是资本存量经营，资本存量经营的目标是什么；

明确什么是资本增量经营，资本增量经营的目标是什么；

明确什么是资本配置经营，资本配置经营的目标是什么；

明确什么是资本收益经营，资本收益经营的目标是什么；

掌握资本存量经营的方法，探索资本存量经营的途径；

掌握资本增量经营的方法，围绕资本增量经营目标搞好资本增量决策；

掌握资本配置经营的方法，优化资本结构与资产结构；

掌握资本收益经营的方法，搞好资本收益及分配管理；

能够运用资本经营的基本原理和方法，指导企业的财务管理和经营管理工作。

本章提要

本章主要论述了资本经营中的资本存量经营、资本增量经营、资本配置经营和资本收益经营四部分内容。回答了为什么从这四个角度界定资本经营的内容；各种资本经营的目标有何区别；如何搞好资本存量经营和资本增量经营；如何优化资产结构和资本结构；如何进行资本收益经营等问题。

第一节对资本存量经营的内涵与目标进行了界定，明确了搞好资本存量经营、挖掘资本潜在经济效益的思路与措施。第二节在明确其内涵的基础上，对资本增量经营追求的规模经济效益和技术进步经济效益进行了阐述，明确了资本增量经营的目标与思路。第三节从资产结构和资本结构两方面探讨了搞好资本配置经营、提高资本配置经济效益的途径。第四节从资本收益取得和资本收益分配两方面介绍了资本收益经营的内涵与目标，明确了搞好资本收益经营的思路。

本章全面论述了资本经营的内容，从新的角度提出了公司理财的内容与重点，明确了现代公司理财的思路与方向。

第一节 资本存量经营

一、资本存量经营内涵

资本存量经营是企业资本经营的重要组成部分。所谓资本存量或存量资本，从企业资本经营角度看，是指企业现存的全部资本资源。从资本使用或占用形态看，资本存量表现为企业现存的全部资产，包括流动资产、长期投资、固定资产、无形资产等。从资本的来源看，资本存量也可表现为企业的现有负债和所有者权益，或称他人资本和自有资本。资本存量是相对资本增量而言的。资本存量经营是指在不增加资本投入（或不考虑资本增量）的情况下，对企业现存资本（或存量资本）的经营。

从资本经营的目标，即资本增值出发，资本存量经营就是要充分、有效地利用现有资本，提高资本使用效率与效益，使现有资本不断增值。在企业存量资本中，有使用中的资本，也有未使用或闲置资本；在使用资本中，有使用效率高的资本，也有使用效率低的资本；在资本使用效率一定情况下，由于资本投向不同，有资本增值率高的资本，也有资本增值率低的资本。因此，进行资本存量经营，从广义上说，包括：第一，盘活资本存量，使闲置资本充分发挥作用；第二，提高资本使用效率，使效率低的资本提高利用率；第三，重组或重新配置存量资本，使低增值率资本向高增值率转移。前两项内容属于纯粹的盘活用好存量资本，不涉及存量资本结构调整，后一项内容实际上属于存量资本重新配置。狭义的资本存量经营，主要指前者，而后者的存量结构调整，可划归到资本配置经营中去。本部分资本存量经营主要采用狭义的概念。

进行资本存量经营，应围绕资本存量经营目标，进行资本存量预算、控制、营运、考核与评价。

二、资本存量经营目标

明确了资本存量经营的内涵，为确定资本存量经营目标奠定了基础。资本存量经营，从提高经济效益这一资本经营根本目标看，主要是通过对闲置资本和使用效率低的资本的运作，挖掘潜在经济效益，使一定的资本存量取得尽可能大的产出。因此，挖掘潜在经济效益是资本存量经营的根本目标所在。

潜在经济效益是指在一定技术水平和资源投入情况下的实际经济效益水平与最大可能经济效益水平之间的差异。实际经济效益水平是指实际产出或所得与实际投入或所费之间的比率；最大可能经济效益水平是指在技术水平一定的情况下可能达到的最大产出水平与投入之间的比率。在资源投入一定的情况下，它也可用实际产出与生产可能性边界上的产出之差来表示。图 11－1 反映了在技术水平一定和资源投入一定的情况下的潜在经济效益状况。图中的 PPF 曲线是微观经济中的生产可能性边界线（或宏观经济中的潜在产出线），是最大可能产出水平。如果实际产出量在曲线 PPF 之上，如在 F 点时，说明资源得以充分利用，实际经济效益与最大可能经济效益相同，没有潜在经济效益；当产出量在生产可能性边界线内，如 E 点时，说明资源没有得到充分利用，实际经济效益将小于最大可能经济效益，反映存在着潜在经济效益。应当指出，上述所谓资源投入一定，包括资源投入数量一定和资源投入结构（或资源配置）一定。在资源投入数量一定时，最大可能产出是整个 PPF 曲线，而如果资源投入结构（或资源配置）也一定，则最大可能产出是 PPF 曲线上的一点。因此可以说，潜在经济效益只反映资源利用程度对提高经济效益的潜力，而不反映提高资源配置经济效益、规模经济效益和技术进步经济效益的潜力。同理，图 11－2 中，在资源投入一定（假定为 1）时，最大可能产出在 F 点，如果实际产出在 E 点，则 E 与 F 之间的垂直距离反映了潜在经济效益。

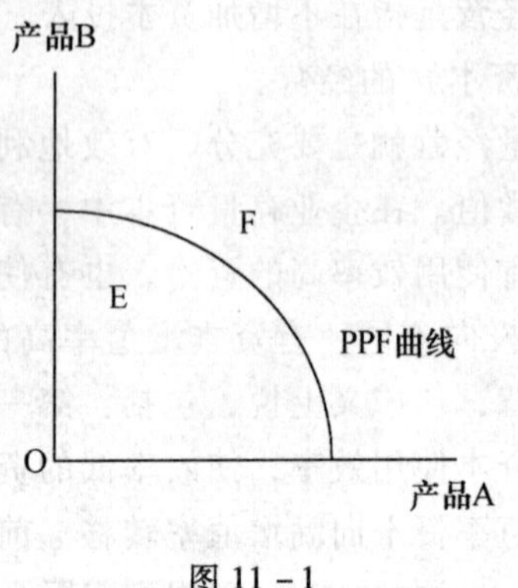

图 11－1

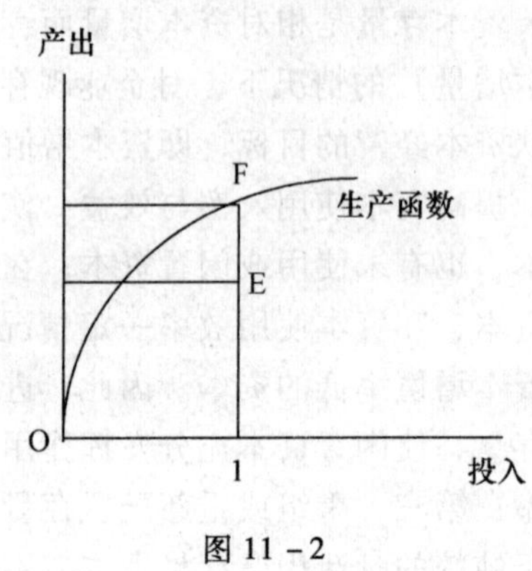

图 11－2

潜在经济效益相对实际经济效益水平而言是一种负效益，从静态角度看，潜在经济效益越高，说明实际经济效益水平越低；反之，潜在经济效益越低，说明实际经济效益水平越高。从动态角度看，提高经济效益，就是要降低潜在经济效益。

研究潜在经济效益的内涵，关键在于搞清实际经济效益水平与最大可能经济效益水平之间差异的产生原因，即潜在经济效益产生的原因。研究潜在经济效益产生原因的关键，在于研究最大可能产出与实际产出之间差异产生的原因。

三、资本存量经营与挖掘潜在经济效益

（一）企业潜在经济效益

企业经济效益是指企业的产出与投入之间的比率，潜在企业经济效益是指在现有技术水平条件下，企业实际经济效益与最大可能经济效益之间的差异，在资源（或生产要

素）投入一定的条件下，主要表现为实际产出与最大可能产出之间的差异。潜在企业经济效益存在的原因主要是企业资源没有充分利用造成的，如劳动者行为不规范，出工不出力；厂房、设备闲置；原材料积压浪费及利用率低；产成品积压等。按经济学原理来解释，潜在企业经济效益实质上就是低效率的反映，如果企业各种资源都得以充分利用，即不存在低效率问题，也就不存在潜在企业经济效益问题。

（二）资本存量经营与挖掘资本潜在经济效益

资本潜在经济效益是指企业资本资源利用不充分所引起的经济效益损失。资本资源利用不充分必然使一定资本资源投入的实际产出与最大可能产出不一致。如图 11－2 的投入假设是资本投入，则潜在资本资源利用经济效益是指 OE 与 OF 之间的差异。企业中资本资源投入应指生产经营过程中使用和占用的各种资本，既包括已经形成生产能力或用于生产活动的各种设备、建筑物及存货，即在用的固定资产和存货，还包括封存、未使用、不需用的固定资产；积压的存货以及在建工程等。

资本潜在经济效益的存在主要是资本资源利用率低下所致。资本资源利用率是指资本资源使用率和资本利用系数之积。资本资源使用率是指使用中的资本与资本资源投入量之比，反映全部资本资源的使用程度。资本利用系数是指有效利用资本与使用中的资本之比，反映在用资本的利用程度。资本存量经营，一方面要充分使用资本资源，避免资源的闲置与浪费，提高资本使用率；另一方面要有效利用资本，避免开工不足等，提高资本利用系数。

上述分析说明，所谓潜在经济效益，实质上是资源利用不充分对经济效益所带来的不利影响。提高经济效益，从潜在经济效益角度看，就是要提高资源利用率，这样做的静态结果是实际经济效益与最大可能经济效益之间的差距缩小，即潜在经济效益降低；动态结果是实际经济效益水平得以提高。

四、资本存量控制

资本存量控制就是以资本存量预算为依据或基础，对企业现存资本总量与结构的合理性与有效性进行检验，对出现的资本闲置，包括总量性闲置与结构性闲置，及时进行处理，以保证资本存量经营目标的实现。

（一）资本存量控制程序

1. 资本存量控制标准的确定，即资本存量预算，包括资本总量预算和资本存量结构预算。

2. 资本存量差异的确定，即将实际资本存量与资本存量预算进行比较，对出现的资本存量差异进行原因分析，并明确是总量性闲置差异，还是结构性闲置差异。

3. 对闲置资本进行处理，盘活存量资本。对总量性闲置，通常可采取资产剥离、分立、出售等方式进行处理；对于结构性闲置，则可通过资产重组来解决。

（二）资本存量控制系统

资本存量控制系统是资本存量控制组织系统与信息系统的统一。

进行资本存量控制必须有健全的组织保证。企业各级组织都应有相应的资本存量控制目标。企业财务部门应对企业资本存量总量和结构进行全面控制，而各部门、车间也应对各自占用的资本总量与结构进行控制。例如，存货资本控制应由供应部门、生产部门和销售部门共同负责，相应的材料资本的控制主要由供应部门负责，产成品资本的控制主要由销售部门负责，在产品资本的控制由车间负责。应收账款的控制则由财务部门和销售部门共同负责。总之，通过严密的资本存量控制组织系统，使所有的存量资本都有人负责，同时，所有的部门和单位也都有自己的资本控制目标。

资本存量控制组织系统的运作离不开信息系统的支持。资本存量控制必须以组织系统为依托，通过资本存量预算、资本存量差异及资本存量分析报告信息，反映各部门、单位的资本存量控制业绩，以及整个企业的资本存量控制业绩。

（三）闲置资本处置方式

对企业资本存量控制中揭露出的闲置资本应及时进行处置，即通过存量调整使现有的存量资本在各个产业部门、地区之间合理流动，实现要素的合理配置和优化组合，以达到调整和优化产业结构的目的。资本存量调整或闲置资本处置方式往往根据闲置资本产生的原因不同而有所不同。对于总量性闲置资本，通常可采取资产剥离、分立、出售、托管等方式进行处置，盘活企业闲置资本，使企业闲置资本得以充分利用。对于结构性闲置资本，可采用资产重组、产品重组等方式进行处置，提高资本利用率和使用效率。

第二节 资本增量经营

一、资本增量经营内涵

一个持续经营发展的企业，仅有资本存量经营是不够的，必然涉及资本增量经营问题。资本增量是相对资本存量而言的。前面谈到，所谓资本存量，从企业资本经营角度看，是指企业现存的全部资本资源，它通常可反映企业现有生产经营规模和技术水平。资本增量是指企业在资本存量基础上增加的资本投入量，它一方面表现为企业资产的增加，另一方面也表现为企业权益（负债或所有者权益）的增加。资本增量经营正是研究在企业资本增加过程中的资本运作及其效果。

从资本经营的目标，即资本增值出发，进行资本增量经营，涉及增量资本如何取得和增量资本投向何处的问题。在资本市场发达、企业经营方式多样化的今天，资本的筹资渠道和筹资方式较以前有了很大发展，这既为企业筹资提供了便利与机遇，也增加了筹资的复杂性与风险性。同样，在投资方面，投资领域、投资方式也发生了重大变化，增量资本如何使用才能产生更大的效益成为关注的要点。因此，进行资本增量经营应注意：第一，要以最低的筹资成本取得企业所需要的增量资本；第二，要以资本增值为目标，充分有效使用增量资本。增量资本的有效使用表现在：第一，以增量资本盘活存量资本；第二，以增量资本推进企业扩张，优化企业规模；第三，以增量资本提高企业技术水平。

资本增量经营直接表现为企业资本扩张。资本扩张作为现代财务管理的重要内容，应讲究成本效益原则，即以较低的资本扩张成本，取得尽可能大的资本扩张效益。在现代企业重组中，企业合并、合资、兼并、收购等都是资本低成本扩张的主要形式，因此，也是资本增量经营的主要形式。资本扩张，另一方面将引起企业组织形式的变化，即从独资企业、合伙企业发展为公司制企业，或从公司制企业发展为集团企业或控股公司等。因此，资本增量经营还应结合企业的组织形式进行研究。本部分主要研究资本增量经营目标以及增量资本的筹集与使用。

二、资本增量经营目标

资本增量经营的内涵为明确资本增量经营目标奠定了基础。资本增量经营的目标具体地说主要包括：第一，通过资本增量经营，扩大企业规模，提高规模经济效益；第二，通过资本增量经营，加快技术进步步伐，提高技术进步经济效益；第三，通过资本增量经营，盘活存量资本，挖掘潜在经济效益。关于潜在经济效益内涵，我们在上一节已有论述，这里主要研究规模经济效益和技术进步经济效益。

（一）规模经济效益

1. 经济规模与经济效益

研究规模经济效益的关键，应搞清经济规模与经济效益之间的关系。经济规模与经济效益的关系可用图 11－3 反映。

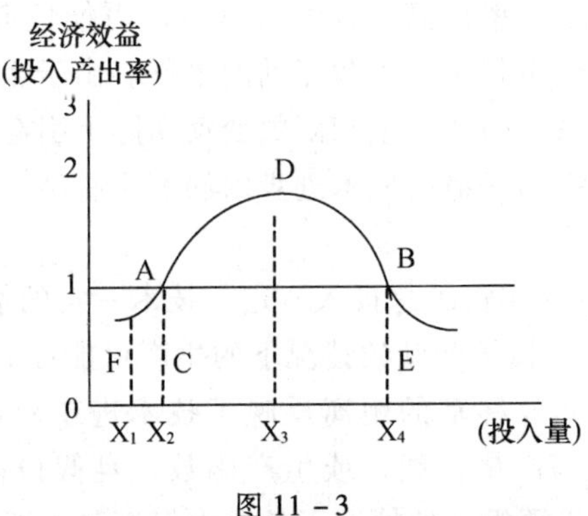

图 11－3

从图 11－3 可看出，企业的经济规模在 X_2 ~ X_4 之间时，企业投入产出率大于或等于 1，说明在此经济规模范围，企业有经济效益；当经济规模低于 X_2 或高于 X_4 时，企业投入产出率小于 1，说明此种经济规模企业无经济效益。因此，我们可把 X_2 ~ X_4 之间的经济规模称为可行或合理经济规模，D 点是经济效益最高点，与 D 点相对应的经济规模 X_3 是最佳经济规模；而低于 X_2 或高于 X_4 的经济规模为不可行或不合理经济规模。总之，最佳经济规模是指在其他条件一定的情况下使经济效益最大化的经济规模。最佳经济规模的任何变动都将使经济效益下降。合理经济规模则是指在其他条件一定的情况下能取得经济效益的经济规模。

2. 规模经济效益的内涵

明确了经济规模与经济效益之间的关系，为我们确定规模经济效益的内涵奠定了基础。所谓规模经济效益，一般是指由于经济规模的变动所引起的经济效益的提高。具体地说，规模经济效益是指由于生产力诸因素集约度的变动所引起的投入产出率的提高。正确理解规模经济效益要抓住以下几点：

（1）规模经济效益是经济效益的组成部分，因此，其内涵应与经济效益的一般内涵相一致，即反映经济规模引起的投入与产出比率的变动，而不是仅指成本的降低。

（2）规模经济效益是一种动态经济效益，它是指经济规模变动所产生的经济效益。在图 11－3 中，经济规模从 X_2 向 X_3 或从 X_4 向 X_3 变动将产生经济效益，使规模经济效益提高。如果经济规模从 X_3 向 X_2 变动，或从 X_3 向 X_4 变动，虽然经济规模处于有经济效益范围，但规模经济效益是下降的。

（3）规模经济效益提高只是相对自身而言在不同时期的经济规模改善。对于不同的分析对象，如不同的企业，规模经济效益高的企业并不一定经济规模就优于规模经济效益低的企业。例如，当某企业已经达到最佳经济规模，在技术条件不变情况下，它的规模经济效益只能等于或小于零。

（二）技术进步经济效益

1. 技术进步内涵

技术进步是指为实现一定目标的技术进化和革命。这个目标通常是指经济目标，即生产率的提高。著名经济学家萨缪尔森将技术进步表述为："引进新的生产方法，改进产品或降低成本，从而使生产率提高。其结果是生产可能性曲线向外移动。"经济学家索洛把技术进步等同于任何引起生产函数变动的事件。由于生产函数反映一定资源投入与其最大产出量之间的关系，因此，生产函数变动实际上引起生产率变动或生产可能性曲线移动。可见，萨缪尔森和索洛的技术进步内涵都含有经济目标。下面用图来说明技术进步内涵与性质。

图 11－4 中的 PPF_1 表示在资源总投入一定、技术一定的情况下的生产可能性曲线；PPF_2 表示资源总投入不变、技术变动的情况下的生产可能性曲线。PPF_2 与 PPF_1 之间的距离，即生产可能性曲线向外移动的距离反映了技术进步对产出或生产率的影响。图 11－5中的曲线 Q_1、Q_2 是等产量曲线，或生产函数，且假设两条曲线的产量相等。Q_1 代表了在一定技术水平和资源投入的情况下的最大等产量曲线，或在技术水平和产出一定的情况下的最小资源投入组合线；Q_2 反映了在产出一定的情况下，技术变动后的等产量曲线。Q_1 与 Q_2 之间的距离反映了技术进步状况，说明由于技术进步使生产相同产量的资源投入减少。图 11－6 中曲线 1 代表在技术水平一定的情况下，每一资源投入量相对应的最大可能产出量；曲线 2 代表在技术水平变动的情况下，每一资源投入量相对应的最大可能产出量。可见，由于技术进步，使一定资源投入的产出量增加，两条曲线之间的垂直距离可反映技术进步的状况。

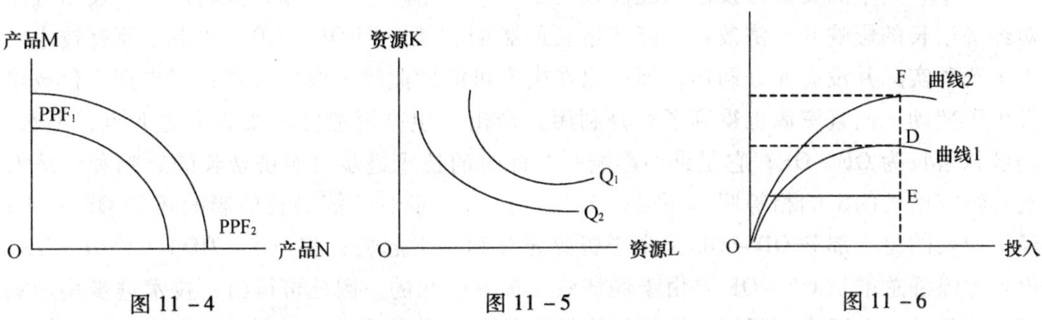

图 11－4　　图 11－5　　图 11－6

2. 技术进步与经济效益

研究技术进步与经济效益的关系，首先应明确技术进步与经济增长的关系。根据上述广义技术进步内涵，通常认为经济增长主要受劳动力投入量、资本投入量和技术进步三大因素影响。如图 11－4 中，在资源投入和技术水平一定时的最大产出量是 PPF_1 曲线；技术变动后（其他因素不变）的最大产出量是 PPF_2 曲线；PPF_2 曲线与 PPF_1 曲线之间的距离反映了技术进步引起的经济增长。前面已指出，经济效益是指产出与投入之间的比率，假设资源投入为1，则生产可能性曲线 1 反映了技术进步前的经济效益水平，生产可能性曲线 2 反映了技术进步后的经济效益水平，两条曲线之间的距离则反映了技术进步对经济效益水平的影响程度，或者反映了技术进步对产出或经济增长的影响。由于此时技术进步对经济效益的影响和对经济增长的影响具有一致性，因此，有人认为，技术进步对经济增长的影响和经济效益对经济增长的影响是相等的，或者说经济效益的变动完全是由技术进步引起的。如有人将广义技术进步定义为：产出增长中扣除劳动力和资金投入数量增长的因素后，所有其他产生作用的因素之和。这实际上是全要素生产率增长率或动态经济效益的定义，可见，持这种观点的人是把技术进步与经济效益等同起来。应当注意，上述结论成立的前提是：假定资源投入一定，且投入资源得到充分利用，不存在资源闲置浪费。但是，实际并非总是如此，资源不充分利用现象是普遍存在的，生产产出经常在生产可能性曲线之内，此时技术进步对经济增长的贡献与经济效益对经济增长的贡献是不同的，可用图 11－7 加以说明。

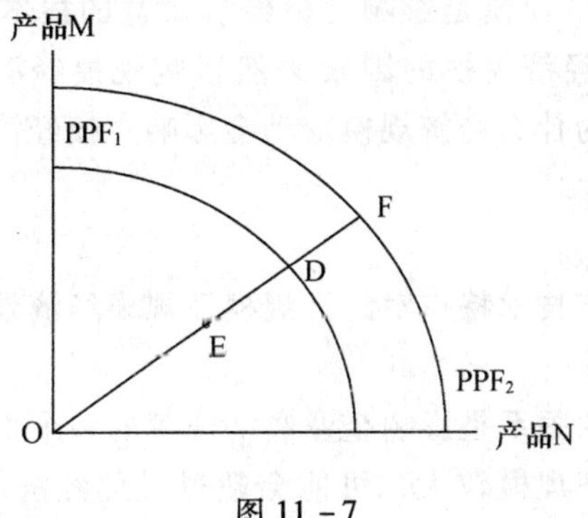

图 11－7

图 11 - 7 中的资源与技术状况假设与图 11 - 4 相同。在资源充分利用时，技术进步对经济增长的影响和经济效益对经济增长的影响相等，即 OF - OD。如果在原有技术水平上资源实际并没有充分利用，即产出在生产可能性曲线 1 内的 E 点；报告期不仅技术发生了变动，而且资源也得到了充分利用，产出在生产可能性曲线 2 上的 F 点，那么，经济总增长为 OF - OE，它是谁的影响呢？此时的技术进步对经济增长的影响和经济效益对经济增长的影响相等吗？不是。其实，技术进步对经济增长的影响还是 OF - OD；经济增长的另一部分 OD - OE 是由于资源充分利用引起的；将(OF - OD) + (OD - OE)得到的经济总增长 OF - OE 是由于经济效益提高引起的。因此可得出，技术进步是影响经济效益的一个因素，而不是影响经济效益的全部因素或唯一因素；技术进步将引起经济效益提高，从而对经济增长产生积极影响。同理，图 11 - 6 中相应各点也可说明这个道理。

三、资本增量经营与提高规模经济效益

要提高规模经济效益，关键在于优化经济规模。所谓经济规模优化，概括地说，是指以经济效益为目标，通过调整经济规模，实现规模经济效益和最佳经济规模的过程。提高经济效益是经济规模优化的目标，经济规模调整是经济规模优化的核心。经济规模调整，一般来说，是指全部资源或生产要素投入规模的调整，即全部资源或生产要素投入量都是可变的。严格地说，经济规模调整是指在各种资源或生产要素投入比例不变情况下的资源或生产要素投入量的调整。从狭义规模经济效益定义出发，经济规模调整应作后一种解释。

要以经济效益为目标进行经济规模调整，首先应明确经济规模（或投入）变动与经济收益（或产出）之间关系的三种情况。在技术一定的条件下，生产要素投入（相同比例）与产品产出之间的关系，将会出现规模收益递增、规模收益递减和规模收益不变三种情况（如前面规模收益所述）。

研究提高规模经济效益的途径，首先应明确影响规模经济效益的因素。因为规模经济效益是指由于经济规模变动所产生的经济效益，而合理或最佳经济规模的实现必然是规模经济效益的存在或增长，因此，经济规模与规模经济效益是相互影响、相互作用的。从这点来看，经济规模是影响规模经济效益的根本因素，而经济规模的变动又受许多因素影响，影响经济规模的因素必然影响规模经济效益的因素。那么，经济规模受哪些因素影响呢？为什么经济规模变动会影响规模经济效益呢？从以下几方面加以说明。

1. 生产技术特点

部门、行业或企业生产技术特点对经济规模及规模经济效益有着先天的影响。

2. 产品市场需求

市场需求相对于供给的关系是影响企业经济规模的一个重要因素。一般来说，如果产品供不应求，则企业经济规模较大，可能会超过最佳经济规模；如果产品供过于求，则企业经济规模较小，可能低于最佳经济规模。换一角度说，当企业处于规模收益递增

阶段，但产品市场供求平衡或供过于求，则该企业很难实现最佳经济规模；而如果产品供不应求，则很容易达到最佳经济规模。

3. 经济资源状况

经济规模与资源状况关系很大。资源状况既包含资本资源、劳动力资源，又包括自然资源，缺少任何一种资源都不能达到合理规模和最佳规模。另外，这里所说的资源状况不仅包括资源的数量，而且包括资源的质量。如果资源的数量和质量都能达到实现最佳经济规模的要求，则能够产生规模经济效益；否则，资源的数量和质量达不到要求，则不能产生规模经济效益。

4. 管理水平

经济规模和规模经济效益与管理水平关系紧密。规模经济性与规模不经济性的产生都与管理水平有关。管理水平为什么能产生规模经济性或规模经济效益呢？从管理的计划、组织、指挥、协调和控制职能看，高的管理水平有利于企业各部门、工厂、车间之间的协调或衔接，产生大企业的规模经济效益。但是，在较低的管理水平条件下，大企业不仅不会产生规模经济效益，而且会引起规模不经济。因为大企业的计划、组织、指挥、协调及控制都比小企业复杂，在管理水平低时，由于计划不周，组织指挥不当，或协调控制不利，管理效率下降，从而容易引起资源的闲置与浪费，单位成本趋于上升。

5. 市场结构

从完全竞争市场结构和非完全竞争市场结构特点看，完全竞争市场结构条件下的企业经济规模，在长期总是处于长期平均成本曲线的最低点，即处于最佳经济规模；而且从理论上说，所有企业都处于最佳经济规模，实现了经济效益最大化。垄断市场结构条件下的企业经济规模，在长期往往处于长期成本下降的点，而不在最低点，此时，垄断企业有较高的经济效益，但其技术效率和社会经济效益并不是理想的。

四、资本增量经营与提高技术进步经济效益

提高技术进步经济效益的核心在于加快技术进步，技术进步的前提在于正确的技术选择，技术进步的根本在于技术创新和技术扩散，技术进步的捷径在于技术改造和技术引进，技术进步的保证在于经济体制改革。

（一）技术选择是提高技术进步经济效益的基本前提

进行技术选择首先应明确可供选择的技术类型。而技术选择的类型从不同角度看是不同的：

从影响经济增长的因素角度看技术进步类型，存在以下几种技术选择：第一，劳动密集型技术；第二，资本密集型技术；第三，技术或知识密集型技术。

从技术进步的水平看技术进步类型，存在的技术选择有：第一，高、精、尖技术或世界先进水平技术；第二，先进适用技术；第三，中间适用技术等。

从技术进步结果看技术进步类型，存在的技术选择有：第一，提高质量技术；第二，增加品种技术；第三，扩大能力技术；第四，生产安全技术；第五，提高生态效益

技术；第六，提高社会效益技术等。

技术进步是技术选择首要原则，经济效益是技术选择的基本原则。社会效益原则也是技术选择应遵循的原则。技术类型是多种多样的，不同技术类型的特点及适用范围是不同的，因此在技术选择中必须遵循因地、因时、因人、因事制宜原则。

技术选择的目标受资源条件、现有技术水平、经济发展趋势等诸多因素影响。在不同时间、不同空间，由于其资源、技术、经济等方面的条件不同，技术选择目标也有所不同。我国技术选择的长期目标是技术密集型技术、自然资源节约型技术、高精尖技术和提高生态效益和社会效益的技术。因为地球上的资源是有限的，而人们的需求是无限的，要使有限的资源满足无限的人类需求，必须依靠技术进步或知识进展，必须选用高、精、尖技术。

（二）技术创新、技术扩散、技术改造

1. 技术创新与技术进步经济效益

在商品经济条件下，经济效益才是技术创新的真正原动力，同时，它也是技术创新的最终目标。如果创新得不到应有的高效益，它就不会有生命力。因此，要搞好技术创新，第一，必须以提高经济效益为基本出发点和落脚点；第二，适应市场需求确定技术创新方向，积极诱导创新；第三，发挥现有技术优势推动技术创新。关于企业规模和市场结构对技术创新的影响问题，第一，应结合企业规模及生产技术特点，加强技术研究与开发，只要树立了技术创新对经济效益的决定性影响地位，任何规模的企业都能搞出技术创新；第二，建立健全适应技术创新和技术进步要求的市场结构，搞好经济体制改革。这个市场结构和经济体制要有利于诱导创新、促进创新。

2. 技术扩散与技术进步经济效益

技术扩散通常有三种途径：一是技术在本部门内的扩散；二是技术在部门间的扩散；三是技术在国际间的扩散。影响技术在部门内各企业间扩散的基本因素：一是扩散比例，即部门中采用新技术的企业占企业总数的比例，比例越大，说明采用新技术风险越小，对未采用新技术企业的压力和推动力就越大；二是相对利润率，新技术的相对利润率越高，愿意接受新技术的企业越多，扩散越快；三是新技术投资额，投资额越小，技术扩散越快。影响技术在部门间扩散的因素有利润率因素、投资额因素、制度因素，另外一个重要因素是新技术的可分解性，如果一项技术便于分解，它的扩散就快，因为可采用其技术的某一部分，节约投资。技术在国际间的扩散除受经济、制度方面影响外，还受观念影响。

3. 技术改造和技术引进是技术创新和技术扩散的有效手段

提高技术进步经济效益的关键在于技术创新和技术扩散。而技术创新和技术扩散的有效手段或途径是技术改造和技术引进。

第三节　资本配置经营

一、资本配置经营内涵

资本配置是资源配置的重要组成部分。从经济学角度看，资源主要分为资本资源、人力资源和自然资源。资源配置主要是研究在全部资源中各种资源如何配置，使总产出最大化。资本配置，从广义上说，既应研究资本资源本身的配置，又应研究资本资源与人力资源、自然资源的配置；从狭义说，资本配置主要研究资本在不同来源或用途之间的配置。这个配置既包括空间上的配置，即资本在不同产品、不同行业、不同产业、不同地区间的配置等，又包括时间上的配置，即资本在不同时期的配置，等等。我们这里采用资本配置的狭义解释。资本配置状况可用资本配置结构或资本结构来表示。所谓资本结构，一般地说，是指在全部资本中各种资本所占的比重。它通常可用两种方式来表示：一是资本的使用结构，即在总资产中各项资产所占的比重，即资产结构；二是资本的来源结构，指在全部资本来源中各种资本的来源比重，如负债占总资本的结构、所有者权益占总资本的结构等。

资本配置经营就是要通过营运资本，使资本配置结构优化，实现资本增值目标。资本结构优化是资本配置经营的核心内容。资本结构优化可从资本使用结构优化和资本来源结构优化两方面进行。资本使用结构优化，有利于促进企业资产结构、产品结构优化，也可促进行业结构、地区结构优化，使资本发挥最大使用效率和效益，实现企业价值最大化。资本来源结构优化，通过调整负债与所有者权益结构以及负债和所有者权益内部结构，均衡风险与收益，使自有资本发挥最大控制力和效率，实现所有者价值最大化。资本配置结构优化是资本使用结构优化和资本来源结构优化的统一。

要实现资本结构优化，离不开资本营运。目前实践中采用的各种资本营运方式都与资本结构优化相关。因为无论是合并、联合、兼并、收购等资本扩张方式，还是分立、出售、破产等资本收缩方式，从总体看都要以资本结构优化为基础。

二、资本配置经营目标

资本配置经营目标从总体看当然与资本经营目标，即资本增值目标相一致。要实现资本增值，从资本配置角度看，就是要通过资本配置经营，提高资本配置经济效益。

资本配置经济效益是指由于资本配置结构变动所产生的经济效益。研究资本配置经济效益的内涵可从两方面进行：一是研究在资本投入一定的情况下，如何配置资本使产出最大；二是研究在产出一定的情况下，如何配置资本使投入最小。根据图 11 - 8 和图

11－9可分别说明这两种情况。在图11－8中，产品转换曲线PTC上的所有点，反映了在资本充分利用条件下，资本在不同产品A和产品B之间的各种可能配置。如在G点生产A产品OM单位，B产品ON单位；而在PTC曲线上的S点，生产A产品OU单位和B产品OV单位。虽然各种配置都是有效率的，但不同点的产出可能不同，因此其资本配置经济效益也可能不同。最佳配置经济效益是指在资本投入一定的情况下，产品A和B的组合是产出最大的点，这一点应是产品转换曲线与等收入线的切点，即G点。在图11－9中，曲线Q是等产出曲线，在一定技术水平条件下，为实现一定的产出量，资本A和资本B可有不同的组合，即有不同的资本配置结构。如在E点的资本配置结构是B资源OX单位，A资源OY单位；在F点的资本配置结构是B资源OJ单位，A资源OH单位。由于不同点的资本配置结构不同，而使资本投入成本不同，因此资本配置经济效益也不同。最佳资本配置经济效益应是为达到一定产出的资本投入成本最小的点，这一点是等产出曲线与等成本曲线的切点，即F点。

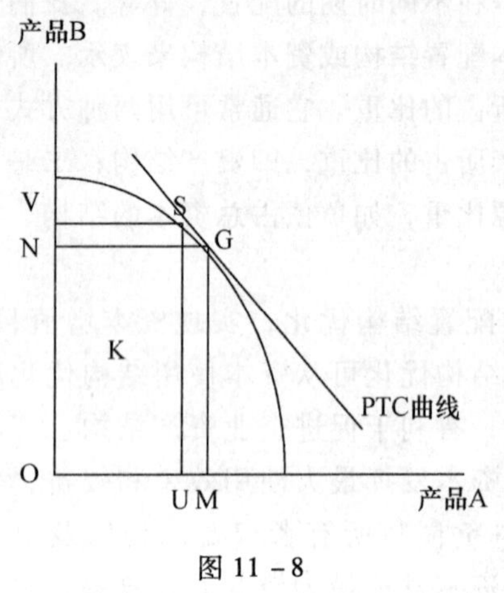

图11－8

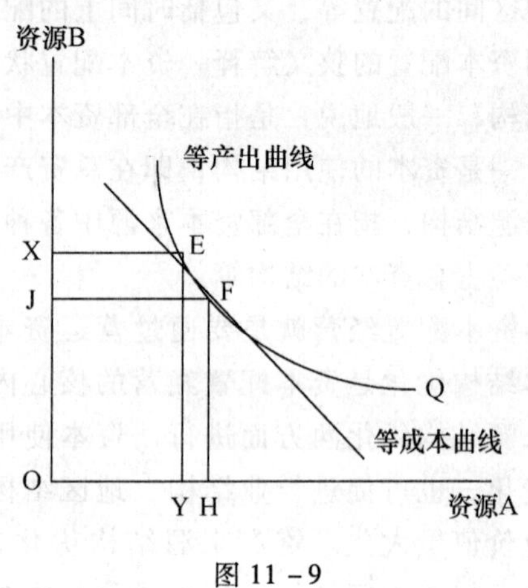

图11－9

三、资产组合与资本配置经营

（一）资产组合

资产组合是由两类或两类以上的资产，按照一定的比例，结合在一起构成的一个资产集合体。投资者在进行投资时，既可把资金全部投放在某项资产上，即单项投资；也可把资金按不同比例分成许多份，再把每一份资金投向不同的资产，这样得到的就是一个资产组合，或称为组合投资。企业资产组合实际上是指企业总资产中流动资产、固定资产、无形资产及对外投资的比例，特别是指流动资产与非流动资产的比例。组合投资与单项投资相比，在收益和风险特征等方面有许多不同之处。

在市场经济中，企业之间的竞争通过其收益和承担风险的能力体现出来。通常将收益与风险均衡作为理财与资本经营的重要原则。对于单项资产投资，一般来说，收益与风险为正相关，即收益率越低，风险就越小；收益率越高，风险就越大。对于资产组合投资，在同等风险或同等收益条件下，资产组合方式可能有所不同。因此，在同等风险条件下，不同的资产组合，平均收益率可能不同；在同等收益条件下，不同的资产组合，其风险也有所不同。在同样风险条件下收益率最高的资产组合，或者在同样收益条件下风险最小的资产组合，才是最优的资产组合。可见，优化资产组合，可使一定风险条件下的收益提高，或使一定收益条件下的风险下降。

资产组合理论是企业重组的财务依据之一。资产平均收益率和各个可能收益结果围绕平均收益率的波动幅度就成为企业评价资产组合的两项主要财务指标。企业收益状况和风险状况共同构成资产组合的总体水平。在风险一定时，资产的平均收益率越高，其资产组合业绩就越好，反之则越差；在资产平均收益率一定时，风险越小，资产收益的波动幅度越小，其资产组合业绩就越好，反之则越差。

资产组合理论认为，资产组合或各企业重组新建集团公司的风险量（标准离差）总是小于单个企业的风险的加权平均值。当资产组合中各项资产之间或各企业之间不存在完全的正相关关系时，其资产组合的风险总是会减少的。企业存量资产的流动、调整或组建集团公司便具备了财务上的可能性和可行性。这一结论是财务学资产组合理论的基石。至于风险减少程度的大小，则取决于资产组合中各项资产或各个企业之间的相关情况。当然，资产风险下降程度除受相关系数制约外，还受各企业资产自身风险大小及投入资金比例等因素的影响。在一般情况下，单个企业各自的风险和它们之间的相关系数就会在较长时期内基本保持不变，组合企业或集团公司所要调整的就是各单个企业资产间的比例或集团公司内企业个数的多少，使集团公司资产重组的风险达到最小，资产规模效益达到最大。这是现代财务学资产组合理论的精髓。

（二）资产组合经营策略

企业资本经营中的资产组合策略可分为适中型资产组合、保守型资产组合和冒险型资产组合三种。采用适中型资产组合，往往在风险与收益的权衡上选择风险与收益都适中的资产组合。既不期望最高收益，也可避免冒大的风险。采用保守型资产组合，在风险与收益的权衡上则选择风险小的资产组合，此时，其对收益的要求较低，因此，承担风险也较小。采用冒险型资产组合，其在收益与风险权衡上往往选择高风险的资产组合。只有勇于冒高风险，才能追求高的收益。从企业资产组合经营看，如果将投资的资产分为流动资产与非流动资产两类，则不同的资产组合策略的资产组合特征将有所不同。

1. 适中型资产组合策略

在适中型资产组合情况下，流动资产对非流动资产比例以保证生产经营正常需要，再适当留有一定保险储备为标准。采用这种策略，企业风险与收益都将处于一般水平。因为流动资产保险储备的存在，在正常情况下实际上是资本的闲置，这必然影响企业资本收益的提高；但同时应看到正是由于流动资产保险储备的存在，往往可避免由于流动资产供应不足产生的停产损失，减少了经营风险。适中型资产组合选择了风险与收益都较适中的状况，即一般的收益和一般的风险，这也是大部分企业所采用的策略。

2. 保守型资产组合策略

在保守型资产组合情况下，流动资产对非流动资产比例以保证生产经营正常需要、正常储备需要，再加上非正常或额外储备需要为标准。采用这种策略，企业风险与收益都将处于较低水平。因为流动资产保险储备的存在，在正常情况下实际上是资本的闲置，再加上非正常储备，使资本闲置增加，这必然对企业资本收益的提高带来不利影响；但同时应看到正是由于流动资产保险储备，特别是非正常保险储备的存在，往往可避免由于各种原因造成的流动资产供应不足产生的停产损失，减少了经营风险。保守型资产组合选择了风险与收益都较低的状况，即较低的收益和较低的风险。通常不愿冒险，偏好安全第一的经营者采用这种策略。

3. 冒险型资产组合策略

在冒险型资产组合情况下，流动资产对非流动资产比例以保证生产经营正常需要量为标准，通常不留有或留有较低的保险储备。采用这种策略，企业风险与收益都将处于较高水平。因为流动资产保险储备不存在或较低，企业资本的闲置较少，这必然使总资产一定的情况下企业资本收益提高；但同时应看到正是由于流动资产保险储备的不存在，往往不可避免由于流动资产供应不足产生的停产损失，增加了经营风险。冒险型资产组合选择了风险与收益都较高的状况，敢于或愿意冒风险的企业往往采用这种策略。

（三）资产组合的差异性

在资产组合中，行业因素是一个不容忽视的重要因素。不同的行业，流动资产在全部资产中的比重有较大不同。表 11－1 反映了美国主要行业的流动资产在全部资产中的比重情况。

表 11－1　　不同行业流动资产比重

比重 %　行业 项目	医药行业	非耐用品制造业	石油和煤炭业	有色金属行业	电力设备行业	飞机和航空制造业	矿产行业	批发行业
现金	1.5	2.1	0.8	2.5	3.8	2.0	2.4	3.5
有价证券	2.6	2.6	2.1	0.9	4.1	1.8	2.2	4.2
应收账款	14.2	13.7	8.4	14.4	20.7	12.4	8.5	25.3
存货	14.0	13.0	8.0	15.2	24.0	49.5	4.1	27.9
其他	4.1	3.0	1.9	1.9	4.5	1.1	2.0	4.1
流动资产合计	36.4	34.4	21.2	34.9	57.1	66.8	19.2	65.0

资料来源：Gitman，Joehnk，Pinches：Managerial Finance，Harper & Row Publishers，1985，P. 322.

可见，不同的行业，流动资产占全部资产的比重有较大差异。如矿产行业、石油及煤炭行业的比重仅占 19.2%，而飞机和航空制造业的比重却高达 66.8%。

另外，企业规模对资本结构也有重要影响。通常随着企业规模的增大，流动资产占全部资产的比重逐步下降。如表 11－2 所示。

表 11-2　　不同规模企业流动资产比重　　规模单位：百万美元

项目 \ 比重% \ 资产规模	10 以下	10～20	50～100	250～1 000	1 000 以上
现金	7.6	6.3	7.1	3.5	1.8
有价证券	3.8	3.8	4.4	3.10	3.2
应收账款	26.0	24.7	21.9	18.7	11.9
存货	25.1	25.7	23.8	19.0	14.5
其他	2.9	3.4	2.6	2.6	3.1
流动资产合计	65.4	63.9	59.8	46.9	34.5

资料来源：同上。

四、资本结构优化与资本配置经营

（一）资本结构内涵与优化

资本结构指企业各种资本的构成及其比例关系。资本结构有广义和狭义之分。广义资本结构，亦称财务结构，指企业全部资本的构成，既包括长期资本，也包括短期资本（主要指短期债务资本）。狭义资本结构，主要指企业长期资本的构成，而不包括短期资本。通常人们将资本结构表示为债务资本与权益资本的比例关系或债务资本在总资本中的构成。资本结构是由企业采用各种筹资方式筹集资本形成的。筹资方式的选择及组合决定着企业资本结构及其变化。资本结构是企业筹资决策的核心问题。企业应综合考虑影响资本结构的因素，运用适当方法优化资本结构，从而实现最佳资本结构。资本结构优化有利于降低资本成本，获取财务杠杆利益。

资本结构优化是指根据资本结构优化理论与运作，实现最优资本结构的过程。最优资本结构是指企业在一定时期最适宜条件下，使其综合资本成本最低，同时企业价值最大的资本结构。根据现代资本结构理论，最佳资本结构是存在的。通常可采用的最优资本结构决策方法有每股利润分析法和比较资本成本法。（1）每股利润分析法。指利用每股利润无差别点来进行资本结构决策的方法。每股利润无差别点指两种筹资方式下，每股股利相等时的息税前利润点。根据每股利润无差别点，可分析判断在什么情况下资本结构达到最优。（2）比较资本成本法。指通过计算不同资本结构下的综合资本成本，并根据其高低确定最优资本结构的方法。应当指出，由于企业经营环境和经营条件的变化及其复杂性，进行最优资本结构决策是比较困难的。应在明确理论方法的基础上，考虑变化因素，结合实际综合判断，才能做出正确决策。

（二）资本结构经营策略

实际上，根据资产组合策略划分思路，资本结构经营策略也可分为适中型资本结构、保守型资本结构和冒险型资本结构。适中型资本结构是指负债与资本比例适中，此时其财务风险及期望收益也将适中。保守型资本结构是指负债与资本的比例，或资产负债率较低，此时财务风险与期望收益率都较低。冒险型资本结构则是指负债与资本的比例，或资产负债率较高，此时财务风险和期望收益率都较高。企业选择何种资本结构经营策略，与企业对风险的偏好，以及对企业经营风险的预期有关。

第四节 资本收益经营

一、资本收益经营内涵

资本经营从一个周期看，往往始于资本筹集与投放，终于资本收益及分配。资本经营要实现资本增值，就是要取得资本收益。资本收益是资本经营的所得或成果，它既可表示为当期收入与成本费用之差，也可表示为期末回收资本与期初投入资本之差。资本收益的实质是利润。从持续经营角度看，企业的资本收益既可继续留在企业用于经营，也可以分配给企业所有者或股东，退出企业经营。因此，资本收益经营包括资本收益形成管理与资本收益分配管理两部分。

资本收益形成涉及企业资本经营的方方面面，前面所论述的资本存量经营、资本增量经营和资本配置经营，都与资本收益相关，其经营效果最终都可通过资本收益来体现。因此，资本收益形成的管理，我们不按资本经营方式和内容进行研究，而是从资本收益的构成和管理的职能角度进行，即资本收益形成管理包括营业利润管理、投资收益管理和营业外收支管理。

资本收益分配从持续经营角度看，它既是资本经营的终点，也是资本经营的始点。因此，资本收益分配管理是资本经营不可缺少的重要环节。资本收益分配管理主要包括收益分配程序、股利分配理论、股利分配政策和股利分配种类及选择的管理。资本收益分配管理效果的好坏，直接影响着资本经营的持续、健康运行。例如，资本收益分配政策与分配方式选择，对持续经营企业的资本经营，对企业筹资、股票市场价值等都是十分重要的。

二、资本收益经营目标

资本收益经营做为资本经营的重要内容和环节，其具体目标更接近于资本经营根本目标，即增值目标。然而，资本收益经营是通过何种方式或途径提高经济效益，实现资本增值呢？应当讲，资本收益经营既涉及资本存量经营、增量经营和配置经营，又不等同于资本存量经营、增量经营和配置经营。因此，潜在经济效益、规模经济效益、技术进步经济效益和配置经济效益，既与资本收益经营有一定关系，又不能涵盖资本收益经营的效果。为了将资本收益经营目标与资本存量经营、增量经营和配置经营目标相区别，我们将由资本收益经营产生的经济效益称为管理经济效益。

研究管理经济效益的内涵，关键应明确管理的内涵。关于管理的定义有许多，我们倾向于管理是一种活动的观点。持这种观点的一种定义是："管理可被看成是这样一种活动，即它发挥某个职能，以便有效地获取、分配和利用人的努力和物质资源，来实现某个目标”（D. A. 雷恩，1986）。管理的这一定义概括地将管理的特征、职能、目标统一起来。按照这一定义，资本的取得、配置、使用过程都属于管理的范畴。管理经济效益，应涵盖潜在经济效益、规模经济效益、技术进步经济效益和配置经济效益。另一种定义是现代管理之父法约尔提出的，他认为管理是一种活动，企业的活动可分为六大类：“（1）技术活动，即生产和制造；（2）商业活动，即购买、销售和交换；（3）财务活动，即寻找资本及最适当地利用资本；（4）安全活动，即保护财产和人员；（5）会计活动，即盘存、资产负债表、成本和统计；（6）管理活动，即计划、组织、指挥、协调和控制”（H. 法约尔，1987）。在上述六类活动中，管理活动是基础，它寓于前五种活动之中，因此，从广义上说，企业一切活动中都存在管理活动。从狭义看，管理活动就是发挥管理职能的活动，包括计划、组织、指挥、协调与控制。从广义的管理定义出发，管理经济效益应是一种综合的经济效益，从狭义的管理定义出发，管理经济效益应是由于狭义管理活动产生的经济效益，而不应包括其他活动的经济效益。

从资本经营内容与环节看，我们试图将管理经济效益界定为除潜在经济效益、规模经济效益、技术进步经济效益和配置经济效益以外的所有经济效益的总和。从定量角度看，管理经济效益等于综合经济效益与潜在经济效益、规模经济效益、技术进步经济效益和配置经济效益之差。从定性角度看，管理活动或资本收益经营，包括除资本存量经营、增量经营和配置经营之外的全部资本经营活动。管理经济效益，实际上就是指由于管理水平的提高而产生的经济效益。管理经济效益的提高，在资源投入一定的情况下，可使生产可能性边界向外移动，即产出增加；或者说在产出一定的情况下，使等产量曲线向靠近原点方向移动，即资源投入减少。当然，管理经济效益作为独立概念的提出，必将有其特定的内涵，它至少应包括管理体制经济效益和管理职能经济效益两方面。理论界与实务界提出的抓制度效益和抓管理效益，与管理经济效益的内涵是一致的。

三、资本经营收益控制

资本经营收益控制是资本经营收益管理的重要环节。进行资本经营收益控制，是指在企业资本收益经营过程中，以资本经营收益预算为依据，对资本收益经营的各个环节和各项内容进行日常核算与考核，及时发现偏差并消除偏差，保证资本经营收益预算目标的实现。

资本经营收益控制的程序为：确定资本经营收益目标与标准，即进行资本收益预算；资本经营收益预算执行情况核算；以资本经营收益标准为依据进行差异分析，发现偏差与消除偏差；最后进行考核奖惩。资本经营收益控制的内容根据资本经营收益的内涵主要包括：营业利润控制、投资收益控制和营业外收支控制。

营业利润是企业利润的主要来源。营业利润的实现直接反映了企业产品经营和商品经营的效果，也是企业资产经营和资本经营综合效果的体现。因此，进行营业利润控制涉及许多领域和环节。从营业利润的直接影响因素看，涉及对营业收入的控制、营业成本的控制、营业费用的控制、管理费用的控制及财务费用的控制等。从营业利润的间接影响因素看，涉及对资本使用量控制、资本使用效率控制、资产结构控制、资本结构控制、行业结构控制和产品结构控制等。

投资收益在企业利润中的比重，随着企业资产经营和资本经营的不断发展与完善，而逐步加大。投资收益控制在资本经营收益控制中的地位也显得越来越重要。投资收益控制，应以投资收益控制标准，即投资收益率为基本准绳，从对外投资方式、对外投资领域、对外投资组合等方面对投资收益进行控制，及时发现实际投资收益与投资收益预算的差异，并加以解决，保证投资收益预算目标的实现。

营业外收支是指与企业经营活动没有直接联系的收入与支出。虽然其与生产经营无直接关系且在利润总额中所占比重较小，但由于其在一定程度上可反映企业的管理水平并对企业利润总额和净利润都会产生影响，因此，也应将其纳入资本经营收益控制的范围。特别是对于那些与资产经营和资本经营相关的固定资产盘盈、盘亏、出售，非季节性和非修理期间的停工损失等的控制，对提高资本经营收益是十分必要和有益的。

本章小结

资本经营的内容包括资本存量经营、资本增量经营、资本配置经营和资本收益经营。

资本存量经营，就是要充分、有效地利用现有资本，提高资本使用效率与效益，使现有资本不断增值。所谓资本存量或存量资本，从企业资本经营角度看，是指企业现存的全部资本资源。从资本使用或占用形态看，资本存量表现为企业现存的全部资产。从资本的来源看，资本存量也可表现为企业的现有负债和所有者权益。资本存量经营，从提高经济效益这一资本经营根本目标看，主要是通过对闲置资本和使用效率低的资本的运作，挖掘潜在经济效益，使一定的资本存量取得尽可能大的产出。

进行资本增量经营，涉及增量资本如何取得和增量资本投向何处的问题。资本增量是指企业在资本存量基础上增加的资本投入量，它一方面表现为企业资产的增加，另一方面也表现为企业权益（负债或所有者权益）的增加。资本增量经营正是研究在企业资本增加过程中的资本运作及其效果。资本增量经营的目标具体地说是：第一，通过资本增量经营，扩大企业规模，提高规模经济效益；第二，通过资本增量经营，加快技术进步步伐，提高技术进步经济效益；第三，通过资本增量经营，盘活存量资本，挖掘潜在经济效益。

资本配置经营就是要通过营运资本，使资本配置结构优化，实现资本增值目标。资本结构优化是资本配置经营的核心内容。资本结构优化可从资本使用结构优化和资本来源结构优化两方面进行。资本配置经营目标从总体看当然与资本经营目标，即资本增值目标相一致。要实现资本增值，从资本配置角度看，就是要通过资本配置经营，提高资本配置经济效益。资本配置经济效益是指由于资本配置结构变动所产生的经济效益。研究资本配置经济效益的内涵可从两方面进行：一是研究在资本投入一定的情况下，如何配置资本使产出最大；二是研究在产出一定的情况下，如何配置资本使投入最小。

资本经营要实现资本增值，就是要取得资本收益。资本收益是资本经营的所得或成果。资本收益经营包括资本收益形成管理与资本收益分配管理两部分。资本收益形成涉及企业资本经营的方方面面。资本收益形成的管理，从资本收益的构成和管理的职能角度进行，即资本收益形成管理包括营业利润管理、投资收益管理和营业外收支管理。资本收益分配从持续经营角度看，既是资本经营的终点，也是资本经营的起点。

本章参考文献

1. 张先治：《企业资本经营论》，中国财政经济出版社 2001 年版。
2. 缪合林：《资本营运》，经济科学出版社 1997 年版。
3. 郭元晞：《资本经营》，西南财经大学出版社 1997 年版。
4. 王学英、蓝发钦：《资产经营》，上海人民出版社 1998 年版。
5. 潘岳：《资产重组的政策与途径》，经济科学出版社 1997 年版。
6. 肖金成：《国有资本运营论》，经济科学出版社 1999 年版。
7. 魏杰：《资本经营论纲》，上海远东出版社 1998 年版。
8. 梁新华、吴杨：《资产重组与企业扩张》，上海社会科学出版社 1998 年版。
9. 沈建明等：《企业资本经营理论与实务》，立信会计出版社 1997 年版。
10. 赵弘、吕宝川：《企业资本运营战略与策略》，中国物资出版社 1998 年版。
11. 陈维政等：《资产重组》，西南财经大学出版社 1998 年版。
12. 赵炳贤：《资本经营论》，企业管理出版社 1997 年版。
13. 阎达五、杜胜利：《资本管理论》，中国人民大学出版社 1999 年版。
14. 陈慧谷、张训苏：《资产经营与重组》，上海财经大学出版社 1998 年版。
15. 李京文、郑友敬：《技术进步与经济效益》，中国财政经济出版社 1989 年版。

第十二章 资产运营管理

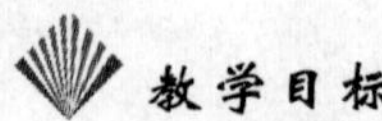

教学目标

◇基本目标

本章教学目标是使学生理解企业资产运营的内涵及其目标，并掌握非流动资产（主要包括固定资产与无形资产）与流动资产（主要包括现金及有价证券、应收账款、存货）管理的方法。

◇具体目标

理解资产的分类以及资产运营的内涵；

理解资产运营的目标以及资产运营目标的分解；

理解资产运营的投资与融资策略；

理解固定资产与无形资产的内涵、分类与特点；

了解企业持有现金的目的、持有有价证券的目的与策略；

理解应收账款的产生原因以及信用政策的构成；

了解存货成本的构成；

掌握固定资产与无形资产的管理方法；

掌握现金管理的成本分析模型、存货模型与随机模型；

掌握现金日常收支管理的方法；

掌握有价证券的选择标准；

掌握存货储备的最佳进货时间和进货批量决策模型；

能够运用资产经营的基本原理和方法，指导企业的财务管理和经营管理工作。

本章提要

本章主要介绍与论述企业资产运营的基本理论与方法问题，包括资产运营的内涵及其目标构成、非流动资产管理与流动资产管理。回答什么是企业资产运营；资产运营的总资产报酬率目标如何实现；如何进行非流动资产管理；流动资产管理的内容与方法有哪些等问题。

相对于投资、融资与分配等其他企业财务管理的内容，资产运营所涉及的基础理论较少，偏重于实际运用，决策技术发展较为成熟。然而，这并不意味着资产运营是一项次要的财务内容，企业财务人员通常把大部分的时间用于此项内容，其工作的结果将对企业产生很大的影响。第一节介绍与论述了资产运营的内涵与资产运营策略，并讨论了资产运营的目标及其构成；第二节讨论非流动资产运营的两个主要内容：固定资产管理与无形资产管理。第三节、第四节、第五节分别讨论了现金、应收账款与存货三种流动资产的管理方法。

第一节　资产运营内涵与策略

一、资产运营的内涵

（一）企业资产及其分类

资产是企业所拥有或控制的能以货币计量，并可为企业带来经济利益的经济资源。企业资产一般具有收益性、风险性、产权明确性、非消费性和多样性。

资产可以按照多种方式来进行分类。按照资产的存在形式，可以将其分为有形资产和无形资产。有形资产包括厂房、设备、办公用品、现金等；无形资产包括专利权、商标、品牌等。按照资产的所有权分类，可分为自有资产和借入资产。自有资产是企业自身所拥有的财产，企业对这些资产可以自由地支配、使用，不用支付租金和利息；借入资产是企业根据生产经营需要从企业外借用的财产，企业根据协议对其拥有使用权，同时也负有支付租金或利息的义务。

资产最为常见的分类方法是按照流动性将其分为流动资产和非流动资产。流动资产是指可以在一年或者超过一年的一个营业周期内变现或者耗用的资产，包括现金及其等价物、应收账款、存货和预付账款等；非流动资产则指固定资产、无形资产和其他资产等。从公司理财的角度看，为了进行流动资产与流动负债的匹配管理，还可以把流动资产按时间分为永久性流动资产和临时性流动资产，前者指满足企业长期最低需要的那部分流动资产，后者是随季节性需求而变化的部分。

（二）资产运营的内涵

关于资产运营内涵的理解有很多。一种观点强调产权经营，认为资产运营就是通过产权经营实现资本保值增值，这实际上等同于资本经营；还有一种观点认为，资产运营就是公司对其可以支配的所有资源进行优化配置，以实现资本增值目标的过程，这实际上等同于企业管理。

资产运营所经营的资产是指会计学意义上的资产，资产运营以整个企业作为经营的出发点，强调全部资源的运营而不考虑资源的产权问题，对资产的经营内容主要强调资产的配置、重组及有效使用等。因此，资产经营的内涵是合理配置与使用资产，以一定的资产投入取得尽可能多的收益。资产通常按照流动性来划分，相应地，资产运营管理也包括流动资产运营管理和非流动资产管理两个方面的内容，流动资产运营管理主要包括现金及有价证券管理、应收账款管理和存货管理，非流动资产管理主要包括固定资产管理和无形资产管理。

二、资产运营的目标

（一）总资产报酬率

从资产运营的内涵来看，资产运营的目标是追求资产的增值和资产盈利能力的最大化，以尽可能少的资产占用和尽可能短的周转时间，实现尽可能多的销售收入，创造尽可能多的纯收入。在一定的资产投入水平下，资产运营的目标就是利润最大化。

资产运营的目标可以用一个指标来表示，即总资产报酬率，资产运营管理的所有方面都以提高总资产报酬率为出发点。

$$总资产报酬率=\frac{息税前利润}{平均总资产}\times100\% \quad (12.1)$$

$$平均总资产=（期初资产总额+期末资产总额）\div2 \quad (12.2)$$

上式经过变形可以把总资产报酬率分解为两个指标之积：

$$\begin{aligned}总资产报酬率&=\frac{总收入}{平均总资产}\times\frac{息税前利润}{总收入}\times100\%\\&=总资产周转率\times全部收入息税前利润率\end{aligned} \quad (12.3)$$

由上式可见，总资产报酬率由总资产周转率和全部收入息税前利润率两个因素决定，也就是说，资产运营管理一方面要提高资产的周转速度，另一方面还要提高销售利润率。总资产周转率的提高取决于资产运营中的资产配置和重组方面，包括固定资产周转率和流动资产周转率等指标的提高；销售利润率取决于资产运营的资产有效使用方面，即通过合理创造和利用无形资产，提高产品质量，压缩产品成本，搞好商品经营。

（二）资产配置效率与总资产报酬率

任何企业投入经营的资产总是有限的，在一定的资产规模下，如何通过合理的配置和重组提高资产使用效率、加快资产周转速度是资产运营的重要目标。资产的配置效率会在各个方面对总资产报酬率产生影响，因此，企业必须对有限的资产进行合理分配与动态调整，使之产生最大的竞争优势和盈利能力，提高企业获利能力。

在全部资产中，周转速度最快的是流动资产，因此，总资产周转速度受流动资产周转速度影响较大。从总资产周转速度与流动资产周转速度的关系，可确定影响全部资产周转率的因素如下：

$$\begin{aligned}总资产周转率&=\frac{销售收入}{平均流动资产}\times\frac{平均流动资产}{平均总资产}\\&=流动资产周转次数\times流动资产占总资产比重\end{aligned} \quad (12.4)$$

从上式可以看出，总资产周转率的快慢取决于两个因素：一是流动资产周转率，因为流动资产的周转速度往往高于其他类资产的周转速度，加速流动资产周转，就会使总资产周转速度加快，反之则会使总资产周转率减慢；二是流动资产占总资产的比重，因为流动资产周转速度快于其他类资产周转速度，所以，企业流动资产所占比例越大，总资产周转速度越快，反之则越慢。此外，提高固定资产和无形资产等非流动资产的使用效率可以增加销售收入或降低平均总资产，从而提高总资产周转率，因此，也是影响总资产报酬率的重要因素。我们从流动资产周转速度、流动资产比重以及非流动资产三个方面来分析资产配置对总资产报酬率的影响：

1. 流动资产的比重

总资产周转率公式显示，在其他指标不变的情况下，企业流动资产所占比例越大，总资产周转速度越快，总资产报酬率也越高。同时，为保证企业良好信誉和生产经营活动的正常进行，一定数量的流动资产必不可少，但是，流动资产的获利能力通常较低，因此，企业流动资产占总资产的比重应该适度。一般认为，工业企业流动资产若能占资产总额40%～50%，商业企业能达到80%，企业就具有较强的营运能力和获利能力。在维持现有销售利润率和流动资产周转率水平的条件下，只要能有效提高流动资产占资产总额的比重，总资产利润率就会有很大提高。

2. 流动资产周转率

流动资产周转速度通常快于其他类资产周转速度，其速度和比重直接决定着总资产周转速度，但是，流动资产周转速度的波动通常也较大，尤其需要有效管理，因此，流动资产管理一般都是企业日常资产运营管理中的主要内容。

流动资产周转速度的提高途径有两个，一是分别提高各项流动资产的周转速度，二是提高速动资产的比重。在流动资产管理中应注意两个方面的问题：（1）保持适量的速动资产的比重，避免存货长期大量的积压导致非速动资产比重大幅上升。一般认为存货占流动资产的比重，工业企业保持在40%～60%，商业企业为80%左右比较理想。（2）合理安排速动资产中应收账款的比重，切忌盲目地利用赊销的营销策略，以避免应收账款数量和欠账时间的大幅提高。

3. 非流动资产效率

尽管非流动资产的周转速度通常较慢，但是其获利能力一般高于流动资产，所以非流动资产在总资产中所占比例并非越低越好。提高固定资产的使用效率，创造并有效利用企业的无形资产，都可以增加企业的销售收入，进而增加全部资产周转次数，提高总资产报酬率。在维持既定的销售水平条件下，提高非流动资产的使用效率可以降低总资产的规模，提高流动资产的比重，从而提高总资产报酬率。

（三）资产使用效益与总资产报酬率

除提高资产使用效率以外，企业还必须提高资产使用的效益，反映在指标上就是要提高全部收入息税前利润率。当商品销售利润率为零时，资产周转率再高也不会对总资产利润率有所贡献；当商品销售利润率为负时，资产周转率越高企业亏损越多。所以企业必须搞好商品经营，以市场为导向，组织供、产、销活动，以一定的人力、物力消耗生产与销售尽可能多的社会需要的商品。

三、资产运营策略

确立资产运营的目标之后，在资产运营管理的具体实施中，还应考虑由企业经营环境的变化所带来的风险的影响，权衡考虑收益与风险因素，做出正确的决策，这就涉及到资产运营的策略问题。

资产运营的策略主要解决风险环境下为实现总资产利润率最大化目标而须采用的资产结构以及相关的融资问题。所谓资产结构，是指各类资产的价值在总资产价值中所占的比重，如无形资产比重、流动资产比重等，广义上的资产结构还包括某类资产内部进一步细分的资产项目在该类资产中所占的比重，如流动资产内部速动资产的比重。资产结构通常受企业的经营领域、经营策略和经营方式以及企业外部经营环境等多方面因素的影响。资产运营管理必须在一定的企业规模条件下，结合自身的经营特点和需求，寻求一个高收益低风险并有一定变现能力的资产结构，即以流动性、安全性和盈利性为原则，合理安排流动资产、固定资产、长期投资等各项资产之间，以及各项资产内部细分资产之间的比例关系。

（一）资产运营投资策略

资产运营投资策略就是要解决在既定的总资产水平下，流动资产与固定资产及无形资产等长期资产之间的比例关系问题。

企业资产运营投资策略可分为适中型、保守型和冒险型三种。采用适中型资产运营，往往在风险与收益的权衡上选择风险与收益都适中的资产运营。既不期望最高收益，也可避免冒大的风险。采用保守型资产运营，在风险与收益的权衡上则选择风险小的资产运营，此时对收益的要求较低，因此，承担风险也较小。采用冒险型资产运营，在收益与风险权衡上往往选择高风险的资产运营。只有勇于冒高风险，才能追求高的收益。从企业资产运营看，如果将投资的资产分为流动资产与非流动资产两类，则不同的资产运营投资策略的资产运营特征将有所不同。

1. 适中型资产运营投资策略

在适中型资产运营策略下，流动资产与非流动资产的比例以保证生产经营正常需要，再适当留有一定保险储备为标准。采用这种策略，企业风险与收益都将处于一般水平。因为流动资产保险储备的存在，在正常情况下实际上是资本的闲置，这必然影响企业资本收益的提高；但同时应看到正是由于流动资产保险储备的存在，往往可避免由于流动资产供应不足产生的停产损失，减少了经营风险。适中型资产运营选择了风险与收益都较适中的状况，是大部分企业所采用的策略。

2. 保守型资产运营投资策略

在保守型资产运营策略下，流动资产与非流动资产的比例以保证生产经营正常需要与正常的储备需要，再加上非正常或额外储备需要为标准。采用这种策略，企业风险与收益都将处于较低水平。因为流动资产保险储备的存在，再加上非正常储备，使资本闲置增加，这必然不利于企业资本收益的提高；但同时应看到正是由于流动资产保险储备，特别是非正常保险储备的存在，往往可避免由于各种原因造成的流动资产供应不足产生的停产损失，减少了经营风险。保守型资产运营选择了风险与收益都较低的状况，通常不愿冒险，偏好安全第一的经营者往往采用这种策略。

3. 冒险型资产运营投资策略

在冒险型资产运营策略下，流动资产与非流动资产的比例以保证生产经营正常需要量为标准，通常不留有或只留有较低的保险储备。采用这种策略，企业风险与收益都将处于较高水平。因为流动资产保险储备不存在或较低，企业资本的闲置较少，这必然有利于总资产一定情况下企业资本收益的提高；但同时应看到正是由于流动资产保险储备的不存在，往往不可避免由于流动资产供应不足造成的停产损失，增加了经营风险。冒险型资产运营选择了风险与收益都较高的状况，往往敢于或愿意冒风险的企业采用这种策略。

（二）资产运营融资策略

企业的融资行为可以分为短期融资和长期资本融资两种形式，短期融资形成流动负债，长期资本融资形成所有者权益和长期负债。在财务会计的层面上，流动负债可以分为短期借款、应付短期债券、应付票据、应付账款、预收账款、其他应付款以及应付费用等；在财务管理的层面，一般按照是否具有自然属性而把流动负债分为自然性融资和协议性融资两个部分，前者如应付票据、应付账款、预收账款、其他应付款以及应付费用等，在企业日常交易中自然发生，一般没有名义上的融资成本；后者如短期借款、应付短期债券，其取得均需要签订正式的融资协议，也存在一定的融资成本。

资产运营融资策略就是要解决在既定的总资产水平下，流动负债融资与长期资本融资的比例关系问题。企业资产运营融资策略同样可分为适中型、保守型和冒险型三种。

1. 适中型资产运营融资策略

在适中型资产运营融资策略下，临时性流动资产所需资本以流动资本及短期融资来筹集，而永久性流动资产、固定资产、无形资产等长期资产所需资本则由长期负债、自有资本等长期融资来筹集。这种融资策略的基本思想是尽可能地将资产和负债的期间相配合，以使企业不能偿还到期债务的风险和债务的资本成本都保持在较为适中的水平上。适中型资产运营融资策略如图 12－1 所示。

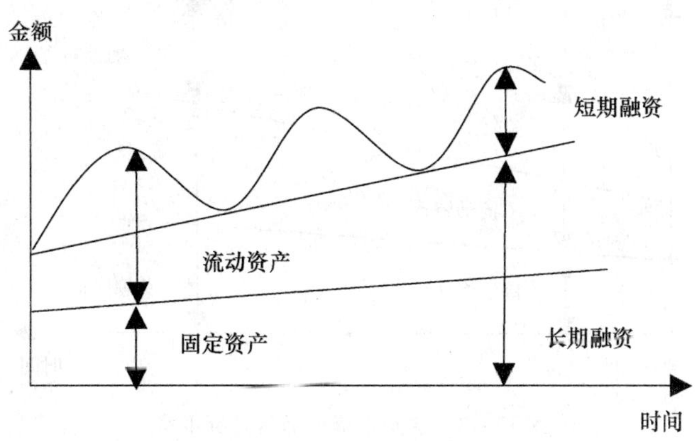

图 12－1　适中型资产运营筹资策略

2. 保守型资产运营融资策略

在保守型资产运营融资策略下，全部长期资产以及部分临时性流动资产均由长期融资来筹集，其余部分临时性流动资产由短期融资来筹集。采用这种融资策略，流动负债占全部资产的比例被限制在一个较低的水平，企业的流动比率较高，偿债风险较低，但由于长期融资比重较高而使资本成本上升，企业的收益水平降低。保守型资产运营融资策略如图 12 - 2 所示。

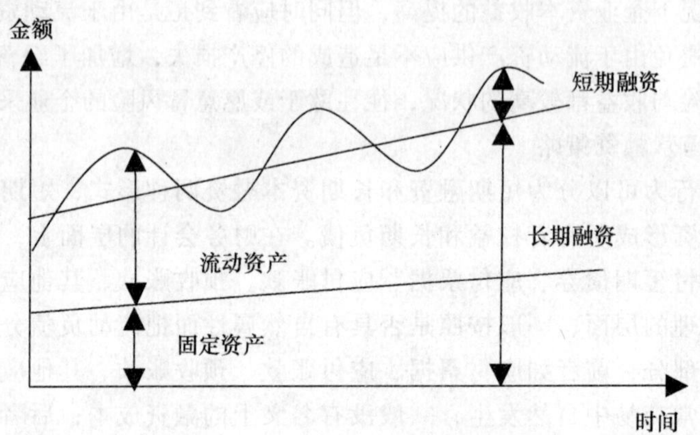

图 12 - 2　保守型资产运营筹资策略

3. 冒险型流动资产融资策略

在冒险型资产运营融资策略下，临时性流动资产和一部分永久性流动资产由流动负债及短期融资来筹集，其余的长期资产则由长期融资来筹集。采用这种融资策略，流动负债占全部资产的比例大大提高，从而可以使企业资本成本下降，利息支出减少，企业收入增加。但由于这时候流动比率下降，企业面临的偿债风险较大。冒险型资产运营融资策略如图 12 - 3 所示。

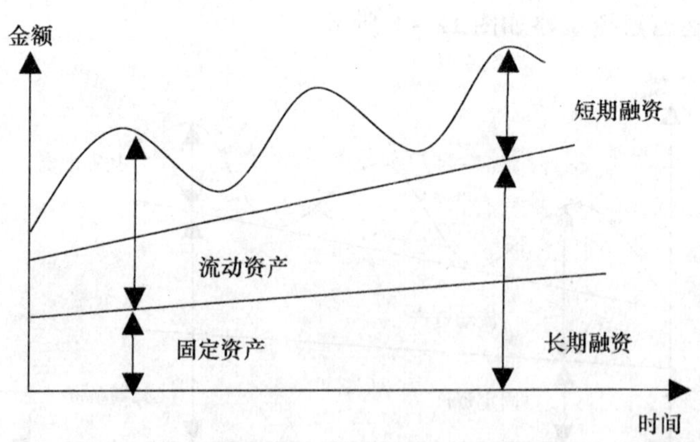

图 12 - 3　冒险型资产运营筹资策略

第二节　非流动资产管理

前已提及，非流动资产的有效使用可以通过增加企业的销售收入和减少总资产的规模两种途径提高总资产报酬率来实现，因而也是资产运营管理的重要内容。非流动资产包括固定资产、无形资产以及其他资产等，从公司理财的角度看，固定资产管理和无形资产管理是非流动资产运营管理的主要内容。在资产运营中，应该从固定资产与无形资产的内涵出发，分析各自的特征以及与总资产报酬率的关系，通过有效管理提高企业的总资产报酬率。

一、固定资产管理

（一）固定资产的内涵与分类

固定资产是指同时具有下列特征的有形资产：（1）为生产商品、提供劳务、出租或经营管理而持有的；（2）使用寿命超过一个会计年度。使用寿命，是指企业使用固定资产的预计期间，或者该固定资产所能生产产品或提供劳务的数量。

企业的固定资产可以按照不同的标准进行分类，按照经济用途分类，固定资产可分为生产用固定资产和非生产用固定资产。生产用固定资产是指直接参与生产过程或直接服务于生产过程的各种固定资产，如厂房、机器、机械、动力设备、运输设备等。非生产用固定资产是指不参与或不直接服务于生产过程的固定资产，如职工宿舍、招待所、学校、食堂以及文化医疗等方面的固定资产。此外，按照所属关系分类，可以分为自有固定资产和融资租入固定资产。

（二）固定资产的特点

固定资产具有以下特点：

1. 投资金额大、使用期限长。企业固定资产主要是厂房和机器设备，通常单位价值较大，使用期限较长。

2. 收益能力高、风险较大。固定资产是企业生产经营和创造财富的主要手段，一般具有较高的收益能力，但是由于其实物形态和内涵的技术形态相对固定，用途也较为固定，面对多变的市场需求和日新月异的技术进步就会承受更多的风险。

3. 投资的集中性和回收的分散性。固定资产的价值补偿和实物更新在时间上是分别进行的，固定资产的购建需要一次垫支资金，而其价值是一部分一部分地转移，所以固定资产的收回是分次逐步实现的。

4. 变现性与流动性差。固定资产不易改变用途，也难于出售，因此，其变现能力及流动性在企业资产中是最差的。

（三）固定资产管理

固定资产管理的目标主要是提高固定资产使用效率，以一定的固定资产规模获取更多的产品销售收入，或者在一定的收入水平下压缩固定资产规模，提高总资产报酬率。固定资产的使用效率可以用固定资产周转率来表示：

$$\begin{aligned}\text{固定资产周转率} &= \frac{\text{产品销售收入}}{\text{固定资产平均占用额}} \times 100\% \\ &= \frac{\text{总产值}}{\text{固定资产平均占用额}} \times \frac{\text{产品销售收入总额}}{\text{总产值}} \times 100\% \\ &= \text{固定资产产值率} \times \text{产品销售率} \qquad (12.5)\end{aligned}$$

由上式可见，固定资产周转率由固定资产产值率和产品销售率共同决定，其中固定资产产值率更能反映固定资产的效率。

$$\begin{aligned}\text{固定资产产值率} &= \frac{\text{工业总产值}}{\text{全部固定资产平均总值}} \times 100\% \\ &= \frac{\text{工业总产值}}{\text{生产用固定资产平均总值}} \times \frac{\text{生产用固定资产平均总值}}{\text{全部固定资产平均总值}} \times 100\% \\ &= \text{生产用固定资产产值率} \times \text{生产用固定资产构成率} \qquad (12.6)\end{aligned}$$

由上式可见，固定资产产值率由生产用固定资产产值率和生产用固定资产构成率两个因素决定，因此，可以从两个方面出发进行固定资产管理。首先，在固定资产的使用方面，要充分发挥生产用固定资产的生产潜力，从单位时间产量和运转时间两个方面提高生产设备的使用效率，使得生产用固定资产产值率得到提高；其次，在固定资产的配置方面，要合理确定生产设备等生产用固定资产的比例，尽可能地提高生产用固定资产构成率。

二、无形资产管理

（一）无形资产的内涵与分类

无形资产是指企业拥有或者控制的没有实物形态的可辨认非货币性资产。资产满足下列条件之一的，符合无形资产定义中的可辨认性标准：（1）能够从企业中分离或者划分出来，并能单独或者与相关合同、资产或负债一起，用于出售、转移、授予许可、租赁或者交换。（2）源自合同性权利或其他法定权利，无论这些权利是否可以从企业或其他权利和义务中转移或者分离。

无形资产可以按照不同标准进行分类。按照存在形态划分，可以分为技术型无形资产和非技术型无形资产，技术型无形资产指含有技术内容的无形资产，主要指专利和专有技术，非技术型无形资产是相对于技术型无形资产而言的，包括商标、商誉、著作权、特许权等无形资产。此外，按照形成途径，可以分为自创无形资产和外购无形资产；按照有效期限，可以分为有限期无形资产和无限期无形资产。

（二）无形资产的特点

无形资产具有以下特征：

1. 没有实物形态，但一般依托于物质实体。无形资产一般不能单独存在和发挥作用，需要依托于一定的物质实体，如土地使用权依托于土地、商誉内含于企业整体。

2. 具有收益能力。一般情况下，无形资产与有形资产一样都是一种劳动成果，并可以为企业带来收益，是企业的宝贵财富。

3. 具有垄断性。无形资产的产生是单一的，仅与特定的主体有关，并在法律、制度的保护下禁止非所有权人无偿取得和占有。

4. 收益存在较大的不确定性。除了专利等无形资产以外，一般无形资产的有效期难以准确计量，而专利的价值也受技术发展的影响，因而获得的收益也难以预计。

（三）无形资产管理

无形资产是企业的一项重要长期资产，在现代经济中越来越显示出它的重要作用，成为企业经济活动中不可缺少的资产类型。近年来，两个方面的因素导致无形资产在企业资产结构中占据了越来越重要的地位：一是科学技术的飞速发展及其向经济领域的不断渗透，使其成为企业市场竞争优势的重要组成部分；二是消费者购买力和需求层次的提高，使企业产品的品质、服务、品牌价值等取代产品本身的功能而成为产品市场竞争力的决定因素。

把无形资产运用到生产经营中可以转化为生产力，提高劳动生产率，降低消耗，加速产品更新换代。事实表明，可口可乐、微软、IBM 等成功的企业无不具有较高的无形资产比重。但同时也要注意，无形资产的比重并非越高越好，过高的无形资产结构将加大企业的经营风险和财务风险，而庞大的无形资产规模如果运用不当也会导致无形资产效率低下。

无形资产的效率可以用以下指标来衡量：

$$\text{无形资产利润率} = \frac{\text{息税前利润}}{\text{平均无形资产}} \times 100\% \tag{12.7}$$

如果该指标过低，说明没有充分发挥无形资产的效用。

因此，企业在无形资产管理中，一方面应该加强无形资产的投入，强化无形资产在企业经营中的地位，以利于企业收入持续稳定的增长；另一方面要加强无形资产管理，分析无形资产的构成与可能导致无形资产效率低下的原因，提高无形资产利润率。

第三节　现金及有价证券管理

对现金的定义有很多，狭义的现金仅指库存货币和活期存款，广义的现金则包括库存货币、业务周转金、支票、汇票和定期银行存款等。本章中涉及的现金指狭义的现金。有价证券指具有一定票面金额，证明持券人有权按期取得一定收入，并可自由转让和买卖的所有权或债权证书。

一、企业持有现金的目的

（一）交易性动机

企业在日常经营活动中，会因为现金形式的收入而产生现金余额，也会因为现金形式的支付而需要保持一定的现金余额，这就是持有现金的交易性动机。现金支付可能用于购买原材料、支付工资、缴纳税款、偿付到期债务以及派发现金股利等。同时，企业拥有足够的日常支付现金还可能使其充分利用商品交易中的现金折扣，为企业节省开支。

由于交易性动机而持有的现金余额被称为交易性现金余额。交易性现金余额主要取决于企业的生产经营规模，通常随着规模的扩大而增加。此外，企业生产经营的性质、特点等也会影响到交易性现金余额的大小。

近年来，金融市场和信息技术的发展使得持有现金的交易性动机正在减弱，然而，企业对流动性的需求和对流动性进行有效管理的需要仍然存在。

（二）预防性动机

企业为应付意外的事件而存在持有一定的现金的需要，这种需要被称为预防性动机。企业经营所依赖的外部经济环境、法律文化环境以及自然环境等都存在着很大的不确定性，因而未来的现金流入流出都难以准确估计。为了满足意外事件所引起的支付需要，企业应该保持一个比正常交易需要量高的现金余额。

由于预防性动机而持有的现金余额被称为预防性现金余额。预防性现金余额主要取决于以下三个方面：一是企业愿意承担风险的程度，企业若倾向于避免突发事件所带来的风险，就会保持较多的预防性现金余额；二是企业临时举债的能力，如果企业能够很容易地借到短期资金，就可以适当减少预防性现金余额；三是企业对现金流量预测的可靠程度，预测的可靠性越差，预防性现金余额的数量就越大。

现代企业的经济环境和经济活动日趋复杂，企业面临着比以往更大的不确定性，这些因素使得持有现金的预防性动机有增加的趋势。

（三）投机性动机

投机性动机指企业为利用额外的投资机会，例如低价购买原材料与其他资产的机会而持有一定现金的需要。

由于投机性动机而持有的现金余额被称为投机性现金余额。投机性现金余额一般取决于企业所参与的实物市场和金融市场波动性和企业对待风险的态度这两个因素。对于大多数企业而言，投机性动机不是其持有现金的主要原因，企业很少经常性地为未来可能发生的价格波动而保持专门的现金储备。

（四）补偿性余额

企业有时候被要求在商业银行中保持一定的现金余额，作为其接受银行服务的补偿，这一现金余额即补偿性余额。

除了以上介绍的四种动机以外，企业的现金余额往往还会受到自身与外部各种其他因素的影响，企业在确定现金余额时应该综合考虑各种因素。值得注意的是，虽然我们在理论上分析了持有现金的各种动机，但这并不意味着现实中可以明确地按照这样的划分标准把现金余额区分开来。由于各种动机所需的现金可以调节使用，企业持有的现金总额并不等于各种动机所需现金余额的简单相加，前者通常小于后者。

二、现金管理目标与决策

由于交易、预防、投机和补偿性余额等动机的存在，企业必须保持一定数量的现金余额。但是，现金余额的数量并非越多越好，这是因为现金作为盈利性最差的资产，其数额过多会导致企业盈利水平下降；大量的现金还容易导致挪用、贪污等问题，这就势必会导致对其管理的难度增加，成本加大。因此，对现金的管理成为企业财务管理中的一项重要内容。企业现金管理的目标就是在收益与风险之间进行权衡，确定最佳的现金持有额度，从而更好地为企业创造价值。

对于如何确定最佳现金持有量，人们提出了很多种模型，这里介绍其中的成本分析模型、存货模型和随机模型。

（一）成本分析模型

成本分析模型的基本原理是分析不同现金余额下持有现金的相关成本，从而求得使总成本最小的现金余额。在成本分析模型中，企业持有现金的相关成本主要有：（1）机会成本，即企业因持有现金而丧失将这笔钱投资于别的项目所可能获得的最大收益。在一定的范围内，可以近似地认为现金持有的机会成本与持有量成正比关系。（2）短缺成本，指企业因现金持有量不足而不能满足开展业务对资金的需求所导致的损失。现金余额越少则短缺成本越大，但一般情况下短缺成本和现金余额并不服从严格的反比关系。随着现金持有量的增加，短缺成本的下降速度逐渐减缓。（3）管理成本，指企业由于持有现金而发生的相关管理费用，如安全设施的建造、相关人员的工资和福利等。在一定的范围内，管理成本与现金持有量没有明显的数量关系，可以近似地认为它是一种固定成本，因而它与最佳现金持有量的决策无关。

现金持有量与持有现金的机会成本、短缺成本、管理成本以及各项成本之和的关系可以用坐标图表示出来。如图 12－4 所示，现金持有的总成本线是一条上凹的抛物线，在这条曲线上总可以找到一个最低点，代表相关总成本最低时的现金持有量。

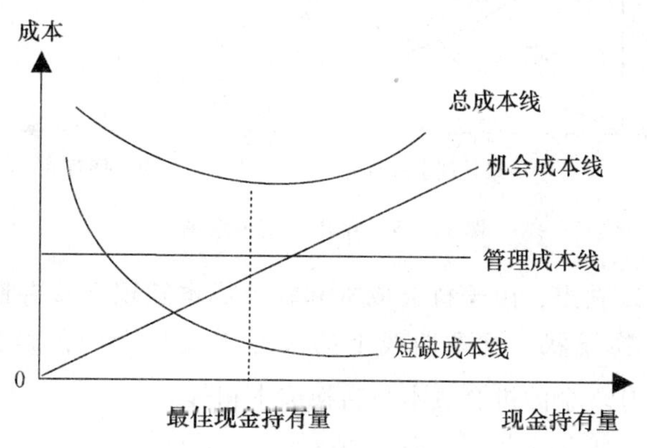

图 12－4　成本分析模型示意图

成本分析模型适合于企业不持有易销型有价证券的情况下使用。如果能比较准确地确定各种成本与现金持有量之间的函数关系，该模型的运用就具有较强的可操作性。

（二）存货模型

存货模型来源于存货的经济批量模型，由美国经济学家鲍莫（William. J. Baumol）首先提出，又称鲍莫模型。该模型假设企业持有足够的易销型有价证券，在现金短缺时可以方便快捷地卖出有价证券，使现金余额回归到最佳现金持有量。存货模型的基本原理与成本分析模型类似，即分析持有现金的相关成本与现金持有量之间的函数关系，求得总成本最低时的现金持有量。存货模型中企业持有现金的相关成本主要有：（1）机会成本，与成本分析模型中的含义相同。（2）转换成本，指企业在现金与有价证券之间不断转换的交易费用。目标现金余额数量越大，需要转换的次数就越少，因此转换成本也越低。（3）管理成本，因其与现金持有量无明显的函数关系，故可以视作决策无关成本。

存货模型适用于企业预算期内现金支出过程较为稳定，需求总量可以预测，并且所持易销型证券的利息率、交易费用已知的情况，如果这些条件能够满足，则现金持有量与相关成本之间存在明确的函数关系，可以据此准确地求解最佳现金持有量。

设 T 为一个周期内现金总需求量；F 为每次转换有价证券的固定成本；Q 为最佳现金持有量（每次证券变现的数量）；K 为有价证券利息率（机会成本）；TC 为现金管理相关总成本。则：

现金管理相关总成本 = 持有机会成本 + 转换成本 （12.8）

即：$TC = (Q/2) \times K + (T/Q) \times F$

存货模型中现金持有量与其相关成本之间的关系如图 12－5 所示。

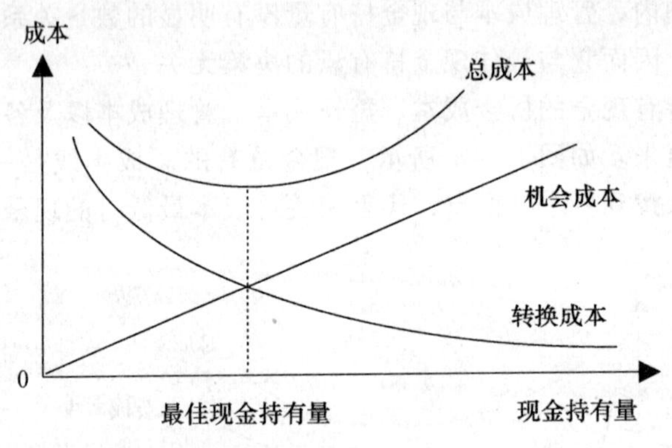

图 12－5　存货模型示意图

从图 12－5 中可以看出，由于机会成本和转换成本随现金持有量的变化趋势相反，总成本曲线呈上凹抛物线状。这条曲线上的最低点就是企业的最佳现金持有量，即 $Q = \sqrt{2TF/K}$，此时持有现金的机会成本与转换成本相等。

（三）随机模型

随机模型，又称米勒—奥尔模型，假设企业的现金流入和流出的变化是随机的，现金余额的变化量接近于正态分布。随机模型的基本原理是确定一个现金控制区域，当现金持有量达到区域的上限或下限时通过现金与有价证券之间的相互转换使得现金余额回到最佳持有量，这样现金持有量就始终处于两个极限之间。如图 12－6 所示。

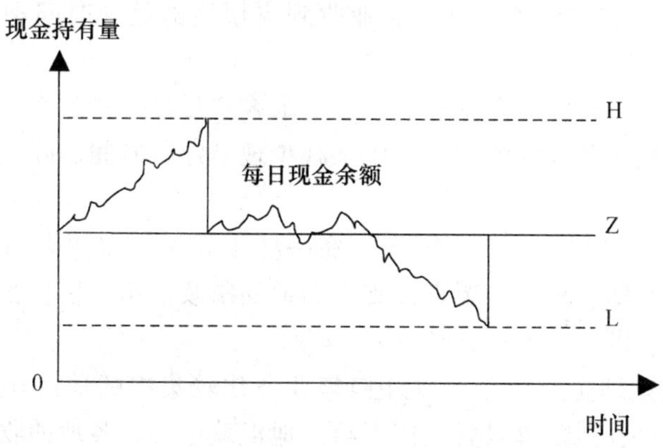

图 12－6　随机模型示意图

在图 12－6 中，H 为上限，L 为下限，Z 为目标现金持有量。当现金持有量上升至 H 时，购进（H－Z）金额的有价证券，使之回落到 Z；当现金持有量下降至 L 时则出售（Z－L）金额的有价证券，使之恢复到 Z。

确定 Z 的依据依然是使得持有现金的相关总成本即机会成本与转换成本之和最低，计算公式如下：

$$Z = \sqrt[3]{3FQ^2/4K} + L \tag{12.9}$$

$$H = 3Z - 2L \tag{12.10}$$

其中：F 为每次转换有价证券的固定成本；Q^2 为日现金净流量的方差；K 为持有现金的日机会成本（证券日利率）。

随机模型计算出来的最佳现金持有量比较保守，往往比运用成本分析模型和存货模型的计算结果大。

三、现金日常收支管理

企业在确定了最佳现金持有量后，还应该采取各种措施加强现金的日常管理，以保证现金使用的安全与高效。为保证现金周转的安全完整，企业必须采取以下的现金管理方法：（1）建立和健全现金收支的内部控制制度；（2）按照国家颁布的《现金管理暂行条例》、《银行结算办法》和《票据法》等结算纪律组织现金收支。

为了提高现金的使用效率，加速现金周转，企业应该在现金回收和现金支出两个方面加强管理。

（一）现金回收管理

现金回收管理的主要目的是加速现金回收，避免本企业的资金被他人无偿占用，使应该收回的现金尽早地投入本企业的生产经营之中。加速现金回收首先应该做到尽早将支票寄给客户，以使客户更快地付款。为此，企业可以将发票赋予所发出的商品中，也可以用传真传送发票复印件或者在客户提货时即出具发票。其次，现金回收管理最重要的内容是减少现金浮游时间，即从客户寄出支票到它变为企业可用现金之间的总时间，包括客户支票邮寄时间、企业收到支票后的处理时间和支票在银行的清算时间。

企业可以通过提高自身业务处理效率、要求客户尽量开具效率较高制度规范的银行支票、敦促银行缩短业务处理时间等手段来减少现金浮游时间。除此之外，还可以运用以下三种方法：

1. 邮政信箱法，又称锁箱法。即企业在一些主要城市租用专门的邮政信箱并开立分行存款户，然后通知客户将支票直接寄送当地的邮政信箱，授权当地银行每日开启信箱，在取得客户票据以后立即进行结算。

2. 集中银行法。即企业在总部以外销售业务比较集中的地区建立多个收款中心来办理收款业务，客户收到账单以后直接汇给当地汇款中心，各地的收款中心收款后立即通过当地银行转给企业总部所在地银行，以缩短收款时间。

3. 电子付款法。即利用迅速发展起来的电子信息技术，通过电子清算系统及互联网络进行转账结算。电子付款方式大大简化了收款和资金集中的程序，可以极大地降低收款成本、减少现金浮游时间，因而在近年来得到了日益广泛的运用。

（二）现金支出管理

与现金回收的管理相反，现金支出管理的主要目的是在不影响本企业商业信誉的前提下，尽可能地延迟现金的支出时间。具体措施有：

1. 延缓支付应付款。企业应该在各项债务恰好到期时支付，一般不宜提早或推迟，从而最大限度地利用无资本成本的自然融资。如果企业想获得应付账款的现金折扣，就应当在现金折扣期末付款；否则应当在信用期限的最后一天付款。

2. 合理利用现金浮游量。所谓现金浮游量是指由于企业与银行双方出账与入账时间差造成的、企业从银行存款账户上开出的支票总额超过其银行存款账户的余额。企业如果能够正确预测现金浮游量并加以利用，就可以相应地减少银行存款余额，提高现金利用率。

3. 使用汇票付款。当企业使用汇票支付款项后，受票人将汇票送达银行，银行需将汇票送交付款企业承兑，并由付款人将一笔相当于汇票金额的资金存入银行，银行才会付款给受票人，这样就有可能合法地延期付款。

4. 设置支付账户。企业一般在固定的日期支付职工工资和股利等，但往往这些款项并不是在支付当日全部兑现。企业可以在银行为工资和股利的支付设置一个单独的账户，并根据经验预测现金支付的时间分布，据此来决定向银行支付支票的实际时间和额度。

四、有价证券管理

有价证券是企业所拥有的流动性仅次于现金的资产，并且还具有比现金高得多的收益性，因此经常被用作现金的替代品。有价证券的管理主要包括两个方面的内容：（1）确定现金与有价证券的持有比例；（2）选择具体的持有证券种类。常见的有价证券包括国库券、企业债券、企业股票、大额定期可转让存单、回购协议等。

（一）有价证券的持有目的

企业通常出于以下两种目的而持有有价证券：

1. 保持资产的流动性。在证券市场比较发达的条件下，有价证券能够迅速变现，其流动性几乎与现金相同，因此，在企业现金持有量不变的情况下，有价证券越多，企业的变现能力就越强，日常生产经营活动就越有保障。持有有价证券还能给企业带来另外一个好处，即如果持有大量有价证券，表明企业具有较强的变现能力和偿付能力，银行有可能因此而愿意给予企业更大的信用额度，从而提高企业的融资能力。

2. 赚取投资收益。企业往往会由于各种原因而产生大量的闲置现金，而现金是一种不盈利或盈利非常小的资产，因此，有价证券经常会作为现金的转换形式，以提高企业的盈利能力。当企业因融资、日常生产经营等活动而产生闲置的现金时，可以将其兑换为有价证券；而当投资、日常生产经营、股利分配等活动需要补充现金时，再将有价证券换为现金。另外，有些企业还会把有价证券作为一种重要的投资手段，利用有价证券市场价格的波动来赚取额外收益。

在上述两个有价证券的持有目的中，首要目的是保持资产流动性以保证企业日常生产经营的现金需要，其次才是赚取投资收益，有价证券的管理应该以保证有价证券的流动性和安全性为前提，在此基础上应尽可能地把闲置现金转换为有价证券并提高其收益率。

（二）有价证券的投资策略

有价证券的管理首先应该决定用来购买证券的金额，在企业速动资产已经确定的情况下，就是决定现金与有价证券的持有比例。由于各企业对待投资风险与收益的态度不同，形成了以下三种基本的有价证券投资策略：

1. 保守的有价证券投资策略。这种策略注重手头持有的可用现金余额，只有现金余额巨大时才考虑进行有价证券投资。

2. 激进的有价证券投资策略。这种策略不愿意手头持有太多现金，将最大限度的现金用于购买有价证券，并且注重有价证券投资的收益性，往往会较为频繁地买进卖出证券以赚取价差。

3. 中庸的有价证券投资策略。这种策略对待投资的态度介于保守与激进之间，通过预测最佳现金持有额度和未来的现金流来安排证券投资金额，使企业在持有最佳现金额的基础上追求最大的证券投资收益。

（三）有价证券的选择标准

在既定的有价证券的投资策略下，有价证券管理的重点是选择合适的证券品种，以构建企业的最佳证券投资组合。企业在选择所要购买的有价证券时，一般应该把握以下标准：

1. 较高的安全性。即必须保证所购买的证券是可偿付的，这是对证券进行选择的基本标准。一般认为国库券是安全性最高的有价证券，除此之外，规模较大、业绩较好的企业所发行的债券也有很高的安全性。企业应避免购买安全性差的有价证券。

2. 较强的流动性。即在短期内变现的可能性。通常情况下应该购买二级市场活跃的证券。

3. 适宜的投资收益。较高的收益总是伴随着较高的风险和较差的流动性，考虑到持有有价证券的首要目的，不宜追求过高的投资收益。

4. 较低的投资风险。应将证券投资的风险区分为系统性风险和非系统性风险。对于系统性风险，可通过国家政策走向、宏观经济状况、证券市场行情等因素的分析来规避；对于非系统性风险，可通过不同种类证券投资的有效组合，减少这种风险。

第四节 应收账款管理

应收账款是企业因对外销售商品、提供劳务应向购买货物或接受劳务的单位收取的款项。应收账款形成企业之间的商业信用，是商品销售及劳务提供过程中的货与钱在时间上分离的结果。

一、应收账款的产生原因

应收账款产生的原因是什么？换句话说，企业为什么允许出现应收账款？这是因为向客户提供商业信用，即赊销，会给企业自身带来两点好处：（1）扩大销售。首先，赊销意味着在销售商品的同时，向客户提供了一笔无息贷款，从而有利于吸引客户；其次，赊销给了客户充足的时间来检验商品，可以减少企业与客户之间的信息不对称的情况。因此，赊销是一种重要的促销手段，对于企业扩大产品销售、开拓市场具有重要的意义。（2）减少存货。持有存货需要支出管理费用、仓储费用和保险费用等各方面的支出，许多时候这些支出超过了其货款的时间价值。赊销可以加速产品销售的实现，减少产成品存货，节约各种支出。

企业在采取赊销方式促进销售的同时，也会因持有应收账款而产生相应的成本：（1）机会成本，即企业由于持有应收账款而放弃的可能投资于其他项目所获取的收益。（2）管理成本，即企业由于对应收账款进行管理而耗费的开支。（3）坏账成本，即应收账款因各种原因无法收回而给企业带来的损失。因此，应收账款管理应该在利用赊销扩大销售减少存货的同时，尽可能地降低应收账款可能带来的成本，从而更好地为企业创造价值。

二、信用政策的构成

在规范的应收账款管理中，企业会对客户进行授信和收账的行为制定基本的原则与规范，这些原则与规范构成了应收账款的信用政策。具体包括信用条件、信用标准和收账政策三个方面的内容。

（一）信用标准

信用标准是企业用来衡量客户是否有资格享有商业信用的基本条件，通常以预期的坏账损失率作为判断标准。信用标准的高低在很大程度上影响着企业的销售和盈利水平，较高的信用标准会减少机会成本、坏账成本、管理成本等应收账款的相关成本，但同时也会丧失一部分市场份额，削弱企业的市场竞争力；相反，较低的信用标准虽然有利于企业扩大销售，提高市场竞争力和占有率，但同时也会导致应收账款相关成本的增加。

（二）信用条件

信用条件是指企业要求客户支付赊销款项的条件，一般包括信用期限、折扣期限和折扣率。信用期限指企业允许客户从购货到支付货款的时间限定，即企业给予客户的延期付款期限。折扣期限指客户能够享受某一现金折扣的优惠期限，而折扣率为现金折扣的优惠比例，一般以销售收入的百分比表示。如账单中的“2/10，n/30”就是一项信用条件，表示如果客户在发票开出的10天内付款就可享受2%的现金折扣，如果不想取得折扣则必须在30天内付清。提供比较优惠的信用条件能增加销售量，但也会带来额外的负担，如会增加应收账款机会成本、管理成本、坏账成本和现金折扣成本。

（三）收账政策

收账政策是指客户在规定的信用期限内仍未支付欠款时，企业采取的收账策略与措施。收账政策的制定再次涉及到了收益和费用之间的权衡问题：积极的收账政策可以使应收账款的相关成本下降，但收账费用也会相应提高，而且可能会影响企业与客户之间的关系进而影响到以后期间的销售量；消极的收账政策则会产生相反的结果。收账政策的制定应该宽严适度，以获得最好的收账效果。

一般来说，收账费用与坏账损失之间存在着一定的关系，但这种关系往往不是线性的。通常情况是：开始花费一些收账费用，坏账损失有小部分降低；收账费用继续增加，到一定程度时坏账损失显著降低；收账费用增加到一定限度后坏账损失的减少就不再明显甚至不再下降了。这个限度一般称作饱和点，收账费用应该避免超过这一点。如图12－7所示。

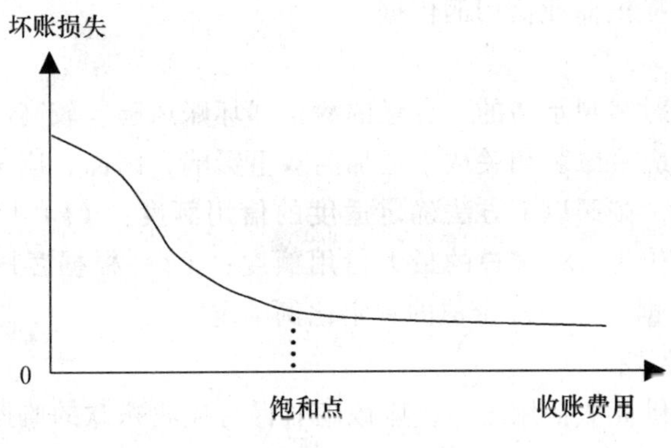

图12－7　收账费用与坏账损失关系

三、信用政策的实施

信用政策建立之后，需要对其具体实施。信用政策的实施主要包括信用评价、信用额度、应收账款监控和收账的程序与方法等四个方面。

（一）信用评价

信用评价是应收账款管理中的重要内容，正确地评价客户的信用状况是执行企业信用标准进而实施企业信用政策的前提。

要想合理地评价顾客的信用状况，首先要对顾客信用进行调查，搜集有关的信息资料。信用调查的渠道通常包括：（1）直接调查。指调查人员通过与客户接触、分析本企业与其交往记录、查阅其财务报表等方式获取信用资料的方法。直接调查具有准确、及时的优点，但若得不到被调查者的合作则结论往往不够全面、深入。（2）银行和信用评估机构。在许多国家银行和专门的信用评估机构会定期发布有关企业的信用等级报告，这些报告一般评估方法合理，可信度较高。另外，通过被调查者的开户银行还可以获得其在银行的平均现金余额、贷款金额、有关历史记录及一些其他财务信息。（3）第三方企业。通过与被调查者有业务来往的其他企业，可以了解到客户的一般信用状况。（4）其他来源渠道。如财税部门、工商部门、企业上级主管部门、证券交易部门、消费者协会及新闻媒体的相关报道等。

通过信用调查搜集好客户的信用资料后，就应该分析利用这些资料以对客户信用状况进行评价。“5C”分析法是实践中应用最为广泛的一种信用评价方法。所谓“5C”是指影响客户信用的五个方面，这五个方面的英文单词首字母都是C：（1）品德（Character），即客户履行其付款义务的态度，这是信用评估中最重要的因素。（2）能力（Capacity），即客户的偿债能力，主要通过流动资产、流动比率等情况判断。（3）资本（Capital），即客户所拥有的资本，可以反映客户的财务实力。（4）抵押品（Collateral），即客户为获取商业信用所提供的担保财产。（5）条件（Condition），即社会经济环境对企业的影响。通过对这五个因素进行综合分析，基本上就可以判断客户的信用状况，作为最后决定是否向其提供商业信用的依据。

（二）信用额度

信用额度指企业对客户承担的可容忍的赊销和坏账风险。较高的信用额度会给企业带来销售额的提高和应收账款相关成本增加的双重影响，因而，应该结合市场环境、客户的信用等级等因素，按照以下方法确定适度的信用额度：（1）以全年可能从某客户处获得的最大收益额作为对该客户的最大信用额度；（2）根据客户营运资本净额的一定比例确定；（3）根据企业清算价值的一定比例确定。

（三）应收账款监控

企业在向客户提供商业信用之后，应该随时保持应收账款的监控，以便及时发现问题，提前采取相应的措施。在应收账款的监控过程中，可供采用的主要方法有追踪分析法和账龄分析法。

1. 追踪分析法。指企业通过追踪赊销产品在对方企业中的销售转化情况来分析应收账款按时收回可能性的方法。客户赊购得到商品以后对该商品的利用情况在很大程度上影响着应收账款的收回。如果客户能将所购的货物顺利销售变现或投入生产后销售变现，同时该客户又具有良好的信用品质，则其一般会按时偿还所欠货款。反之，若其赊购货物一直积压，则除非该客户信用品质较好并且拥有充足的现金，否则所欠的货款很难按时偿付。

2. 账龄分析法。指通过分析应收账款的账龄结构提高收现效率的方法。一般情况下，应收账款逾期拖欠的时间越长，收回的可能性就越小，因此，可以编制账龄分析表，密切注意应收账款的回收情况。对于已经到期的和尚未到期、拖欠时间长的和拖欠时间短的应收账款，应该采取不同的收账方法，对于可能发生的坏账损失应该提前做好准备，估计其对企业损益的影响。

（四）收账的程序与方法

对于逾期尚未支付的应收账款，也应在其收账政策的指导下，运用一系列的程序与方法，尽可能地收回欠款，消除或减少坏账损失。收账的一般程序包括：（1）信函通知；（2）电话催收；（3）上门催收；（4）法律诉讼。常见的收账方法有讲理法、恻隐术法、疲劳战法、激将法、讨价还价法、软硬兼施法等。

第五节 存货管理

存货是指企业在生产经营过程中为生产或销售而储存的各种资产。存货和现金、应收账款一样，在现有的科学发展水平和社会经济环境下是企业所必须持有的，并且随着持有量的增加会给企业价值带来双重影响。企业需要对存货进行管理，权衡持有存货的成本与收益，达到二者的最佳结合。

一、存货的类型和持有目的

存货的类型包括为生产而购入或自产的原材料、燃料、包装物、低值易耗品、委托加工材料和半成品等；生产过程中产生的在产品；为销售而储备的库存商品等。

存货的持有目的主要有以下几点：

（一）保证生产和销售的正常进行

适量的生产原料、半成品和库存商品等存货是企业正常生产和销售的保障。企业一般很难做到随时产出或购入自身生产或销售所需的各种物资，而企业对这些物资的需要情况、这些物资自身的市场供求情况都往往是不确定的。因此，如果没有一定的存货，生产和销售就可能经常面临物资短缺，致使停工待料、停业待货，给企业造成损失。

（二）获取采购规模效应

采购规模较大一般可以获取销售方提供的较为优厚的商业折扣，降低所采购物资的单价。此外，通过增加每次购货数量，减少购货次数，可以降低采购费用支出。即便在推崇以零存货为管理目标的今天，仍有不少企业采取大量购货方式，原因就在于这种方式有助于降低购货成本。在全球范围内流行的企业合并浪潮中，获取采购规模效应往往是合并发生的主要动机之一。

（三）获取物资投机收益

市场经济条件下，各种物资的价格经常会随着市场供需和其他因素而上下波动。如果能够正确地预计存货的价格走向，在价格上涨之前储备较多的存货、在价格下跌之前储备较少的存货，就可以降低企业的生产成本或增加销售收入。有些企业还频繁参与生产原料的买进卖出，利用市场价格波动直接获取投机收益。

二、存货成本

企业取得和持有存货的成本包括取得成本、储存成本和缺货成本，存货储备的总成本就是这三项成本的总和。

（一）取得成本

取得成本指为取得某种存货而支出的成本，通常用 TC_a 表示。取得成本由订货成本和购置成本组成。

1. 订货成本，指取得存货订单的成本，包括与订货的次数无关的固定成本，如采购机构基本开支等和与订货次数有关的变动成本，如差旅费、邮资等。订货的固定成本用 F_1 表示；每次订货的变动成本用 K 表示；订货次数等于存货年需求量 D 与每次进货量 Q 之商。则：

$$订货成本 = F_1 + \frac{D}{Q}K \tag{12.11}$$

2. 购置成本，就是存货本身的价值，等于存货年需求量 D 与单价 U 的乘积。

存货的取得成本就是订货成本与购置成本之和，可用公式表达为：

$$TC_a = F_1 + \frac{D}{Q}K + DU \tag{12.12}$$

（二）储存成本

储存成本指企业为保持存货而发生的成本，包括仓储费、搬运费、保险费、占用资金应计利息和存货破损变质损失等，通常用 TC_c 表示。储存成本也可以分为固定成本和变动成本，固定成本如仓库折旧、保管人员工资等，可用 F_2 表示；变动成本如保险费、占用资金应计利息、存货破损变质损失等，与存货的数量成正比。通常以 K_c 表示单位变动储存成本，$\frac{Q}{2}$表示平均存货储备量，则储存成本可用公式表达为：

$$TC_c = F_2 + K_c\frac{Q}{2}$$

（三）缺货成本

缺货成本指由于存货储备不能满足生产和销售的需要而造成的损失，通常用 TC_s 表示。缺货成本包括停工损失、失去销售机会的损失、经营信誉的损失、紧急采购的额外开支等。

（四）存货储备总成本

以 TC 来表示存货储备总成本，其表达式为：

$$TC = TC_a + TC_c + TC_s$$
$$= F_1 + \frac{D}{Q}K + DU + F_2 + K_c\frac{Q}{2} + TC_s \quad (12.13)$$

三、存货储备决策

存货储备决策的主要内容是决定最佳进货时间和进货批量，以使存货的总成本最低。经济批量模型是存货储备决策中被广泛应用的方法。

（一）基本经济批量订货模型

基本经济批量订货模型的假设条件是：（1）企业一定时期的存货需求量稳定和可以预测；（2）企业能够即时补充存货，即需要订货时就可立即取得存货；（3）能集中到货而不是陆续入库；（4）存货的价格稳定，不存在现金折扣和数量折扣；（5）企业现金充足，不会因现金短缺而影响进货；（6）不允许缺货，因此也不存在缺货成本。

在这些假设条件下，存货储备总成本 TC 的表达式中，$TC_s=0$，F_1、F_2、DU 均为与进货批量无关的已知常量，所以与进货批量相关的总成本为：

$$TC(Q) = \frac{D}{Q}K + K_c\frac{Q}{2} \quad (12.14)$$

其中 D、K、K_c 是已知常数，存货储备总成本仅取决于 Q。将 TC 对 Q 求导后可求得 TC 最小时的经济批量：

$$Q^* = \sqrt{\frac{2KD}{K_c}} \quad (12.15)$$

这一公式被称为基本经济批量模型。根据经济批量 Q^* 还可以推算出以下公式：

每年最佳订货次数：

$$N^* = \frac{D}{Q^*} = \sqrt{\frac{DK_c}{2K}} \quad (12.16)$$

与进货批量相关的最佳存货储备总成本：

$$TC(Q^*) = \frac{KD}{Q^*} + \frac{Q^*}{2}K_c = \sqrt{2KDK_c} \quad (12.17)$$

最佳订货周期：

$$t^* = \frac{1\text{年}}{N^*} = \sqrt{\frac{2K}{DK_c}}\text{年} \quad (12.18)$$

经济订货量占用资金：

$$I^* = \frac{Q^*}{2}U = \sqrt{\frac{KD}{2K_c}} \cdot U \quad (12.19)$$

（二）扩展经济批量订货模型

基本经济批量订货模型是建立在一系列基本假设之上的，现实中由于各种因素的影响，这些假设一般不会被全部遵守。为了使模型更接近于实际情况，具有较高的可用性，需要放宽这些假设，对基本经济批量订货模型进行扩展。

1. 订货提前期。现实中大多数企业做不到需要存货时就可立即取得，为保证生产和销售的正常进行，这些企业需要在存货用完之前就提前订货。当企业发出订货单时，尚有存货的库存量称为再订货点，用 R 来表示。再订货点等于从订货日至到货日的交货时间 L 与每日平均需要量 d 的乘积：

$$R = L \cdot d \tag{12.20}$$

在订货提前期条件下，当库存达到此再订货点时就应该组织下一次订货。除此之外，有关存货的经济订货批量、订货次数、订货周期等都与基本经济批量订货模型相同。

2. 存货陆续供应和使用。许多情况下，与基本经济批量订货模型对存货集中到货的假设不同，存货是陆续入库的，比如产成品入库和在产品转移就几乎总是陆续供应和陆续耗用的。这种情况下，我们设每日送货量为 P（应该保证 $P > d$），则送货期为$\frac{Q}{P}$，送货期内的耗用量为$\frac{Q}{P} \cdot d$。由于存货边送边用，在每批送完时达到最高库存量 $Q - \frac{Q}{P} \cdot d$，平均存货量为$\frac{1}{2}\left(Q - \frac{Q}{P} \cdot d\right)$。

此时，与批量相关的存货储备总成本为：

$$TC(Q) = \frac{D}{Q}K + K_c \frac{Q}{2}\left(1 - \frac{d}{P}\right) \tag{12.21}$$

同样使用求导的方法可得到存货陆续供应和使用的经济批量订货模型：

$$Q^* = \sqrt{\frac{2KD}{K_c} \cdot \frac{P}{P - d}} \tag{12.22}$$

把这个模型求得的经济批量代入存货储备相关总成本公式：

$$TC(Q^*) = \sqrt{2KDK_c \cdot \left(1 - \frac{d}{P}\right)} \tag{12.23}$$

3. 保险储备。基本经济批量订货模型和订货提前期扩展模型都假设存货的供需稳定和可以预知，但实际情况并非总是如此。企业对存货的需求量经常会发生变化，交货时间由于某些原因也可能延迟，为了防止缺货或供货中断，就需要多储备一些存货以备应急之需，称为保险储备。保险储备的加大会使储备成本上升，因此，不是越多越好，而应该权衡与其相关的缺货成本 TC_s 和储存成本 TC_b，使两者之和 $TC_{(s,b)}$ 最小。$TC_{(s,b)}$ 的表达式为：

$$TC_{(s,b)} = TC_s + TC_b \tag{12.24}$$

设单位缺货成本为 K_u，一次订货缺货量为 S，年订货次数为 N，保险储备量为 B，单位储存成本为 K_c，则：

$$TC_{(s,b)} = K_u \cdot S \cdot N + B \cdot K_c \tag{12.25}$$

交货时间内的存货需求量 Ld 具有一定的概率分布，可以根据历史经验估计得出，不同概率下的存货需求量 $L_i d_i$ 减去再订货点 R 就是相应的一次订货缺货量 S：

$$S_i = L_i d_i - R \tag{12.26}$$

据此可以计算出不同保险储备量下缺货量 S 的期望值，然后计算不同保险储备量下的 $TC_{(s,b)}$，其最小时的保险储备量即最佳保险储备量。

四、及时制存货控制系统

存货是收益性和流动性都比较差的资产，过多的库存会占用企业的大量资金，降低企业的收益能力和经营弹性。近年来，管理者一直在探讨降低库存的方法，起源于日本的及时制（just - in - time，JIT）存货控制系统就是一种现代的存货管理方法。

及时制存货控制系统的目标是通过精确地协调生产与供应，让存货在生产过程中需要时恰好到达，以最大程度地降低库存，提高资金周转率。在日本，JIT 系统也被称做“看板”（Kanban）系统，表示告诉供应商发货的“卡片”或“标牌”的意思。在这种系统下，供应商在每个集装箱箱底放一个卡片，当工人开箱后就取出卡片并送回到供应商手中，供应商开始运送下一箱货。

及时制存货控制系统要求企业的供应商离自己的生产线很近，有可靠的运输工具连接，并且能持续提供无缺陷的原材料。实施 JIT 系统的企业还需要制定精确的调控生产计划，实现原材料的有效接收、处理、分发。JIT 系统一般仅适用于较大型的制造企业，这些企业必须拥有一个依赖于自己的、小而严谨的供应商群体。

如果企业能够成功实施 JIT 系统，将会产生许多积极的效益：降低库存量；减少设置时间；缩短制造时间；减少空间占用；甚至可以提高生产质量。不过，JIT 系统一般会增加供应商的负担，甚至有人认为它不过是把保存库存的成本和低效率转移给了供应商而已，采用该系统的企业为了保持与供应商之间的关系，有时需要作出其他一些方面的补偿。

本章小结

资产运营的内涵是合理配置与使用资产，以一定的资产投入，取得尽可能多的收益。资产运营管理包括流动资产运营管理和非流动资产管理两个方面的内容，流动资产运营管理主要包括现金及有价证券管理、应收账款管理和存货管理，非流动资产管理主要包括固定资产管理和无形资产管理。

资产运营的目标可以用一个指标来表示，即总资产报酬率，资产运营管理的所有方面都以提高总资产报酬率为出发点。总资产报酬率由总资产周转率和全部收入息税前利润率两个因素决定，而总资产周转率的提高取决于资产运营中的资产配置和重组方面，包括固定资产周转率和流动资产周转率等指标的提高；销售利润率取决于资产运营的资产有效使用方面，即通过合理创造和利用无形资产、提高产品质量、压缩产品成本，搞好商品经营。

资产运营投资策略解决流动资产与固定资产及无形资产等长期资产之间的比例关系问题，资产运营融资策略则解决流动负债融资与长期资本融资的比例关系问题。企业资产运营投资与融资策略都可分为适中型、保守型和冒险型三种。

非流动资产的有效使用可以通过增加企业的销售收入和减少总资产的规模两种途径提高总资产报酬率，固定资产管理和无形资产管理是非流动资产运营管理的主要内容。固定资产管理的目标主要是提高固定资产使用效率，可以从提高生产用固定资产产值率和生产用固定资产构成率两个方面出发进行固定资产管理。在无形资产管理中，一方面应该加强无形资产的投入，强化无形资产在企业经营中的地位，另一方面要加强无形资产管理，分析无形资产的构成与可能导致无形资产效率低下的原因，提高无形资产利润率。

流动资产运营管理的目的是在保证企业经营的效果和效率的前提下，尽可能地使流动资产的持有量保持在最低水平，其内容主要包括对现金及有价证券、应收账款以及存货的管理。现金管理的主要方法是利用成本分析模型、存货模型和随机模型确定最佳现金持有量；应收账款管理主要通过对由信用条件、信用标准和收账政策组成的信用政策的实施来进行；存货管理的主要内容是存货储备决策，经济批量模型是存货储备决策中被广泛应用的方法。

本章参考文献

1. 张先治：《企业资本经营论：现代企业财务管理新探》，中国财政经济出版社 2001 年版。
2. 张先治：《国有资本管理、监督与营运机制研究》，中国财政经济出版社 2001 年版。
3. 张先治、傅荣：《企业重组财务与会计问题研究》，东北财经大学出版社 2003 年版。
4. 张先治：《财务分析》，东北财经大学出版社 2001 年版。
5. 陆正飞：《财务管理》，东北财经大学出版社 2001 年版。
6. 赵德武：《财务管理》，高等教育出版社 2000 年版。
7. 王庆成、郭复初：《财务管理学》，高等教育出版社 2000 年版。
8. 荆新、王化成、刘俊彦：《财务管理学》，中国人民大学出版社 1998 年版。
9. 编写组：《新会计制度下的财务管理》，中国市场出版社 2006 年版。
10. 张先河："浅谈国有工业企业资产结构的优化"，《国企改革》，2000 年第 1 期。
11. 郭志东等："企业无形资产与资产结构"，《科技进步与对策》，2000 年第 10 期。
12. ［美］尤金·F. 布瑞翰等著：《财务管理基础》，东北财经大学出版社 2004 年版。

第五篇　控制篇

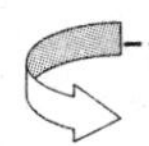

本篇主要论述公司理财中的管理控制基本理论体系与主要环节，包括公司管理控制、公司财务预算、公司财务分析和公司财务评价四章内容。

公司管理控制一章作为本篇的概论，全面、系统地论述了管理控制的内涵，管理控制系统构成要素，进行管理控制要考虑的环境，搞好管理控制不可缺少的五个步骤，以及如何选择适合企业环境特点的管理控制模式问题。

公司财务预算一章主要论述了公司财务预算的内涵与作用、财务预算系统与模式、财务预算编制与控制三部分内容。公司财务预算既是全面预算的重要组成部分，又是基于价值的管理控制的重要工具。

公司财务分析一章主要论述了公司财务分析的内涵、指标体系、分析方法，以及财务分析在公司理财中的定位与作用。分别从盈利能力、营运能力和偿债能力三方面对公司财务活动状况与效率进行了分析。

公司财务评价一章主要论述了财务评价的内涵与作用、财务评价系统与模式、财务评价程序与方法三部分内容。明确了财务评价在管理控制和公司理财中的地位；介绍了基于会计基础、经济基础和战略管理的三种业绩评价模式。

本篇作为全书的控制篇，系统全面地体现了理财的管理控制职能，突出了公司理财在资本经营基础上的管理控制思想和方法，构建了公司理财的管理控制体系。

第十三章 公司管理控制

教学目标

◇基本目标

本章教学目标是使学生掌握管理控制的内涵、要素、环境、程序和基本模式。

◇具体目标

明确什么是管理控制，管理控制如何进行分类；

理解管理控制与内部控制的关系、管理控制在财务管理中的作用；

理解管理控制要素的内涵，明确管理控制十要素及相互关系；

明确管理控制环境分类，理解管理控制环境对管理控制的影响；

理解与掌握管理控制的基本程序；

掌握与运用管理控制各程序中的具体控制方法；

理解与掌握四种管理控制模式特点及优缺点；

能够运用管理控制原理，结合企业管理控制环境变化，设计管理控制模式与方案。

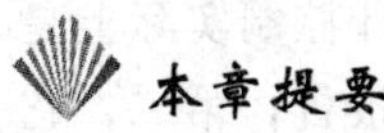

本章提要

本章主要论述了管理控制基本理论、基本程序和基本模式。回答了什么是管理控制；管理控制与内部控制、管理控制与公司理财是什么关系；管理控制的基本要素有哪些；为什么要考虑管理控制环境问题；管理控制程序包括哪几个环节；管理控制有几种主要模式等。

第一节通过对管理控制内涵的界定，明确管理控制与内部控制的关系，为理解管理控制在公司理财中的作用奠定了基础。第二节管理控制要素论证了构成管理控制系统的十个要素，为公司建立有效的管理控制系统指明了方向。第三节通过对管理控制外部环境与内部环境的介绍，明确了控制环境的内涵及对管理控制系统设计的影响。第四节系统论述了管理控制程序的五个步骤，从方法论角度进一步明确了管理控制系统的构成。第五节结合中国环境提出了四种管理控制模式，并分析了各种模式的特点、适用环境、优点及不足，为企业选择适当管理控制模式提供了依据。

本章实际上是控制篇的概论，通过对管理控制内涵、要素、环境、程序和模式的论述，为后面各章构建了理论与方法框架。从公司理财角度看，财务预算、财务分析和财务评价是公司管理控制重点环节。

第一节 管理控制内涵

一、内部控制与管理控制

内部控制是指控制者来自于组织（企业）内部，或者说控制主体与控制客体处于同一组织。如著名的 COSO 报告将内部控制定义为：“内部控制是由企业董事会、管理层以及其他员工为达到财务报告的可靠性、经营活动的效率和效果、相关法律法规的遵循等三个目标而提供合理保证的过程”。可见，企业内部控制的主体是包括企业董事会、管理层在内的全体员工；内部控制客体是企业各层次的经营管理活动；内部控制目标是财务报告的可靠性、经营活动的效率和效果、相关法律法规的遵循；内部控制过程是为实现内部控制目标提供合理保证的过程。

内部控制从控制目标角度可分为达到财务报告可靠性的控制、实现经营活动效率和效果的控制和遵循相关法规的控制。在这三种控制中，财务报告可靠性控制属于内部会计控制，经营活动有效性控制属于内部管理控制，遵循相关法规的控制属于法规控制。然而，法规控制虽然与会计控制和管理控制相比有其特殊性，但实际上法规控制不能孤立于会计控制与管理控制而存在。因为财务报告的可靠性和经营活动的有效性都离不开法律法规的遵循，法规控制是内部会计控制和内部管理控制的保证。因此，内部控制主要可分为内部会计控制和内部管理控制。

会计控制的目标是财务报告的可靠性。这一控制目标决定了内部会计控制实际上是财务会计控制。第一，它强调的是财务报告，即对外报告，而不是内部报告；第二，它强调的是可靠性，而没强调相关性，因为财务会计信息的相关性是由会计准则和制度决定的，它不是内部控制所能决定的。内部会计控制目标还有另一种观点是保证会计信息质量，这一目标既包括保证会计信息的相关性与可靠性两方面，又包括保证财务会计信息质量和管理会计信息质量两方面。但由于财务会计与管理会计的服务对象不同，管理会计信息质量与经营活动有效性目标更相关，因此，内部会计控制目标强调的是财务报告可靠性，它是内部控制的基础（或前提）。

管理控制的目标是经营活动的有效性。有效性包括经营活动的效率和效果两方面。效率是经济学的核心，也是经营活动的基本目标，效果或绩效是管理学的核心，也是经营管理的基本目标。内部管理控制将效率与效果作为目标，它是内部控制的主导和关键，也是组织内部控制的核心与目标。

二、管理控制分类与内涵

（一）从管理控制职能范围看管理控制内涵

从这个角度看，管理控制有广义、中义和狭义三种解释。广义的管理控制是指发挥管理的职能，特别是控制职能。管理控制的内涵包括战略控制和经营控制。因为管理控制与被用于驾驭组织以实现其目标的管理系统设计相关，因此，管理控制还包括计划、组织和领导这些管理的职能①。威廉纽曼认为，管理控制系统的内涵是管理的控制职能，控制是管理的基础，管理控制涉及管理的全部领域。这种管理控制的特点是既包括定量控制又包括非定量控制，或者说是定量控制与非定量控制并重。

中义的管理控制是指由确定标准、评价业绩、纠正偏差构成的管理控制系统。因为管理控制强调的是战略执行的控制，而战略执行过程控制是由确定标准、评价业绩、纠正偏差构成的管理控制系统。这种管理控制的特点是强调定量控制，或者说是以定量为主的控制。

狭义的管理控制是指管理会计中的责任会计。这种管理控制的特点是货币计量控制，或者说是以货币计量为主的控制。

管理控制的三种内涵从三种控制职能手段或三种研究领域角度目前都有专业学者在研究，通常广义内涵多由管理学者进行研究；中义内涵多由战略及财务学者进行研究；狭义内涵多由会计学者研究。

我们认为从管理控制的研究目的和应用目标看，广义内涵太宽，而狭义内涵太窄，结合我们自身财务与会计专业优势及特点，本书将管理控制作中义解释。

（二）从管理控制者看管理控制内涵

管理控制的主体是管理者及组织中的其他成员。管理控制亦可称为管理者对组织中各项管理活动的控制，管理者是管理控制的主力军。但是，管理控制中的管理者不能离开组织中的其他成员而孤立地进行控制。管理控制的主体除管理者外，对上包括代表股东利益的董事会，对下包括代表职工利益的全体员工。从这个角度看，管理控制也可分为广义管理控制、狭义管理控制和中义管理控制。

广义的管理控制包括：以董事会为主体的公司治理控制或战略计划、以管理者为主体的管理控制和以员工为主体的任务控制或作业控制。三种控制各发挥不同的作用，共同为实现组织战略目标服务。

狭义的管理控制是指以管理者为主体的管理控制，不包括作业控制及战略控制等。中义的管理控制是指管理者影响组织中其他成员以实现组织战略目标的过程。中义的管理控制以管理者控制为主，同时兼顾董事会控制及员工的控制。本书将管理控制作中义解释。

---

① Joseph A. Maciariello & Calvin J. Kirby. MANAGEMENT CONTROL SYSTEMS, second edition Prentice Hall 1994.

三、管理控制与公司理财

在第一章公司理财体系框架中我们已经将资本经营与管理控制界定为公司理财的两大支柱。公司理财一方面要运用经济学理论研究如何经营资本，使资本得以最有效地使用；另一方面要运用管理学理论，通过管理控制使资本经营按既定目标进行。前者是资本经营，后者是管理控制。

从管理控制内涵上可看出，管理控制从控制对象或内容上看是非常广泛的，企业等组织的各项活动都可通过管理控制来进行。公司财务活动及其效率和效果，由于其活动的综合性、效率及效果与公司目标的统一性，必然成为管理控制的主线与重点。特别是在基于价值管理的现代公司理财环境下，管理控制实质上是基于价值的管理控制，公司理财就是要利用管理控制理念与手段对理财的对象或核心内容，即资本经营进行全方位、全过程的管理控制。

1. 基于价值的战略目标制定与分解

在基于价值管理情况下，公司的目标一定是股东价值最大化，公司战略选择将以创造股东价值为导向。为保证战略目标的实现，战略目标分解实际上是根据价值创造环节或价值链进行的。通过战略目标分解，保证短期价值目标与长期价值目标相协调，局部价值目标与整体价值目标相协调。

2. 基于价值的控制标准制定

在基于价值管理情况下，控制变量与控制标准的确定必须体现价值创造环节与价值目标。如将资本增值、经济利润、净资产收益率、总资产报酬率、总资产周转率等价值量及效率指标作为控制的最重要的、最关键的指标，将公司资本增值或股东价值创造作为控制的根本标准。在此基础上，以财务预算为中心和导向，制定全面预算体系。

3. 基于价值的管理控制报告

在基于价值管理情况下，管理控制报告要体现价值管理特点，即以会计报告系统为中心，包括财务会计报告和管理会计报告；经营业务报告作为管理控制报告系统的组成部分，一方面反映各业务的预算执行情况，另一方面是对会计报告的补充与说明。

4. 基于价值的经营业绩评价

在基于价值管理情况下，公司的经营业绩应主要体现在股东价值创造上，以是否为股东和企业创造价值为评价的根本标准。评价指标主要以价值量指标为主，包括以价值量反映的效率指标和效果指标。

5. 基于价值的管理者报酬

在基于价值管理情况下，对管理者的激励要与价值创造或资本增值相联系，使管理者的收益与资本增值或经济效率挂钩，使股东价值增加与经营者报酬成正比。

可见，在现代公司制度下，围绕资本经营进行的管理控制过程或基于价值的管理控制过程，实质上也就是公司理财的过程。

第二节 管理控制要素

一、管理控制要素确定的理论基础

研究管理控制要素是建立管理控制系统框架不可回避的问题。而要建立管理控制要素系统，首先必须回答上述西方管理控制要素的各种观点产生差异的原因。

（一）要素的内涵与管理控制系统要素

要素（essential factor，key point）是指事物必须具有的实质或本质、组成部分。或者说要素是构成事物的最重要和必要的因素，缺少了任何一个因素，事物的本质都将发生变化。管理控制系统要素是指能反映管理控制本质和管理控制系统组成部分的各个因素。管理控制要素应反映管理控制的目的、实质、程序；管理控制系统要素应反映管理控制的系统特征。从这个角度看，管理控制要素与管理控制系统要素是不同的。

（二）要素的特性与管理控制系统要素

前面谈到，人们对要素项目范畴界定存在差异，有的将一个要素分成几个要素，有的将几个要素界定为一个要素。如何界定要素的范畴是一个十分复杂的问题，本研究为界定要素范畴，首先界定了要素至少应有的两个基本特性：

一是要素的不可缺少性，即缺少了这个要素事物的本质将发生变化，如控制标准是控制的一个要素，如果没有控制标准就没有控制或不能称为控制。

二是要素的不可再分性，要素应是反映某个事物的最基本的因素，应具有独立的、明确的界限范畴，如将控制标准看成是既包含控制点（变量），又包含控制水平两项内容的一个要素，就不如将其界定为控制变量与控制标准两个要素。

（三）管理控制系统内涵与要素的范围

管理控制系统要素的范围与人们对管理控制系统内涵的理解紧密相关，如果将管理控制系统理解为一个开放系统，则控制环境因素、监督因素都将成为管理控制系统要素；如果将管理控制系统理解为一个封闭系统，则控制环境和监督因素就不是管理控制系统的要素。

二、管理控制系统的十要素

依据管理控制系统确立的理论基础和管理控制系统内涵，我们认为管理控制要素可归纳为控制环境、控制变量、控制标准、信息报告、执行评估、纠正偏差、业绩评价、激励机制、沟通交流和监督控制十个基本要素。

（一）控制环境

控制环境，指一个组织进行管理控制所面临的环境，包括组织外部环境和内部环境。外部环境由国际环境，国家政治、经济、社会发展环境，行业环境，地区环境等组成；内部环境包括组织信奉的诚信原则和道德价值观，组织的战略选择，组织结构与职权划分，责任中心建立，人力资源政策与实务等。从内部控制角度看，内部管理控制环境对不同组织控制方式和手段的影响极大。不考虑控制环境将不可能实施有效的内部管理控制。

（二）控制变量

控制变量，指影响一个组织战略目标的关键因素和风险因素。组织目标能否顺利实现主要在于对风险因素、价值驱动因素等影响组织目标的关键因素的控制。因此，要搞好内部管理控制，找出关键控制变量因素，特别是风险控制变量因素是至关重要的。例如，企业可将资产负债率作为筹资控制变量，将无形资产与总资产的比率作为投资控制变量，将净资产收益率作为资本经营中心的控制变量，将成本降低率作为成本中心控制变量等。

（三）控制标准

控制标准，指对一个组织进行管理控制的依据或准绳，它是对控制变量的量化。控制标准规划了组织应该怎么做及其程度。控制标准是组织战略控制目标的分解。从控制对象划分，控制标准可分为投入控制标准、过程控制标准和结果控制标准。从控制依据划分，控制标准可分为预算控制标准、行业控制标准、历史控制标准等。从控制标准形式划分，控制标准可分为比率控制标准和总量控制标准。控制标准正确与否将直接影响到管理控制的成效。

（四）信息报告

信息报告，指对组织中的各项活动的信息进行计量、记录与报告。信息报告反映了组织正在做什么。信息报告的相关性、可靠性是管理控制对信息报告最基本的质量要求。管理控制中的信息报告相关性主要体现在与控制变量及控制标准的相关方面；管理控制中的信息报告可靠性体现在对组织活动的真实反映。信息报告主要包括会计信息报告、统计信息报告和业务信息报告。

（五）执行评估

执行评估，指对一个组织的活动状况进行评定与估价。执行评估的过程实际上是将信息报告与控制标准进行比较、分析的过程。因此，执行评估的状况既取决于控制标准和信息报告的质量，又决定着纠正偏差的效果。执行评估中关键要区分实际与标准产生差异的主观因素与客观因素、可控制因素与不可控制因素，以保证业绩评价的准确性、及时性。

（六）纠正偏差

纠正偏差，指对评估过程中发现的实际执行情况与控制标准之间的不利差异进行及时矫正或纠正。控制的本质在于纠正偏差，这是保证管理控制目标实现的关键，也是决定管理控制质量的根本要素。纠正偏差根据控制程度要求可分为“松控制”与“紧控制”。“松控制”通常是指允许实际报告与控制标准之间有较大不利偏差（如5%）才进行纠正；而“紧控制”则是指当实际报告与控制标准之间有较小不利偏差（如2%）就进行纠正。

（七）业绩评价

业绩评价，指对一个组织的管理者的管理控制结果或业绩进行评价。一个组织的业绩与组织中管理者的业绩可能是不同的。管理控制中的经营业绩评价更侧重于对管理者或控制者业绩的评价。业绩评价的原则主要有：第一，经营成果指标评价与驱动因素指标评价相结合；第二，组织内部评价与组织外部评价相结合；第三，财务指标评价与非财务指标评价相结合。

（八）激励机制

激励机制，指根据业绩评价结果对管理者进行奖励与惩罚。管理控制的效果只有与管理者的报酬相衔接才能保证管理控制的长期有效运行。管理者报酬的构成主要有工资、福利和激励三部分。激励往往是根据管理者当期对组织的贡献大小确定。激励是管理者贡献价值的体现，管理控制水平高低或效果如何主要应与对管理者激励相结合。从控制角度看，激励机制是管理者报酬的关键。

（九）沟通交流

沟通交流，指上述管理控制要素之间的信息及时传递或交流。这是管理控制的基础与保证。不明确控制环境和控制变量，就无法确定控制标准；没有控制标准与信息报告的沟通，就无法执行评估和纠正偏差。因此，没有各要素之间信息的及时、准确交流与沟通，就没有有效的管理控制系统。在管理控制中要做到信息沟通交流准确、及时，建立管理信息系统是十分必要的。

（十）监督控制

监督控制，指对执行管理控制过程的质量进行监督。管理控制者本身也需要被控制或监督，这是一个完善的控制系统的必备要素。如果对管理控制水平高低没有监督与评价，或者说控制好坏对控制者都一样，势必影响管理控制的水平与效果。如内部审计在内部控制系统中的功能就是要对管理控制者控制过程进行监督控制。

上述十个管理控制系统要素构成了完善的管理控制系统，任何一个组织在构建管理控制系统时必须全面系统地考虑这十个方面的要素，缺少任何一个要素都将影响管理控制的质量。

第三节　管理控制环境

一、控制环境的内涵与分类

管理控制系统要素表明，管理控制系统是一个开放性系统。控制环境作为建立管理控制系统的第一要素，对管理控制系统模式建立有着重要影响。控制环境对管理控制系统的建立与应用起着至关重要的作用。

（一）管理控制环境内涵

管理控制系统的环境，从系统角度看是指管理控制系统之外的、对管理控制系统有影响作用的一切系统的总和。应当指出，这里所说的管理控制系统是一个封闭系统，控制环境是这个封闭系统之外的、对封闭系统有重要影响的各个因素之和。其实，当一个封闭系统随着环境因素变化而变化时，或封闭系统再考虑环境因素时，则形成了一个开放系统。管理控制系统从本质上看是一个开放系统，这正是我们研究环境对管理控制系统影响的基本前提。

（二）管理控制环境分类

由于某一个系统的环境往往又是以其他系统为环境的，因此，对企业控制环境的分类有许多方法。

美国 COSO 报告中关于内部控制环境的分类主要包括：诚信原则和道德价值观；执行与技能；董事会与监事会；管理哲学与经营风格；组织结构；责任分配与授权；人力资源政策与实施。

罗伯特·安东尼在其《管理控制系统》一书中将管理控制环境分类为：理解战略；组织结构；责任中心；企业文化；人力资源[①]。

我国一些学者对内部控制环境问题也有探讨，但总体上主要以 COSO 报告为基本框架。

应当看到，上述两种关于内部控制环境的分类抓住了影响内部控制的关键因素，但是，从环境的区域性与相对性角度出发，这两种关于控制环境的分类似乎缺乏全面性、系统性。我们认为，将管理控制环境分为管理控制的企业外部环境和管理控制的企业内部环境可能更有利于系统地说明这一问题。

管理控制系统作为执行企业战略、保证组织战略目标实施的重要系统，其系统作用的发挥，离不开对决定组织战略目标的外部环境的理解与把握。以企业为例，企业外部环境包括：社会环境、政治环境、技术环境、经营环境、行业竞争环境、供应商与客户环境等。应当注意，每一种环境其实又包含许多影响因素，如社会与政治气候中包括道德、文化、宗教、生态等；政府活动中包括体制、法律、规章制度等；国际经营环境中包括汇率、国际资本市场、通货膨胀等。本章主要研究企业管理控制，因此，对管理控制的外部环境不做详细论述，主要研究内部环境与管理控制系统。

二、内部环境与管理控制系统

管理控制的外部环境是将企业整体作为一个管理控制系统考虑的。如果我们将企业管理控制系统看作是企业管理系统中的一部分，那么，企业管理控制系统运行还必然涉及企业内部环境问题。图 13－1 反映了企业管理控制系统与企业其他系统之间的关系。

可见，企业管理控制系统的运行，一要符合企业战略目标的要求；二要考虑组织结构、企业文化、人力资源的状况。这些都是影响与决定企业管理控制系统运行的重要内部环境。由于人力资源素质、企业文化环境等对企业管理控制的影响与企业外部道德环境紧密相关，这里我们仅就企业战略环境和组织结构环境与企业管理控制的关系进行探讨。

---

① Robert N Anthony：MANAGEMENT CONTROL SYSTEMS，Ninth Edition 1998，GRAW－HILL.

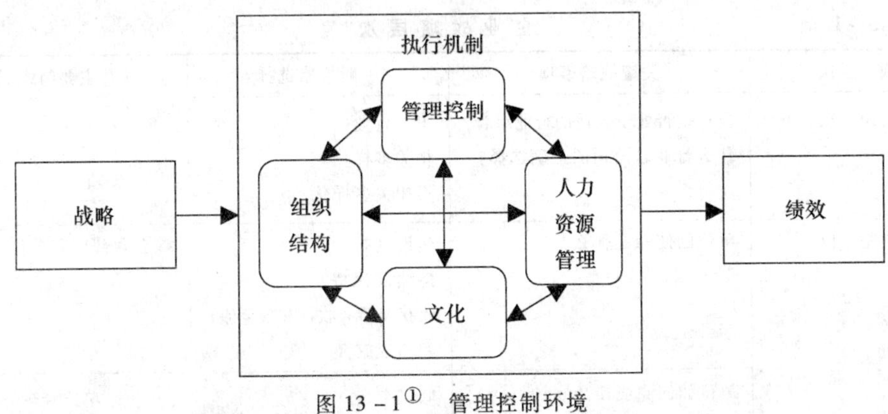

图 13－1① 管理控制环境

（一）企业战略与管理控制系统

企业管理控制作为管理者影响企业中其他成员以实现企业战略的过程，理解企业战略对管理控制系统建立有着至关重要的影响。研究企业战略与管理控制系统的关系主要应明确以下两个问题。

1. 战略制定与管理控制的关系

管理控制是一个组织中的各种计划与控制活动的一种。企业的计划与控制活动至少有三种：一是战略制定；二是管理控制；三是任务控制。战略制定与管理控制的联系十分密切：战略制定是决定组织目标和达到这些目标的战略过程；管理控制是保证企业战略实现的过程。战略制定与管理控制的区别主要体现在：战略制定是决定新战略的过程；管理控制是决定如何执行战略的过程。从系统设计的观点看，两者的最重要区别在于战略制定是非系统的，管理控制是系统的。另外，一个战略提出往往涉及相当少的人，而管理控制过程涉及组织中各个层次的管理者和职工。战略制定仅涉及组织的某部分，引起某一战略的变化，而许多其他战略不受影响；管理控制过程必然涉及整个组织，以使管理控制的各部分相互协调。

2. 战略层次与管理控制

企业战略通常包括两个层次：企业整体战略、企业内部单位战略。表 13－1 反映了各战略层次的战略事项、战略选择和组织层次。

不同的战略层次其管理控制重点与方式也不同。企业各层次管理者应根据本层次战略事项与战略选择采取相应的管理控制方式、确定管理控制重点。

（二）组织结构与管理控制系统

企业组织结构与企业管理控制方式及控制内容紧密相关。企业组织结构包括企业管理体制和企业责任中心两部分。从企业管理体制角度看，企业组织结构通常可分为直线职能制组织结构、事业部制组织结构和控股制组织结构。不同的企业组织结构，其管理控制方式与权限各具特点。

直线职能制组织结构，其管理控制属于直接控制方式，管理控制权集中。如从财务

① Robert N Anthony：MANAGEMENT CONTROL SYSTEMS，Ninth Edition 1998，GRAW－HILL.

表 13-1 企业战略层次

战略层次	关键战略事项	一般战略选择	涉及主要组织层次
公司层次	公司是否处于合适的行业组合？ 什么行业是公司的正确选择？	单一行业 相关多样化 不相关多样化	公司部门
企业单位	单位的使命是什么？	建设（扩大） 持续（保持） 收获（最大收益和现金流） 剥离或放弃	公司部门和单位经理
	单位如何完成使命？	低成本 差异产品	单位经理

控制角度看，直线职能制组织结构的企业总部财务部门作为统一的权力机构，对整个企业的资金筹集、运用、利润分配，甚至财务人员的委派任用都实行高度集中的管理，以领导身份统辖下属企业、部门的财务部门。

事业部制组织结构，其管理控制属于直接控制与间接控制相结合方式，企业总部对各事业部进行直接控制，各事业部对其管辖业务拥有自主权。如从财务控制角度看，这种组织结构的企业总部对事业部的主要财权集中，只对重大的、全局性的财务事项做出决策，如重大的筹资、投资决策等，而根据需要将一部分次要财务决策权力下放给事业部。在这种组织结构下企业总部与其成员之间划分财权，使各企业拥有一定自主经营的权力。

控股制组织结构，其管理控制属于间接控制方式，管理控制权下放。如从财务控制角度看，这种组织结构的公司财务决策权由各成员企业分散行使，成员企业独立决策、独立经营、分散管理、独立核算。但是，一般来讲，并不是公司内的每一个企业或部门都享有完全的财务管理权力，而是公司总部将其直接控股的子公司的权力分散给它们，然后，这些子公司又在各自的下属企业之间选择集权、分权或放权的管理体制。

从企业责任中心角度看企业组织结构，可分为成本责任中心、收入责任中心、利润责任中心和投资责任中心。不同的责任中心其管理控制的内容是不同的，例如，对企业的售后服务部门可将其确定为成本责任中心，也可将其确定为利润责任中心。显然，利润中心与成本中心的控制内容是不同的。

通过对管理控制环境与管理控制系统关系研究，我们可得出以下结论与启示：

(1) 管理控制系统模式的演变与管理控制环境变化不可分割，控制环境变化引起管理控制系统模式变化。

(2) 管理控制系统模式与企业外部经济环境是紧密相关的，管理控制系统模式是随着经济体制和经济环境的发展变化而发展的。

(3) 在相同外部环境下，虽然管理控制的根本目标是一致的，但由于企业内部环境不同，管理控制系统模式也可能不同。建立企业内部管理控制系统应从不同角度、采用不同方式进行全面控制。

（4）不同类型和不同管理基础的企业或组织，虽然都可能采用多种管理控制方式，但采用管理控制方式的侧重点应该是不同的。建立企业内部管理控制系统应根据企业的环境特点选择管理控制的侧重点。

（5）我国企业管理控制系统内部环境差异较大，统一的管理控制系统模式是不适用的。各种形式的管理控制并存是我国未来较长时期内管理控制系统模式的基本特征。

第四节 管理控制程序

一、管理控制基本程序

管理控制程序通常包括战略目标分解、控制标准制定、内部控制报告、经营业绩评价、管理者报酬五个步骤，其中，要完成每一步骤又涉及许多环节，从而形成管理控制程序系统的矩阵结构图，如图 13－2 所示。

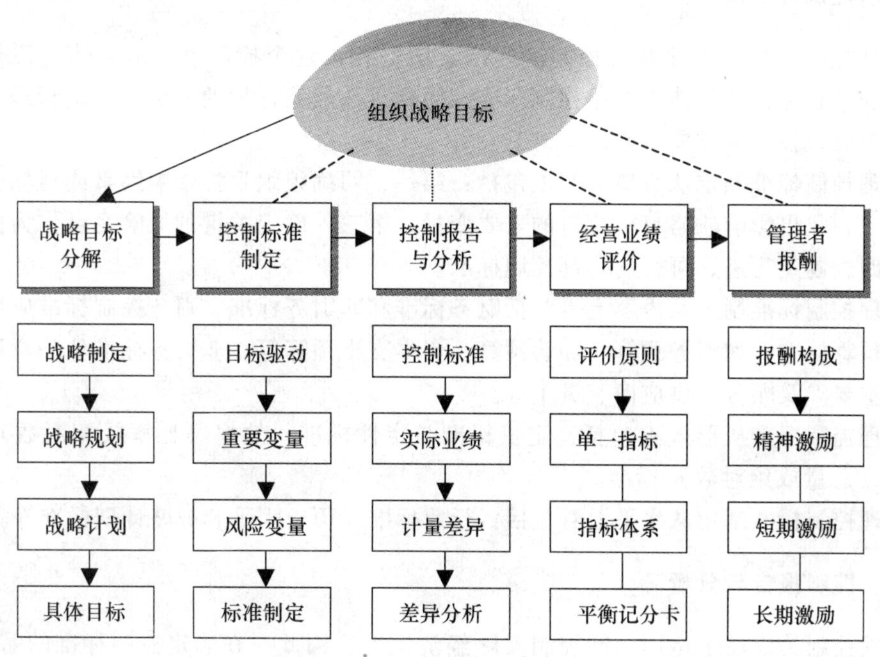

图 13－2 管理控制基本程序

二、战略目标分解

战略描述了一个组织计划为达到其目标的总方向。战略制定是决定组织目标和达到这些目标的战略过程。企业组织目标有财务目标和非财务目标；非盈利组织同样有其目标。在战略制定过程中，组织目标通常看作已知，但有时战略制定也强调目标本身。一个组织可选择许多方法以实现其目标，即战略选择。战略制定过程实际上也是战略选择过程。当组织战略确定后，如何使组织目标及战略得以实现是管理控制的基本任务。

战略目标分解是管理控制的第一步骤。战略目标分解过程如图 13－2 表示。图 13－2中展示了从组织目标到控制标准这一战略目标分解过程。前面我们已论述了组织目标与战略制定的关系。要理解这一战略分解过程，还应明确战略制定与战略规划，战略规划与战略计划，战略计划与控制标准的关系。

战略本身是重大的和重要的计划。战略规划是一个长期的战略计划，它决定组织将采取的方案和这一方案在接下来的一些年度内所需分配的资源数量。战略制定反映了一个高级管理者对其组织的发展定向；战略规划则是在组织方向一定的情况下所进行的资源配置与使用的长远计划。

战略计划是为实现组织长远战略规划在短期内（通常为一年）所应采取的资源配置方案。可见，战略计划是战略规划的分解，是战略规划得以落实的保证。在管理控制过程中，战略计划是关键，它一方面使组织战略目标和规划具体化、制度化、系统化，另一方面，它是明确控制变量、制定控制标准的基础。

三、控制标准制定

管理控制必须按管理者（控制者）的意图进行，这个控制意图从总体上说是组织目标或控制目标，从具体上看是控制标准。因此，在战略计划的基础上制定管理控制标准是实施有效控制的重要步骤。

管理控制标准制定从具体环节上包括：第一，明确组织目标影响因素或目标驱动因素；第二，找出影响战略目标执行的重要变量；第三，确定关键的风险变量作为控制重点；第四，制定先进、可行的管理控制标准。

管理控制标准制定从内容上看包括财务标准和非财务标准。财务控制标准应用最广泛的是预算标准，如财务预算、经营预算、资本支出预算等。非财务标准从平衡计分卡方法看主要涉及顾客、供应商、员工等。

管理控制标准从形式上包括：定量标准与定性标准；效率（比率或相对数）标准与效果（总量或绝对数）标准。

管理控制标准制定从水平上看包括：行业标准、历史水平、战略计划标准等。

四、控制报告与分析

管理控制关键在于运用标准控制实际经济运行。因此，在确定控制标准的基础上，对实际经济运行状况的真实计量与反映是管理控制的重要步骤。完成这一步骤的关键是编制控制报告与进行分析。

内部控制报告的格式。内部控制报告实际上也是整个组织及各部门的业绩报告，它的基本格式如表 13－2 所示。内部控制报告的种类及内容应根据管理控制标准及要求而定。例如，编制内部预算控制报告时，通常是有多少种预算，就应编制多少种预算控制报告；预算有何内容，控制报告就应有何内容。

内部控制报告的编制程序。根据表13－2，内部控制报告的编制应按控制标准、实际业绩、差异计量、差异程度、差异分析几个步骤进行，其关键步骤在于实际业绩计量与差异分析。实际业绩计量包括会计核算、统计核算与业务核算等。在管理控制中，这些核算的关键在于：一是要与控制标准相对应，即核算应符合控制的要求；二是要核算及时，即能根据核算及时纠正偏差。这也是管理控制对组织核算的基本要求，否则，控制将无从谈起。

表13－2　控制报告与分析

项目 部门	控制标准	实际业绩	差异计量	差异程度	差异分析 可控/不可控	备注
部门1 项目1 项目2 ……						
部门2 项目1 项目2 ……						
部门3 项目1 项目2 ……						

差异分析关键在于对差异原因进行分析，特别是分清可控差异与不可控差异，从而明确控制重点。另外，根据差异程度确定控制程度是管理控制过程中的重要环节。控制程序可分为紧控制与松控制，这要视被控项目的重要程度及通常差异程度而定，有的差异率超过1%需要进行纠正偏差，有的差异率超过5%才需要纠正偏差。

五、经营业绩评价

经营业绩评价实际上也是控制业绩的评价，如果对控制成效缺少评价必然影响控制者的积极性。应当注意，一个组织的业绩与组织中管理者或控制者的业绩可能是不同的。管理控制中的经营业绩评价更侧重于对管理者或控制者业绩的评价。

经营业绩评价的原则主要有：第一，组织（企业）业绩评价与经营者业绩评价相结合原则；第二，经营成果指标评价与驱动因素指标评价相结合原则；第三，组织内部评价与组织外部评价相结合原则；第四，财务指标评价与非财务指标评价相结合原则。

目前，理论界与实务中研究与应用较为普遍的经营业绩评价方法主要有三类：即单一指标评价、指标体系评价、平衡记分卡评价。

六、管理者报酬

管理控制的主体是管理者。管理者的控制动机必然与其自身利益相关。因此，管理控制的效果只有与管理者的报酬相衔接才能保证管理控制的长期有效运行。从这点看，管理者报酬既是管理控制的终点，也是管理控制的起点。

管理者报酬的构成主要有工资、福利和激励三部分。工资往往根据管理者的学历、经历、以前的业绩和职位等确定；福利往往是根据企业或组织整体业绩状况及管理者的职位确定；激励往往是根据管理者当期对企业或组织的贡献大小确定。前两部分是管理者基本价值的体现；激励则是管理者贡献价值的体现。管理控制水平高低或效果如何主要应与对管理者的激励相结合。从控制角度看，管理者激励是管理者报酬的关键。

对管理者的激励可分为精神激励与物质激励两方面。精神激励包括在职消费、晋升激励、授予激励（授权、荣誉称号）等。物质激励包括短期物质激励（如奖金、年薪制）和长期物质激励（如股票期权等）。管理控制中的精神激励与物质激励都是必要的，两者不可偏废。当然，在社会物质财富没有极大丰富的情况下，物质激励的作用可能更突出。而在物质激励中，长期激励可能更为重要。

目前，实践中的长期激励方式主要有：股票期权、股票增值权、虚拟股票、业绩股份等。其中，股票期权是最主要的长期激励方式。股票期权是指标的资产或商品是股票的期权。激励中的股票期权又分为：（1）激励型股票期权。激励型股票期权的行权价与市价相等。股票期权价值来自于税后利润的分配。运用这种期权，员工在为公司服务期内不存在酬劳成本确认和酬劳费用分摊问题。（2）酬劳型股票期权。这一期权的特点是股权给予日（授权日）股票行权价与市价不等。期权价值是由给予日股票市价与行权价之间的差额所决定，它是公司为激励员工而支付的酬劳成本。股票期权价值是员工工资收入和公司人工成本的组成部分。

第五节 管理控制模式

一、管理控制模式演变及启示

（一）管理控制模式的划分及演变

管理控制系统模式反映了管理控制系统运作的机理与方式、方法。管理控制系统模式的划分方法是多种多样的，这正是不同的管理控制系统模式产生的原因。从管理控制系统模式的演变角度看，对管理控制系统模式的划分主要应基于两点：一是管理控制时期或阶段的变化；二是管理控制环境的变化。在管理控制系统模式演变研究中具有代表性的人物和观点可归纳如下：

1. 威尔逊在其所著的《实用成本控制指南》① 一书中对控制形式的发展作了如下归纳：

（1）典型的官僚政治式控制。上级对下级发命令，下级必须服从。

（2）明确的管理及程序（如规章制度）的建立，使决策与经营的控制具有计划的形式。纪律也包括在这些方法之中。

（3）激励系统提供了一种进一步控制的机制，如计件工资等。

（4）技术以两种方式提供了控制机制：一是生产技术的强制性使管理者能控制作业；二是管理技术的发展使有此技术的管理者能完成复杂任务，使经营保持控制状态。

（5）对有专业知识的管理者在一定约束下授权，可有效实现控制。

2. 罗伯特·西蒙斯在其《授权时代的控制》② 一文中提出了四种管理控制系统模式：

（1）边界控制系统（Boundary Control Systems）。边界控制系统的目的就是规定组织可接受的活动范围，即这些活动应限制在不超出信任系统确定的范围。边界控制保证了组织中所有人员都明确哪些事不能做。

（2）诊断控制系统（Diagnostic Control Systems）。诊断控制系统是被用于监督结果、纠正偏差的控制系统。诊断控制系统的工作如同飞机驾驶室的仪表刻度盘，驾驶员通过它观察不正常迹象，及时操作以保证飞机不偏离正确航线。企业经营中运用诊断控制系统帮助经理人追踪个体、部门或生产线是否背离企业的战略目标。经理人运用诊断控制系统进行计量、比较、调整，以监控目标的实现。

（3）信任控制系统（Belief Control Systems）。信任控制系统与边界控制系统相对应。信任控制系统可看作是中国阴阳学中的阳，边界控制可看作是中国阴阳学中的阴。信任控制系统的目的是激发和指导企业或组织去探索和发现，去追求企业或组织的核心价值。信任控制系统要吸引企业的所有参与者去关心企业的价值创造。

（4）交互控制系统（Interactive Control Systems）。交互控制系统是一个重视未来和变化的系统。交互控制系统追踪不确定性，从而使高级经理在晚上保持清醒；交互控制系统注重持续变化的信息，使高级经理考虑潜在战略。

3. 斯科特将管理控制系统分为四个阶段（Scott Morton，1981）：

（1）封闭、理性系统阶段。这一阶段的控制模式往往不考虑企业内外部控制环境，将内部管理控制目标明确化、定量化，管理者在控制系统中处于执行的地位。

（2）封闭、自然系统阶段。这一阶段的控制模式虽然也不考虑企业内外部控制环境的变化，但其内部管理控制目标是不确定的，管理者可确定并调整目标。

（3）开放、理性系统阶段。这一阶段的控制模式往往考虑企业内外部控制环境变化，但其内部管理控制目标明确化、定量化，管理者不能随意调整控制目标。

（4）开放、自然系统阶段。这一阶段的控制模式往往考虑企业内外部控制环境，

---

① R. 威尔逊著，苏通等译编：《实用成本控制指南》，北京大学出版社 1988 年版。

② Robert Simons. Control in an Age of empowerment, HARVARD BUSINESS REVIEW March – April, 1995.

同时其内部管理控制目标也由管理者根据控制环境变化进行调整。

斯科特总结这四个阶段认为，管理控制系统的演变是从封闭系统向开放系统转变、从理性系统向自然系统转变。

(二）管理控制系统模式演变的启示

管理控制系统的演变给我们以下启示：

(1）内部管理控制系统模式与企业外部经济环境是紧密相关的。管理控制系统是随着经济体制和经济环境的发展变化而发展的。

(2）在相同外部环境下，虽然管理控制的根本目标是一致的，但由于企业内部环境不同，管理控制系统模式也可能不同。建立企业内部管理控制系统应从不同角度、采用不同方式进行全面控制。

(3）不同类型和不同管理基础的企业或组织，虽然都可能采用多种管理控制方式或杠杆，但采用管理控制杠杆的侧重点应该是不同的。建立企业内部管理控制系统应根据企业特点选择管理控制侧重点。

二、管理控制四大模式

根据企业管理控制系统理论及模式演变，结合我国目前的经济体制和经济环境，我国企业内部管理控制系统模式框架应由制度控制系统、预算控制系统、评价控制系统和激励控制系统四大模式组成。

(一）制度控制系统

1. 制度控制系统的内涵

制度控制是指为实现一定目标通过规章、准则等形式规范与限制人们的行为。内部管理控制中的制度控制，是指为实现组织目标，通过规章、准则等形式规范与限制组织中各级管理者与员工的行为，以保证管理活动不违背或有利于组织战略目标的实现。

制度控制系统作为管理控制系统的一种模式，应具备管理控制系统的基本要素和基本程序。从控制程序或控制环节角度看，包括制度制定、制度执行、制度考核及奖惩几个环节。制度控制系统的基本特征是以制度或规范的方式进行控制。

2. 制度控制系统的分类

制度控制系统从层级角度看，包括战略控制制度、管理控制制度、作业控制制度。战略控制制度包括：公司章程、公司战略规划、公司组织结构、公司治理制度等。管理控制制度包括：财务控制制度、人事控制制度、营销控制制度、采购控制制度、生产与技术控制制度、成本控制制度等。作业控制制度包括：生产流程、采购流程、仓储流程等。

3. 制度控制系统的目的与作用

制度控制系统的目标从总体上与管理控制目标相一致，即追求经营效率和效果。具体目标是按规章制度做事，做不违背企业目标的正确的事。因此，制度控制系统的作用在于使管理者及员工明确哪些事该做，哪些事不能做。

4. 制度控制系统的优缺点

制度控制系统的优点表现在：企业行为规则明确；操作简单，便于全员执行；制度控制系统建立的环境与条件限制较小。制度控制系统的缺点表现在：限制管理者及职工的主观能动性；定量控制不够，缺乏与企业目标的直接衔接。

5. 制度控制系统的适用条件与范围

制度控制系统适用于所有的组织或企业。对于管理基础不高的企业，更应加大制度控制系统的建设。

（二）预算控制系统

1. 预算控制系统的内涵

预算（budget）是指对资源在一定时期为达到一定目的进行配置的计划[①]。预算是用数字或货币编制出来的某一时期的计划[②]。可见，预算是计划的一种形式，计划可分为总目标或使命、一定时期的目标、策略、政策、程序、规划和预算几个类别和层次，见图 13－3。

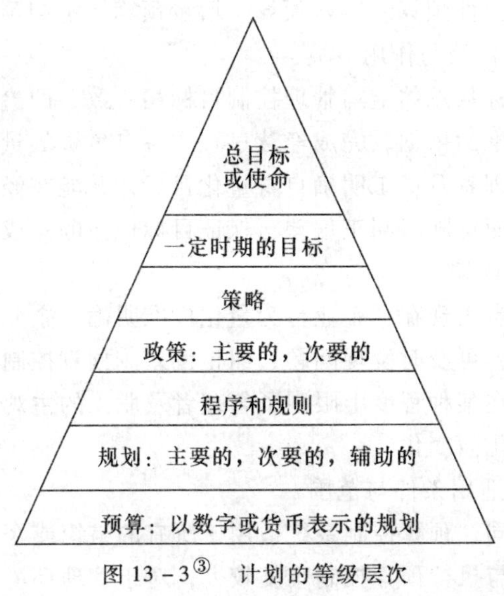

图 13－3[③] 计划的等级层次

图 13－3 说明，预算是计划的有机组成部分，是计划的基础和落脚点。预算的计划职能反映了预算的本质，因此，也有人将预算称为预算计划。预算计划的内涵可概括为三个方面：第一是反映“多少”，如为实现经营目标的投入是多少，产出是多少等；第二说明“为什么”，即为什么投入和产出是这些；第三反映“何时”，即什么时候发生投入和产出。

---

① 《美国传统辞典（双解）》，详见《金山词霸》。

② 西方与我国在预算的含义上有所不同：在我国，“预算”一般是指经法定程序批准的政府部门、事业单位和企业在一定期间的收支预计；西方的预算概念是指计划的数量说明，而不仅仅是金额方面的反映。详见罗锐韧、曾繁正主编：《管理控制与管理经济学》，红旗出版社 1997 年版。

③ 哈罗德·孔茨等著，黄砥石等译：《管理学》，中国社会科学出版社 1987 年版，第 187 页。

预算也是一种预测，它是对未来资源配置与使用状况及效果的预计，因此，确定预算数字的方法可用统计方法、经验方法和工程方法。

预算的功能在于预算控制。预算控制是指通过预算计划的形式规范组织的目标和经济行为过程，调整与修正管理行为与目标偏差，保证各级目标、策略、政策和规划的实现。预算控制从控制环节看，包括预算或预算计划的制定、预算的执行、预算差异分析和纠正偏差。

预算控制系统作为管理控制系统的一种模式，它应包括预算计划、预算控制、预算评价和预算激励几个环节。制度控制系统的基本特征是强调过程控制，注重及时纠偏。

2. 预算控制系统的分类

预算控制系统从预算层级角度看，包括公司预算（集团公司预算和子公司预算）、部门预算和项目预算；从预算内容角度看，包括经营预算、财务预算、资本支出预算；从预算编制程序角度看，包括预算内容、预算控制点、预算控制标准等；从预算方法角度看，包括固定预算、弹性预算、零基预算、增量预算、定期预算与滚动预算。

3. 预算控制系统的目的与作用

预算控制系统的目标从总体上与管理控制目标相一致，即追求经营效率和效果。具体目标是以预算控制标准为依据，完成经营过程中各自负责的量化目标。因此，预算控制系统的作用在于使管理者及员工明确自身量化目标，并能在经营过程中及时发现行为偏差对目标的影响，从而可随时纠正偏差，保证目标任务的完成。

4. 预算控制系统的优缺点

预算控制系统的优点表现在：企业行为量化标准明确；企业总体目标与个体目标紧密衔接；突出过程控制，可及时发现问题、纠正偏差。预算控制系统的缺点表现在：预算控制系统制定复杂；在某种程度上限制了管理者及职工的主观能动性；预算标准刚性使控制不能随着环境变化而变化。

5. 预算控制系统的适用条件与范围

与制度控制系统相同，预算控制系统适用于所有的组织或企业。但对于管理环境和基础较差的企业，建立与执行预算控制难度较大；对于管理环境和基础很好的企业，预算控制相对容易，但过分强调预算控制可能束缚主观能动性。

（三）评价控制系统

1. 评价控制系统的内涵

评价控制是指组织通过评价的方式规范组织中各级管理者及员工的经济目标和经济行为。评价控制强调的是控制目标而不是控制过程，只要各级管理目标实现，则组织的战略目标就将得以实现。

评价控制系统作为管理控制系统的一种模式，它应包括战略计划、评价指标（指标选择、指标标准、指标计算）、评价程序与方法、评价报告、奖励与惩罚几个环节。评价控制系统的基本特征是目标控制或结果控制，强调结果而不是过程。

2. 评价控制系统的分类

评价控制系统从控制层级看，包括董事会对高级经理的评价控制、高级经理对部门经理的评价控制、部门经理对项目经理的评价控制以及项目经理对员工的评价控制。评价控制系统从控制内容角度看，包括财务绩效评价、管理绩效评价、质量技术绩效评价、作业绩效评价等。

3. 评价控制系统的目标与作用

评价控制系统的目标从总体上与管理控制目标相一致，即追求经营效率和效果。评价控制系统的具体目标是追求各层次和各经营单位的经营结果与组织总体目标的一致性。评价控制系统的作用在于使各级管理者和员工明确自己的工作效果（目的）与自身利益及上级、同级目标的关系，从而能调动其主观能动性，挖掘其潜力，规范其行为，为实现个体目标和企业目标而努力。

4. 评价控制系统的优缺点

评价控制系统的优点表现在：既有明确的控制目标，又有相应的灵活性，有利于管理者及员工在实现目标过程中主观能动性的发挥。评价控制系统的缺点表现在：缺少程序或过程控制，不利于及时发现与纠正偏差。评价控制系统相对于预算控制和制度控制是一种较高层次的控制。

5. 评价控制系统的适用条件与范围

企业选择、应用评价控制系统，需要管理者及职工有较高的素质，企业文化与理念已深入人心，职工以为企业贡献而自豪。

（四）激励控制系统

1. 激励控制系统的内涵

激励（motivation），就是组织通过设计适当的奖酬形式和工作环境，来激发、引导、保持和规范组织成员的行为，以有效地实现组织及其成员个人目标的活动。管理学家认为，激励就是主体通过运用某些手段或方式让客体在心理上处于兴奋或紧张状态，积极行动起来，付出更多的时间和精力，以实现激励主体所期望的目标。

从“激励”一词的含义可以看出，激励既有正面鼓励、强调利益引导的方面，也包含约束和控制之意。激励的这两方面含义是对立统一的，正面激励激发导致一种行为的发生，而控制则是对所激发行为加以规范，使其符合一定的方向，并限制在一定的时空范围之内。没有控制的激励将会没有压力，而没有激励的控制则会失去动力。因此，激励本身也可称作激励控制。激励控制作为一种管理控制，是指组织通过激励的方式控制管理者的行为，使管理者的行为与企业目标（或企业所有者目标）相协调。

激励控制系统作为管理控制系统的一种模式，它应包括战略计划、激励方式选择、激励中的约束（合约）、业绩评价几个环节。激励控制系统的基本特征是利益导向控制，将利益相关者的目标协调起来。

2. 激励控制系统分类

激励控制系统从控制层级角度看，包括企业所有者对高级管理者的激励控制、高级管理者对下级管理者的激励控制。激励控制系统从激励方式角度看，包括股票期权（或与股票相关的）激励、年薪激励、工效挂钩激励、奖金激励等。

3. 激励控制系统的目标与作用

激励控制系统的目标从总体上同样与管理控制目标相一致，即追求经营效率和效果。激励控制系统的具体目标是通过管理者与所有者利益及目标协调为组织或企业创造更大的价值。激励控制系统的作用在于使管理者，特别是高层管理者将企业所有者目标与管理者个人目标相协调，根据不断变化的社会经济与技术环境，调整目标及战略，从而为企业创造更大价值或财富。

4. 激励控制系统的优缺点

激励控制系统的优点表现在：将管理者的利益与所有者的利益相联系，通过利益约束机制规范管理者的行为；管理者可根据变化的环境及时调整目标和战略，保证企业价值最大化目标的实现。激励控制系统的缺点表现在：具体目标不明确，对企业文化、管理者素质要求较高。激励控制系统是一种高层次的、灵活的控制系统。

5. 激励控制系统的适用条件与范围

选择应用激励控制系统要求企业有较高的管理水平和良好的经济运行环境。

三、管理控制四大模式比较

制度控制系统、预算控制系统、评价控制系统和激励控制系统四种管理控制系统构成了我国企业管理控制系统模式的整体框架。这种管理控制系统模式框架具有如下特点与创新：

（1）这四种管理控制系统从控制方式、控制目标、控制优势和控制障碍方面都有所区别，各具特色，见表 13－3。

表 13－3　四种管理控制系统比较

控制系统	控制特征	控制目标	控制优势	控制障碍	控制环境
制度控制	规则	正确做事	规则明确、易于操作	缺乏量化与能动性	管理基础与环境较差
预算控制	过程	完成任务	量化目标、及时调控	缺乏变化与能动性	管理基础与环境较好
评价控制	目标	挖掘潜能	突出结果、鼓励进取	缺少过程调控与环境	管理基础与环境良好
激励控制	利益	创造财富	利益相关、随机应变	缺少相应环境与条件	管理基础与环境优秀

四种管理控制系统的比较说明，各种管理控制系统都有其自身的控制目标、控制特征；而不同的控制目标与控制方式又各有其优点与缺点；控制环境对控制系统选择至关重要，只有选择适应自身环境的管理控制方式才能进行有效的控制。

（2）这四种管理控制系统模式具有层次性和适用性。所谓层次性，是指四种管理控制系统模式从控制环境要求、控制权授予方面看，不处于同一档次：激励控制授权最大，控制环境要求最高；其次是评价控制；再次是预算控制；制度控制授权最小，控制环境要求最低。其层次性可用图 13－4 表示。

图 13－4 也可反映出我国目前四种管理控制系统模式的适用性情况。根据我国目前的控制环境状况，大部分企业还需要采用制度控制系统；其次是预算控制系统；较少的企业可采用评价控制系统模式；很少企业能直接采用激励控制系统模式。

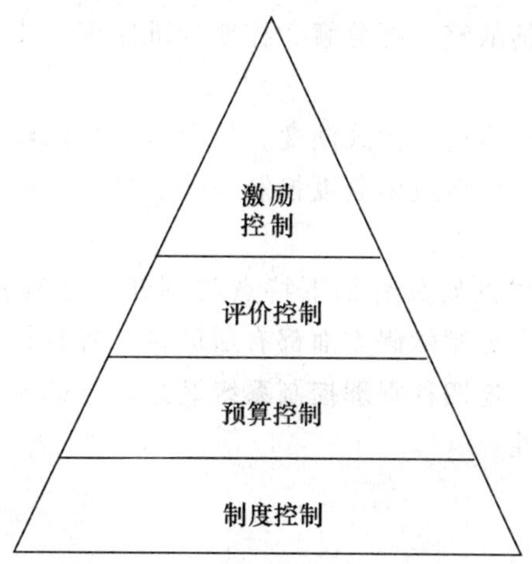

图 13－4　管理控制系统层次

（3）这四种管理控制系统既是独立的又是统一的。所谓独立，是指它们各自可作为独立控制系统进行运作，如有的企业可采用制度控制系统，有的企业可采用预算控制系统等。所谓统一，是指同一企业又可同时采用两种或两种以上的控制系统，分别从规则、过程、目标和利益等角度进行控制。如一个企业集团可以采用以预算控制为主、其他控制为辅的管理控制系统模式，这种模式的特点是，集团公司采用预算控制系统模式，子公司可根据各自环境特点分别采用制度控制模式、评价控制模式或激励控制模式等。

（4）这四种管理控制系统具有完整性、灵活性。因为各种管理控制系统可使管理控制从不同角度、不同层次、不同方式为实现共同目标而进行有效控制，从而形成管理控制的完整体系。但各企业、部门或项目又可根据自身环境与要求，灵活运用不同的控制方式。

本章小结

管理控制是指内部控制者为保证经营活动有效性目标所进行的控制过程的总和。管理控制是指管理者影响组织中其他成员以实现组织战略的过程。管理控制的目的是使战略被执行，从而使组织的目标得以实现。

管理控制要素可归纳为控制环境、控制变量、控制标准、信息报告、执行评估、纠正偏差、业绩评价、激励机制、沟通交流和监督控制十个基本要素。

管理控制系统的环境，从系统角度看是指管理控制系统之外的、对管理控制系统有影响作用的一切系统的总和。管理控制环境可分为管理控制的企业外部环境和管理控制的企业内部环境。企业外部环境包括：社会环境、政治环境、技术环境、经营环境、行业竞争环境、供应商与客户环境等。企业管理控制系统的运行，一要符合企业战略目标的要求；二要考虑组织结构、企业文化、人力资源的状况。这些都是影响与决定企业管理控制系统运行的重要内部环境。

管理控制程序通常包括战略目标分解、控制标准制定、内部控制报告、经营业绩评价、管理者报酬五个步骤。

根据企业管理控制系统理论及模式演变，结合我国目前经济体制和经济环境，我国企业内部管理控制系统模式框架应由制度控制系统、预算控制系统、评价控制系统和激励控制系统四大模式组成。

这种管理控制系统模式框架具有如下特点与创新：这四种管理控制系统从控制方式、控制目标、控制优势和控制障碍方面都有所区别，各具特色。这四种管理控制系统模式具有层次性和适用性。这四种管理控制系统既是独立的又是统一的。这四种管理控制系统具有完整性、灵活性。

本章参考文献

1. 张先治：《内部管理控制论》，中国财政经济出版社 2004 年版。

2. 罗伯特·西蒙斯：《战略实施中的绩效评估和控制系统》，东北财经大学出版社 2002 年版。

3. Robert N Anthony：MANAGEMENT CONTROL SYSTEMS，Ninth Edition 1998，GRAW - HILL.

4. KENNETH A MERCHANT：MANAGEMENT CONTROL SYSTEMS，2003，1S EDITION，Prentice - Hall.

5. Joseph A. Maciariello & Calvin J. Kirby：MANAGEMENT CONTROL SYSTEMS *Using Adaptive Systems to Attain Control* 1994 second edition，Prentice Hall.

第十四章 公司财务预算

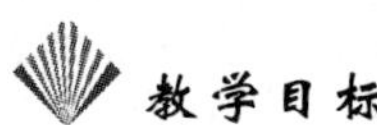

教学目标

◇基本目标

本章教学目标是使学生了解财务预算作用与模式，理解财务预算内涵与系统，掌握财务预算的编制和控制，包括财务预算的编制程序、编制方法、编制表格、控制程序和控制方法。

◇具体目标

理解财务预算的内涵和体系，明确财务预算与经营预算、资本预算之间的关系；

了解财务预算在公司预算体系中的地位，了解财务预算的四种主要作用；

理解财务预算系统内涵，明确财务预算系统要素构成；

了解财务预算模式内涵，了解财务预算四种基本模式特点及其区别；

理解财务预算编制程序内涵及其分类，明确三种预算编制程序优缺点；

理解财务预算编制方法种类及其原理，明确三大类型预算编制方法优缺点；

能够运用财务预算编制表格及其原理，指导公司财务预算编制工作；

能够运用财务预算控制方法，指导公司财务预算控制工作。

本章提要

本章主要论述了财务预算内涵与作用、财务预算系统与模式、财务预算编制与控制三部分内容。回答了什么是财务预算，财务预算体系是由哪些预算构成；财务预算在公司预算体系中处于什么地位；财务预算具有哪些主要作用；财务预算系统包括哪些基本要素；预算管理模式具有哪些类型；在基于价值管理的情况下，一个公司如何进行基于价值的预算目标分解、预算控制指标体系建立和预算控制标准设置；如何进行全面预算编制和控制等问题。

本章第一节对财务预算的内涵进行了界定，明确了财务预算体系是以财务预算为结果，以经营预算和资本预算为基础的体系，同时指出财务预算在公司预算体系中处于核心地位，并探讨了财务预算的主要作用。第二节明确了财务预算系统作为管理控制系统的一种模式，包括预算目标确定、预算编制、预算控制、预算考评等基本环节，同时指出财务预算模式可划分为初创期、成长期、成熟期和调整期四种模式。第三节探讨了预算的编制与控制。首先阐述了财务预算的编制程序、编制方法和编制表格，之后介绍了财务预算控制的内涵、作用、内容和方法。

本章全面论述了财务预算的基本内容，从管理控制重要程序的角度阐述了公司理财的工具，明确了现代公司理财目标的实现有赖于财务预算的运用。

第一节 财务预算内涵与作用

一、财务预算内涵与体系

（一）财务预算的内涵

财务预算是预算的一种形式，它是一系列专门反映公司未来一定预算期内预计财务状况和经营成果，以及现金收支等价值指标的各种预算的总称。它具体包括预计资产负债表、预计利润表和现金收支预算等内容。

需要注意的是：在工作实践中，有许多人认为预算就等于财务预算，将预算的内涵定义为“财务方面的预算”，甚至是“财务部门的预算”。显然，这种认识是狭隘的，犯了以偏概全的错误。首先，财务预算只是预算的一种类型，只是构成公司预算体系的一部分，它不能涵盖公司所有的业务活动；其次，财务预算是一个公司在预算期创造股东价值的综合体现，而股东价值的创造还有赖于公司所有业务部门和职能部门的共同努力；最后，预算是帮助公司所有业务部门和职能部门创造股东价值、实现股东价值最大化目标的工具，而不仅仅是针对财务部门而言。

（二）财务预算体系

财务预算不是公司预算的全部，财务预算的编制需要以经营预算和资本预算为基础。经营预算也叫做日常业务预算，它是明确所有的日常经营活动如销售、采购、生产等需要多少资源以及如何获得和使用这些资源的计划，如销售预算、采购预算、生产预算等。资本预算也叫做特种决策预算，它是公司对将要着手的长期工程（如厂房、研究开发）和将要引进的固定资产（如生产设备）等的投资和筹资计划，如研究与开发预算、固定资产投资预算、银行借款预算等。没有经营预算和资本预算，财务预算的编制就缺乏依据，就成为“无米之炊”。

因此，无论是从公司股东价值链来看，还是从预算的内容和功能来看，一个完善的公司预算体系应该包含财务预算、经营预算和资本预算三大方面内容。其中，财务预算是公司所有财务活动的最终结果和高度概括，而经营预算反映了经营活动，资本预算则反映了筹资活动和投资活动。这一预算体系实质上就是财务预算的体系，因为财务预算是这一预算体系的核心，经营预算和资本预算的编制需要围绕财务预算的目标展开，经营预算和资本预算的结果最终要反映为财务预算。

按照公司管理职能和价值创造环节划分，经营预算可以进一步划分为销售预算、采购预算、生产预算和其他预算。销售预算主要反映的是销售环节股东价值创造活动，它是股东价值创造的直接来源，具体又包括销售量预算、销售收入预算、销售费用预算等。采购预算主要反映的是采购环节股东价值创造活动，它是股东价值创造的重要保障，具体又包括材料采购预算、应付账款预算等。生产预算主要反映的是生产环节股东价值创造活动，它是股东价值创造的源泉，具体又包括生产量预算、生产成本预算、直接材料预算、直接人工预算、制造费用预算等。其他预算主要反映的是其他环节股东价值活动，它是股东价值创造的支持力量，具体又包括管理费用预算、工资福利费预算等。资本预算实质反映的是公司的投资活动和筹资活动，因此，主要包括投资预算和筹资预算，前者如固定资产购置预算、研究开发费用预算；后者如银行借款预算、财务费用预算等。

综上所述，基于价值的公司财务预算体系是以财务预算为结果，以经营预算和资本预算为基础的体系，其构成如图 14－1 所示。

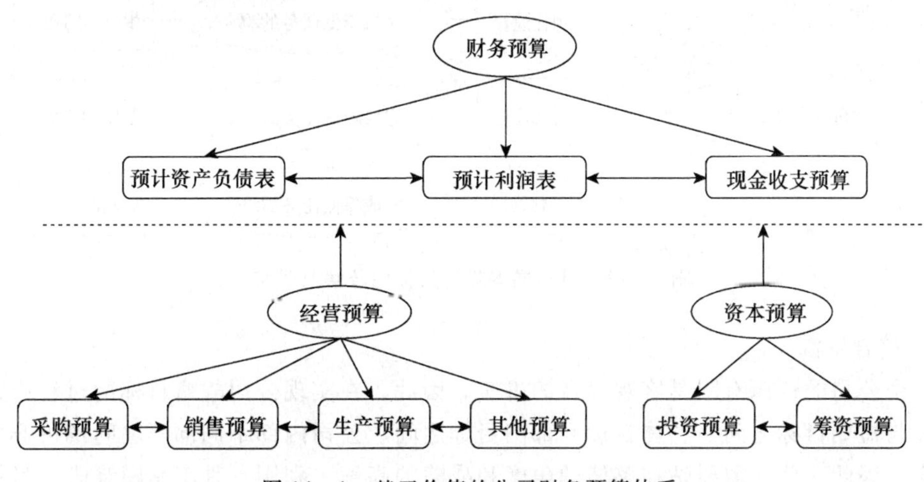

图 14－1　基于价值的公司财务预算体系

二、财务预算的地位与作用

（一）财务预算的地位

2006 年颁布的《企业财务通则》指出，企业应当建立财务预算管理制度，以现金流为核心，按照实现企业价值最大化等财务目标的要求，对资金筹集、资产营运、成本控制、收益分配和重组清算等财务活动，实施全面预算管理。可见，财务预算在公司预算体系中处于核心地位。

在基于价值管理情况下，财务预算作为公司全面预算体系中的最后环节，可以从价值方面总括地反映所有价值创造环节价值创造活动的结果，可以综合地反映公司的整体价值创造目标。因此，有了财务预算，公司的高层管理者不仅可以了解公司未来经营期间的财务状况、经营成果和现金流量，而且可以了解未来经营期间公司所创造的股东价值总体情况。

（二）财务预算的作用

正是由于财务预算在公司预算体系中占有举足轻重的地位，因此，财务预算具有以下作用。

1. 确立目标

预算是公司战略目标进一步的分解与细化，是公司预算责任的逐层分担与落实，也是公司内部各部门实现其预算目标的具体行动方案与措施。财务预算作为一种以价值尺度编制的计划，规定了公司一定时期的价值创造目标以及各级各部门的具体财务目标。这样，就可以使各个部门从价值上了解本部门的经济活动与公司整体目标之间的关系。比如，一个公司在利润目标确定的前提下，可以测算出需要降低的成本目标，进而可以测算出材料成本降低的目标，假设是在上年实际结果的基础上需要下降 10%，此时可以通过会议讨论的形式将这 10% 材料成本下降的任务再分解落实到生产部门、技术部门和采购部门，如图 14－2 所示。

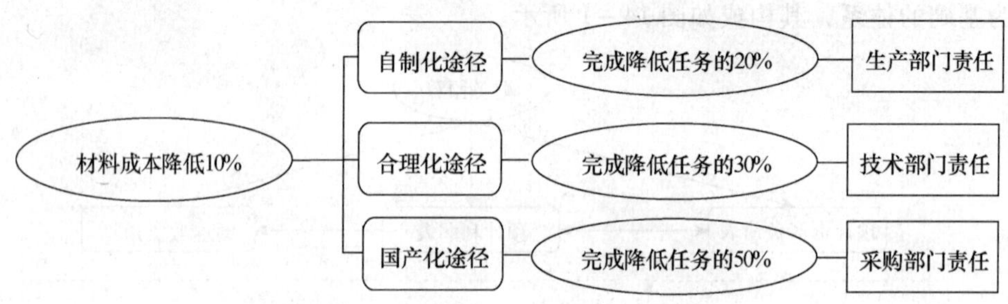

图 14－2 材料成本降低目标的分解与落实

2. 整合资源

一个公司的资源有限是客观存在的事实，因此，在实现公司战略目标的过程中，长期目标与短期目标之间、整体目标和部门目标之间、公司内部不同部门之间不可避免存在冲突，因此，公司需要站在整体的角度和战略的高度，利用一种工具围绕既定目标有效地整合资金、技术、物质、市场渠道等各种资源。实践证明，财务预算就是这样一种工具（如图 14－3 所示）。通过财务预算，可以把公司各方面的工作纳入统一计划，促使内部各部门的预算相互协调，环环紧扣，达到平衡，在保证公司整体目标的前提下，组织各自的业务活动。

3. 控制业务

控制是预算最基本的功能，预算的控制作用贯穿于整个经营活动过程中。预算编制是一种事前控制，预算执行是一种事中控制，预算分析与考评是一种事后控制。尤其是通过预算执行结果反馈以及与预算目标的差异分析，有助于发现经营和管理的薄弱环节并纠正不利差异，从而改进工作、实现目标。费用报销、资金拨付和会计核算等业务的进行都要以预算目标为依据。如果属于预算内项目，且符合预算目标要求，则费用可以

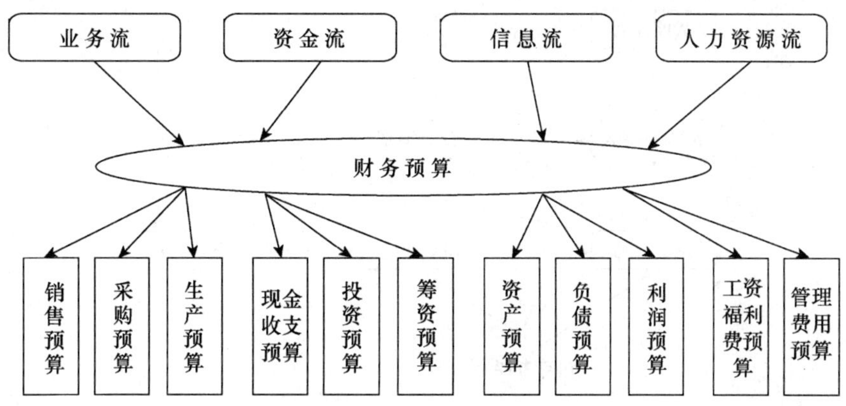

图 14－3　财务预算与资源整合

报销，资金可以拨付，会计核算可以进行；如果属于超预算或预算外情形，则需要重新进行审批。这样就对公司各种活动起到了有效的控制作用，使公司股东价值最大化目标的实现有了保障。

4. 评价业绩

以价值创造为导向，以财务预算为中心，逐层分解形成的公司预算控制指标和控制标准体系也是评价各部门工作成绩的基本尺度。实质上，预算系统具有“抑恶扬善”的功能，即抑制偏离公司创造股东价值目标的“恶”行，褒扬为实现公司创造股东价值目标而努力的“善”为。各项预算控制指标和预算控制标准为公司提供了评价各部门及其员工实际经营业绩的客观依据。定期或不定期检查考评各部门所承担的经济责任和工作任务的完成情况，并将预算执行的实际结果与预先设置的预算目标进行比较，确保公司整体目标的实现，是公司管理的核心。当然，需要注意的是，应该将预算执行者的业绩评价结果与其薪酬奖励相挂钩，否则对其而言预算的执行既无动力，也无压力，其结果是流于形式。

第二节　财务预算系统与模式

一、财务预算系统

作为管理控制系统的一种模式，财务预算系统是公司围绕财务预算而展开的一系列管理活动和制度安排，因此，也叫做财务预算管理系统。该系统包括预算目标确定、预算编制、预算执行与分析、预算考评（包括预算评价和预算激励）等基本环节，如图 14－4 所示。

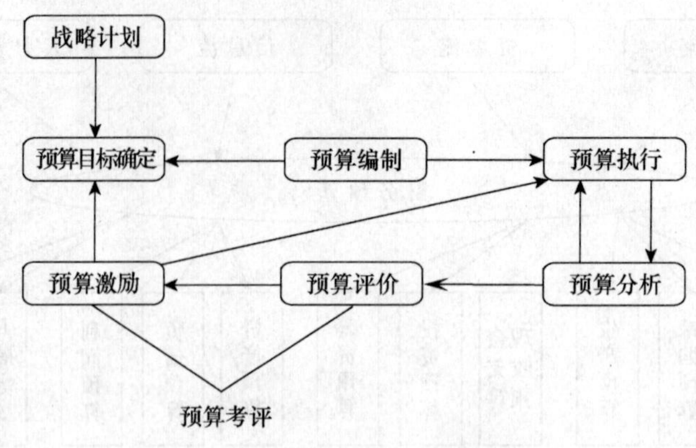

图 14－4 财务预算系统

（一）预算目标确定

战略计划是管理控制系统的起点，预算目标是预算管理的起点。因此，预算目标确定是财务预算管理系统的起点，预算目标是预算编制的基本依据。战略计划制定以战略目标和战略规划为基础，预算目标确定以战略计划为依据。

在基于价值管理情况下，公司战略目标为股东价值最大化，公司战略规划以创造股东价值为导向。为保证战略目标的实现，战略目标分解实际上是根据价值创造环节或价值链进行的。通过战略目标分解，从而确定了公司预算整体目标，并在此基础上建立了公司预算目标体系。

（二）预算编制

预算编制是公司预算总目标的具体落实以及将其分解为责任目标并下达给预算执行者的过程，或者说是预算控制标准的确定过程。预算编制是预算管理系统的一个重要环节，预算编制质量的高低直接影响预算执行结果，也影响对预算执行者的业绩评价。

如同 2007 年发布的《企业内部控制具体规范——预算》（征求意见稿）指出的那样，预算编制应当实行全员参与、上下结合、分级编制、逐级汇总、综合平衡，也就是说，预算编制的过程是一个参与、协调的过程。这样一方面能够大大降低管理者与预算执行者之间的信息不对称，另一方面使预算执行者产生责任感并激发其创造性。由于预算执行者参与预算编制，就很可能使预算目标成为执行者的个人目标，由此也产生了更大程度的目标一致性。

（三）预算执行与分析

这一环节包括预算执行过程的控制与预算执行结果的报告分析两个方面。预算执行即预算的具体实施，它是预算目标能否实现的关键，因此，它在预算管理系统中处于核心环节。

预算执行的结果需要反馈，而内部报告就是预算执行结果的反馈载体。根据内部报告提供的信息和数据，公司需要进行分析，分析预算执行实际结果与预算目标之间的差异性质（不利还是有利）、差异形成的原因（主观还是客观），并提出解决差异的措施。

（四）预算考评

预算考评包括预算评价和预算激励两个方面。预算评价是对公司内部各级责任中心及其责任人预算执行结果的衡量和评估。

预算管理系统的有效运行离不开激励制度，即企业需要将预算执行者的业绩评价结果同其个人薪酬相挂钩。激励的宗旨在于调动员工的积极性和成就感，保障预算的有效执行，并最终促进预算目标的实现。

二、财务预算模式

财务预算模式实际上就是财务预算体系的标准样式，公司可以根据这一标准样式，结合自身的发展战略、经营理念和组织背景对其财务预算体系进行设计。因此，财务预算模式必须与公司发展战略、经营理念和组织背景相吻合，必须反映公司年度经营目标的要求。不同公司和同一公司在不同时期预算编制与控制的目标与重点均有可能不一样。财务预算模式的不同决定了预算编制的核心、程序和方法也不同。根据产品生命周期理论，可将财务预算分成四种模式：初创期预算模式、成长期预算模式、成熟期预算模式和调整期预算模式。

（一）初创期预算模式

处于初创期的公司，其预算模式特点是以资本预算为预算编制与控制重点。公司在初创期往往面临极大的经营风险：一是大量的资本支出和现金支出，二是新产品开发的成败和未来现金流量的大小具有较大的不确定性。因此，公司的预算管理需要以资本预算为核心和重点。在这一理念指导下，公司需要：利用财务决策技术和投资风险控制技术认真编制投资预算，依据投资预算综合考虑资金成本和财务风险，认真编制融资预算；努力降低管理费用预算确保投资现金支出；利用上述各种预算对项目投资和筹资过程进行监控。

（二）成长期预算模式

处于成长期的公司，其预算模式的特点是以销售预算作为预算编制与控制的重点。公司在成长期往往面临较高的经营风险：一是产品能否为市场所完全接受；二是大量的市场营销费用投入以及信用政策所带来的流动资金占用问题。处于成长期的公司的经营目标就是如何使自己的产品或服务符合市场需求，以市场为导向来组织生产经营活动，以确保自己在市场竞争中立于不败之地。因此，公司的预算管理需要以销售预算为核心和重点。在这一理念指导下，公司需要：以市场为目标，采用销售预测技术尽可能准确预测业务销售量；基于销售预测采用多角度编制销售预算，比如按照产品类型、销售区域、销售渠道等；根据“以销定产”为原则，编制生产预算、采购预算和其他预算等预算；根据销售预算编制资本预算。

（三）成熟期预算模式

处于成熟期的企业，其预算模式的特点是以成本控制作为预算编制与控制的重点。公司在成熟期面临的经营风险通常相对较低，但潜在的压力非常大：一是成熟期长短变化所导致的持续经营压力；二是成本下降压力与风险。因此，公司的预算管理需要以成本控制为核心和重点。公司实施以成本控制为核心的预算管理模式，就是要把成本作为预算编制和管理的核心工作来抓。在这一理念指导下，公司需要：以成本管理为主线，以公司目标利润为基础，以市场价格为已知变量来规划企业总预算成本，并分解到各层级各部门，形成分预算成本；以成本预算为依据严格控制各部门各环节的成本，尽可能避免超预算成本和预算外成本的发生。邯钢经验就是这样的例子。

（四）调整期预算模式

处于调整期的企业，其预算模式的特点是以现金流量为预算编制与控制的重点。公司在调整期的理财环境是：在经营上市场份额稳定但市场总量下降，销售出现负增长，在财务上大量应收账款本期收回，而潜在投资机会缺乏，造成大量现金闲置。此时，公司的预算管理需要以现金收支预算为核心和重点。为此，公司需要：围绕现金的收回和合理支出这个核心，防止以现金滥用为目的编制现金收支预算，同时也为下一轮新产品的开发和新的利润增长点积蓄力量；按照现金收支预算严格控制各部门的现金收支，尽可能避免超预算支出和预算外支出的发生。实际上，对于处于现代公司理财环境的许多公司而言，要能够实现可持续发展，不断为股东创造价值，也需要关注现金流量，合理预测现金收支，严格控制现金收支，保障资金链顺畅运行，也就是说，现金收支预算也是它们的预算管理重点。

第三节　财务预算编制与控制

一、财务预算编制

财务预算的编制要以经营预算和资本预算的编制为前提和基础，也就是说，探讨财务预算的编制实际上就是探讨如何从经营预算和资本预算的编制开始，最终形成财务预算。因此，探讨财务预算的编制也就是讨论所有预算的编制。财务预算的编制需要遵循一定的程序、依据一定的方法和利用一定的表格。本部分主要讲述财务预算的编制程序、财务预算的编制方法和财务预算的编制表格。

（一）财务预算编制程序

2007 年发布的《企业内部控制具体规范——预算》（征求意见稿）规定，企业应当明确预算管理部门和预算编制程序，对预算目标的制订与分解、预算草案编报的流程与方法、预算汇总平衡的原则与要求、预算审批的步骤以及预算下达执行的方式等作出具体规定。

财务预算编制的程序事实上就是财务预算体系的形成。财务预算编制程序视公司不同情况、不同预算模式分为自上而下、自下而上和上下结合三种类型。财务预算编制程序与公司的组织类型和预算模式有关，不同类型的公司组织具有不同的财务预算模式，同时，也有着不同的预算编制程序，如表 14－1 所示。

表 14－1　　预算编制程序

组织类型	产品单一型公司 集团集权型公司	资本控股型公司 集团分权型公司	产业经营型公司集团 集权与分权相结合公司
管理控制模式	战略规划型	财务控制型	战略控制型
预算编制程序	自上而下式	自下而上式	上下结合式
优点	防止本位主义，有利于实现整体目标	有利于发挥部门的主观能动性	既可以防止本位主义，又有利于发挥部门的主观能动性
缺点	不利于部门主观能动性的发挥	可能导致严重的本位主义，影响到公司整体目标的实现	过度的讨价还价可能削弱预算编制的战略性和严肃性，同时降低预算编制的效率

（二）财务预算编制方法

财务预算的编制方法，即在财务预算编制过程中所使用的方法，自然也包括了为形成财务预算而编制经营预算和资本预算的方法。预算编制可以采用多种方法，不同类型的预算编制方法各有利弊（如表 14－2 所示），公司可以根据实际情况和实际需要加以选择。2007 年发布的《企业内部控制具体规范——预算》（征求意见稿）指出，公司可以选择或综合运用固定预算、弹性预算、零基预算、滚动预算和概率预算等方法编制预算；同时指出，公司确定预算编制方法，应当遵循经济活动规律，并符合自身经济业务特点、生产经营周期和管理需要。

表 14－2　　预算编制方法分类与比较

划分依据	编制方法	优　　点	缺　　点
按其业务量基础的数量特征不同	固定预算	容易操作，工作量小	（1）过于机械呆板； （2）可比性差
	弹性预算	（1）预算范围宽； （2）可比性强	（1）很难正确划分变动成本和固定成本； （2）如果采用手工编制，预算编制工作量大
按其出发点的特征不同	增量预算	容易理解，便于操作	（1）受原有费用项目限制，可能导致保护落后； （2）滋长预算中的“平均主义”和“简单化”； （3）不利于企业未来的发展
	零基预算	（1）不受现有费用项目限制； （2）能够调动各方面降低费用的积极性； （3）有利于企业未来发展	带来繁重的工作量，搞不好会顾此失彼，难以突出重点，而且也需要比较长的编制时间
按其预算期的时间特征不同	定期预算	使预算期间与会计年度相配合，便于考核和评价预算的执行结果	（1）盲目性； （2）滞后性； （3）间断性
	滚动预算	（1）透明度高； （2）及时性强； （3）连续性、完整性和稳定性突出	预算工作量较大

（三）财务预算编制表格

与财务预算体系相对应，财务预算的编制表格需要按经营预算、资本预算和财务预算三大类型进行相应设计。具体而言，与经营预算内容相对应，经营预算的编制表格需要按销售预算、采购预算、生产预算和其他预算进行相应设计；与资本预算内容相对应，资本预算的编制表格需要按投资预算和筹资预算进行相应设计。限于篇幅，本部分只介绍现代公司理财环境下重点预算的编制表格。

1. 经营预算表格

（1）销售收入预算。销售收入预算是指为规划一定预算期内因组织销售活动而引起的预计销售收入而编制的一种日常业务预算。其表格设计见表 14－3。

表 14－3　　SY 公司销售收入预算

项目		控制比率	控制标准	第 1 季度	第 2 季度	第 3 季度	第 4 季度	全年
销售单价（元/件）	甲产品			330	320	320	330	325
	乙产品			360	360	360	360	360
销售量（件）	甲产品			1 600	2 000	2 400	2 000	8 000
	乙产品			1 000	1 600	2 000	2 400	7 000
销售收入（元）	甲产品	某产品销售百分比		528 000	640 000	768 000	660 000	2 596 000
	乙产品			360 000	576 000	720 000	864 000	2 520 000
	合计	销售净利率		888 000	1 216 000	1 488 000	1 524 000	5 116 000

表格中涉及的基本公式如下：

$$销售收入合计数 = \sum 某种产品销售收入 = \sum 某种产品销售单价 \times 某种产品销售量 \tag{14.1}$$

销售收入预算一般可选用某产品销售百分比、销售净利率等作为控制指标，其计算公式如下：

$$某产品销售百分比 = \frac{某产品全年销售收入预计数}{全年销售收入合计数} \times 100\% \tag{14.2}$$

$$销售净利率 = \frac{全年净利润合计数}{全年销售收入合计数} \times 100\% \tag{14.3}$$

如果销售收入预算的编制结果不能达到公司规定的控制标准，假设销售净利率控制标准确定为 10%，SY 公司全年销售收入合计数与全年净利润合计数之比未能达到 10%，则可能影响全年净利润预算目标的实现，这样就需要重新编制销售收入预算。控制比率和控制标准在预算编制过程中就是起到这样的作用。为节省篇幅，以下不再一一举例。

（2）销售回款预算。销售回款预算是指为规划一定预算期内因组织销售活动而引起的预计销售收入现金回款而编制的一种日常业务预算。其表格设计见表 14－4。

表 14 – 4　　SY 公司销售回款预算　　单位：元

项　目	控制比率	控制标准	第 1 季度	第 2 季度	第 3 季度	第 4 季度	全年
应收账款期初余额			62 000	177 600	243 200	297 600	
本期销售收入			888 000	1 216 000	1 488 000	1 524 000	5 116 000
本期销售回款			772 400	1 150 400	1 433 600	1 516 800	4 873 200
应收账款期末余额			177 600	243 200	297 600	304 800	

表格中涉及的基本公式如下：

本期销售回款 = 本期销售收入 × 本期收现率 + 前期销售收入 × 前期收现率　(14.4)

应收账款期末余额 = 应收账款期初余额 + 本期销售收入 – 本期销售回款　(14.5)

本例中，假设本期收现率为 80%，前期收现率为 100%。

(3) 销售费用预算。销售费用预算是指为规划一定预算期内因组织销售活动而引起的预计销售费用而编制的一种日常业务预算。其表格设计见表 14 – 5。

表 14 – 5　　SY 公司销售费用预算　　单位：元

费用明细		控制比率	控制标准	第 1 季度	第 2 季度	第 3 季度	第 4 季度	全年
产品自销费用	运杂费			10 000	16 000	18 000	19 000	63 000
	包装费			5 000	9 000	10 000	10 000	34 000
	保险费			6 000	6 000	6 000	6 000	24 000
	商检费			4 000	8 000	10 000	11 000	33 000
	小计			25 000	39 000	44 000	46 000	154 000
产品促销费用	广告费			3 000	3 000	3 000	3 000	12 000
	展览费			2 000	2 000	2 000	2 200	8 200
	租赁费			2 000	2 000	2 000	2 000	8 000
	三包费用			1 000	1 000	1 000	1 000	4 000
	网点促销费用			1 500	1 500	1 500	1 500	6 000
	小计			9 500	9 500	9 500	9 700	38 200
销售部门人员经费	工资			140 000	150 000	150 000	160 000	600 000
	职工福利费			14 000	15 000	15 000	16 000	60 000
	差旅费			12 000	10 000	8 000	10 000	40 000
	办公费			5 000	5 000	5 000	5 000	20 000
	折旧费			20 000	20 000	20 000	20 000	80 000
	销售佣金			3 800	6 000	7 500	11 400	28 700
	小计			194 800	206 000	205 500	222 400	828 700
合计	发生额			229 300	254 500	259 000	278 100	1 020 900
	付现额			183 440	203 600	207 200	222 480	816 720

假设采用弹性预算方法编制，则首先需要分清固定性销售费用和变动性销售费用，然后再根据以下计算公式预计变动性销售费用：

某期某种产品某项变动性销售费用 = 该期该种产品某项变动性销售费用标准定额 × 该期该种产品销售量 (14.6)

某期某项变动性销售费用合计数 = $\sum$ 某期某种产品某项变动性费用 (14.7)

在销售费用预算中，发生额是指当期按照权责发生制预计的销售费用合计数，付现额是指当期预计需要支付的销售费用现金数。

（4）生产量预算。生产量预算是指为规划一定预算期内预计生产量水平而编制的一种日常业务预算。其表格设计见表 14-6：

表 14-6　　SY 公司生产量预算　　单位：件

产品品种	项　目	控制比率	控制标准	第 1 季度	第 2 季度	第 3 季度	第 4 季度	全年
甲产品	预计销售量			1 600	2 000	2 400	2 000	8 000
	加：预计期末存货量			200	240	200	240	240
	减：期初存货量			160	200	240	200	160
	预计生产量			1 640	2 040	2 360	2 040	8 080
乙产品	预计销售量			1 000	1 600	2 000	2 400	7 000
	加：预计期末存货量			160	200	240	260	260
	减：期初存货量			100	160	200	240	100
	预计生产量			1 060	1 640	2 040	2 420	7 160

表格中涉及的基本公式如下：

某种产品预计生产量 = 预计销售量 + 预计期末存货量 - 预计期初存货量 (14.8)

本例中，假设该公司上年度的期初存货量为 160 件。

（5）直接材料预算。直接材料预算是指为规划一定预算期内因组织生产活动预计发生的直接材料需要量而编制的一种日常业务预算。其表格设计见表 14-7：

表 14-7　　SY 公司直接材料预算　　金额单位：元

产品品种	项　目	材料品种	控制比率	控制标准	第 1 季度	第 2 季度	第 3 季度	第 4 季度	全年
甲产品	材料单耗（千克/件）	A 材料			6	6	6	8	6.5
		B 材料			4	4	4	4	4
	预计生产量（件）				1 640	2 040	2 360	2 040	8 080
	预计生产需要量（千克）	A 材料			9 840	12 240	14 160	16 320	52 560
		B 材料			6 560	8 160	9 440	8 160	32 320
	平均采购单价（元/千克）	A 材料			4	4	4	4	
		B 材料			5	5	5	5	
	直接材料成本（元）	A 材料			39 360	48 960	56 640	65 280	210 240
		B 材料			32 800	40 800	47 200	40 800	161 600
		合　计			72 160	89 760	103 840	106 080	371 840

续表

产品品种	项　目	材料品种	控制比率	控制标准	第1季度	第2季度	第3季度	第4季度	全年
乙产品	材料单耗（千克/件）	A材料			10	10	10	9	9.75
		B材料			4	4	4	4	4
	预计生产量（件）				1 060	1 640	2 040	2 420	7 160
	预计生产需要量（千克）	A材料			10 600	16 400	20 400	21 780	69 180
		B材料			4 240	6 560	8 160	9 680	28 640
	平均采购单价（元）	A材料			4	4	4	4	
		B材料			5	5	5	5	
	直接材料成本（元）	A材料			42 400	65 600	81 600	87 120	276 720
		B材料			21 200	32 800	40 800	48 400	143 200
		合　计			63 600	98 400	122 400	135 520	419 920

表格中涉及的基本公式如下：

$$\text{某种产品消耗某种直接材料预计需用量}=\text{某种产品耗用该材料的消耗定额}\times\text{该产品预算期的预计生产量} \tag{14.9}$$

$$\text{某种产品消耗某种直接材料成本}=\text{某种直接材料采购单价}\times\text{该种产品消耗该种材料预计需要量} \tag{14.10}$$

$$\text{某种产品直接材料成本}=\sum\text{该产品销售某种直接材料成本} \tag{14.11}$$

（6）直接人工预算。直接人工预算是指为规划一定预算期内因组织生产活动预计发生的人工成本水平而编制的一种日常业务预算。其表格设计见表14－8：

表14－8　　SY公司直接人工预算　　金额单位：元

产品品种	项　目	控制比率	控制标准	第1季度	第2季度	第3季度	第4季度	全年
全公司单位工时工资率				8	8	8	10	
甲产品	单位产品工时定额（小时/件）			6	6	6	5.6	
	预计生产量（件）			1 640	2 040	2 360	2 040	8 080
	直接人工工时总数（小时）			9 840	12 240	14 160	11 424	47 664
	单位工时工资率			4	4	4	5	
	预计直接工资			39 360	48 960	56 640	57 120	202 080
	其他直接费用			5 510	6 854	7 930	7 997	28 291
	直接人工成本合计			44 870	55 814	64 570	65 117	230 371
	单位工时直接人工成本			4.56	4.56	4.56	5.70	4.83
乙产品	单位产品工时定额（小时/件）			10	10	10	9.2	
	预计生产量（件）			1 060	1 640	2 040	2 420	7 160

续表

产品品种	项　目	控制比率	控制标准	第1季度	第2季度	第3季度	第4季度	全年
乙产品	直接人工工时总数（小时）			10 600	16 400	20 400	22 264	69 664
	单位工时工资率			4	4	4	5	
	预计直接工资			42 400	65 600	81 600	111 320	300 920
	其他直接费用			5 936	9 184	11 424	15 585	42 129
	直接人工成本合计			48 336	74 784	93 024	126 905	343 049
	单位工时直接人工成本			4.56	4.56	4.56	5.70	4.92
合计	直接工资总额			81 760	114 560	138 240	168 440	503 000
	其他直接费用合计			11 446	16 038	19 354	23 582	70 420
	直接人工成本合计			93 206	130 598	157 594	192 022	573 420
预计福利费现金支出				9 157	12 830	15 483	18 866	56 336
直接人工成本现金支出合计				102 363	143 428	173 077	210 888	629 756

表格中涉及的基本公式如下：

某种产品直接人工工时总数 = 单位产品工时定额 × 预计该种产品生产量　　(14.12)

预计某种产品耗用直接工资 = 单位工时工资率 × 该种产品直接人工工时　　(14.13)

预计某种产品计提其他直接费用 = 预计某种产品耗用直接工资 × 其他直接费用计提标准　　(14.14)

预计某种产品直接人工成本 = 预计该种产品耗用直接工资 + 预计某种产品计提其他直接费用　　(14.15)

预计公司直接人工成本合计 = ∑ 预计某种产品直接人工成本　　(14.16)

某期预计的福利费现金支出 = 预计某种产品计提其他直接费用 × 预计福利费支用率　　(14.17)

预计某期直接人工成本现金支出 = 该期预计直接人工成本总额 + 该期预计福利费现金支出　　(14.18)

本例中，假设其他直接费用计提标准为14%；预计福利费支用率为80%。

(7) 制造费用预算。制造费用是指为规划一定预算期内除直接材料和直接人工预算以外预计发生的其他生产费用水平而编制的一种日常业务预算。当以变动成本法为基础编制制造费用预算时，可按变动性制造费用和固定性制造费用两部门内容分别编制，其表格设计见表14－9。

表格中涉及的基本公式如下：

$$\text{变动性制造费用预算分配率} = \frac{\text{变动性制造费用预算总额}}{\text{直接人工工时总数}} \qquad (14.19)$$

某期某种产品变动性制造费用 = 变动性制造费用预算分配率 × 该期该种产品预计直接人工工时　　(14.20)

某期预计变动性制造费用现金支出 = ∑（变动性制造费用预算分配率 × 该期某种产品预计直接人工工时）　　(14.21)

表 14 - 9　　SY 公司制造费用预算　　金额单位：元

产品品种	项目	控制比率	控制标准	第 1 季度	第 2 季度	第 3 季度	第 4 季度	全年
直接人工工时	甲产品			9 840	12 240	14 160	11 424	47 664
	乙产品			10 600	16 400	20 400	22 264	69 664
	小计			20 440	28 640	34 560	33 688	117 328
变动制造费用	间接材料			20 000	20 000	20 000	20 000	80 000
	间接人工成本			15 200	15 200	15 200	15 200	60 800
	维修费			12 290	12 290	12 290	12 290	49 160
	水电费			14 560	14 560	14 560	14 560	58 240
	其他			8 346	8 346	8 346	8 346	33 384
	变动性制造费用小计			70 396	70 396	70 396	70 396	281 584
	变动性制造费用分配率			2.4	2.4	2.4	2.4	2.4
	甲产品变动制造费用			23 616	29 376	33 984	27 416.5	114 392.5
	乙产品变动制造费用			25 440	39 360	48 960	53 431.5	167 191.5
	变动性制造费用现金支出			49 056	68 736	82 944	80 848	281 584
固定制造费用	管理人员工资			4 550	4 550	4 550	4 550	18 200
	折旧费			7 673.5	7 673.5	7 673.5	7 673.5	30 694
	办公费			3 250	3 250	3 250	3 250	13 000
	保险费			1 600	1 600	1 600	1 600	6 400
	租赁费			1 500	1 500	1 500	1 500	6 000
	其他			500	500	500	500	2 000
	固定性制造费用小计			19 073.5	19 073.5	19 073.5	19 073.5	76 294
	固定性制造费用现金支出			11 400	11 400	11 400	11 400	45 600
制造费用现金支出合计				60 456	80 136	94 344	92 248	327 184

$$\text{某期预计固定性制造费用现金支出} = \frac{\text{该年度预计固定性制造费用} - \text{预计年折旧费}}{4} \quad (14.22)$$

$$\text{制造费用现金支出} = \text{变动性制造费用现金支出} + \text{固定性制造费用现金支出} \quad (14.23)$$

（8）产品成本预算。产品成本预算是指为规划一定预算期内生产成本和销售成本等内容而编制的一种日常业务预算。其表格设计见表 14 - 10。

表格中涉及的基本公式如下：

$$\text{某种产品某期预计发生的产品生产成本} = \text{直接材料成本} + \text{直接人工成本} + \text{变动性制造费用} \quad (14.24)$$

$$\text{某种产品生产成本} = \text{预计发生的产品生产成本} + \text{在产品成本期初余额} - \text{在产品成本期末余额} \quad (14.25)$$

$$\text{某种产品销售成本} = \text{预计产品生产成本} + \text{产成品成本期初余额} - \text{产成品成本期末余额} \quad (14.26)$$

表 14-10　　SY 公司产品成本预算　　金额单位：元

产品品种	项目	控制比率	控制标准	第 1 季度	第 2 季度	第 3 季度	第 4 季度	全年
甲产品	直接材料成本			72 160	89 760	103 840	106 080	371 840
	直接人工成本			44 870	55 814	64 570	65 117	230 371
	变动性制造费用			23 616	29 376	33 984	27 416. 5	114 392. 5
	预计发生的产品生产成本			140 646	174 950	202 394	198 613. 5	716 603. 5
	加：在产品期初余额			0	0	0	0	
	减：在产品期末余额			0	0	0	0	
	产品生产成本			140 646	174 950	202 394	198 613. 5	716 603. 5
	加：产成品期初余额			0	0	0	0	
	减：产成品期末余额			0	0	0	0	
	产品销售成本			140 646	174 950	202 394	198 613. 5	716 443. 5
乙产品	直接材料成本			63 600	98 400	122 400	135 520	419 920
	直接人工成本			48 336	74 784	93 024	126 905	343 049
	变动性制造费用			25 440	39 360	48 960	53 431. 5	167 191. 5
	预计发生的产品生产成本			137 376	212 544	264 384	315 856. 5	930 160. 5
	加：在产品期初余额			0	0	0	0	
	减：在产品期末余额			0	0	0	0	
	产品生产成本			137 376	212 544	264 384	315 856. 5	930 160. 5
	加：产成品期初余额			0	0	0	0	
	减：产成品期末余额			0	0	0	0	
	产品销售成本			137 376	212 544	264 384	315 856. 5	930 160. 5
合计	生产成本			278 022	387 494	466 778	514 470	1 646 764
	销售成本			278 022	387 494	466 778	514 470	1 646 764

$$生产成本 = \sum 某种产品生产成本 \tag{14.27}$$

$$销售成本 = \sum 某种产品销售成本 \tag{14.28}$$

本例中，假设在产品和产成品的期初余额均为0。

(9) 材料采购预算。材料采购预算是指为规划一定预算期内因组织材料采购活动预计发生的采购数量和采购成本等内容而编制的一种日常业务预算。其表格设计见表 14-11。

表格中涉及的基本公式如下：

$$某种直接材料预计需要量 = \sum 某产品消耗该种直接材料预计需要量 \tag{14.29}$$

$$某种直接材料的预计采购量 = 预计需要量 + 预计期末库存量 - 预计期初库存量 \tag{14.30}$$

$$某种直接材料预计采购成本 = 该种材料采购单价 \times 该种材料预计采购量 \tag{14.31}$$

$$公司直接材料采购成本合计 = \sum 某种直接材料预计采购成本 \tag{14.32}$$

表 14 - 11　　　　**SY 公司材料采购预算**　　　　金额单位：元

材料品种	项　目	控制比率	控制标准	第 1 季度	第 2 季度	第 3 季度	第 4 季度	全　年
A 材料	材料采购单价			4	4	4	4	
	甲产品需要量			9 840	12 240	14 160	16 320	52 560
	乙产品需要量			10 600	16 400	20 400	21 780	69 180
	材料总需要量			20 440	28 640	34 560	38 100	121 740
	加：期末材料存量			0	0	0	0	
	减：期初材料存量			0	0	0	0	
	本期采购量			20 440	28 640	34 560	38 100	121 740
	材料采购成本			81 760	114 560	138 240	152 400	486 960
B 材料	材料采购单价			5	5	5	5	
	甲产品需要量			6 560	8 160	9 440	8 160	32 320
	乙产品需要量			4 240	6 560	8 160	9 680	28 640
	材料总需要量			10 800	14 720	17 600	17 840	60 960
	加：期末材料存量			0	0	0	0	
	减：期初材料存量			0	0	0	0	
	本期采购量			10 800	14 720	17 600	17 840	60 960
	材料采购成本			54 000	73 600	88 000	89 200	304 800
C 材料							20 000	20 000
预计材料采购成本合计				135 760	188 160	226 240	261 600	811 760
应付账款期初余额				0	0	0	0	
采购现金支出	本期采购材料直接付现			135 760	188 160	226 240	261 600	811 760
	本期支付以前期的应付账款			0	0	0	0	
	合计			135 760	188 160	226 240	261 600	811 760
应付账款期末余额				0	0	0	0	

某期采购材料直接付现 = 该期预计材料采购成本合计 × 该期预计付现率　(14.33)

某期支付以前期的应付账款 = 本期期初应付账款 × 该期预计应付账款支付率　(14.34)

某期采购现金支出合计 = 该期采购材料直接付现 + 该期支付以前期的应付账款　(14.35)

应付账款期末余额 = 应付账款期初余额 + 预计材料采购成本合计 - 采购现金支出合计　(14.36)

假设该公司该期预计付现率为 100%，应付账款期初余额为零。

(10) 管理费用预算。管理费用预算是指为规划一定预算期内因管理公司预计发生的各项费用水平而编制的一种日常业务预算。其表格设计见表 14－12。

表 14－12　　SY 公司管理费用预算　　金额单位：元

费用项目	控制比率	控制标准	第 1 季度	第 2 季度	第 3 季度	第 4 季度	全　年
公司经费			50 000	50 000	50 000	50 000	200 000
工会经费			15 000	15 000	15 000	15 000	60 000
办公费			9 000	9 000	9 000	9 000	36 000
会议费			10 000	10 000	10 000	10 000	40 000
差旅费			11 000	11 000	11 000	11 000	44 000
折旧费			15 000	15 000	15 000	15 000	60 000
无形资产摊销			8 000	8 000	8 000	8 000	32 000
职工培训费			12 000	12 000	12 000	12 000	48 000
其他			20 000	20 000	20 000	20 000	80 000
合计			150 000	150 000	150 000	150 000	600 000
减：折旧费			15 000	15 000	15 000	15 000	60 000
无形资产摊销费			8 000	8 000	8 000	8 000	32 000
现金支出			127 000	127 000	127 000	127 000	508 000

2. 资本预算表格

（1）投资预算。投资预算是与项目投资决策密切相关的特种决策预算，其表格设计见表 14－13。

表 14－13　　SY 公司新产品生产线项目投资预算　　金额单位：元

费用项目	控制比率	控制标准	第 1 季度	第 2 季度	第 3 季度	第 4 季度	全　年
固定资产投资：							
勘察设计费			20 000	20 000			40 000
土建工程			100 000	200 000			300 000
设备购置					1 000 000	500 000	1 500 000
安装工程						50 000	50 000
其他						50 000	50 000
合计			120 000	220 000	1 000 000	600 000	1 940 000
流动资金投资：							
C 材料采购						20 000	20 000
投资支出合计			120 000	220 000	1 000 000	620 000	1 960 000

（2）银行借款预算。银行借款预算是反映预算期内公司通过银行筹措资金的特种决策预算。其表格设计见表 14－14。

表 14－14　　　　SY 公司银行借款预算　　　　单位：元

借款种类	贷款银行	项目明细	控制比率	控制标准	第 1 季度	第 2 季度	第 3 季度	第 4 季度	全　年
短期借款	HSBC	期初余额			0	0	0	10 000	
		本期增加			0	0	10 000	60 000	
		本期减少			0	0	0	0	
		期末余额			0	0	10 000	70 000	
	小计	期初余额			0	0	0	10 000	
		本期增加			0	0	10 000	60 000	
		本期减少			0	0	0	0	
		期末余额			0	0	10 000	70 000	
长期借款	HSBC	期初余额			192 000	162 000	132 000	402 000	
		本期增加			0	0	300 000	0	
		本期减少			30 000	30 000	30 000	30 000	
		期末余额			162 000	132 000	402 000	372 000	
	小计	期初余额			192 000	162 000	132 000	402 000	
		本期增加			0	0	300 000	0	
		本期减少			30 000	30 000	30 000	30 000	
		期末余额			162 000	132 000	402 000	372 000	
合计		期初余额			192 000	162 000	132 000	412 000	
		本期增加			0	0	310 000	60 000	
		本期减少			30 000	30 000	30 000	30 000	
		期末余额			162 000	132 000	412 000	442 000	

本例中，假设 SY 公司只向 HSBC 银行借款，并且规定期初取得借款，期末偿还借款。

（3）财务费用预算。财务费用预算是反映预算期内公司通过银行渠道获得贷款资金时发生利息、手续费等费用的预算。其表格设计见表 14－15。

表 14－15　　　　SY 公司财务费用预算　　　　单位：元

项　目	控制比率	控制标准	第 1 季度	第 2 季度	第 3 季度	第 4 季度	全　年
一、短期借款利息							
HSBC 银行			0	0	150	1 050	1 200
银行							
短期借款利息小计			0	0	150	1 050	1 200
二、长期借款利息							
HSBC 银行			4 800	4 050	10 800	10 500	30 150
银行							

续表

项　目	控制比率	控制标准	第1季度	第2季度	第3季度	第4季度	全　年
长期借款利息小计			4 800	4 050	10 800	10 500	30 150
三、借款利息合计	已获利息倍数		4 800	4 050	10 950	11 550	31 350
加：汇兑损失（收益）			0	0	0	0	0
手续费			0	0	0	0	0
融资租赁利息支出			0	0	0	0	0
四、现金支出合计			4 800	4 050	10 950	11 550	31 350
减：利息资本化			4 800	4 050	10 800	10 500	30 150
五、财务费用合计	百元收入财务费用		0	0	150	1 050	1 200

本例中，假设短期借款的年利息率为6%，每季末支付利息；长期借款的年利息率为10%，每季末支付利息；不考虑手续费。长期借款全部用于固定资产投资。

3. 财务预算表格

（1）现金收支预算。现金收支预算亦称现金预算，它是以经营预算和资本预算为基础编制的反映现金收支情况的预算，其表格设计见表14－16。

表14－16　　SY公司现金收支预算　　单位：元

费用项目	控制比率	控制标准	第1季度	第2季度	第3季度	第4季度	全　年
一、期初现金余额			8 000	16 581	170 607	45 396	
二、经营现金收入			772 400	1 150 400	1 433 600	1 516 800	4 873 200
三、可运用现金合计			780 400	1 166 981	1 604 207	1 562 196	5 113 784
四、经营现金支出			609 019	742 324	827 861	914 216	3 093 420
支付直接人工			102 363	143 428	173 077	210 888	629 756
支付材料采购			135 760	188 160	226 240	261 600	811 760
支付制造费用			60 456	80 136	94 344	92 248	327 184
支付销售费用			183 440	203 600	207 200	222 480	816 720
支付管理费用			127 000	127 000	127 000	127 000	508 000
支付各种税金			0	0	0	0	0
五、资本性现金支出			120 000	220 000	1 000 000	600 000	1 940 000
购置固定资产			120 000	220 000	1 000 000	600 000	1 940 000
购置无形资产			0	0	0	0	0
六、现金支出合计			729 019	962 324	1 827 861	1 514 216	5 033 420
七、现金余缺			51 381	204 657	－223 654	47 980	
八、资金筹措与运用			－34 800	－34 050	269 050	18 450	

续表

费用项目	控制比率	控制标准	第1季度	第2季度	第3季度	第4季度	全　年
加：短期借款			0	0	10 000	60 000	70 000
长期借款			0	0	300 000	0	300 000
发行公司债券							
发行普通股			0	0	0	0	0
减：支付短期借款利息			0	0	150	1 050	1 200
支付长期借款利息			4 800	4 050	10 800	10 500	30 150
支付公司债券利息			0	0	0	0	
归还长期贷款本金			30 000	30 000	30 000	30 000	120 000
购买有价证券			0	0	0	0	0
期末现金余额			16 581	170 607	45 396	66 430	

表格中涉及的基本公式如下：

某期现金余缺＝该期可运用现金－该期现金支出 (14.37)

期末现金余额＝现金余缺＋现金的筹措与运用 (14.38)

本例中，假设该公司本年度没有发行公司债券和股票，有60 000元长期贷款上半年到期。

（2）预计利润表。预计利润表是指以货币形式综合反映预算期内公司经营成果计划水平的一种财务预算，该预算需要在销售收入预算、产品成本预算、销售费用预算、管理费用预算等经营预算和投资预算、财务费用等资本预算的基础上编制。预计利润表格式与会计报表利润表基本一致。

（3）预计资产负债表。预计资产负债表是用于总括反映公司预算期末财务状况的一种财务预算，该预算也需要在各种经营预算和资本预算的基础上编制。预计资产负债表格式与会计报表资产负债表基本一致。

三、财务预算控制

公司要最终实现财务预算的目标，就需要管理者在生产经营活动过程中，以财务预算目标为依据，对其经济行为加以控制。一旦预算执行实际结果和预算目标之间形成了不利偏差，就应分析偏差形成原因，及时采取有效措施进行纠正。对财务预算进行控制，就包含了对经营预算和资本预算的控制。财务预算目标的实现离不开经营预算和资本预算目标的实现。

（一）财务预算控制内涵

预算最重要和最基本的功能在于控制。预算控制是指通过预算的形式规范组织的目标和经济行为过程，调整与修正管理行为与目标偏差，保证各级目标、策略、政策和规划的实现。

预算管理系统作为管理控制系统的一种模式，是确保战略有效执行、战略目标最终实现的一种机制。预算管理系统的基本特征是强调过程控制，注重及时纠正偏差。

现时期强调预算管理系统的作用，是由于战略实施已经成为现代企业获得突破性业绩的普遍问题和主要障碍。无论战略规划听起来多么宏伟，预算管理看起来多么合理，只要不能变为现实，那么，这种战略就是毫无意义的，这种预算就是流于形式的。因此，要使战略目标能够实现，企业就必须重视预算管理系统的控制力和执行力，真正将预算管理系统作为一种可操作和可执行的有效管理工具，对战略实施的过程进行“全面控制”。

（二）财务预算控制作用

财务预算控制是促使预算管理顺利运行的重要举措，对战略目标的实现起到至关重要的作用。如果没有这一措施，那么，预算编制可能缺乏逻辑，预算执行就会流于形式，预算目标的实现就是一句空话，更谈不上战略目标的实现了。

财务预算控制的作用可以描述如下：

（1）保障预算合理编制。为了促使预算编制合理、科学，能够正确反映公司外部环境、内部条件和战略目标的要求，公司应当加强对预算编制环节的控制，包括明确编制依据、规范编制程序和确定编制方法等。

（2）督促预算有效执行。实施预算控制是为了确保整个预算的实施符合公司战略，做到有令必行，有法必依。在条件和环境没有重大变化的情况下，游戏规则不容随意更改，预算执行必须不折不扣。

（3）确保战略目标实现。通过预算控制，规范管理者和员工的经营行为，控制各项生产经营活动，可以确保预算执行不偏离收入、利润、成本费用等预算目标，从而实现公司的战略目标。

（4）降低企业风险水平。通过预算控制，可以知道生产经营存在哪些薄弱环节，可能发生哪些安全隐患，从而了解企业的经营风险和财务风险实际情况，及时发出预警，采取有效措施，将损失尽可能降低到最低水平。

（5）培养公司量化文化。公司经营需要战略指导，战略需要量化，否则将导致部门目标模糊，员工权责不清；而有了量化目标，就需要处处精打细算，处处以目标为指南，指导日常业务的进行。

（三）财务预算控制内容

财务预算控制包括以下几方面内容：

1. 预算编制控制

公司应当加强对预算编制环节的控制，对编制依据、编制程序、编制方法等作出明确规定，确保预算编制依据合理、程序适当、方法科学。公司年度预算方案应当符合本企业发展战略、经营目标和其他有关重大决议，反映本企业预算期内经济活动规模、成本费用水平和绩效目标，满足控制经济活动、考评经营管理业绩的需要。

制定预算方案，应当做到内容完整、指标统一、要求明确、权责明晰。公司年度预算方案，应在预算年度开始前编制完毕，经公司最高权力机构批准后，以书面文件形式下达执行。实行滚动预算的公司，其审批程序由预算委员会或董事会等批准。

公司预算管理部门应当加强对企业内部预算执行单位预算编制的指导、监督和服务。对预算编制不及时或编制不符合规定要求的，应当纳入预算考核指标体系。

2. 预算执行控制

公司应当加强对预算执行环节的控制，对预算指标的分解方式、预算执行责任制的建立、重大预算项目的特别关注，对预算资金支出的审批要求、预算执行情况的报告与预警机制等作出明确规定，确保预算严格执行。

公司预算一经批准下达，各预算执行单位必须认真组织实施，将预算指标层层分解，从横向和纵向落实到内部各部门、各环节和各岗位。

公司应当建立预算执行责任制度，对照已确定的责任指标，定期或不定期地对相关部门及人员责任指标完成情况进行检查，实施考评。

公司应当以年度预算作为预算期内组织、协调各项生产经营活动和管理活动的基本依据，可将年度预算细分为季度、月度等时间进度预算，通过实施分期预算控制，实现年度预算目标。公司对重大预算项目和内容，应当密切跟踪其实施进度和完成情况，实行严格监控。

3. 预算调整控制

公司应当加强对预算调整环节的控制，保证预算调整依据充分、程序合规、方案可行。

公司正式下达执行的预算，不得随意调整。但在预算执行过程中，可能会由于市场环境、经营条件、国家法规政策等发生重大变化，或出现不可抗力的重大自然灾害、公共紧急事件等致使预算的编制基础不成立，或者将导致预算执行结果产生重大差异，这样公司就需要调整预算，此时，调整预算应当报经原预算审批机构批准。

4. 预算分析与考核控制

公司应当加强对预算分析与考核环节的控制，通过建立预算执行分析制度、审计制度、考核与奖惩制度等，确保预算分析科学、及时，预算考核严格、有据。

公司应当建立预算执行分析制度。公司预算管理部门应当定期召开预算执行分析会议，通报预算执行情况，研究、解决预算执行中存在的问题，提出改进措施。

公司应当建立预算执行情况考核制度。公司预算管理部门应当定期组织预算执行情况考核。有条件的公司，也可设立专门机构负责考核工作。公司预算执行情况考核，以公司正式下达的预算方案为标准，或以有关部门审定的预算执行报告为依据。公司预算执行情况考核，应当坚持公开、公平、公正的原则，考核结果应有完整的记录。

公司应当建立预算执行情况奖惩制度，明确奖惩办法，落实奖惩措施。

（四）财务预算控制方法

进行财务预算控制需要采取一定的方法。财务预算控制的方法主要包括授权控制、审核控制、反馈控制和调整控制四种类型。不同类型的预算控制方法具有不同的适用情形。

1. 预算授权控制

预算授权控制是指预算的执行必须通过授权进行，所谓授权意味着有关预算执行部门和执行人员在处理业务时，必须得到相应的授权，经过相应的批准程序后方可进行。授权控制是一种事前控制，通过授权控制，可以有效地将一切不正确、不合理、不合法的经济行为制止在发生之前。

预算控制作为重要的内部控制方式，事前设定授权事项、权限和金额是非常必要的。预算授权又可以进一步分为预算权分配、预算内授权和预算外授权。预算权分配是指公司内部各层级在预算管理运行中的决策权界定。预算管理决策权的划分应该体现审批、决策、执行和监督分立的治理规则要求，股东大会或公司章程规定的类似最高权力机构为预算审批机构，董事会及其下设的预算管理委员会、或者公司章程规定的经理、厂长办公会等类似决策机构为预算决策机构，经营管理层包括下属各单位、各部门为预算执行机构，监事会、预算管理委员会办公室、财务部门、内部审计部门为预算监督机构。实施预算管理的公司需要事先设置并明确预算审批权、预算决策权、预算执行权和预算监督权的归属、内容和行使方法。一般而言，预算审批机构负责审批公司年度预算方案，预算决策机构负责制订公司年度预算方案，预算执行机构负责本部门、本机构业务预算的编制、执行、控制、分析等工作，预算监督机构负责监督和检查预算的编制、执行、控制、分析和考核等工作。

预算内授权是指预算执行部门和预算执行人员根据既定的预算控制标准，在其权限范围之内对正常的经济行为进行的授权，它强调预算范围内的事项由预算责任单位的第一责任人自行处理业务，而不必进行分级控制。

预算外授权是指对非经常经济行为进行专门研究作出的授权，强调的是超过预算范围或者根本就没有列入预算范围内的经营活动与事项必须经过预算调整或预算追加来处理，要得到经过授权的人员批准。

同时，公司应当建立预算工作岗位责任制，明确相关部门和岗位的职责、权限，确保预算工作中的不相容岗位相互分离、制约和监督。预算工作不相容岗位一般包括：(1) 预算编制（含预算调整）与预算审批；(2) 预算审批与预算执行；(3) 预算执行与预算考核。

2. 预算审核控制

预算审核控制就是在业务发生之后，通过会计核算信息系统对与业务相关的费用报销和资金拨付进行事中控制。要做到这一点，首先需要使预算与会计核算相结合，并建立相对应的关系。这要求在设计预算管理系统时，考虑预算管理系统的软件化和信息化。公司可以通过在预算管理系统中设置结构性的、系统性的定义，将预算控制项目与会计核算科目形成一种对应关系，使两者对应关系明晰、准确。在预算执行的过程中，当进行凭证录入保存时，首先不是进入会计核算系统，而是进入到预算管理系统，该系统会自动地分别检查凭证中所涉及的费用预算、资金预算是否超出该明细项目的年度、月度费用预算控制标准，并分别记录发生的费用额、资金支出额，从而进行控制预警和余额控制。

如图 14－5 所示，如果属于预算内项目且金额未超出预警控制线，则进入会计核算系统；如果属于预算内项目但金额超出预警控制线，也可进入会计核算系统，但系统会对业务发生部门发出警告，提醒当期应该控制费用的发生和资金的拨付；如果属于预算内项目但金额已经超出预算，或者完全属于预算外项目，则都需要进入预算调整程序。可见，预算审核控制对业务发生、费用报销和资金拨付起到了很好的实时控制和过程控制的作用。

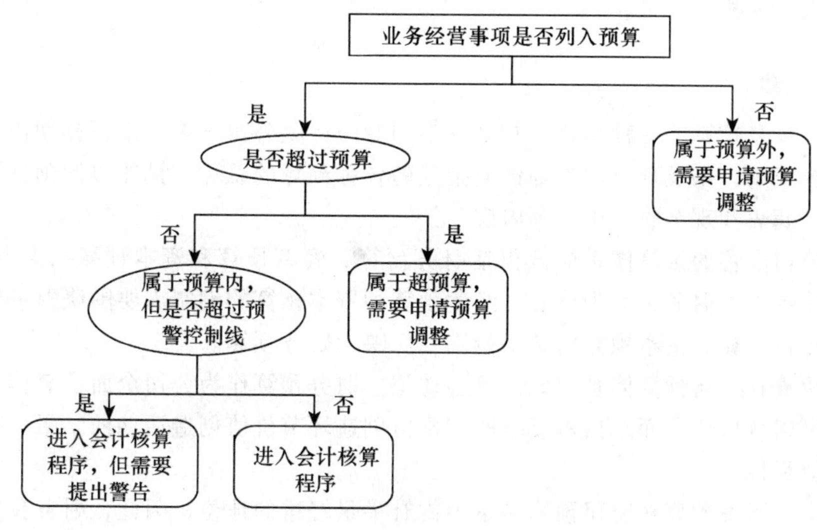

图 14－5　预算审核控制基本原理

3. 预算反馈控制

预算的执行需要反馈，预算的决策也需要以反馈的信息为依据。因此，公司应当实施预算反馈控制。预算反馈控制就是在业务发生之后，由预算执行部门利用内部报告等载体形式，向预算管理部门汇报预算执行情况，它是一种事后控制。

为此，公司应当建立预算执行情况内部报告制度，及时掌握预算执行动态及结果。公司预算管理部门应当运用财务报告和其他有关资料监控预算执行情况，及时向公司决策机构和各预算执行单位报告或反馈预算执行进度、执行差异及其对企业预算目标的影响，促进公司完成预算目标。

4. 预算调整控制

预算调整控制也是一种事后控制，是指当公司内外环境发生改变、预算与实际出现较大偏差、原有预算不再适宜的情况下所进行的预算修正。为维护预算的严肃性，预算一经制定并下达执行，原则上不应随意变动。但预算并不是僵化的、一成不变的，当组织背景发生与预算制定时所预测的情况相比具有显著不同的变化时，如果依旧遵循现有预算是不足取的，这时应考虑进行预算调整。这体现了预算灵活性的一面。问题的关键在于预算调整不是随意性的，需要形成制度化，也就是说，预算调整必须满足一定的前提条件，必须遵循一定的审批程序。根据调整是否影响整体预算控制目标的改变，预算调整可分为目标内预算调整和目标外预算调整。不同类型的预算调整有着不同的前提条件和不同的审批程序，公司可以根据自身实际情况事先作出规定。一般而言，当预算控制目标确定的前提假设，比如市场环境和内部资源发生重大变化时，通常需要进行目标外预算调整。

一般情况下，预算调整需要经过申请、审议和批准三个主要程序。由于预算调整属于非正常事项，而且其牵扯面广，一般而言，预算调整的审批权限应该高度集中，目标外预算调整需要经过预算管理委员会审批，目标内预算调整则根据预算权规定由具有相应权限的人员或机构审批。

本章小结

财务预算是预算的一种形式，它是一系列专门反映公司未来一定预算期内预计财务状况和经营成果，以及现金收支等价值指标的各种预算的总称。具体包括预计资产负债表、预计利润表和现金收支预算等内容。

一个公司完善的预算体系应该包括财务预算、经营预算和资本预算三大方面内容。这一预算体系是以财务预算为核心，经营预算和资本预算的编制需要围绕财务预算的目标展开，经营预算和资本预算的结果最终要反映为财务预算。

财务预算在公司预算体系中处于核心地位。财务预算作为公司全面预算体系中的最后环节，可以从价值方面总括地反映所有价值创造环节价值创造活动的结果，反映公司的整体价值目标。

正是由于财务预算在公司预算体系中占有举足轻重的地位，因此，财务预算具有以下作用：(1) 确立目标；(2) 整合资源；(3) 控制业务；(4) 评价业绩。

作为管理控制系统的一种模式，财务预算系统是公司围绕财务预算而展开的一系列管理活动和制度安排，包括预算目标确定、预算编制、预算控制（包括预算执行和预算分析）、预算考评（包括预算评价和预算激励）等基本环节。

财务预算模式实际上就是财务预算体系的标准样式，包括初创期预算模式、成长期预算模式、成熟期预算模式和调整期预算模式。

财务预算的编制需要遵循一定的程序，依据一定的方法和利用一定的表格。财务预算编制程序视公司不同情况、不同预算模式分为自上而下、自下而上和上下结合三种类型。

预算编制可以采用多种方法，不同类型的预算编制方法各有利弊，公司可以根据实际情况和实际需要加以选择。

与财务预算体系相对应，财务预算的编制表格需要按经营预算、资本预算和财务预算三大类型进行相应设计。

公司要最终实现财务预算的目标，就需要管理者在生产经营活动过程中，以财务预算目标为依据，对其经济行为加以控制。一旦预算执行实际结果和预算目标形成了不利偏差，就应分析偏差形成原因，及时采取有效措施进行纠正。

财务预算控制的内容包括预算编制控制、预算执行控制、预算调整控制、预算分析与考核等四个方面。

财务预算控制的方法主要包括授权控制、审核控制、反馈控制和调整控制四种类型。预算授权控制可以进一步分为预算权分配、预算内授权和预算外授权。预算审核控制就是在业务发生之后，通过会计核算信息系统对与业务相关的费用报销和资金拨付进行事中控制。预算反馈控制就是在业务发生之后，由预算执行部门利用内部报告等载体形式，向预算管理部门汇报预算执行情况，它是一种事后控制。预算调整控制也是一种事后控制，是指当公司内外环境发生改变、预算与实际出现较大偏差、原有预算不再适宜的情况下所进行的预算修正。根据调整是否影响整体预算控制目标的改变，预算调整可分为目标内预算调整和目标外预算调整。

本章参考文献

1. 财政部令第 41 号：《企业财务通则》，2006 年 12 月 4 日。

2. 财政部会计资格评价中心：《财务管理》，中国财政经济出版社 2007 年版。

3. 财政部企业司：《企业全面预算管理的理论与案例》，经济科学出版社 2004 年版。

4. 池国华：《内部管理业绩评价系统设计研究》，东北财经大学出版社 2005 年版。

5. 国资委、毕博公司：《企业价值创造之路——经济增加值考核操作实务》，经济科学出版社 2005 年版。

6. 李心合：《企业财务控制实务前沿》，中国财政经济出版社 2004 年版。

7. 刘俊勇：《全面预算管理：战略的观点》，中国税务出版社 2006 年版。

8. ［美］罗伯特·西蒙斯著，张文贤等译：《战略实施中的绩效评估和控制系统》，东北财经大学出版社 2002 年版。

9. 企业内部控制标准委员会：《企业内部控制具体规范——预算》（征求意见稿），2007 年 3 月 2 日。

10. 张先治：《内部管理控制论》，中国财政经济出版社 2004 年版。

11. 张新民、吴革译：《绩效管理》，中信出版社 2002 年版。

12. 中国注册会计师协会：《财务成本管理》，经济科学出版社 2006 年版。

13. 王化成：《全面预算管理》，中国人民大学出版社 2004 年版。

第十五章

公司财务分析

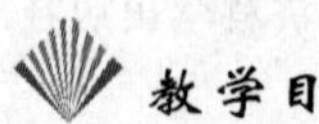

教学目标

◇ 基本目标

通过本章教学使学生明确公司财务分析在理财中的地位与作用，掌握财务分析指标体系与分析方法。

◇ 具体目标

理解财务分析的内涵；

明确财务分析在公司理财中的地位与作用；

理解与掌握公司财务分析指标体系；

理解财务分析标准及其应用；

掌握盈利能力分析指标体系；

掌握资本经营盈利能力和资产经营盈利能力分析方法；

掌握营运能力分析指标体系；

掌握流动资产周转率分析的方法；

理解与掌握偿债能力指标体系。

本章提要

本章主要论述了公司财务分析的内涵、指标体系、分析方法，以及财务分析在公司理财中的定位与作用。回答了什么是公司财务分析；财务分析在公司理财中处于何种地位；财务分析指标体系如何建立；如何进行盈利能力分析；如何进行营运能力分析和偿债能力分析等问题。

第一节在界定了财务分析一般含义的基础上，论述了财务分析在公司理财中的地位与作用，明确了财务分析与公司理财的关系。第二节在介绍了两种财务分析指标体系的基础上，提出了基于控制的财务分析指标体系，明确了财务分析指标及评价标准。第三节从资本经营、资产经营和商品经营角度对公司盈利能力进行分析。第四节从全部资产营运、流动资产营运和固定资产营运角度对企业营运能力进行分析。第五节从公司短期偿债能力和长期偿债能力角度对公司偿债能力进行分析。

本章一方面作为管理控制的一个环节，衔接财务预算与财务评价；另一方面从财务指标分析角度将公司经营各环节与管理控制衔接了起来。

第一节　财务分析的地位与作用

一、财务分析的内涵

什么是财务分析？什么是财务报表分析？什么是财务报告分析？它们的内涵是否相同？它们之间有什么联系与区别？这是实务界经常提到的问题。实际上，从一般意义而言，人们并不在意财务分析、财务报表分析及财务报告分析的区别，如目前出版的关于这方面的书名就是这样五花八门，说明其分析的本质是相同或相近的。但仔细斟酌，它们又有所区别：财务报表分析的对象是财务报表；财务报告分析的对象是财务报告；财务分析的对象是财务活动。显然，财务报表、财务报告和财务活动之间是有区别的，它们的区别决定了财务报表分析、财务报告分析和财务分析的区别。当然，财务活动、财务报告和财务报表之间的联系也是明显的，财务活动及其结果往往通过财务报表、财务报告及其他信息来反映和体现。由于会计准则与制度的限制以及会计信息披露的局限，财务报表并不能完全反映财务活动的状况；财务报告虽然比财务报表提供更多的信息，但仍不能反映财务活动的全貌。

一般地说，财务分析是以会计报告资料及其他相关资料为依据，采用一系列专门的分析技术和方法，对企业等经济组织过去和现在有关筹资活动、投资活动、经营活动、分配活动的盈利能力、营运能力、偿债能力和增长能力状况等进行分析与评价，为企业的投资者、债权人、经营者及其他关心企业的组织或个人了解企业过去、评价企业现状、预测企业未来，做出正确决策与控制提供准确的信息或依据的经济应用学科。

在第一章中，我们界定了财务分析在公司理财中的地位；在第十五章中，我们明确了财务分析在管理控制中的地位。从管理控制角度看，财务分析是管理控制必不可少的环节。

二、公司理财中的财务分析

公司理财中会计报告信息是至关重要的，但会计报告并不能完全、充分提供公司理财所需要的全部信息。这是因为：第一，公司理财的信息需要是不断变化的，而会计报告提供的信息是相对固定的；第二，会计报告提供的信息是满足所有会计信息使用者（包括公司、政府、个人等）的一般需求，而在公司理财中经常面临一些特殊的信息需求；第三，由于会计假设、会计估计和会计政策选择与变更等因素的影响，会计报告信息并不一定是完全相关的和可靠的。因此，财务分析就应运而生，成为理财的重要工具。

财务分析是会计信息供给与会计信息需求之间的一座桥梁，它通过对会计信息的透视与剖析，满足会计信息需求者的不同要求。在公司理财中，财务分析以公司理财目标为导向，以会计报告为基础，揭示反映公司财务状况（筹资、投资、分配）及成果（收入、利润）的会计信息质量，生成公司理财决策与控制中需要的相关、可靠信息，解析公司在价值创造和价值实现各个环节的增长能力、盈利能力、营运能力和偿债能力状况及存在的问题。财务分析与会计报告及公司理财目标之间的关系可通过图 15 - 1 反映。

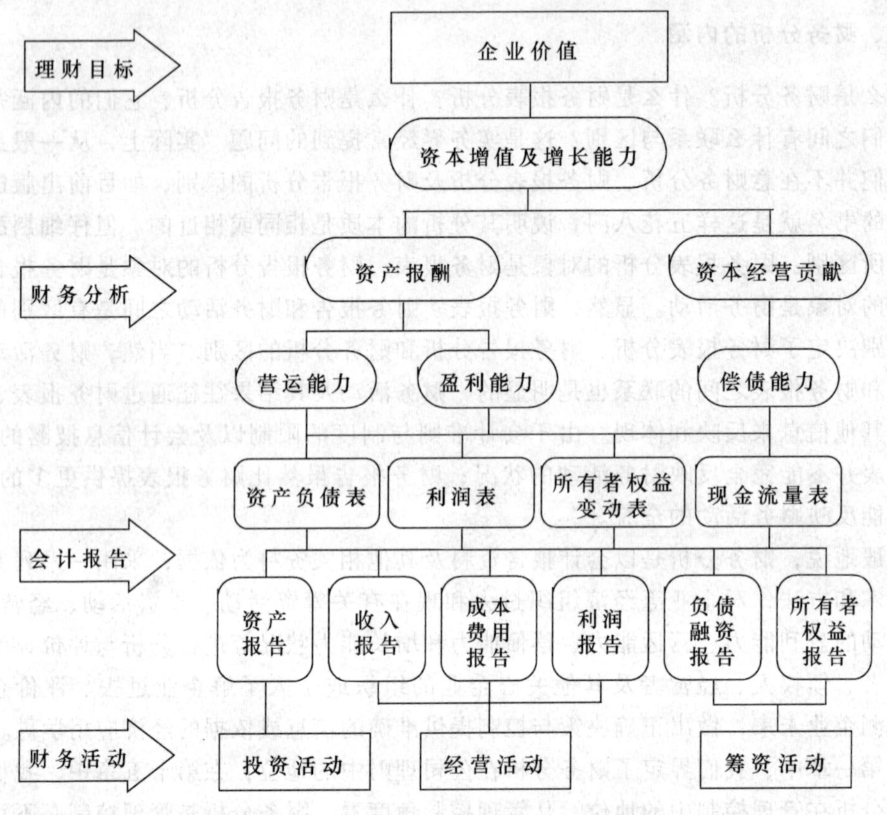

图 15 - 1 财务分析、会计报告与公司理财

公司理财要搞好财务决策与控制，实现资本增值（公司价值创造和价值实现的统一）目标，从理财主体角度必然产生基于公司治理的财务和基于公司管理的财务；而基于不同层面的公司理财正是利用各自相关的财务分析信息来进行的。

基于公司治理的财务涉及公司处理与外部股权投资者、债权投资者、政府监管者、客户等的财务关系，涉及公司面临的经济体制、资本市场、经济政策、会计准则等经济环境的变化。财务分析正是考虑公司治理的这些外部需求和外部环境，将会计报告信息转化为财务分析信息，如公司的收益能力信息、风险程度信息、资本结构（或股权结构）信息、资产结构信息、收入信息、利润信息、税收信息等。财务分析的这些信息，一方面为公司高层管理者扩展理财视野、搞好资本经营、正确处理与投资者及利益相关者关系提供了依据；另一方面为公司外部投资者及利益相关者关注公司、了解公司、投资公司（或业务合作）提供了依据。

基于公司管理的财务涉及公司管理者（特别是财务管理者）处理公司战略目标与财务决策及控制的关系。为保证公司目标的实现和基于价值管理的实施，公司管理必然面临着资本存量、资本增量、资本配置和资本收益等方面的决策与控制。这些决策与控制，特别是管理控制过程，如预算编制、核算与报告、业绩评价和管理者激励，都离不开相应的财务分析信息，特别是对内部报告进行分析的信息。因此，基于公司管理的财务，就是要依据对反映公司经营的内部报告的分析进行理财。从这个角度看，仅服务于公司外部信息使用者的财务分析已经不能满足公司理财的需求，财务分析随着公司理财的信息需求扩大而不断发展和完善。

第二节　财务分析的指标与标准

一、杜邦财务分析指标体系

杜邦财务综合分析体系，亦称杜邦财务分析法，是指根据各主要财务比率指标之间的内在联系，建立财务分析指标体系，综合分析企业财务状况和财务综合能力的方法。由于该指标体系是由美国杜邦公司最先采用的，故称为杜邦财务分析体系。杜邦财务分析体系的特点，是将若干反映企业盈利状况、财务状况和营运状况的比率按其内在联系有机结合起来，形成一个完整的指标体系，并最终通过净资产收益率（或资本收益率）这一核心指标来综合反映。在杜邦财务分析体系中，包含以下几种主要比率关系：

1. $$\text{净资产收益率}=\frac{\text{净利润}}{\text{净资产}}=\frac{\text{净利润}}{\text{总资产}}\times\frac{\text{总资产}}{\text{净资产}}\times 100\% \qquad (15.1)$$

2. $$\frac{\text{净利润}}{\text{总资产}}=\frac{\text{净利润}}{\text{营业收入}}\times\frac{\text{营业收入}}{\text{总资产}} \qquad (15.2)$$

3. $$\frac{\text{净利润}}{\text{营业收入}}=\frac{\text{利润总额}-\text{所得税}}{\text{销售收入}} \qquad (15.3)$$

4. $$\frac{\text{营业收入}}{\text{总资产}}=\frac{\text{营业收入}}{\text{流动资产}+\text{非流动资产}} \qquad (15.4)$$

用图 15 -2 更能准确反映和理解杜邦财务分析体系的本质。

通过杜邦财务分析体系，一方面可从企业销售规模、成本水平、资产营运、资本结构方面分析净资产收益率增减变动的原因；另一方面可协调企业资本经营、资产经营和商品经营关系，促使净资产收益率达到最大化，实现公司理财目标。

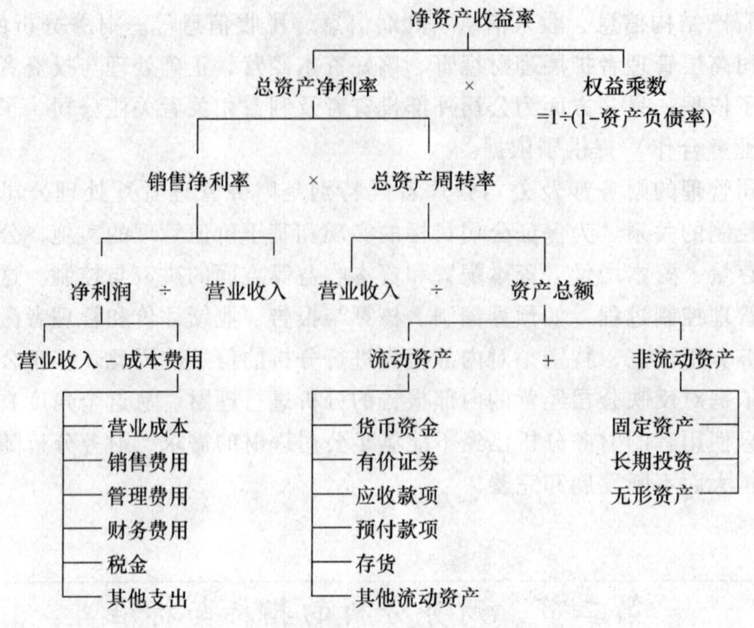

图 15－2 杜邦财务综合分析体系

二、杜邦财务综合分析体系的变形与发展——帕利普财务综合分析体系

杜邦财务分析体系自产生以来在实践中得到广泛应用与好评。随着经济与环境的发展、变化和人们对企业目标认识的进一步升华，许多人对杜邦财务分析体系进行了变形、补充，使其不断完善与发展。美国哈佛大学教授帕利普等在其所著的《企业分析与评价》一书中，将财务分析体系（本书将其称为帕利普财务分析体系）界定为以下几种关系式：

1. $$可持续增长比率=净资产收益率\times\left(1-\frac{支付现金股利}{净利润}\right)\times100\% \quad (15.5)$$

2. $$净资产收益率=\frac{净利润}{净资产}=\frac{净利润}{营业收入}\times\frac{营业收入}{总资产}\times\frac{总资产}{净资产}\times100\%$$

$$=销售利润率\times总资产周转率\times财务杠杆作用 \quad (15.6)$$

3. 与销售利润率相关的指标有：销售收入成本率、销售毛利率、销售收入期间费用率、销售收入研发费用率、销售净利润率、销售收入非营业损失率、销售息税前利润率、销售税费率。

4. 与总资产周转率相关的指标有：流动资产周转率、营运资金周转率、固定资产周转率、应收账款周转率、应付账款周转率、存货周转率等。

5. 与财务杠杆作用相关的指标有：流动比率、速动比率、现金比率、负债对权益比率、负债与资本比率、负债与资产比率、以收入为基础的利息保障倍数、以现金流量为基础的利息保障倍数等。

帕利普财务分析体系也可用图 15－3 表示如下：

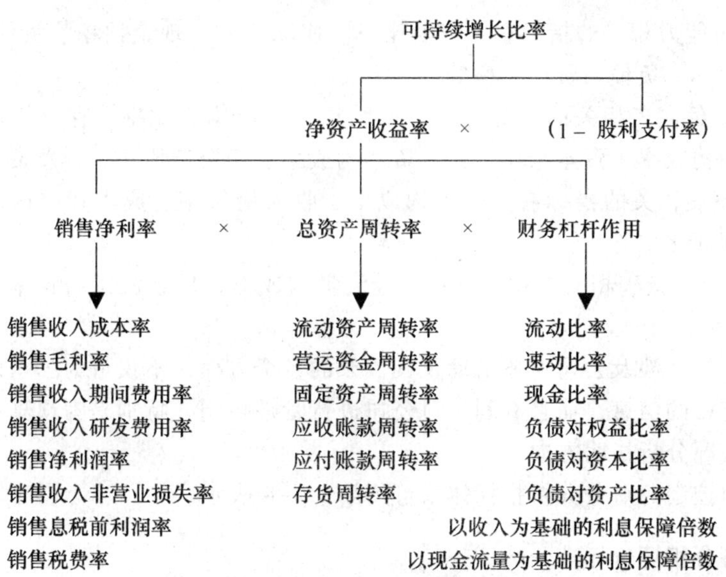

图 15－3 帕利普财务分析指标体系

三、基于理财控制的财务分析指标体系

无论是杜邦财务分析指标体系，还是帕利普财务分析指标体系，它们往往都主要是站在投资者角度分析判断企业的投资价值与风险程度。这些当然是公司理财要考虑的重要指标。但是，从公司理财角度进行财务分析，还需要从管理者的角度，从公司战略目标的高度，从理财过程控制的层面，为公司决策与控制提供有用信息。基于理财控制的财务指标体系，要考虑以下几个层面的关系：

1. 资本增值额＝利润－资本成本 (15.7)

2. 净利润＝净资产收益率×平均净资产 (15.8)

3. $$净资产收益率=\left[总资产报酬率+(总资产报酬率-负债利息率)\times\frac{负债}{净资产}\right]\times(1-所得税率)\times100\%$$

$$=(总资产报酬率+资本经营贡献率)\times(1-所得税率)\times100\% \quad (15.9)$$

4. $$总资产报酬率=\frac{营业收入}{平均总资产}\times\frac{利润总额+利息支出}{营业收入}\times100\%$$

$$=总资产周转率\times销售息税前利润率\times100\% \quad (15.10)$$

5. 与总资产周转率相关的指标有：流动资产周转率、固定资产周转率、应收账款周转率、应付账款周转率、存货周转率等。

6. 与销售利润率相关的指标有：销售收入成本率、销售毛利率、销售收入期间费用率、销售收入研发费用率、销售净利润率、销售收入非营业损失率、销售息税前利润率、销售税费率。

7. 与支付能力相关的指标有：流动比率、速动比率、现金比率、负债对权益比率、负债与资本比率、负债与资产比率等。

8. 与资产负债表相关的指标有：资产结构、固流构成比率、存货构成比率、资产使用率、负债构成率、资本结构、投入资本构成率、净资产增长率、总资产增长率等。

9. 与利润表相关的指标有：收入构成率、收入增长率、成本费用构成率、利润增长率、各种利润比重等。

10. 与现金流量表相关的指标有：现金流量构成率、现金流量增长率、经营现金流量比率等。

上述指标体系涉及公司财务活动及其成果的各个方面，不仅可为公司外部利益相关者提供决策有用的信息，而且有利于对公司进行管理控制，特别是为预算控制变量确定和预算执行情况分析指明方向。

基于理财控制的财务分析指标体系可用图 15 - 4 表示。

四、财务分析评价标准

确立财务分析评价标准是财务分析的一项重要内容。不同的财务分析评价标准，会对同一分析对象得出不同的分析结论。正确确定或选择财务分析评价标准，对于发现问题、找出差距、正确评价有着十分重要的意义与作用。通常，财务分析评价标准有经验标准、历史标准、行业标准、预算标准等。

（一）经验标准

经验标准是财务比率分析中经常采用的一种标准。所谓经验标准，是指这个标准的形成依据大量实践经验的检验。例如，流动比率的经验标准为 2∶1；速动比率的经验标准是 1∶1，等等。还有，当流动负债对有形净资产的比率超过 80% 时，企业就会出现经营困难，存货对净营运资本的比率不应超过 80% 等，都是经验之谈或经验标准。也有人将这种经验标准称为绝对标准，认为它们是人们公认的标准，不论什么公司、什么行业、什么时间、什么环境，它们都是适用的。但是，实际上，经验标准只是对一般情况而言，并不是适用一切领域或一切情况的绝对标准。例如，假设一个公司的流动比率大于 2∶1，但其信用政策较差，存在大量应收账款和许多积压物资和产品。另一公司的流动比率可能低于 2∶1，但在应收账款、存货及现金管理方面非常成功。这时并不能根据经验标准认为前一公司的流动性或偿债能力好于后一公司。因此，人们在应用经验标准时，必须非常仔细，不能生搬硬套。

（二）历史标准

历史标准是指以企业过去某一时间的实际业绩为标准。这种标准对于评价企业自身经营状况和财务状况是否改善是非常有益的。历史标准可选择企业历史最好水平，也可选择企业正常经营条件下的业绩水平。另外，在财务分析中，经常将本年的财务状况与上年进行对比，此时企业上年的业绩水平实际上也可看作是历史标准。应用历史标准的优点，一是比较可靠，是企业曾达到的水平；二是具有较高的可比性。但历史标准也有其不足：一是历史标准比较保守，因为现实要求与历史要求可能不同；二是历史标准适

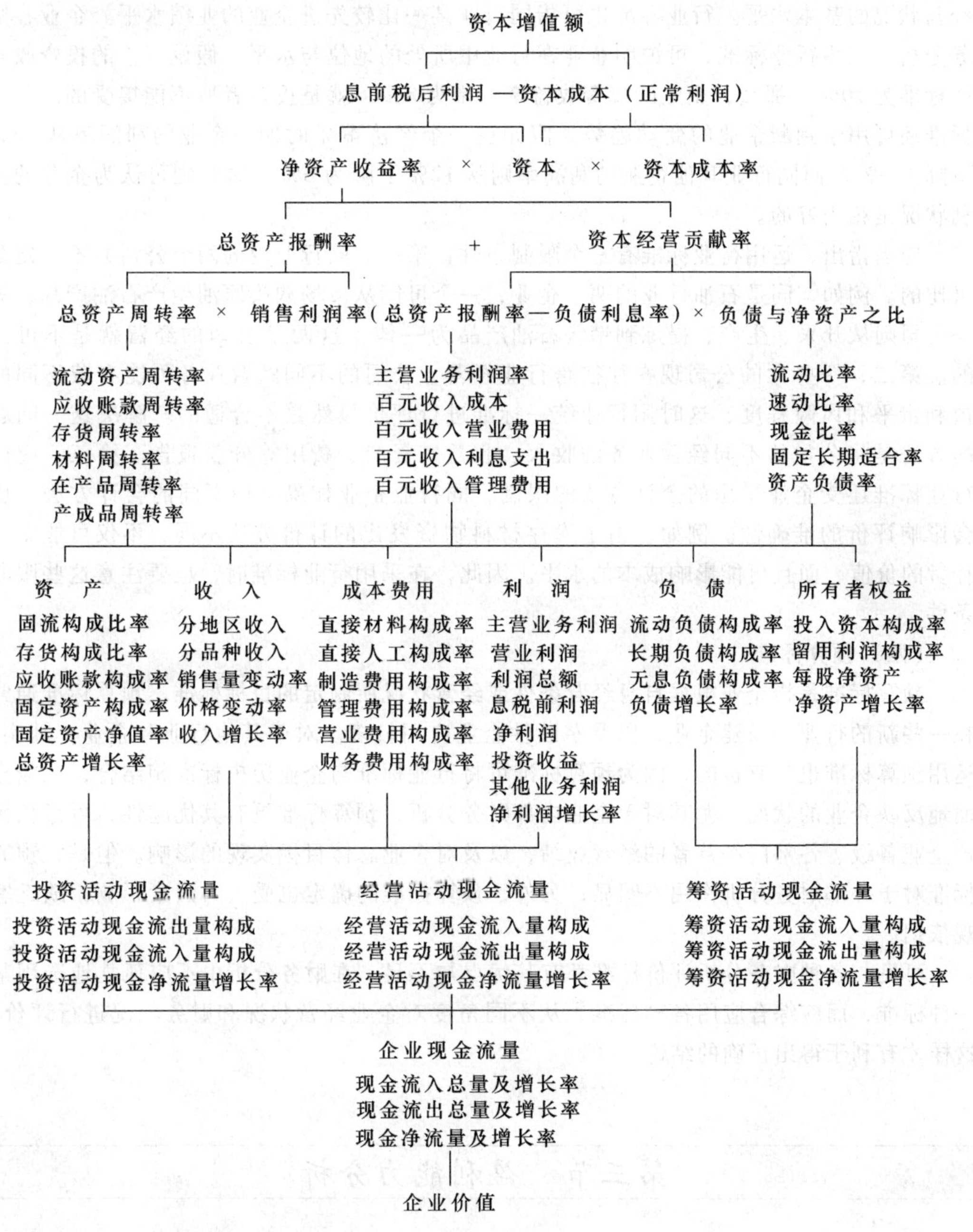

图 15－4　基于控制的财务分析指标分解图

用范围较窄，只能说明企业自身的发展变化，不能全面评价企业在同行业中的地位与水平。尤其对于外部分析，仅用历史标准是远远不够的。

（三）行业标准

行业标准是财务分析中广泛采用的标准，它是按行业制定的，反映行业财务状况和经营状况的基本水平。行业标准也可指同行业某一比较先进企业的业绩水平。企业在财务分析中运用行业标准，可说明企业在行业中所处的地位与水平。假设行业的投资收益率标准为10%，那么，企业的投资收益率如果为8%，就是投资者所不能接受的。行业标准还可用于判断企业的变动趋势。假如在一个经济萧条时期，企业的利润率从12%下降为9%，而同行业其他企业的利润率则从12%下降为6%，这时则可认为企业的盈利状况是相当好的。

应当指出，运用行业标准有三个限制条件：第一，同行业内的两个公司并不一定是可比的。例如，同是石油行业的两个企业，一个可能从市场购买原油生产石油产品；另一公司则从开采、生产、提炼到销售石油产品为一体，这两个公司的经营就是不可比的。第二，一些大的公司现在往往跨行业经营，公司的不同经营业务可能有着不同的盈利水平和风险程度，这时用行业统一标准进行评价显然是不合适的。解决这一问题的方法是将公司的不同经营业务的收入、收益、资产、费用等分项报告。第三，应用行业标准还受企业采用的会计方法的限制，同行业企业如果采用不同的会计方法，也会影响评价的准确性。例如，由于库存材料物资发出的计价方法不同，不仅可能影响存货的价值，而且可能影响成本的水平。因此，在采用行业标准时，也要注意这些限制条件。

（四）预算标准

预算标准是指企业根据自身经营条件或经营状况所制定的目标标准。预算标准通常在一些新的行业、新建企业，以及垄断性企业应用较多。对于其他行业和企业，其实，运用预算标准也是有益的，因为预算标准可将行业标准与企业历史标准相结合，比较全面地反映企业的状况。尤其对于企业内部财务分析，预算标准更有其优越性，可考核评价企业各级、各部门经营者的经营业绩，以及对企业总体目标实现的影响。但是，预算标准对于外部财务分析作用不明显；另外，预算标准的确定也受人为因素影响，缺乏客观依据。

可见，各种财务分析评价标准都有其优点与不足。在财务分析中不应孤立地选用某一种标准，而应综合应用各种标准，从不同角度对企业经营状况和财务状况进行评价，这样才有利于得出正确的结论。

第三节　盈利能力分析

一、盈利能力分析的内容

盈利能力通常是指企业在一定时期内赚取利润的能力。盈利能力的大小是一个相对的概念，即利润相对于一定的资源投入、一定的收入而言。利润率越高，盈利能力越强；利润率越低，盈利能力越差。企业经营业绩的好坏最终可通过企业的盈利能力来反映。无论是企业的经理人员、债权人、还是股东（投资人），都非常关心企业的盈利能力，并重视对利润率及其变动趋势的分析与预测。

从企业的角度来看，企业从事经营活动，其直接目的是最大限度地赚取利润并维持企业持续稳定地经营和发展。持续稳定地经营和发展是获取利润的基础；而最大限度地获取利润又是企业持续稳定发展的目标和保证。只有在不断获取利润的基础上，企业才可能发展；同样，盈利能力较强的企业比盈利能力较弱的企业具有更大的活力和更好的发展前景。因此，盈利能力是企业经理人员最重要的业绩衡量标准和发现问题、改进企业管理的突破口。

盈利能力分析是企业财务分析的重点，财务结构分析、偿债能力分析等，其根本目的是通过分析及时发现问题，改善企业财务结构，提高企业偿债能力、经营能力，最终提高企业的盈利能力，促进企业持续稳定地发展。对企业盈利能力的分析主要指对利润率的分析。因为尽管对利润额的分析可以说明企业财务成果的增减变动状况及其原因，为改善企业经营管理指明了方向，但是，由于利润额受企业规模或投入总量的影响较大，一方面使不同规模的企业之间不便于对比；另一方面它也不能准确地反映企业的盈利能力和盈利水平。因此，仅进行利润额分析一般不能满足各方面对财务信息的要求，还必须对利润率进行分析。

利润率指标从不同角度或从不同的分析目的看，可有多种形式。在不同的所有制企业中，反映企业盈利能力的指标形式也不同。在这里，我们对企业盈利能力的分析将从以下几方面进行：

（1）资本经营盈利能力分析。资本经营盈利能力分析主要对净资产收益率指标进行分析与评价。

（2）资产经营盈利能力分析。资产经营盈利能力分析主要对全部资产报酬率指标进行分析和评价。

（3）商品经营盈利能力分析。即利用利润表资料进行利润率分析，包括收入利润率分析和成本利润率分析两方面内容。而为了搞好利润率因素分析，有必要对销售利润进行因素分析。

（4）上市公司盈利能力分析。即对每股收益指标、普通股权益报酬率指标、股利发放率指标以及价格与收益比率指标进行分析。

二、资本经营盈利能力内涵与指标

资本经营盈利能力是指企业的所有者通过投入资本经营所取得的利润的能力。反映资本经营盈利能力的基本指标是净资产收益率，即指企业本期净利润与净资产的比率，其计算公式是：

$$净资产收益率 = \frac{净利润}{平均净资产} \times 100\% \qquad (15.11)$$

上式中，净利润是指企业当期税后利润；净资产是指企业资产减去负债后的余额，包括实收资本、资本公积、盈余公积和未分配利润等，也就是资产负债表中的所有者权益部分。对于平均净资产，一般取期初与期末的平均值，但是，如果要通过该指标观察分配能力，则取年度末的净资产更为恰当。

净资产收益率是反映盈利能力的核心指标。因为企业的根本目标是所有者权益或股东价值最大化，而净资产收益率既可直接反映资本的增值能力，又影响着企业股东价值的大小。该指标越高，反映盈利能力越好。评价标准通常可用社会平均利润率、行业平均利润率或资本成本率等。

影响净资产收益率的因素主要有总资产报酬率、负债利息率、企业资本结构和所得税率等。

1. 总资产报酬率

净资产是企业全部资产的一部分，因此，净资产收益率必然受企业总资产报酬率的影响。在负债利息率和资本构成等条件不变的情况下，总资产报酬率越高，净资产收益率就越高。

2. 负债利息率

负债利息率之所以影响净资产收益率，是因为在资本结构一定的情况下，当负债率变动使总资产报酬率高于负债利息率时，将对净资产收益率产生有利影响；反之，在总资产报酬率低于负债利息率时，将对净资产收益率产生不利影响。

3. 资本结构或负债与所有者权益之比

当总资产报酬率高于负债利息率时，提高负债与所有者权益之比，将使净资产收益率提高；反之降低负债与所有者权益之比，将使净资产收益率降低。

4. 所得税率

因为净资产收益率的分子是净利润即税后利润，因此，所得税率的变动必然引起净资产收益率的变动。通常，所得税率提高，净资产收益率下降，反之，净资产收益率上升。

下式可反映出净资产收益率与各影响因素之间的关系：

$$净资产收益率=\left[总资产报酬率+(总资产报酬率-负债利息率)\times\frac{负债}{净资产}\right]\times(1-所得税率)\times100\% \quad (15.9)$$

三、资产经营盈利能力内涵与指标

资产经营盈利能力，是指企业运营资产所产生的利润的能力。反映资产经营盈利能力的指标是总资产报酬率，即息税前利润与平均总资产之间的比率。运用资产负债表和利润表的资料，可计算总资产报酬率，计算公式为：

$$总资产报酬率=\frac{利润总额+利息支出}{平均总资产}\times100\% \quad (15.12)$$

$$平均总资产=(期初资产总额+期末资产总额)\div2 \quad (15.12.1)$$

为什么计算总资产报酬率指标包括利息支出？因为既然采用全部资产，从利润中没有扣除自己资本的等价报酬——红利，那么，同样也不能扣除借入资本的等价报酬——利息。何况从企业对社会的贡献来看，利息同利润具有同样的经济意义。总资产报酬率高，说明企业资产的运用效率好，也意味着企业的资产盈利能力强，所以，这个比率越高越好。评价总资产报酬率时，需要与企业前期的比率、同行业其他企业的这一比率等进行比较，并进一步找出影响该指标的不利因素，以利于企业加强经营管理。

根据总资产报酬率指标的经济内容，可将其做如下分解：

$$总资产报酬率=\frac{营业收入}{平均总资产}\times\frac{利润总额+利息支出}{营业收入}\times100\%$$

$$=总资产周转率\times销售息税前利润率\times100\% \tag{15.10}$$

可见，影响总资产报酬率的因素有两个：一是总资产的周转率，该指标作为反映企业资本运营能力的指标，可用于说明企业资产的运用效率，是企业资产经营效果的直接体现；二是销售息税前利润率，该指标反映了企业商品生产经营的盈利能力，产品盈利能力越强，销售利润率越高。可见，资产经营盈利能力受商品经营盈利能力和资产运营效率两方面影响。

四、商品经营盈利能力内涵与指标

商品经营是相对资产经营和资本经营而言的。商品经营盈利能力不考虑企业的筹资或投资问题，只研究利润与收入或成本之间的比率关系。因此，反映商品经营盈利能力的指标可分为两类：一类是各种利润额与收入之间的比率，统称收入利润率；另一类是各种利润额与成本之间的比率，统称成本利润率。

（一）收入利润率分析

反映收入利润率的指标主要有营业收入利润率、营业收入毛利率、总收入利润率、销售净利润率、销售息税前利润率等。不同的收入利润率，其内涵不同，揭示的收入与利润关系不同，分析评价中的作用也不同。

（1）营业收入利润率。指营业利润与营业收入之间的比率。

（2）营业收入毛利率。指营业收入与营业成本的差额与营业收入之间的比率。

（3）总收入利润率。指利润总额与企业总收入之间的比率，企业总收入包括营业收入、投资净收益和营业外收入。

（4）销售净利润率。指净利润与营业收入之间的比率。

（5）销售息税前利润率。指息税前利润额与企业营业收入之间的比率，息税前利润指利润总额与利息支出之和。

收入利润率指标是正指标，指标值越高越好。分析时应根据分析目的与要求，确定适当的标准值，如可用行业平均值、全国平均值、企业目标值等。

（二）成本利润率分析

反映成本利润率的指标有许多形式，其主要形式有：营业成本利润率、营业成本费用利润率、全部成本费用利润率等。

1. 营业成本利润率

指营业利润与营业成本之间的比率。其计算公式是：

$$营业成本利润率=\frac{营业利润}{营业成本}\times100\% \tag{15.13}$$

2. 营业成本费用利润率

指营业利润与营业成本费用总额的比率。营业成本费用总额包括营业成本、营业税费及期间费用。期间费用包括销售费用、管理费用、财务费用等。其计算公式是：

$$营业成本费用利润率=\frac{营业利润}{营业成本+营业税费+期间费用}\times 100\% \quad (15.14)$$

3. 全部成本费用利润率

该指标可分为全部成本费用总利润率和全部成本费用净利润率两种形式。

（1）全部成本费用总利润率的计算公式是：

$$全部成本费用总利润率=\frac{利润总额}{营业成本费用总额+资产减值损失+营业外支出}\times 100\% \quad (15.15)$$

另外，2006 年国务院国有资产监督管理委员会发布的《中央企业综合绩效评价实施细则》中的成本费用利润率指标与此指标有相似之处，该指标分子是利润总额，其分母“成本费用总额”采用的是“营业成本+营业税金+营业费用+管理费用+财务费用”，具体如下：

$$成本费用利润率=\frac{利润总额}{成本费用总额}\times 100\% \quad (15.16)$$

其中，成本费用总额=营业成本+营业税金+营业费用+管理费用+财务费用 (15.16.1)

（2）全部成本费用净利润率的计算公式是：

$$全部成本费用净利润率=\frac{净利润}{营业成本费用总额+资产减值损失+营业外支出}\times 100\% \quad (15.17)$$

以上各种利润率指标反映企业投入产出水平，即所得与所费的比率，体现了增加利润是以降低成本及费用为基础的。这些指标的数值越高，表明生产和销售产品的每一元成本及费用取得的利润越多，劳动耗费的效益越高，反之，则说明每耗费一元成本及费用实现的利润越少，劳动耗费的效益越低。所以，成本利润率是综合反映企业成本效益的重要指标。

成本利润率也是正指标，即指标值越高越好。分析评价时，可将各指标实际值与标准值进行对比。标准值可根据分析的目的与管理要求确定。

五、上市公司盈利能力分析

（一）每股收益的内涵与计算

每股收益的基本含义是指每股发行在外的普通股所能分摊到的净收益额。这一指标对普通股股东的利益关系极大，他们往往根据它来进行投资决策。每股收益又分为基本每股收益与稀释每股收益。

1. 基本每股收益

基本每股收益是指归属于普通股股东的当期净利润与发行在外普通股的加权平均数

之比。

$$基本每股收益 = \frac{净利润 - 优先股股息}{发行在外的普通股加权平均数（流通股数）} \quad (15.18)$$

由于优先股股东对股利的受领权优于普通股股东，因此，在计算普通股股东所能享有的收益额时，应将优先股股利扣除。公式中分母采用加权平均数，是因为本期内发行在外的普通股股数只能在增加以后的这一段时期内产生权益，减少的普通股股数在减少以前的期间内仍产生收益，所以必须采用加权平均数，以正确反映本期内发行在外的股份数额。

在运用每股收益判断企业盈利能力强弱时，应将几家不同企业或者同一企业不同时期的每股收益进行比较，才能得出正确认识。

2. 稀释每股收益

稀释每股收益是指当企业存在稀释性潜在普通股时，应当分别调整归属于普通股股东的当期净利润和发行在外普通股的加权平均数，并据以计算稀释每股收益。

所谓稀释性潜在普通股，是指假设当期转换为普通股会减少每股收益的潜在普通股，例如可转换公司债券、认股权证和股份期权。

（1）计算稀释每股收益时，对归属于普通股股东的当期净利润的调整。应当根据下列事项对归属于普通股股东的当期净利润进行调整：当期已确认为费用的稀释性潜在普通股的利息；稀释性潜在普通股转换时将产生的收益或费用。同时应当考虑相关的所得税影响。

（2）计算稀释每股收益时，对当期发行在外普通股的加权平均数的调整。调整后的股数应当为计算基本每股收益时普通股的加权平均数与假定稀释性潜在普通股转换为已发行普通股而增加的普通股股数的加权平均数之和。计算稀释性潜在普通股转换为已发行普通股而增加的普通股股数的加权平均数时，以前期间发行的稀释性潜在普通股，应当假设在当期期初转换；当期发行的稀释性潜在普通股，应当假设在发行日转换。

（二）普通股权益报酬率分析

普通股权益报酬率是指净利润扣除应发放的优先股股利后的余额与普通股权益之比。其计算公式如下：

$$普通股权益报酬率 = \frac{净利润 - 优先股股息}{普通股权益平均额} \times 100\% \quad (15.19)$$

该指标从普通股股东的角度反映企业的盈利能力，指标值越高，说明盈利能力越强，普通股股东可得收益也越多。普通股权益报酬率应作为独立指标对企业盈利能力、投资收益水平进行分析。

（三）股利发放率分析

股利发放率是普通股股利与每股收益的比值，反映普通股股东从每股的全部获利中分到多少。其计算公式如下：

$$股利发放率 = \frac{每股股利}{每股收益} \times 100\% \quad (15.20)$$

公式中每股股利是指实际发放给普通股股东的股利总额与流通股数的比值。股利发放率反映了企业的股利政策，其高低要根据企业对资金需要量的具体情况而定，没有一个固定的衡量标准。

（四）价格与收益比率分析

价格与收益比率，亦称市盈率，是反映普通股的市场价格与当期每股收益之间的关系，可用来判断企业股票与其他企业股票相比较潜在的价值。其计算公式如下：

$$价格与收益比率 = \frac{每股市价}{每股收益} \times 100\% \tag{15.21}$$

该指标在一个企业内几年的数值能够表明企业盈利能力的稳定性，可在一定程度上反映企业管理部门的经营能力和企业盈利能力及潜在的成长能力。同时，该指标还反映此股票市价是否具有吸引力，把多个企业的股票价格与收益比率进行比较，并结合对其所属行业经营前景的了解，可以作为选择投资目标的参考。

一般情况下，发展前景较好的企业通常都有较高的价格与收益比率，发展前景不佳的企业，这个比率较低。但是，必须注意，当全部资产利润率很低或发生亏损时，每股收益可能为零或负数，因此价格与收益比率很高。在这一特殊情况下，仅仅利用这一指标来分析企业的盈利能力，常常会错误估计企业的发展前景，所以还必须结合其他指标，予以综合考虑。

第四节 营运能力分析

一、营运能力分析的内容

营运能力主要指企业资产营运的效率与效益。企业资产营运的效率主要指资产的周转率或周转速度。企业资产营运的效益通常是指企业的产出额与资产占用额之间的比率。企业营运能力分析就是要通过对反映企业资产营运效率与效益的指标进行计算与分析，评价企业的营运能力，为企业提高经济效益指明方向。

反映企业资产营运能力的指标有很多，要正确分析评价企业资产营运能力，首先必须正确设计评价资产营运能力的指标体系。设计选择评价资产营运能力的指标，必须遵循以下原则：

（1）资产营运能力指标应体现提高资产营运能力的实质要求。企业资产营运能力的实质，就是要以尽可能少的资产占用、尽可能短的时间周转，生产尽可能多的产品，实现尽可能多的销售收入，创造尽可能多的纯收入。

（2）资产营运能力指标应体现多种资产的特点。企业的资产包括固定资产和流动资产，它们各有其特点。对于固定资产应考虑它的使用价值与价值相脱离的特点，指标计算上，从两方面加以考虑；对于流动资产，主要应体现其流动性的特点。

（3）资产营运能力指标应有利于考核分析。应尽量采用现行制度规定的考核指标，或根据现有核算资料可以计算并便于分析的指标，否则，指标再好也没有实际意义。

根据营运能力分析的含义与指标选择原则，企业营运能力分析的内容与指标主要包括以下几方面：

（1）全部资产营运能力分析，包括全部资产产值率分析；全部资产收入率分析；全部资产周转率分析。

（2）流动资产营运能力分析，包括全部流动资产周转率分析；全部流动资产垫支周转率分析；流动资产周转加快效果分析；存货周转率分析。

（3）固定资产营运能力分析，包括固定资产产值率分析和固定资产收入率分析。

二、全部资产营运能力分析

全部资产营运能力分析就是要对企业全部资产的营运效率进行综合分析。全部资产营运能力分析包括对反映全部资产营运能力的指标进行计算与分析；对反映资产营运能力的各项指标进行综合对比分析。

企业全部资产营运能力，主要是指投入或使用全部资产所取得的产出的能力。由于企业的总产出，一方面从生产能力角度考虑，可用总产值表示，另一方面从满足社会需要角度考虑，可用总收入表示，因此，反映全部资产营运能力的指标主要指全部资产产值率、全部资产收入率和全部资产周转率。

（一）全部资产产值率的计算与分析

全部资产产值率是指企业占用每百元资产所创造的总产值，其计算公式为：

$$全部资产产值率=\frac{总产值}{平均总资产}\times 100\% \qquad (15.22)$$

该指标反映了总产值与总资产之间的关系。在一般情况下，该指标值越高，说明企业资产的投入产出率越高，企业全部资产运营状况越好。反映总产值与总资产关系的还可用另一指标表示，即百元产值资金占用，其计算公式为：

$$百元产值占用资金=\frac{平均总资产}{总产值}\times 100 \qquad (15.23)$$

该指标越低，反映全部资产营运能力越好。对该指标的分析，可在上式基础上，从资产占用形态角度进行分解，即：

$$百元产值占用资金=\frac{平均总资产}{总产值}\times 100=\left(\frac{流动资产}{总产值}+\frac{固定资产}{总产值}+\frac{其他资产}{总产值}\right)\times 100 \qquad (15.24)$$

依据上式，可分析全部资产产值率或百元产值占用资金变动受各项资产营运效果的影响。

（二）全部资产周转率分析

全部资产收入率从周转速度角度看，亦称全部资产周转率，其计算与全部资产收入率相同，即：

$$全部资产周转率=\frac{总周转额（营业收入）}{平均总资产} \qquad (15.25)$$

在全部资产中，周转速度最快的应属流动资产，因此，全部资产周转速度受流动资产周转速度影响较大。从全部资产周转速度与流动资产周转速度的关系，可确定影响全部资产周转率的因素如下：

$$全部资产周转次数=\frac{营业收入}{平均流动资产}\times\frac{平均流动资产}{平均总资产}$$

$$=流动资产周转次数\times流动资产占总资产的比重 \quad (15.26)$$

可见，全部资产周转率的快慢取决于两大因素：一是流动资产周转率，因为流动资产的周转速度往往高于其他类资产的周转速度，加速流动资产周转，就会使总资产周转速度加快，反之则会使总资产周转速度减慢；二是流动资产占总资产的比重，因为流动资产周转速度快于其他类资产周转速度，所以，企业流动资产所占比例越大，总资产周转速度越快，反之则越慢。

三、流动资产营运能力分析

（一）全部流动资产周转率分析

流动资产周转率，既是反映流动资产周转速度的指标，也是综合反映流动资产利用效果的基本指标，它是一定时期流动资产平均占用额和流动资产周转额的比率，是用流动资产的占用量和其所完成的工作量的关系，来表明流动资产的使用经济效益。

进行流动资产周转率因素分析，首先应找出影响流动资产周转率的因素。根据流动资产周转率的计算公式，可分解出影响全部流动资产总周转率的因素如下：

$$流动资产周转次数=\frac{营业收入}{全部流动资产平均余额}$$

$$=\frac{营业成本}{全部流动资产平均余额}\times\frac{营业收入}{营业成本}$$

$$=流动资产垫支周转次数\times成本收入率 \quad (15.27)$$

可见，影响流动资产周转次数的因素，一是垫支周转次数；二是成本收入率。流动资产垫支周转次数准确地反映了流动资产在一定时期可周转的次数；成本收入率说明了企业的所费与所得之间的关系。当成本收入率大于1时，说明企业有经济效益，此时流动资产垫支周转次数越多，流动资产营运能力越好；反之，如果成本收入率小于1，说明企业所得弥补不了所费，这时流动资产垫支次数加快，反而不利于企业经济效益的提高。确定这两个因素变动对流动资产周转次数的影响，可用连环替代法或差额计算法，公式是：

$$\begin{matrix}流动资产垫支\\周转次数影响\end{matrix}=\left(\begin{matrix}报告期流动资产\\垫支周转次数\end{matrix}-\begin{matrix}基期流动资产\\垫支周转次数\end{matrix}\right)\times\begin{matrix}基期成本\\收入率\end{matrix} \quad (15.28)$$

$$\begin{matrix}成本收入率\\变动的影响\end{matrix}=\begin{matrix}报告期流动资产\\垫支周转次数\end{matrix}\times\left(\begin{matrix}报告期成本\\收入率\end{matrix}-\begin{matrix}基期成本\\收入率\end{matrix}\right) \quad (15.29)$$

在流动资产周转次数分析基础上，进一步对流动资产垫支周转次数进行分析。影响流动资产垫支周转次数的因素可从以下分解式中得出：

$$流动资产垫支周转次数=\frac{营业成本}{流动资产平均占用额}$$
$$=\frac{营业成本}{平均存货}\times\frac{平均存货}{流动资产平均占用额}$$
$$=存货周转次数\times存货构成率 \tag{15.30}$$

运用差额计算法可确定存货周转次数和存货构成率变动对流动资产垫支周转次数的影响程度。

（二）各项流动资产周转情况分析

存货周转率是指企业在一定时期内存货占用资金可周转的次数，或存货每周转一次所需要的天数。因此，存货周转率指标有存货周转次数和存货周转天数两种形式：

$$存货周转次数=\frac{营业成本}{平均存货} \tag{15.31}$$

其中：平均存货＝(期初存货＋期末存货)÷2　(15.31.1)

$$存货周转天数=\frac{计算期天数}{存货周转次数}=\frac{计算期天数\times平均存货}{营业成本} \tag{15.32}$$

应当注意，存货周转次数和周转大数的实质是相同的。但是，其评价标准却不同，存货周转次数是个正指标，因此，周转次数越多越好。

影响存货周转率的因素很多，但它主要还受材料周转率、在产品周转率和产成品周转率的影响。这三个周转率的计算公式是：

$$材料周转率（次数）=\frac{当期材料费用}{平均库存材料占用额} \tag{15.33}$$

$$在产品周转率（次数）=\frac{当期生产成本}{平均在产品占用额} \tag{15.34}$$

$$产成品周转率（次数）=\frac{营业成本}{平均产成品占用额} \tag{15.35}$$

这三个周转率的评价标准与存货评价标准相同，都是周转次数越多越好，周转天数越少越好。通过不同时期存货周转率的比较，可评价存货管理水平，查找出影响存货利用效果变动的原因，不断提高存货管理水平。

在企业生产均衡和产销平衡情况下，存货周转率与三个阶段周转率之间的关系可用下式表示：

$$存货周转天数=材料周转天数\times\frac{当期材料费用}{当期生产成本}+在产品周转天数+产成品周转天数 \tag{15.36}$$

运用因素分析法可确定出各因素变动对存货周转率的影响。

（三）流动资产周转加快效果分析

流动资产周转加快，一方面可使一定的产出所需流动资产减少；另一方面可使一定的资产所取得的收入增加。

1. 加速流动资产周转所节约的资金

加速资产周转所节约的资金是指企业在营业收入一定情况下，由于加速流动资产周转所节约的资金。其计算公式为：

$$流动资产节约额=\begin{matrix}报告期\\营业收入\end{matrix}\times\left(\frac{1}{报告期流动资产周转次数}-\frac{1}{基期流动资产周转次数}\right) \tag{15.37}$$

上式计算结果为负数时，表示流动资产节约；当其计算结果为正数时，表示企业流动资产周转缓慢浪费的流动资产。

2. 加速流动资产周转所增加的收入

加速资产周转所增加的收入是指在企业流动资产占用额一定情况下，由于加速流动资产周转速度所增加的营业收入。其计算公式是：

$$\begin{matrix}营业收入\\增加额\end{matrix}=\begin{matrix}基期流动资产\\平均余额\end{matrix}\times\left(\begin{matrix}报告期流动\\资产周转次数\end{matrix}-\begin{matrix}基期流动\\资产周转次数\end{matrix}\right) \tag{15.38}$$

上式计算结果为正数时，表示加速流动资产周转增加的营业收入；计算结果为负数时，表示由于流动资产周转速度缓慢所减少的营业收入。

四、固定资产营运能力分析

（一）固定资产产值率分析

固定资产产值率，是指一定时期内总产值与固定资产平均总值之间的比率，或每百元固定资产提供的总产值。其计算公式是：

$$固定资产产值率=\frac{总产值}{固定资产平均总值}\times100\% \tag{15.39}$$

公式中的分母是采用固定资产原值还是采用固定资产净值，目前尚有两种观点：一种观点主张采用固定资产原值计算，理由是：固定资产生产能力并非随着其价值的逐步转移而相应降低，比如，一种设备在其全新时期和半新时期往往具有同样的生产能力；再则，用原值，便于企业不同时间或不同企业进行比较，如果采用净值计算，则失去可比性。另一种观点主张采用固定资产净值计算，理由是：固定资产原值并非一直全部都被企业占用着，其价值中的磨损部分已逐步通过折旧收回，只有采用净值计算，才能真正反映一定时期内企业实际占用的固定资金。实际上，单纯采用哪一种计价方法都会难免偏颇。为了既从生产能力又从资金占用两个方面来考核企业的固定资产利用水平，必须同时采用原值和净值两种计价标准，才能从不同角度全面地反映企业固定资产利用的经济效益。

分析固定资产产值率，首先应找出影响它的因素。根据固定资产产值率的计算公式，可分解出影响固定资产产值率的因素为：

$$固定资产产值率=\frac{工业总产值}{全部固定资产平均总值}\times100\%$$

$$=\frac{工业总产值}{生产设备平均总值}\times\frac{生产设备平均总值}{生产用固定资产平均总值}$$

$$\times \frac{\text{生产用固定资产平均总值}}{\text{全部固定资产平均总值}} \times 100\%$$

$$= \text{生产设备资金产值率} \times \text{生产设备构成率} \times \text{生产用固定资产构成率} \quad (15.40)$$

上式中，生产设备的资金产值率是反映生产设备能力和时间的利用效果，它的数值的大小直接影响着工业生产用固定资产的利用效果，进而影响企业全部固定资产的资产产值率；生产设备占全部固定资产的比重和工业生产用固定资产占全部固定资产的比重，标志着固定资产的结构状况和配置的合理程度，其比重越大，则全部固定资产产值率也就越高。所以，企业固定资产产值率的分析，应从固定资产的配置和使用两方面进行，在合理配置固定资产的同时，大力从时间上改善固定资产特别是其中生产设备的利用情况，不断提高其单位时间的产量，才能提高固定资产产值率。

固定资产产值率的分析是以实际数与计划数、上期实际数或历史最好水平进行比较，从中找出影响该指标的不利因素，由此对企业固定资产利用效果做出评价。

（二）固定资产收入率的分析

固定资产收入率，亦称固定资产周转率或每百元固定资产提供的收入，是一定时期所实现的收入同固定资产平均占用总值之间的比率，其计算公式如下：

$$\text{固定资产收入率} = \frac{\text{产品销售收入总额}}{\text{固定资产平均占用总值}} \times 100\% \quad (15.41)$$

固定资产收入率指标的数值越高，就表示一定时期内固定资产提供的收入越多，说明固定资产利用效果越好。这是因为收入指标比总产值和销售收入更能准确地反映经济效益，因此，固定资产收入率能更好地反映固定资产的利用效果。

固定资产收入率的分析可根据下列因素分解式进行：

$$\text{固定资产收入率} = \frac{\text{总产值}}{\text{固定资产平均占用额}} \times \frac{\text{产品销售收入总额}}{\text{总产值}} \times 100\%$$

$$= \text{固定资产产值率} \times \text{产品销售率} \quad (15.42)$$

第五节 偿债能力分析

一、偿债能力分析的内容

偿债能力是指企业偿还本身所欠债务的能力。企业债务或负债，是指企业所承担的能以货币计量，将以资产或劳务偿付的经济资源或未来的经济利益。负债是企业资金来源的重要组成部分。负债的基本特点是：第一，它将在未来时期付出企业的经济资源或未来的经济利益；第二，它必须是过去的交易和事项所发生的，其债务责任能够以货币确切地计量或者合理地估计。企业的负债按负债项目到期日的远近可分为流动负债和非流动负债两部分。

企业偿债能力问题是反映企业财务状况的重要内容，是财务分析的重要组成部分。对企业偿债能力进行分析，对于企业投资者、经营者和债权人都有着十分重要的意义与作用。

企业偿债分析的内容受企业负债的内容和偿债所需资产内容的制约，不同的负债其偿还所需要的资产不同，或者说不同的资产可用于偿还的债务也有所区别。一般地说，由于负债可分为流动负债和非流动负债，资产可分为流动资产和非流动资产，因此，偿债能力分析通常被分为短期偿债能力分析和长期偿债能力分析。

（一）短期偿债能力分析

短期偿债能力是指企业偿还流动负债的能力，或者说是指企业在短期债务到期时可以变现为现金用于偿还流动负债的能力。短期偿债能力分析，首先要明确影响短期偿债能力的因素，在此基础上，通过对一系列反映短期偿债能力的指标进行计算与分析，说明企业短期偿债能力状况及其原因。

（二）长期偿债能力分析

长期偿债能力是指企业偿还本身所欠长期负债的能力，或者说是在企业长期债务到期时，企业盈利或资产可用于偿还长期负债的能力。对企业长期偿债能力进行分析，要结合长期负债的特点，在明确影响长期偿债能力因素的基础上，从企业盈利能力和资产规模两方面对企业偿还长期负债的能力进行分析和评价。长期偿债能力分析可通过对反映企业长期偿债能力指标进行计算与分析，说明企业长期偿债能力的基本状况及其变动原因，为企业进行正确的负债经营指明方向。

二、短期偿债能力分析

分析企业短期偿债能力，通常可运用一系列反映短期偿债能力的指标来进行。从企业短期偿债能力的含义及影响因素可知，短期偿债能力主要可通过企业流动资产与流动负债的对比得出，因此，对企业短期偿债能力的指标分析，主要可采用流动负债与流动资产对比的指标，包括流动比率、速动比率、货币资金率、企业支付能力系数等。

（一）流动比率的计算与分析

流动比率是指流动资产与流动负债之间的比率，其计算公式为：

$$流动比率 = \frac{流动资产}{流动负债} \times 100\% \quad (15.43)$$

流动比率是衡量企业短期偿债能力的重要指标，表明企业每元流动负债有多少流动资产作为支付保障，反映了企业流动资产在短期债务到期时可变现用于偿还流动负债的能力。一般地说，或从债权人立场上说，流动比率越高越好，因为流动比率越高，债权越有保障，借出的资金越安全。但从经营者和所有者角度看，并不一定要求流动比率越高越好，在偿债能力允许的范围内，根据经营需要，进行负债经营也是现代企业经营的策略之一。因此，从一般经验看，流动比率为200%时，认为是比较合适的，此时企业的短期偿债能力较强，对企业的经营也是有利的。

对流动比率的分析，也可从静态和动态两方面进行。从静态上分析，就是计算并分析某一时点的流动比率，同时可将其与同行业的平均流动比率进行比较；从动态上分析，就是将不同时点的流动比率进行对比，研究变动的特点及合理性。

运用流动比率指标分析评价企业的短期偿债能力，应注意以下几个问题：

第一，偿债能力判断必须结合所在行业的标准。流动比率为200%，是就一般情况而言，并不是绝对标准。不同行业因其资产、负债占用情况不同，流动比率会有较大差别，一些行业其流动比率达到100%时就可能表示其有足够的偿债能力，其他行业的流动比率达到或超过200%时，也不一定表明其偿债能力很强。

第二，注意人为因素对流动比率指标的影响。流动比率是根据资产负债表的资料计算出来的，体现的仅仅是账面上的支付能力，企业管理人员出于某种目的，可以运用各种方式进行调整，使以流动比率表现出来的偿债能力与实际偿债能力有较大差异。例如，企业可以本期末偿还借款，下期初再举债的方式调低期末流动负债余额，或举借长期借款增加流动资产等方式，达到调整流动比率、掩盖企业真实财务状况的目的。

第三，应结合企业的生产经营性质与特点以及流动资产的结构状况进行分析。因为不同生产经营特点对资产流动性的要求不同，因此，并非企业流动比率低于200%就一定是偿债能力不好；也不一定流动比率高于200%就一定有较强的偿债能力。另外，由于流动资产中各项目的变现能力的差别，同一企业的流动比率增减也不一定能准确说明企业偿债能力的好坏。所以，还需要用其他指标对流动比率进行补充，从而正确分析评价企业的偿债能力。

（二）速动比率的计算与分析

速动比率是指企业的速动资产与流动负债之间的比率，其计算公式是：

$$\text{速动比率} = \frac{\text{速动资产}}{\text{流动负债}} \times 100\% \tag{15.44}$$

速动比率可用于衡量企业流动资产中可以立即用于偿还流动负债的能力，它是对企业流动比率的重要补充说明。因为当企业流动资产中的速动资产比重较低时，即使流动比率较高，但由于流动资产的流动性较低，偿债能力同样不会高；反之，当流动资产中的速动资产比重较高时，即使流动比率不高，但由于速动资产流动性较强，企业的偿债能力则可能较好。计算速动比率的关键在于计算速动资产，速动资产的计算通常有两种方法。一种方法是将流动资产中扣除存货后的资产统称为速动资产，即：

$$\text{速动资产} = \text{流动资产} - \text{存货} \tag{15.45}$$

另一种方法是将变现能力较强的货币资金、交易性金融资产、应收票据、应收款项等加总称为速动资产，即：

$$\begin{matrix}\text{速动}\\\text{资产}\end{matrix} = \begin{matrix}\text{货币}\\\text{资金}\end{matrix} + \begin{matrix}\text{交易性}\\\text{金融资产}\end{matrix} + \begin{matrix}\text{应收}\\\text{票据}\end{matrix} + \begin{matrix}\text{应收}\\\text{账款}\end{matrix} + \begin{matrix}\text{其他应}\\\text{收款}\end{matrix} \tag{15.46}$$

在企业不存在待摊费用、待处理流动资产损失及其他流动资产项目时，这两种方法的计算结果应一致。否则，用第二种方法计算要比前一种准确，但比前者复杂。由于速动资产的变现能力较强，因此，一般经验认为，速动比率为100%就说明企业短期偿债能力强，低于100%则说明企业偿债能力不强，该指标越低，企业偿债能力越差。

应当指出，由于速动资产包括货币资金、交易性金融资产、应收票据、应收账款等项目，而应收票据和应收账款并不能保证按期收回，有些应收账款的回收期可能超过一年，甚至几年；应收票据即使可随时贴现，但有些票据当对方到期不承付时，实际上等于增加了负债，因此，将全部应收票据和应收账款都作为速动资产是不合适的。因此，计算与分析现金比率对准确反映企业的偿债能力也是有益的。

（三）现金比率的计算与分析

现金比率是指企业的现金类资产与流动负债之间的比率，通常有两种计算方法。一种是按货币资金与流动负债之比计算的现金比率，亦称货币资金率：

$$现金比率 = \frac{货币资金}{流动负债} \times 100\% \tag{15.47}$$

另一种是按现金及等价物与流动负债之比计算的现金比率：

$$现金比率 = \frac{现金及等价物}{流动负债} \times 100\% \tag{15.48}$$

在企业的流动资产或速动资产中，现金及其等价物的流动性最好，可直接用于偿还企业的短期债务。从稳健角度出发，现金比率用于衡量企业偿债能力最为保险。

应当指出，由于现金可用于即时支付，而流动负债是指可以在一年内或超过一年的一个营业周期内偿还的债务。计算现金比率，实际上是将某一时点可直接支付的资金与该时点的流动负债对比。因此，货币资金率不一定能准确反映企业的偿债能力。为解决这一问题，可采用企业支付能力系数指标进行计算与分析。

（四）企业支付能力系数的计算与分析

企业支付能力系数是反映企业短期偿债能力的重要指标。根据企业支付能力反映的具体时间的差异，支付能力系数可分为期末支付能力系数和近期支付能力系数两种。期末支付能力系数是指期末货币资金额与急需支付款项之比，其计算公式是：

$$期末支付能力系数 = \frac{货币资金}{急需支付款项} \tag{15.49}$$

其中，急需支付款项包括逾期未缴预算款项、逾期银行借款、逾期应付款项等。该指标大于或等于1说明企业有支付能力，反之说明企业支付能力不好，该指标越低，说明企业支付能力越差。近期支付能力系数是指企业在近期可用于支付的资金与近期需要支付的资金之间的比率，其计算公式是：

$$近期支付能力系数 = \frac{近期可用于支付的资金}{近期需要支付的资金} \tag{15.50}$$

这个指标在计算时必须注意四个问题：第一，这里所说的近期，可根据企业的实际支付情况而定，可以是三天、五天，也可以是十天或半月，当然也可计算企业当天的支付能力。第二，该指标分子和分母的口径应一致，即分子和分母所说的近期相同，都是三天或都是五天等等。第三，近期可用于支付的资金，是指到最后支付时点，企业可用于支付的资金数额，包括现金、银行存款、近期可收回的应收款、近期现销收入、其他可收回的资金等。第四，近期需要支付的资金，是指到最后支付时点，企业需要支付的资金数额，包括已经到期需要归还的各种负债、近期将要到期的负债，以及近期其他应付款或预交款等。企业近期支付能力系数对于评价企业短期或近期的偿债能力状况或财务状况有着重要的作用。该指标的评价与期末支付能力系数相同，当近期支付能力系数大于或等于1时，说明企业近期支付能力较好，反之，则说明企业近期支付能力不好，该指标越低，近期支付能力越差。

应当指出，进行企业短期偿债能力分析时，不能孤立地根据某一指标分析就下结论，而应根据分析的目的和要求并结合企业的实际情况，将各项指标结合起来综合考虑，这样才有利于得出正确的结论。

三、长期偿债能力分析

(一) 盈利能力对长期偿债能力的影响分析

企业盈利状况对企业长期偿债能力的影响，主要体现在企业利润越多，企业可用于偿还负债本息的资金就越多。因此，通过对反映企业盈利能力与负债本息之间关系的指标的计算与分析，可以明确说明企业的长期偿债能力状况。其实，正常地说，盈利能力对短期偿债能力和长期偿债能力都有影响，但由于利润是按权责发生制计算的，当期实现利润并不一定当期就取得货币收入，因此，并不能将利润或盈利能力与短期偿债能力划等号。而从长期看，利润与经营现金净流量是成正比的，利润越多，企业偿债能力就越强。从盈利能力角度对企业长期偿债能力进行分析评价的指标主要有债务本息偿付比率、利息赚取倍数和固定费用补偿倍数等。

1. 利息赚取倍数的计算与分析

利息赚取倍数，亦称利息保障倍数，指息税前正常营业利润与负债利息之比，其计算公式为：

$$利息赚取倍数=\frac{息税前正常营业利润}{利息支出总额} \tag{15.51}$$

式中的息税前正常营业利润是指扣除利息和所得税前的正常营业利润，它不包括非正常的项目、中断营业和特别项目等，按照我国的利润表项目看，息税前正常营业利润是指营业利润加利息，再加上投资收益；利息总额包括财务费用中的利息支出和资本化利息。利息赚取倍数指标反映了企业盈利与利息费用之间的特定关系，一般地说，该指标越高，说明企业的长期偿债能力越强；该指标越低，说明企业偿债能力越差。

运用利息赚取倍数分析评价企业长期偿债能力，从静态看，一般认为该指标至少要大于1，否则说明企业偿债能力很差，无力举债经营；从动态看，利息赚取倍数提高，说明偿债能力增强，否则，说明企业偿债能力下降。

2. 债务本息偿付保障倍数的计算与分析

债务本息偿付保障倍数是在利息赚取倍数计算与分析的基础上，进一步考虑债务本金和可用于偿还本金的固定资产折旧而计算的反映偿债能力的指标。债务本息偿付保障倍数的计算公式为：

$$债务本息偿付保障倍数=\frac{息税前正常营业利润+折旧}{利息额+偿还本金额/(1-所得税率)} \tag{15.52}$$

在计算债务本息偿付保障倍数时之所以要考虑折旧和所得税率，是因为折旧作为当期现金流入量可用于偿还长期负债；偿还本金额按所得税率进行调整是由于归还长期借款的利润是指企业的税后利润。另外，在计算该指标时，应注意分子和分母的口径相一致，如果计算某一年度的债务本息偿付保障倍数，则各项目都是按年度口径计算，如偿还本金额应是当年到期的长期负债额；如果计算的是一个时期的债务本息偿付保障倍数，则各项目都应是这一时期的数据。在这种情况下，债务本息偿付保障倍数大于1就说明企业具有偿债能力，该指标越高，说明企业的偿债能力越强；否则，如果该指标小于1，则说明企业无力偿还到期债务，指标越低，企业偿债能力越差。

3. 固定费用保障倍数的计算与分析

固定费用保障倍数是在前两个指标计算与分析的基础上，进一步考虑了租赁费用等固定费用支出所形成的反映偿债能力的指标，该指标的计算公式为：

$$固定费用保障倍数 = \frac{息税前正常营业利润 + 折旧 + 租赁费用}{利息总额 + 租赁费用 + 本金额/（1 - 所得税率）} \tag{15.53}$$

运用该指标反映企业的长期偿债能力，其内涵比前两个指标更广泛、更综合，将所有长期债务都考虑了进去。与前两个指标的评价标准相同，固定费用保障倍数至少要等于1，否则，说明企业无力偿还到期的长期债务。该指标越高，说明企业偿债能力越强。

对上述三个从盈利角度反映企业偿债能力指标的分析，还可以结合行业特点，依据行业标准进行，当企业偿债能力达到行业标准时，说明企业在同行业中处于比较先进的地位。另外，还可对这几个指标进行趋势分析，以反映企业偿债能力的变动情况和规律。

（二）资产规模对长期偿债能力的影响分析

企业资产是偿还企业债务的基本保证，因此，分析研究企业的偿债能力，最终还体现在资产规模与负债规模的比较上，一般地说，资产规模大于负债规模，则企业的偿债能力较好，否则，则说明企业偿债能力存在严重问题。从资产规模与负债关系角度进行长期偿债能力分析，主要可通过对长期负债率、资产负债率、净资产负债率等指标的计算与分析进行说明。

1. 资产负债率的计算与分析

资产负债率是综合反映企业偿债能力，尤其是反映企业长期偿债能力的重要指标。它是指企业的负债总额与资产总额之间的比率，其计算公式为：

$$资产负债率 = \frac{负债总额}{资产总额} \times 100\% \tag{15.54}$$

资产负债率指标既可用于衡量企业利用债权人资金进行经营活动的能力，也可反映债权人发放贷款的安全程度。该指标对于债权人来说，越低越好，因为在企业清算时，资产变现所得可能低于其账面价值，而所有者一般只负有限责任，比率过高，债权人可能蒙受损失。但就企业所有者和经营者而言，通常希望该指标高些，这样一方面有利于筹集资金扩大企业规模，另一方面有利于利用财务杠杆增加所有者获利能力。但资产负债率过高，反过来又会影响企业的筹资能力。因此，一般地说，该指标为50%比较合适，有利于风险与收益的平衡；如果该指标大于100%，表明企业已资不抵债，视为达到破产警界线。

2. 净资产负债率的计算与分析

净资产负债率是指企业的负债总额与所有者权益总额之间的比率，其计算公式是：

$$净资产负债率 = \frac{负债总额}{所有者权益总额} \times 100\% \tag{15.55}$$

该指标也是衡量企业长期偿债能力的一个重要指标，它反映了企业清算时，企业所有者权益对债权人利益的保证程度。从偿债能力或债权人的角度看，该指标越低越好，因为净资产负债率越低，所有者权益对负债偿还的保证程度就越大，债权人就越安全。但从企业所有者和经营者角度看，为了扩大生产经营规模和取得财务杠杆利益，适当的负债经营是有益的。一般认为该指标为100%比较合适。

从净资产负债率的计算结果可得出与资产负债率分析相同的结论，即企业有着较好的长期偿债能力，但企业的负债经营还有潜力可挖。

为了从安全或稳健角度出发，有时也可将企业的负债总额与有形净资产进行对比，形成有形净资产负债率，其计算公式为：

$$有形净资产负债率 = \frac{负债总额}{所有者权益 - 无形资产} \times 100\% \tag{15.56}$$

用此指标评价企业的偿债能力，是考虑有些无形资产在企业清算时的价值将受到严重影响，扣除无形资产使偿债能力更实在。

3. 长期负债率的计算与分析

长期负债率是反映企业长期偿债能力的指标之一。它通常是用企业的长期负债与企业的非流动资产之比进行计算，其公式是：

$$长期负债率 = \frac{长期负债}{非流动资产} \times 100\% \tag{15.57}$$

该指标反映了企业在清算时，可用于偿还长期负债的资产保证，该指标越低，说明长期偿债能力越强，债权人的安全性越高。从稳健原则出发，计算该指标时，应从分母的非流动资产中扣除无形资产，即：

$$长期负债率 = \frac{长期负债}{非流动资产 - 无形资产} \times 100\% \tag{15.58}$$

本章小结

从公司理财角度看，财务分析是以会计报告资料及其他相关资料为依据，采用一系列专门的分析技术和方法，对公司财务活动的盈利能力、营运能力、偿债能力和增长能力状况等进行分析与评价，为公司利益相关者了解企业过去、评价企业现状、预测企业未来，做出正确决策与控制提供准确的信息或依据。

公司理财中会计报告信息是至关重要的，但会计报告并不能完全、充分提供公司理财所需要的全部信息。财务分析是会计信息供给与会计信息需求之间的一座桥梁，它通过对会计信息的透视与剖析，满足会计信息需求者的不同要求。

在公司理财中，财务分析以公司理财目标为导向，以会计报告为基础，揭示反映公司财务状况（筹资、投资、分配）及成果（收入、利润）的会计信息质量，生成公司理财决策与控制中需要的相关、可靠信息，解析公司在价值创造和价值实现各个环节的增长能力、盈利能力、营运能力和偿债能力状况及存在的问题。杜邦财务综合分析体系可以全面、综合、系统地揭示公司理财各环节的财务状况及其效果。根据公司理财要求不同，财务综合分析体系可以有各种不同的变化与发展。通常财务分析可分类为盈利能力分析、营运能力分析和偿债能力分析。

企业盈利能力分析包括：资本经营盈利能力分析，主要对净资产收益率指标进行分析与评价；资产经营盈利能力分析，主要对全部资产报酬率指标进行分析和评价；商品经营盈利能力分析，主要对收入利润率和成本利润率进行分析；上市公司盈利能力分析，即对每股收益指标、普通股权益报酬率指标、股利发放率指标以及价格与收益比率指标进行分析。

企业营运能力分析的内容主要包括以下几方面：全部资产营运能力分析；流动资产营运能力分析，主要指对全部流动资产周转率分析，全部流动资产垫支周转率分析，流动资产周转加快效果分析和存货周转率分析；固定资产营运能力分析，主要指固定资产产值率分析和固定资产收入率分析。

企业偿债分析的内容受企业负债的内容和偿债所需资产内容的制约，不同的负债其偿还所需要的资产不同。一般地说，由于负债可分为流动负债和非流动负债，资产可分为流动资产和非流动资产，因此，偿债能力分析通常被分为短期偿债能力分析和长期偿债能力分析。

正确确定或选择财务分析评价标准，对于发现问题、找出差距、正确评价有着十分重要的意义与作用。通常，财务分析评价标准有经验标准、历史标准、行业标准、预算标准等。

本章参考文献

1. 张先治：《财务分析》，东北财经大学出版社 2005 年版。

2. 张新民：《企业财务分析（财务管理专业核心教材）》，浙江人民出版社 2000 年版。

3. 孙铮、王鸿祥：《财务报告分析》，企业管理出版社 1997 年版。

4. 洪国赐、卢联生：《财务报表分析》，三民书局股份有限公司 1998 年版。

5. ［美］戴维·F. 霍金斯著，孙铮、郭永清主译：《公司财务报告与分析：教程与案例》，东北财经大学出版社 2000 年版。

6. ［美］克雷沙·帕利普等著，李延钰等译：《经营透视：企业分析与评价》，东北财经大学出版社 1998 年版。

7. ［美］埃里克 A. 海尔菲特著，张建军主译：《财务分析技术》，中国财政经济出版社 2001 年版。

8. A. Damodaran, INVESTMENT VALUATION, John Wiley & Sons, Inc. 1996.

9. Charles H. Gibson, Financial Reporting & Analysis, Thomson, Ninth Edition. 2004.

10. Frank J. Fabozzi & Pamela P. Peterson, Financial management & Analysis, John Wiley & Sons, Second Edition. 2003.

公司财务评价

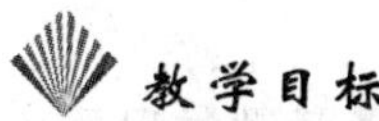
教学目标

◇基本目标

本章教学目标是使学生了解财务评价作用与模式，理解财务评价内涵与系统，掌握财务评价程序与方法。

◇具体目标

理解财务评价的内涵，明确财务评价与非财务评价之间的联系与区别；

明确财务评价在公司管理控制和公司理财中的地位，理解财务评价在公司理财中所起的作用；

理解财务评价系统内涵，明确财务评价系统要素构成；

探索会计基础、经济基础和战略管理三种业绩评价模式，了解三种模式的优缺点；

理解财务评价程序内涵，掌握构成财务评价程序的基本步骤；

探讨财务单一评价方法和综合评价方法，掌握两种评价方法应用的基本原理；

能够运用财务评价方法，指导公司财务评价工作。

本章提要

本章主要论述了财务评价内涵与作用、财务评价系统与模式、财务评价程序与方法三部分内容。回答了以下问题：什么是财务评价，财务评价与非财务评价之间是什么关系？财务评价在管理控制和公司理财中处于什么地位？财务评价在公司理财中具有哪些主要作用？财务评价系统由哪些基本要素构成，要素之间是什么关系？会计基础、经济基础和战略管理这三种业绩评价模式分别具有哪些优缺点？财务评价程序由哪些基本步骤构成？财务评价的单一评价方法和综合评价方法的基本原理是什么？

本章第一节对财务评价的内涵进行了界定，明确了财务评价和非财务评价之间的关系，同时指出了财务评价在公司管理控制和公司理财中处于重要地位，并探讨了财务评价在公司理财中所具有的主要作用。第二节明确了财务评价系统的内涵及其构成基本要素，分析了各基本要素之间的关系，在此基础上探讨了业绩评价模式的划分，着重介绍了会计基础、经济基础和战略管理这三种业绩评价模式，并比较了其优缺点。第三节论述了财务评价程序的概念，阐述了构成财务评价程序的基本步骤，同时探讨了财务单一评价和综合评价方法，重点介绍了经济增加值（EVA）和综合评分法应用的基本原理。

本章全面论述了财务评价的基本内容，从管理控制重要程序的角度阐述了公司理财的重要工具，明确了现代公司理财目标的实现有赖于财务评价的运用。

第一节 财务评价内涵与作用

一、财务评价的内涵

财务评价是指在财务分析的基础上，运用一定的评价方法对公司财务活动过程及其效率效果进行判断的过程。因此，财务评价既可以是对公司筹资活动、投资活动、经营活动和分配活动等财务活动进行评价，也可以是对公司盈利能力、营运能力、偿债能力和增长能力等财务能力进行评价。财务评价主要是依据公司财务报表数据，运用财务指标进行业绩评价。

在基于价值管理的现代公司理财环境下，公司财务活动及其效率和效果，由于其活动的综合性、财务活动效率及效果与公司目标的统一性，必然成为公司业绩评价的重点。通过财务评价，可以衡量公司在某个时期为股东实现的财务业绩以及创造的股东价值。财务评价在实践中得到广泛应用，除了其重要性以外，还因为财务指标计算数据的生成严格遵循会计准则和会计程序，具有较高程度的可比性和可靠性。

尽管如此，财务评价并不是公司业绩评价的全部。仅仅进行财务评价，无法反映公司股东价值创造活动的全部，也无法全面地反映公司价值驱动因素。特别是在基于价值的现代公司理财环境中，经济全球化、信息革命和市场的瞬息万变导致公司竞争加剧，从现实来看，公司竞争的核心已经转变为技术竞争和人才竞争，物质资本在公司股东价值创造活动中的作用逐渐下降，公司的无形资产比重逐步上升，知识资本对公司股东价值创造产生了越来越重要的影响，包括研究开发、员工培训和品牌建设等活动在内的非财务活动对公司未来财务业绩和股东价值创造具有长期的效应。在这种情况下，对公司的业绩评价，已经逐步从仅仅依赖财务评价过渡到强调财务评价和非财务评价相结合，平衡计分卡的产生及其广泛运用就是对这种趋势最好的说明。

二、财务评价的作用

从管理控制系统的要素角度看，业绩评价是构成管理控制系统的重要要素之一；从管理控制系统的程序角度看，业绩评价是战略执行控制过程的重要环节。作为管理控制系统要素或环节的业绩评价，是指对一个组织的管理者的管理控制结果或业绩进行评价，也就是对管理者执行组织战略的效果效率进行评价。一个组织的业绩与组织中管理者的业绩可能是不同的。业绩评价属于一种行为，涉及到一个由谁组织，对什么进行评价的问题，管理控制中的业绩评价更侧重于对管理者或战略执行控制者的业绩评价，其评价主体主要是公司董事会和各级管理者。经营者评价只是其中一个方面，正如2006年颁布的新《企业财务通则》所指出的那样，投资者的财务管理职责之一是对经营者实施财务监督和财务考核。

公司组织目标中的财务目标通过战略规划、战略计划和预算等环节，逐层进行分解细化，形成了预算控制指标体系和预算控制标准体系，最终落实到各部门，成为各级管理者执行战略的依据。公司要最终实现其财务目标，就需要利用业绩评价这一工具了解各级管理者执行战略的效果效率，就需要评价各级管理者实现预算控制标准的程度。如果缺乏对各级管理者的业绩评价，那么，对管理者而言，就会缺乏执行战略、落实预算的主动性和积极性，就会导致管理者的行为偏离既定的预算控制目标；对公司而言，就可能难以掌握各级管理者执行战略、落实预算的效果效率，就可能难以实现公司预算总目标。可见，业绩评价对于部门预算目标和公司整体预算目标的实现具有不可或缺的重要作用。实际上，构成预算管理系统重要环节的预算考评就包含了财务评价，这里的财务评价主要是针对部门预算目标和公司整体预算目标实现的。

当然，管理控制系统中的业绩评价还侧重于对公司组织目标的非财务目标实现效果效率进行评价，也就是包含非财务评价。从这一意义上讲，知识经济环境中的公司进行业绩评价，不应该仅仅重视财务活动的业绩评价，还需要注重非财务活动的业绩评价；公司完善的业绩评价系统，不仅包括财务业绩评价指标和评价标准（即预算控制指标和预算控制标准），而且包括非财务业绩评价指标和评价标准。

可见，财务评价在公司股东价值创造过程中发挥着重要的作用。这种作用体现为财务部门在公司股东价值创造活动中扮演的角色。应该说，财务部门在公司股东价值创造活动中扮演着非常重要的角色。在基于价值管理的情况下，公司的经营业绩应主要体现在股东价值创造上，以是否为股东和企业创造价值为评价的根本标准。评价指标主要以价值量指标为主，包括以价值量反映的经营效率指标和效果指标。因此，财务活动尤其是资本经营活动不仅是股东价值创造活动的重要内容，而且是公司经营业绩评价的主要内容。

第二节　财务评价系统与模式

一、财务评价系统

业绩评价作为管理控制系统的一个子系统，其本质上属于一个由各个要素组成的具有整体目的性和内在联系性的综合体。同样，财务评价作为业绩评价的重要组成部分，本质上也构成了一个相对独立的子系统。一个典型的财务评价系统应该由评价主体、评价客体、评价目标、评价指标、评价标准、评价方法、评价报告等基本要素构成。管理控制系统中的财务评价，其评价主体和评价客体基本明确，评价主体主要是公司董事会和各级管理者，评价客体是各级管理者，当然也涉及到对部门的业绩评价。下面主要论述其他基本要素。

（一）评价目标

评价目标是通过业绩评价所要达到的目的。它是与评价主体和评价客体相联系的一个内容，因为不同的评价主体对于同一评价客体存在着不同的需求，不同的评价客体又存在着不同的情形。评价目标与组织目标相关，但更多的是依赖于战略目标的分解，体现为影响战略实现的关键成功因素（KSFs）。对于基于价值管理的现代公司而言，其评价目标也趋于多元化，既包括财务目标，又包括非财务目标；既要追求股东价值最大化，又要考虑关键利益相关者的要求。

（二）评价指标

评价指标是指对评价客体的哪些方面进行评价。从业绩评价演变的进程观察，评价指标的变化趋势具有三种特征：第一，评价指标的表现形式已经从过去的单一指标逐渐过渡到多元的指标体系；第二，评价指标的计算基础已从当初仅仅只有会计基础财务指标逐渐发展成为各种基础皆有；第三，评价指标的反映内容已经从过去的仅仅关注财务结果逐步拓展到关注驱动财务结果的非财务活动。

（三）评价标准

评价标准是判断评价客体业绩优劣的基准。评价标准最初是以实际的业绩水平为准来评判，也就是采取绝对基础。随着组织背景的逐渐变化，采用绝对基础作为评价标准的做法也逐渐被以相对基础（选择别的参照物为基础）作为评价标准的做法所替代；而后相对基础的评价标准，又由最开始的历史标准逐渐产生了预算标准和行业标准。因此，就目前而言，业绩评价系统最为常用的三类标准是预算标准、历史标准和行业标准（包括竞争对手的标准）。

（四）评价方法

评价方法解决的是如何评价的问题，即采用一定的方法运用评价指标和评价标准，从而获得评价结果。没有科学合理的评价方法，评价指标和评价标准就成了孤立的评价要素，也就失去了本身存在的意义。目前在实践中应用比较广泛的评价方法主要有三类：单一评价方法、综合评价方法和多角度平衡评价方法。单一评价方法就是应用一个最综合的指标评价经营业绩，以控制评价客体评价目标的实现，以经济增加值（Economic Value Added，英文缩写 EVA）方法为典型代表。综合评价方法就是运用一系列指标从不同角度或侧面评价经营业绩，具体又可以分为指标分解评价方法和指标综合评价方法，前者以杜邦财务分析体系和帕利普财务分析体系为代表，后者包括综合指数法、功效系数法等。多角度平衡评价方法本质上也属于指标综合评价方法，但是，由于这一类型的方法与传统的评价方法相比，更多的是注重不同类型指标之间的平衡关系，强调不同类型指标之间的因果关系或互动关系，并且在评价指标设计、评价程序确立等方面具有一定的创新，因此，单独列为一类方法，其中又以平衡计分卡（Balanced Scorecard，英文缩写为 BSC）为典型。

（五）评价报告

评价报告实际上属于财务评价系统的输出信息，也是财务评价系统的结论性文件。评价主体以评价客体为对象，通过会计信息系统和其他管理信息系统，获取与评价客体有关的信息，通过加工和整理计算评价指标，将评价指标实际数值与预先设置的评价标准进行对比，分析差异的产生原因、责任及影响，从而得出评价结论，最终形成了评价报告。评价报告的编制应按照评价指标计算、差异计量与分析、评价结论形成、奖惩建议等几个步骤进行，但其关键步骤在于评价指标计算和差异分析。

财务评价系统各要素之间存在相互依存、相互支持的关系，具体表现在：评价目标是财务评价系统的指南和目的，它决定了评价指标的选择、评价标准的设置、评价方法的确立和评价报告的编报。评价目标从定性和定量两个维度又分解为评价指标和评价标准，即评价指标反映评价目标的具体内容，评价标准反映评价目标的具体水平。评价指标和评价标准相互影响。评价指标和评价标准是形成评价方法的基础，其类型的选择会影响评价方法的确立。评价方法不仅是对评价指标和评价标准的具体运用，而且是对实际业绩是否达到评价目标的判断过程和处理过程。评价报告是整个财务评价系统的输出信息，是对财务评价系统其他要素的最终反映和综合体现。当然，评价报告的深度、广度与可信度要取决于评价指标、评价标准和评价方法的科学性。财务评价系统各要素及其关系如图 16 - 1 所示：

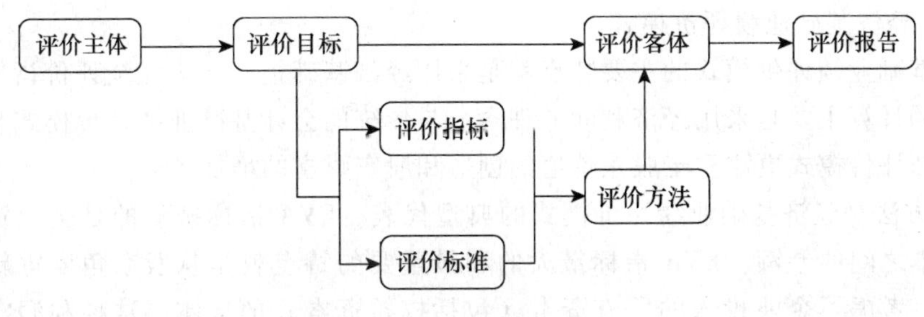

图 16 - 1　财务评价系统构成

二、财务评价模式

业绩评价系统根据不同的划分标准可以划分为不同的模式。以评价指标的计算基础为主要划分依据，综合考虑评价目标、评价方法等其他因素的不同，可以将业绩评价产生以来出现的业绩评价系统划分为成本控制、会计基础、经济基础、战略管理和利益相关者等五种模式。这五种模式都与财务评价相关。其中，成本控制模式、会计基础模式和经济基础模式强调财务指标的应用，属于财务评价类型；而战略管理模式和利益相关者模式虽然强调非财务评价指标的应用，但同时也肯定了财务评价指标的作用，因此也包含了财务评价。由于这种原因，再加上会计基础、经济基础和战略管理是目前为止已被人们广泛接受并在实践中得到普遍应用的业绩评价模式，因此，本部分重点介绍这三种业绩评价模式。

（一）会计基础业绩评价模式

会计基础业绩评价模式的主要特点就是采用会计基础指标作为业绩评价指标。会计基础指标的计算主要是利用会计报表的数据。会计基础业绩评价模式的内容和方法根据评价对象与评价目的的不同而有所不同。如它可以是对筹资活动、投资活动、经营活动和分配活动的综合评价；也可以是对盈利能力、营运能力、偿债能力和增长能力的综合评价。我国企业经济效益评价体系（1995）从评价指标体系看，是对盈利能力、偿债能力和社会贡献能力三个方面进行综合评价。我国国有资本金效绩评价体系（1999）从指标体系看，是对财务效益状况、资产营运状况、偿债能力状况和发展能力状况四个方面进行评价[①]。会计基础业绩评价的方法有许多，包括综合指数法、综合评分法、功效系数法等。企业经济效益评价使用的是综合指数法；国有资本金效绩评价使用的是功效系数法。

会计基础业绩评价模式的优点在于：会计基础指标计算数据相对容易取得，且严格遵循公认会计准则，具有较高程度的可比性和可靠性。

会计基础业绩评价模式的局限性在于：（1）会计收益的计算未考虑所有资本的成本，仅仅解释了债务资本的成本，然而却忽略了对权益资本成本的补偿。（2）由于会计方法的可选择性以及财务报表的编制具有相当的弹性，使得会计收益存在某种程度的失真，往往不能准确地反映企业的经营业绩。（3）会计收益是一种“短视指标”，片面强调利润容易造成企业管理者为追求短期效益，而牺牲企业长期利益的短期行为。

（二）经济基础业绩评价模式

经济基础业绩评价模式的主要特点就是采用经济基础指标作为业绩评价指标。经济基础指标的计算主要是采用经济利润的理念。与传统的会计基础业绩评价模式相比，经济基础业绩评价模式更注重于股东价值的创造和股东财富的增加。

EVA 方法是经济基础业绩评价模式的典型代表。EVA 指标衡量的是企业资本收益和资本成本之间的差额。EVA 指标最大的和最重要的特点就是从股东角度重新定义企业的利润，考虑了企业投入的所有资本（包括权益资本）的成本。这种利润实质上就是属于投资者所有的真实利润，也就是经济学上所说的经济利润。EVA 指标由于在计算上考虑了企业的权益资本成本，并且在利用会计信息时尽量进行调整以消除会计失真，因此，能够更加真实地反映一个企业的业绩。更为重要的是，EVA 指标的设计着眼于企业的长期发展，而不是像净利润一样仅仅是一种短视指标，因此，应用该指标能够鼓励经营者进行能给企业带来长远利益的投资决策，如新产品的研究和开发、人力资源的培养等。这样就能杜绝企业管理者短期行为的发生。此外，应用 EVA 能够建立有效的激励报酬系统，这种系统通过将管理者的报酬与从增加股东财富的角度衡量企业业绩的 EVA 指标相挂钩，正确引导管理者的努力方向，促使管理者充分关注企业的资本

① 2002 年国家财政部、经贸委、中央企业工委、劳动保障部和国家计委对这一体系进行了修订，并更名为企业效绩评价体系。

增值和长期经济效益。

由于 EVA 评价系统所选择的评价指标是唯一的，即 EVA 指标，从而造成评价主体只关心管理者决策的结果，而无法了解驱动决策结果的过程因素，结果 EVA 评价系统只能为战略制订提供支持性信息，而为战略实施提供控制性信息这一目标则不易达到。EVA 评价系统的另一局限性在于 EVA 指标的计算。EVA 的计算本身就是一个复杂的问题，其难点反映在两个方面：其一，EVA 的会计调整；其二，资本成本的计算。由于这两个问题的存在增加了 EVA 计算的复杂程度，从而对 EVA 的应用造成了一定的负面影响。

（三）战略管理业绩评价模式

战略管理业绩评价模式源于 20 世纪 90 年代，此时人类社会开始由工业经济向知识经济转轨。引入非财务指标并将评价指标与战略相联系是战略管理业绩评价模式的显著特点。平衡计分卡（BSC）是这一模式的典型代表，强调财务指标与非财务指标之间的平衡。

如果说工业经济时代强调的是财务资本，那么，在知识经济时代限制企业发展的关键因素是知识或者说是智力资本。无形资产在企业生产经营中起到越来越重要的作用，是影响企业价值的关键驱动因素。因此，企业界的管理者基于传统财务业绩指标的固有局限性，感觉到有必要对股东价值创造的流程进行监控，有必要评价企业在其他非财务领域上的业绩。基于这种背景，实务界和理论界逐渐致力于将财务指标、非财务指标和战略联系起来，对战略业绩评价的研究迅速升温。

战略管理业绩评价模式最具有代表性也最具有广泛影响力的是 BSC。1992 年，哈佛商学院教授罗伯特·卡普兰（Kaplan）和复兴全球战略集团创始人戴维·诺顿（Norton）在《哈佛商业评论》上联合发表了一篇题为“BSC：驱动业绩的评价指标”的文章。该文章是以 1990 年参与项目小组的 10 家公司试用这一新型业绩评价方法所得到的实证数据为基础的①。这篇文章在理论界和实务界引起了巨大轰动。之后，他们通过发表文章和出版著作等多种形式，进一步解释了企业在实践中应该如何运用 BSC 作为控制战略实施的重要工具。卡普兰和诺顿的这些文章和著作集中体现了 BSC 自产生以来的发展历程：不仅评价指标不断丰富和创新，而且系统本身逐渐也从单纯的业绩评价提升到了战略管理的高度。

BSC 的基本思路，如图 16－2 所示，就是将影响企业运营的包括企业内部条件和外部环境、表面现象和深层实质、短期成果和长远发展的各种因素划分为几个主要的方面，即财务、客户、内部流程和学习与成长等四个方面，并针对这四个主要的方面，设计出相应的评价指标，以便系统、全面、迅速地反映企业的整体运营状况，为企业的平衡管理和战略实现服务。因此，BSC 是以企业的战略为导向，以管理为核心，以各个方面相互影响、相互渗透为原则，建立起来的一个网络式的业绩评价系统。

---

① 1990 年，美国的诺兰诺顿学院设立了一个为期一年的项目，专门研究一个新的内部管理业绩评价模式的开发，一共有 10 家公司参与了这一次开发项目，包括苹果电脑、杜邦、通用电气、惠普、加拿大壳牌公司等。

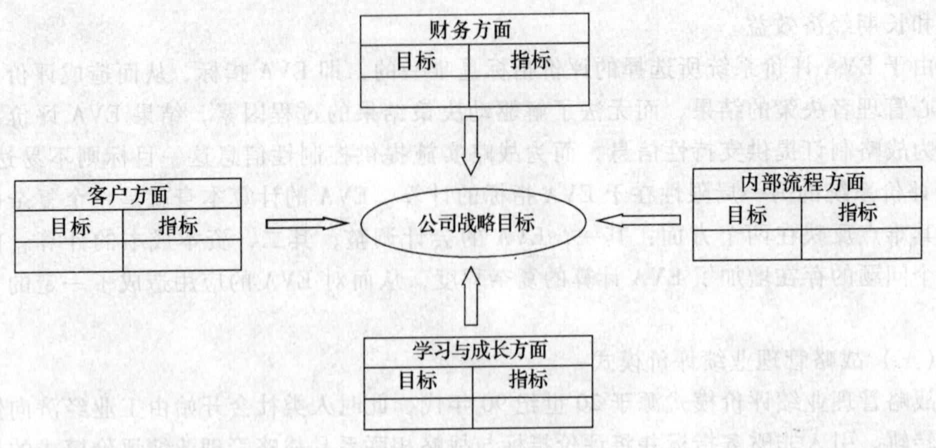

图 16－2 平衡计分卡的基本形式

BSC 作为一种业绩评价系统，其优点在于：第一，将目标与战略具体化，加强了内部沟通；第二，有效地实现了指标间的平衡，强调了指标间的因果关系；第三，兼顾了不同相关利益者的利益，有利于获取和保持竞争优势；第四，兼顾非财务业绩计量，增强了过程控制和结果考核的联系。正是由于 BSC 的这些优点，BSC 自 20 世纪 90 年代初产生以来，便迅速在西方受到广泛关注并取得长足发展。《哈佛商业评论》将 BSC 评论为过去 75 年来最具影响力的管理思想之一。越来越多的企业应用 BSC，BSC 已成为西方企业的一项重要管理工具。BSC 自产生以来在西方显示出旺盛的生命力，它适用于各种行业与组织，可以通过不同模式为不同目的服务，并创造出千变万化的具体结构和内容。

以 BSC 为例，战略管理业绩评价模式的局限性体现在：

第一，在评价目标的确定方面，尽管 BSC 从不同方面关注了客户、员工等利益相关者的利益，但忽略了通过利益相关者分析来认识企业经营目标和发展战略，因而可能导致不能准确地确定提高利益相关者满意度的关键动因。

第二，在评价指标的选择方面，BSC 对于如何选择特定的业绩评价指标并没有具体展开。在已有的相关文献中，几乎没有关于 BSC 如何将结果和方式相联系的指导性原则。正是由于这种因果关系的不明确，导致 BSC 遭到了许多的质疑。另外，非财务评价指标的设计和计算也是一个难题。

第三，在评价方法方面，BSC 并没有给出明确的答案，一种可能的解释就是，BSC 作为一种管理理论，其创新之处在于使经营者有一种正确认识企业业绩评价的视角，帮助经营者做出正确的战略规划并有效地执行，至于单个指标的计分方法、权重的确定并不是它所讨论的重点。但这恰恰是一个产生问题的重要领域。卡普兰和诺顿并没有对其所使用的不同指标说明如何进行权衡（trade－off）。不能明确表达如何在大量的指标中进行权衡，计分卡就无法达到“平衡”。

第三节 财务评价程序与方法

一、财务评价程序

财务评价需要遵循一定的程序。财务评价的程序是指业绩评价系统的实施步骤，包括设计、应用、调整等方面。合理的程序是从组织方面为财务评价系统的设计和应用提供保障。财务评价程序和业绩评价程序一致。一般而言，业绩评价程序包括以下基本步骤：

（一）确定评价目标

评价目标包括财务目标与非财务目标。在基于价值管理情况下，公司财务目标实际上就是公司预算总目标，衡量的是股东价值创造的效率和效果；非财务目标反映的是影响股东价值创造的驱动因素。

（二）分析评价客体

对评价客体进行分析，并对评价客体进行分类，最主要目的在于明确责任。在基于价值管理情况下，公司内部可划分为资本经营中心、资产经营中心、商品经营中心和产品经营中心，不同的评价客体在公司价值创造中承担着不同的责任，因此，需要区别评价。

（三）建立评价指标体系

通过战略规划和战略计划，将评价目标进行逐层分解细化。其中，财务日标通过预算进行层层分解，逐步落实到各级管理者岗位，成为部门预算控制目标。在基于价值管理情况下，公司应该建立以财务预算为中心的全面预算体系，建立起基于价值的全面预算控制指标体系，业绩评价也应该以预算控制指标为依据。

（四）设置评价标准

根据战略目标，主要参考历史数据和行业数据，结合市场预测，最终确定各评价指标的具体水平，即设置评价标准。对于财务目标而言，就是形成各级管理者的预算控制标准，使之执行战略具有行动的依据。也就是说，需要形成基于价值的全面预算控制标准体系，与全面预算控制指标体系相结合，共同反映公司的股东价值创造目标。

（五）选择评价方法

在评价指标和评价标准确定之后，需要采用一定的方法运用评价指标和评价标准，才能获得评价结果。公司可以根据自身实际情况采用合适的评价方法。对丁公司股东价值的衡量，我们可以采用单一评价方法，如采用EVA方法。对于多元财务目标的业绩评价，通常采用的是综合指数法、综合评分法等。

（六）收集并整理评价数据

没有基础数据，就难以与预先设定的评价标准进行对比，就无法进行正确的业绩评价。会计信息系统需要为财务目标的业绩评价提供基础财务数据。

（七）形成评价报告

应用所选择的评价方法，利用评价数据，将评价指标的实际结果与评价标准进行对比，计算出业绩评价的最终结果，并提交评价报告。财务业绩评价结果计算和评价报告编制需要由公司财务部门负责。

（八）调整业绩评价系统

如果公司的外部环境和内部环境发生了根本性的变化，或者根据业绩评价系统运行结果发现存在不合理之处，那么，需要对现行的业绩评价系统进行调整。

二、财务评价方法

（一）财务单一评价法

财务单一评价方法就是选择单一财务指标，计算该指标的实际值，并与所设置的评价标准进行比较，从而对评价客体的经营业绩做出评价结论。EVA 实质上就是这样一种单一评价方法。

要使 EVA 在实践中得到广泛应用，关键是要解决它的计算问题。根据 EVA 的基本定义，它可以表述为：EVA 等于税后净经营收益减去投入资本的成本，即是指企业在现有资产上取得的收益与资本成本之间的差额。其计算公式表示如下：

$$EVA = 资本收益 - 资本成本 = NOPAT - WACC \times 投入资本总额 \tag{16.1}$$

其中，NOPAT 指经过调整的税后营业净利润（未扣除债务资本成本），WACC 为企业加权平均资本成本。

总体来讲，EVA 指标的计算难点体现在两个方面：

一是 NOPAT 和投入资本总额的计算。因为经过调整的 NOPAT 和投入资本总额不能从财务报告中直接获得，所以必须在公司公布的财务数据基础上做一定的调整。在具体调整中，应把握三个核心原则：

（1）NOPAT 反映的是企业正常业务利润，因为企业只有拥有通过正常生产经营活动创造利润的能力，才能持续地为股东创造价值，非正常业务利润不具有持续性，不能反映企业创造价值的能力，因此，必须将非正常业务利润加以剔除。

（2）EVA 指标中也应该反映非财务活动，如研究开发、教育培训、品牌建设等，不应局限在按现行会计准则提供的财务数据中，因此，必须进行相应会计调整以使指标能够更真实地反映企业创造价值的能力。

（3）计算 NOPAT 时应加回债务利息，因为在 EVA 计算公式中所使用的资本成本是加权平均资本成本，已经涵盖了债务资本成本——利息，如果在 NOPAT 中继续扣除会造成重复。

二是资本成本，即 WACC 的计算也涉及到比较复杂的过程，尤其是股权资本成本 K_e 的计算。在计算股权资本成本时可以有以下几种方法：

（1）按货币时间价值计算权益资本成本。货币时间价值实质上是指在无风险情况下的投资收益，因此，K_e 等于无风险投资报酬率。

（2）按正常利润计算权益资本成本。正常利润是指可诱使资本所有者投资的最低资本回报。正常利润中除包含资本时间价值（即无风险的投资报酬）之外，还含有资本的风险补偿，所以 K_e 等于无风险投资报酬率与风险补偿之和。由于资本风险补偿计算困难，而且通常资本所有者投资至少希望得到社会平均利润率，因此，K_e 也可以等于社会平均资本利润率。

（3）按普通股计算权益资本成本。普通股成本有许多种计算方法。常用的方法是“现金股利折现法”和“资本资产定价模型法”。EVA 倡导者就是利用资本资产定价模型（CAPM）来计算权益成本的。

（二）财务综合评价法

财务综合评价法就是运用一系列财务指标从不同角度或侧面评价经营业绩，主要包括综合指数法和综合评分法等。本部分以综合评分法为例说明财务综合评价法的基本原理。下面根据 2006 年国务院国有资产监督管理委员会发布的《中央企业综合绩效评价实施细则》来说明综合评分法的方法及其应用。

1. 选择财务业绩评价指标

进行财务业绩综合评价的首要步骤是正确选择评价指标，指标选择要根据评价目的和要求，考虑评价的全面性和综合性。根据 2006 年国务院国有资产监督委员会颁布的实施细则，选择的财务业绩评价指标见表 16－1。

表 16－1　　公司财务业绩评价指标体系

评价指数类别	财务绩效定量评价指标	
	基本指标	修正指标
一、盈利能力状况	净资产收益率 总资产报酬率	销售（营业）利润率 盈余现金保障倍数 成本费用利润率 资本收益率
二、资产质量状况	总资产周转率 应收账款周转率	不良资产比率 流动资产周转率 资产现金回收率
三、债务风险状况	资产负债率 已获利息倍数	速动比率 现金流动负债比率 带息负债比率 或有负债比率
四、经营增长状况	销售（营业）增长率 资本保值增值率	销售（营业）利润增长率 总资产增长率 技术投入比率

2. 财务业绩评价指标计算

（1）财务业绩评价基本指标计算。财务业绩基本指标中的大部分指标的定义与计算在“第十五章　公司财务分析”中已经介绍，在这里主要介绍其他指标的定义与计算。

①已获利息倍数，指息税前利润与利息支出之间的比率，可用于衡量企业的偿债能力。其计算公式为：

$$\text{已获利息倍数} = \frac{\text{利润总额} + \text{利息支出}}{\text{利息支出}} \tag{16.2}$$

②销售（营业）增长率，销售（营业）增长率是反映企业销售（营业）收入增长情况的指标。其计算公式为：

$$\text{销售（营业）增长率} = \frac{\text{本年营业收入} - \text{上年营业收入}}{\text{上年营业收入}} \times 100\% \tag{16.3}$$

③资本保值增值率，可用于衡量企业所有者权益的保持和增长幅度。其计算公式为：

$$\text{资本保值增值率} = \frac{\text{扣除客观增减因素的年末所有者权益}}{\text{年初所有者权益}} \times 100\% \tag{16.4}$$

为了突出说明综合评分法的应用，在这里省去各财务业绩评价指标的计算过程，直接给出了 MA 公司 2005 年各项基本指标，如表 16－2 所示。

表 16－2　　MA 公司 2005 年财务绩效基本指标表

基本指标	2005 年
净资产收益率	15.89%
总资产报酬率	6.81%
总资产周转率（次）	0.69
应收账款周转率（次）	7.16
资产负债率	77.19%
已获利息倍数（倍）	3.68
销售（营业）增长率	28.81%
资本保值增值率	125.37%

（2）财务业绩评价修正指标及其计算。未在第十五章介绍的财务业绩修正指标计算公式如下：

$$\text{①盈余现金保障倍数} = \frac{\text{经营现金净流量}}{\text{净利润}} \times 100\% \tag{16.5}$$

$$\text{②资本收益率} = \frac{\text{净利润}}{\text{平均资本}} \times 100\% \tag{16.6}$$

$$\text{平均资本} = \left[\left(\begin{matrix}\text{年初实}\\\text{收资本}\end{matrix} + \begin{matrix}\text{年初资}\\\text{本公积}\end{matrix}\right) + \left(\begin{matrix}\text{年末实}\\\text{收资本}\end{matrix} + \begin{matrix}\text{年末资}\\\text{本公积}\end{matrix}\right)\right] \Big/ 2 \tag{16.7}$$

$$\text{③}\begin{matrix}\text{不良资}\\\text{产比率}\end{matrix} = \frac{\begin{matrix}\text{资产减值}\\\text{准备余额}\end{matrix} + \begin{matrix}\text{应提未提和应摊}\\\text{未摊的潜亏挂账}\end{matrix} + \begin{matrix}\text{未处理}\\\text{资产损失}\end{matrix}}{\text{资产总额} + \text{资产减值准备余额}} \times 100\% \tag{16.8}$$

$$\text{④资产现金回收率} = \frac{\text{经营现金净流量}}{\text{平均资产总额}} \times 100\% \tag{16.9}$$

⑤带息负债比率 $=\dfrac{\text{短期借款}+\text{一年内到期的长期负债}+\text{长期借款}+\text{应付债券}+\text{应付利息}}{\text{负债总额}}\times 100\%$ （16.10）

⑥或有负债比率 $=\dfrac{\text{或有负债余额}}{\text{所有者权益}}\times 100\%$ （16.11）

或有负债余额 = 已贴现承兑汇票 + 担保余额 + 贴现与担保外的被诉事项金额 + 其他或有负债 （16.12）

⑦销售（营业）利润增长率 $=\dfrac{\text{本年营业利润}-\text{上年营业利润}}{\text{上年营业利润}}\times 100\%$ （16.13）

⑧总资产增长率 $=\dfrac{\text{年末资产总额}-\text{年初资产总额}}{\text{年初资产总额}}\times 100\%$ （16.14）

⑨技术投入比率 $=\dfrac{\text{本年科技支出合计}}{\text{营业收入}}\times 100\%$ （16.15）

根据上述公式计算 MA 公司 2005 年各项修正指标如表 16－3 所示。

表 16－3　　MA 公司 2005 年财务绩效修正指标表

修正指标	2005 年
销售（营业）利润率	2.46%
盈余现金保障倍数（倍）	2.24
成本费用利润率	7.54%
资本收益率	16.99%
不良资产比率	0.97%
流动资产周转率（次）	0.98
资产现金回收率	7.78%
速动比率	90.94%
现金流动负债比率	12.26%
带息负债比率	52.30%
或有负债比率	6.1%
销售（营业）利润增长率	81.53%
总资产增长率	14.03%
技术投入比率	1.50%

3. 确定各项经济指标的标准值及标准系数

为了准确评价企业经营业绩，对各项经济指标标准值的确定，根据企业类型不同及指标分类情况规定了不同的标准。

（1）财务绩效基本指标标准值及标准系数。基本指标评价的参照水平即标准值由财政部定期颁布，分为五档。不同行业、不同规模的企业有不同的标准值。例如，金属加工机械制造业大型企业财务绩效基本指标标准值见表 16－4。

表 16-4　　金属加工机械制造业大型企业财务绩效基本指标标准值表

档次（标准系数） 项 目	优秀 (1)	良好 (0.8)	平均值 (0.6)	较低值 (0.4)	较差值 (0.2)
净资产收益率（%）	13.8	10.3	6.4	2.7	-0.9
总资产报酬率（%）	9.1	7.3	4.0	2.2	0.0
总资产周转率（次）	1.1	0.9	0.7	0.6	0.5
应收账款周转率（次）	8.6	6.8	4.2	2.9	1.7
资产负债率（%）	40.2	53.4	62.1	74.8	84.7
已获利息倍数（倍）	5.7	3.4	2.3	1.7	0.9
销售（营业）增长率（%）	35.7	27.5	18.3	14.2	3.5
资本保值增值率（%）	111.7	109.2	106.1	102.4	98.3

（2）财务绩效修正指标标准值及修正系数。基本指标有较强的概括性，但是不够全面。为了更加全面地评价企业绩效，另外设置了四类 14 项修正指标，根据修正指标的高低计算修正系数，用得出的系数去修正基本指标得分。金属加工机械制造业大型企业财务绩效修正指标标准值（见表 16-5）由财政部定期发布。

表 16-5　　金属加工机械制造业大型企业财务绩效修正指标标准值表

指标（标准系数） 项 目	优秀 (1)	良好 (0.8)	平均 (0.6)	较低 (0.4)	较差 (0.2)
一、盈利能力状况					
销售（营业）利润率（%）	20.9	18.4	15.0	11.4	7.0
盈余现金保障倍数（倍）	6.4	3.5	1.0	-0.5	-2.3
成本费用利润率（%）	10.9	7.8	4.7	0.4	-3.3
资本收益率（%）	16.3	10.4	5.9	0.7	-1.2
二、资产质量状况					
不良资产比率（%）	0.6	2.4	5.0	7.2	11.5
流动资产周转率（次）	1.8	1.4	1.0	0.8	0.6
资产现金回收率（%）	10.6	9.2	4.4	1.5	0.3
三、偿债风险状况					
速动比率（%）	105.3	87.1	59.3	42.7	26.7
现金流动负债比率（%）	18.3	14.3	7.5	4.1	1.8
带息负债比率（%）	21.7	30.5	42.1	55.2	70.4
或有负债比率（%）	0.4	1.3	6.1	14.7	23.8
四、经营增长状况					
销售（营业）利润增长率（%）	37.6	29.1	21.1	4.5	-5.7
总资产增长率（%）	22.3	16.7	10.5	3.5	-1.9
技术投入比率（%）	4.3	2.4	1.5	0.8	0.0

4. 确定各项经济指标的权数

指标的权数根据评价目的和指标的重要程度确定。表 16－6 是企业综合绩效评价指标体系中各类及各项指标的权数或分数。

表 16－6 企业综合绩效评价指标及权重表

指标类别（100）	基本指标（100）		修正指标（100）	
一、盈利能力状况（34）	净资产收益率	20	销售（营业）利润率	10
	总资产报酬率	14	盈余现金保障倍数	9
			成本费用利润率	8
			资本收益率	7
二、资产质量状况（22）	总资产周转率	10	不良资产比率	9
	应收账款周转率	12	流动资产周转率	7
			资产现金回收率	6
三、债务风险状况（22）	资产负债率	12	速动比率	6
	已获利息倍数	10	现金流动负债比率	6
			带息负债比率	5
			或有负债比率	5
四、经营增长状况（22）	销售（营业）增长率	12	销售（营业）利润增长率	10
	资本保值增值率	10	总资产增长率	7
			技术投入率	5

5. 各类财务指标得分计算

（1）财务业绩评价基本指标得分计算。基本指标反映企业的基本情况，是对企业绩效的初步评价。它的计分是按照功效系数法计分原理，将评价指标实际值对照行业评价标准值，按照规定的计分公式计算各项基本指标得分。计算公式为：

①财务业绩评价单项指标得分的计算：

单项基本指标得分＝本档基础分＋调整分 （16.16）

其中：本档基础分＝指标权数×本档标准系数 （16.17）

调整分＝功效系数×（上档基础分－本档基础分） （16.18）

上档基础分＝指标权数×上档标准系数 （16.19）

$$功效系数=\frac{实际值-本档标准值}{上档标准值-本档标准值} \quad (16.20)$$

本档标准值是指上下两档标准值居于较低等级一档。

根据表 16－2 MA 公司 2005 年财务绩效基本指标，结合表 16－4 金属加工机械制造业企业财务绩效基本指标标准值及系数，按上述公式可计算 MA 公司各项基本指标得分。例如，2005 年总资产报酬率为 6.81%。此时，该企业的总资产报酬率已超过“平均”（4.0%）水平，处于“平均”档，因此可以得到“平均”档基础分。另外，它处于“良好”档（7.3%）和“平均”档（4.0%）之间，同时需要调整。

本档基础分＝指标权数×本档标准系数＝14×0.6＝8.4（分）

$$本档调整分=\frac{实际值-本档标准值}{上档标准值-本档标准值}\times\left(\begin{matrix}上\quad档\\基础分\end{matrix}-\begin{matrix}本\quad档\\基础分\end{matrix}\right)$$

$$=\frac{6.81\%-4.0\%}{7.3\%-4.0\%}\times(14\times0.8-14\times0.6)=2.38\ (分)$$

总资产报酬率指标得分 = 8.4 + 2.38 = 10.78（分）

其他基本指标得分的计算方法与此相同，不再举例。

②财务业绩评价基本指标总分的计算：

$$分类指标得分=\sum 类内各项基本指标得分 \qquad (16.21)$$

$$基本指标总分=\sum 各类基本指标得分 \qquad (16.22)$$

MA 公司单项基本指标得分的计算结果如表 16－7“分类指标得分”和“基本指标总分”。

表 16－7　　**MA 公司指标得分的计算表**　　单位：分

类　别	基本指标（分数）	单项指标得分	分类指标得分
一、盈利能力状况	净资产收益率（20 分）	20.00	30.78
	总资产报酬率（14 分）	10.78	
二、资产质量状况	总资产周转率（10 分）	5.80	15.88
	应收账款周转率（12 分）	10.08	
三、债务风险状况	资产负债率（12 分）	4.22	12.46
	已获利息倍数（10 分）	8.24	
四、经营增长状况	销售（营业）增长率（12 分）	9.98	19.98
	资本保值增值率（10 分）	10.00	
基本指标总分			79.10

（2）财务业绩评价修正指标修正系数计算。对基本指标得分的修正是按指标类别得分进行的，需要计算“分类的综合修正系数”。分类的综合修正系数由“单项指标修正系数”加权平均求得；而单项指标修正系数的大小主要取决于基本指标评价分数和修正指标实际值两项因素。

①单项指标修正系数的计算：

单项指标修正系数的计算公式是：

单项指标
修正系数 = 1.0 +（本档标准系数 + 功效系数 ×0.2 − 该类基本指标分析系数）

(16.23)

单项修正系数控制修正幅度为 0.7～1.3。

下面以盈余现金保障倍数为例说明单项指标修正系数的计算。

第一步，标准系数的确定。

根据表 16－3 可知，MA 公司盈余现金保障倍数为 2.24，查阅表 16－5，发现该指标的实际值介于良好和平均之间，其标准系数应为 0.6。

第二步，功效系数的计算。

$$功效系数 = \frac{指标实际值 - 本档标准值}{上档标准值 - 本档标准值} \tag{16.24}$$

$$盈余现金保障倍数指标的功效系数 = \frac{2.24 - 1.0}{3.5 - 1.0} = 0.496$$

第三步，分类基本指标分析系数的计算。

$$某类基本指标分析系数 = \frac{该类基本指标得分}{该类指标权数} \tag{16.25}$$

根据表16-7可知盈利能力类基本指标得分为30.78，其权数为34，则：

盈利能力类基本指标分析系数 =30.78/34 =0.905

根据以上结果，可以计算出盈余现金保障倍数的修正系数为：

盈余现金保障倍数指标修正系数 =1.0 +（0.6 +0.496 ×0.2 -0.905）=0.794

在计算修正指标单项修正系数过程中，对于一些特殊情况作如下规定：

第一，如果修正指标实际值达到优秀值以上，其单项修正系数的计算公式如下：

单项修正系数 =1.2 + 本档标准系数 - 该部分基本指标分析系数　(16.26)

第二，如果修正指标实际值处于较差值以下，其单项修正系数的计算公式如下：

单项修正系数 =1.0 - 该部分基本指标分析系数　(16.27)

第三，如果资产负债率≥100%，指标得0分；其他情况按照规定的公式计分。

第四，如果盈余现金保障倍数分子为正数，分母为负数，单项修正系数确定为1.1；如果分子为负数，分母为正数，单项修正系数确定为0.9；如果分子分母同为负数，单项修正系数确定为0.8。

第五，如果不良资产比率≥100%或分母为负数，单项修正系数确定为0.8。

第六，对于销售（营业）利润增长率指标，如果上年主营业务利润为负数，本年为正数，单项修正系数为1.1；如果上年主营业务利润为零本年为正数，或者上年为负数本年为零，单项修正系数确定为1.0。

按照上述方法，可以计算出销售（营业）利润率、成本费用利润率和资本收益率三项修正指标的单项修正系数分别为0.095、0.878、1.295。

②分类综合修正系数的计算：

$$分类综合修正系数 = \sum 类内单项指标的加权修正系数$$

其中，单项指标加权修正系数的计算公式是：

$$\begin{array}{c}单项指标加\\权修正系数\end{array} = \begin{array}{c}单项指标\\修正系数\end{array} \times \begin{array}{c}该项指标在本类\\指标中的权数\end{array} \tag{16.28}$$

例如，盈余现金保障倍数指标属于盈利能力指标，其权数为9，盈利能力类指标总权数为34。

盈余现金保障倍数指标的加权修正系数 =0.794 ×（9 ÷34）=0.21

盈利能力类的修正指标有四项，已计算出盈余现金保障倍数指标的加权修正系数为0.21，销售（营业）利润率指标的单项指标修正系数为0.095，根据单项修正系数控制修正幅度为0.7～1.3，0.095远远小于0.7，可以不予考虑。成本费用利润率指标的加权修正系数为0.21，资本收益率指标的加权修正系数为0.27，则：

盈利能力类修正系数 =0.21 +0.21 +0.27 =0.69

其他类别指标的综合修正系数计算与上述方法相同，不再举例。

6. 财务业绩评价综合得分的计算

$$修正后总分=\sum(分类综合修正系数\times分类基本指标得分) \tag{16.29}$$

MA公司各类基本指标和分类综合修正系数见表16-8，可计算出修正后定量指标的总得分。

表16-8 修正后得分的计算

项 目	类别修正系数	基本指标得分	修正后得分
盈利能力状况	0.69	30.78	21.24
资产质量状况	0.88	15.88	13.97
债务风险状况	1.10	12.46	13.71
经营增长状况	0.85	19.98	16.98
修正后定量指标总分	—	—	65.9

在得出财务业绩评价综合分数之后，应当计算年度之间的绩效改进度，以反映被评价公司或部门年度之间经营绩效的变化状况，计算公式为：

$$绩效改进度=本期绩效评价分数/基期绩效评价分数 \tag{16.30}$$

绩效改进度大于1，说明经营绩效上升；绩效改进度小于1，说明经营绩效下滑。

我们也可以将财务业绩评价综合分数实际结果与预算目标进行对比，以反映被评价公司或部门实现预算目标的程度，计算公式为：

$$绩效改进度=\frac{本期财务业绩评价综合得分实际数}{本期财务业绩评价综合得分预算数} \tag{16.31}$$

7. 确定综合评价结果等级

财务业绩的评价主体可事先建立财务业绩评价结果评价等级体系，根据不同的综合得分从高到低划分为优秀、良好、一般、较差、很差等五个级别。在此基础上，评价主体可以根据评价客体的综合得分，对比评价结果评价等级体系，给出评价客体的财务业绩评价结论。如可规定财务业绩评价综合得分在85分以上的，可将其财务业绩评价为优秀等级（A级），具体又可进一步规定综合得分在95分以上的（含95分的）可评价为A^{++}级，综合得分在90分以上的（含90分的）可评价为A^{+}级，90分以下的则评价为A级。如果某个评价客体得分为92分，则其财务业绩评价为优秀，具体等级为A^{+}级。

本章小结

财务评价是指在财务分析的基础上，运用一定的评价方法对公司财务活动过程及其效率效果进行判断的过程。

尽管如此，财务评价并不是公司业绩评价的全部。对公司的业绩评价，已经逐步从仅仅依赖财务评价过渡到强调财务评价和非财务评价相结合。

业绩评价在公司理财活动中具有重要作用。公司要最终实现其财务目标，就需要利用业绩评价这一工具了解各级管理者执行战略的效果效率，就需要评价各级管理者实现预算控制标准的程度。

财务评价在公司股东价值创造的过程中发挥着重要的作用。这种作用体现为财务部门在公司股东价值创造活动中扮演的角色。

业绩评价作为管理控制系统的一个子系统，其本质上属于一个由各个要素组成的具有整体目的性和内在联系性的综合体。同样，财务评价作为业绩评价的重要组成部分，本质上也构成了一个相对独立的子系统。一个典型的财务评价系统应该由评价主体、评价客体、评价目标、评价指标、评价标准、评价方法、评价报告等基本要素构成。

业绩评价系统根据不同的划分标准可以划分为不同的模式。会计基础、经济基础和战略管理是目前为止已被人们广泛接受并在实践中得到普遍应用的业绩评价模式。

财务评价需要遵循一定的程序。财务评价程序和业绩评价程序一致。一般而言，业绩评价程序包括以下基本步骤：（1）确定评价目标；（2）分析评价客体；（3）建立评价指标体系；（4）设置评价标准；（5）选择评价方法；（6）收集并整理评价数据；（7）形成评价报告；（8）调整业绩评价系统。

财务评价方法主要包括单一评价法和综合评价法。单一评价法就是选择单一财务指标，计算该指标的实际值，并与所设置的评价标准进行比较，从而对评价客体的经营业绩作出评价结论。EVA 实质上就是这样一种单一评价方法。要使得 EVA 在实践中得到广泛应用，关键在于解决它的计算问题。总体来讲，EVA 指标的计算难点体现在两个方面：一是税后营业净利润和投入资本总额的计算。二是资本成本，即加权平均资本成本的计算涉及到比较复杂的过程，尤其是股权资本成本的计算。

综合评价法就是运用一系列财务指标从不同角度或侧面评价经营业绩，主要包括综合指数法和综合评分法等。运用综合评分法的一般程序或步骤包括：（1）选择业绩评价指标；（2）确定各项业绩评价指标的标准值；（3）确定各项业绩评价指标的权数；（4）计算各类业绩评价指标得分；（5）计算经营业绩综合评价分数；（6）确定经营业绩综合评价等级。

本章参考文献

1. 财政部令第 41 号：《企业财务通则》，2006 年 12 月 4 日。

2. 池国华：《内部管理业绩评价系统设计研究》，东北财经大学出版社 2005 年版。

3. 池国华：《EVA 管理业绩评价系统模式》，科学出版社 2008 年版。

4. 杜胜利：《企业经营业绩评价》，经济科学出版社 1999 年版。

5. 国资委、毕博公司：《企业价值创造之路——经济增加值考核操作实务》，经济科学出版社 2005 年版。

6. 李心合：《企业财务控制实务前沿》，中国财政经济出版社 2004 年版。

7. ［美］罗伯特·西蒙斯著，张文贤等译：《战略实施中的绩效评估和控制系统》，东北财经大学出版社 2002 年版。

8. [美] 罗伯特·卡普兰、大卫·诺顿著，刘俊勇等译：《平衡计分卡——化战略为行动》，广东省出版集团、广东经济出版社 2004 年版。

9. [美] S. 戴维·扬、斯蒂芬·F. 奥伯恩著，李丽萍等译：《EVA 与价值管理》，社会科学文献出版社 2002 年版。

10. 张先治：《财务分析》，东北财经大学出版社 2005 年版。

11. 张先治：《内部管理控制论》，中国财政经济出版社 2004 年版。

12. 张先治：《企业资本经营论》，中国财政经济出版社 2001 年版。

13. 王化成、刘俊勇：《企业业绩评价》，中国人民大学出版社 2004 年版。

第六篇　组织篇

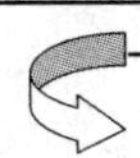

本篇主要从组织变异角度探讨不同类型公司财务管理的特点，包括跨国公司财务管理和集团公司财务管理两章内容。

跨国公司财务管理介绍跨国公司财务管理的基本内涵与主要内容，包括跨国公司的定义、特征与理财环境，跨国公司外汇风险管理，内部资本转移机制，投融资管理等内容。

集团公司财务管理介绍企业集团财务管理的基本理论，包括企业集团的内涵、企业集团财务管理的特点与职能、企业集团财务管理体制、集团财务公司的运作。

本篇是在前五篇的基础上，结合不同组织形式的公司理财特点展开论述的。本篇拓展了一般公司理财理论与领域，完善了公司理财体系与内容。

第十七章 跨国公司财务管理

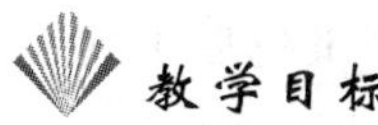

教学目标

◇基本目标

使学生掌握跨国公司财务管理的基本内涵、汇率平价关系、外汇风险管理、内部资本转移机制、直接投资管理、筹资管理等主要内容。

◇具体目标

明确跨国公司财务管理的相关概念，熟悉跨国公司的理财环境；

理解并掌握汇率平价关系，能够运用汇率平价关系进行汇率预测；

能够灵活运用外汇风险管理的各种策略；

理解跨国公司内部资本转移的各种机制；

掌握跨国公司直接投资的资本预算方法；

掌握跨国公司筹资管理的各种融资方式与工具，学会分析各种筹资方式与工具的特点与用途，并能够灵活运用。

本章提要

本章主要介绍跨国公司财务管理的基本内涵与主要内容，包括跨国公司的定义、特征与理财环境、跨国公司外汇风险管理、内部资本转移机制、投融资管理等内容。

第一节通过对跨国公司的定义、经营特征、理财环境的介绍，明确跨国公司财务管理的内容。第二节“外汇与汇率平价关系”是跨国公司理财的基础内容，通过对外汇与汇率平价关系的介绍，为理解跨国公司外汇风险管理作了铺垫。第三节主要介绍了外汇风险管理的策略，包括对政治风险、交易风险、经济风险的管理策略。第四节“跨国公司内部资本转移机制”是跨国公司所面临的重要课题，主要介绍了跨国公司内部资本转移的方式、限制因素等内容。第五节主要介绍了跨国公司直接投资的动机与方式、投资环境分析以及国际投资项目的资本预算方法。第六节主要介绍了跨国公司长期筹资方式与国际贸易筹资方式。

本章立足于日益全球化的经济形势和渐已司空见惯的跨国公司组织与活动，介绍了跨国公司这一特殊组织区别于一般公司的财务活动。本章内容相对独立于其他各章，但是，其内容以前述各章为基础，并与随后的集团公司财务、企业重组财务共同阐述了特殊组织形式的理财内容。

第一节 跨国公司财务管理概述

一、跨国公司的经营特征

跨国商业活动由来已久。早在几百年前就产生了跨国境的贸易，但是，从第二次世界大战结束后，跨国商业活动经历了一次重大变革，这次变革也许是20世纪后半叶最重要的经济现象，即跨国公司的产生。

跨国公司是指致力于在多个国家生产和销售产品及提供劳务的公司，它通常包括一个设于本国的母公司和至少四五个海外机构。跨国公司的经营活动并不仅仅局限于产品市场的开拓，也包括生产要素的获取及其配置和管理使用。只有当公司经营活动的各个方面均跨越国境，才能称为跨国经营。跨国公司的经营特征有以下三点：

（一）全球化的资源配置

资源的全球化配置是跨国公司区别于一般公司的最根本特征。跨国公司可以将经营地设置在本国，也可以设置在其他国家和地区；在资本的获取上，跨国公司可以在国内融资，也可以在全球范围内进行融资；对于劳动力和企业家才能的获取也是如此。跨国公司将所获取的资源作为一个整体，在全球范围内进行配置。

（二）全球化的生产经营活动

在生产经营过程中，跨国公司某个子公司的产成品可能是另一个子公司的原材料。在整个跨国公司内部，产品供应链中子公司相互之间提供产品的定价是按照整个公司价值最大化原则来安排的。在生产经营过程中所发生的流动资产和流动负债的管理也是全球化的。

（三）全球化的产品市场

产品市场全球化是企业进入国际市场的第一步，也是跨国经营的原始阶段。随着跨国公司的出现和发展，产品市场的竞争从区域化逐步转向全球化。因此，产品市场全球化也逐渐成为跨国公司的市场竞争策略。

（四）整体价值最大化

跨国公司整体价值最大化是跨国公司经营的根本目标。跨国公司的各种战略、策略安排，包括资源配置、生产经营过程及其产品策略等，都是围绕着一个目标进行的。跨国公司经营的实质是将公司在各地的子公司及各地市场看成一个整体，以全球化的眼光考察商业机会和作出经营决策。因此，跨国公司整体价值最大化不一定意味着各个子公司价值最大化。

二、跨国公司的理财环境

（一）国际市场及其不完全性

由于各国经济结构、法律、政策措施，以及地理位置、交通、通信、资源禀赋等自然原因，跨国公司所面临的全球市场比任何一个国家的内部市场具有更大的不完全性。国际市场的不完全性主要体现在产品市场、要素市场、金融市场、信息市场等市场的不完全性。全球市场的不完全性为跨国公司的出现和持续存在提供了理由，同时也为跨国公司财务管理提供了方向和挑战。由于市场存在种种不完全性，跨国公司有可能利用各个市场之间的各种差异套取利润、降低风险、降低经营成本，或投资于多个市场以降低成本、降低风险。跨国公司还可以利用内部交易中的转移价格获取特殊利益，可以利用内部资金市场降低运用成本和资金使用成本，还可以利用上述条件规避外汇管制风险等。

（二）国际税收环境

跨国公司在不同的国家进行投资，投资收益要按照不同国家的税收规定纳税。当跨国公司母公司收回投资收益时，还面临着向母公司所在国政府纳税的义务，可能导致双重征税。跨国公司要明确各国之间签订的双边税收协定，充分利用本国政府提供的税收抵免优惠以及国际避税地等进行税收筹划。

（三）政治风险与外汇风险

跨国公司进行跨国经营面临着特有的政治风险和外汇风险。政治风险是指由于政治方面的原因使公司蒙受损失的可能性。外汇风险是指由于各国货币之间的汇率变动可能会给公司带来的损失。

（四）跨国经营中的竞争

跨国公司所面临的竞争环境与国内经营所面临的竞争环境有很大的不同。跨国经营由于能够利用各种市场的不完全性而获得收益，或者通过跨国经营而降低风险，因此，存在着一定的竞争优势。但跨国公司由于对经营所面临的各种环境不熟悉，也可能处于一定的竞争劣势。

三、跨国公司财务管理的内容

跨国公司财务管理是财务管理的逻辑扩展，它是按照国际惯例和国际经济法的规定，围绕着跨国公司的超越国境的财务活动进行管理的一种工作。

跨国公司财务管理的目标是跨国公司通过科学、合理地组织财务管理活动，促使资源在世界范围内最优配置，资本在世界市场上自由流动追求最大的增值，以实现企业价值最大化和取得最佳经济效益。

跨国公司财务管理与一般公司财务管理一样，都要涉及公司的投资、融资以及股利分配决策、公司的日常财务管理等内容。但是，由于跨国公司所面临的是一个全球一体化的、具有不完全性的国际市场，面临着特殊的政治风险和外汇风险，这些特殊性决定了跨国公司财务管理特殊的研究内容。

跨国公司财务管理的对象是跨国公司的跨国资金运动和国际财务关系，内容包括国际筹资管理、外汇风险管理、国际投资管理、国际税收管理、国际营运资本管理等。本章在介绍外汇与汇率平价关系的基础上，主要阐述外汇风险管理、跨国公司直接投资管理、跨国公司内部资本转移机制和跨国公司筹资管理等内容。

第二节　外汇与汇率平价关系

一、外汇的定义

外汇是以外国货币所表示的购买力的总称。它反映国际间的债权债务关系，是以外币表示的用来进行国际间结算的支付手段。在跨国公司从事国际贸易和对外投资等经济活动时，往往要涉及一种以上货币，因此，往往要进行货币之间的交换。

外汇是以外币表示的信用工具和有价证券，主要包括：①外国货币，包括纸币、铸币；②外币有价证券，包括外国政府发行的公债、国库券，外国公司发行的债券、股票、息票；③外币支付凭证，包括外国银行的存单、外国的邮政储蓄凭证、商业汇票、银行汇票、银行支票等；④其他外汇资本，如特别提款权（SDR）等。

二、外汇汇率

（一）汇率及其标价方法

外汇汇率又称汇价或外汇行市，是指一国货币兑换成另一国货币的比率，或是指用一种货币表示的另一种货币的价格。

确定两种不同货币之间的比价，首先要确定用哪个国家的货币作为标准，由于确定的标准不同，在国际外汇市场上，便产生了两种不同的外汇汇率标价方法。

1. 直接标价法

直接标价法是以每单位或每100个单位外国货币作为标准，折算为一定数量的本国货币来表示其汇率的形式。例如，1美元=7.9元人民币。此时，外国货币称为单位货币，本国货币称为计价货币。由于这是为取得一定单位外国货币需要付出的本国货币额，故又称“应付标价法”。有些国家货币单位的价值量较低（如日本的日元等），对于这些货币的报价有的以高于100个单位作为标准，如10 000等。在直接标价法下，外国货币数额固定不变，汇率的涨跌都以相对本国货币额的变化来表示，一定单位外国货币折算的本国货币增多，说明外币汇率上涨，即外币币值上升，或本国货币币值下跌。反之，一定单位外币折算的本国货币减少，说明外币汇率下跌，即外币贬值或本币升值。在绝大多数国家的外汇市场上都采用直接标价法。我国外汇管理局和中国银行公布的外汇牌价，所采用的就是直接标价法。

2. 间接标价法

间接标价法是以一个单位或100个单位的本国货币为标准，折算为一定数额的外国货币来表示其汇率的标价方法。例如，1英镑=1.9566美元。它是直接标价法的倒数，也称“应收标价法”，在间接标价法下，本国货币的数额固定不变，汇价涨跌都以相对外国货币数额的变化来表示。一定单位的本国货币折算的外币数量增多，说明本国货币汇率上涨，即本币升值或外币贬值。反之，一定单位本国货币折算的外币数量减少，说明本国货币汇率下跌，即本币贬值或外币升值。在英国和美国外汇市场上，习惯上采用间接报价方式。

（二）外汇汇率的种类

按照不同的标准，汇率可以区分为许多不同的类型。主要有以下几种：

1. 基本汇率与套算汇率

基本汇率是指一国货币对某一关键货币的比率。关键货币是指在国际上普遍接受的可兑换货币或在国际收支中使用最多的货币，或本国外汇储备中占比重最大的货币。由于美元是国际支付中使用较多的货币，一般情况下，各国都把美元当作制定汇率的主要货币，即常把本国货币对美元汇率作为基本汇率。套算汇率又称交叉汇率，是指两种货币以第三种货币为中介推算出来的汇率。在实际中，第三种货币往往是关键货币。由于国际主要外汇市场只公布按美元标价计算的外汇汇率，人们要想知道美元以外的两种货币之间的比率时，就必须借助于套算汇率来计算。

2. 买入汇率、卖出汇率和中间汇率

买入汇率，又称买入价，是指银行向同业或客户买入外汇时所使用的汇率。卖出汇率又称卖出价，是指银行向同业或客户卖出外汇时所使用的汇率。买入汇率和卖出汇率相差的幅度一般约为1‰~5‰，两者之间的差额即商业银行买卖外汇的利润。买入和卖出都是从银行角度出发的，所以客户到银行用本币兑换外汇时，适用的是银行的卖出价；而用外币兑换本币时，适用的是买入价。买入汇率和卖出汇率的平均数，即为中间汇率。中间汇率又称中间价，是买入与卖出价的平均数。中间汇率适用于商业银行之间买卖外汇，对一般客户不适用。

3. 即期汇率与远期汇率

即期汇率是指外汇买卖成交后，买卖双方在当天或两个营业日内进行交割所使用的汇率。所谓交割是指外汇交易双方一手交钱一手付汇的过程。远期汇率是指外汇买卖双方约定在未来一定时期内（通常30~90天为期）进行交割的汇率。到了交割日，由买卖双方按预计的汇率、金额进行钱汇两清。

远期汇率与即期汇率往往不相等，其差额称作远期差价。远期汇率超过即期汇率，称之为升水；远期汇率低于即期汇率，称之为贴水；远期汇率等于即期汇率，称之为平价。升水或贴水常用百分比表示，以反映与即期汇率差异的相对程度。其计算公式为：

在直接标价法下：

$$\text{年升贴水百分比} = \frac{\text{远期汇率} - \text{即期汇率}}{\text{即期汇率}} \times \frac{12}{N} \times 100\% \qquad (17.1)$$

在间接标价法下：

$$\text{年升贴水百分比} = \frac{\text{即期汇率} - \text{远期汇率}}{\text{远期汇率}} \times \frac{12}{N} \times 100\% \quad (17.2)$$

式中的N表示远期合同所包含的月数。上式计算结果如为正数，则表示升水，如为负数，则表示贴水，如为零，则表示平价。

（三）汇率变动百分比

计算期初到期末汇率变动百分比，可以表示货币市值升降幅度。计算汇率变动百分比，一般先把汇率以直接标价法表达，再采用下列公式计算：

$$\text{汇率变动百分比} = \frac{\text{期末汇率} - \text{期初汇率}}{\text{期初汇率}} \times 100\% \quad (17.3)$$

在两种货币之间，若一种货币对另一种货币升值，则另一种货币必然对该货币贬值，反之亦然，但升值与贬值的百分比却不相等。这是因为在计算过程中，所应用的公式中的分母值不同。

三、外汇市场

（一）外汇市场的定义

外汇市场是金融市场的重要组成部分，是指从事外汇买卖的交易场所，或者说是各种不同货币彼此进行交换的场所。

外汇市场的形态有两种：一是表现为外汇交易所这样有固定场所的有形市场；二是绝大部分交易是在无形的抽象的市场上进行的。这种无形市场表现为电话、电报和电传等各种现代通信工具所构成的交易网络，它联系着无数的外汇供给者和需求者。目前，世界各国的外汇交易均通过现代通信网络进行。无形市场已成为外汇市场的主导形式。

（二）外汇市场的交易种类

外汇市场的主要交易方式分为即期交易和远期交易。即期交易是指交易双方在达成交易合约后，在近几个工作日内立即进行交割，即付出要卖出的货币，收进要买入的货币。一般情况下，即期交易的外汇交割日是在即期合约达成之后的第二个工作日。如星期一达成合约，应在星期三进行交割。中间如遇休息日则交割日顺延。远期交易是指交易双方在达成交易合约后，不立即进行交割，而是规定在将来的某个日期进行交割。在国际外汇市场中，约有60%的外汇交易是以即期形式进行的，10%是以远期形式进行的，另外30%是即期和远期的一揽子合约。

（三）市场套利

所谓市场套利是指套利者在外汇市场上利用不同市场之间报价的差别进行交易，从而获取无风险收益的行为。由于信息的不完全性，在不同的交易中心，同一种外汇的报价或套算汇率可能会不同，这种市场的不完全性为套利提供了条件。套利者就是在这样的不完美市场中低买高卖，以获取利润。套利行为的直接结果是套利者盈利，其间接结果是促进了全球各个市场之间的一致性，加快了信息的流动，在一定程度上消除了信息的不对称性。

四、汇率平价关系

汇率平价关系能够为汇率预测服务，而汇率预测是跨国公司财务管理人员应该负责的重要工作之一。因为对汇率进行预测是企业外汇风险管理决策的需要，是对外长期投资进行财务可行性研究的需要，也是制定企业经营计划的需要，因此，财务管理人员必须了解汇率变动的趋势和幅度，进行汇率预测。

如果汇率是完全自由浮动的，即完全没有政府的干预，则有一系列的经济关系可以用于解释汇率的变化。这些经济关系包括购买力平价、费雪效应、国际费雪效应、利率平价关系、远期汇率与未来即期汇率的关系。

（一）购买力平价

购买力平价讨论的是汇率变化与货币购买力变化之间的关系。该理论认为：一个国家的货币之所以有价值，是因为它具有一定的购买力。任何人只要持有该国货币，就能够在该国市场上购买商品和服务。一个国家的货币价值由其在该国国内所能购得商品及劳务的量，即购买力来决定，因此，人们对本国和外国货币比价的衡量主要取决于两种货币的购买力。如果一国发生了通货膨胀（假设为中国），而另一国（假设为美国）的物价水平保持不变，那么，人民币的购买力就会相对降低。如果两国都发生通货膨胀，则两国的货币购买力都下降，此时人民币与美元的相对购买力的变化取决于两国物价上涨程度。如果美元物价上涨程度小于人民币，则人民币的价值相对美元下降；反之则上升。

假设令 S_0 表示期初的即期汇率（S_0 是以直接标价形式表示的）；S_t 为期末的即期汇率；P_d、P_f 分别表示一段时期内本国和外国的预计通货膨胀率。为使期初和期末两种货币的购买力均相同，则应该使：

$$\frac{S_t}{S_0}=\frac{1+P_d}{1+P_f} \tag{17.4}$$

或 $$S_t=S_0\frac{1+P_d}{1+P_f} \tag{17.5}$$

假设中国通货膨胀率为 2%，美国通货膨胀率为 1%，目前的人民币即期报价为 RMB￥830/100US$，为保证购买力平价，一年后人民币报价应为：

$$S_t=S_0\frac{1+P_d}{1+P_f}=830\times\frac{1+0.02}{1+0.01}=\text{RMB ￥}838.2/100\text{US\$}$$

上述计算结果意味着年末时人民币相对于美元贬值了。即通货膨胀提高引起货币购买力降低，从而导致货币贬值。

公式（17.5）即为购买力平价理论的相对形式。如果定义 Δ 为 0 到 t 期间汇率的预计变化率，则：

$$\Delta=\frac{S_t-S_0}{S_0}=\frac{P_d-P_f}{1+P_f} \tag{17.6}$$

公式（17.6）左边恰好是汇率直接标价法中汇率变动百分比，而公式右边的分子，则是两国通货膨胀率差值。这一公式就是购买力平价理论的基本公式。如果外国通货膨胀率很小，则可忽略分母项，简化后，可得到购买力平价的近似公式：

$$\Delta = \frac{S_t - S_0}{S_0} = P_d - P_f \tag{17.7}$$

公式（17.7）表明本国与外国通货膨胀率之差应等于汇率的相对变化。

实践表明，一般来说，各国之间汇率的长期趋势符合购买力平价理论，而在短期内汇率的变化具有更大的随机性。

（二）费雪效应

费雪效应是美国经济学家费雪提出的。费雪效应阐明的是国家之间利率与通货膨胀率之间的关系。其基本思想是：各国名义利率可以简单地分为投资获得的真实利率和预期通货膨胀补偿率两部分。在资本可以在国际间自由流动的条件下，两国名义利率的相对差别可大体上反映两国一般价格水平的预期相对变动。即名义利率（i）与真实利率（r）、预期通货膨胀率（P）之间的关系可用下式描述：

$$(1+i) = (1+r)(1+P) \tag{17.8}$$

费雪效应认为世界上每个国家的真实利率是相同的，即世界上只有一个真实利率，记作 r_w。这是因为如果一个国家货币的真实利率高于其他国家，那么，大量的资本就会流入这个国家。只要政府不加干涉，这种套利活动就会持续进行，直到真实利率相等为止。因此，在两国（本国 d，外国 f）之间就会存在下列关系：

$$(1+r_w) = \frac{1+i_d}{1+P_d} = \frac{1+i_f}{1+P_f}$$

或 $$\frac{1+i_d}{1+i_f} = \frac{1+P_d}{1+P_f} \tag{17.9}$$

公式（17.9）可转换为：

$$i = r + P + r \cdot P \tag{17.10}$$

由于真实利率和通货膨胀率都小于1，两者相乘之积（$r \cdot P$）就更小，因此，可以忽略公式（17.10）式中的最后一项，则可得到下式：

$$r = i - P \tag{17.11}$$

如果资本可以自由流动，那么，在任意两个国家中的真实利率应该相等，根据（17.11）式有下式成立：

$$i_d - P_d = i_f - P_f$$

或 $$i_d - i_f = P_d - P_f \tag{17.12}$$

公式（17.12）表明两国名义利率之差反映了两国预期通货膨胀率之差，高通货膨胀率货币应该比低通货膨胀率货币具有更高的利息率。这种效应就是费雪效应。然而，在推导费雪效应时有一个隐含的假设，即各个国家投资风险是相同的。实际上，这一假设明显不符合现实。

（三）国际费雪效应

把购买力平价学说与费雪效应结合起来，可以得到利率和汇率之间的平价关系，这就是国际费雪效应。购买力平价建立了汇率与预期通货膨胀之间的关系，而费雪效应反映的是名义利率与预期通货膨胀之间的关系，它们之间存在着一个共同因素即预期通货膨胀差异，用公式表示即为：

$$\frac{S_t}{S_0}=\frac{1+P_d}{1+P_f}=\frac{1+i_d}{1+i_f}$$

将上式中的中间项忽略不计，就可得到国际费雪效应：

$$\frac{S_t}{S_0}=\frac{1+i_d}{1+i_f} \tag{17.13}$$

$$\Delta=\frac{S_t-S_0}{S_0}=\frac{i_d-i_f}{1+i_f} \tag{17.14}$$

当公式（17.14）中的 i_f 足够小时，国际费雪效应可以近似表示为：

$$\Delta=\frac{S_t-S_0}{S_0}=i_d-i_f \tag{17.15}$$

公式（17.15）表明即期汇率的变化率（直接标价法下的外币升值率或贬值率）应等于两国的利率之差。例如，中国和美国的名义利率分别为 2.3% 和 2%，而当前的即期汇率为 RMB ¥827/100US$，如果国际费雪效应成立，与利率对应期限相同的未来即期汇率将上升 0.3%，达到 RMB ¥829.5/US$。

根据国际费雪效应，利率低的货币倾向于升值，而利率高的货币倾向于贬值。在实际测试国际费雪理论时，发现这一理论所构造的平价关系是成立的，但在短期内偏差较大。影响汇率变化的因素除了利率之外，还应考虑其他因素，如政治、经济等的影响，在一般情况下，即期汇率的预期变化大于利率的差异。

（四）利率平价

利率平价讨论的是外汇市场与货币市场的平衡关系，具体来说就是即期汇率、远期汇率和利率之间的一种均衡关系。根据利率平价关系，两国之间远期汇率相对于即期汇率是升水还是贴水，取决于两国的利率之差。如果外汇市场是没有交易成本的有效市场，则两国的利率之差近似等于远期汇率对于即期汇率的升贴水，低利率的货币倾向于远期升水，高利率的货币倾向于远期贴水。

例 17-1：假设日本某一投资者拥有 100 万日元，投资期为 1 年，假定外汇市场和货币市场的有关资料如下：

即期汇率：111.1 日元/美元，1 年远期汇率：108.9 日元/美元；

日元投资利率 1.8%，美元投资利率 3.7%。

这位投资者有两种选择：（1）投资于本国银行，赚取银行利率；（2）将本币在现货市场上以即期汇率 S_0 兑换成外币（如为美元），再投资于美国银行，赚取美国银行利率。同时为了降低美元投资风险，现在要签订一个卖出美元的期货合同，以便锁定美元在一年后可兑换的日元数额。现分别计算这两种选择的投资收益率。

（1）投资于日本银行。1 日元本币 1 年后变为（$1+i_d$）日元，其投资收益率为：

$$\frac{(1+i_d)-1}{1}=i_d \tag{17.16}$$

即一年后 1 000 000 日元变为 1 018 000 日元，投资收益率为 1.8%。

（2）投资于美国银行，其收益计算如下：

第一，将 100 万日元兑换成美元，本例为：

$$\frac{1\ 000\ 000}{111.1}=9\ 001\text{（美元）}$$

第二，将美元存入美国银行，一年后收到：

$$9\ 001\times1.037=9\ 334\text{（美元）}$$

第三，签订卖出美元期货合约，以便一年后将美元本金及利息转换为日元；

第四，假设 F_0 为一年远期汇率，一年后，履行美元期货合约，得到的日元数为：

$$9\ 334\times108.9=1\ 016\ 473\text{（日元）}$$

第五，投资国外的收益率为 R。1 日元在现货市场上以即期汇率 S_0 兑换成外币（如为美元），再投资于美国银行，赚取美国银行利率，同时签订一个卖出美元的期货合同，一年后可兑换的日元数额：

$$1+R=\frac{1}{S_0}(1+i_f)F_0$$

所以：

$$R=\frac{\frac{1}{S_0}(1+i_f)F_0-1}{1}=\frac{F_0(1+i_f)}{S_0}-1 \tag{17.17}$$

上例表明投资日元的收益大于投资美元收益，虽然日元投资利率低，但美元远期汇率低于即期汇率，这说明美元相对日元是贴水，或日元相对美元是升水。投资于美元获得的高利率，大部分被美元远期汇率贴水所抵消。

投资者到底选择哪一种投资，不但取决于两国的利率水平，而且取决于两国货币之间相互实力的变化。如果两种投资收益相等，则：

$$i_d=\frac{F_0(1+i_f)}{S_0}-1$$

$$i_d+1=\frac{F_0(1+i_f)}{S_0}$$

$$\frac{1+i_d}{1+i_f}=\frac{F_0}{S_0} \tag{17.18}$$

如果公式（17.18）等式两边都以分子减去分母，再除以分母，就可得到：

$$\frac{i_d-i_f}{1+i_f}=\frac{F_0-S_0}{S_0} \tag{17.19}$$

公式（17.19）等式右边恰好是公式（17.1）介绍的直接标价法下的外币的远期升水或贴水。如果等式（17.19）式中 i_f 相对较小，可以忽略（$1+i_f$）项，因而可以得到：

$$\frac{F_0-S_0}{S_0}=i_d-i_f \tag{17.20}$$

（17.20）式即为利率平价的近似表达式，式中左边表示外币的远期升水或贴水，右边表示本国利率与外国利率之差。利率平价是国际金融中最重要的平价关系之一，国际金融市场上各大商业银行都是根据利率平价来计算并报出远期汇率的。但由于资本控制、政府外汇管制等原因，偏离这个平价关系的情况确实存在。

（五）远期汇率与未来即期汇率

根据以上所讨论的平价关系，我们可以发现，在完美的市场中，汇率的变化会反映在资本市场中或远期市场中。因此，我们可以使用资本市场利率或远期市场的远期汇率的变化来预测将来的汇率。

将国际费雪效应公式（17.13）和利率平价公式（17.18）结合进来，即可得到：

$$\frac{F_0}{S_0}=\frac{1+i_d}{1+i_f}=\frac{S_t}{S_0}$$

在上式中，存在着 $F_0=S_t$ 这一对应关系，即当国际费雪效应和利率平价都能实现时，目前的远期汇率等于一定时期（一年）后预计的即期汇率。上式也可表示为：

$$\frac{F_0-S_0}{S_0}=\frac{S_t-S_0}{S_0} \tag{17.21}$$

公式（17.21）表示外汇远期升水或贴水等于预计的外汇升值或贬值。实证研究表明，未来的即期汇率总是围绕着远期汇率而上下波动，远期汇率可以看成是未来即期汇率的无偏估计。这一关系事实上也是套利机制作用的结果。如果远期汇率大于预计的未来即期汇率（$F_0>S_t$），外汇投机商就会卖外汇远期，到期后再在即期市场按预计的汇率买进履行远期合约所需要的外汇，并希望从这一交易中获利。如果 $F_0<S_t$，投资商就会买外汇远期，到期后再在即期市场卖出。从理论上讲，外汇投机活动会推动远期汇率的变化，直到外汇投机的诱因消失为止，即 $F_0=S_t$。

影响汇率变动的四个因素以及这四种因素所引起的五种平价关系，如图 17－1 所示。假设人民币与美元的即期汇率为 RMB￥8.24/\$，一年期远期汇率为 RMB￥8.00/\$，即人民币远期升水为 3%；中国预期通货膨胀率为 6%，美国预期通货膨胀率为 9%；中国一年期政府债券利率为 2%，美国一年期政府债券利率为 5%，于是可根据影响汇率变动的四个因素进行汇率预测。

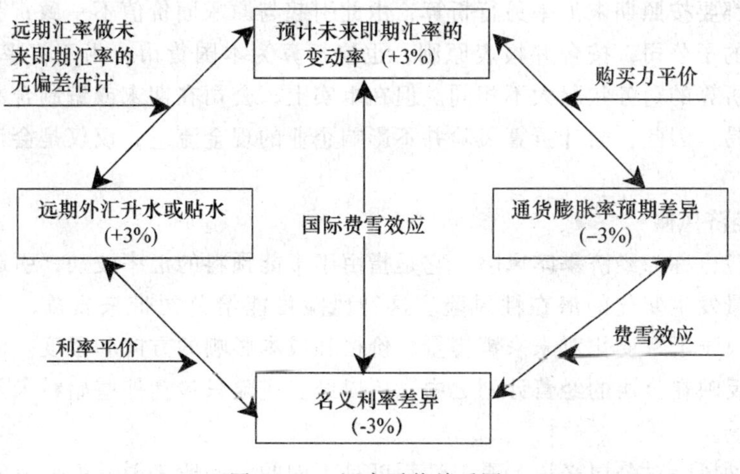

图 17－1 汇率平价关系图

在图 17－1 中，尽管每一种平衡关系强调的是某一对因素的相互关系，但实际上，它们之间是相互交叉、相互影响的。例如，根据远期汇率的无偏预测量理论，可以利用现时的远期汇率预测未来的即期汇率，但名义利率差值率、通货膨胀差值率都将对即期汇率产生直接的影响。更进一步分析，利率及通货膨胀的差值不仅受本国及外国的各种政治、经济因素的影响，甚至受到天文、地理及各种其他因素的影响。

第三节 外汇风险管理

一、外汇风险的种类

外汇风险是指在国际经济、贸易和金融活动中，由于各国货币国际汇价的变动而引起的企业以外币表示的资产价值、负债、收入、费用的可能增加或减少产生的收益或损失，从而影响当期的利润和未来的现金流的风险。外汇风险管理是指采用各种有效规避汇率风险的手段对以外币计价的债权、债务与资产等的管理。外汇风险的种类包括：

（一）交易风险

交易风险也称为交易暴露风险。它是在以外币结算的交易中，从买卖成立到货款收付结算的期间内，因汇率变动而产生的可能给企业带来收益或损失的外汇风险。如一出口商若持有外币应收账款则会因外币对本币贬值而发生损失，而持有外币应付账款的进口商则会因外币对本币升值而发生损失。交易风险存在于应收款项和所有货币负债项目中。

（二）会计折算风险

会计折算风险，是指公司财务报表中的外汇项目，因汇率变动而引起的转换为本币时价值跌落的风险。如按规定，公司期末决算编制利润表和资产负债表时，所有的外币资产和负债都要按照期末汇率另行折算，由此引起与原账面价值不一致；又如，本国公司设在国外的子公司，按合并报表原则，也应折算为本国货币，由于汇率在不断变动，按不同汇率折算的财务状况大不相同。但在事实上，公司在期末或编制合并报表时并未发生外汇交易，因此，会计折算风险并不影响企业的现金流量，仅仅是会计上的一种折算而已。

（三）经济风险

经济风险也称为经济暴露风险。它是指由于未能预料的汇率波动，引起公司未来收益和现金流量发生变化的潜在性风险。这种风险可能给公司带来收益，也可能带来损失，主要取决于汇率变化对未来销售量、价格和成本影响的方向和程度。由于预计到的汇率变化已反映在公司的经营计划之中，所以经济风险只包括那些始料未及的汇率变化所产生的影响。

上述三种风险对公司来说，重要性程度是不同的。一般来说，汇率经济风险比汇率交易风险和会计折算风险更重要，必须格外重视，因为它对公司财务的影响是长期性的，而会计折算风险与交易风险是一次性的。同时，经济风险涉及到供、产、销以及企业所处的地域等各个方面，因此，对经济风险的管理除了企业财务部门参与外，往往需要总经理直接参与决策。

二、交易风险的管理策略

要对交易风险进行管理，首先要测定交易风险的大小。交易风险暴露主要指当汇率发生变化时，跨国公司交易额中受到汇率波动影响的那部分交易额。交易风险暴露分不同的货币种类而计算。对于任何一种货币，交易风险暴露等于所有交易额相抵消后剩余的数额。

对于交易风险的管理策略可以分为四类，它们分别是风险转移、风险分担、提前或延期进行外汇结算和外汇期权套期保值。

（一）风险转移

风险转移是指估计汇率变化会给当前的交易带来不利时，设法将风险转移给交易的对方。例如，公司设法选择有利的计价货币，尽量做到付汇用软货币，收汇用硬货币。所谓“硬币”，是指在外汇市场上汇率呈现升值趋势的货币。所谓“软币”，是指在外汇市场上汇率呈现贬值趋势的货币。出口商或债权人如果争取以硬币作为合同货币，当合同货币的汇率在结算或清偿时升值，就可以兑换回更多数额的本国货币或其他外汇；当合同货币的汇率在结算或清偿时下降，就可以少支付一些本国货币或其他外币。

（二）风险共担

风险共担是指交易双方在签订交易合同时，签订有关汇率风险的分担协议。从理论上讲，出口商或债权人应争取使用硬币，而进口方或债务人应争取使用软币，但在一笔交易中，交易双方都争取到对己有利的计价货币是不可能的。当一方不得不接受对己不利的货币作为计价货币时，还可以争取对谈判中的价格或利率作适当调整，要求适当提高以软币计价结算的出口价格，或以软币计值清偿的贷款利率；要求适当降低以硬币计价结算的进口价格，或以硬币计值清偿的借款利率。另外，也可以在协议中规定一个外汇风险的分担比例计算方法，如果付款之日的即期汇率处于双方都能接受的范围之外，那么，双方应按此法计算出来的比例分担外汇交易产生的风险。

（三）提前或延期结汇

这种方法是指在国际支付中，通过预测支付货币汇率的变动趋势，提前或延期支付有关款项。即通过更改外汇资本收付日期来抵补外汇风险或得到汇价上升的好处。提前或延期结汇，即通过由弱币到强币国家的加速支付或通过由强币到弱币国家的推迟支付，使公司减小在弱币国家的外汇风险。

（四）套期保值

防范交易风险的套期保值策略一般包括远期外汇市场套期保值、货币市场套期保值、外汇期权套期保值等策略。

三、折算风险管理

（一）折算方法

在外汇汇率稳定不变的情况下，外币折算是相当简单的。但是，在现实经济生活中，汇率是不断变动的。由于跨国公司资产负债表的不同项目性质各异，人们对不同项目是否都面临折算风险的看法不一致，由此也产生不同的折算方法。主要有以下四种方法：

1. 流动/非流动折算法

使用流动/非流动折算法，国外子公司资产负债表的流动资产和流动负债项目使用现行汇率折算（即资产负债表编制日的现行汇率），其他资产和负债按历史汇率折算。因此，按照这种方法折算，非流动资产和负债不面临折算风险。

按照这种方法，除了与非流动资产和负债相关的收益和成本外，损益表的折算按照折算期的平均汇率折算。例如，折旧作为一项成本，其在损益表中的折算汇率与资产负债表折算时使用的汇率相同。因此，在损益表中，不同的项目使用了不同的折算汇率。

2. 货币/非货币折算法

货币/非货币折算法把资产负债表项目分成货币性资产与负债和非货币性资产与负债两类。前者如现金、应收应付款、长期借款等用现行汇率折算；后者指固定资产、长期投资和存货，用历史汇率计算。

按照这种方法，除了与非货币性资产和负债相关的收益和成本外，损益表的折算按照折算期的平均汇率折算。与非货币性资产和负债相关的成本主要是折旧成本和产品销售成本，其在损益表中的折算汇率与资产负债表折算时使用的汇率相同。

3. 时态法

时态法是货币/非货币折算法的一种改进形式，它们的区别在于对存货的处理。货币/非货币折算法将存货成本按历史汇率折算。不同的是，如果存货以现行市场价格表示，使用时态法可以按当前汇率折算；如果存货以历史成本表示，则仍按历史汇率折算。

按照这种方法，损益表的折算通常使用折算期的平均汇率。当然，使用历史成本表示的折旧费、摊销费、产品销售成本等，仍然使用历史汇率。

4. 现行汇率法

现行汇率法是将跨国公司子公司的资产负债表和损益表的全部项目均按现行汇率折算。显然，现行汇率法对所有账项简单地乘上一个统一的系数，从而能够确保子公司会计报表原来各项金额的比率关系，不至于改变原来外币报表上的任何财务比率。

现行汇率法目前应用非常广泛。我国目前也采用现行汇率法进行折算。

上述四种不同的折算方法对资产负债项目产生各不相同的计算结果。如在流动/非流动法下，反映公司的财务状况有赖于流动资产减流动负债后的净营运资本是多少；在货币/非货币法和时态法下，公司的财务状况是用货币性资产减去货币性负债后的净资产或负债来衡量；现行汇率法下，公司的财务状况是用公司的资产减去负债后的净资产来衡量的。

（二）折算风险的计算

在现行汇率法下，折算损益的计算公式如下：

折算损益 = 子公司记账货币的权益总额 ×(当前汇率 - 历史汇率)

从式中可以看出，尽管资产负债表中有很多项目，但由于汇率变化导致折算损益的项目只有一个，即子公司权益总额。或者说，子公司权益受汇率变化的影响导致了跨国公司子公司的折算风险，因此，此时的子公司权益也被称为折算风险暴露。

这样，计算折算风险的公式可以改写成：

折算损益 = 折算风险暴露 ×(当前汇率 - 历史汇率)

这里的折算风险暴露就是跨国公司中受到汇率变化影响的那部分价值。

在现行汇率法下，资产负债表中的所有项目都是风险性资产或风险性负债。上述计算折算损益的公式，不仅适用于当前汇率折算法，也适用于其他折算方法。只是对于其他折算方法，折算风险暴露不再是子公司记账货币的权益总额。折算损益的情形如表17 - 1所示。

表 17 - 1　　　　折算损益的情形表

折算损益		功能货币	
		升值	贬值
净风险资产	正	折算收益	折算损失
	负	折算损失	折算收益

（三）折算风险管理策略

为防止折算风险，跨国公司通常采用资产负债表保值方法以轧平净风险资产头寸。

资产负债表保值的基本原理就是使公司的合并资产负债表中的外币风险资产与外币风险负债相等。如果达到了这种状态即净风险资产等于零，那么，汇率变化引起的风险资产价值变化恰好被风险负债的价值变化抵消。在实务操作中，如果公司预测今后一定时期内汇率将发生变动，而公司的资产负债表存在净风险资产时，就可以通过分别调整国外资产和负债来进行资产负债表保值。此外，远期外汇市场交易和货币市场交易等合约保值方法也是折算风险管理中可以采用的手段。

需要说明的是，会计折算风险所造成的损失或收益并没有真正实现，而只是反映在公司的财务报表上，因此，折算风险对公司的影响相对比较小。根据重要性原则，一般不需采取措施抵补这种账面损失。

四、经济风险管理

经济风险影响企业的现金流量，并且最终影响企业的价值。由于经济风险的作用是多方面的，而且是长期的，所以经济风险的管理是一种重要的管理技巧。经济风险涉及到的生产、销售、财务等各个领域相互联系，相互影响。经济风险管理的目标是对未能预料的汇率变化对公司未来现金流量的影响作出预测并采取相应措施。管理经济风险的最有效方法，就是通过多角化经营，使有关各方面的不利影响能相互抵消。

（一）生产上的多角化

在生产安排上，产品的品种、规格、质量尽可能做到多样化，使之能更好地适应不同国家、不同类型、不同层次消费者的需求。

（二）销售上的多角化

在销售上，力争使所生产的产品能尽快打入不同国家的市场，并力求采用多种货币进行结算。

（三）采购上的多角化

在原材料、零配件的采购方面，尽可能做到从多个国家和地区进行采购，并力争使用多种货币结算。

（四）融资上的多角化

企业融资时，要尽量从多个资本市场上筹集资金，用多种货币计算还本付息金额，如果有的外币贬值，有的升值，就可以使外汇风险相互抵消。

（五）投资上的多角化

在投资时，尽可能向多个国家投资，创造多种外汇收入，这样可以避免单一投资带来的风险。

第四节 跨国公司内部资本转移机制

一、跨国公司内部资本转移概述

（一）跨国公司内部资本转移的概念

出于经营和管理上的需要，跨国公司通常需要进行内部资本转移。其实，类似的内部资本转移，在进行国内经营的集团公司中也存在。然而，由于跨国公司所面临环境的特殊性、所面临市场的不完全性，使得这种机制的作用更为明显。跨国公司内部资本转移是指通过对跨国公司的资本资源进行有效配置，以实现公司价值最大化。跨国公司内部资本转移的形式通常有内部贷款、转移价格、应收应付管理、特许权使用费和管理费、股利汇出等。

（二）跨国公司内部资本转移的类型

跨国公司内部资本转移有三种类型：第一，母公司向子公司转移的资本：包括对子公司的股权投资；向子公司提供贷款；按转移价格购进商品等。第二，子公司向母公司转移的资本：包括偿还母公司的贷款本息；向母公司支付的股利；向母公司支付的各种专利权使用费、许可证费、管理费、出口佣金；母公司抽回部分投资的资本；支付按转移价格收进的货物等。第三，子公司之间转移的资本：包括相互间贷款的发放与回收；利息的收入与支付；按转移价格买卖货物时转移的资本等。

（三）跨国公司内部资本转移的限制因素

在跨国经营中，公司面临着大量的资本转移障碍或限制：第一，政治限制，东道国政府实行外汇管制，使该国货币不可兑换，将资本转移完全封锁；或对外资公司的股利汇回征收带有没收性质的税款；通过种种制度拖延向外资公司发放必要的许可证明或实施索要高额费用等法律性限制等。第二，税务限制，一方面东道国政府可以对资本流出课以重税；另一方面，许多国家税种繁多，税务部门重叠交叉，纳税程序错综复杂，也使资本流出十分困难，有时甚至出现外资的同一笔收入被多次征税。第三，交易成本，这不但包括通过银行进行外汇交易和资本转移时所需要支付的费用，还包括当地管理部门的一些规定，诸如要求国际资本的转移必须交由当地指定银行办理，或禁止跨国公司对内部成员公司之间应收、应付账款的国际冲兑等。第四，流动性限制，在跨国经营中，母公司通常对子公司或分公司资本的流动性提出要求，以确保母公司将来及时收回自己的贷款。这种流动性要求在很大程度上降低了子公司或分公司将自己的流动资本以最佳的币种存放于最安全的地方的能力。

（四）跨国公司内部资本转移的套利效应

虽然跨国经营给公司内部资本转移带来了许多限制因素，但也为跨国公司套利提供了条件。跨国公司可以通过建立资本内部转移机制获取三种套利机会：第一，税收套利，是指跨国公司利用内部转移机制，从整体的角度节约所得税和关税等支出。由于各国税制和税率不同，当跨国公司将利润从高所得税地区转移到低所得税地区时，通常可以实现所得税节约。另外，将利润从那些处于应税状态的子公司转移到处于亏损状态的子公司，跨国公司可减轻其税负。第二，金融市场套利，是指跨国公司在防范外汇管制情况下，利用内部资本转移机制为母公司或子公司的过剩资本寻找投资场所、为资本不足的子公司寻找新的资本来源。第三，管制套利，是指跨国公司为规避东道国的各种非金融性管制或者制约而采取的一系列措施。比如，当子公司的产品受当地政府部门的价格限制，进而限制跨国公司的利润水平时，跨国公司通过内部转移价格等方式重新分配利润以掩盖其真实的获利情况，以加强与当地政府讨价还价的能力。

跨国公司利用内部资本转移机制进行套利，对于东道国可能产生不利的影响，如减少税收收入。因此，很多国家对于跨国公司进行资金转移都有较为严格的限制，如限制随意制定转移价格，限制跨国公司内部应收应付的随意性管理等。但无论如何，出现管理总会有规避管制的措施。当然，出现规避管制的行为后，也总会引致新的管制措施出台。只要存在管制行为，总会有规避管制行为的存在。对于一般产品而言，公允的转移价格容易确定，而对于某些无形产品，公允的转移价格很难确定。因此，尽管可能存在严格的管制措施，内部资本转移机制仍然存在着实施的可能性。

二、内部贷款

跨国公司进行内部资本转移的一种主要方式是内部贷款。所谓内部贷款，是指跨国公司母公司与子公司以及子公司之间相互提供资金，或者一方提供贷款担保，使得另一方获取资金，从而在跨国公司内部相互调剂资金余缺。在很多情况下，也是跨国公司唯一合法的资本转移方式。

跨国公司内部贷款的方式主要有三种：直接贷款、背对背贷款和平行贷款。

（一）直接贷款

所谓直接贷款，是指跨国公司不通过任何中介，直接向子公司贷款，或者一个子公司直接向另一个子公司贷款。直接贷款的利率即为资本的转移价格。使用直接贷款与向银行贷款一样，也要向资金提供者支付利息。很多国家为了避免外汇和税收的流失，规定跨国公司之间的直接贷款利率要使用当时的市场贷款利率。

（二）背对背贷款

背对背贷款不是跨国公司母公司对子公司或者子公司对子公司直接提供贷款，而是通过利用商业银行或其他金融机构作中介，间接地向资金需求方提供资金。以母公司向子公司贷款为例，背对背贷款通常是母公司把资本存放在中介银行，银行把等值的资本以当地货币或母公司货币借给当地子公司。银行按协商好的利率对母公司的存款支付利息；借款子公司向银行支付利息。中介银行的利润来自这两个利息的差额。

（三）平行贷款

平行贷款涉及两对以上的公司。以两对公司为例，平行贷款是指两个不同国家的两家跨国公司，其各自拥有设在对方所在国的子公司，这两家公司各自给对方所在国的子公司以同等数量的贷款，而各子公司同时分别得到以所在国货币计算的，同等数量资本的一种贷款方法。例如，中国的两家跨国公司 A 和 B，都在韩国拥有子公司，这四家公司即可以形成两对平行的贷款关系。如图 17－2 的左图所示，在中国，跨国公司 A 贷款给 B；而在韩国，B 的子公司贷款给 A 的子公司。图中的实线表示形式上的资本流向，虚线表示实际上的资本流向。平行贷款也可以发生在两个不同国家的母公司及其各自的子公司之间。如图 17－2 的右图所示，中国的跨国公司在中国贷款给韩国母公司在中国的子公司，而韩国的跨国公司在韩国贷款给中国母公司在韩国的子公司。

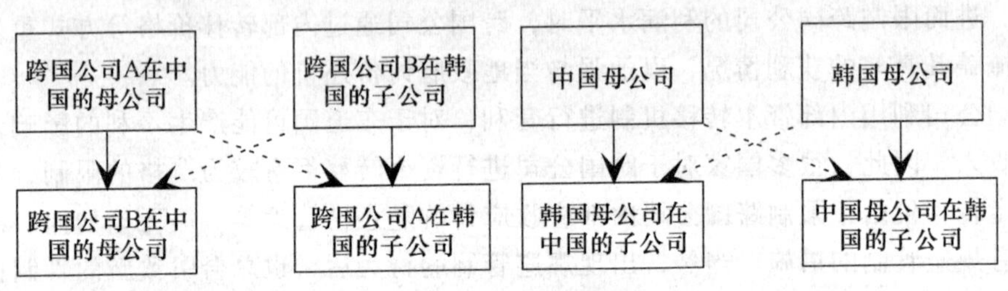

图 17－2 平行贷款

两对平行贷款关系中所涉及的货币种类可以一致，也可以不一致。在平行贷款下，资本没有跨越国界，各自的子公司在没有受到东道国外债管制及外汇管制的情况下，顺利地得到了所需要的资本，实现了不同国家之间的资本转移。其贷款利息将通过合同规定，直接转移到两家跨国公司的母公司，两家子公司支付的贷款利息还可以作为纳税抵扣项。

平行贷款概念虽然简单，但困难的是如何找到交易的另一方。好在很多国际性银行提供这种服务。在平行贷款中，如果有银行参与的话，实际上就是一种外汇互换。银行提供互换服务通常要从互换双方收取服务费，服务费通常占互换本金额的 0.25% ～ 0.5%。

三、转移价格

（一）转移价格的概念

转移价格是指跨国公司以其全球战略为依据，以跨国公司整体价值最大化为目标，在母公司与子公司或者子公司之间进行商品、劳务等交易时所采用的内部价格，其中包括租金、技术转让费和管理费等。

转移价格是跨国公司经营中一种很常见的现象。例如，德国在中国的子公司生产家用不锈钢厨具，但其主要原材18/10号钢是由德国的子公司生产提供的，这样，德国跨国公司在中国的子公司和在德国的子公司之间就存在着内部的商品交易。跨国公司总部为两个子公司之间商品交易所确定的交易价格就是内部转移价格。

（二）转移价格的作用

对跨国公司来说，转移价格既可以加速跨国公司内部的资本转移，也可以降低整个公司的税负和保持外汇平衡，从而提高跨国公司整体价值，而不是子公司的价值。其作用主要表现在：

（1）资本配置。母公司或其他子公司为了实现从某一子公司吸收或转移资本，可以通过转移价格将其所赚的利润调回母公司或其他子公司。如果母公司要从某国转出资本，母公司可以提高卖给该国子公司产品的价格；反之，母公司也可以通过压低价格的方式来为子公司提供资本。同样，资本的这种配置方式还可通过调节子公司卖给母公司的产品价格以及各子公司之间的交易来实现。

（2）降低税负。降低税负是跨国公司在制定转移价格时考虑的一个主要问题。跨国公司希望利用转移价格尽可能地减少或逃避有关主权国课征的税收（包括所得税和关税）。转移价格的所得税效应主要取决于各国的税率差别，跨国公司可利用转移价格把高税率国家（地区）子公司的利润转移到低税率国家（地区）的子公司，从而减少了整个公司的纳税额。

（3）调节利润水平。跨国公司根据经营需要，通过调高或调低转移价格来影响子公司的利润水平。

（三）对转移价格的管制

跨国公司按照内部转移价格进行公司内部交易，可能会减少某些相关国家的税收收入，因此，很多国家对跨国公司内部转移价格制定了专门的措施进行管制。这些管制措施一般是根据某些办法确定跨国公司内部交易的公允价格，并使用公允价格衡量跨国公司是否进行了利润转移。公允价格的确定方法通常有如下三种：

1. 成本加成法

成本加成法以跨国公司内部交易的产品出售方的成本，加上合理的利润边际，作为衡量转移价格的标准。这种方法通常在跨国公司内部交易的产品接受方并不直接再出售产品的情况下使用。在实际使用中，成本加成法常遇到以下几方面的困难：其一，准确计算产品全部成本很困难；其二，如果公司生产的不是单一产品，在几种产品之间准确分摊成本也存在一定困难；其三，很难准确估计公司的利润边际是多少。

2. 市场价格法

市场价格法是使用无关交易双方进行类似商品交易时的价格，或者称为独立的市场价格作为基准，判断跨国公司内部交易价格是否公平合理。从理论上讲，这种方法最简单，所确定的价格标准也最为合适。然而，在实际操作中却遇到很多困难，产品标准化程度不高或者市场化程度不高的产品价格比较难找到可比产品。

3. 再销售法

再销售法是以跨国公司最终对外销售产品时的价格为基础，扣除最终对外销售子公司的利润边际，来计算跨国公司内部的交易价格。但是，这种方法同成本加成法一样，很难确定利润边际是多少。

四、应收应付管理

（一）提前与延期结汇

跨国公司内部资本转移的一个重要原因是公司内部有商品的交换。母公司通过修改子公司间的信用期限以便提前或延迟结汇也是子公司间资本转移的一个重要手段。一般来说，提前结汇相当于把资本从买方子公司转移给了卖方子公司，而延迟结汇则相当于把资本从卖方转移到买方。从理论上讲，提前或延迟结汇可为跨国公司内部资本转移提供较大的灵活性。

（二）多边冲销与再开票中心

多边冲销是指多家子公司之间进行相互交易的账款抵消结算。多边抵消技术给跨国公司带来两方面的好处：第一，收支冲销技术能降低资本的实际转移额。实际资本转移量的减少可以节省资本费用，包括外汇市场的买卖差价、资本转移过程中的机会成本损失以及银行收取的佣金等。第二，由于冲销一般是以固定汇率在确定的日期统一进行的，因此，就对跨国公司外汇风险管理和现金需求预测带来了更大的迫切性。同时，系统的冲销还可使公司建立有规则的支付渠道和银行渠道，使公司本身的业务以及与银行的关系趋向牢固和稳定。

许多建立冲销系统的跨国公司发现，成立再开票中心来处理公司内部交易是非常有用的。再开票中心是公司的一个资本经营子公司。在各子公司之间进行商品交换时，生产型子公司把货物卖给再开票中心，后者再转售（一般以稍高的价格）给销售型子公司。但实际上货物是直接由卖方子公司运到买方子公司的，并未经过再开票中心。因此，再开票中心处理的是文件而不是实际货物。再开票中心一般设在低税率国家即所谓避税港，该中心所获得的利润被课征较低的税率。

冲销系统和再开票中心的建立可使公司迅速发现需要资本支持的子公司，并且能够通过提前与延迟支付技术向该子公司提供资本。再开票中心的主要缺点是公司为建立这一中心而需支付一定的额外费用。

五、特许权使用费和管理费

特许权使用费和管理费作为资本内部转移方式相对于转移价格和股利来说，对跨国公司更为有利。特许权使用费和管理费可以看作是无形资产要素的转移价格，但无形资产要素与有形物质产品不同的是它们往往没有相应的市场价格作参考。因此，跨国公司运用特许权使用费和管理费就更便于对付东道国税务机关的监督和检查。而对股利，当东道国的税率高于母国税率时，特许权使用费和管理费又有节税的好处。因为股利汇付必须在所得税交纳之后，而各种费用却可以作为税基的减项在所得税之前扣除。

六、股利汇出

股利汇出是跨国公司的子公司向母公司转移资本最重要的手段。股利汇出通常占全部汇出资本的一半。跨国公司采取股利汇出资本时，应着重考虑以下几个因素：

（一）税收因素

东道国和本土国的税法都影响着跨国公司的股利政策，在有效税率不同的情况下，改变各子公司的股利支付比例可以使跨国公司减轻其总的税负。

（二）外汇风险因素

如果可以预见汇率变动的趋势，跨国公司就能通过股利政策的调整将资本从弱币区转至强币区。当子公司所在国货币将贬值时，增加股利汇付的数量可以减少当地的货币资产；反之，当子公司所在国货币即将升值时，则采用减少股利汇付数量和推迟股利发放时间的策略。

（三）外汇管制因素

通常，国际收支发生困难的国家会采取一定措施限制外资公司支付股利，如只允许按注册资本的一定百分比汇付股利等。为了降低外汇管制的危害，一些跨国公司采取相对稳定的股利汇付率，以表明股利支付是既定股利支付计划的一部分而并非对东道国货币的投机。即使股利不能汇出，也照常宣布分配。这样就可以建立一个将来放松或取消管制时汇出股利的基础。如果一国发生政局变动或外汇危机，母公司会要求子公司尽快转移剩余资本，这时一般都通过增加股利汇付实现资本转移。

（四）筹资因素

在确定股利支付政策时还应考虑各子公司资本的机会成本和筹资能力。例如，一个必须借入资本的子公司通常较持有剩余资本的子公司具有更高的机会成本。也就是说，有些子公司拥有低成本筹资来源，而另一些子公司则只能按相对较高的利率借入资本。在一般情况下，母公司要给资本机会成本相对低的子公司确定一个较高的股利支付比例，同时只从借入成本较高或面临有利投资机会的子公司提取较少的股利。

第五节 跨国公司直接投资管理

跨国公司直接投资是指投资者在国外经营公司，并通过直接控制或参与其生产经营管理以获取利润的投资。直接投资通常涉及在外国建立新的生产基地，例如，美国 GE

公司在中国上海建立新的生产基地，也包括收购外国现有的企业，如中国联想集团收购了美国 IBM 个人笔记本业务。

一、跨国公司直接投资的方式

跨国公司直接投资的方式，主要包括合资经营、合作经营、独资经营、新建企业和收购现有企业五种。

（一）合资经营

合资经营是指由两个或两个以上属于不同国家和地区的公司或其他经济组织，经东道国政府的批准，在东道国设立的以合资方式组成的经济实体。当母公司拥有国外业务中的 50% 以上的股份份额，从而可以行使对其控制，这样的合资公司称为跨国公司母公司的国外子公司；如果母公司拥有国外业务，也就是合资公司不足 50% 的股权份额时，这样的合资公司称为跨国公司母公司的国外成员公司。

（二）合作经营

合作经营是指国外企业依据东道国有关法律，与东道国企业共同签订合作经营合同而在东道国境内设立的合作经济组织。合作经营企业双方的责、权、利都是由双方签订的合同加以规定的。合作经营企业的管理可以由合作双方派出代表组成联合管理机构，也可以委托一方或聘请第三方进行管理。

（三）独资经营

独资经营是指由某一外国投资者依据东道国法律，在东道国境内设立的全部资本为外国投资者所有并独立经营的企业。许多国家都对外国投资者在该国投资，设立独资企业进行一些限制，比如，军事、通讯等行业一般不允许外国投资者独资经营。一般而言，发展中国家限制条件多，发达国家限制条件较少。

（四）新建企业

新建企业的投资方式是由投资者独立自主经营，独立承担风险的一种跨国公司直接投资方式，其投资过程包括选址、建设厂房、购买安装设备，一直到雇佣工人进行生产。

（五）收购

收购是指跨国公司在东道国购买现有公司的产权。它是国际直接投资的主要进入方式。

二、国际投资环境分析

（一）国外直接投资的风险

国际投资中不可避免地存在着风险，只不过是风险大小不同而已。在作投资决策时，首先要对风险因素进行分析以便于国际投资者作出较为明智的决策。国际投资所面临的风险主要有两类：政治上的风险和经济上的风险。

1. 政治上的风险

政治风险主要是指国际经济活动中因政治因素导致经济损失的风险。主要包括：国有化、战争和转移风险。

（1）国有化风险。在国际经济中，国有化就是将外国投资及资产没收归东道国所有，受到国有化伤害的跨国公司往往得不到补偿。

（2）战争风险。战争风险包括内战、边境战争、骚乱以及与政治因素有关的恐怖事件所导致的风险。这类事件带有突发性，难以预测，而且其带来的破坏，可能波及国内外许多公司。公司因战争、骚乱等蒙受的经济损失，一般都无法得到补偿。

（3）转移风险。转移风险是指东道国政府通过外汇管制等措施，使跨国公司无法将其投资所得利润、资本等汇回本国或转移到其他国家。此外，东道国还可以采取大幅度调整汇率的办法，人为地使本币非正常贬值，达到减少外国投资者正当利益的目的，这种汇价波动不同于因国际收支不平衡发生的汇率风险，而是旨在剥夺投资者的收益、限制资本外流，因而也是一种政治风险。

（4）其他风险。如有些国家的政府规定外国投资者在环境保护和社会福利项目上投资，外国投资企业在各种岗位上雇佣东道国居民的最低比率，要支付较高的税率、较高的工资率等，使外国投资企业在竞争中处于不利地位。

分析跨国投资的政治风险，就是对上述各方面进行预测、了解和研究，根据政治风险的大小，将各个国家进行分类。如果某一国家被列为风险极大这一类，无论预期收益多高，也不能进行投资。

2. 经济上的风险

跨国公司面临的经济风险主要是指宏观经济风险，如汇率变动、利率变动、通货膨胀、贸易条件变化等引起的风险。对跨国公司而言，所有这些既是遭受损失的原因，也是获得收益的条件。

除此之外，各国的文化教育、自然资源、风土人情、地理位置的差异也会增加国外投资的难度，并且制约和影响着对外投资项目的选择、效益的评价。因此，研究和评价国际投资环境是跨国公司财务管理人员经常面临的一个重要课题。

（二）国际投资环境分析法

评价国际投资环境的方法有许多，在这里只简单介绍“冷热国对比分析法”和“投资环境评分分析法”两种。

1. 冷热国对比分析法

冷热国对比分析法是由美国学者伊西阿·利特法克和彼得·班廷二人通过对美国、加拿大等国大批工商界人士进行调查和对大量资料进行综合分析后提出来的。该方法把一国投资环境的好坏归结为以下七个因素：政治稳定性、市场机会、经济发展和成就、文化一元化、法令阻碍、实质阻碍（指一国的自然条件、气候等）、地理及文化差距。根据上述七个因素进行分析，一国投资环境好，即“热国”，反之则为“冷国”。

2. 投资环境评分分析法

对国际投资环境的冷热分析，主要是从宏观因素进行的，对于干扰国际投资环境的微观因素较少考虑。为此，美国学者罗伯特·斯托色夫提出了“投资环境评分分析法”，作为投资环境的评价标准。这种分析法是从东道国政府对外国投资者的限制和鼓励政策着眼，具体分析了影响投资环境的八大因素及其若干个子因素，并根据各子因素对投资环境的有利程度给予评分。评分标准是按八大因素各自在投资环境中的作用大小确定的。根据这种方法评分，总分越高，投资环境越好。外国投资者可以很容易地对不同的投资环境合理评估，择优选择。这八大因素是：资本抽回程度、外商股权所占份额、对外商的管制程度、货币稳定性、政治稳定性、给予关税保护的意愿、当地资本可供程度、近五年的通货膨胀率。

三、跨国直接投资资本预算

（一）评价方法

跨国直接投资资本预算使用与国内项目资本预算相同的评价指标，分为非折现指标和折现指标，非折现指标包括会计报酬率、回收期，折现指标包括净现值、内部收益率和现值指数等。这些指标在项目评价中各有不同的特点，适用于不同的情况。无论如何，净现值在所有评价指标中是最科学的，反映了项目上马后给公司价值带来的增加值。其次，净现值、内部收益率和现值指数三种指标都涉及现金流估计，计算方式有一定的共性。计算出项目的净现值后，内部收益率和现值指数很容易计算出来。因此，一般以净现值指标为优选指标。

与国内投资项目一样，跨国投资项目资本预算是通过净现值方法对项目进行决策，首先，需要估计项目的现金流量与体现现金流风险的资本成本，然后计算出项目的净现值。

确定国外投资项目的净现值一般有两种方法。第一种方法是以子公司所在国货币估计现金流量，并按计划汇率换算成母公司所在地货币，然后，按母公司所在地货币的资本成本折现，从而得出以母公司所在地货币表示的投资净现值。第二种方法是为了避免外汇汇率预测，跨国公司完全以子公司所在国货币计算净现值，然后，按现行汇率将计算结果换算成母公司所在地货币。

（二）跨国直接投资项目分析

1. 现金流量分析应注意的问题

从方法论上讲，国外投资现金流分析与国内投资现金流分析并无差别，但国外投资面临的实际情况更为复杂。在分析时，应注意以下几个问题：

（1）由于跨国公司对外直接投资后形成了分处两个国家中的不同经济实体，国外投资项目可能会对母公司的其他业务产生影响以及受到外汇管制及税收等的影响，这样，母公司的现金流和国外投资项目的现金流就会不一样。两种不同的现金流因其国别不同，性质也不同，因此，投放在项目上的现金流与流向母公司的现金流必须严加区分。

（2）在分析时要充分认识各国在税收体系、金融机构、外汇管制、会计准则以及金融资产流动的限制等方面对现金流的影响。

（3）汇率、利率变化、通货膨胀率变化不仅会改变国外投资项目的竞争地位，还会改变母公司与子公司之间的现金流量的价值，因此，在投资分析中应给予充分的重视。

（4）跨国资本市场之间的隔离，既可以创造财务利得的机会，也可能引起财务成本的增加，因此，在分析时要注意研究投资项目的筹资结构及其变化对现金流的影响。

(5) 在跨国投资中，政治风险的高低会使对外投资的价值发生很大变化。

2. 母公司现金流量分析

国外投资项目的评价不但应从投资项目本身进行评价，还要站在母公司的立场上评价该项目，在评价时应考虑以下几个问题：净现金流从子公司转换到母公司的可能性；子公司所在国有关汇兑资本方面的税收规定；两国外汇汇率变化等。从母公司角度进行分析，其现金流入量主要来自子公司的净现金流量、许可证收入、管理费收入等。现金流出量主要是从子公司获得股利收入而应向本国政府缴纳的各种税款等。现金流入量减现金流出量的净现金流量是母公司可以运用的净收益。据此可按最低收益率计算母公司进行国外投资的净现值和内部收益率。

3. 跨国投资风险调整方法

国外投资风险的调整与一般投资项目风险调整的方法基本相同，可采用的方法有：缩短投资回收期、提高折现率、调整现金流量等。例如，如果预计投资回收可能会受到东道国外汇管制的限制，跨国母公司可以将正常的折现率 10% 提高到 12%，或者把原定 5 年回收期缩短到 3 年。又如，为防止投资风险可从每年的现金流量中提取一笔保险金用于政治和经济风险的保险。保险金可以用于向保险公司购买保险也可用为其他避险方式的费用。如为了防止汇率变动的损失，可以在远期外汇市场上套期保值。

第六节 跨国公司筹资管理

和国内企业相比，国际企业由于其跨国经营的业务需要，经常跨越国界在国际金融市场上筹措资金，因而有更广泛的资金来源、更多样的筹资方式。

一、跨国公司长期筹资

跨国公司的长期资本可以采取跨国权益筹资、国际信贷、国际债券筹资等方式。

(一) 跨国权益筹资

所谓跨国权益筹资，是指跨国公司通过发行国际股票，即在国际金融市场或国外金融市场上以发行股票的方式筹集的权益性资本。只要能够满足在各国市场上市的要求，大部分股票交易所都允许外国公司发行股票，例如纽约、伦敦、东京、法兰克福、巴黎、多伦多等。我国公司目前接触比较多的市场是纽约、香港、新加坡。我国公司在中国香港地区发行的 H 股、在纽约发行的 N 股、在新加坡发行的 S 股等，都是国际股票。每一个市场对于接受公司上市都有具体规定，可以查阅各个交易所的网站。

互联网的出现以及发展为投资者和筹资者提供了便利，他们可以很容易地了解全球经济状况，了解各地金融市场情况。电子交易的出现大大降低了跨越国境进行投融资的成本，对资本跨越国境的流动起到了推动作用。

公司进行跨国权益筹资的主要动因是：第一，规避筹资风险。跨国权益筹资，可以使公司进入分散化的股权市场，规避当一个市场状况不好时筹资可能出现的困难。第二，扩大资本来源。跨国权益筹资，不仅可以筹集更多的资本量，而且可以筹集所需要的外币资本。第三，扩大知名度。国际金融市场有着广泛的投资者基础，在国际市场上进行权益筹资，能够获得投资者的关注，扩大公司在国际市场的知名度。

当然，进行跨国权益融资，必须遵守国际惯例，遵守有关国家的金融法规，因此，发行程序比较复杂，发行费用也比较高。

（二）国际信贷

国际信贷是指一国借款人在国际金融市场上向外国金融机构借入货币资金的一种信用活动。国际信贷是国际间资本流动和转移的表现，反映了国际借贷资本的流动，是国际经济活动的一个重要方面。国际信贷按贷款的期限分为短期贷款（一年以内）和中长期贷款（一年以上）。中长期贷款金额大，时间长，银行风险较大。因而，借贷双方要签订贷款协议，对贷款的有关事项加以详细规定。另外，借入中长期贷款一般要提供担保财产。国际信贷按其贷款方式有独家银行信贷与银团信贷两种。独家银行信贷又称为双边中期信贷，贷款金额最多为 1 亿美元。银团贷款又称为辛迪加贷款，它是由一家贷款银行牵头，由该国的或几国的多家贷款银行参加，联合起来组成贷款银行集团，按照同一条件共同对另一国的政府、银行及企业提供的长期巨额贷款。银团贷款期限一般为 5 ~ 10 年，贷款金额为 1 ~ 5 亿美元，有的甚至高达 10 亿美元。目前，国际中长期巨额贷款一般都采用银团贷款方式，以便分散风险，共享利润。

（三）国际债券筹资

国际债券是指各种国际机构、各国政府及企事业法人，按照一定的程序在国际金融市场上以外国货币为面值发行的债券。

国际债券大致可分为外国债券、欧洲债券和全球债券。

外国债券是指在发行者所在国家以外的国家发行的，以发行地所在国的货币标明面值的债券。其中，比较著名的有扬基债券、武士债券和龙债券。外国债券相对于本国国内发行的债券而言，要求有较严格的信息披露标准，并会面临更严格的限制。结果是，欧洲债券市场的增长大大快于外国债券市场。

欧洲债券是指一国政府、金融机构、工商企业或国际组织，在国外债券市场上以第三国货币为面值发行的债券。在这里，“欧洲”不再是一个表示地理位置的概念，而是意味着境外的意思。欧洲债券的发行人为一个国家、发行在另一个国家，债券面值使用的是第三个国家的货币或综合货币单位（如特别提款权）。目前，欧洲债券选用最多的是美元。

全球债券是 20 世纪 80 年代末产生的新型金融工具，是指在世界各地的金融中心同步发行，具有高度流动性的国际债券。世界银行在 1999 年首次发行了这种债券，并一直在该领域占主导地位。全球债券的发行面值有美元、日元等。

二、国际贸易筹资

国际贸易筹资是最传统的外汇资金融通渠道，该融资的具体方式很多，如进出口押汇、打包贷款、票据贴现、应收账款保理和福费庭等。

（一）进出口押汇

进出口押汇是银行向出口商提供资金的一种方法，由出口方银行和进口方银行共同组织。进出口商进行交易时，出口商将汇票以及提单、报单和发票等全套货运单据向银行抵押，借取汇票金额一定百分比的资金。由银行凭全部货运单据向进口商收回货款的本息。在汇票由受票人偿付后，银行留下预付的金额，加上利息和托收费，其余的贷记给出口商。进出口押汇按承做地点的不同分为进口押汇和出口押汇，前者是指进口方银行所承做的押汇，后者是指出口方银行所承做的押汇。

（二）打包贷款

打包贷款又称为出口信用证抵押贷款，是指出口企业用收到的正本信用证作为还款凭据和抵押品向银行申请的一种装船前融资。银行向出口商提供的这种短期贸易贷款是支持出口商按期履行合同义务和出运货物。由于早先该贷款用于解决包装货物之需，故俗称打包贷款。从形式上看，打包贷款的抵押品是正本信用证，而实质上是处在打包中的待装船出运的货物。

（三）票据贴现

在进出口贸易中，很多情况下使用远期汇票的付款方式。如果远期汇票得到银行的承兑，出口商可以通过出售银行承兑汇票进行融资。如果远期汇票没有得到银行承兑，出口商仍然可以利用远期汇票进行融资，即汇票贴现。

汇票贴现是指出口商将汇票交给愿意接受的银行或者其他金融机构，得到汇票面额与利息和其他成本之差额。汇票贴现有追索性贴现，也有非追索性贴现。所谓追索性贴现，指贴现汇票后，如果汇票到期不能兑现，贴现银行有权向出口商索赔。非追索权贴现，指贴现汇票后，如果汇票到期不能兑现，贴现银行无权向出口商索赔，也就相当于汇票卖断给贴现银行。

（四）应收账款保理

应收账款保理是指出口商出售货物获得应收账款而不是现金后，将应收账款转让给应收账款保理商。保理商一般为商业银行或其他金融机构的分支机构。应收账款保理商持有应收账款，而出口商获得现金收入。出口商所获得的现金收入等于应收账款面额与贴现利息和应收账款保利费之差。应收账款让售通常是无追索性的，即出口商将应收账款出售给保理商后，不再承担任何出口商不能到期付款的风险，而是由保理商承担这种风险。

保理商为了避免代理风险，接受应收账款保理业务时，一般是接受一个公司的全部应收账款，而不是一部分，以免出口商有选择地出售应收账款，将风险大的应收账款出售给保理商，风险小的不出售，加大保理商的风险。

（五）福费庭

福费庭是一种类似于保理的无追索权应收账款让售业务。所不同的是，福费庭常用于中期资本性商品买卖所形成的应收账款。买方在购买资本性商品时，通常需要一段时间、一定数额的融资，有时长达 3 至 7 年。在购买商品时，进口商开出以出口商为受益人的本票，出口商即可以将本票出售给福费庭商。与保理商一样，福费庭商一般也是商业银行或其他金融机构的分支机构。由于福费庭业务涉及的应收账款数额较大、时间较长，福费庭代理商不像保理商那样容易分散风险，因此，在福费庭业务中通常要求进口商银行提供付款担保或者开立的信用证作为质押。也正是福费庭业务的这种担保或者质押特性，使其获得了快速发展，尤其在欧洲。福费庭所涉及的金额通常超过 50 万美元，贴现率一般等于标值货币市场利率加上 1.25%。当数额过大时，通常由几家银行形成一个辛迪加，共同承担一项业务。

本章小结

本章主要讲解了跨国公司作为一个特殊的企业组织形式且面临着特殊风险的条件下，所需掌握的特殊的财务管理知识与内容。跨国公司财务管理的对象是跨国公司的跨国资金运动和国际财务关系，内容包括跨国公司筹资管理、外汇风险管理、跨国直接投资管理、跨国公司内部资本转移等。

汇率制度是跨国公司要面临并解决的最重要的内容。一般来说，如果汇率是完全自由浮动的，即完全没有政府的干预，则有一系列的经济关系可以用于解释汇率的变化。这些经济关系包括购买力平价、费雪效应、国际费雪效应、利率平价关系、远期汇率与未来即期汇率的关系。汇率平价关系能够为汇率预测服务，而汇率预测是跨国公司财务管理人员应该负责的重要工作之一。

跨国公司必须做好外汇风险管理工作，具体包括交易风险管理、会计折算风险管理和经济风险管理。不同的风险有不同的风险管理策略。

出于经营和管理上的需要，跨国公司通常需要进行内部资本转移，通过对跨国公司的资本资源进行有效配置，以实现公司价值最大化。跨国公司内部资本转移的形式通常有内部贷款、转移价格、应收应付管理、特许权使用费和管理费、股利汇出等。

跨国公司对国外投资项目进行评价时，不但应从投资项目本身进行评价，还要站在母公司的立场上评价该项目。国外投资风险的调整与一般投资项目风险调整的方法基本相同，可采用的方法有：缩短投资回收期、提高折现率、调整现金流量等。

另外，和国内企业相比，国际企业由于其跨国经营的业务需要，经常跨越国界在国际金融市场上筹措资金，本章还介绍了跨国公司更多的资金来源和更多样的筹资方式。

本章参考文献

1. 夏乐书：《国际财务管理》，中国财政经济出版社 2001 年版。

2. 谷祺、刘淑莲：《财务管理》，东北财经大学出版社 2003 年版。

3. ［美］ Alan C. Shapiro：《跨国公司财务管理基础》，清华大学出版社 1998 年版。

4. ［美］ Jeff Madura：《国际财务管理》，东北财经大学出版社 2000 年版。

5. ［美］ Reid W. Click and Joshua D. Coval：《国际财务管理的理论和实践》，北京大学出版社、培生教育出版集团 2002 年版。

6. 黄福广：《跨国公司财务管理》，天津大学出版社 2004 年版。

企业集团财务管理

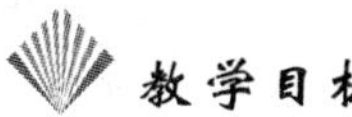

教学目标

◇基本目标

通过本章教学，帮助学生理解和掌握企业集团财务管理的内涵、特点、职能、体制，以及财务公司的内涵、业务与运作等。

◇具体目标

明确企业集团的含义、性质，理解企业集团的作用；

理解企业集团的各种类型，明确各类企业集团的特点；

明确集团公司在企业集团中的地位，理解其权限和职责；

掌握企业集团财务管理的特点；

理解企业集团财务管理的职能；

理解并掌握企业集团财务管理体制的类型、设计与选择；

明确集团财务公司的性质、特点；

理解集团财务公司的设立程序；

掌握集团财务公司的业务；

理解企业集团财务公司运作的方法。

本章提要

本章主要介绍企业集团财务管理的基本理论，包括企业集团的内涵、企业集团财务管理的特点与职能、企业集团财务管理体制、集团财务公司的运作。回答了什么是企业集团，企业集团财务管理具有哪些特点，发挥什么职能；企业集团财务管理体制的类型有哪些，如何设计和选择适当的集团财务管理体制；什么是财务公司，它具有什么性质；财务公司具有哪些特点；财务公司从事哪些业务，它是如何运作的等问题。

企业集团的内涵涉及企业集团的含义与特征、类型、作用。本章第一节通过对上述内容，以及对集团公司在企业集团中的地位、集团公司的权限与职责的阐述，明确企业集团的基本内涵。第二节通过对企业集团财务管理的特点与职能的分析，明确企业集团财务管理区别于其他类型企业财务管理的特殊之处，并为第三节、第四节的论述奠定基础。第三节"企业集团财务管理体制"主要包括企业集团财务管理的类型、设计，以及确定企业集团财务管理体制时应考虑的因素，这些问题解决了，集团各成员企业之间的责、权、利关系也就得以确定；第四节主要论述了集团财务公司的性质、设立、业务和具体运作，旨在提高整个集团资金的管理效率。

本章作为本书第六篇中的一章，是前五篇内容的展开与深化，能够帮助学生了解并掌握财务管理在企业集团这类特殊企业组织中的特点与具体运作。

第一节　企业集团概述

一、企业集团内涵

（一）企业集团的含义与特征

企业集团（Enterprise Group，Business Group）这一名称最早出现于第二次世界大战后的日本，20 世纪 80 年代才进入中国。关于什么是企业集团，国内存在多种不同的表述形式。企业集团是"在维持各参加企业法律上的独立性，依靠共享资本的效率、营业上的效率或者金融上的效率而带来的利益，以高水准地维持各企业的经济效率为共同目的，主要采用股份所有关系、高级管理者派遣等手段结合起来的两个以上企业的集合形态"①；是"以资本为主要联结纽带的母子公司为主体，以集团章程为共同行为规范的母公司、子公司、参股公司及其他成员企业或机构共同组成的具有一定规模的企业法人联合体。企业集团不具有法人资格"②；是"以母子公司为主体，以产权为主要联结纽带，以产权和契约等多种纽带把多个企业联结起来，具有多层次结构、经济上统一控制，法律上各自独立的多法人联合体"③；是"由结构化的多个企业组成的一个企业群体，这些企业进行彼此关联的经营活动。它们可能同处在一个产业链上下游，也可能共享某种资源，或者采用同样的行业标准，它们一般有共同的利益，以产权纽带联结在一起"④。虽然目前人们对企业集团尚没有形成一个统一的定义，但企业集团却有其共同的内在特征，这些特征主要体现在以下方面：

1. 以产权为最根本的联结纽带

企业集团要成为有机整体、充分体现资源整合与管理协同效应以及集团整体的竞争优势，必须在其成员单位之间建立起各种联结纽带。这些纽带可以是资本，也可以是人

---

① 李非：《企业集团理论·日本的企业集团》，天津人民出版社 1994 年版。
② 国家工商行政管理局：《企业集团登记管理暂行规定》，1998 年第 59 号文件。
③ 段兴民、张生太等：《企业集团人力资本管理研究》，机械工业出版社 2003 年版。
④ 胡宗良、臧维：《集团公司战略分析、制定、实施与评价》，清华大学出版社 2005 年版。

事、财务、技术、契约等许多方面。其中，产权是最为基本的联结纽带。各成员企业主要就是通过控股、参股的产权关系有机联系在一起，企业集团也正是凭借产权这一联结纽带实施对集团内部企业的控制，实现既定的集团发展目标的。

2. 多法人的经济联合体，但不具备独立法人资格

企业集团是由多个企业组成的经济联合体。这些企业既包括居于集团核心的核心企业——集团公司（或称母公司、控股公司），又包括由核心企业控制的子公司及其他公司。在法律上，这些企业都是拥有独立财产、独立承担民事责任、享有独立经济利益的法人，但企业集团本身只是由这些独立法人基于共同利益联合而成的企业联盟或合作经营，不具备独立的法人资格，需要在集团章程和内部管理体制的统一管理与控制下，保持与集团整体目标的协调一致。

3. 多层次的组织结构

根据各成员企业之间关联关系的紧密程度，集团成员企业可以分为核心层企业、紧密层企业、半紧密层企业和协作层企业四个层次。虽然各层次的企业在法律上享有同等的独立法人地位，但它们在集团经营管理中的地位、对整个集团影响的程度却不相同。一般来说，核心层企业即集团公司，与集团的联系最为密切，是整个集团的核心，对集团整体的发展方向、经营战略、计划方针等重大决策起决定性作用；紧密层（全资和控股子公司）、半紧密层和松散层企业与集团联系的紧密程度依次降低，对集团的影响也依次减弱。

4. 规模大型化、巨型化

规模庞大是企业集团的一个显著特征。这不仅体现在企业集团拥有的资本量上，而且体现在企业集团的总资产、利润等方面。以 1992 年的日本六大企业集团为例，虽然其成员企业数（不包括金融机构）仅占全国法人企业的 0.007%，但其资本金却占 15.29%，总资产占 12.52%，利润占 10.63%。如果把核心企业与其所控制的子公司、管理公司的资产加起来，则几乎控制着日本经济的大部分。

5. 多元化经营

为充分利用资源、分散风险，企业集团往往不只从事单一产品的生产与经营，而是横跨相互有联系、甚至完全没有联系的多个经济领域或行业。多元化经营是企业集团普遍采用的战略。据统计计算，1949 年美国进行多元化经营的企业仅占 32.1%，1969 年则增至 56.9%①，超过半数。1990 年至 1996 年间，美国进行多元化经营的公司雇佣了全国 50% 的员工，资产总额占美国上市公司资产总数的 60%。

（二）企业集团的类型

按照不同的标准，可以将企业集团分成不同的类型。目前，有关企业集团类型的主要观点有：

1. 按集团控制关系与形成途径，企业集团可以分为控股式企业集团和契约式企业集团②

① 席酉民、梁磊、王洪涛等：《企业集团发展模式与运行》，机械工业出版社 2003 年版。

② 胡元木、姜洪丽：《高级财务管理》，经济科学出版社 2006 年版。

控股式企业集团是指按照企业之间的控股关系组建的企业集团。控股企业通过持有多数股权，对从属企业在经营上施加决定性影响，从而建立控制关系，这是典型的企业集团。在国外，有控制权企业的行为如果对受控企业造成损失，要予以补偿。

契约式企业集团是指通过订立合同，各企业自愿结合为集团。根据企业合同，部分企业将经营权授予其他企业指挥，由此而产生经营上的控制权与相应的权利和义务。集团母公司有义务弥补子公司的年度亏损，使子公司的债权人获得间接保护。

2. 按企业集团产业扩张的方式不同，企业集团可分为横向联合式企业集团、纵向联合式企业集团和混合式企业集团①

横向联合式企业集团是指通过行业之间的收购、兼并而形成的集团，旨在提高产品的市场占有率、扩大行业竞争力和行业控制力，是市场竞争的自然结果。

纵向联合式企业集团通过收购和兼并上游企业和下游企业而形成，目的在于整合整个产业链、降低交易成本、促进生产的专业化分工、提高整个产业的核心竞争能力。

混合式企业集团多为控股公司主导下的企业集团，组建的目的在于借助资本优势和资本衍生能力，通过控股和资本运作，实现资本的保值增值。

3. 按企业集团核心企业的类型，企业集团可以分为财团型企业集团和母子公司型企业集团②

财团型企业集团是指其核心企业以大银行和金融机构为主，有的也包括工业企业和综合商社的企业集团。在集团内部，各成员企业之间呈环状持股，多元结合，经营范围几乎涉及所有行业。集团内部各企业之间是一种横向的独立法人之间的联系，集团没有统一的投资和经营机构，成员企业主要是为了相互提携业务、减少市场风险等目的而结合成为相对松散的联合体。

母子公司型企业集团是指核心企业为特大型公司、关系比较紧密的企业集团。在集团内部，特大型公司在从事经营活动的同时又是母公司和控股公司，通过控股、参股、控制和协调各子公司、孙公司、关联公司，利用业务协作及长期契约影响协作企业。

（三）企业集团的作用

自20世纪80年代组建以来，我国企业集团迅猛发展，已显示出强大生命力。特别是通过兼并、重组等资本营运方式，企业集团在促进国民经济持续、快速、健康发展方面日益发挥着单体企业无法比拟的重要作用。

1. 企业集团有助于形成规模经济

实现规模经济是集团组建和集团资本运营的主要目标。以庞大的集团规模为基石，企业集团可以通过集团的资本运营和高效的协同整合，将相关企业联合起来，在统一安排采购、储运、生产、销售、宣传、研发等活动的基础上，实现成本节约和人力、物力资源使用效率的提高，不断增强规模经济。

2. 企业集团有助于优化经济结构和资源配置

---

① 王君彩：《现代企业集团财务管理研究》，中国财政经济出版社2005年版。

② 席酉民、赵增耀等：《企业集团治理》，机械工业出版社2002年版。

以优势企业为龙头，以资本联结为纽带，通过收购、兼并劣势企业或强强联合组建而成的企业集团，能够打破地区、部门、所有制的界限，对相关企业的资产进行合理、有效的流动和重新合理的配置，在优化资源配置的同时，实现企业间的优势互补与经济结构的优化。重新整合后，各类资源的生产能力不仅得到增强，而且能够提高集团整体的市场竞争力。

3. 企业集团有助于科技进步和创新

科学技术是第一生产力，而技术开发的广度和深度、创新的强度与扩散度的大小，都与企业的规模正相关，因为无论科技研发还是科技创新都需要巨额资金的支持。企业集团凝聚了一定的财力和物力，有能力从较大的销售额中提取足够的科研经费集中使用，从而加速企业的技术开发、革新改造，增加产品的技术含量、附加值，不断推出新产品占领市场，成为市场的领导者。

4. 企业集团有助于增强国际竞争力

目前西方经济飞速发展的显著特征之一是企业集团国际化。美国之所以雄踞世界经济强国之首，靠的就是一批辐射全球的大企业、大集团。集团成员所形成的网络优势可以节约大量的交易费用，促进合约的签订和执行；集团成员以一个整体的力量出现，不仅可以增强其在竞争中的谈判能力，而且能够实现风险共担，降低风险水平，提高企业的市场适应性，增强其国际竞争力。

5. 企业集团有助于充分发挥国有大中型企业的经济主导作用

国有经济在我国经济生活中占有特殊重要的地位。集中政府的力量组建以国有大中型企业为核心的企业集团，能够抓住、抓好关系国计民生的重大部门和关键领域中的国有企业，形成群体优势和综合能力，加速新产品、新技术的开发和利用，使企业实现集约化经营，保证国民经济建设和市场的需要。

二、企业集团与集团公司

（一）集团公司是企业集团的核心

集团公司不同于企业集团，它是一个完整的经济实体、独立的法人企业，与企业集团之间是整体和核心的关系。作为处于整个集团组织金字塔塔尖的集团核心层企业，集团公司是企业集团最为重要的利益相关者，是集团形成的前提和基础，也是处于集团董事会（代表股东）与其他成员企业之间的一个中介性的机构，与董事会（代表股东）和其他成员企业之间存在不同程度的委托代理关系。这也决定了集团公司在企业集团中的角色具有两重性：既是高层管理者，受股东的委托管理和运营他们的资产，又代表股东对其他成员企业行使所有者的权利。与之相适应，集团公司的权限设置和责任承担需要同时满足这两个角色的要求。

（二）集团公司的权限

现代集团公司的基本职能在于，以产权关系为基础，重点从事资本经营和管理，有机配置集团资源，促进集团整体价值最大化。在行使此职能过程中，集团公司一般拥有以下职权：

1. 人事任免权

具体包括：(1) 董事会可按规定程序，选聘集团公司总经理，并经监事会同意予以任免；(2) 有权任免和管理集团公司级的各部门负责人；(3) 有权决定子公司的领导体制，任免和管理全资子公司的领导成员，包括子公司的董事、总经理、财务总监等；(4) 按法定程序和出资比例，向控股企业和参股企业委派或更换股东代表，推荐董事会、监事会成员。

2. 资产经营权

具体包括：(1) 负责组织制定并监督实施集团的发展战略和中长期规划，决定集团的资产经营方式；(2) 制定集团资产的产权管理和经营管理的实施办法；(3) 对所辖企业通过签订资产承包合同或其他方式进行产权管理；(4) 决定企业集团的组织管理体制和机构设置，保证资产有效营运；(5) 有权批准决定子公司的经营方针。

3. 资本营运权

具体包括：(1) 按照集团的经营决策，有计划地对所辖企业进行投资或抽回资金；(2) 依照产业政策和调整结构的需要进行重大的对外投资；(3) 自主决定全资、控股或有实际控制权子公司的资产重组、转让、租赁等事宜；(4) 审批子公司的融资规模和投资计划。

4. 资产处置权

具体包括：(1) 依照有关法律法规，在产权范围内调配集团资产存量的转移，包括成员企业的合并、分立、解散等事项；(2) 依法自主决定资产的转让、外部资产的收购、兼并等事项；(3) 对闲置固定资产进行调配使用，直至出租或出售；(4) 审批或报批子公司的股权变动，包括转让全部或部分股权。

5. 经营监督权

具体包括：(1) 对所辖企业资产的经营状况定期进行检查和监督；(2) 审批所辖企业的年度财务预决算和财务报表；(3) 审查批准子公司的重大经营决策和年度经营计划，需要时可采取必要措施予以调控；(4) 负责向子公司下达资本保值增值的考核指标，并进行考核与监督。

6. 收益分配权

具体包括：(1) 确定集团内部利润分配比例和子公司上缴集团的利润额，对完成上缴任务后的留利确定基本的分配原则；(2) 集中部分收益，用于资本的再投入和进行结构调整。

【案例一】

三环集团公司总部的职能①

三环集团公司是湖北省国有资产监督管理委员会管理的省属大型企业，资产总额80亿元，职工3万余人，主要从事专用汽车、汽车零部件、机械电子产品的生产经营。

---

① 本案例根据三环集团（www. triring. cn）等网站资料编写。

目前，该公司是湖北省最大的专用汽车和汽车零部件生产企业，也是湖北省最大的品牌汽车经销商。三环集团公司之所以能够在改革的大潮中快速成长，离不开对集团公司总部职能的正确定位以及这些职能的充分发挥。概括地说，三环集团公司主要具有以下职能：

（1）战略规划管理职能。协助总经理班子拟定整体发展战略，负责各基层企业发展方向与战略的拟定。分析研究和论证拟进入产业和项目，科学地进行产品组合的选择等。

（2）经营计划管理职能。辅助总经理班子形成年度经营方针与经营目标任务，向各基层企业提供经营统计资料与市场分析预测资料，帮助各基层企业制定与调整计划和预算；监督运营实施过程，对经营状态追踪、分析和评价，并提出改进建议。

（3）财务管理职能。依据发展战略制订各项财务政策，财会制度。财务与运营分开，建立相对独立的财会体系，包括账务体系与财会队伍监管体系；及时、准确、完整地反映各基层企业、管理部门的经营（工作）状态与财务状态，处理各基层企业财会人员的请示与报告。在此基础上制定对各基层企业的财务调控基准与业绩评价基准，确保三环集团公司财务健康运行。

（4）人力资源管理职能。指导各基层企业建立内部的价值创造、价值评价与价值分配机制；按发展战略的要求，吸纳、培训、推荐人才，改善人才结构；重点培养经理人员、财务总监、职能部门负责人等梯队人才，监督各基层企业用人的合理性与管理上的合法性；制订完善的职位评估、绩效考核与薪酬管理体系。

（5）业绩合同管理职能。集团高层管理者通过业绩合同确立与业务单元及职能之间的业绩承诺。

（三）集团公司的职责

集团公司拥有一定的权力，但是，必须对出资者和子公司承担相应的责任。

1. 对出资者的责任

经授权后，集团公司对出资者承担以下责任：（1）组织拟订和实施重大投融资规划、发展战略，组织制定和实施年度经营计划及其他重要生产经营决策，对投入产出效果负责；（2）加强内部管理与控制，确保集团资产，尤其是资金的安全、完整、保值与增值；（3）深化企业改革，推进结构调整，加快技术创新和科技进步，转换经营机制，妥善做好减员增效、富余人员分流与再就业工作，维护企业和社会的稳定；（4）加强内部监督和风险控制，依照国家有关规定建立健全财务、审计、企业法律顾问和职工民主监督制度；（5）通过预算管理、风险防范等，保障集团资金安全；（6）指导和加强所属企业思想政治工作和精神文明建设，搞好集团内部企业文化建设；（7）接受国家有关部门的监督和指导，并定期向其报告企业集团经营和发展状况，报送集团公司会计报表、合并会计报表等资料。

2. 对子公司的责任

经授权后，集团公司对子公司承担以下责任：（1）依照法律和有关规定，逐步建立规范的母子公司体制，充分调动子公司的积极性；（2）以出资额为限对子公司承担责任；（3）尊重子公司的法人财产权，不干预子公司的日常经营决策；（4）除经法定程序外，不得以任何形式抽取在子公司的资本金；（5）建立集团内部的共享信息网络，对子公司的生产经营进行必要的宏观指导；（6）引进人才，不断提高子公司管理人员的综合素质；（7）加强对子公司的管理、协作与配合，提高其经济效益和社会效益。

第二节 企业集团财务管理的特点与职能

一、企业集团财务管理的特点

与一般企业相比，企业集团的规模往往较大，还有不少集团打破行业、地区、所有制和国家的界限，从事跨行业、跨地区、跨所有制和跨国的生产经营，这给企业集团的管理带来了许多新的问题，也使集团财务管理呈现出与一般大型企业不同的显著特征。这些特征主要表现在：

（一）财务主体多元化

在以产权关系为基本联结纽带的企业集团中，集团公司与子公司之间是控制与被控制关系，各公司自身又是独立的法人主体，具有独立的经营管理机构并独自承担财务上的法律责任。这客观上决定了企业集团的理财主体不可能只有一个，而是有若干个，它以集团公司为核心，同时具有多元化、多层级的特点。

（二）财务客体复杂化

财务管理是组织财务活动、处理财务关系的一项综合性管理工作①。资金的筹集、耗费、收回、分配等资金运动，以及在此过程中形成的各种财务关系，都是财务管理的对象。与一般企业相比，企业集团能够借助资源整合所形成的强大财务资源实力，更加灵活地运用多种投融资与收益分配的手段或方式。集团内部多个理财主体的存在，也使得企业集团在处理财务关系时涉及的利益相关主体更多、更复杂。

（三）财务决策多层次化

在具有多层次组织结构的企业集团中，各成员企业所属的管理层次是不同的。其中，集团公司处于最上层，是整个集团管理的核心；全资子公司和控股子公司、参股公司、契约公司分属集团的紧密层、半紧密层和松散层。不同的管理层级也赋予了相应企业不同的财务权限，进而直接导致了集团内部财务决策的多层次化。以集团公司为例，它拥有集团最高的财务决策权，是整个集团战略的规划者、集团业务整合和产业升级的推动者。各子公司则在集团公司授权范围内拥有和行使财务决策权。

（四）投资领域多元化

企业集团凭借其财力雄厚的条件，普遍采用多元化投资经营战略，注重产品的系列化和产业的多元化。通过进入市场经济的多种领域，企业集团可以在提高集团抵御不同市场风险能力的同时，充分利用集团的各类资源，挖掘新的利润增长点，从而加速整个

---

① 谷祺、刘淑莲：《财务管理》，东北财经大学出版社 2003 年版。

集团的资本扩张与资产增值速度，增强集团核心竞争力。当然，多元化经营也会给企业集团带来投资风险增大、资金与人才力量分散、主业不突出等问题，企业集团应予以关注。

二、企业集团财务管理的职能

任何事物都有一定的职能。有些职能是事物所固有的，即基本职能，有些职能则是在基本职能基础上演化派生出来的。财务管理的基本职能是组织，这是由财务管理的对象和内容所决定的①。在此基础上，随着科学技术、集团经济的飞速发展，财务控制、财务协调、财务监督等职能在集团财务管理中的地位日益重要，成为提高集团核心竞争力和管理效率的必不可少的财务管理职能。

（一）组织管理职能

组织管理是企业集团财务管理最基本的职能。从根本上说，财务管理就是如何组织好企业财务活动的问题。当企业集团根据集团整体发展战略明确了集团的财务目标后，如何组织编制科学精确的预算，如何组织好预算的下达与实施、预算执行结果的考核评价与奖惩就变得尤为关键。而要组织好集团的财务活动，首先就需要设置合理的集团财务组织。一般来说，企业集团的财务组织大致可分为两大层次：

一是集团公司财务职能部门。集团公司是企业集团的核心，在财务上统领整个集团资金的筹集、运用和分配。集团公司财务通常由CFO或副总裁来领导，下设融资部、投资部、资金运营部和审计部等。这些财务组织在加强集团公司自身财务管理的同时，有权力、也有责任加强对子公司财务的监督与控制，以保证整个集团财务运营的高效率。

二是子公司财务职能部门。作为企业集团中被控制的一方，子公司的财务组织设置应服从整个集团的财务战略安排。同时，由于子公司在法律上是独立经营、自负盈亏的法人实体，因此，子公司财务组织的设置既要有独立性，又要符合集团公司（子公司）实施有效控制的要求。一般来说，企业集团财务的集权与分权程度不同，设置的子公司财务组织会有所差别。

（二）财务控制职能

企业集团多层次的组织结构带来了多层次的委托代理关系，信息不对称和逆向选择问题随之产生。集团各成员企业作为独立的经济个体，与集团有着不同的效用函数，所以在决策时往往首先考虑自己的局部利益，甚至以牺牲集团的整体利益为代价，这必然会阻碍企业集团核心竞争力的形成，从而要求企业集团必须加强对各子、分公司的财务控制，使其财务活动有利于集团的整体发展目标。财务控制是集团财务管理的核心。

财务控制是一种权力控制，其实质是通过控制企业财务活动中的组织、人员行为，协调各方的目标，保证企业目标的实现。在企业集团这一多法人经济联合体中，集团公司对下属企业的财务管理主要就是通过财务控制实现的。资金控制、制度控制、人事控制和审计控制等是集团财务控制的重要内容。资金控制能够集中统一管理、统一安排子

① 陆正飞：《财务管理》，东北财经大学出版社2001年版。

公司的资金以及资金的筹措与运用，提高集团资金的使用效率；制度控制使得集团内部各企业实施统一的财务规章制度，有助于有效发挥财务管理的各项职能；人事控制通过加强对子、分公司财务人员的人事管理，能够保证资金控制、制度控制的贯彻执行；审计控制能够将经常性财务收支审计、经济责任审计与经济效益审计结合起来，保证各子公司在受控状态下协调健康运行。

（三）财务协调职能

为有效防止各成员企业为追求本公司利益而损害其他公司甚至整个集团的利益，企业集团在实施财务控制的同时，还必须协调各成员企业的财务关系，平衡各子公司、分公司之间的利益，以保证集团的均衡发展和长远利益。资金和分配关系是企业集团财务协调的主要方面。

企业集团对资金的财务协调主要是通过财务公司或结算中心实现的。财务公司或财务结算中心的设置与运作能够有效减少集团资金沉淀、降低资金成本，提高资金效益和使用效率，能够增强集团的抗风险能力与竞争力，还能够为各子、分公司提供财务咨询指导，保证集团的可持续发展。

企业集团对分配关系的协调主要是通过在集团内部制定和实施相关的制度规章而实现的。根据相关规章，一方面，集团公司依据对各子公司的投资收益权合理收取子公司的税后利润，另一方面，集团公司也对需要扶持的子公司给予必要的财务援助。

（四）财务监督职能

企业集团财务监督是集团财务管理不可或缺的组成部分，监督的范围、内容、方式、力度直接影响到集团财务控制的质量，进而影响整个企业集团的生存与发展。企业集团应将财务监督作为强有力的武器，对子公司严格规范，增强其财务状况的明晰度、透明度，使得对子公司的业绩考核公正公平，科学合理。

企业集团的财务监督涉及财务活动的方方面面，重点是对影响深远的财务活动和易出现问题的财务环节进行监督，如：资本结构、融资、投资、利润分配、重大工程项目、对外担保、重要职务、基本制度、非生产费用等。

集团公司董事会是企业集团财务监督的主要力量。它既可以通过聘、免经理人员和根据业绩考核情况实施奖惩等方式，对集团公司及其所属企业的经理人员的财务活动进行间接监督，又可以通过成立财务审计委员会等专门机构，对集团公司及其所属企业的财务活动进行直接、全面的监督。

第三节　企业集团财务管理体制

一、企业集团财务管理体制的类型

企业集团财务管理体制主要是对企业集团各成员企业的财务责任、财务权力和经济利益以及这三者之间的财务关系加以规范的基本财务管理制度①。正确合理的财务管理制度是企业集团财务管理工作得以顺利进行的制度保障。财务管理体制的关键是财务管理权②（财权）的集中与分散问题。以企业集团财权的集中与分散程度为依据，可以将集团财务管理体制分为集权型、分权型、混合型三类。

（一）集权型财务管理体制

所谓集权型财务管理体制，是企业集团将几乎所有的财务管理权都集中在母公司，母公司对子公司进行严格控制和统一管理的财务管理体制。在这一体制下，企业集团的财务决策权高度集中于母公司，子公司的筹资、投资、利润分配、人事任免等重大财务事项都由母公司决定，子公司只是执行母公司的财务决策。必要时，母公司还会直接参与子公司财务决策的执行过程。

通过集权，企业集团能够制定和实施统一的财务政策，有助于统一调度和使用集团资金，提高资金的使用效率和效益，也有助于集团财务管理战略目标的实现。但是，财权的高度集中往往损害子公司的积极性，还会削弱子公司的灵活性，使其不能对市场环境变化迅速反应；过长的信息传递链条也会降低集团高层管理者财务决策的正确性；对财务事项事无巨细的集中管理，还可能事倍功半，降低企业集团的经营效率。

（二）分权型财务管理体制

所谓分权型财务管理体制，是企业集团将财务管理权分散于各子公司，子公司拥有充分的财务决策权，母公司对子公司以间接管理为主的财务管理体制。在这一体制下，子公司相对独立，母公司不干预子公司的经营活动和财务行为，对子公司的管理强调的是结果控制，即对子公司完成受托责任的情况进行考核和评价；子公司在筹资、投资、利润分配、人事任免等重大财务事项方面均享有决策权，可以根据市场环境变化作出重大的财务决策。

分权型财务管理体制可以提高子公司的积极性和灵活性，子公司能够根据市场变化迅速作出反应，提高了财务决策的及时性和有效性；分权也使集团高层管理者有充足的时间和精力关注有关集团长远发展的战略性事务，有助于整个集团持续、快速、健康发展。分权模式的不足之处在于，实施分权后，母公司可能难以统筹规划集团的财务资源，也较难及时发现子公司面临的风险和存在的问题，并有可能出现子公司各自为政、为维护自身利益而损害集团整体利益的现象，从而影响整个集团发展目标的实现。

（三）混合型财务管理体制

在实践中，完全集权和完全分权的企业集团财务管理体制都是比较少见的，大多数是集权和分权相结合的混合型财务管理体制。在这一体制下，母公司对子公司的重大财务事项拥有决策权和管理权，子公司则在母公司的授权范围内享有决策权和管理权。根据财权集中程度的不同，这种管理模式又可分为集权为主、分权为辅和分权为主、集权为辅两种形式。前者主要体现了集权的优点，不仅有利于母公司对子公司实施有效的控

① 张兆国：《高级财务管理》，武汉大学出版社 2002 年版。

② 重大财务决策权、日常财务处理权、财务监督权是财权的核心内容。

制，而且能够部分避免因权力过度集中而削弱子公司积极性和灵活性的问题。此种财务管理体制主要适合于发展初期的企业集团；后者则集中体现了分权的优点，而且注意加强集团内部的协调与配合。此种管理体制更多适用于经营多元化、发展相对成熟、规模较大的企业集团。

二、企业集团财务管理体制设计

筹资管理、投资管理和收益管理是财务管理的基本内容。对企业集团财务管理而言，产权管理更具有特殊重要的意义。集团内部的产权关系是否明晰、产权结构是否合理、持股方式是否恰当等问题，直接关系到集团筹资、投资、利润分配等财务活动能否顺利开展。因此，产权管理是企业集团财务管理体制的重要基础和内容，企业集团财务管理体制的设计应与集团的产权管理、筹资管理、投资管理和收益管理等内容相适应。

（一）产权管理体制

母子公司关系是企业集团财务关系的核心。在法律上，二者享有同等的独立法人地位，相互间不存在行政上的隶属关系，而是出资者与受资者之间的关系。因此，母公司对子公司的管理控制只能依据公司法来进行，而不能超越所有者权限介入子公司的日常经营事务。同时，为保障集团整体利益，母公司必须对子公司进行有效的产权约束，以保障投入资本的安全和产权收益。这在客观上要求企业集团必须依据本集团财务管理体制的类型，科学设计产权管理体制，选择恰当的产权结构和持股方式。

一般来说，在集权型集团财务管理体制下，母公司对子公司应绝对控股，建立全资子公司，形成单一的产权结构，并选择垂直的持股方式。在混合型集团财务管理体制下，母公司对子公司的持股比重应在50%以上，建立控股子公司，同时积极吸收社会法人、公司内部职工投资入股和子公司间的交叉持股，寻求多元化产权结构；持股方式可以是垂直持股与交叉持股相结合。在分权型集团财务管理体制下，母公司对子公司的持股比例可以低于50%，但必须是占绝对优势的第一大股东，同时积极引导子公司进行多元化投资，建立多元化的产权结构。持股方式往往是交叉持股，以密切母子公司之间的关系。

（二）资金融通体制

企业集团的资金融通体制包括外部资金融通体制和内部资金融通体制两个方面。

外部资金融通体制，即企业集团的对外筹资体制可以分为集中型筹资和分散型筹资。集中型筹资就是由集团公司统一对外筹资，然后将筹得的资金以一定方式投入各成员企业使用。此管理体制一般在集团公司设立带有筹资中心功能的财务公司或财务结算中心，或集团其他成员企业的外部筹资能力较弱时使用。分散型筹资则是由集团内部各成员企业依据有关规定，直接从集团外部筹集资金。

内部资金融通体制可以分为计划融通方式、市场融通方式和模拟市场融通方式三种。计划融通方式是指根据集团公司的统一规划，利用集团积累的发展基金或闲置资金，在集团成员企业间无偿划拨使用资金；市场融通方式是指由集团财务公司通过信贷规划和利率杠杆等市场手段，调节各成员企业的资金供求关系，实现成员企业间相互的借贷融通，在控制资金总量基础上完成企业集团的内部资金融通；模拟市场融通方式是在集团内部模拟金融市场，建立内部银行等部门或机构，并配合集团的资金规划来完成集团内部的资金融通。

（三）投资管理体制

投资是影响企业集团发展的重要因素，因此，也是企业集团财务管理最重要的内容之一。企业集团选择内部投资管理体制时，应综合考虑投资方向和规模、投资项目对集团发展的影响以及集团的内部结构等因素。从总体上看，集团投资管理体制与总体上的财务管理体制是高度一致的。企业集团对于集团公司的直接投资项目的管理是全方位的。对成员企业的投资项目，在集权体制下，决策权和运作权都由集团公司实施，子、分公司只负责具体实施；在分权体制下，集团公司侧重对投资方向、投资规模等的控制，其余事项由下属企业进行全面管理。

（四）收益管理体制

收益管理体制包括利润形成体制和利润分配体制两部分。从集团公司角度看，利润的形成有三种渠道：一是集团公司本身直接从事生产经营形成的利润；二是以投资分成、价格转移等形式参与成员企业利润分配形成的利润；三是按规定由子公司全部上缴或部分上缴形成的利润。由于子公司的利润分配形成了母公司利润的一部分，企业集团的利润分配体制也相应地有以下几种：一是计划分配体制：对成员企业利润实行统收统支或按协议比例分成；二是投资比例分成制；三是转移价格分配体制。后两种利润分配体制，尤其是第三种，主要适用于对集团公司不能有效控制的半紧密层或协作层企业的利润分配；对紧密层企业宜采用第一种方式分配利润。

三、确定企业集团财务管理体制时应考虑的因素

总的来说，集权型财务管理体制主要适用于企业集团规模不大的情况。当集团内的子公司数量较多、管理幅度过大时，由于母公司管理人员的素质和精力有限，分权型财务管理体制会成为合理的选择。集权和分权结合的混合型财务管理体制则介于两者之间。但这只是简单而概括的说法。企业集团在根据自身的情况选择构建何种类型的财务管理体制时，还应充分考虑以下因素的影响：

（一）企业集团的发展战略

企业集团的发展战略是集团发展的总设计和总规划，大致可分为扩张型、稳健型和收缩型三种。企业集团在选择和建立财务管理体制时，应服务和服从于集团发展战略，体现集团发展战略的指导思想，并在战略发生变动时自觉、及时地对已有的财务管理体制进行调整。如在企业集团快速扩张时，过分强调集权是不明智的，应该积极鼓励子公司开拓外部市场，形成集团内多个新的经济和利润增长点，分权程度应该大一些。而在企业集团收缩经营时，则必须强调集权。当企业集团寻求稳定发展时，企业集团需要对子公司的投资融资决策从严把关，同时对有关资金运营效率方面的权力适当分离。

（二）企业集团的组织结构

企业的组织结构与财务管理体制是相辅相成的。有什么样的组织结构就需要有什么

样的财务管理体制与之相适应。在相对集权的组织结构下，集权型财务管理体制较为适合；在相对分权的组织结构下，适宜建立分权型财务管理体制，以充分体现企业集团分权管理的思想；在分权与集权相结合、强调集团整体效益最大化的组织结构下，集权与分权相结合的混合型财务管理体制则是首选。

（三）企业集团的经营特点

一般来说，企业集团的经营方式可以按照经营产品种类的不同，分为三种：单一化经营、一体化经营和多元化经营。在单一化经营和一体化经营情况下，集团内部各单位在业务上有较大的联系，财务管理体制的集权化程度相对高一些。集团采取多元化经营时，由于各子公司所在行业的不同，各子公司之间的业务联系比较少，集团将难以实施统一的集权化管理，此时对各子公司的财务管理应给予适当授权。

（四）企业集团的发展阶段

在不同的发展阶段，企业集团应采用不同的财务管理体制。初创阶段，集团公司由于缺乏足够的资金和财务专家，往往较多地将财务管理决策权下放给子公司，实行分权管理；成长阶段，集团公司有了较强的经济实力和较多的财务专家，有条件和能力集中重大财务决策，统一管理和协调子公司的财务活动；进入成熟阶段后，集团公司需要加强对子公司财务决策的控制，但又无力对每项财务决策进行控制。此时，通常会将集权和分权结合起来：一方面颁布标准程序规范，规定各子公司的权限，使子公司在授权范围内行事；另一方面，负责审查重大财务决策和子公司的经营成果，并提供必要的指导、咨询和服务。

除上述因素外，集团公司的股权结构、管理水平、企业集团的竞争状况、地理分布、企业文化等也是影响财务管理体制选择的重要方面。企业集团应在深入分析自身特点基础上，综合考虑以上因素的影响，设计和实施合理、有效的财务管理体制。

第四节　企业集团财务公司

一、财务公司的内涵

（一）财务公司的性质

财务公司（Finance Company）最初产生于18世纪的法国，后在美、英等国相继开办。1987年，我国批准成立了第一家企业集团财务公司——东风汽车工业财务公司。自此，财务公司在我国迅猛发展，并初具规模。截至2004年年底，我国财务公司已经设立80家，总资产规模达5654亿元，净资产440亿元，其中实收资本361亿元，平均资本充足率18%。财务公司作为我国金融市场的一支生力军正发挥着越来越重要的作用。

关于财务公司的含义，全球范围内有广义和狭义两种理解。从广义上看，财务公司指银行外的专业金融机构，包括企业集团附属财务公司和非企业集团附属财务公司两大类；从狭义上看，财务公司专指企业集团附属的财务公司，非企业集团附属的财务公司不包括在内。

在我国，财务公司通常专指企业集团附属的财务公司。根据中国银行业监督管理委员会2004年7月颁布的《企业集团财务公司管理办法》，财务公司是指以加强企业集团资金集中管理和提高集团资金使用效率为目的，为企业集团成员单位提供财务管理服务的非银行金融机构。作为企业集团的成员单位之一，企业集团是独立的企业法人，自主经营、自负盈亏。

从企业集团角度看，财务公司具有附属性和相对独立性的双重性质。

1. 附属性

财务公司附属于企业集团。它由企业集团出资创办，为集团及其成员单位的发展提供金融服务。同时，财务公司又受到企业集团业务发展状况的影响。如果企业集团业务状况发展稳定，财务公司的经营就比较稳定；反之，如果企业集团发展缺乏后劲，财务公司发展的根基就会随之削弱。

2. 相对独立性

财务公司有不同于其他成员单位的特殊之处。财务公司经营的是货币资金这一特殊商品，其他成员单位经营的则是产品或劳务等普通商品。在法律上，两者享有同等的法人实体地位，都是自主经营、自担风险、自负盈亏、自我约束。

（二）财务公司的特点

财务公司与企业集团财务部门、其他成员企业和其他非银行金融机构相比，都有所不同。

1. 财务公司区别于集团财务部门的特点

（1）属性不同。财务公司属于独立法人实体，依法自主经营、自负盈亏，具有独立的财产或经费，独立承担民事责任；集团财务部门属于企业集团的内部机构，不具备法人资格，没有独立的财产或经费，也不能独立开展财务活动。

（2）业务性质不同。财务公司依据中国人民银行规定的业务范围开展各类金融业务，为企业集团其他成员企业提供金融服务；财务部门主要负责企业集团的会计核算、监督与财务管理，负责财务计划的制定、落实、业绩完成指标的考核评价与奖惩等，是企业集团内部管理的一部分。

（3）现金流性质不同。财务公司的现金流被当作商品来运作，现金的流入和流出都是有偿的。从流入项目看，长期存款、结算沉淀资金等需要财务公司对外支付利息或分配红利。从流出项目看，如集团成员单位向财务公司借款，必须向财务公司支付利息。财务公司正是通过这些带有成本的资金运营来获取利润。与之形成鲜明对照的是，集团财务部门通过调配、运用和管理集团范围内的资金，为集团成员企业提供无偿服务，其现金流不是商品，现金在集团成员间的流入和流出都是没有成本的。

2. 财务公司区别于集团其他成员企业的特点

（1）业务性质不同。财务公司在特定业务范围内从事金融服务，通过为集团成员企业提供有偿的金融服务实现利润；集团其他成员企业从事具体的生产经营业务，通过产品的生产销售或劳务的提供赚取利润。

（2）管理属性不同。财务公司在行政上隶属于企业集团，接受集团董事会的领导。同时，作为非银行金融机构，在业务上接受中国人民银行的领导、管理和监督；集团其他成员企业作为企业集团的内部成员，在行政和业务上都只接受集团董事会的领导。

（3）资金去向不同。财务公司的资金主要用于调剂其他成员企业的资金余缺，能够在加快其他成员企业融资速度的同时，为其节约融资费用。集团其他成员企业的资金则主要服务本公司的生产经营与投资需要。

3. 财务公司区别于其他非银行金融机构的特点

财务公司、保险公司、信用合作社、消费信用机构、信托公司、证券公司、租赁公司等都属于非银行金融机构的范畴，它们不以吸收存款作为主要资金来源，而是通过某种方式吸收资金，并通过某种方式运用资金而从中获利，是我国整个金融机构体系中非常重要的组成部分。与其他非银行金融机构相比，财务公司的特殊之处在于：

（1）属性不同。财务公司具有双重属性。它既作为所属企业集团的子公司，直接依附于所属集团，又作为非银行金融机构，从事金融业务；其他非银行金融机构的身份单一，仅仅是不以吸收存款为主要资金来源、从事金融服务的非银行金融机构。

（2）服务对象不同。财务公司的组建单位，即其所属的企业集团，是财务公司的特定服务对象。财务公司依附于企业集团，受集团经营状况、经营理念的影响，而且主要为集团成员服务；其他非银行金融机构面向社会提供服务，可以是普通的社会公众，也可以是其他法人机构或实体，而不会局限在某个企业集团或某家公司，服务对象较为宽泛。

（3）第三，业务范围不同。财务公司不吸收个人存款，主要从事集团内部的资金借贷、中间业务等金融业务；其他非银行金融机构虽然也不以吸收个人存款为主要资金来源，但可以从事保险、个人消费信贷、融资租赁、信托等财务公司不被允许开展的金融业务。

（4）管理主体不同。财务公司属性的双重性决定了财务公司不仅要接受所属企业集团董事会的领导和管理，而且需要接受中国人民银行的领导、管理和监督；其他非银行金融只需接受中国人民银行的领导、管理和监督。

（5）资金来源不同。财务公司的资金来源途径较窄，主要局限在集团内部其他成员企业的投资或存款；其他非银行金融机构融通资金的空间较大，可直接从外部资本市场或个人手中筹集资金。

（三）财务公司的设立

财务公司的设立需经过筹建和开业两个阶段，且每一阶段都必须经过中国银行业监督管理委员会的核准。

财务公司申请筹建时，应当由集团公司向中国银行业监督管理委员会提出申请，并提交申请书、可行性研究报告、集团成员单位名册、《企业集团登记证》等文件资料。经中国银行业监督管理委员会审批同意后，申请人即可开始筹建财务公司，但必须在收到批准筹建文件3个月内完成筹建工作。

财务公司筹建完毕后，应向中国银行业监督管理委员会提交财务公司的章程草案、经营方针和计划等文件，进而提出开业申请。此申请得以核准后，中国银行业监督管理委员会会颁发《金融许可证》并予以公告。此时，财务公司可凭《金融许可证》到工商行政管理机关办理注册登记，领取《企业法人营业执照》，财务公司随即宣告正式成立，可以开业经营了。

二、财务公司的业务

财务公司的业务可分为四大类，即融通资金、投资管理、中间业务、外汇业务。

（一）融通资金业务

融通资金业务是财务公司组织并形成企业集团资金的业务，不仅可以扩大集团外部的融资渠道，而且可以满足集团多层次的资金需求。作为企业集团的法定融资中介，财务公司只有进行有效的资金融通，才能真正起到融资中心的作用。因此，融通资金是财务公司业务经营的基础和基本业务，也是企业集团设立财务公司的初衷之一。从具体的业务种类看，融通资金业务包括：吸收集团成员单位3个月以上的定期存款，发行财务公司债券，同业拆入资金等。

（二）投资管理业务

投资管理业务是财务公司运用集团资金并从中获取经营利润的业务。财务公司成立后，集团的暂时闲置资金被归集到财务公司。这些资金不仅需要财务公司以贷款的形式在集团内部实现资金余缺调剂，而且需要财务公司通过投资管理进行资源配置，投资于各种金融资产或企业实体。因此，投资管理业务可以分散集团的财务风险，提高集团财务运营的安全性，可以增强资金的流动性和收益性；还可以通过收购或持有其他企业一定比例的股权，配合集团战略性扩张。可以认为，投资管理是财务公司的核心业务。对集团成员办理贷款及融资租赁，办理集团成员单位产品的消费信贷、买方信贷及融资租赁，办理成员单位商业汇票的承兑及贴现，同业资金拆出等，都属于投资管理业务的范畴。

（三）中间业务

中间业务是财务公司运用非自有资金为集团成员单位提供金融中介服务，并从中收取手续费的业务。作为非银行金融机构，财务公司在根据金融市场的变化及趋势快速作出反应方面，明显优于集团其他成员企业。这一优势客观上决定了财务公司有条件为其他成员企业的决策，尤其是筹融资和投资决策，提供专业咨询意见，为其面临的风险进行预警、评估、监控和化解。从具体业务看，中间业务主要包括：办理成员单位的委托贷款及委托投资，承销成员单位的企业债券，对成员单位办理财务顾问、信用鉴证及其他咨询代理业务；对成员单位提供担保。

（四）外汇业务

由于目前我国尚未实现人民币、外币的自由兑换，因此，财务公司开办外汇业务必须另行报经国家外汇管理部门批准。目前，财务公司被允许开展的外汇业务仅有“境外外汇借款”一项。随着中国加入WTO后开放程度的提高，财务公司现有的外汇业务种类可能会有所增加。

除上述业务类别外，《企业集团财务公司管理办法》还明确规定，企业集团规模较大，集团成员单位之间经济往来密切，且结算业务量较大的财务公司，需办理成员单位之间内部转账结算业务的，应另行报中国人民银行批准。

【案例二】

摩托罗拉（新加坡）财务和资金有限公司的业务[①]

摩托罗拉（新加坡）财务和资金有限公司是摩托罗拉新加坡电子公司的一个子公司，总投资10亿元。其融资来自于它的母公司和其他有剩余资金的子公司。其主要的业务范围是向摩托罗拉的其他公司提供内部贷款。该公司同时还做资金管理以及外汇管理方面的风险管理。摩托罗拉在亚洲的一些子公司的剩余资金，或是存在摩托罗拉财务和资金中心，或是投资给财务公司，由财务公司再贷款给摩托罗拉其他分支机构，从而最大限度汇集融通剩余资金，满足摩托罗拉业务需要。摩托罗拉财务公司在提供资金管理方面服务的同时，在遇到资金不足时要向外部，比如说银行来筹集资金。它还负责银行关系的管理，制定银行关系策略。此外，还进行权益融资、贸易融资，以及员工的个人贷款。

三、财务公司的运作

作为企业集团的金融窗口与金融支柱，财务公司通过开展各项金融业务，发挥着企业集团内部资金结算中心、融资中心、投资中心、咨询服务中心的功能，其运作也相应集中在这几个方面。

（一）资金结算中心的运作

资金结算中心引入银行的存贷款机制和结算功能，通过结算管理做好集团资金的调剂工作，为集团的正常运营提供资金保障。在具体操作上，结算中心在银行开立结算账户，集团全资子公司、控股公司甚至集团财务部，除特殊情况外统一在所在地合作银行开立结算账户、通过此账户结算，并有计划地撤销原来的银行账户，以防止资金体外循环。集团成员企业除日常小额费用开支外，其余款项的收付均通过结算中心统一对外，闲置资金存入结算中心，通过结算中心统一调配和调拨资金。结算中心和各成员企业之间结算使用内部往来凭证，进行账务处理并填制资金收支单据。结算中心的各项业务采用模拟商业银行的方式进行处理，并于每月月末结账后10日内确定结算中心当月的利息分摊数额，完成利息分摊工作。如此运作后，财务公司就可以缩短集团成员企业之间通过银行结算而占用的时间，减少资金占用与浪费，加速资金周转，从而提高资金使用效率。同时，由于各成员企业的资金往来必须通过资金结算中心进行，也便于集团董事会了解各成员企业的资金使用与余缺情况，并对其进行统一的监督与调控。

（二）融资中心的运作

① 本案例来源于中国财务公司协会编、中国金融出版社2005年出版的《财务公司的国际案例》，第35页。

通过同业拆借、发行股票、债券等融资方式，财务公司不仅能够发挥集团资金的聚合优势，而且能够为企业集团开辟广阔的融资渠道。在具体运作上，借助集团成员企业统一设立的结算账户，财务公司把各成员企业分散、闲置的资金聚集起来并向集团其他成员企业提供内部借贷，以最大限度地发挥集团资金的横向融通与资金头寸调剂功能。凭借所属企业集团的雄厚实力，财务公司能够以较低的成本或较快的速度向银行借款、发行债券与股票，从而降低集团资本成本，优化集团资本结构。通过向集团成员企业提供担保，财务公司能够在一定程度上提高相关企业的筹资能力，拓宽整个集团的融资渠道。当然，无论是提供内部借贷还是担保，财务公司都需要严格遵守国家的有关法律、法规，需要制定并严格遵守担保制度，以保护企业集团的整体利益不受侵害。

（三）投资中心的运作

财务公司凭借自身的信息与资金优势，发挥着投资中心的功能。具体操作上，通过集团董事会授权，财务公司可以打破集团成员企业的行业、地域界限，将集团闲散资金集中在结算中心，进而按照集团投资战略的统一要求和部署将这些资金投向效益好、风险小的项目。对各成员企业单独进行的投资，财务公司也可以发挥信息、人才优势，当好成员企业的投资参谋，并借助统一的投资管理系统，对投资项目的建设过程与运行效益进行控制和跟踪监督，必要时还有权对有关项目的投资规模、投资方向、投资期限等进行调整，以提高集团资金的使用效率。

（四）咨询服务中心的运作

咨询服务是财务公司业务的重要方面。在实际开展此业务时，财务公司必须能够对整个资本市场的变化快速作出反应，以满足集团生产经营和发展的需要。财务公司要能够运用自身的信息、人才、资金等优势，为集团管理层提供专业咨询意见和决策信息。要在权衡集团其他成员企业资金留存与流动情况的基础上，帮助其选择合适、合理的理财产品。通过对集团面临的风险进行评估、预警、监控和化解，发挥风险顾问的作用。

（五）财务公司运作的配套措施

为保证集团财务公司有效运行，企业集团应采取必要的配套措施。

（1）制定并实施统一的会计制度，统一集团各成员企业的会计政策、会计核算模式和计算口径，以保证决策信息的相关性和真实可靠性。如果各企业的具体账务处理方法不同，可能会使汇总的会计信息杂乱无章，失去决策有用性甚至造成决策失误。

（2）在整个集团实施会计电算化，逐步建立和运行完整的信息管理系统，以解决企业集团成员企业多、数据规模大、手工账务处理慢、信息传递慢等问题，保证信息的及时性。在此过程中，建议选择知名品牌大公司的电算化软件；尽量提高电脑硬件的配置，要一次投入，减少麻烦；通过培训、学习等方式，提高会计人员操作电脑和应用财务软件的能力；还要注意做好日常的系统维护工作。

（3）改革会计人事管理制度。为保证集团公司对下属企业的有效控制，杜绝下属企业存在“小金库和两套账”等问题，企业集团应改革内部财会人员的管理制度，对子公司的财务人员实行内部会计委派制，财务人员接受集团公司和所在子公司的双重领导，在关键问题上，听从集团公司的安排。此外，还应对成员企业的经理层建立有效的激励和监督机制，实行年薪制或股票期权制，以保证成员企业财务目标与集团整体目标相一致。

本章小结

企业集团这一名称最早出现在第二次世界大战后的日本，虽然目前人们对企业集团还没有一个统一的定义，但企业集团却具有以产权为最根本的联结纽带、多法人的经济联合体、多层次的组织结构、规模大型化、多元化经营等内在的基本特征。

按照不同的标准，可以将企业集团分成不同的类型。我国企业集团在促进国民经济持续、稳定、健康发展等方面日益发挥着单体企业无法比拟的重要作用，它有助于形成规模经济，有助于优化经济结构和资源配置，有助于科技进步和创新，有助于增强国际竞争力，也有助于发挥国有大中型企业的经济主导作用。

在企业集团的众多成员企业中，集团公司是核心。它不仅拥有人事任免权、资产经营权、资本营运权、资产处置权、经营监督权、收益分配权等权利，而且必须对出资者和子公司承担相应的责任。

企业集团财务管理具有不同于一般大型企业的显著特征。企业集团具有以集团公司为核心的多个理财主体；集团财务管理的客体更多、更复杂；集团财务决策多层级化；集团投资领域多元化。从职能上看，以组织管理职能为基础，财务控制、财务协调、财务监督等职能在集团财务管理中的地位日益重要。

正确合理的财务管理制度，是企业集团财务管理工作得以顺利进行的制度保障。根据企业集团财权的集中与分散程度，可以将集团财务管理体制分为集权型、分权型、混合型三类。从内容看，企业集团财务管理体制包括产权管理体制、资金融通体制、投资管理体制、收益管理体制。企业集团应结合自身特点，充分考虑企业集团的发展战略、组织结构、经营特点、发展阶段等因素的影响，选择构建科学合理的财务管理体制。

为加强企业集团资金集中管理、提高集团资金使用效率，企业集团可组建为集团成员单位提供金融服务的非银行金融机构——财务公司。从企业集团角度看，财务公司具有附属性和独立性的双重性质，并与集团财务部门、其他成员企业、其他非银行金融机构等有所区别。

财务公司的业务主要有四大类：融通资金、投资管理、中间业务、外汇业务。企业集团应从资金结算中心、融资中心、投资中心、咨询服务中心、配套措施等方面，保证财务公司有效运作。

本章参考文献

1. 王凤彬：《集团公司与企业集团组织——理论·经验·案例》，中国人民大学出版社 2003 年版。

2. 中国集团公司促进会：《母子公司关系研究——企业集团的组织结构和管理控制》，中国财政经济出版社 2005 年版。

3. 杜胜利、王宏淼：《财务公司——企业金融功能与内部金融服务体系之构建》，北京大学出版社 2001 年版。

4. 王璞:《母子公司管理》,中信出版社 2003 年版。

5. 谷祺、王棣华:《高级财务管理》,东北财经大学出版社 2006 年版。

6. 中国财务公司协会:《财务公司的国际案例》,中国金融出版社 2005 年版。

7. 胡宗良、臧维:《集团公司战略分析、制定、实施与评价》,清华大学出版社 2005 年版。

8. [美] 道格拉斯·加伯特著,王化成等译:《怎样布置预算工作——预算控制程序的管理和运用》,中国人民大学出版社 2003 年版。

9. [美] 罗伯特·S. 卡普兰、戴维·诺顿著,王丙飞等译:《综合计分卡——一种革命性的评估和管理系统》,新华出版社 1998 年版。

10. [美] 卢斯·班德、凯斯·沃德著,干胜道等译:《公司财务战略》,人民邮电出版社 2003 年版。